"十三五"国家重点出版物规划项目

中国经济专题史研究丛书

国家社会科学基金青年项目资助(批准号 16CJL005)

上海市促进文化创意产业发展财政扶持资金项目资助

国家出版基金项目

近代中国国内汇兑市场研究

（1860—1935）

"十三五"国家重点出版物规划项目
中国经济专题史研究丛书

马建华 著

上海财经大学出版社

图书在版编目(CIP)数据

近代中国国内汇兑市场研究：1860-1935 / 马建华著. -- 上海：上海财经大学出版社，2025.3.
(中国经济专题史研究丛书). -- ISBN 978-7-5642-4492-7

Ⅰ.F832.61

中国国家版本馆 CIP 数据核字第 2024D2N290 号

□ 丛书策划　王永长
□ 责任编辑　温　涌
□ 封面设计　钱宇辰　贺加贝

近代中国国内汇兑市场研究
(1860—1935)

马建华　著

上海财经大学出版社出版发行
(上海市中山北一路 369 号　邮编 200083)
网　　址：http://www.sufep.com
电子邮箱：webmaster@sufep.com
全国新华书店经销
上海颛辉印刷厂有限公司印刷装订
2025 年 3 月第 1 版　2025 年 3 月第 1 次印刷

710mm×1000mm　1/16　32.75 印张(插页:2)　471 千字
定价:128.00 元

中国经济专题史研究丛书

编 委 会

顾　问

郭庠林　杜恂诚　戴鞍钢

编委会主任

燕红忠

执行主编

王永长

编委会成员（按姓氏笔画排名）

马陵合　王永长　兰日旭　刘成虎　李　玉
李超民　杨德才　何　平　高超群　燕红忠

作者简介

马建华，山西大学副教授，南开大学经济学博士，上海财经大学理论经济学博士后，入选山西省"三晋英才"支持计划青年优秀人才和山西大学首批"文瀛青年学者"。多年来致力于中国近代经济史、货币金融史、晋商学等方面的研究。曾在《近代史研究》《中国经济史研究》《上海经济研究》《经济问题探索》《安徽师范大学学报（社会科学版）》《中国社会科学报》等国内重要学术刊物和报纸发表学术论文多篇。其中，论文《近代中国国内汇兑市场初探》（《近代史研究》，2013年第6期）被人大复印资料《中国现代史》2014年第3期全文转载；论文《20世纪二三十年代中国国内金融市场圈的构建——基于汇兑层级体系的分析》（《中国经济史研究》，2016年第5期）获2016年山西省社科联百部（篇）工程一等奖。近年来，先后主持国家哲学社会科学基金青年项目1项（结项等级：良好）、中国博士后科学基金第8批特别资助项目1项、中国博士后科学基金第55批面上资助1项、山西省晋商文化研究专项课题项目1项、山西省高等学校哲学社会科学研究项目1项。

总　序

经济史学学科具有引领经济学发展和创新、传承历史文化的功能,同时也能够为我国当前经济社会转型发展提供必要的理论基础和历史经验。经济史学界在全球史视野和"计量史学"革命引领下,近年来已经取得丰硕的学术成果。中国经济史学界的学术研究也在不断向纵深发展,在货币金融、财政、土地制度等领域不断涌现出新的研究成果。为了进一步推进对中国经济长期发展脉络的研究,深入理解经济发展思想与经济实践之间的关系,在各兄弟院校和研究机构的大力支持下,众多专家学者群策群力,共同推出这套"中国经济专题史研究丛书"。

第一,在指导思想上,本丛书坚持以马克思主义历史观为指导,用现代学术研究方法,吸收与传承中国经济史学的研究成果,突出中国经济史学研究的民族性和原创性,彰显中国主见,发出中国声音,挖掘整理中国经济史料,回溯中国经济历史,为当代社会经济现实服务。

第二,本丛书采用经济专题史的形式,在时段上涵盖从古至今各个时期的研究,或断代研究,抑或某个朝代某个领域的研究,在内容上则包括中国经济史和经济思想史学科各个不同的专题领域。凡入选本丛书的专题研究,均由作者自主选题,惟以研究质量和创新性为准绳。

第三,本丛书第一辑共计七册,已经被列入"十三五"国家重点出版物规划、2020年度国家出版基金资助出版计划,将从2020年开始陆续出版。第一辑的选题主要分为三类:一是关于中国土地制度的演变、货币经济的长期发展之类的长时段、大跨度的研究;二是聚焦近代中国的金融发展、内债管理、汇兑市场和房地产业发展的研究;三是开创性地展开了对晋绥革命根据地的经济史研究。

第四,中华民族五千年的文明生生不息,延续至今,其值得研究的内容十分广泛,也具有现实意义。本丛书从经济史学的视角,探讨经济发展规律,以期达到"以史为鉴"的研究效果,因此,选题具有开放性、包容性和延展性。

我们期待这套丛书的出版能够对中国经济史学的研究作出新的贡献,并进一步凝聚经济史学学术共同体,推进经济史学学科的持续发展。

编委会
2020 年 2 月

前　言

　　经济体间市场网络体系的形成是中国经济发展的一项重要内容,代表着传统经济向现代经济的转变。资金市场作为商品经济运行的血液,与商品贸易流通息息相关。资金流动状况决定着整个社会资源的配置和经济运行的效率。近代中国国内外贸易的繁盛既依赖于货币金融的流通,其本身也促进了货币金融体系的发展完善。从金融市场发育和金融结构层级体系的构造角度来考察近代市场的发育,是探讨近代经济结构和实际运行情况的又一视角。旧中国的金融市场中,货币兑换和国内汇兑业务始终伴随着商品货物的流通贸易,是近代金融市场中的重要代表。内汇的发展程度是衡量一国国内市场发育程度的标志,也是考察金融市场的主要指标之一,而现今的经济理论和经济史研究对近代金融市场中货币兑换和国内汇兑等资金运转所推动的金融市场圈的形成过程缺乏必要的系统性关注。

　　在废两改元和法币改革之前,各地所使用的货币及记账单位非常混乱与繁杂,从而形成了各种货币相互兑换、买卖的市场。以货币兑换行市为基础,伴随埠际贸易结算兴起的内汇,作为代替现银运送而代理结算埠际债权债务关系的一种集汇兑、结算、信贷三者于一体的埠际资金调拨方式,直接关联埠际商品的流通贸易。本书从货币金融的演进机制出发,将各个商埠作为支点,以货币兑换和国内汇兑下的埠际短期资金调拨为视角开展研究。分析国内主要商埠通用货币、通用平砝、货币本位及货币兑换情况,探讨全国重要商埠的国内汇兑关系,勾勒出近代以上海为终点,以天津、汉口等次级城市为焦点，连接全国区域市场的金融流通网络。根据传统金融市场中的货币兑换和内汇等货币金融体系在埠际间资金流转过程的发展和演进机制，本书探讨近代金融市场圈的自我发展和融合程度，在一定程度上弥补了学术界对此研究领域的不足。

全书以晚清与民国时期的60多种报刊资料和民国货币经济图书为主，辅以民国时期的经济贸易金融类调查资料为文献资料。研究方法上借鉴GIS的技术手段和现代金融市场网络分析方法，实现了多学科的融合研究。

目前的研究观点主要为：

其一，近代中国货币使用呈现明显的地域化特征，而同一个地域内部，既有差异性也有融合性。各埠间的通商汇算涉及通货、银平色差、平砝的换算及各地的商业习惯用法，决定了各地汇兑计算公式具有通货圈的地域特征。近代中国各地之间通用货币使用呈现明显的地域化特征，体现了明显的市场分割性。

其二，内汇是金融机关取代现银运送而代理埠际债权债务关系的一种集汇兑、结算、信贷三者于一体的埠际资金调拨方式。汇兑的功效在于代替现金运送而使各地债权债务得以结算，便利两地款项收付，从而避免了现金输送的不便及危险。同时，促进资金周转，融通资金，便利商品流通和货物交易。内汇的发展推动和促进了国内市场的统一。近代中国国内汇兑市场的发展，在一定程度上体现了地域间经济联系和金融流通之间的相互依赖关系，是近代埠际金融市场圈形成的一个重要标志。

其三，通过对汇兑计算公式、汇兑中心及汇兑区域等全国重要商埠主要汇兑关系的梳理，本书大体描述和绘制了汇兑层级体系。研究表明，20世纪二三十年代，近代中国形成以上海为中心，以天津、汉口、镇江、杭州、香港等次级汇兑中心为节点，扩散和连接次级汇兑商埠及基层商埠，形成一个覆盖全国的层级性、立体型的树状纵向结构。

其四,汇兑体系的横纵向连接,形成了全国复杂的汇兑网络。从宏观角度看,近代中国的区域金融圈表现明显,空间距离极大地影响全国的汇兑关系,长距离汇兑关系还较少。全国金融市场的联动性和传递性还是以区域为中心。到 20 世纪二三十年代,上海成为全国的金融中心,汉口、天津等商埠成为各自的区域金融中心后,它们彼此之间形成一定程度的金融关联。一个区域中心金融信息的变化,往往会带动相关区域中心金融行市的变化。也就是说,上海、天津、汉口等区域中心通过内汇市场相连接而实现金融信息的传递,很大程度上实现了金融市场的整合。货币市场的分割性与因汇兑而产生的区域中心之间的关联性和融合性并存。

目 录

引言 ·· 1
  第一节　研究背景与意义 ·· 1
  第二节　研究现状与文献综述 ·· 8
  第三节　资料和数据来源 ·· 20
  第四节　研究思路与基本框架 ·· 24
  第五节　创新之处与基本结论 ·· 29

第一章　内汇市场的基础：复杂币制下的货币兑换 ························ 32
  第一节　清末民初中国的币制 ·· 33
  第二节　平砝银色 ·· 48
  第三节　本位制度 ·· 61
  第四节　通用货币折合本位币定价 ·· 64

第二章　上海通用货币及货币行市 ·· 70
  第一节　上海银钱业通用货币 ·· 70
  第二节　上海银洋钱行市 ·· 72
  第三节　上海内汇汇兑行市 ·· 75

第三章　各地通用货币、通用平砝及货币行市 ………………… 81
第一节　华北地区 …………………………………………… 82
第二节　华中及长江中上游地区 …………………………… 130
第三节　华南地区 …………………………………………… 152
第四节　东北地区 …………………………………………… 160
第五节　长三角地区 ………………………………………… 166
第六节　其他地区 …………………………………………… 177
第七节　本章小结 …………………………………………… 182

第四章　内汇基本要素阐释 ……………………………………… 183
第一节　内汇的产生 ………………………………………… 183
第二节　内汇产生的意义 …………………………………… 186
第三节　汇兑种类及汇兑机关 ……………………………… 187

第五章　山西票号汇兑 …………………………………………… 192
第一节　山西票号的金融创新：专营汇兑 ………………… 192
第二节　山西票号的汇兑业务 ……………………………… 194

第六章　钱庄埠际汇兑 …………………………………………… 209
第一节　钱庄汇兑业务 ……………………………………… 209
第二节　钱庄申汇网络 ……………………………………… 211

第七章　中资银行国内汇兑 ……………………………………… 216
第一节　分支机构及国内通汇处 …………………………… 216
第二节　汇兑业务 …………………………………………… 231
第三节　汇款地域分布 ……………………………………… 236
第四节　汇水收益 …………………………………………… 237
第五节　汇兑功效 …………………………………………… 240

第八章　近代新式银行押汇业务 …… 243
第一节　押汇业务 …… 243
第二节　押汇运行环节 …… 250
第三节　银行承办的押汇业务 …… 260
第四节　押汇实例 …… 275
第五节　押汇的作用及特点 …… 277
第六节　本章小结 …… 282

第九章　申汇计算方法、公式及意义 …… 283
第一节　申汇汇兑平价 …… 284
第二节　主要城镇申汇计算方法 …… 287
第三节　主要城镇申汇计算公式 …… 295
第四节　申汇计算公式所体现的汇兑层次 …… 299

第十章　申汇市场：以上海为中心的汇兑 …… 306
第一节　申汇及上海内汇市场 …… 307
第二节　各地商埠申汇市场 …… 308
第三节　申汇买卖 …… 317
第四节　江苏各地对上海的直接汇兑 …… 326

第十一章　一级汇兑中心与区域市场 …… 331
第一节　以天津为中心的华北汇兑市场 …… 331
第二节　以汉口为中心的华中汇兑市场 …… 342
第三节　以香港为中心的华南汇兑市场 …… 357
第四节　以苏浙为中心的长三角汇兑市场 …… 361

第十二章　次级汇兑中心与区域市场 …… 377
第一节　以重庆为中心的汇兑 …… 377

第二节 以苏州为中心的汇兑 ………………………………………… 380
第三节 山东及其经济区域的汇兑层次 ……………………………… 383
第四节 东三省汇兑情况 ……………………………………………… 388
第五节 其他混合汇兑区域 …………………………………………… 394

第十三章 金融网络的形成：金融市场联动性以区域为中心 ………… 402
第一节 指标的选取：直接汇兑行市 ………………………………… 404
第二节 汇兑体系的层级性、立体型 ………………………………… 405
第三节 重要埠际现金输送体系 ……………………………………… 419
第四节 金融机关集聚形态与布局 …………………………………… 444

第十四章 金融市场的融合与联动 ……………………………………… 448
第一节 汇价 …………………………………………………………… 448
第二节 口岸之间的金融联系：内汇指数 …………………………… 461
第三节 本章小结 ……………………………………………………… 474

第十五章 结论 …………………………………………………………… 476

附表 ………………………………………………………………………… 480

参考文献 …………………………………………………………………… 493

引 言

第一节 研究背景与意义

经济近代化的进程伴随着现代金融体系的逐步构建,这一过程涵盖了金融工具与金融市场拓展、金融结构优化与现代资本运作机制的形成与完善等内容。金融市场,作为专注于资金供求与各类资产交易的核心平台,在资金融通过程中扮演着举足轻重的角色,这一领域深受研究者们的广泛关注。资金流动借助一定的渠道形成支撑整个经济社会商品贸易关系的大动脉,是金融资源空间配置的根本途径。资金流动状况决定着整个社会资源的配置和经济运行的效率。有效的资金流动可以促进生产要素和商品货物在不同市场之间通畅流动,给整个经济体注入活力;反之,则使整个经济体发生短缺或阻碍区域经济发展的平衡。活力性强的经济体,往往伴随着流通性良好的货币金融网络。

自明中叶白银货币化以及白银与制钱共存的货币运行体系确立后,货币金融逐渐渗透到中国商业发展的各个领域,并直接关系到经济运行和生产方式的变化。晚清至民国时期,各大商埠开埠以后,国内外贸易获得极大发展,洋货和土货往来流转于各大商埠。商品的流通和交易常伴随并依赖于资金的融通。以往的金融市场研究多注重发展历程的叙述和管理体制的描述,对金融市场中的资金流通环节则关注较少。因而金融市场如何通过其机构的设置和资金的调拨实现资金的运转和循环,理应成为经济史的研究议题。

现代金融学理论中,按照交易期限,可将金融市场分为货币市场和资本市场。货币市场是指一年期以下的货币融通市场,包括同业拆借、票据贴现、短期债券及可转让存单的买卖活动。资本市场是指中长期信贷市场,包括债券市场、股票市场、基金市场、保险市场和融资租赁市场。按照交易对象,可将金融市场分为拆借市场、贴现市场、大额定期存单市场、证券市场(包括股票、债券市场)、外汇市场、黄金市场和保险市场。旧中国的金融市场因货币银两制度的特殊性,主要包括货币兑换市场、同业拆借市场、贴现市场、证券市场、保险市场、票据交换市场、标金市场、大条银市场、外汇市场和内汇市场。以上金融市场又因经济社会发展状况的特殊性而发展不一。由于经济发展畸形和票据业务的不发达,票据交换市场发展较晚、程度不深。外汇市场操纵于汇丰银行等外国银行之手,而大条银市场、标金市场与外汇市场涨落相随,相互套做,通过多角汇兑将上海外汇市场与东京、纽约、伦敦等国际市场紧密相连,使上海成为国际资金流动的重要场所。证券、股票等市场创建较晚、投机因素较大。中国经济近代化进程中,现代意义上的金融市场远未成长。在股票、证券等现代金融工具及金融市场要素组建和形成之前,传统经济通过商品流通和金融运作,逐步从相对分割和闭塞的市场向现代经济缓慢演进。在这个过程中,货币兑换和内汇市场始终伴随着商品货物的流通贸易,是近代金融市场中的重要代表。而现今的经济理论和经济史研究对这一领域缺少全面和系统的关注。

一、货币兑换与国内汇兑

货币兑换和内汇市场,与传统的存、贷款和投资业务相比,属于短期资金的融通方式。灵活的短期资金结算、划拨,比之收益期限较长的长期资金市场交易行为,更能体现一个经济体的活力和内部机构的健全程度。票据贴现市场主要表现为钱庄业的贴现,银行业的贴现在20世纪20年代甚为微小。拆借市场主要包括钱庄同业间的拆借和银行同业间的拆借,而历史悠久的钱庄业拆借业务囊括了钱庄、银行、信托公司及其他金融机构的业务接洽,代表着一地金融业的主要交易概况,其挂牌行市也成为金融市场的标准行市。而货币兑换和内汇业务作为近代中国国内金融市场的重要业务,研究相较于其他方面较为薄弱。

在废两改元和法币改革之前,各地所使用的货币及记账单位非常混乱与繁杂,从而形成了各种货币相互兑换、买卖的市场。因货币本位和货币单位不同,国际贸易结算需要种种换算汇兑的操作。而因币制不统一、平砝相异及各地商情复杂,传统中国国内汇兑也如国际汇兑一样难以顺畅,进而阻碍金融市场的流通与发展。以货币兑换行市为基础,伴随埠际贸易结算的兴起,作为代替现银运送而代理结算埠际债权债务关系的一种集汇兑、结算、信贷三者为一体的埠际资金调拨方式,内汇直接关联埠际商品的流通贸易。国内汇兑反映了国内外贸易、各地商情、货币流通状况、平砝应用以及资金供求等商业金融情况,是传统中国金融市场甚至是近代经济的重要体现,也是理解伴随商品贸易流通的旧中国金融市场和各埠金融联系的重要环节。内汇还是考察近代中国统一市场发展程度和近代上海商业金融中心发展程度的一个重要指标。近代中国以上海为中心,通过各地申汇市场将重要商埠连成一片,并逐步形成资金融通的国内汇兑网络,使商埠间款项划拨畅通无阻。从某种意义上讲,内汇的发展程度是衡量一国国内市场发育程度的标志,也是考察金融市场的主要指标。以往论著对这一领域虽有涉及,但不甚细致和深入,研究相对欠缺。本书主要从货币兑换和内汇网络的角度研究近代中国金融市场的发展。

二、市场层级体系

施坚雅的宏观区域理论构建了中国社会空间结构,将中国分为九大独立的区域。他认为中国囿于地形和交通条件的限制,直至19世纪末还未形成统一的城市体系,只是形成了功能相互独立、各具特色的九大经济区域。这些经济区内部形成核心—边缘的等级体系,并在一定经济形式上相互关联。他认为,中国的历史结构是"一个由网络连接的地方史和区域史所组成的层次结构,它们的作用范围体现在人类相互关系的空间形式之中"[①]。在施坚雅提出这一理论后,许多中外学者,如傅衣凌、陈忠平、许檀等在探索明清以来经济发展进程的过程中,构建了明清时期市场网络体系的模式,即流通枢纽城市、中等商业城市和农村集市的三大层次。但这些研究多集中在市镇理论,对传统金融市场的发展程度及其网络结构少有研究。金融市场的发展和商品经济的发展紧密相连、形影不离。商品的流通和交易常伴随并依赖于资金的融通。虽然近代中国具有现代意义的金融市场处于幼稚和不完善状态,但伴随大规模国内外商品贸易的兴起,冲破以往相对独立封闭的地方区域,形成并连接九大经济区的金融市场网络已经具有了一定的功能。

此外,经济区域的界定依据为区域经济理论,主要考量由商品市场、资金市场、资源市场以及人才市场所共同构建的综合网络体系。这一网络体系是衡量经济区域重要性的关键尺度。传统社会经济中,商品市场自然是各地经济体最重要和最直接的体现。19世纪末,中国形成了一个工业品由沿海流向内地、农产品和矿业加工产品由内地流向沿海城市、以上海等通商口岸为中心的商品贸易流通网络。开埠之前,传统的商品流通网络是由内陆驿道、内河、商路干线和所连接的大小市场以及沿海海岸线、陆路商途组成的"V"字形的国内贸易网络。这一网络基本属于内陆型且相对封闭,构建了一个包含产地市场、消费市场和商品流通枢纽在内的等级体系。开埠后,随着交通运输方式的改变和国内外贸易量的增大,市场等级体系愈发分明,逐渐走向多层次化。相应地,商品流通网络发生深刻变革,市场的层次结构和功能定位也随之发生变化。国内贸易由"V"字形向"T"字形转变。在这一转变过程中,金融应该是市场经济发展和商品货物流通网络中最敏感的感知体。资金市场作为商品经济运行的"血液",与商品贸易流通有着息息相关的联系。不同的市场层级体系拥有和伴随着不同层级的金融功能和组织。金融机构和金融市场在中心市

---

① (美)施坚雅:《中国历史的结构》,载施坚雅著,王旭等译:《中国封建社会晚期城市研究——施坚雅模式》,吉林教育出版社1993年版,第22页。

场、中级市场、专业市场和产地市场中各地的分布格局、类型体系及其发展变化过程如何？这些金融组织对市场的开拓和形成，有着怎样的辐射半径和辐射能力？金融网络与商品贸易网络的耦合度如何？……这一系列的问题都值得深思。对随着埠际间贸易发展而形成的以汇兑为主的金融市场网络与商品流通网络的契合度进行比照分析，是研究近代埠际贸易经济金融联系和近代化经济一体化趋势的一个新视角。

三、金融层级体系及网络模式

金融网络是连接实体经济和虚拟经济之间空间结构的特殊复合关系。金融结构是金融网络交易的枢纽。金融网络结构中不同的节点和路径，代表着埠际间复杂的经济金融联系。滨下武志先生分析了东南亚海外华人侨汇对中国华南和东南亚之间商品市场与金融市场的构建，以及多边贸易结算汇兑体系下19世纪的朝鲜、中国和日本的外贸金融结构网，即亚洲金融市场的构建。黑田明申从市场多层次的研究视角，分析金融圈的水平和纵向垂直联系。本书参考并借鉴以上研究视角，尝试探讨金融市场网络向近代中国内陆地区的推进。

任何事物的发展都不是凭空产生的。在传统金融向现代金融的转变过程中，分析一个国家金融市场的结构与运行在空间上的分布状态，需要从内部事实出发，对金融市场及其结构的发展变迁进行一定时段的考察。这一过程不仅涉及对金融市场结构的剖析，还涵盖了对市场运行机制、空间布局变化等多维度的研究。在具有现代意义的金融要素和金融市场的形成过程中，传统经济体系中的金融结构和市场如何运行及过渡更为重要，但也容易被忽视。在现代银行体系的形成过程中，对传统的货币贷放和兑换机构的替代过程因为经济的不平衡，也呈现不均衡。这种不均衡的具体表现力如何？在现代化的、复杂的金融机构和金融工具逐渐发展与完善起来并成为经济运行的基础之前，传统的金融力量在经济变迁中的作用和机理如何？它们在经济近代化过程中的作用和自我的消长过程又是如何？传统金融市场究竟以何种方式推演自己的历史，我们又将如何观察这段历史？在近代金融体系的示范和冲击下，中国传统的金融市场怎样组建自我的网络模式?故本书拟以伴随埠际贸易而起的内汇为研究对象,以近代中国国内汇兑层级体系立意,考察近代国内金融市场网络的构建,勾勒近代中国各埠汇兑的空间格局和层级体系,研究传统金融市场的发育和融合问题。

四、金融市场整合

市场整合与分割理论是衡量市场发育程度的重要依据,目前已受到经济学界的持续关注,这也是经济史研究的热点问题。目前学者多关注中国历史上的商品市场整合,特别是粮食市场整合。而近代中国金融发展过程中以货币兑换、内汇市场发展等为代表的诸多金融信息所体现的货币市场和金融市场整合,近年来才被关注,还有待继续深入的研究和探讨。

五、本书的研究任务

经济的现代化,即传统经济向现代经济的转化,首先是一个经济运行方式的转变过程,表现为金融市场的孕育和资本运作模式的形成与完善过程。中国经济近代化进程中,现代意义上的金融市场远未成长。而货币兑换和内汇市场始终伴随着商品货物的流通贸易,是近代金融市场中的重要代表。在具有现代意义的金融要素和金融市场形成过程中,传统经济体系中的金融结构和市场如何运行及过渡更为重要,但也容易被忽视。

资金市场作为商品经济运行的血液,与商品贸易流通有着息息相关的联系。在市场自身的演进进程中,资金是最易于流动的生产要素。资金流动状况决定着整个社会资源的配置和经济运行的效率。近代中国国内外贸易的繁盛既依赖于货币金融的流通,其本身也促进了货币金融体系的发展完善。近代化的市场作为一个庞大的系统和完整的组织,其市场发育不仅体现了市场交易量、交易范围、交易方式和交易手段的变化,金融行业的市场也应有相应的发展。从金融市场发育和金融结构层级体系的构造角度来考察近代市场的发育,是探讨近代经济结构和实际运行情况的又一视角。

在现代化的、复杂的金融机构与金融工具逐渐发展与完善起来并成为经济运行的基础之前,传统的货币兑换及内汇等金融力量在经济变迁中的作用和机理,以及它们在经济近代化过程中的作用和自我消长过程,远未受到现今经济理论和经济史研究者的重视和必要的关注。而现今的经济理论和经济史研究对近代金融市场中货币兑换和国内汇兑等资金运转所推动的金融市场圈的形成过程,也缺乏必要的关注。

本书通过研究传统金融市场中的货币兑换和内汇等货币金融体系在埠际间资金流转过程中的发展和演进机制,探讨近代金融市场圈的自我发展和融合程度,在一定程度上弥补了学术界对此研究领域的不足。

本书的研究至少具有以下意义:

第一,关注货币兑换和内汇等传统金融市场的自我消长及其变迁过程,一定程度上弥补了学术界对此研究领域的不足。

第二,根据各地通用货币、货币本位及货币兑换的变动趋势,分析区域中心及其腹地经济的相关性,细化近代中国国内的金融市场发育与融合状况。

第三,在对货币兑换、国内汇兑等传统金融市场的发育、发展进行充分分析后,进一步与其他金融信息的变动相结合,推进和完善近代中国经济运行中的货币资金运行体系研究。

第四,数据的短缺是经济史研究中一个无法回避的问题。本书详细收集、整理、分析了相关近代金融信息,通过历史序列数据的量化分析,研究金融市场的整合程度及其有效性,从数据方面弥补经济史研究中数据短缺的不足,具有历史序列数据的建设贡献。本书所建立的各项金融指标和研究结论,也可以成为现代金融研究的起点。

第五,本书通过对历史时期金融体系与经济运行内在关系的系统考察,实证金融和贸易之间的历史耦合性,对于认识并推进目前金融改革具有历史基础和借鉴意义。

第二节　研究现状与文献综述

一、近代中国货币史

近代中国货币问题是一个复杂而多维度的议题,它深刻交织于历史学、钱币学和经济金融学的分析框架之中。具体而言,这一议题可以从货币制度、货币本位、货币与金融机构、货币政策、货币运行规律等多个角度进行详尽探讨。目前,具有代表性的成果主要源自两个时期:民国时期[①]和20个世纪80年代。[②] 这两个时期涌现出一批杰出的前贤学者及其论著。这些研究对于我们廓清近代中国货币构成、货币体系的运行及其特点具有重要的参考价值。戴建兵从货币本身入手,在评述中国近代货币发展的进程后,总结中国独特的货币体系,归纳了中国近代币制的特点。[③] 另外,万志英[④]、贺水金[⑤]、燕红忠[⑥]、熊昌锟[⑦]、韩祥[⑧]、邱永志[⑨]、石涛[⑩]等学者从不同角度分析了近代中国货币流通运行机制、价值尺度等

[①] 张家骧:《中华币制史》,民国大学出版部1925年版;侯厚培:《中国货币沿革史》,世界书局1929年版;耿爱德:《中国货币论》,商务印书馆1929年版;戴铭礼:《中国货币史》,商务印书馆1934年版;章乃器:《中国货币问题》,大众文化社1937年版。

[②] 魏建猷:《中国近代货币史》,黄山书社1986年版;彭信威:《中国货币史》,上海人民出版社1988年版;千家驹、郭彦岗:《中国货币史纲要》,上海人民出版社1986年版;中国人民银行总行参事室编:《中华民国货币史资料》,上海人民出版社1986年版。

[③] 戴建兵:《中国近代银两史》,中国社会科学出版社2007年版;戴建兵:《白银与近代中国经济(1890—1935)》,复旦大学出版社2005年版;戴建兵:《中国近代的白银核心型货币体系(1890—1935)》,《中国社会科学》,2012年第9期。

[④] 万志英、刘东岩:《16—19世纪拉美白银在中国经济中的重要性变迁》,《中国钱币》,2020年第5期。

[⑤] 贺水金:《不和谐音:货币紊乱与近代中国经济、社会民生》,《社会科学》,2008年第5期;贺水金:《论20世纪30年代前中国币制紊乱的特征与弊端》,《史林》,1998年第4期。

[⑥] 燕红忠:《本位与信用:近代中国白银货币制度及其变革》,《中国经济史研究》,2019年第6期;燕红忠、李裕威:《外国纸币何以能在近代中国长期流通？——东北竞争性货币市场及其启示》,《财经研究》,2019年第9期。

[⑦] 熊昌锟:《近代宁波的洋银流入与货币结构》,《中国经济史研究》,2017年第6期;熊昌锟:《良币胜出:银元在近代中国市场上主币地位的确立》,《中国经济史研究》,2018年第6期;熊昌锟:《近代中国市场上的外国银元研究》,《中国经济史研究》,2017年第1期。

[⑧] 韩祥:《铜元何以占领农村:清末民初华北小额通货的流通与更替》,《历史研究》,2020年第4期。

[⑨] 邱永志等:《价值基准的深化与离散:再论明清以降的虚银两制度》,《江西师范大学学报(哲学社会科学版)》,2021年第1期。

[⑩] 石涛:《近代中国的辅币制度》,《历史教学(高校版)》,2009年第10期。

问题。而陈晓荣以小区域流通纸币为视角,分析中国近代纸币流通的二维结构。① 其中,有关近代中国货币本位问题的讨论亦有学者涉及。戴建兵教授从货币本位理论考察,认为中国近代货币没有严格意义上的货币银行学学理上的本位含义,其构成实质是白银核心型货币体系。这一体系的核心——白银——是由外部供给的,而国际白银市场被西方操纵,外商银行控制中国国内白银以及相应的银两制度。中国近代货币体系深受外国势力影响,是中国近代特定政治和经济的产物,给社会经济带来负面影响。② 宋佩玉在对1840—1911年中国货币制度进行研究的过程中,分析了有关货币本位问题的争论。③ 刘斌、邹丽霞等人从货币制度基本概念和货币问题的产生着手,回顾近代以来从《币制则例》到《国币条例》再到"废两改元"的币制改革历程。④

二、金融机构

民国时期从中国银行发展史角度进行研究的先辈学者主要有周葆銮、吴承禧等⑤。新中国成立后,特别是20世纪80年代后,关于近代银行的研究大量增加,无论是从著作还是发表论文的数量来看,都要远远高于对其他金融行业的研究。但受研究方法、研究视角的限制,对这一时期的金融史研究深度不够。⑥ 此外,中国人民银行总行和部分分行及其他研究机构先后收集、整理、编纂出版了金城银行、上海商业储蓄银行、交通银行等银行史料。张郁兰、黄鉴晖、汪敬虞、王业键、杜恂诚、姚会元、姜宏业、李

---

① 陈晓荣:《论中国近代纸币流通的二维结构——以小区域流通纸币为视角》,《史林》,2009年第4期。
② 戴建兵:《中国近代的白银核心型货币体系(1890—1935)》,《中国社会科学》,2012年第9期。
③ 宋佩玉:《1840—1911年中国货币制度研究》,新疆大学2001年硕士学位论文。
④ 刘斌:《近代中国货币本位制度的变迁论述》,《武汉商学院学报》,2015年第2期;邹丽霞:《晚清货币本位制度改革》,《资治文摘(管理版)》,2010年第7期。
⑤ 周葆銮:《中华银行史》,商务印书馆1923年版;吴承禧:《中国的银行》,商务印书馆1934年版;王志莘:《中国之储蓄银行史》,新华信托储蓄银行1934年版。
⑥ 主要包括石毓符:《中国货币金融史略》,天津人民出版社1984年版;中国近代金融史编写组编:《中国近代金融史》,中国金融出版社1985年版;洪葭管主编:《中国金融史》,西南财经大学出版社1993年版;袁远福、缪明杨:《中国金融简史》,中国金融出版社2001年版。

一翔、朱荫贵、戴建兵等一大批学者都在中国银行业研究方面作出了贡献。①

20世纪二三十年代,李权时、姚庆三、张辑颜、施伯珩等学者介绍了中国钱庄的业务、经营发展状况等。②新中国成立初期,中国人民银行上海市分行收集、整理出版的《上海钱庄史料》成为钱庄研究的经典史料之一。另外,20世纪80年代,郑亦芳、张国辉③两位先生的著作除了介绍钱庄的起源及发展历程外,还涉及钱庄的组织网络及其业务,并通过观察钱庄本身之蜕变及实力消长,分析了钱庄业在整体经济结构中所占的地位及作用。近年来,张国辉、姚会元、何益忠、林地焕、朱荫贵、朱俊峰等经济史学者也以钱庄为主题发表了相关学术论文。④但几乎所有涉及钱庄的学术专著和论文,均重在论述钱庄业的发展趋势和一般规律,对钱庄业与金融市场的关系甚少涉及,与之相关的金融市场即使提及,也是简单论述。相较于以往传统的研究视角,郑成林的博士论文深入剖析了上海银行公会在政府、银行及其他团体和个人间构建的业务网络体系。这一体系不仅通过横纵向的拓展,建成跨业界、跨地区的多边网络,且促进了银行业和社会经济的发展。但郑成林分析的是银行业间为减少交易成本、促进商品信息传播、维护商业信用而构建的制度化网络体系,是对法制不健全的一种补充和创新,而非全局性的银行市场网络或金融市场网络。⑤

关于山西票号的研究,国内外学者早在20世纪20年代就已涉足此领域,并不断地在晋商史料发掘、研究方法拓展和研究角度的多层次切入

---

① 易棉阳、姚会元:《1980年以来的中国近代银行史研究综述》,《近代史研究》,2005年第3期。
② 有关钱庄的著述主要包括:李权时、赵渭人:《上海之钱庄》,东南书店1929年版;姚庆三:《金融论丛》,(出版者不详)1935年版;张辑颜:《中国金融论》,商务印书馆1930年版;潘子豪:《中国钱庄概要》,上海华通书局1931年版;施伯珩:《钱庄学》,上海商业珠算学社1931年版。
③ 郑亦芳:《上海钱庄(1843—1937)——中国传统金融业的蜕变》,(中国)台湾"中央研究院"1981年版;张国辉:《晚清钱庄和票号研究》,中华书局1989年版。
④ 张国辉:《二十世纪初期的中国钱庄和票号》,《中国经济史研究》,1986年第1期;姚会元:《近代汉口钱庄性质的转变》,《武汉师范学院学报(哲学社会科学版)》,1984年第2期;姚会元:《近代汉口钱庄研究》,《历史研究》,1990年第2期;何益忠:《变革社会中的传统与现代:1897—1937年的上海钱庄与华资银行》,《复旦学报(社会科学版)》,1998年第3期;林地焕:《论20世纪前期天津钱庄业的繁荣》,《史学月刊》,2000年第1期;朱荫贵:《抗战前天津钱庄业的衰落与南京国民政府》,《中国经济史研究》,2003年第1期。
⑤ 郑成林:《从双向桥梁到多边网络——上海银行公会与银行业(1918—1936)》,华中师范大学2003年博士学位论文。

和学科体系的建立上留下了不少宝贵的研究成果。① 经济史学家对山西票号的研究多从票号的起源、组织方式、人力资源管理、股权结构及其与清政府的关系等方面进行微观分析；有关票号在中国近代金融业的宏观研究，也仅限于其对专业人才的培养、对近代金融业雏形的创造等方面。而且目前研究多侧重各个金融机构的分述，缺乏系统性视角，同时对整个宏观层面的金融演进与运作机制的相关分析欠缺，且微观和个案研究重于宏观研究。

三、金融市场

20世纪二三十年代是近代金融市场发展和研究的主要时期，涌现了一批重要的著作和文章，主要介绍了上海金融市场中的同业拆借、标金、公债市场以及钱业市场的业务操作等。② 80年代后，关于近代金融市场研究的专著也相继问世。③ 此外，还有众多对近代黄金市场、证券市场、外汇市场、票据市场等金融市场的研究论文。但就全国金融市场进行考察的成果不多。石方考察了哈尔滨20世纪一二十年代的金融市场，认为金融市场的形成与发展对哈尔滨在十几年内迅速发展成为具有"经济中心"功能的近代国际性都市起到了不可低估的作用。④ 刘方健考察了近代重庆金融市场的特征与作用，认为优越的地理位置是近代重庆金融市场形成的基本条件。⑤ 肖良武考察了近代贵州金融市场的变迁，认为金融机构的产生与发展推动了近代贵州金融网络的建立与金融市场的发展。⑥ 此外，现有研究文献，多偏向上海一地的金融市场发展，而忽略了

---

① 陈其田：《山西票庄考略》，商务印书馆1937年版；卫聚贤：《山西票号史》，中央银行经济研究处1944年版；黄鉴晖：《山西票号史》，山西经济出版社2002年版。
② 上海银行周报社：《上海金融市场论》，上海银行周报社1923年版；施伯珩：《钱庄学》，上海商业珠算学社1931年版。
③ 洪葭管、张继凤：《近代上海金融市场》，上海人民出版社1989年版；中国人民银行总行金融研究所金融历史研究室：《近代中国的金融市场》，中国金融出版社1989年版；宋佩玉：《抗战前期上海外汇市场研究》，上海人民出版社2007年版；何旭艳：《上海信托业研究（1921—1949）》，上海人民出版社2007年版；刘志英：《近代上海华商证券市场研究》，学林出版社2004年版。
④ 石方：《哈尔滨一二十年代的金融市场》，《龙江社会科学》，1995年第3期。
⑤ 刘方健：《近代重庆金融市场的特征与作用》，《财经科学》，1995年第3期。
⑥ 肖良武：《近代贵州金融制度变迁与金融市场研究》，《贵阳学院学报（社会科学版）》，2006年第3期。

其他地域的发展和辅助作用。朱镇华考察了近代上海金融市场的发展概况，认为近代上海金融市场的产生和发展是当时经济和金融发展的产物。[①] 潘连贵、史融则考察了上海黄金市场的形成与发展过程及其国际性。[②] 戴建兵、史红霞认为，由于中外货币本位制度不同，上海金市不仅成为中外商人避免交易风险的工具，同时也是世界范围内黄金流通及可利用金银比价进行投机的重要黄金市场。[③] 魏忠、常远用不同的方法分析了世界货币体系和南京政府的市场干预，以及上海标金市场在国际金融市场上的影响力。[④] 吴景平、宋佩玉则考察了抗战爆发前的上海外汇市场。[⑤] 戴建兵、杜恂诚、郑成林、万立明等考察了清末至民国时期中国近代票据贴现市场的发展状况及特点。[⑥] 我国近代证券市场分为华商证券市场和外商证券市场，包括股票市场、基金市场和债券市场。田永秀、李玉、朱荫贵、宋士云等都曾对上海证券市场进行研究。[⑦] 在华商证券市场的研究方面，刘志英较为完整系统地梳理了近代上海华商证券市场发展演变的历史进程及市场管理体制。[⑧] 相较而言，对于外商证券市场的研究相对薄弱，彭厚文分析了上海早期外商证券市场的投机性。刘志英对外商证券市场的兴起、发展进行了初步的总结，并着重分析了它对华商

---

① 朱镇华：《近代上海金融市场发展概况》，《金融研究》，1991年第9期。
② 潘连贵：《试论近代上海黄金市场的国际性》，《上海金融》，1995年第2期。史融：《近代上海黄金市场的形成与发展》，《上海金融》，1994年第4期。
③ 戴建兵、史红霞：《近代上海黄金市场研究(1921—1935年)》，《黄金》，2003年第3期。
④ 魏忠：《近代上海标金期货市场的实证分析——基于上海标金期货市场与伦敦白银市场之关系的视角》，《财经研究》，2008年第10期；常远：《最早的汇率期货——民国时期标金期货兴衰分析》，《信阳师范学院学报》，2009年第2期。
⑤ 吴景平：《上海金融业与太平洋战争爆发前上海的外汇市场》，《史学月刊》，2003年第1期；宋佩玉：《近代上海外汇市场发展述略(1843—1937)》，《安徽史学》，2005年第3期。
⑥ 戴建兵：《浅议清末和民国时期钱庄、银号和银行的票据》，载中国钱币学会编：《中国钱币论文集(第三辑)》，中国金融出版社1989年版；杜恂诚：《中国近代票据贴现市场的产生》，《中国金融》，2003年第11期；郑成林：《上海银行公会与近代中国票据业的发展》，《江西社会科学》，2005年第10期；万立明：《上海银行公会与20世纪二三十年代的票据立法》，《社会科学研究》，2007年第5期。
⑦ 田永秀：《1862—1883年中国的股票市场》，《中国经济史研究》，1995年第2期；李玉：《1882年的上海股票市场》，《历史档案》，2000年第2期；宋士云：《抗日战争时期我国的股票市场》，《齐鲁学刊》，1998年第5期；朱荫贵：《近代上海证券市场上股票买卖的三次高潮》，《中国经济史研究》，1998年第3期；朱荫贵：《1918—1937年的中国证券市场》，《复旦学报(社会科学版)》，2006年第2期；朱荫贵：《试论近代中国证券市场的特点》，《经济研究》，2008年第3期。
⑧ 刘志英：《近代上海华商证券市场研究》，学林出版社2004年版。

证券市场的示范和刺激作用。①

总之,目前中国学术界关于货币金融史的研究主要侧重于微观和行业方面,而从宏观总量和金融指标角度衡量近代金融结构和金融发育的整体研究还较为薄弱。以往的研究成果多以银行或钱庄等单一的金融机构或一地的金融市场为研究对象,忽视了整个金融体系的内在关联性。有关近代金融市场的研究内容偏重股票债券市场等,而对于传统金融市场的内汇市场则鲜有专门的深入研究。同时,本书也将从宏观视角分析国内金融市场的整体发育程度。

四、内汇市场

20世纪二三十年代,《银行周报》等重要经济类期刊刊登并介绍的有关国内汇兑的文章和大量内汇行市行情信息,成为今天研究内汇市场的重要资料。同时期,曲殿元、杨荫溥等以论著②的形式较为详实地分析了内汇的研究意义、汇兑形式及换算举例。新中国成立后,中国人民银行总行以资料汇编的形式,编录了北洋军阀政府时期庞杂混乱的货币市场和各商埠的虚拟银两本位。③ 杜恂诚(1996)参考并延续了二三十年代的研究,介绍汇兑的种类、形式和计算方法,但对复杂的计算方法缺少概括性。此外,中国人民银行总行、洪葭管等机构和学者④在对近代中国各地金融市场的论述中,简要提及了内汇市场在各地的发展历程,论述粗略笼统。相较于近代金融市场中股票证券、外汇等市场的研究,学界对内汇市场的研究相对薄弱,已刊论文相对较少。⑤ 近年来,燕红忠教授团队以东北为

---

① 彭厚文:《上海早期的外商证券市场》,《历史档案》,2000年第3期;刘志英:《近代上海的外商证券市场》,《上海金融》,2002年第4期。
② 曲殿元:《中国之金融与汇兑》,上海大东书局印行1930年版;杨荫溥:《杨著中国金融论》,黎明书局1930年版。
③ 中国人民银行总行参事室:《中华民国货币史资料(第一辑)》,上海人民出版社1986年版。
④ 中国人民银行总行金融研究所金融历史研究室:《近代中国的金融市场》,中国金融出版社1989年版;洪葭管:《近代上海金融市场》,上海人民出版社1989年版。
⑤ 李一翔:《论长江沿岸城市之间的金融联系》,《中国经济史研究》,2002年第1期;李一翔:《1922—1931年重庆申汇市场的变动趋势》,载张仲礼等主编:《中国近代城市发展与社会经济》,上海社会科学出版社1999年版;石涛:《汇兑、结算与投机——近代申汇问题探索》,《社会科学辑刊》,2008年第3期。

主,分析了近代中国区域汇兑市场的运行机制。[①] 而近代中国的金融圈应该是一个相关联的、带有层次性的结构,以往的研究缺乏全局性的分析和架构。最后,对于内汇价、拆息、洋厘等金融产品的价格只有记载,缺乏对数据背后所蕴含的经济和金融现象变化趋势的深入剖析,以及对这些变化背后内在原因的说明和分析。金融产品的微观数据与宏观金融市场的内在关联度也没有得到有效揭示。

五、金融市场整合

市场整合又称市场一体化,其与经济增长之间的关系自亚当·斯密开始就一直受到学术界的关注。一些学者认为,市场整合带来了专业化分工、技术扩散、生产成本的降低等诸多好处(Unger,1983；Allen and Unger,1990),并成为工业革命到来的可能性因素之一(Studer,2009)。而另一些学者则认为,市场整合是人口增长、技术扩散、资本积累所带来的结果(O'Rourke and Williamson,2001);或者说,市场整合不一定伴随经济增长而发生(Clark,2002)。

学术界对近代中国的市场整合存在一定的争议。这一争议主要围绕市场整合的定义、范围及影响因素等方面展开。但可以肯定的是,中国近代确实存在阻碍市场一体化的因素。而对于历史上中国市场整合的研究,学者们多以粮价数据为切入点对中国的市场形态和整合程度进行不同角度的考察。研究者们多注重引述史料,还原小范围市场的组织形态与联系(如许檀,1995；Pomeranz,2000),或采用定量方法研究某一区域内部市场的整合程度(如 Li,1992；Perdue,1992；Wong and Perdue,1992；陈春声,1993；李军等,2008)。特别是 Shiue 和 Keller 通过对清代中国南方的粮价数据进行协整分析,从不同角度考察中国市场形态和市场的整合情况。他们发现,工业化前的欧洲与中国南方特别是长江三角洲一带的市场发育程度是类似的(Shiue and Keller,2007)。传统的市场整合以

[①] 燕红忠等:《近代中国区域汇兑市场的运行机制研究——以大连为中心的钱市、汇市与贸易(1906—1931)》,《中国经济史研究》,2020 年第 3 期；燕红忠、李裕威:《近代中国内汇市场的发展及其特点》,《暨南学报(哲学社会科学版)》,2019 年第 5 期。

粮价数据为研究依据,多因为近代中国粮价数据资料丰富,整理和运用较为方便,而其他商品的价格相对零散,数据不易得到。而且,粮食市场发育较为成熟,其发育程度可以作为衡量整体市场发育程度的有效指标。相对于成熟的粮食市场,金融市场什么时候才能算作一个市场?金融市场的发育又是从何时开始?发育的程度又是如何?金融市场中金融产品的价格能否得到金融市场的整合?它与一般的商品市场的区别在哪里?这些思考促使我们深入探索与研究。

按照发达国家的经验,一国(地区)先有商品市场整合,后有资本市场整合。近年来,海外学术界开始将中国国内市场整合的研究领域逐步拓展到资本市场、土地市场和其他重要生产要素市场。经济学理论中的市场整合是指,在一个商品可以完全自由、无成本流通的环境中,不同市场中相同产品的价格波动应该一致,否则就存在套利的空间,直至重新达到均衡为止。相反,商品运销成本越高,套利越困难,从而使不同地域价格水平出现不一致,于是形成了市场分割。此类研究需要考虑的首要问题是,如何衡量市场整合的程度?一个被广泛采用的衡量市场整合程度的方法是计算两个市场之间价格同步变动的幅度。这种方法以"一价定律"为基础,认为在两个整合程度很高的市场上,套利会使两个市场的价格水平存在共同波动的关系;反之,如果两个市场非常分隔,套利无法发生,那么各自的价格就不会同步变动。

汇价和利率是金融市场整合过程中最基本的衡量指标。基于国内埠际贸易流动和银根松紧基础上的国内汇兑,其价格的变动趋势在一定程度上代表了两地间的金融联系。汇价的涨落在很大程度上代表了异地间物资的交流和资金的流向。金融信息在异地间的灵敏度大小,可视为两地间金融网络传递是否有效的表现。近代金融中心形成后,如挂牌交易等,使得国内如南北方之间、沿海与内陆之间的金银交易,或者延伸到产品交易(粮食交易)得以整合,价格差距减小,市场整合程度得到提高。在前现代经济之前即上海金融中心形成之前,中国的市场分裂比较明显,经济或者金融圈、金融市场局限于区域市场圈、区域经济圈。区域圈之间的金融流动是否比商品流动更加快捷、敏锐?上海成为金融中心之后,区域经济圈内的金融往来较之以前,在量上和质上如何改变与突破? 除了网络覆盖和经济地理圈的改变之外,在金融价格方面的灵敏度如何变化? 以及传统区域经济圈如何在金融的推动和支持下走向近代化? 本书拟从金融市场的发育与整合角度衡量近代中国的经济发展,是一种新的尝试。

对于传统中国金融市场整合的研究,目前已有学者不断推进。学者们多采用汇率、银价、洋厘、利率等数据,对近代中国金融市场的整合程度进行考察。赵留彦、隋福民通过考察外汇汇率与银价的关系,探讨清末民国时期中国与国际市场的整合程度,认为"银点套利"保证了汇率和国际银价之间的长期稳定关系,表明中国外汇市场与国际市场联系紧密。[1] 同时,赵留彦利用清末民国上海和天津的洋厘数据,研究津沪之间的货币市场整合。结果发现,与清末相比,民国时期两地市场的整合程度有所提升。[2] 另外,厦门大学汪伟城以汇兑市场为例,分析了近代中国与新加坡的金融市场整合(1920—1935年)问题;研究表明,新加坡与香港、上海的汇兑市场存在长期稳定的联动关系。其中,近代中国各地货币标准紊乱,充分体现货币市场的分割性问题。[3] 杜恂诚教授对1921年1月至11月上海、汉口、镇江、苏州四个城市的旬平均银拆和洋厘数据,以及1921年1月至1922年12月上海和苏州两城市的旬平均银拆和洋厘数据,进行了相对价格和离散系数时间序列的平稳性检验。结果表明,即使是在经济联系比较密切的大城市之间,货币市场仍基本处于相对分割状态。杜教授认为,市场整合应该是各地要素价格相等或趋同,而近代中国货币市场不存在整合。[4]

六、金融网络的基础:商品流通网络及资金流动

施坚雅按照以水系为基本要素的自然特征、以人口密度为主要决定

---

[1] 赵留彦、隋福民:《从汇率与国际银价关系看清末民国外汇市场整合》,《中国经济史研究》,2015年第1期。David S. Jacks, Se Yan, Liuyan Zhao. Silver Points, Silver Flows, and the Measure of Chinese Financial Integration. *Journal of International Economics*, Vol. 108, 2017, pp. 377−386.

[2] 赵留彦:《银点套利与清末民国的货币市场整合——沪津洋厘市场的证据》,《经济学(季刊)》,2015年第14卷第4期。

[3] 汪伟城:《近代中国与新加坡的金融市场整合分析(1920—1935)——以汇兑市场为例》,厦门大学2018年硕士学位论文。

[4] 杜恂诚:《近代中国货币市场的整合与分割》,《中国社会经济史研究》,2018年第3期。

因素的经济资源、以中心城市为主的经济腹地以及综合性城市体系为标准,将中国分为华北、长江上游、长江中游、长江下游、东南沿海、岭南、西北、云贵和满洲区域九大经济区域。每个区域都有自己独特发展的区域经济体系,并与其他独立的区域相联系,形成较大的体系。伴随近代大规模、远距离国内外贸易发展,九大区域体内部以及区域与区域之间的经济联系逐渐增多,原有的建立在相对闭塞农业帝国的区域经济体的相对独立性也在逐渐发展变化。贸易关系形成背后金融市场圈的延伸和渐进过程,也是一个逐渐打破和连接固有区域经济圈的过程。同时,施坚雅根据城市(镇)间的贸易量,将城市(镇)间的贸易量用粗细有别的线条代表贸易量的多寡,以此确定以某城市为中心的四周放散的线条网络。[①] 本书可以借鉴以上方法,采用埠际的金银流通量,作为勾勒金融市场网络的宏观视角。

经济体间市场网络体系的形成是中国经济发展的一项重要内容,代表着传统经济向市场经济的转变。近代以来,伴随着交通运输条件的改变,中国各区域开始由内陆农业经济为主体的封闭型经济布局,逐渐转变为连接世界市场的以国内外贸易为主线的开放型经济格局,并形成了多层次、多等级、多类型的商品流通网络。国内学者如庄维民、许檀、张利民等对此均有研究,但研究领域多集中在对长三角、华北的论述,分析角度是市镇结构的分布与布局、商品流通的流动趋向和网络,以及工商业活动的空间结构。例如,近代山东有着连接城乡、运作自如、成熟的流通网络体系,并已经形成了由产地市场、专业市场、中转市场、集散市场、中心市场和口岸市场构成的多层次市场结构体系。[②] 戴鞍钢认为,上海作为近代中国经济的中心城市,其崛起直接带动了长江流域商品流通市场网络的构建,并渐次形成以上海为中心、沿江各口岸城市为支点,涵盖流域内各省市、多层次衔接的市场流通网络。[③] 研究伴随商品市场流通网络而

[①] 刘招成:《施坚雅模式研究——美国中国学社会科学化的一个剖析》,华东师范大学2003年博士学位论文。
[②] 许檀:《明清时期山东商品经济的发展》,中国社会科学出版社1998年版;庄维民:《近代山东市场经济的变迁》,中华书局2000年版。
[③] 戴鞍钢:《近代上海与长江流域市场网络的架构》,《复旦学报(社会科学版)》,1996年第5期。

兴的金融市场网络,需要参考和借鉴已有市场流通网络的研究成果。

七、金融网络及层级体系

相较于商品流通网络层级体系的研究,有关金融层级体系的研究成果较为稀少。银行、钱庄遍布各地,相关分支机构、办事处、代理处为资金流动提供了畅通的渠道,但也形成了复杂的关系网络。马俊亚论述了20世纪二三十年代以上海为中心,连接天津、汉口等二级金融中心,与次级金融市场形成具有高低层次的金融网络,并对近代钱业市场的层次、运营以及与农副产品贸易的关系进行探讨。[①] 李一翔根据以银行为主体的近代金融业的交叉发展、以上海为枢纽的城市金融网络的渐次形成和以资金流动为内核的金融往来的渐趋繁复等三个标志,分析了以上海、汉口、重庆为支点的长江经济带间的金融联系。[②] 李一翔还从银行间的汇兑、拆借和埠际放款、投资等资金在各城市之间的流动方式的角度,分析银行在城市经济中的作用。[③] 徐建国通过对明清时期各区域中心城市民信局的寄递地点和范围的分析,表明其寄递网络主要呈中心城市、中等城市和城镇三个层级展开;以及民信局寄递网络与商品流通网络的层次性相似,且与商品的流通网络存在一定的契合性。[④]

金融网络是指经济系统中的资金循环。20世纪70年代,Storoy、Martel等人在文献中描述了资本市场互联的金融网络。[⑤] 进入90年代,关于金融网络模型和分析方法的研究逐渐深入。同时,金融市场是一个具有相互作用的复杂系统。它不仅被经济学家、数学家关注,还被物理学家关注。Mantegan(1999)最早在其论文"Hierarchical Structure in Financial Markets"中,通过研究金融市场中每日对数的时间序列股票价

---

① 马俊亚:《近代国内钱业市场的运营与农副产品贸易》,《近代史研究》,2001年第2期。
② 李一翔:《论长江沿岸城市之间的金融联系》,《中国经济史研究》,2002年第1期。
③ 李一翔:《从资金流动看近代中国银行业在城市经济发展中的作用》,《改革》,1997年第3期。
④ 徐建国:《近代民信局的寄递网络研究》,《安徽史学》,2009年第3期。
⑤ S. Storoy, S. Thore, and M. Boyer. Equilibrium in Linear Capital Market Networks, *The Journal of Finance*, 1975, 30(4):1197−1211. J. M. Martel, N. T. Khoury, and M. Bergeron. An Application of. A Multicriteria Approach to Portfolio Comparisons. *Journal of Operations Research Society*, 1988, 39(6):617−628.

格,发现了股票交易具有层级结构体系,创建了连接金融市场股票交易的拓扑空间方法。[1] 一般来说,存在相互作用关系的复杂系统都可以抽象成网络来研究,而复杂网络理论即可用来描述社会各类开放复杂系统的结构变换。复杂网络理论把系统内部的各个元素作为节点、元素之间的关系视为连接,按照某种规则认为或者自然地构造一种相互作用关系。

复杂网络理论也成为研究银行同业拆借市场内在结构和功能的有力工具。随后几年,国外学者们的实证研究发现,银行间市场网络结构具有复杂网络结构特征,如群体结构、层次结构、小世界网络结构等。[2] Boss通过奥地利中央银行的数据实证分析了奥地利的银行网络,以银行作为节点,与其债权债务关系相连接,指出奥地利银行网络具有群体结构和区域及行业层次结构特征。[3] 利用复杂网络理论研究银行网络结构在国内起步较晚,具有影响性的文献较少。蔡世民等人基于股票价格波动序列的相关特性,应用复杂网络的分析方法实证研究金融市场网络结构。[4] 复杂网络理论应用于银行间网络结构的分析,为研究银行内部和外部诸多问题提供了一个很好的视角。但以上所有文献的研究,都基本采用基于众多个体构成的关联矩阵,通过阈值化处理得到金融市场的网络连接矩阵,然后运用复杂网络的特征参量表征得到金融网络性质的研究路数。复杂的金融网络研究方法对本书的局限在于,以一定的经济学假设来限定网络的完全性、随机性等特征,且要求对银行的资产负债数据或者股票数据进行矩阵计算和阈值分析等,属于较为微观的分析。本书所分析的金融网络,区别于金融系统内部业务往来及业务规模的系统微观分析,着眼于埠际间资金流动和调拨的中观及宏观网络。现代金融网络以顾客或

---

[1] R. N. Mantegna. Hierarchical Structure in Financial Markets. *The European physical Journal*, 1999, B(11):193—197.

[2] M. Boss, H. Elsinger, and M. Summer. The Network Topology of the Interbank Market. *Quantitative Finance*, 2004(4):677—684. C. Upper, A. Worms. Estimating Bilateral Exposures in the German Interbank Market:Is There A Danger of Contagion? *European Economic Review*, 2004, 48(4):827—849. S. L. A. Harrison, M. Tudela. Tiering in UK Payment Systems. *Bank of England Financial Stability Review*, 2005, 62:63—72.

[3] Boss. Network Topology of the Interbank Market. *Quantitative Finance*, 2004, 4(6):677—684.

[4] 蔡世民等:《基于复杂网络的金融市场网络结构实证研究》,《复杂系统与复杂性科学》,2011年第3期。

某个银行机构作为节点,以资金在银行体系或顾客与银行间的流动为流通路径。本书所分析的金融网络,以埠际城镇为节点,以资金在埠际间的调拨和流转为流通路径。但现代金融网络研究中的分析方法和切入视角是本书借鉴和学习之所在。

第三节 资料和数据来源

本书以晚清与民国时期的60多种报刊资料和民国货币经济图书为核心资料,辅以民国时期的经济贸易金融类调查资料、县志和海关资料等文献资料,借鉴GIS的技术手段和现代金融市场网络分析方法,以钱庄、银行对资金的短期调拨为研究主线,勾勒近代以上海为终点,以天津、汉口等次级城市为焦点,连接全国区域市场的金融流通网络和结构分布图,探索全国金融市场网络层级体系的形成过程。最后,通过对金融产品价格进行数量方法的实证分析,论证传统金融市场的有效性及其整合程度。

以往的研究多关注档案资料的记载,而报纸和期刊的记载只是作为档案资料的佐证被使用。本书主要集中了民国时期的各大报刊资料,将相对零散的各埠经济金融信息进行摘录、汇合、整理,再对刊物所载调查、统计资料及各项经济消息进行爬梳整理。在可以搜集到的数据资料基础上,运用一定的数理分析方法,对内汇价、内汇指数等金融信息进行计量分析,以说明其与实体经济之间的变动关系。这些信息的整理和汇兑,对研究长时段中国经济、金融的发展规律和运行机制具有极其重要的价值和意义。

一、来源众多的报刊

报刊资源来源广泛,主要包括《北华捷报》《申报》《银行周报》《钱业月报》《中央银行月报》《中外商业金融汇报》等综合性报刊,集中刊登北京、天津经济金融信息的《天津经济月报》《银行月刊》,以及记载汉口经济资料的《银行月刊》等地方性报刊。

(一)总括性的报刊

1.《钱业月报》。1920年由上海钱业公会主办,1921年2月正式出刊,每月发行一期,每年汇编一卷。时间从1921年创刊到1937年抗战爆发停刊,共17卷。1947年7月复刊,1949年5月至20卷第4期后停刊。《钱业月报》所涉内容包括各埠经济相关行业的论说,与钱业相关的工商业调查,银洋行市、汇兑行市、银元钞币进出口统计表,以及本外埠金融商情等信息,是研究1921—1937年以上海为主的银钱业等金融商情的重要资料来源。其与《银行周报》并称"姐妹报"。

2.《银行周报》。有各地每月进出上海的银洋数、上海银钱业行市表等信息。《银行周报》刊有洛阳、周口、营口、济宁、汉口、宜昌、重庆等多个市镇的"通用货币及其汇兑计算"文章,详细论述各地的通用货币、通用平砝、汇兑行市(如汇天津、汇上海)、汇兑条例及汇水设定等。

3.《工商半月刊》。1929年第1卷第1—24期至1935年第7卷第1—24期,有平津汇兑市场指数等数据。1929—1931年的《工商半月刊》刊登的《南开统计周报》之一系列文章中,把国内汇兑分为天津申汇、上海津汇、汉口申汇、上海汉汇等;银拆与洋厘分为上海、汉口、天津。

4.《中央银行月报》。刊有1932年下半年到1935年下半年连续三年的各地金融情况,银洋行市、国内汇兑、各地利息及兑换行市表。如上海洋拆、银拆具体到日的数据;每月上海现金移出入表,包括具体的移出、移入地来源及数目;南京等地每月汇出款数据,并在论述金融状况时,附带了商业状况;银行公会的拆息、贴现等每日数据,以及上海银洋钱市表中的洋拆、洋厘等具体日数据;国内汇兑行市表的每月平均数据;上海从全国各地进出口货物的价值表;各地利息及兑换行市表。

5.《中央银行旬报》。刊有1930年初到1932年年末各地商业金融情况。

6.《中外商业金融汇报》。内含从1929年或1931年到1936年年末的统计数据。如国内汇兑:上海对全国各埠国内汇兑表(1931—1934年),重要各埠对上海汇兑市价表(1932—1934年),太原石家庄对天津汇兑表(1932—1934年),杭州对苏州、宁波、绍兴等地内汇表(1932—1934

年)、绍兴、嘉兴、邢台、唐山、郑州、烟台、汕头等地内汇行市表(1932—1934年)等。

(二)上海

1.《社会月刊》。内含1929—1930年的上海各月金融统计(洋厘、银拆、标金、大条)、上海国内汇兑指数、上海国内汇兑(论述性文章)等。

2.《经济统计季刊》。1932年第1卷第3期至1933年,刊有上海内汇平均市价(1926—1933年)等信息。

3.《中行月刊》。有"二十二年上海金融市场变动之回顾"等主题文章。

(三)天津、北京

1.《天津经济月报》。有利率行情、申汇率、天津市银行业每月存放款额、银行业存放款利率、银行号每月存放款额、银号业汇款额、银号业存放款利率等统计数据。

2.《银行月刊》。刊有1921年、1924年、1925年北京银洋行市表、北京国内汇兑行市表、天津银洋行市表等每日行市表。

(四)汉口

1.《银行杂志》。1923—1925年,突出汉口的商业金融,如汉口国内汇兑、汉口银洋铜元、拆息等连续37期的行市。

(五)广州等地

1.《潮梅商会联合会半月刊》。刊有汕头市汇兑(包括汕汇香、汕汇申)、银毫、日息半月行情表。

2.《统计周刊》。1930年12月到1931年7月,刊有广州国内汇兑最高、最低、平均汇兑行市等信息。

3.《南大经济》。由广州岭南大学商学会出版,1933—1935年,不连续。刊有广州本国银行、广州银业论等信息。

4.《统计月报》。由广西省政府统计局编制,刊有1931—1935年广西各地国内汇兑行市表,以及货币兑换行市等信息。

(六)现银流动

1.《统计期讯·金融:上海现银移动状况》。1934年第3期到1936年第28期。

如上海现银对国内运出入价值(经由京沪路、沪杭甬路和江海关)(1929—1934年),1933年、1934年有月份数据;上海现银经由京沪各站运出入价值(1929—1934年),1933年、1934年有月份数据;上海现银经由沪杭甬路各站运出入价值(1929—1934年),1933年、1934年有月份数据。

2.《银行周报》。1932年第16卷第40、41、43期,刊有《1922—1931十年来上海现金流动之观察》。

3.《中外商业金融汇报》。刊有"上海金银经由江海关运出入数目表(1929—1934年)""上海现银经由京沪沪杭甬两路运出入数目表(1929—1934年)""上海现银经由京沪路移出入地别表(1929—1934年)""上海现银经由沪杭甬铁路移出入地别表(1929—1934年)""最近上海金银移出入数目月别表(1931—1934年)""最近上海银元移出入地别比较表(1931—1933年)""最近上海银元移出入地别比较表(1931—1933年)"等。

二、可利用的数据库

可利用的数据库目前主要包括:大成老旧期刊全文数据库、全国报刊索引——晚清及民国期刊篇名数据库(1833—1949年)、中国近代报刊库、中国历史文献总库·民国图书数据库。

三、可利用的已出版书籍

1.已出版的档案、资料汇编类、晚清与民国时期的社会调查资料等。如南三行、北四行的档案资料;《南开经济指数资料汇编》《上海钱庄史料》等书中对上海、天津等地银拆、洋厘、申汇价等数据的记载与刊发。另有各省市的交通建设、农工商统计等资料。如南京国民政府进行的大量经济普查资料,大多刊登在《工商半月刊》;另有《金华县经济调查》《长沙经济调查》《全国通邮地方物产志》《汉口商业一览》等图书。

2. 新中国成立后整理出版的研究资料。如《中华民国货币史资料》；中国第二历史档案馆与海关总署办公厅合作出版的《中国旧海关史料》等。

3. 银行类年鉴及报告。如《中国银行报告》(1930—1936年)；《全国银行年鉴》(1934—1937年)；沈雷春编《中国金融年鉴》(1939年版)；《中国实业志》中有各省金融信息(银行、钱庄、典当的创立期，资本、地域分布等)；另有1924年、1926年、1928年的《中国经济年鉴》；上海商业储蓄银行调查部编的《商品调查丛刊》系列书中，专门介绍"商品金融"的章节，如"汉口桐油业之金融"。

四、未充分利用的资料

20世纪初，日本东亚同文会所编的《中国经济全书》《支那经济地理志》《支那省别全志》《清国商业综览》等资料，囿于研究者目前的语言难关，这一部分还未充分利用，留待日后寻求相关合作，继续完善相关研究。

因此，希望通过对散见于各大报刊上的经济金融信息进行集中整理和归纳，提高资料之学术价值，掌握近代经济运行之情况，对近代中国经济史研究和当前的社会经济信息调查工作提供一些有益的借鉴。

第四节 研究思路与基本框架

一、基本研究思路

本书在分析国内各埠主要通用货币、通用平砝以及货币本位及兑换行市的基础上，分析了全国重要商埠的内汇关系，并勾勒重要商埠之间汇兑网络，再辅以资金流，描绘出较为宏观的金融网络。最后通过银行、钱庄等机构在中级或基层市场上的通汇往来，结合伴随各地主要商品贸易往来的金融运输状况，进一步细化中级或基层市场的金融联系。

全书主要从货币金融的演进机制角度，探讨国内各主要商埠的货币兑换和国内汇兑情况。第一，论述各地通用货币、通用平砝、主要城镇申汇计算方法、申汇计算公式。第二，对内汇市场的由来、经营机关、经营业务及功能等进行逐一论述。第三，从汇兑层级体系角度，选取埠际之间的直接汇兑行市为研究指标，借助全国汇兑中心、汇兑区域及汇兑网络，分析近代中国国内金融市场圈的构建。第四，分析全国各埠现金输送网络，补充对汇兑网络的分析。第五，通过细化各大银行和钱庄在全国各地的通汇处、分行号、代理处的分布范围及业务数量来衡量其金融势力的地区分布密度，分析近代中国金融资源的分布特征。第六，从汇价等金融产品价格之间的变动趋势，观察埠际间金融信息的关联性和传递性，探讨异地间金融传递的有效性和传统金融市场的发育程度。从短期资金在埠际间的流动视角，探讨近代中国国内金融市场的内在逻辑关系、运行机理和长时段的变化趋势。

二、研究路线

金融业的短期资金调拨，首先得借助全国分支机构、办事处等金融机构的网点设置和区域布置。金融机构所构筑的金融网络也是汇兑业务得以开展的铺设前提。以上海为终点，天津、汉口等各个汇兑中心连接次级城镇所形成的全国汇兑体系构成了金融网络的基本框架。如果汇兑超过了现金输送点，就产生了现金的运输及其流向路径。自然，现银的输送路线、输送流向亦成为金融网络的又一个补充指标。

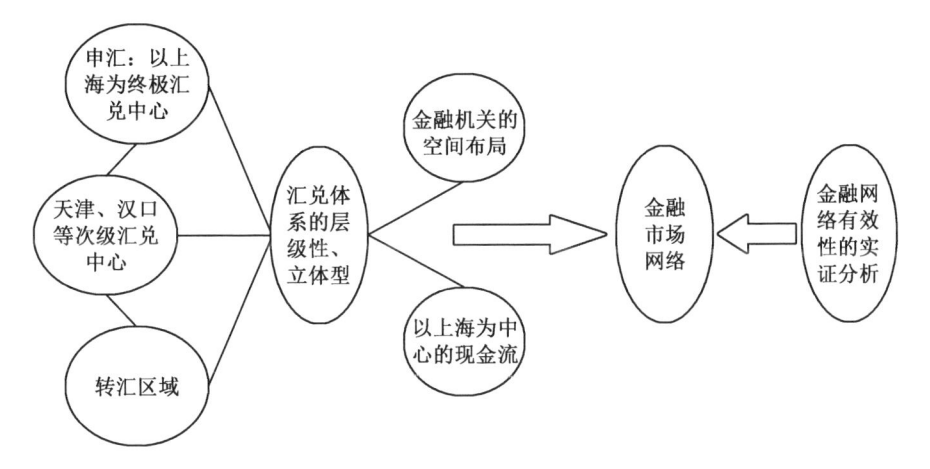

图 I.1 研究结构图

三、需要说明的问题

本书中的资金流动，不是经济体间，也不是国家间，而是国内各地区间的货币资金的流入与流出。短期资金流衡量指标不包括各地间的存款、贷款、投资等柜台交易，只限于商品贸易市场交易活动中的短期货币流通，指买卖双方的货币转移。投资、储蓄、购买债券和股票，是货币与货币之间的买卖交换，买卖的是货币的价格——利息、股息、红利等，不在本书的研究范围内。本书以国内各埠的内汇量和埠际间的现银流动为主，辅以金融机关的设置和金融产品的价格联动性进行论证。

本书对金融网络的分析，区别于金融系统内部业务往来及业务规模的系统微观分析，主要着眼于埠际间资金流动和调拨的中观及宏观网络。不同于现代金融网络的以顾客或某个银行机构作为节点，以资金在银行体系或顾客与银行间的流动为流通路径。本书所分析的网络中，是以埠际城镇为节点、以资金在埠际间的调拨和流转为流通路径。

本书的研究时期为：从 19 世纪 60 年代开始到 1935 年法币改革前。

四、章节安排

本书研究传统金融市场中的货币汇兑和内汇等货币金融体系在埠际间资金流转过程中的发展和演进机制，探讨近代金融市场圈的自我发展及融合程度。正文共分十四章：第一章至第三章，主要分析国内汇兑业务的基础即货币兑换，在阐释基本理论的基础上，分析各地通用货币、通用平砝、货币本位及货币汇兑行市变迁情况；第四章至第八章，阐释内汇基本要素和不同汇兑经营机关的国内汇兑业务；第九章至第十二章，主要从各地申汇计算公式、申汇市场、各地汇兑中心及汇兑区域，分析汇兑层级体系的形成；第十三章，在前篇论证的基础上，从汇兑层级体系、重要埠际现金输送和金融机关集聚形态等角度论证金融网络的形成；第十四章，从汇价和内汇指数等角度衡量金融市场的融合与联动关系。

内汇是集汇兑、结算、信贷为一体的埠际资金调拨方式，是旧中国金融市场的重要组成部分。20 世纪二三十年代，上海逐渐成为全国经济和金融中心。以上海为中心的各地申汇市场的存在,使各地金融市场将重要商埠连成一片,使埠际间款项划拨畅通无阻。这些款项划拨又形成了不同的层级体系。汇兑层级体系是金融网络放射与回归的一个子集,在一定程度上代表区域内的金融市场体系构建,体现金融网络的层级性、立体型,是考察近代埠际金融网络构建的一个视角。本书拟构建以上海为中心,以天津、汉口等一级区域汇兑中心为焦点,连接次级商埠并逐步形成的立体型金融汇兑网络。那么,应如何刻画汇兑网络呢?

其一,笔者通过申汇计算公式对各地直接、间接汇兑网络进行了初步研究,已可粗略看到一个网,这个网络以上海为终极汇兑中心,连接天津、汉口、重庆、镇江、宁波、青岛、烟台等次级汇兑中心,而每个次级汇兑中心又连接着更低层次的区域,最后形成具有层级性、立体型的全国内汇市场网络。我国幅员辽阔,各地经济金融发展具有明显的地域特征。如华南沿海地区的广州、厦门等地除了向上海进行汇兑外,还以香港为另一个汇兑中心,并连接上海与香港之间的汇兑。上海与香港也成为近代中国对外联系的两个经济窗口。每个通商口岸所拥有的腹地经济和货币市场各有不同,每个通商口岸与腹地经济又形成相对独立的区域金融圈。在区域经济金融圈中,经济腹地的金融货币如何向中心圈流通集中,再流向以上海为大中心的流通圈?同时,上海作为全国贸易、经济金融的大中心,其如何形成对全国金融市场的辐射和回归能力?各地的区域经济网络除了形成各自区域体内中心和腹地的经济联系外,还形成了区域与区域之间的经济金融网络。因此,全国汇兑市场除了以上海为中心的申汇市场外,还有汉汇、津汇、京汇等其他汇兑市场,这些汇兑市场的发展,也在本书的研究范围内。

其二,宏观的汇兑网络只是金融市场圈的一个子集,是近代金融市场圈构建中的一种表现手法。而汇兑机关在全国范围内汇兑区域的深度及广度又是刻画汇兑网络需要细化和完善的内容。也就是说,汇兑机构的分布范围、类型构成及业务数量都是这个复杂网络的构成要素,汇兑网络可以通过细化各大银行和钱庄在全国各地的通汇处、分行号、代理处分布范围及业务数量,可以衡量汇兑网络金融势力的地区分布和密度。它们是分析这个汇兑网络层次均衡性和密度分布的有力论证,也是汇兑网络需要完善和细化的内容。这是因为,金融机构的广泛分布为货币资金的流通提供了畅通的渠道,也使得银行类金融机构形成了错综复杂的网络关系,提高了国内外贸易商品流通的运行效率和市场扩散度。汇兑的参与机构,如票号、钱庄、银号、大银行在国内汇兑过程中的逐渐替代或相互补充过程,通汇处设立的多寡、在国内大小商埠的具体位置、所汇数额、汇款分布地等方面,都可以细化到地理分布多寡变化的直观表述上面。金融机构由单一走向复杂化过程中的不均衡状态,可以采用历史地理学的研究方法,以地图上不同的图标,清晰直观地表现国内各埠汇兑网的这一形成过程。

其三,为了深入研究区域内部间的汇兑关系,从宏观层面上关注汇兑业务发展的趋势水平及其作用特点不失为一条可取的途径。本书分析了钱庄和各大银行汇票的买卖、外埠期票的购买、押汇业务等汇兑业务、汇兑额的发展及变化趋势。如具体到各埠实例中,分析各地的买汇与卖汇、升水与贴水业务的平衡或者不平衡,以及这些不平衡背后的经济关系。此外,两地间汇兑关系的顺汇或逆汇,反映贸易入超、出超关系,或者资金调拨的放款区、存款区等经济关系,以及汇兑额的长期形成与变化过程,都是描述这一变迁过程的分析要素。

其四,汇兑如果超过现金输送点,就会产生相应的现金流动。本书分析了以上海为中心的详细的金银流动流向、数量及趋势,以现金流补充和完善这一网络。

其五,金融市场网络形成以后,对金融经济信息的传递性和灵敏度如何,其有效性将呈现怎样的形式,我们可以通过金融产品价格的实证分析得到论证。如分析拆息、洋厘、利率、汇价等金融产品价格之间的计量表示和经济关系,并对这些金融产品的价格信息进行一地或者两地横向的相关性比较及历史时段的纵向比较。如从沪、津、汉等地内汇价等金融产品的价格,窥测这几个市场之间的关联度,分析传统经济向近代经济转变过程中传统金融市场的有效性。

综上所述,得出基本结论:20世纪二三十年代中国国内形成了以上海为大中心,以天津、汉口、镇江等中心城市为节点,连接次级商埠和市镇,几乎覆盖全国的汇兑网络。以国内汇兑层级体系视角构建的近代中国金融网络,在一定程度上体现了地域间的经济联系和金融市场的相互依赖关系。总之,近代中国存在着一个具有层级性和立体型的金融流通网络。

第五节　创新之处与基本结论

一、创新之处

在研究内容上,本书将各个商埠作为支点,以埠际间的现金流为视角,通过国内汇兑网、金融流动、金融机构的设置、各地主要货币兑换变迁趋势,以及金融业各部门之间的资金调拨等维度,勾勒资金流动下的金融市场网络运转模式,直观描述近代国内金融调拨、流动、往来的宏观趋势。本书弥补了经济史领域里关于传统金融市场中货币兑换和国内汇兑方面研究的不足。从金融史的角度衡量长期经济发展,是理论和实证结合的一种新尝试。主要表现为两个方面:

1. 以往的研究经济多以银行或钱庄等单一的金融机构或一地的金融市场为研究对象,属于个体行为,而忽视了整体经济金融关系的内在连接。本书将各个商埠作为支点、以埠际间的现金流为视角,将整个国内金融作为一个系统研究,是从中观和宏观角度的研究。

2. 相较于研究近代经济中商品流通网络的成熟,金融市场网络的研究较为罕见。本书通过国内汇兑网、金银流动以及金融机构的设置等方面的相互补充,勾勒出短期资金流动下的金融市场网络,直观描述近代金融调拨、流动、往来的宏观网络,并通过各地主要商品运输和流通中的金融流转,细化了金融市场网络。

在研究方法上,本书将结合历史实际,引入区域经济理论、金融学理论、数量经济史、统计、计量经济和GIS分析等具体理论和方法,通过资金在埠际间的短期流动,探讨近代中国国内金融市场的内在逻辑关系、运行机理等长时段的变化趋势。

在资料和数据方面,本书研究的立足点首先是搜集整理大量近代金融信息资料,从数据方面弥补经济史、金融史研究中数据的短缺问题,为本书奠定了相关基础。此外,以往的研究多关注档案资料的记载,而对报刊的记载只是作为档案资料的佐证使用。本书则主要集中了民国时期的各大报刊资料,将相对零散的各埠金融流动信息进行摘录、汇合、整理,分析全国重要商埠金银流动流向、数量及趋势,构造金银流动的国内网络。

二、基本结论

1. 近代中国货币使用呈现明显的地域化特征,而同一个地域内部,既有差异性,也有融合性。各埠间的通商汇算涉及通货、银平色差、平砝的换算及各地的商业习惯用法,决定了各地汇兑计算公式具有通货圈的地域特征。

2. 描述和绘制汇兑层级体系。国内汇兑网络错综复杂,只要有货物运输、商贸往来的商埠,即有债权债务关系的结算。将重要商埠的主要汇兑关系加以梳理总结,大体描述和绘制了汇兑层级体系。20世纪二三十年代中国国内形成了以上海为中心,以天津、汉口、镇江等中心城市为焦点,连接次级商埠和市镇,几乎覆盖全国的汇兑网络。国内汇兑层级体系的构建,在一定程度上体现了地域间的经济联系和金融市场的相互依赖关系,是研究近代金融市场圈形成和构造的一个视角。汇兑网络只是金融市场圈的一个子集,是近代金融市场圈构建中的一种表现手法。

3. 内汇是金融机关取代现银运送而代理埠际债权债务关系的一种集汇兑、结算、信贷三者为一体的埠际资金调拨方式。汇兑的功效在于,代替现金运送而使各地债权债务得以结算,便利两地款项收付,从而避免了现金输送的不便与危险。同时,促进资金周转,融通资金,便利商品流通和货物交易。内汇的发展推动和促进了国内市场的统一。近代中国国内汇兑市场的发展,在一定程度上体现了地域间经济联系和金融流通之间的相互依赖关系,是近代埠际金融市场圈形成的一个重要标志。

4. 汇兑体系的横纵向连接,又形成了全国复杂的汇兑网络。从宏观角度看,近代中国的区域金融圈表现明显,空间距离极大地影响全国的汇兑关系,长距离汇兑关系还较少。全国金融市场的联动性和传递性还是以区域为中心。多层次、立体型的资金调拨网络,使国内贸易通货圈之间连环相扣,一定意义上体现了地域间经济联系和金融流通之间的相互依赖关系,也是研究近代埠际贸易经济金融联系和近代经济一体化趋势的一个研究视角。

5. 在20世纪二三十年代上海成为全国的金融中心,汉口、天津等商埠成为各自的区域金融中心后,它们彼此之间形成一定程度的金融关联。一个区域中心金融信息的变化,往往会带动相关区域中心金融行市的变化,即上海、天津、汉口等区域中心通过内汇市场相连接而实现金融信息的传递,在很大程度上实现了金融市场的整合。同时,区域内部,如京、津二地,通过内汇指数所关联的金融市场具有高度的一致性,整合程度较高。

但是,近代中国各地之间通用货币使用呈现明显的地域化特征,又体现了明显的市场分割性。货币市场的分割性和因汇兑而产生的区域中心之间的关联性与融合性并存。但这种分割性更多体现在区域和区域之间的差异性,在区域内部,货币流通又具有一定的融合性,并且随着银元逐渐替代银两成为主要通用货币之一,以及平砝的逐渐消失,区域内部的货币融合程度进一步加强。

第一章

内汇市场的基础:复杂币制下的货币兑换

1933年废两改元之前,中国各地通用货币纷繁复杂,银平色差各不划一。由于政府仅对用于国库收支的银锭在重量和成色上设定了标准,故银号、钱庄、钱铺及行业公会均享有自由铸造银锭的权利,并各自制定银锭的成色、重量标准。银锭的自由铸造,导致各地银两名称、形状各有不同,成色也是因地而异。流通的货币种类除了制钱、银锭、银元、铜元等政府规定的法定货币外,还有由外国输入的银币,由钱铺、钱庄及商店发行的钱票、银票等纷乱繁复的通货。各地又因当地惯例及区域内商会、商帮对货币单位和币材的不同规定,导致货币流通具有很大的区域性,也为埠际贸易结算带来一定的烦琐性,虚银两随之产生。清初政府以纹银为标准,规定民间流通的白银随时折合纹银计算流通价值。但纹银也不是十足的纯银,只是一种成色为935.374‰的虚银两。而虚银两并无实物存在,仅作为宝银的价值符号和折算标准而存在,代表白银发挥货币职能,用于记账单位和清算标准。受交易习俗和历史传统的制约,全国各地均按当地习惯规定使用自己的虚银两,而且各有不同,主要有纹银、九八规元、行化银和洋例银等。虚银两作为计算单位和记账单位,可随时兑取称量单位的实银。名目繁多的通用货币充斥着货币流通领域,催生复杂多变的货币兑换行市。

第一节　清末民初中国的币制

传统中国的币制,是一种银钱平行本位制。清末民初,中国的货币种类非常多,大致为银币、铜币和纸币三大类。银币分为银元、银角、银锭;银元又分为外国银元和中国银元。铜币包含铜元和铜钱。纸币不但有外国钞票和中国钞票之分,还有银两票、银元票、铜元票和铜钱票之别。

一、铜钱(制钱)

清代制钱,重者如顺治二年(1645年)之二钱二分,轻者如光绪三十一年(1905年)以后之六分一文以外,又有当十、当五各大钱。[①] 清末,币制经历了由旧式铜钱向新式铜元的过渡,且铜元和铜钱的比重年年不同。清末铜元的流通限于都市,乡村几乎全用铜钱;在较小的市镇中,则铜钱和铜元兼用,即大城市亦有铜钱的流通。[②] 清光绪三十四年(1908年)之后,旧式铜钱不复鼓铸,各省大铸铜元,制钱用者日益减少。至民国二三年(1913年、1914年)时,制钱之重量较好者,如顺治、康熙、雍正、乾隆钱等,在交通便利之区域,已不多见。市面所流通者,唯有道光、同治、光绪之私铸小钱及沙钱等数种。民国四年(1915年)以后,铜价暴涨,销毁熔铸之风尤甚,到1931年民间流通制钱除四川、甘肃等省以及偏僻之区仍有少数通行外,在其余地区很少流通。[③]

二、铜元

自铜元开铸以后,制钱日渐销毁,未曾增铸。近年(指1919年)来,铜价昂贵,熔毁尤多,市面流通的制钱,在交通便利的地方日益稀少。交通不便之处尚多,存留惟旧日铸数,无从稽考。故铜元之数,不得而详。清光绪二十六年(1900年),广东开始铸造铜元。[④] 每枚铜元重2钱,成分为

[①] 《中国币制说略》,《中国银行通信录》,1919年第51期。
[②] 彭信威:《中国货币史》,上海人民出版社1988年版,第883页。
[③] 张家骧等:《中国之币制与汇兑》,商务印书馆1931年版,第25页。
[④] 《中国币制说略》,《中国银行通信录》,1919年第51期。

铜 95％、铅 4％、锡 1％，正面下方外印有"广东省造，每百枚换一圆"字样，背面下方外印有"KWANGTUNG ONE CENT"（广东一分）字样。可见最初的铜元是对银币作价，大概是想用作辅币。后来把背面的"ONE CENT"（一分）改为"TNE CASH"（十文），而正面不变，于是正面的中文是对银作价，而背面的英文是对制钱作价。到光绪三十年（1904年），才把正面的"每百枚换一圆"文字改成"每元当制钱十文"。后来，这种铜元成为一种实币，对银币没有一定的比例，可是对制钱却始终是十与一之比。①

新铸铜元制作整齐精巧，大受民间欢迎。光绪二十七年（1901年）朝廷下旨以制钱缺少，不敷周转，沿江沿海各省仿造，于是各省大铸铜元。②到光绪三十一年（1905年），有广东、直隶、山东、河南、安徽、江苏、江西、浙江、湖南、湖北、福建、四川12省铸造铜元，其成分为铜95％、铅5％，或铜95％、铅4％、锡1％。清末的新式铜元，面额分为五等，即1文、2文、5文、10文、20文。重量为当二十的铜元重库平四钱，当十铜元二钱，当五一钱，当二四分。当时当二铜元没有铸造，当一则用制钱。但后来北洋和湖北等省局曾铸造一文的小铜币，福建有二文的小铜币。③ 民国铸造铜元者为天津、奉天、南京（即江宁）、湖北、湖南、四川、广东、云南8厂，又重庆1局，所铸铜元有200文、100文、50文、20文、10文、5文数种，或铸或不铸。惟当十者，各厂皆铸。④

在流通领域，最为广泛通行的是当十铜元，即所谓单铜元或单铜板。当二十的铜元或双铜元只流行于北方和湖南、湖北、江西等省份，当五很少流通。⑤ 具体而言，当十铜元在各类铜元总额中占比极高，达到97％～98％的比例，当二十铜元仅占2％，其余如当五和一文、二文，都不到千分之一。⑥ 这一数据清晰地反映了当十铜元在清末货币流通中的核心地位。

---

① 彭信威：《中国货币史》，上海人民出版社1988年版，第773页。
② 《中国币制说略》，《中国银行通信录》，1919年第51期。
③ 彭信威：《中国货币史》，上海人民出版社1988年版，第773页。
④ 《中国币制说略》，《中国银行通信录》，1919年第51期。
⑤ 彭信威：《中国货币史》，上海人民出版社1988年版，第773—774页。
⑥ 彭信威：《中国货币史》，上海人民出版社1988年版，第774页。

市价方面,铜元既以代制钱之用,而制钱与银两、银元之关系原无法定交换之价,视银铜两者相剂之关系而定,故铜元与银两、银元之兑价亦视其相剂关系而定。铜元非辅币也,且铜元所含之纯铜与制钱十枚所含之纯铜亦不相等,故铜元与制钱之间又以重量、成色之不同而生市价。加以行使之数,铸发之额又漫无限制。虽铜元发行之初,铜元或对银元作价,如广东初铸的铜元是"每百枚换一圆",或对银两作价,但大部分是对制钱作价,如每元当钱十文等。今日铜元之行使与银币实无主辅之别,故铜元之价对于银元,以供求之相剂,以及银铜市价之参差而定,各地各异,除滥发铜元票之省份外,大致每铜元130枚合银元1枚。①

三、银两

银两有重量和成色之别。因传统中国秤砝不统一,成色有种种不同之平。其中,最重要的是库平两、海关两、广平两和漕平两四种。库平为官款出入所计之银两,为全国纳税的标准秤,故通行于各地。海关两适用于关税,是咸丰八年(1858年)成立海关以后采用的。广平是广东的衡法。漕平是漕米改征折色以后所用的标准。这四种衡法本身也没有一定的标准,随时随地不同。大体上以海关两为最重,广东两次之,其次是库平两,漕平两最轻。② 另外,各地所有之银两平色,名目繁多。如北京有公砝平,三六库平、二七京平、二六京平、三四库平、六厘京市平、七厘京市平7种。上海有九八规元、库平、漕平、关平、申公砝平、公估平6种。③

成色方面,清初政府虽以纹银为标准,但民间所用白银,从很低到所谓十足,随时折合纹银计算。而纹银也不是十足的纯银,只是一种标准,实际是不存在的,所以称之为虚银两。纹银的成色也不是百分之百,具体为千分之九三五点三七四。它实际上不存在,但可以作为全国性的虚拟标准银,其他各种银两都是根据它来计算。④ 另外,各种银两大多仅存其名而实无宝锭者,如上海之规元、汉口之洋例仅为通用银两之称,而无铸

---

① 《中国币制说略》,《中国银行通信录》,1919年第51期。
② 彭信威:《中国货币史》,上海人民出版社1988年版,第778页。
③ 《中国币制说略》,《中国银行通信录》,1919年第51期。
④ 彭信威:《中国货币史》,上海人民出版社1988年版,第778页。

就之宝锭也。

纹银是一种虚拟银两,实际流通的是宝银。宝银指的是元宝,从成色上看,有足宝、二四宝、二五宝、二六宝、二七宝。所谓足宝,就是一种标准的纹银。二四宝是指五十两重的宝银,在流通过程中要申(升)水二两四钱,即五十两重的二四宝银所含的纯银,等于五十二两四钱纹银所含的纯银。① 换算标准方面,市面上的元宝,在支付时,先要折合成纹银,然后再换算成规元等虚拟银两。例如,一双二七元宝等于五十二两七钱的纹银,再以百分之九十八去除,所得的五十三两七钱七分五厘五毫就是合规元的数目。换言之,一个五十两重的二七宝银,等于规元五十三两七钱七分五厘五毫。②

元宝铸造机构众多,成色和重量复杂。所以自银元推广以后,银两的使用大为减少。民国以后,官款出入逐渐改为银元。但内陆腹省尚有以银两为通用货币的。如通商大埠上海、天津、汉口等处,商业习惯亦多用银两。③ 尤其在上海,直至1933年废两改元之前,上海各银行间的清算仍用宝银。每日结算之后,即用人力或车力运送。宝银仍是金融界和商界最重要的储备金。④

表 1.1　　　　　　　　各地通用银两与库平成色比较表

省别	地别	计算单位	与库平一千两比较	
		库平	相等	—
京兆	北京	京公砝平	小	34.75
		京平	小	60.812
		市平	小	57.917
直隶	天津	行平	小	32.82
		公砝平	小	37.656
		运库平	小	0.903

---

① 彭信威:《中国货币史》,上海人民出版社1988年版,第778页。
② 彭信威:《中国货币史》,上海人民出版社1988年版,第779页。
③ 《中国币制说略》,《中国银行通信录》,1919年第51期。
④ 彭信威:《中国货币史》,上海人民出版社1988年版,第779页。

续表

省别	地别	计算单位	与库平一千两比较	
		库平	相等	—
直隶	保定	保市平	小	9.65
		保平	小	13.615
		库平	相等	—
	张家口	口钱平	大	3.59
山东	济南	济平	小	1.544
	烟台	曹平	小	44.49
	青岛	胶平	小	31.2
	周村	村钱平	大	5.23
河南	开封	二六汴平	小	24.13
	周家口	口南平	小	16.41
	漯河	漯平	小	10.62
	彰德	彰平	小	12.55
山西	太原	省大平	相等	—
		红封平	相等	—
	太谷	谷公平	小	27.5
	归化	城钱平	小	3.4
	运城	泾布平	小	16.2
陕西	西安	陕议平	小	39.57
湖北	汉口	估平	小	36.68
	宜昌	宜平	小	61.61
	沙市	沙市平	小	34.75
湖南	长沙	长平	小	37.64
		藩库平	相等	—
	湘潭	湘平	小	40.72
	常德	常德平	小	21.09

续表

省别	地别	计算单位	与库平一千两比较	
		库平	相等	—
江苏	南京	陵曹平	小	24.68
		藩库平	相等	—
	上海	申公砝平	小	20.27
	扬州	曹平	小	20.08
	镇江	曹平	小	17.72
	苏州	曹平	小	18.31
浙江	杭州	市库平	大	10
		司库平	相等	—
安徽	安庆	曹平	小	20.27
江西	南昌	八平	小	27.13
		库平	相等	—
	九江	曹平	小	20.27
		估平	小	17.92
福建	福州	台新议平	小	27.03
		城新议平	小	29.924
		洋平	大	5.078
广东	厦门	市平	小	8.00
	广州	九九七司马平	大	1.5
	汕头	直平	小	22
四川	成都	川平	小	38.61
	重庆	渝钱平	小	40.51
		沙平	小	34.753
云南	云南府	滇平	小	40.6
吉林	吉林	吉平	小	39
	长春	宽平	小	42.4

续表

省别	地别	计算单位	与库平一千两比较	
		库平	相等	—
奉天	奉天	沈平	小	36.1
	营口	营平	小	34.27
	锦州	锦平	小	18.05
	安东	镇平	小	23.65
黑龙江	龙江	江平	小	33.69
库伦		茶平	小	20.27
		市库平	小	15.371
乌里雅苏台		乌市平	小	14.48

资料来源：《中国币制说略》，《中国银行通信录》，1919 年第 51 期，第 17—33 页。

四、银元

银元分为本国银元和外国银元。嘉庆以后的八九十年间，即 19 世纪的大部分时间，外国银元渐次深入中国内地，在中国变成一种选用货币。清末的后十年间，中国自己铸造银元，并赋以法偿资格。

（一）外国银元

自明代起，随着中外贸易的交流，外国银元渐次流入中国。清乾隆年后，外国银元更加通行。到道光年间，外国银元已深入内地，自广东福建一直到黄河以南，都有流通。流入中国的外国银币，起初只当银块流通，凭重量合成银两，不按个数流通。但自 19 世纪初起，就凭个数流通，不再加以秤称。在中国流通的外国银元总共有几十种，其中最重要的为本洋、鹰洋、站人洋（杖洋）、日本龙洋等。

鸦片战争前后几十年间，流通最为广泛的无疑是西班牙银元，它们被普遍称为"本洋"，其中包括双柱银元、两种查理银元和费迪南七世银元，这些银元大多为墨西哥铸造。中国各地久以本洋为主要货币，墨西哥独立以后，停止铸造本洋。随后墨西哥的新币鹰洋以及南美洲的各种银元开始流通。最后鹰洋代替本洋的地位，但本洋在长江流域一带的势力一直维持到19世纪末。鹰洋,有时亦称英洋,成色比较好且多年不变。其流入中国后,势力逐渐超过以前的本洋,在各都市成了标准货币,许多早期的兑换券都规定以鹰洋兑现。鹰洋的流通范围是长江下游,包括江苏、浙江、湖南、湖北、福建、安徽等省,而以江、浙两省为主,特别以上海为大本营。①

另外,流通较广的为站人洋或杖洋。站人洋为英国1895年在远东发行的一种银元,正面有不列颠尼亚女神手持叉杖的站像,并有英文一元字样,背面有中文和马来文一圆的文字。这种银元,多为孟买铸造,但加尔各答和伦敦也有铸造。在上海、香港、新加坡等地由英国的银行发行,中国人称之为站人洋或杖洋。站人洋在华北的直隶、河南、甘肃、山西、陕西、绥远等省有广泛的流通。② 此外,日本于1868年从香港购买机器铸造银元。中国通商口岸使用的日本银元,亦称为日本龙洋。日本龙洋流通于福建、江西和广东等省。③ 在全国性的大城市,各种银元像商品一样,作价流通,各有价格,且各种银元在各地的价格不一样。

外国银元自通商以来,随时流入中国,其数尚无精细调查,且因陆续熔铸,现存者还不及中国银元。中国通用各国银元化验情况,如表1.2所示。

表1.2　　　　　　　　中国通用各国银元化验表

地名	年代	种类	每千分 纯银	每千分 铜并杂质	每元重量 库平	库平 每枚含银	库平 每枚含铜	备注
墨西哥	—	一元	902.824	98.176	0.728 4	0.656 9	0.071 5	—
	—	一元	904.706	99.294	0.722 2	0.653 4	0.068 8	微含金
站人	—	一元	901.697	98.303	0.721 5	0.650 6	0.070 9	—
	—	一元	899.406	100.594	0.722 0	0.649 4	0.072 6	—
香港	—	一元	894.450	105.550	0.724 3	0.647 8	0.076 4	—
	—	二十仙	795.960	204.040	0.143 3	0.114 1	0.029 2	—
	—	十仙	799.975	201.025	0.071 5	0.057 1	0.014 3	—

---

① 彭信威:《中国货币史》,上海人民出版社1988年版,第782—783、880页。
② 彭信威:《中国货币史》,上海人民出版社1988年版,第783—784、880页。
③ 彭信威:《中国货币史》,上海人民出版社1988年版,第784、880页。

续表

地名	年代	种类	每千分		每元重量	库平	库平	备注
			纯银	铜并杂质	库平	每枚含银	每枚含铜	—
日本	明治三十七年	一元	897.465	102.535	0.721 3	0.647 3	0.073 9	—
	明治三十一年	五十钱	803.180	196.820	7.358 3	0.287 8	0.070 5	—
	明治二十七年	二十钱	796.965	203.035	0.145 2	0.115 6	0.029 4	—
	明治三十二年	十钱	796.965	203.035	0.071 6	0.057 1	0.014 5	—

注："元"和"圆"在使用过程中无差别，除非直接引用，后文中"圆"统一简写为"元"。
资料来源：《中国币制说略》，《中国银行通信录》，1919 年第 51 期。

（二）本国银元

中国最早开始正式铸造银币的地区是西藏。银之铸为币，始于清乾隆五十七年（1792 年），户部奏准西藏鼓铸乾隆宝藏银钱。光绪十三年（1887 年），两广总督张之洞奏请自铸银元。光绪十四五年，广东始仿造银元，名曰光绪元宝。每枚重量是库平七钱三分，比当时通行的鹰洋重一分，想以此抵制鹰洋，并由政府下令作为法币行使，完量纳税。这是中国最早的正式新银元，亦称七三番版。但因分量重于鹰洋，终为鹰洋所驱逐，后逐渐改为七钱二分重，即七二番版，经广泛流通后，称为广东龙洋。[①] 光绪二十九年（1903 年），论设铸造银钱总厂，划一银元形式。光绪三十一（1905 年）年，总厂落成，改名户部造币总厂。其时银币一两与七钱二分之二说聚讼不决。宣统二年（1910 年）四月奏定《币制则例》，始定七钱二分为本位币重。[②] 其后各省亦仿铸龙洋，各省龙洋在形式上虽差不多，但重量和成色却不完全一律。因为当时的币政是不统一的，各省银元局几乎是独立的，所以银币流通亦有很强的地方性。宣统二年、三年由成立后的天津造币总厂所铸的大清银币，重量为库平七钱二分，成色千分之九百，形式为一元、五角、二角、二角五分、一角等，辛亥革命后，以军饷

[①] 彭信威：《中国货币史》，上海人民出版社 1988 年版，第 793—794 页。
[②] 《中国币制说略》，《中国银行通信录》，1919 年第 51 期。

的形式流向市场,后来流通比较广。① 民国以来,造币总厂仍铸宣统元宝,而川厂则另铸所谓大汉银币。1914年2月公布《国币条例》,条例之一为:一元银币自当年12月开始由总厂开铸,而改九成成色为八九。另外各省局厂所铸各种银元之重量成色纷杂不一。重量成色近法定者,十分之一二;超过法定者,十分之三四;不及法定者,十分之六七。且历来所铸各种银元由造币总厂卖出,随市价为高下;银币仍成为货物,而不能成为衡量百物价值之准则。而外国银元及华洋大宗贸易仍以银两计算。②光绪元宝、宣统元宝和大清银币,都属于龙洋。

此外,辅币中流通最广的是二角的银币,即所谓双毫。其大小与中国古代的五铢钱差不多。双毫种类有光绪元宝、宣统元宝和大清银币三种。而以光绪元宝的种类最多,各省都有铸造。③

各省银元化验情况如表1.3所示。④

表1.3　　　　　　　　　　各省银元化验表

地名	年代	种类	每千分 纯银	每千分 铜并杂质	每元重量 库平	库平 每枚含银	库平 每枚含铜	备考
广东	光绪年	一元	902.700	97.300	0.724 5	0.654 0	0.070 5	含金极微
		二角	804.000	196.000	0.143 3	0.115 2	0.028 1	—
		一角	770.835	229.165	0.071 5	0.055 1	0.016 4	
湖北	光绪年	一元	903.703	96.297	0.722 6	0.653 0	0.069 6	含金极微
	宣统年	一元	901.697	98.303	0.726 1	0.654 7	0.071 4	
	光绪年	半元	863.720	136.280	0.353 5	0.305 3	0.048 2	—
		二角	820.080	179.920	0.141 5	0.116 0	0.025 5	
		一角	821.085	178.915	0.068 4	0.056 1	0.012 3	
江南	光绪戊戌	一元	902.327	97.673	0.724 6	0.653 8	0.070 5	微含金
	光绪壬寅	一元	902.700	97.300	0.707 4	0.638 6	0.068 8	

---

① 彭信威:《中国货币史》,上海人民出版社1988年版,第796—798页。
② 《中国币制说略》,《中国银行通信录》,1919年第51期。
③ 彭信威:《中国货币史》,上海人民出版社1988年版,第798页。
④ 《中国币制说略》,《中国银行通信录》,1919年第51期。

续表

地名	年代	种类	每千分 纯银	每千分 铜并杂质	每元重量 库平	库平 每枚含银	库平 每枚含铜	备考
江南	光绪壬寅	二角	821.304	178.696	0.142 8	0.117 2	0.025 6	—
		一角	824.323	175.677	0.070 6	0.058 2	0.012 4	—
北洋机器局	光绪二十四年	一元	890.664	109.336	0.728 9	0.649 2	0.079 7	含金极微
北洋	光绪三十三年	一元	890.000	110.000	0.739 6	0.658 2	0.081 4	微含金
	光绪二十五年	半元	840.845	159.155	0.361 5	0.304 0	0.057 5	—
	光绪三十三年	二角	809.729	190.271	0.140 9	0.114 1	0.026 8	—
		一角	812.748	187.252	0.071 5	0.058 1	0.013 4	—
奉天机器局	光绪二十五年	一元	856.562	143.438	0.724 7	0.620 7	0.104 0	含金极微
奉天	癸卯	一元	844.526	155.474	0.705 6	0.595 9	0.109 7	
东三省	光绪三十三年	一元	890.066	109.934	0.719 9	0.640	0.079 1	微含金
		半元	890.064	109.936	0.362 5	0.322 6	0.039 9	—
		二角	890.064	109.936	0.146 8	0.130 7	0.006 1	—
		一角	893.088	106.912	0.069 3	0.061 9	0.007 4	—
吉林	光绪庚子	一元	884.059	115.941	0.668 8	0.617 8	0.081 0	含金极微
	光绪乙巳	一元	895.679	104.321	0.697 7	0.624 9	0.072 8	
		二角	810.081	189.919	0.141 4	0.114 5	0.026 9	
		一角	817.781	182.219	0.069 5	0.056 8	0.012 7	
四川	光绪年	一元	896.682	103.318	0.717 9	0.643 7	0.074 2	微含金
安徽	光绪戊戌	一元	894.676	105.324	0.723 9	0.647 7	0.076 2	含金极微
总厂	光绪年	一元	904.527	95.473	0.702 9	0.652 1	0.068 8	微含金
		二角	804.671	175.329	0.143 3	0.118 2	0.025 1	—
		一角	825.676	174.324	0.702 5	0.059 9	0.012 6	—

资料来源:《中国币制说略》,《中国银行通信录》,1915年第51期,第24—27页。

五、银角（小银币）

银角，即小银币，又有洋角（角洋）、角子、毫子、毫洋等名称。一元银币，也称小洋、小洋钱、小银元；五角银币，也称中元；二角银币，也称双角或双毫；一角银币，也称单角或单毫；五分银币，也称半角或半毫。①

中国的银角，始铸于清光绪十六年（1890年），与大银元同时铸造。初自广东、湖北二省，继乃推至他省。银角与银元、银角与铜元之关系虽于光绪三十三年（1907年），度支部奏称大银币一元折合小银币十角，小银币一角折合十文之铜币十枚，均以十进，然未见诸实行。银与币无关。银角犹为一种货物，其与银元、铜元二种之兑价，以供求之相剂而定。民国以来，各省仍急需铸造各种银角。民国三年（1914年）二月八日公布《国币条例》，例定库平银七钱二分为国币之单位，名曰一元，主辅币均以十进。1919年前后所通行之新银辅币如五角、二角、一角者，其兑换大银元尚能按照十进计算。② 广东福建等省各造币厂自民国七八年以来，多鼓铸新双银毫，其成色较旧式者更低。除通行于该两省外，江苏、浙江等省市面流通之银角，都是此种新双银角，旧式银角几乎绝迹。③ 1920年，上海总商会曾请托沪江大学工业实验室化验苏、浙、鄂、皖、闽、粤六省所铸双豪，结果显示，民国九年、十年广东所铸双豪银含量比其他省份双豪银含量低10%～12%（详见表1.4）。

表1.4　　　　　上海总商会化验各省新旧角洋成色比较表

省名	币种类	总重量（单位：格兰姆）	所含纯银重量（单位：格兰姆）	百分比（%）
福建	双豪	5.154 4	4.237 7	82.20
江南	双豪	5.228 4	4.284 6	81.96
广东	民国十年（1921年）双豪	5.307 9	3.717 0	70.00

---

① （日）吉田虎雄著、周伯棣译：《中国货币史纲》，中华书局1934年版，第124页。
② 《中国币制说略》，《中国银行通信录》，1919年第51期；张家骧等：《中国之币制与汇兑》，商务印书馆1931年版，第12页。
③ 张家骧等：《中国之币制与汇兑》，商务印书馆1931年版，第13页。

续表

省名	币种类	总重量（单位:格兰姆）	所含纯银重量（单位:格兰姆）	百分比（%）
湖北	双豪	5.221 7	4.295 3	82.24
广东	民国九年(1920年)双豪	5.401 0	3.785 3	70.00
安徽	双豪	5.155 6	4.186 3	81.20
广东	旧双豪	5.298 2	4.266 2	80.50
浙江	双豪	5.231 5	4.218 6	80.60

资料来源:"上海总商会化验各省新旧角洋成分比较表",《中国银行通信录》,1920年第77期。

六、银行兑换券(钞票)

清末兑换券的发行制度十分混乱,主要表现为发行机构和货币单位的复杂性。首先,发行机构有四类:第一为旧式的信用机构,包括钱庄、银号、票号和典当;第二是各省的官钱局或官银号;第三是新式银行,包括外国银行和华商银行;第四是其他机构,包括政府机构如铁路局等以及各种商店。其次,货币单位也极其复杂。由于兑换券只是金属货币的符号,所以当时在中国流通的金属货币的种类都反映在兑换券上。如清末货币流通由铜钱过渡到铜元,这种过渡反映在钞票单位上的变化,兑换券单位由铜钱票转向铜元票。兑换券主要有四类:第一是铜钱票,以钱文为单位,但因各地流通习惯不同,其计算方法有各种标准,有足钱票、九八钱票、九五钱票、京钱票、当十钱票等。第二是铜元票,有当十铜元票、当二十铜元票。第三是银两票,根据各地银两标准而定,但各地所用银两单位不同,所以银票上也注明银两的种类。如北京有时用库平两,有时用京平两。湖南用湘平。汇丰银行的银票注明兑上海纹银,上海通商银行的银票也注明兑上海通用银两,大概指规元。第四是银元票,有大洋票和小洋票之分。钱票和银两票都是旧式单位,只有银元票在兑换券上是较为新的事情。银元票先由外国银行使用,面额为一元、五元、十元、五十元、百元。由于各地通用银元不同,所以兑换券也鲜明地反映了这一货币流通的地域性。例如，兑换券表明兑换当地通用银元，或者表明兑换鹰洋或英洋。①

兑换券制度的复杂性还表现在发行机构和货币单位的交叉方面。例如，同一家银行发行几种单位的兑换券，可同时发行钱票、银两票和银元票；同一家银行同时在各地发行不同类型的兑换券，且兑换券加印各地地名。加印地名的兑换券只能在当地通用，到各地则须贴水，或者根本不能流通，因为同一家银行的银两票在各地所能兑取的银两标准不同。②

（一）外国银行钞票

鸦片战争以后，外商银行在中国设立分行号，并发行钞票。外国银行钞票分为两种：一种用中国货币单位，另一种用外国货币单位。前者如麦加利、汇丰、德华和花旗等，它们都发行银元和银两两种钞票，这正是当时中国通行的单位。银元票分一元、五元、十元、五十元、百元共五种；银两票有一两、五两、十两、五十两和百两共五种。这些钞票在长江流域流通势力很大。用外国单位的，如俄罗斯在东三省发行的卢布票、日本于日俄战争期间在东北发行的军用票、日本横滨正金银行的金票，以及华南所通行的英商银行所发行的港币等。③

（二）本国华商银行钞票

清廷对当时外国钞票在中国的发行数目、准备情形等完全不过问。而民间流行的私票，主要为银号钱庄和当铺等店铺发行的，以钱文或银两为单位的钱票和银票，而没有以银元为单位的。光绪二十三年（1897年），清廷设立中国通商银行，次年发行银两银元两种钞币，这是中国最早的银行兑换券，也是新式钞票。直到光绪三十年（1904年），户部才开始筹设政府银行，发行钞票。④ 光绪三十一年三月，户部奏请北洋官报局印制户部银行钞票，是为中央银行兑换券之始。光绪三十四年正月，度支部奏改户部银行为大清银行，规定有代国家发行纸币之权。⑤ 大清户部银

---

① 彭信威：《中国货币史》，上海人民出版社 1988 年版，第 813—815、885 页。
② 彭信威：《中国货币史》，上海人民出版社 1988 年版，第 815 页。
③ 彭信威：《中国货币史》，上海人民出版社 1988 年版，第 810 页。
④ 彭信威：《中国货币史》，上海人民出版社 1988 年版，第 810—812 页。
⑤ 《中国币制说略》，《中国银行通信录》，1919 年第 51 期。

行的钞票,按照章程有银两票和银元票两种。鼎革之后,大清银行钞票均经收回,绝迹于市。民国元年(1912年)各处大清银行均改为中国银行,民国二年(1913年)四月公布《中国银行则例》第12条记载,中国银行发行兑换券于《兑换券则例》未施行以前,得依照财政部规定暂行章程办理。与中国银行同具中央银行之性质者为交通银行。交通银行于光绪三十年(1904年)由邮传部奏设。民国三年(1914年)三月公布则例第13条记载,交通银行受政府之特许,发行兑换券,但发行式样、数目、期限,由财政部核定。①

铜钱票主要由各省官银钱局和私人钱庄、商店发行。其中,官钱局发行的钱票称为官票,私营钱庄和商店发行的钱票称为私票。但各省的钱票不能加以平等看待,因为它们所代表的价值是不相等的。②

(三)各省官商银钱号钞票

各省官银钱号(局)有的一省一机关,有的一省数机关,其历史虽各不同,大多设于清晚期,为各省库之金融机关。各省官银号(局)发行银元、银两、铜元或制钱票、钞票。未经中央法令明定,其本位单位纷杂不一,视各省之需要而异。准备之有无,以及成数之若干,亦各自为政。故票之兑现与否,亦不一致。信用之良否,市价值高下,亦复互异。③ 但各省官银钱号所发行的银钱票,背面通常印有该银钱票发行情况的告示,这些告示为研究当时当地的货币流通情况提供了很好的资料。④

民国以来,江西、四川、广东诸省各收回纸币,以为整理。数省之中,以广东滥币为最多,收回之法是以中国银行特别兑换券直接收换。各省纸币情形不一,而湖南、湖北、四川、东三省、新疆诸省均称为滥发之甚者。然以维持市价之不同,故折扣亦各省不同,除官银钱号外,各省银行、钱庄至商号亦有发行钞票者,其数目若干,无统计可考。大概各处之情形不同,发行之多寡以及信用之厚薄因之亦异。⑤

---

① 《中国币制说略》,《中国银行通信录》,1919年第51期。
② 彭信威:《中国货币史》,上海人民出版社1988年版,第886页。
③ 《中国币制说略》,《中国银行通信录》,1919年第51期。
④ 彭信威:《中国货币史》,上海人民出版社1988年版,第813页。
⑤ 《中国币制说略》,《中国银行通信录》,1919年第51期。

第二节　平砝银色

一、平色释义

"平色"二字虽为混合的名称,实则平是平、色是色。平,因银锭之重量各不相同,于是有平。平,与重量相关。衡量银的轻重,谓平。因秤之种类各有高下,于是有平。故,平乃砝码上之比较。所谓"平",即是"秤"。如"库平四两",是代表用国库的"秤称"秤来等于四两的银子。"关平八两",是用海关的"秤称"秤来等于八两的银子。[①] 我国各地秤之种类不一,大小轻重参差不齐。往往在此为一两一,到彼地以后或增或减。且因营业上之习惯及相互之关系,习惯用何种秤,都有历史沿用标准,各不相同,很难一致。一直到光绪二十余年,清政府才颁布度量衡统一制。

色,因银质之成分各有优劣,于是有色。辨银之成分,谓色。色,乃成分上之比较。

因为银在重量和成色上之参差不同,且有贵贱之分,故决定了各地银两名称繁杂,且不能统一。在同一个市场之内,因营业之关系以及历史约定俗成等习惯,往往以某种平色为标准。例如,天津在租界多用行平化宝,在华界则多用津公砝平。如果是甲地和乙地之间银两流通互换,则需要涉及银两之间"平"和"色"之间的兑换问题。[②]

二、全国通用平砝

我国各地通用之银两,重量与成色参差不齐。各地方银两数目之多寡,皆以两、钱、分、厘、毫、丝、忽表示,其名称皆同。但每两所含银质之高低、分量之轻重,以及升水、扣水之大小,则各相悬殊。故欲辨识各地银两之贵贱,须先知各地平砝成色与升水、扣水之习惯。我国平砝可分为全国

[①] 彭学沛:《中外货币政策》,神州国光社 1930 年版,第 272 页。
[②] 沧水:《释平色之意义》,《银行周报》,1921 年第 5 卷第 5 期。

通用与一埠通用两种。全国通用者为库平、漕平、关平三种。① 另有市平和公砝平应用较广。

关平,清咸丰八年(1858年)根据《中英天津条约》所制定,为海关征收关税之银两标准。自中外通商以后,进出口税之征收,因无一定之标准平,中外商人颇感不便。故清咸丰八年(1858年),《中英天津条约》第23款载称"税课银两由英商交官设银号或纹银或洋钱,按照道光二十三年在广东所定各样成色缴纳"等语。同年《中英通商章程善后条约》第9条又订明:"向例英商完纳税饷,每百两交银一两二钱,作为倾镕之费,嗣后裁撤。"这些记载,可说明关平银制度的由来。关平,也是中外发生借贷关系之标准平。关平银标准重量较中央部库平大,计每两重约581.47格令(grain),即37.68格兰姆(gram)。② 又各关所谓关银,名目虽同,平色仍不一致,所以各关关库银之比率亦不尽相同。③ 此平为出纳准则,以英国的度量衡133磅又三分之一,为我国的100斤④,成色十足。关平银与外国货币之汇兑率,按月由海关依市价规定一次。⑤ 关平银一两,合上海规元银1.114两。⑥

库平,清康熙所制定,用作收捐纳税之银两标准。前清之际,虽定有库平为出纳之准则,但实际上各地各库均略有参差,亦未能统一。中央政府之库平与地方政府之库平,大小不一;一省之库平与他省之库平,亦各参差不齐。中央政府纳税收入之平大,支出之平小,故无确实一定之标准。广东库平为最大,宁波库平为最小。据《中日马关条约》所载,库平一

---

① 俞希稷编:《新学制高级商业学校教科书:汇兑论》,商务印书馆1923年版,第116页。
② 格令是一种历史上的英制重量单位,定义一颗大麦粒的重量为1格令,1格令约等于0.064 8格兰姆,即0.064 8克。则581.47格令约等于37.679 256格兰姆,四舍五入后为37.68格兰姆。
③ 张家骧等:《中国之币制与汇兑》,商务印书馆1931年版,第17页。
④ 沧水:《释平色之意义》,《银行周报》,1921年第5卷第5期。
⑤ 俞希稷编:《新学制高级商业学校教科书:汇兑论》,商务印书馆1923年版,第116页。
⑥ 顾施珩:《上海钱庄业常用名称释义》,《商业杂志》,1929年第4卷第7期。

两等于575.82格令,即37.312 56格兰姆。① 1915年正月,《权度法》颁布,以0.373 01公两为库平1两。② 库平银一两,合上海规元银1.095 4两。③ 库平银成色十足,但实际缴纳皆以钱折算,民国以后多用银元折算。④

漕平,昔日江苏、浙江、安徽、江西、湖北、湖南等省漕粮皆征收米石,嗣后改征漕银,以替代漕粮,故有漕平之设定。⑤ 后为民间普通行用之标准,仅一种重量标准,既非银两标准,自无成色可言。各埠银两重量,有用此平计算者,但各地方均冠以地名,亦随各地而各异,如苏漕平、申漕平。其中,申漕平一两,合规元银1.020 4两。⑥ 另如杭州之司库平银,每两重以漕平为准,成色为千分之九百九十七。烟台之曹估银,每两重如漕平,成色为千分之九百七十六。据印度造币厂之检验,上海漕平1两等于36.66格兰姆。⑦

市平,乃商业上及民间通用之标准。各地各户各不相同,其繁杂程度不可概见。如京市平、沙市平等。公砝平,亦为商业上通用之标准,亦各冠所在地方之名,不相一致,如上海公砝、北京公砝、天津公砝、西公砝平等。⑧ 上海公砝平一两零二,合申漕平一两。天津公砝平于民国十八年（1929年）二月十五日废除。⑨ 上述五种,应用较广。各处通用平砝,有数百种,因地而异,不胜枚举,如估平、钱平、九二平、三八平、九七平、公议平

---

① 张家骧等著:《中国之币制与汇兑》,商务印书馆,1931年,第16—17页中记载:库平一两等于575.82格令,即37.125 6格兰姆。但是,彭学沛《中外货币政策》,神州国光社1930年版,第272页中记载:库平一两等于575.82格令,即37.312 56格兰姆。沧水:《释平色之意义》,《银行周报》1921年第5卷第5期中,也记载为37.312 56。作者按照一格令约等于0.064 8格兰姆进行换算,发现575.82格令,应为37.313 136格兰姆。具体数据,也许是换算比率的差异,也许是误传。本文遵照其他文献大多采用的37.312 56进行表述。
② 沧水:《释平色之意义》,《银行周报》,1921年第5卷第5期。
③ 顾施珩:《上海钱庄业常用名称释义》,《商业杂志》,1929年第4卷第7期。
④ 俞希稷:《新学制高级商业学校教科书:汇兑论》,商务印书馆1923年版,第117页;彭学沛著:《中外货币政策》,神州国光社1930年版,第273页。
⑤ 张家骧等《中国之币制与汇兑》,商务印书馆1931年版,第17页。
⑥ 顾施珩:《上海钱庄业常用名称释义》,《商业杂志》,1929年第4卷第7期。
⑦ 沧水:《释平色之意义》,《银行周报》,1921年第5卷第5期;俞希稷:《新学制高级商业学校教科书:汇兑论》,商务印书馆1923年版,第117页;彭学沛:《中外货币政策》,神州国光社1930年版,第273页。
⑧ 沧水:《释平色之意义》,《银行周报》,1921年第5卷第5期。
⑨ 顾施珩:《上海钱庄业常用名称释义》,《商业杂志》,1929年第4卷第7期。

等。省与省、异地与异地、各业与各业之间，彼此又不同。即使是同一库平，同在一地，而道库有道库之平，藩库有藩库之平，盐库有盐库之平。官方情况如此，民间亦各为不同。因为制定库平之时，原以示为准则，历时已久，于是稍有出入。在准则确定之始，相去犹小，及其往后，相去愈大，以致酿成今日之现象。①

北京一处则有数种平砝，一曰京公砝平银，每两重量为550格兰姆又十分之七(550.7 格兰姆)，成色十足。一曰三六库平银，每千两等于公砝平银1 036 两。一曰二六京平银，每千两等于公砝平银974 两。一曰二七京平银，每千两等于公砝平银973 两。一曰六厘京市平银，每千两等于公砝平银993 两。一曰松江京平银，每千两等于二七京平980 两。而天津行使行化银，行平每两重 557.4 格兰(令)，成色为千分之九百九十二。汉口用洋例银，每两重 554.7 格兰(令)，成色为千分之九百六十七。营口用过炉银，由炉房熔铸元宝式银锭，每只 53.5 两，每两重 555.1 格兰(令)，成色为千分之九百九十二。炉房性质颇似票号钱庄，兼造银锭。甲午之役，市面现银缺乏，乃由信用昭著之炉房发出凭条，流通市面，谓之银砝(砝码)。每年定三月、六月、九月、十二月之初一日为结账扫现之期。存欠须一律划清，是为卯期。凡存有银砝者，俱向各炉房收现银，或照市价折取。奉省小洋名曰扫卯。炉房借银砝之周转以获利，各商则借炉房之接济以扩大其营业。炉房放出银砝过多，往往架空图利，信用渐失，银砝市价大跌，每锭银砝折合奉省小洋40余元。银砝折算常视炉房信用如何而涨落。②

公砝平是各地汇兑计算银两的平式。而平式是各地称量银子的秤称的规制，各地的秤称大小不同，故各地银两轻重不同，汇兑计算之前需先折合比兑。③

---

① 沧水：《释平色之意义》，《银行周报》，1921 年第 5 卷第 5 期。
② 俞希稷编：《新学制高级商业学校教科书：汇兑论》，商务印书馆 1923 年版，第 118－119 页。
③ 彭学沛：《中外货币政策》，神州国光社 1930 年版，第 274 页。

表 1.5　　　　　　　上海公砝平 1 000 两合计他处平砝银两数目

地点	平砝	合申公砝平 1 000 两之数目	地点	平砝	合申公砝平 1 000 两之数目
北京	京公砝平	1 015.00	周口	江南平	996.04
保定	保市平	1 000.00	洛阳	洛平	976.43
天津	津公砝平	1 018.00	开封	汴平	1 003.96
长春	宽平	1 021.00	济宁	宁平	987.00
沈阳	沈平	1 016.00	安东	镇平	1 003.50
吉林	吉市平	1 019.58	张家口	口钱平	975.61
营口	营平	1 014.49	新疆	迪化平	1 017.50
汉口	估平	1 017.00	库伦	茶平	1 000.00
重庆	渝平	1 021.00	太原	红封平	979.43
宜昌	宜平	1 044.24	西安	陕议平	1 020.00
沙市	沙平	1 015.00	大同	同平	986.19
成都	九七川平	1 019.00	云南	滇平	1 017.00
安庆	漕平	1 002.20	贵阳	公估平	1 017.50
南京	陵曹平	1 004.50	信阳	申平	979.47
清江	二五浦平	1 011.00	龙口	黄平	1 060.44
扬州	扬曹平	1 002.40	锦县	锦平	994.60
镇江	镇二七平	1 000.00	许县	许平	988.24
苏州	苏漕平	998.00	潍县	潍市平	994.63
芜湖	芜漕平	1 000.00	三原	泾市平	994.95
南昌	九三八平	1 009.00	九江	漕平	936.40
长沙	沙平	1 017.00	—	—	—
杭州	司库平	1 001.00	—	—	—
福州	台新议平	1 010.10	—	—	—
广州	九九七司马平	980.00	—	—	—
烟台	漕平	1 025.15	—	—	—
济南	济平	995.02	—	—	—

续表

地点	平砝	合申公砝平 1 000 两之数目	地点	平砝	合申公砝平 1 000 两之数目
青岛	胶平	1 010.89	—	—	—

资料来源:俞希稷编:《新学制高级商业学校教科书:汇兑论》,商务印书馆1923年版,第119—121页。

三、生银之质地成色

生银之质地成色,亦随地而各异。

(一)纯银

银之成色中没有含杂质,即为纯银。但纯银不过是比其他银色为纯,在化学成分上因我国冶金技术提炼之不足,未能百分之百纯。所谓纯银,仅是银的比较标准,并无实用者。

(二)足银

足银成色略低于纯银,略高于纹银。每百两约含纯银九十九两一钱八分。有京足银、津足银、济足银、库足银等之不同,随地而异。

(三)纹银

银质之优良者,成色比纯银稍次,每百两含纯银九十三两五钱三分七厘四。即纹银的成色是935.374‰。现实中并没有纹银这种银子,只是一种假象银,评定一切宝银成色优劣的标准银。上海纹银与申漕平相等。故在上海称"纹银",即指"申漕平"[①]。

(四)实际流通的宝银

市面上实际流通的宝银,也是各地各有不同,有马蹄银、中锭、小锭等。依他们的成色又叫做二七宝、二六宝、二四宝等。另外,还有用作计算的虚银两,如规元、行化等。一切宝银的成色都是把纹银做标准来计算,比纹银成色高的便申水换成纹银,比纹银成色低的便去水换成

---

① 顾施玶:《上海钱庄业常用名称释义》,《商业杂志》,1929年第4卷第7期;彭学沛:《中外货币政策》,神州国光社1930年版,第267页。

纹银。①

四、升与耗

我国银锭,各自镕铸,不相统一,毫无准则,仅有同业之规定,从无国法之取缔。于是因地而异,更或因炉银而异。纹银之质地,各有优劣,银之成色,自有纯驳。因有参差,而有比较。因有比较,则由贵贱,于是产生了升或耗之分。且平之高下有定,可以推算而知。而色之高下无定,比较以后,方可知各种银两之优劣。例如,有甲、乙两只银锭,同为库平 50 两之重量,但甲银锭之成分,较乙银锭为纯银质地,亦较优良。所以,甲、乙两银锭虽同为 50 两之重量,而实际上之价值因其成分质地之优良而有了高低之分。高则升水,低则耗水。所谓升耗,是相对的,只有比较,才能区分高低优劣。故升耗之标准,殊无一定。有所谓二五宝,即两宝相较,成色高出者须升水 2 两 5 钱,故以二五两字冠其宝名。如果另外一个宝银,成色较本地标准银高,或须升水 2 两 9 钱,则为二九宝银。其余如二八宝、二四宝、三七宝、三九五宝等,均可以此类推。如果是九二宝,则该宝银之成色低于当地标准银色,须折色(耗水)以兑,九二则耗水之数目。②

上海通用银两为规元、申公砝平银、库平银、关平银、漕平银、公估平银。其中,以规元为最普通。规元为南市豆类交易标准,后成为中外交易通用钱两。它并无实际的宝锭,只是做计算单位的虚银两。转账往来,提解现银以九八扣算,故曰九八规元。凡银自外埠入口,成色不一,经银炉复铸元宝,每只约重漕平 50 两,经由南北市钱业公社之公估局鉴定重量成色,方可通行。成色高者,批明升水若干。例如,每只重漕平 51 两,成色十足,而规元成色 944‰,则每两应升水 56‰。51 两应升水 2 两 8 钱 5 分 6 厘 $\left(\frac{1\,000-944}{1\,000}\times 51=2.856\right)$。规元成色多较他处银两为低,汇兑时须升水,每锭升水约在 2 两 7 钱,因称二七宝银。凡九八规元 1 000 两,合申砝平 931 两 6 钱 7 分,公估平或漕平 928 两 8 钱 3 分,库平 912 两 4 钱

---

① 彭学沛:《中外货币政策》,神州国光社 1930 年版,第 268 页。
② 沧水:《释平色之意义》,《银行周报》,1921 年第 5 卷第 5 期。

1分,关平897两6钱7分。①

五、平色之意义

所谓平色,为计算之本位。按照计算和实际互相授受的不同作用,平色又分为两种用途,比如虚银两只用于簿记记账、转划计数之用,这种功能亦可称为"量两",如上海之规元、天津之行化、汉口之洋例、营口之炉银。而实际授受时,则是以银锭作为通用货币。实体银之间的增减变化是以虚拟银为标准的。

各地因平色之不同,故对于表示平色之标准名称,亦随之各异。所谓标准名称,不过包含平色之原则而言,仅为计算之本位,以便过账之用。实际上交易授受,则为银锭。例如,规元银、行化银、营炉银、洋例银等皆为当地虚拟银两之标准名称,借图折合之便利,并非实际授受之通货。不过凭此标准,以为升耗之原则,故计算和授受是分开的。②

"平色"二字,为重量、成色之混合名词。平虽高下各异,但有比较之一定原则。色,则不但因地而异,且有参差和升耗。币制统一之前,银两之不统一,皆因平色之关系而致,如表1.6所示。

废两改元之前,中国各地货币错杂,如遇甲、乙两地银两运送和清算,不得不考虑两地间通行之平与色的性质,此为汇兑起源之根本原因。

举例,安东公估银与本埠关平及各埠银色比较办法(1919年3月12日)。

(一)本埠公估银与上海汇兑办法

本埠既定为足色白宝,每锭镇平50两1钱6分,升色2两7钱5分,合20锭,计银1 058两2钱。惟镇平每锭50两1钱6分至申亏平3钱6分,加色2两7钱5分,则20锭合银1 051两,用九八归之,得申银1 072两4钱5分,再用1 058两2钱归之,则应得申银1 013两4钱7分,此为镇银千两汇兑到申,应付之标准票贴,升降在外。

---

① 俞希稷编:《新学制高级商业学校教科书:汇兑论》,商务印书馆1923年版,第124—125页。
② 沧水:《释平色之意义》,《银行周报》,1921年第5卷第5期。

(二)本埠公估银与烟台汇兑办法

烟台宝银每锭漕平50两,升色1两1钱5分,20锭,共银1023两;用镇平公估银1058两2钱归之,应得漕平银966两7钱4分,此为镇银千两汇兑到烟台应付之标准票帖,升降在外。

(三)本埠公估银镇平与关平比较

查上海关平每百两升九八规银111两4钱,镇平每百两合上海规平银101两3钱4分7厘,以110两4钱,用101两3钱4分7厘归之,即得镇平公估银109两9钱2分,此为镇平百两升关平之标准。①

表1.6　　　　　　　　汉估宝与各种平色之比率表　　　　　　　单位:两.钱分厘

地别	平色	每千两对于汉口估宝之比率
京城	市平足纹	小 3.000(3 两)
	二两平	小 22.000(22 两)
	四两平	小 2.000
	公砝平	大 2.000
	库平	大 37.000
	京公砝平	大 17.000
	松江京平	大 36.000
苏州	曹平(二九宝)	大 19.600;升水 10.000(两)
	藩库平	大 40.000
上海	申公砝平	大 17.000
	九八规元	小 52.625
南京	宁曹平(二七宝)	大 17.600;升水 6.000
镇江	镇曹平(二三宝)	大 19.600;升水 6.000
扬州	扬曹平(二七宝)	大 17.600;升水 6.00
芜湖	芜曹平(二三宝)	大 19.600;升水 6.00

---

① 《安东公估银与本埠关平及各埠银色比较办法》,《中国银行通信录》,1919年第44期。

续表

地别	平色	每千两对于汉口估宝之比率
天津	津公砝平	小 10.200(10 两 2 钱)
	申公砝平	大 17.000
	老钱平	大 4.000
	新钱平	大 3.800
江西	九三八平市纹	大 13.200
	吉安平	大 14.200
	建昌平	大 21.000
	吴城扎平	小 6.000
	盐库平	大 42.600
	㧾吴平	大 22.200
奉天	沈阳平	小 8.800
江西	九江关平	大 36.400
	浔曹平(二四宝)	大 17.000
贵州	贵平	大 10.000
	镇远平	大 28.400
湖南	省钱平	与估平宝直行解项银加水 2.000
	常德钱平(九九七纹)	大 18.400
	洪江平(九九五市纹)	大 10.000
	湘公布平	小 2.400
	耒阳平	小 3.000
	岳州平	小 10.000
	益阳平	大 19.000
	津京平	估平直行
	衡州(平)	大 16.800,17.700[①]
	长寿街县平	大 7.400
	钱平	小 1.000

续表

地别	平色	每千两对于汉口估宝之比率
徽州	皖平	大 22.000
陕西	陕议平	小 4.000
	汉中平	大 5.000
	三原泾布平	大 21.480
	兴安平	大 20.000
	钟砝平	大 17.600
广东	库平	大 44.000
	司马平	大 41.100
香港	司马平	大 41.700
	成员藩银	大 40.700
广西	省平	大 38.800
营口	营平	大 26.000
云南	滇平	与估平直行,滇市平小 0.500
重庆	渝花平	大 11.000
	渝钱平	小 4.000
	沙平	大 2.000
四川	万县平	小 11.800
成都	沙平	大 2.000
杭州	关库平	大 22.880
	库平	大 48.700
	司库平	大 39.000
	曹平	大 18.200
	市平	大 20.000
宁波	角平	小 4.000
河南	周家南平	大 21.600
	周家口北平	大 23.800
	唐平	大 44.000

续表

地别	平色	每千两对于汉口估宝之比率
河南	赊家店赊平	大 42.000
	汴梁平	大 13.200
	孟粮平	大 21.000
	南市平	大 8.000
	禹会平	大 20.000
	洛平	大 40.000
	怀平	大 10.000
江苏	清江浦市平	大 3.000
山东	省平	大 3.000
	济南平	大 45.000
	周村平	大 53.600
	东昌平	大 25.200
福建	省平	小 20.500；3.150[②]
甘肃	兰州平	大 1.400
山西	平遥平	小 10.000
口外	东口平	大 40.600
	北口平	大 1.480
湖北	德安平	大 32.000
	施南平	大 10.000
	武穴平（一八宝）	大 20.400；升水 8.000
	沙市钱平	大 2.000
	仙桃镇平	大 21.000
	樊城平	小 4.000
	黄石港	大 25.000
	蔡甸平	小 11.000
	羊楼峒平	大 6.000
	宜昌平	小 23.000

续表

地别	平色	每千两对于汉口估宝之比率
湖北	新堤平	小 9.000
	沔阳州平	小 6.000
	荆沙平	大 1.000
	沙阳平	大 20.000
	沙湖平	大 14.000
	岳口平	大 8.000
	藩库平	大 38.000,36.000；升水 8.000③
	道库平	大 39.000；升水 8.000
	盐库平	大 42.000；升水 8.000
	捐输平	大 38.200；升水 8.000
	厘金局平	大 4.000
	茶厘库平	大 48.400
	江汉税平	大 66.600
	介平	大 14.000
汉口	曹平	大 14.000
	钱平（九八兑它纹）	小 2.000,大 1.000；毛水 13.000
	洋例平（九八兑）	与估宝直行；毛水 20.000
	九八二平（九八兑）	小 4.000；毛水 20.000
	九八平（九八五兑）	小 3.000；毛水 15.000
	九八平（九八六它纹兑）	小 6.000；毛水 13.000
	九九平（九九七兑足纹）	大 4.000；毛水 3.000
	九九六平（它纹）	大 7.000；毛水 13.000
	九九一平（它纹）	大 5.000；毛水 13.000
	九九二平（它纹）	大 6.000；毛水 13.000
	曹平（它纹九二兑）	大 14.000；毛水 13.000
	九八平（九七五兑）	小 6.000；毛水 25.000
	九八五平（九八五兑）	小 1.000；毛水 15.000

续表

地别	平色	每千两对于汉口估宝之比率
汉口	九八六平(它纹)	小 3.000；毛水 13.000
	九八平(九八兑)	小 6.000；毛水 20.000
	九八二平(九八五兑)	小 4.000；毛水 15.000
	曹平(它纹)	大 14.000；毛水 13.000
	九八八平(足纹)	大 2.000；毛水 3.000
	曹平(曹宝)	大 14.000；升水 8.000
	九八平(足纹)	小 6.000；毛水 3.000
	九八平(宝纹)	小 6.000
	会平	大 19.200

注：①②原文为两个数字标准。
③两个标准都升水 8 000。
资料来源："调查统计：汉估宝与各种平色之比率表"，《银行杂志》，1923 年第 1 卷第 3 期。

第三节 本位制度

一、本位制度：价值基准的确立

本位，于货币中择一为正货，他种货币皆以此为标准，而推算其价值的制度。[①] 货币本位通常分为四种：金本位、金银复本位、金汇兑本位和银本位。

中国历史上国家制币仅有铜钱一种，其余金银皆按重量、品质流通，没有本位问题。自中外通商以来，沿海各地银两制钱货币逐渐被外洋压倒，当局意识到危机，在严禁外洋流通收效甚微后，开始自己铸造银元，以抵制外银的输入。随着国家间交易频繁，主要国家多采用金本位制，而我国国内交易银铜并用，各随市价涨落，国计民生颇受影响。

---

① 高明强：《中国通商以来货币本位之沿革》，《商业杂志》，1927 年第 2 卷第 9 期。

自光绪末年开始,鉴于各地混乱的通用货币、通用平砝导致各地换算之不便、运送之烦琐和国际金银兑换之不利等原因,有识之士开始考虑币制改革。光绪二十九年(1903年)三月,上谕:"时局艰难,财用匮乏,国与民俱受其病,自非通盘筹划,因时制宜,安望财政日有起色? 即如各省所用银钱,式样各殊,平色不一,最为商民之累,自应明定划一银式。于京师设立铸造银钱总厂,俟新式银钱铸成,足敷颁行后,所有完纳钱粮关税厘捐一切公款,均专用此项银币,使补平申水等币,扫除净尽……"于是,中央设立财政部,专为整理财政与币制问题。从此,币制改革被各方关注。光绪三十年(1904年),以精琦为代表的金汇兑本位制所提议的《中国新圆法条议》第五条规定:"中国政府应定一单位货币为价值之主,该单位货币应额定含纯金量若干,大约所值金价,应兑银1两或比墨西哥之一银元其价稍昂。"[①]清宣统二年(1910年),度支部奏定的《币制则例》是一种银本位制的主张,其中规定国币单位定名为圆[②],国币种类分银币四种、镍币一种、铜币四种;一圆为主币,五角以下为辅币,计算均以十进,并对银币的重量、成色进行了规定。宣统二年的《币制则例》是清一代币制改革中最可观的建议,如能积极推行,全国币制不难统一。但因受到时局影响,该则例未能施行。[③]

民国二年(1913年),针对中国到底该用哪一种本位,有三种讨论,分别是金汇兑本位、金本位与银本位并用和银本位。民国三年(1914年),《国币条例》确定,其规定库平纯银6钱4分8厘为价格之单位,一圆银币总量为7钱2分。[④] 民国七年(1918年),国内一般趋向主张首先划一银币、废除虚银两、整理银铜各种辅币,然后再讨论用金方法。[⑤] 民国十九年(1930年)后,银价变动,引发新的一轮币制改革讨论,主要有甘末尔(Edwin W. Kemmerer)的金本位讨论等。

在近代中国币制改革之前,各地通用银两的重量、成色等非国家法律

[①] 张家骧等:《中国之币制与汇兑》,商务印书馆1931年版,第33—40页。
[②] "圆"和"元",在实际使用中没有差异,本书直接引用原始资料时,采用"圆",其他部分则用"元"。
[③] 徐广德:《我国币制改良各说攻略.前清币制则例》,《银行周报》,1918年第2卷第43期。
[④] 张家骧等:《中国之币制与汇兑》,商务印书馆,1931年,第59页。
[⑤] 张家骧等:《中国之币制与汇兑》,商务印书馆1931年版,第45页。

所规定,所有的通用货币既充当货币的职能,亦与一般商品货物一样可以进行买卖,故有市价之说。国家没有统一的本位制度,货币之间的相对价格如何确定,关乎价值基准的确立。

二、汇兑中介:票号本平、虚银两

伴随埠际贸易结算而产生的国内汇兑,绕不开货币的换算。在全国各地周行银两和各地平砝千差万别的情况下,票号自设平砝,通过票号本平与各地平砝之间的折合,起到了统一平砝的作用。票号成立之初,即造有自己的"五十两码子",凡到某地设号和通汇,先用本号的"平砝"和当地平砝校对,得出较本号平砝每百两是大若干还是小若干,并以此为凭,收交银两,开展汇兑。余平是票号在收交银两中,由于各路平砝折合关系而余出来的银两。它是票号借助其本平和各地平砝的折算而产生的营业外的收入。

清初政府虽以纹银为标准,规定民间流通的白银随时折合纹银计算,但纹银也不是十足的纯银,只是一种成色为935.374‰的虚银两。虚银两并无实物存在,仅作为宝银的价值符号和折算标准而存在,代表白银发挥货币职能,用于记账单位和清算标准。市面上流通的各种成色的宝银,须以纹银为依据进行比较,计算流通价值。而各地又根据不同的商业习惯产生互有差异的虚拟银两,作为商贸活动的银两标准。各种通用货币在使用和流通过程中,需要经过货币兑换,即换算成通用平砝所表示的银两,才能参与国内各埠的直接和间接汇兑,实现商品和资金的流通。

除近代官方使用的纹银以外,比较有影响的虚银两有上海的九八规元,这是近代上海唯一通行的记账虚银两,中国人和外国人的交易及其汇兑行市,均以九八规元为标准。[①] 关于九八规元的来历,《辞源》《日用百科全书》以及马寅初等都有过详细的解释。按照《日用百科全书》的解释,上海开埠前,商业多集中于南市,且以豆为大宗。牛庄与上海豆行交易甚繁,现银缺乏。故凡收现银者,须九八折扣。从买豆者方面,凡欲买豆时,

---

① 戴建兵:《中国近代银两史》,中国社会科学出版社2007年版,第50页。

手中如有现银,即用九八除之,折成可实用之数,记账时也按折成之数记录。这一方法得到普及后,成为一种虚银两制度,故有九八规元又为豆规元之说。与外国通商后,外国人因中国银两换算复杂,采用豆规元为记账单位,并得以推广。汉口和天津类似。自汉口开埠以来,外国商人因为不熟悉内地各色银两,要求汉口商人参照上海规元,以估平宝银980两升成洋例1 000两,以为标准,相沿成习,成为一种虚拟的划一银两,并得以通用。天津通用行平化宝银,即行化银。行化银如上海规元、汉口洋例银一样,只是一种转账核算的虚拟银两。

票号的"本平"和各地的虚银两,实际为异地间的汇兑提供了价值标准,减少了异地间因平色差异所带来的价格比兑次数,提高了交换效率。

第四节 通用货币折合本位币定价

上海规元、汉口洋例、天津行化银等虚银两,被用作记账银两单位,本身就是因为市面没有一种标准的货币,使得商业上的计算很不方便。比如上海,本是以西班牙的本洋为标准,但自本洋停铸后,来源断绝,乃采用过去豆商的计算单位为单位,用意与中世纪威尼斯的银行货币相同。然而,各地有各地的标准货币,从全国来看,等于没有标准。[1]

币制统一之前,银行收受的货币,如一般商品一样可以买卖,并有行市涨落。各种货币记录在银行簿记上,会带来银行会计计算不便,故银行簿记记账时,择定一种标准货币,为簿记上计算的统一货币,即本位币。银行择定一种货币为本位币之后,将本位币之外的各种货币进行折算,不论货币如何复杂、时价如何涨落,均采用假定价格折合本位币。通用货币折合本位币定价的原理为:各地通用货币折合本位币,以其银色高低,以及货币市价而定;其中包括银两折合本位币、铜元折合本位币、制钱折合本位币等假定兑换价格。[2]

---

[1] 彭信威:《中国货币史》,上海人民出版社1988年版,第779页。
[2] 沈家桢编:《银行簿记实践》(上),商务印书馆1927年版,第27—28页。

表 1.7　　　　　中国银行各地通用货币折合本位币定价一览表

行号所名	原币名	本行定价	本位币	备注
北京	公砝	0.70	1.00	—
归绥	城平银	0.67	1.00	—
胜芳	公砝	0.70	1.00	—
霸县	公砝	0.70	1.00	—
芦台	公砝	0.70	1.00	—
涿县	公砝	0.70	1.00	—
密云	公砝	0.70	1.00	—
静海	公砝	0.70	1.00	—
天津	行化	0.70	1.00	—
保定	库足升行化[①]	0.70	1.00	保定库足系以10 318升行化,再以7钱折合本位币
邢台	行化	0.70	1.00	—
泺县	行化	0.70	1.00	—
唐山	行化	0.70	1.00	—
沧县	行化	0.70	1.00	—
濮阳	行化	0.70	1.00	—
祁县	行化	0.70	1.00	—
磁县	行化	0.70	1.00	—
上海	规元	0.74	1.00	—
汉口	洋例	0.72	1.00	
汉口	铜元	100	0.70	每铜元100枚等于本位币7角
汉口	台票	1 000	0.70	台票即湖北官钱局钱票,每钱1 000文等于本位币7角
宜昌	洋例	0.72	1.00	宜平994折洋例
宜昌	关平	0.66	1.00	—

① 保定库足系以10 318升行化,再以7钱折合本位币。《各地通用货币折合本位币定价:保号致总司账函(四年四月三十日)——为请更正保库足折本位币定价事》,《中国银行业务会计通信录》,1915年第5期。

续表

行号所名	原币名	本行定价	本位币	备注
宜昌	铜元	100	0.70	每铜元100枚等于本位币7角
	台票	1 000	0.70	台票即湖北官钱局钱票,每钱一千文等于本位币7角
南昌	规元	0.74	1.00	盐封1 096升规元
	铜元	150	1.00	每铜元150枚等于本位币1元
长沙	长平①	0.70	1.00	此为长平现宝银定价,其长平票银以1两合本位币。
沙市	沙平	0.74	1.00	—
	铜元	0.70	100	每铜元100枚等于本位币7角
	台票	1 000	0.70	台票即湖北官钱局钱票每钱1 000文等于本位币7角
南京	陵平	0.70	1.00	
苏州	苏漕平	0.69	1.00	
镇江	镇平	0.69	1.00	
扬州	扬平	0.68	1.00	
清江浦				通用银元
芜湖	芜平	0.70	1.00	—
安庆	皖平	0.70	1.00	—
无锡				通用银元
大通				通用银元
徐州	铜元	100	0.75	每铜元100枚等于本位币7角5分
蚌埠			1.00	通用银元
下关	陵平	0.70	1.00	
山东(济南)	济足	0.69	1.00	—
青岛	胶平	0.70	1.00	
烟台	漕估	0.70	1.00	

① 《各地通用货币折合本位币定价:中国银行各行号所通用银两折合本位币定价表(中华民国四年十二月三十一日总管理处总司账制)》,《中国银行业务会计通信录》,1916年第14期。

第一章　内汇市场的基础：复杂币制下的货币兑换

续表

行号所名	原币名	本行定价	本位币	备注
滕县	滕平	0.68	1.00	—
济宁	宁足	0.68	1.00	—
周村	村库平	0.68	1.00	村钱平1 002合村库平
惠民	惠平	0.68	1.00	—
临沂	沂平	0.68	1.00	—
临清	临平	0.71	1.00	—
河南(开封)	汴平	0.69	1.00	—
漯河	漯平	0.68	1.00	漯平1 014升汴平
信阳	汴平	0.69	1.00	申平1 024升汴平
彰德	汴平	0.69	1.00	彰平1 012升汴平
周口	汴平	0.69	1.00	口平1 008升汴平
道口	道钱平	0.69	1.00	道钱平1 013折合汴平
营口	小银元	1.20	1.00	—
营口	炉银	0.94	1.00	—
营口	营平①	0.70	1.00	—
奉天	小银元	1.20	1.00	—
奉天	沈银(沈平)	0.72	1.00	—
吉林	小银元	1.20	1.00	—
吉林	吉平	0.70	1.00	—
黑龙江	小银元	1.20	1.00	—
黑龙江	江平	0.70	1.00	—
哈尔滨	小银元	1.20	1.00	—
哈尔滨	卢布	0.89	1.00	卢布,俗名"羌贴"
大连	小银元	1.20	1.00	—
大连	日币	0.93	1.00	日币即日本银行金币票,俗名"老头票"

① 《各地通用货币折合本位币定价:中国银行各行号所通用银两折合本位币定价表(中华民国四年十二月三十一日总管理处总司账制)》,《中国银行业务会计通信录》,1916年第14期。

续表

行号所名	原币名	本行定价	本位币	备注
安庆	小银元	1.20	1.00	—
	镇银	0.69	1.00	—
铁岭	小银元	1.20	1.00	—
锦县	小银元	1.20	1.00	—
福建	台捧	0.77[①]	1.00	—
	台伏	1.10	1.00	台伏1两等于台捧7钱
福州	台捧	0.77	1.00	—
	台伏	1.10	1.00	—
厦门	厦市平[②]	0.76	1.00	—
广东	毫洋[③]	1.10	1.00	粤属各号所通用毫洋均以11合本位币
	番银[④]	0.72	1.00	番银以7钱2分折合毫洋1元,再以11折合本位币
汕头	毫洋	1.10	1.00	—
	直平	0.76	1.00	—
琼州	毫洋	1.10	1.00	—
韶州	毫洋	1.10	1.00	—
浙江	规元	0.74	1.00	—
	库平	0.67	1.00	—
宁波	规元	0.74	1.00	—
绍兴	—	—	—	通用银元
嘉兴	—	—	—	通用银元
温州	—	—	—	通用银元

① 另一个记载为0.75。《各地通用货币折合本位币定价:中国银行各行号所通用银两折合本位币定价表(中华民国四年十二月三十一日总管理处总司账制)》,《中国银行业务会计通信录》,1916年第14期。

② 《各地通用货币折合本位币定价:中国银行各行号所通用银两折合本位币定价表(中华民国四年十二月三十一日总管理处总司账制)》,《中国银行业务会计通信录》,1916年第14期。

③ 《各地通用货币折合本位币定价:中国银行各行号所通用银两折合本位币定价表(中华民国四年十二月三十一日总管理处总司账制)》,《中国银行业务会计通信录》,1916年第14期。

④ 番银以七钱二分折合毫洋一元,再以11折合本位币。《各地通用货币折合本位币定价:粤行致总管理处函(四年四月二十七日账字第二十六号)——为请更正番银折合本位币定价事》,《中国银行业务会计通信录》,1915年第5期。

续表

行号所名	原币名	本行定价	本位币	备注
湖州	—	—	—	通用银元
兰溪	—	—	—	通用银元
山西太原	库平	0.67	1.00	—
运城	库平	0.67	1.00	—
重庆	新票银	0.71	1.00	
	军票①	1.00	1.00	每军票票面金额1元等于本位币6角
贵州	公估	0.69	0.60	每军票票面额1元等于本位币6角
陕西	陕议平	0.71	1.00	—

注：表中所列间有对各行号所抄日记账研究而来；尚未开幕各分号汇兑未得报告，故暂时无。

资料来源：《各地通用货币折合本位币定价》，《中国银行业务会计通讯录》，1915年第3期，第21—30页；《各地通用货币折合本位币定价：汕头江门琼州洛阳等处通用货币及折合本位定价》，《中国银行业务会计通信录》，1915年第4期；《各地通用货币折合本位币定价：保号致总司账函（四年四月三十日）——为请更正保库足折合本位币定价事》，《中国银行业务会计通信录》，1915年第5期；《各地通用货币折合本位币定价：粤行致总管理处函（四年四月二十七日账字第二十六号）——为请更正番银折合本位币定价事》，《中国银行业务会计通信录》，1915年第5期；《中国银行各行号所通用银两折合本位币定价表（中华民国四年十二月三十一日总管理处总司账制）》，《中国银行业务会计通信录》，1916年第14期。

同时，各地通用货币折合本位币定价并不是一成不变，各地分行号会根据货币市价涨落而进行调整。1916年，中国银行东行所在地江帖15吊合本位币一元。到1917年上半年因江帖价值日渐低落，该项货币，本行定价与时价未免大相悬殊，自下期7月1日起，江帖改为20吊申合本位币一元。②

---

① 《各地通用货币折合本位币定价：中国银行各行号所通用银两折合本位币定价表（中华民国四年十二月三十一日总管理处总司账制）》，《中国银行业务会计通信录》，1916年第14期。
② 《各地通用货币折合本位币定价：东行致总管理处函（民国五年四月二十四日账字第十八号）：为余所江帖及河号铜元折合本位币定价事》，《中国银行业务会计通信录》，1916年第17期；《各地通用货币折合本位币定价：东行东字第三十三号通函（六年六月十三日）——为改订日金江帖折合本位币定价事》，《中国银行业务会计通信录》，1917年第30期。

第二章

上海通用货币及货币行市

第一节 上海银钱业通用货币

上海银钱业通用货币有规元银、纯银、纹银、宝银、轻平宝、银元、铜元等。规元银，也称九八规元银，是上海商业上用作贸易之唯一虚银本位的记账银两。因规元银成色为916.666‰，而申漕平标准成色为935.374‰。成色高，重量必小。故以成色916.666‰的规元银与成色935.374‰的标准银交换，得规元银100两等于申漕平98两。[①] "纯银"，银之纯而不驳，不含其他杂质者，为之纯银也。"纹银"，银质之优良者，比纯银稍次，依上海纹银，每百两含纯银九十三两五钱三分七厘四。亦即与申漕平相等，故在上海称纹银，即指"申漕平"而言。"宝银"，是由生银所熔铸，上海炉房即以专铸元宝为业也。大者约重五十两左右，称元宝；中者约重十两左右，曰中锭；小者一二两，曰小锞。上海通用元宝为二七宝，以其现宝成色每锭可申二两七钱五分。例如，实在重50两之元宝，因为此项现宝成色为986.819‰，比申漕平标准成色935.374‰，每百两高出5两5钱（此高出之数为升水）。故欲合规元银，有下式：

---

① 《何谓九八规元：马寅初在本校讲演》，《商学季刊》，1923年第1卷第4期。

(50两+2.75两)÷98/100＝53.826 5两(规元银)

"轻平宝",系上海银钱业及"银炉"用语。轻平宝,即平量相差或重量不足之谓。上海钱业营业规则规定,凡退轻宝银以下午四时为限。如果宝批是假的,以扣足7天为限。

"夷场新",上海之计算标准银,谓之九八规元银。其通用之元宝,以其成色谓之二七宝,是当时在租界内所铸之元宝。因租界为夷场,故有此称也。①

上海市面流通之银元主要有新币(铸袁世凯像者)、江南、湖北、广东、北洋、北洋机器局造币总厂、鹰洋、站人洋等,其重量成色不一。站人洋及其他各省所铸之银元,市上兑换均须贴水。辅币则有各地输入之小洋及铜元,纸币则有中外银行所发之银两、银元两种。本地通行兑换券的发行机构有中国银行、交通银行、通商银行、广东银行、四明商业储蓄银行以及浙江兴业银行、中南银行、中国实业银行、农商银行等银行。其票面大多为一元、五元、十元,间有发行五十元、一百元者,但市面不多见。这些兑换券与现洋一样通行,无所差异。其中发行额最多,流通最广的为中国、交通两家银行。中交两行发行的凡注明"上海"字样的钞票以及中交两行发行的江浙两省的钞票皆可通行。外国银行如汇丰银行、麦加利银行、道胜银行、华比银行、花旗银行、美丰银行、友华银行、正金银行等银行均有钞票发行,其中又以汇丰银行所发行的钞票流通最多。此外,汇丰、麦加利、通商、广东等银行所发行的五两、十两、五十两、一百两的九八规元票,只可在本地通行,他埠则不可通用。②

表2.1　　　　　　　　各种银元重量成色

币　别	重　量	成　色
新币	0.720 0	0.890 000
湖北龙洋(光绪年)	0.726 2	0.903 703

---

① 顾施珩:《上海钱庄业常用名称释义》,《商业杂志》,1929年第4卷第7期。
② 上海商业储蓄银行国内汇兑处编:《国内商业汇兑要览》,上海商业储蓄银行国内汇兑处1925年版,第11页。

续表

币　别	重　量	成　色
江南龙洋（光绪戊戌）	0.724 6	0.902 327
广东龙洋（光绪年）	0.724 5	0.902 700
北洋银币（光绪年）	0.739 6	0.890 000
北洋机器局银币	0.728 9	0.890 664
造币总厂银币	0.702 9	0.904 527
鹰洋	0.728 4	0.901 824
站人洋	0.721 5	0.901 697

资料来源：俞希稷编：《新学制高级商业学校教科书：汇兑论》，商务印书馆1923年版，第125—126页。

第二节　上海银洋钱行市

清末市场流通各种货币，且货币本身有价格，各种货币之间的比率又经常变动，称之为兑换率，衍生出银价、洋价、钱价、钞价等。

钱价，是制钱对白银的兑换比率。币值变动方面，清廷不懂主币和辅币的道理，但为维持银与钱之间一个稳定的比价，如银一两合钱千文，常通过增减制钱分量的方法来实现。因市场比价变动无常，因此流通的制钱有轻重之分，而轻重钱的购买力亦有大小不同，故引起私销和私铸，即销熔重钱、铸造轻钱。钱减重之后，钱价即下跌。若制钱加重之后，对白银的市场比价马上提高。

上海为东亚第一大埠，日常买卖虽用"洋码"，而公认之通货本位则为"九八豆规元"，规元亦名"上海两"，其借贷往来称为"银款交易"。银款交易以规元千两为标准，其一日之利率行市，谓之"银拆"。规元既为本位，则银元为货物，对之发生市价，此种银元市价，是当日银币一枚可合规元之数，谓之"洋厘"。商界收交，实际以银元相授受，但须照当日洋厘行市折合规元而记账，"拆""厘"行市由钱庄同业在该埠宁波路钱业公会市场议出，举凡银两之拆用，现洋钞票之买卖，对银行划头之交易，与各小钱庄辅币之授受,俱在市场相成交,而且标准价格则统称为"银洋钱行市"。市场交易分早、午二市,每市之行市经由公会议出后,挂牌公布。上海银洋钱行市主要包括洋厘、银拆、铜元、衣牌、角坯、贴水、拆兑等。

洋厘为银两、银元互相兑换之市价,分为早市和下午市。每次洋厘变动,银元市价或增或减1厘2毫5,作为挂牌标准。商人惯例,收进银元较标准每元小1厘2毫5,付出银元又较标准,每元大1厘2毫5。①

银拆为钱业同行拆用银款时所酌定之日息。每汇划庄向同业拆用款项,互通有无,均以规元计算。期限仅限2天,每日有上午、下午二市,在钱业公会交易。由各庄自相接洽,每次交易拆息不同,其开出之盘,每日仅有晨、午二盘。增减单位为一分,或加一分或减一分,最高以七钱为限。如银拆七分,即拆用规元一千两,每日须付利息七分,以每月三十日计算,则计为二两一钱。每市以最高率与最低率平均为转账率,以为各商往来结算标准。未入园钱庄,向汇划庄拆款,照挂牌拆息,每月另加三四两不等。②

1931年6月28日上海钱业早、午两市所开银洋钱行市如表2.2所示。

表2.2　　上海钱业早、午两市所开银洋钱行市(1931年6月28日)

行市名称 \ 时间	上　午	下　午
洋厘	7.270 00	7.272 50
银拆	1.800 00	1.600 80
江南	6.470 00	6.460 00
广东	6.440 00	6.447 50
铜元	378.500 文	378.500 文
衣牌	2.752 文	2.753 文
角坯	0.244 文	0.244 文

---

① 俞希稷编:《新学制高级商业学校教科书:汇兑论》,商务印书馆1923年版,第127页。
② 俞希稷编:《新学制高级商业学校教科书:汇兑论》,商务印书馆1923年版,第129-130页。

续表

时间 行市名称	上午	下午
贴水	0.031 文	0.031 文

资料来源：李福星：《中国货币行市诠释》，《大公报天津版》，1931年7月21日，第6版。

表 2.1 中所列之洋厘为银元与银两互换之市价，洋厘 7.270 00，即每元国币当日可换规元银七钱二分七厘之意。洋厘行市每一增减为一毫二忽半。上海银钱业，除洋厘表示大洋厘外，还"小洋厘"，主要分两种行市，一般不叫某某小洋厘，而是叫"江南""广东"。前者指老单角，后者指新双粤毫而言。① 上述案例中，"江南"为龙形银辅币，"广东"为广东双毫，二者均为小洋，其行市为每十角当日可换规银之数。②

银拆为钱业同行拆用银款时所酌定之日息，银拆 1.800 00 意为：每拆用规元 1 000 两，当日需付息一钱八分之意。银拆行市每一增减为一分。其顶盘为七钱。

铜元是指当制钱十文之铜元行市，为每规银百两可兑铜元多少文之数。铜元 378.500 文，即每规元百两可兑铜元三十七万八千五百文。

衣牌亦叫"兑换铜元"，是每大洋（银币）一元兑换铜元若干之数，其计算公式为：（铜元行市÷100 两）×洋厘行市＝衣牌行市。③

角坯是指每小洋一角兑换铜元之数。其计算公式为：（铜元行市÷100 两）×（广东小洋行市÷10 角）＝角坯行市。

贴水是指每角小洋加钱几文，合大洋一角也。其计算公式为：（衣牌行市÷10）/角坯行市＝贴水行市。

另有拆兑，是指每大洋百元兑换小洋千二百余角。④

以上几种行市之规定，掌控于钱业之手，1931 年前后银行公会虽有

---

① 顾施玨：《上海钱庄业常用名称释义》，《商业杂志》，1929 年第 4 卷第 7 期。
② 李福星：《中国货币行市诠释》，《大公报（天津版）》，1931 年 7 月 21 日。
③ 顾施玨：《上海钱庄业常用名称释义》，《商业杂志》1929 年第 4 卷第 7 期；李福星：《中国货币行市诠释》，《大公报（天津版）》，1931 年 7 月 21 日。
④ 顾施玨：《上海钱庄业常用名称释义》，《商业杂志》，1929 年第 4 卷第 7 期。

行市委员会等组织,由各行分派代表于每日上午到会集议,并于每日九时半将议定之行市公布,但并未如其所愿取代钱业。①

第三节　上海内汇汇兑行市

一、通用平砝

上海通行平砝共有六种:库平、漕平、关平、申公砝平、公估平、九八规元等。"规元银",亦称九八规元银,或简称规元,是上海商业用于贸易的唯一虚银本位之记账银两。规元银一百两等于申漕平九十八两。关平银一两,合上海规元银 1.114 两。库平银一两,合上海规元银 1.095 4 两。申漕平一两,合规元银 1.020 4 两。"公砝平",为商业上通用之标准平,亦各冠以所在地之名称。上海公砝平一两零二合申漕平一两。②

表 2.3　　　　　　　　本地各种平砝比较表　　　　　单位:两.钱分

平砝名称	比较数目	等于	平砝名称	比较数目
申公砝平	1 000.00	等于	九八规元	1 073.50
申公砝平	1 002.00	等于	公估平	1 000.00
库平	1 000.00	等于	九八规元	1 096.00
库平	1 000.00	等于	公估平	1 018.00
关平	1 000.00	等于	九八规元	1 114.00
漕平	1 000.00	等于	公估平	1 000.00

资料来源:俞祥钟:《上海汇兑行市说略》,《浙江省立甲种商业学校校友会杂志》,1918 年第 3 期,第 2 页。

表 2.4　　　　　　　　本地平砝与他处平砝比价表　　　　单位:两.钱分

平砝名称	比较数目	等于	平砝名称	比较数目
九八规元	1 057.63	等于	京公砝(北京)	1 000.00
九八规元	1 059.70	等于	行化平(天津)	1 000.00

---

① 李福星:《中国货币行市诠释》,《大公报(天津版)》,1931 年 7 月 21 日。
② 顾施珩:《上海钱庄业常用名称释义》,《商业杂志》,1929 年第 4 卷第 7 期。

续表

平砝名称	比较数目	等于	平砝名称	比较数目
九八规元	1 082.09	等于	保市平(保定)	1 000.00
九八规元	1 100.34	等于	口钱平(张家口)	1 000.00
九八规元	1 078.50	等于	济平(济南)	1 000.00
九八规元	1 000.00	等于	胶足(青岛)	942.00
九八规元	1 045.00	等于	烟估平(烟台)	1 000.00
九八规元	1 098.80	等于	洛平(洛阳)	1 000.00
九八规元	1 073.50	等于	二六汴平(开封)	1 000.00
九八规元	1 085.00	等于	许平(许州)	1 000.00
九八规元	1 078.65	等于	口南平(周家口)	1 000.00
九八规元	1 000.00	等于	二四曹平(信阳)	910.00
九八规元	1 078.97	等于	泾布平(三原)	1 000.00
九八规元	1 096.00	等于	库平(太原)	1 000.00
九八规元	1 088.00	等于	同平(大同)	1 000.00
九八规元	1 056.07	等于	沈平(奉天)	1 000.00
九八规元	1 058.17	等于	营平(营口)	1 000.00
九八规元	1 051.00	等于	宽平(长春)	1 000.00
九八规元	1 070.00	等于	镇平(安东)	1 000.00
九八规元	1 075.50	等于	补水(苏州)	1 000.00
九八规元	1 068.70	等于	陵平(南京)	1 000.00
九八规元	1 073.50	等于	二七宝(镇江)	1 000.00
九八规元	1 071.10	等于	扬曹平(扬州)	1 000.00
九八规元	1 059.00	等于	二五浦平(清江浦)	1 000.00
九八规元	1 065.50	等于	二五曹平(板浦)	1 000.00
九八规元	1 096.00	等于	九九司库平(杭州)	1 000.00
九八规元	1 034.45	等于	洋例(汉口)	1 000.00
九八规元	1 037.00	等于	宜平(宜昌)	1 000.00
九八规元	1 053.10	等于	九九沙平(沙市)	1 000.00
九八规元	1 073.50	等于	曹平(芜湖)	1 000.00
九八规元	1 073.50	等于	二七和平(大通)	1 000.00
九八规元	1 000.00	等于	二八曹平(安庆)	960.00

续表

平砝名称	比较数目	等于	平砝名称	比较数目
九八规元	1 000.00	等于	陕议平(西安)	952.00
九八规元	1 000.00	等于	二四曹平(九江)	931.00
九八规元	964.00	等于	洋银(樟树)	1 000.00
九八规元	1 053.40	等于	九七平(重庆)	1 000.00
九八规元	1 000.00	等于	九九三五直平(汕头)	917.21
九八规元	1 021.00	等于	九九八番平(香港)	1 000.00
九八规元	1 066.00	等于	公估平(贵阳)	1 000.00
九八规元	1 055.55	等于	滇平(云南)	1 000.00
九八规元	1 065.98	等于	台新议平(福州)	1 000.00
九八规元	1 057.55	等于	宁平(济南)	1 000.00
九八规元	1 100.34	等于	滕库平(滕县)	1 000.00
九八规元	1 100.30	等于	村库平(周村)	1 000.00
九八规元	1 000.00	等于	潍市平(潍县)	925.00
九八规元	928.06	等于	九七二平(赣州)	1 000.00

资料来源：上海商业储蓄银行国内汇兑处编：《国内商业汇兑要览》，上海商业储蓄银行国内汇兑处1925年版，第6—11页。

本地各种平砝以及本地平砝与他处平砝之间的比较，是两地之间汇兑计算的依据和基础。如欲知京汇京公砝平1 000两，到沪应合九八规元多少两。从表2.3和表1.5知，京公砝平1 015.00两等于申公砝平1 000两，则申公砝平1 000两等于九八规元1 073.50两。则二者的关系为，京公砝平1 015.00两等于九八规元1 073.50两。我们可以轻松换算出京公砝平1 000两，应合九八规元1 057.63两。其他地方可以类推。汇兑计算的第一步即需要查两地之间的平砝比价。

九八规元为上海唯一通行的记账虚银，无论中外交易及汇兑行市均以此为计算标准。因上海为我国商业枢纽，上海对天津、汉口、重庆、广州等全国各地皆有汇兑行市。其中，主要包括银汇和洋汇行市。

银汇。上海所开各埠银汇有北京、天津、汉口、宜昌、万县、成都、济南、广州等处，而又以京津汉三处最重要。上海之规元银，比京津汉三处通用平砝均小。但因公砝比较方面，上海规元与京公砝，比与津行化高，故上海对天津的银汇比上海对北京的银汇常贵，但二者银汇涨落差数往往相同。① 1926 年－1931 年，北京银汇市价（公砝合规元）、天津银汇（行化合规元）、汉口（洋例合规元）、广州（毫洋合规元）的平均最高价分别为 1 058.2 两、1 066.4 两、1 033.4 两和 639.3 两；最低价分别为 1 044.7 两、1 052.1 两、1 025.2 两和 609.8 两。②

洋汇。1932 年 5 月"上海内汇市场表"中刊载了（上海对）北平（京）、汉口、青岛、烟台、蚌埠、芜湖、安庆、南昌、九江、长沙、杭州、南京、徐州、福州、厦门、汕头、琼州、太原、石家庄、张家口、辽宁、大连、安东、哈尔滨、长春等地的银元汇价，③即洋汇市价。其中京津因两地来往密切，运输便利，天津洋汇比北京低 1 元左右。④ 以 1926－1931 年上海对北京和天津的内汇银元行市即洋汇为例，两地间差价为 0.4－1.1 元之间。上海对北京的洋汇年平均价分别为 1 005.0 元、1 012.8 元、1 012.8 元、1 005.9 元、1 002.8 元和 1 007.7 元；上海对天津的洋汇年平均价为 1 004.0 元、1 012.1 元、1 011.7 元、1 005.3 元、1 002.4 元和 1 006.9 元。⑤

二、汇兑原理及公式⑥

（一）上海对天津、北京

1. 洋汇

汇天津银元 1 000 元，照下开行市应交⑦洋若干。已知：津申票 1 055 两，天津银元行化平 6 钱 8 分 8 厘，上海银元规元 7 钱 3 分。

（1）原理

---

① 何育禧：《年来上海内汇之变迁》，《银行周报》，1928 年 12 卷 5 期。
② 《上海内汇平均市价》，《经济统计季刊》，1932 年第 1 卷第 3 期。
③ "上海内汇市价表"，《金融统计月报》，1932 年第 29 期。
④ 何育禧：《年来上海内汇之变迁》，《银行周报》，1928 年 12 卷 5 期。
⑤ 《上海内汇平均市价》，《经济统计季刊》，1932 年第 1 卷第 3 期。
⑥ 具体的银汇、洋汇、银洋互汇等内容详见本书第九章相关分析。第二、三章分析完各地通用货币、通用平砝后，以部分商埠汇兑设例，是为了说明各地货币、平砝换算、行市是内汇计算的基础。
⑦ 票号的"收"和"交"两项业务，是其基本的业务。"交"可以等同于现代的"缴"。本书遵循历史时期特定金融机构的专业用语，涉及金融机构的业务，继续用"收"和"交"。

以天津银行 1 000 元为本位[①],以天津银元行市 6 钱 8 分 8 厘乘之,得行化银 688 两,更以津申票行市乘之得规元 725.84 两,再以上海规元除之得洋 994.3 元。

(2)公式

$$在上海应交洋 = 1\,000 \times 0.688 \times \frac{1\,055}{1\,000} \div 0.73 = 994.30[②]$$

2.银洋互汇

汇北京京公砝 1 000 两,在沪应交洋若干。已知:京申票 1 045 两,申洋厘 7 钱 2 分 9 厘。

(1)原理

以京公砝 1 000 两为本位,以京申票行市乘之,更以申洋厘 7 钱 2 分 9 厘除之,得洋 1 433.45 元。

(2)公式

$$1\,000 \times \frac{1\,045}{1\,000} \div 0.729 = 1\,433.45[③]$$

(二)上海对汉口

银洋互汇。汇汉口估平估宝 1 000 两,照下列行市应交申洋若干:汉申票 1 039 两,上海银元洋厘 7 钱 3 分。

(1)原理

以汉口估平估宝千两升洋例银 1 020 两 4 钱为本位,以汉申票行市乘之得九八规元 1 060 两 1 钱 9 分 5 厘,更以上海银元行市除之即可。

(2)公式

[①] 全书分析两地间的汇兑设例时,原始文献中提到的如"以汉口估平二四宝 1 000 两为本位""以上海银元 1 000 元为本位"等原内容,其中的"本位"不是价值的标准,按照实际内容,应该指的是"单位"或"基准"。

[②] 俞祥钟:《上海汇兑行市说略(附表)》,《浙江省立甲种商业学校校友会杂志》,1918 年第 3 期。

[③] 原引用文献中是 1 433.45 元,但经汇兑公式连续计算,此数据应为 1 433.47 元。因差别不是很大,本书尊重原文献的数据。俞祥钟:《上海汇兑行市说略(附表)》,《浙江省立甲种商业学校校友会杂志》,1918 年第 3 期。

$$1\,000 \div \frac{980}{1\,000} \times \frac{1\,039}{1\,000} \div 0.73 = 1\,452.322^{①}$$

（三）上海对广东

银洋互汇。汇广东毫洋 1 000 元，照已知行市在沪应交规元若干，港洋申电 68 两，广东毫洋 1 063.2 元。

（1）原理

以广东毫洋 1 000 元为本位，以港洋换毫洋行市 1 063.2 元除之，得港洋 940.55 元，再以港洋申电行市乘之，得规元 639 两 5 钱 7 分 4 厘。

（2）公式

$$1\,000 \div \frac{1\,063.2}{1\,000} \times 0.68 = 639.574^{②}$$

（四）上海对营口

银汇。汇营口营平现宝 1 000 两，照下开行市，在申应交规元若干。营申票 1 397 两，营宝加色炉银 10 两 5 钱。

（1）原理

以营口现宝 1 000 两为本位，以每锭重量 53 两 5 钱除之，以每锭重量 53 两 5 钱加营宝加色行市 10 两 5 钱，共计 64 两，乘之得炉银 1 196 两 2 钱 6 分，以营申票行市 1 397 两除之，得在申应交规元 856 两 3 钱。

（2）公式

$$1\,000 \div 53.50 \times (53.50 + 10.50) \div \frac{1\,397}{1\,000} = 856.300^{③}$$

---

① 原引用文献中是 1 452.322 元，是因为直接用文献中提及的九八规元 1 060.195 两除以上海银元洋厘 0.73；但经汇兑公式连续计算，此数据应该为 1 452.334 元。二者之间的差别在于，中间换算过程中小数位的取舍问题。俞祥钟：《上海汇兑行市说略（附表）》，《浙江省立甲种商业学校校友会杂志》，1918 年第 3 期。

② 原引用文献中是 639.574 2 元；但经汇兑公式连续计算，此数据应该为 639.579 元。二者之间的差别在于中间换算过程中，小数位的取舍问题。俞祥钟：《上海汇兑行市说略（附表）》，《浙江省立甲种商业学校校友会杂志》，1918 年第 3 期。

③ 原引用文献中是 856.300；但经汇兑公式连续计算，此数据应该为 856.308。二者之间的差别在于中间换算过程中，小数位的取舍问题。因差别不是很大，本书尊重原文献的数据。俞祥钟：《上海汇兑行市说略（附表）》，《浙江省立甲种商业学校校友会杂志》，1918 年第 3 期。

第三章

各地通用货币、通用平砝及货币行市

异地之间的汇兑关系需要首先熟悉各地的通用货币、通用平砝以及各自的货币本位。两地之间的货币如果需要实现空间转移，通常须借助汇兑的计算进行异地间货币的转移核算。各种通用货币在使用和流通过程中，需要先经过货币兑换，即换算成通用平砝所表示的银两，才能参与国内各埠的直接和间接汇兑，以实现商品和资金的流通。故各重要商埠通用的货币、平砝及汇兑换算行市，成为国内汇兑中一项重要的程序。内汇业务的基础即为货币兑换业务，货币兑换体系使各种通用货币的流通能自然调节，以适应各层次实体经济的需要。

近代中国在币制统一之前，各地币制紊乱，各地通用货币及通用平砝千奇百怪、参差不齐。货币使用呈现明显的地域化特征。首先，各地虚银两大多不同，如上海规元、汉口洋例、天津行化、营口过炉银等各不相同。其次，各地通用货币亦有明显的地域差别，如中、交两行所发行的钞票按照不同的地理区域进行流通；广东、江南等地的鹰洋在北京、石家庄、张家口、保定等地概不通行。

同一个地域内部，既有差异性，也有融合性。差异性体现为，同一区域内的各个商埠，其通用货币和通用平砝各不相同。特别是同一区域内作为通商口岸的商埠，不仅流通着本土货币，还流通外国银行钞票和外省银元，展现出一定的开放性和多元性。相反，属于内陆腹地的商埠则较为封闭。融合性体现为，地域中心的部分货币可以在腹地流通，体现较强的流通性，例如上海各外省银行钞票可以在宁波等地流通，这种现象加强了不同地域之间的经济联系。

从历史发展脉络分析，1915年前后各地通用货币中银两占到一定比例，但到1925年之后，银两已经逐步被银元取代，多数成为虚拟存在，而鲜见实体银两。同时，通用平砝亦伴随着银两的消失而消失。随着银两和平砝的逐渐消失，各地货币本位亦由银两、平砝等转为银元或者虚拟银两本位。与之对应的是，国币在1915年前后处于逐步推广时期，而进入1925年之后则已经成为大部分地区的主要通行货币之一。另外一个变化明显之处在于，1915年左右，各地通行钞票以中、交两行钞票为主；到1925年前后，除中、交两行钞票外，亦有其他银行钞票通行。

总之，近代中国各地之间通用货币使用呈现明显的地域化特征，体现了显著的市场分割性。但这种分割性更多体现在区域之间的差异性，在区域内部的货币流通又具有一定的融合性，且随着银元逐渐替代银两成为主要通用货币之一以及平砝的逐渐消失，区域内部的货币融合程度进一步加强。

第一节　华北地区

华北货币流通区域性表现为：既与华中、东北等地区形成区域差别，又在其内部存在彼此的差异和相互交融之处。到20世纪二三十年代，银两和制钱在华北地区逐渐消失，取而代之的是银元，其中以北洋、站人和新币为主，而广东、江南等地的鹰洋在北京、石家庄、张家口、保定等地概不通行，显示了区域间货币流通的特定性和局限性。

华北内部差异表现为：属于通商口岸的天津、青岛、烟台等地除国币、北洋外，还流通外国银行钞票和外省银元。而内部交融表现为：中、交两行所发行的天津地名兑换券在保定、石家庄流通颇广。此外，其他银行的津钞票在1924年的石家庄和1927年的唐山亦通行。中国银行京津等地钞票也能在山西省内流通。山东济南的中国、交通、山东三家银行发行的纸币，在其省内的滕县、济宁、周村、青都（益州）等处，与现洋同样行使，为市面所流行之纸币。中、交两行发行的张家口地名大银元券，在张家口、北京、天津、大同、丰镇、归化、包头、内外蒙古各处，均可同现洋一样行使，并无折扣。天津、张家口、绥远各银行之兑换券均能在1926年的山西大同流通。①

由流通货币所体现的变化如下所述：

1920年之前：银两和制钱仍有一定的应用范围。1919年，山东滕县交易往来向以钱为本位，在昔铁路未通时代，则以银两为主币。近数年来淘汰殆尽，银元已极通行，但以北洋、站人、新币数种为限，新辅币亦渐适用，兑换券尚属流通，然多未有兑现机关，是以中行券尤所欢迎。② 1924年，山东济南平常商家小额交易多以九八京钱计，大宗交易则以银元计，无使用银两者，所谓济平银，只作为转账之用，并无现银。③ 1918年，周村之青银，即系店平，遇有绸丝交易，均适用之，每年在三月至九十月间，日有行市，惟此种银两仅具虚名，犹上海之规元、汉口之洋例等类。正金票及军用票，自日人接管胶济铁路后，此种票券流通于市。④

1925年之后：银两和制钱已消失殆尽，银元和各行纸币流通较广。张家口通用银两主要是本地炉房所熔铸的蔚州宝和拨兑银，其中以拨兑银流通为主，但20世纪二三十年代后，这两种宝银市面上已不多见。1920年上期口行（张家口）报告："查口地市面向以银两制钱两种为主要货币，银则蔚州大宝及滴珠为大宗。钱则铜元及钱行发行之钱帖，流通市面以资周转。比年银行林立，发行兑换券及铜元券。银元逐渐通行而现银遂日渐稀少。现商家交易均用现洋或铜元券。银两须由钱行拨兑……铜币因铜元券畅行，携带便利，铜元遂日渐缺乏。"⑤

另外，纸币流通情况在1920年之前，中、交两行钞票流通较广，但到了1925年之后，其他商业银行钞票亦通行。例如在保定，1919年纸币惟

---

① 《大同之经济状况》，《中外经济周刊》，1926年第2卷第20期。
② 《各地商况：滕县（八年下期滕支行报告）》，《中外经济周刊》，1920年第54期。
③ 《济南之金融机关与通货》，《中外经济周刊》，1924年第9期。
④ 《周村之通用货币及其汇兑计算法》，《银行周报》，1918年第2卷第14期。
⑤ 《各地商况：张家口（九年上期口行报告）》，《中国银行通信录》，1920年第61期。

我行(中国银行)与交通之津字券、平市官钱局铜元票最为通用。① 到 1926 年,除中国银行津字券纸币外,另有中国银行发行的保定地名大洋辅币兑换券流通,平市官钱局铜元票经商会保证后也能流通,至于银两制钱均已绝迹,惟乡间尚有制钱之名称。②

到 20 世纪二三十年代,华北多地生银绝迹,随着国币逐渐成为主币,平砝逐渐削减或用作划账之虚本位。如北京本地通用平砝主要是京公砝平,但 1925 年京公砝平已无现货,仅在调拨银款及汇兑时作为计算之虚本位而已,其他汇算多以银元为本位。但此时,华北内部仍然使用平砝的商埠为天津,山西太原、大同、新绛,以及山东的济南、潍县等少数几个地方。③ 以天津通用的行平为代表,平砝主要用于市面定价和汇兑交易。在大同和新绛,各商往来交易及买卖货物又以拨兑为主。④

一、天津

1915—1931 年天津的本位货币都是行平化宝银,但此银专为转账之用,并无现银,兑现时须照公估局所估白宝之估码使用。市面通行银两为本埠炉房所熔化的白宝。白宝在 1915 年之前市面尚通行,而 1925 年前后,白宝等实银两已经不用,市面银元最为通用,平砝亦完全不用。另外,1915 年前后,华商银行钞票以中、交两行为主;1925 年前后,华商银行钞票除中、交两行外,中南、直隶省、中国实业等银行钞票亦流行。

(一)通用货币

1915 年,天津的通用货币为行平化宝银、北洋、新币、小洋、铜元、中交两行钞票和外国银行钞票、银号发行之钞票、羌贴及老头票、白宝等。其中,行平化宝银,专为转账之用,并无现银,成色为九九二,兑现时须照公估局所估白宝之估码使用,高则每锭升 4 钱,次则 2～3 钱不等。新币、

---

① 《各地商况:保定(八年上期保支行报告)》,《中国银行通信录》,1919 年第 50 期。
② 《保定之经济状况》,《中外经济周刊》,1926 年第 180 期。
③ 上海商业储蓄银行国内汇兑处编:《国内商业汇兑要览》,上海商业储蓄银行国内汇兑处 1925 年版,第 233—234 页;双一:《调查:中国各省钱业调查录》,《钱业月报》,1923 年第 2 卷第 12 期;双一:《中国各省钱业调查录》,《钱业月报》,1923 年第 3 卷第 4 期。
④ 双一:《调查:中国各省钱业调查录》,《钱业月报》,1923 年第 2 卷第 12 期。

北洋为天津埠最为通用之货币,且日有行市。小洋,因有东北商人在津买卖,进出额颇大,且日有行市。铜元,零星买卖使用。中、交两行钞票流行甚广。外国银行钞票主要包括汇丰、正金、麦加利等外商银行所发钞票。羌贴和老头票,因有日俄商人来津贸易,故这两种货币流行于市面。白宝为足色现宝,是本埠炉房所熔化的银两,市面通行。[1]

1925年,最为通用的货币为国币,大清银币等龙洋亦与国币同样通行。铜元中单、双铜元均可通用。行平化宝银,依然是本位货币。角洋则市面极少。华商银行钞票除中交两行外,中南、直隶省、中国实业等银行钞票亦流行。外商银行发行钞票的流通性亦很广。[2]

1935年天津流通之货币,就硬币而言,流通最广者当推宝元,次为铜元,银角则势力极小,流通甚少;银两现已废除,失去昔日在货币中所占之地位。就纸币言之,以银元纸币流通最广,次有十进银角纸币与铜元票二种尚能平价流通。[3]

(二)通用平砝

1915年,天津本地通行平砝种类主要有行平、津公砝平、库平、运库平。而本地不甚通行平砝种类为议砝平、关平、西公砝平、钱平。行平是银行、货行最适用之平砝;街市商业以津公砝平为标准。

到1925年,库平、公砝平、运库平、关平、钱平、西公砝平、议砝平等数种平砝已经完全不用了。本地通行平砝为行平。

表 3.1　　　　　　　天津本地各种平砝比较表　　　　单位:两.钱分

平砝名称	比较数目	等于	平砝名称	比较数目
行平	1 032.20	等于	库平	1 000.00
行平	995.00	等于	公砝平	1 000.00
行平	1 033.00	等于	运库平	1 000.00
行平	993.20	等于	议砝平	1 000.00

---

[1] 中国银行总管理处编:《内国汇兑计算法》,中国银行总管理处1915年版,第24页。
[2] 上海商业储蓄银行国内汇兑处编:《国内商业汇兑要览》,上海商业储蓄银行国内汇兑处1925年版,第233—234页。
[3] 吴石城:《天津货币流通之概况(一)》,《银行周报》,1935年第19卷第2期。

续表

平砝名称	比较数目	等于	平砝名称	比较数目
行平	994.40	等于	西公砝平	1 000.00
行平	992.00	等于	钱平	1 000.00
行平	1 050.00	等于	关平	1 000.00

资料来源:中国银行总管理处编:《内国汇兑计算法》,中国银行总管理处1915年版,第25—26页。

表3.2　　　　　　　　天津本地平砝与他处平砝比较表　　　　　　　单位:两.钱分

本地砝平名称	比较数目	等于	他处平砝名称	比较数目
行平	998.00	等于	京公砝平(北京)	1 000.00
行平	1 021.00	等于	保市平(保定)	1 000.00
行平	1 013.00	等于	申公砝平(上海)	1 000.00
行平	1 000.00	等于	申规元(上海)	1 059.70
行平	1 009.00	等于	二六汴平(开封)	1 000.00
行平	1 018.20	等于	口南平(周口)	1 000.00
行平	1 026.20	等于	道钱平(道口)	1 000.00
行平	1 018.00	等于	济平(济南)	1 000.00
行平	1 035.00	等于	省大平(太原)	1 000.00
行平	1 015.20	等于	苏漕平(苏州)	1 000.00
行平	1 000.00	等于	汉估平(汉口)	1 004.00
行平	1 000.00	等于	汉洋例(汉口)	1 024.50
行平	1 000.00	等于	吉市平(吉林)	1 006.40
行平	1 000.00	等于	沈平(奉天)	1 003.20
行平	1 000.00	等于	营平(营口)	1 001.60
行平	1 000.00	等于	九七川平(成都)	1 006.00
行平	1 018.00	等于	济平(济南)	1 000.00

资料来源:中国银行总管理处编:《内国汇兑计算法》,中国银行总管理处1915年版,第26—28页;上海商业储蓄银行国内汇兑处编:《国内商业汇兑要览》,上海商业储蓄银行国内汇兑处1925年版,第235页。

(三)银色升耗①

通行化宝,较本埠白宝,每千两耗 8 两;通行化宝,较上海二七宝,每千两耗 6 两。②

(四)货币本位及货币兑换行市

1915—1931 年,天津的货币本位一直是行化银。

1915 年,货币行市有银元、小洋、申票、京票、钱盘、羌贴和白宝行市。其中,银元行市,指新币或北洋每元计行平化宝银几钱几分几厘;小洋行市,指每大洋一元可换小洋几钱几分几厘;申票行市,指每行平化宝 1 000 两得汇上海规元多少两;京票行市(耗),指天津行平原平 998 两减去行市多少两,计津收行平化宝(998－行市数)两,京交京公砝平 1 000 两。钱盘,指每大洋一元可换铜元多少枚。羌贴行市指每大洋多少可换羌贴 100 元。白宝行市,指每白宝 1 000 两兑换行化宝多少两。③

1918 年,天津有电汇上海行市、银元行市、卢布行市和京中交券行市。④

到 1931 年,天津通行货币虽有银两、银元、钞票、铜元、角洋及外国银行纸币,但以行化银为本位,用银借贷之利率,在津变化殊少,故无逐日开盘之必要。只有银元对行化之比价,由钱商公会按日公布。如 1931 年 6 月 15 日的货币行市,包括银元(洋厘,即每元合行化银若干两)、金票(老头票,即每百元金票合行化银若干两)、铜元(每元合铜元若干枚)、奉大票(每百元奉大洋票合现洋若干元)、辅币(每国币一元合辅币若干角)、小洋(每国币一元合小洋若干角)等行市。⑤

(五)商业汇兑习惯

申票行市,指每行平化宝 1 000 两得汇上海规元多少两;京票行市(耗),指天津行平原平 998 两减去行市多少两,计津收行平化宝(998－行

---

① 银色升耗,主要用在两地银两送到异地公估局后,当地公估局对同一银两的重量、成色进行重新评估时用,或者计算两地汇兑平价时使用。
② 中国银行总管理处编:《内国汇兑计算法》,中国银行总管理处 1915 年版,第 28 页。
③ 中国银行总管理处编:《内国汇兑计算法》,中国银行总管理处 1915 年版,第 29－30 页。
④ 《各地商况:天津(十一月五日津行报告)》,《中国银行通信录》,1918 年第 40 期。
⑤ 李福星:《中国货币行市诠释》,《大公报天津版》,1931 年 7 月 22 日。

市数)两,京交京公砝平1 000两。① 因为根据两地平砝比较表得知,行平998两等于京公砝平1 000两。

(六)汇兑原理及公式

1. 天津对汉口

(1)银洋互汇

汇汉口估平二四宝1 000两,按照津申票、申汉票、天津洋厘等行市,在天津应交银元若干。

A. 原理

以汉口估平二四宝1 000两为基准,以980除之得申洋例银1 020.041两,再以申汉票行市除之,得规元若干;再以津申票行市除之,得行化若干;又以天津银元行市除之,计在津应交银元若干。

步骤如下:

第一步:申洋例银数 $= \dfrac{汉口估宝 1\,000 两为基准}{980}$。

第二步:规元若干 $= \dfrac{申洋例银数}{申汉票行市}$。

第三步:行化若干 $= \dfrac{规元若干}{津申票行市}$。

第四步:在京应交银元数 $= \dfrac{行化若干}{天津银元行市}$。

B. 公式

在津应交银元数=汉口估平二四宝1 000两÷980÷申汉票行市÷津申票行市÷天津银元行市。为公式的统一划一,写成如下表述。后文中类似。

$$在津应交银元数 = \dfrac{汉口估平二四宝 1\,000 两}{980 \times 申汉票行市 \times 津申票行市 \times 津银元行市}②$$

(2)银汇

---

① 中国银行总管理处编:《内国汇兑计算法》,中国银行总管理处1915年版,第29－30页。
② 中国银行总管理处编:《内国汇兑计算法》,中国银行总管理处1915年版,第195页。

汇汉口洋例银1 000两,在津应交行化若干。

A. 原理

以汉口洋例银1 000两为基准,以汉申票行市除之,得上海规元若干,再以申电汇行市除之,计在津应交行化银若干。

B. 公式

$$在津应交行化若干 = \frac{汉口洋例银1000两}{汉申票行市 \times 申电汇行市}①$$

2. 天津对上海

洋汇。汇上海银元1 000元,在津应交银元若干元。

A. 原理

以上海银元1 000元为基准,乘以申洋厘行市(即按照申洋厘行市,上海银元一元折合的规元数),再以申电汇行市除之(折合之后的规元数,依据上海和天津之间的电汇行市,即行化1 000两兑规元若干的行市,再折合为行化银若干),再以津国币行市除之(再根据天津的银元一元折合行化若干行市,折合计算在津应交银元数),计在津应交银元数。

B. 公式

$$在津应交银元数 = \frac{以上海银元1000元为基准 \times 申洋厘行市}{申电汇行市 \times 津国币行市}$$

3. 天津对香港

洋汇。汇香港港纸1 000元,在津应交银元若干。

A. 原理

以港纸1 000元为基准,先以申港汇行市(每港纸一元合规元若干)乘之,得千元港纸合多少规元数;再以津申汇行市(行化每千两合规元若干)除之,得行化数;再以津洋厘行市(每银元一元合行化若干)除之,计应交银元若干数。

B. 公式

---

① 上海商业储蓄银行国内汇兑处编:《国内商业汇兑要览》,上海商业储蓄银行国内汇兑处1925年版,第233—234页。

$$在津应交银元数 = \frac{港纸1\,000元为基准 \times 申港汇行市}{津申汇行市 \times 津洋厘行市}①$$

二、北京

1915年之前，通用银两为公议十足银，市上最为通用。1925年左右，通行货币主要为国币等银元。此外天津各银行发行之钞票，北京亦照常使用。1915年时北京通行平砝尚有7种，到1925年左右，北京本地平砝只剩下京公砝平，其余6种已经完全不用。而公砝平也已经无现货，仅在调拨银款及汇兑时作为计算之虚本位而已。② 1915年，以"京公足"为兑换本位。1925年前后，申汇则以银元为本位，且此时期本地以银元为本位，各种计算之标准皆以银元而不以公砝为本位。

（一）通用货币

1915年之前，通用银两为公议十足银，系公估局估定十两重之锭银，市上最为通用，作为十足行使，如实际化验，尚不足纯银九九。另有每锭重市平五两、成色九八（实际因炉匠手艺高低而成色差异不一）的松江锞。③ 另有北洋、新币、小洋、铜元票、中交两行钞票，外国银行钞票、站人洋和外国货币。其中，北洋是通用货币之一，日有行市，近几省份均能通用，沪、宁等处虽也可用，然价格总较当地银元为低。新币，行市与北洋等，且因无省界限制，在市面上比较受欢迎。中国银行钞票，如鲁、汴等省均可兑换，不索贴水，故推行甚广。交通银行钞票，流行亦广。小洋，起辅币作用，且日有行市。铜元票，自发行以来，商民乐用，亦日有行市。外国银行钞票，与现洋一样，同等行使。站人洋，也能行使，只是市面上不多见。羌贴及老头票均日有行市。④

---

① 上海商业储蓄银行国内汇兑处编：《国内商业汇兑要览》，上海商业储蓄银行国内汇兑处1925年版，第238—239页。
② 上海商业储蓄银行国内汇兑处编：《国内商业汇兑要览》，上海商业储蓄银行国内汇兑处1925年版，第226—227页。
③ 中国银行总管理处：《内国汇兑计算法》，中国银行总管理处1915年版，第1页；王铨：《北京钱盘沿革情形》，《银行月刊》，1925年第6卷第8期。
④ 《调查类（金融）：内国汇兑计算法》，《大陆银行月刊》，1924年第2卷第5期；中国银行总管理处编：《内国汇兑计算法》，中国银行总管理处1915年版，第1—2页。

1925年左右,通行货币主要为国币、龙洋、铜元和银行钞票等。国币即袁世凯洋最为通用。龙洋,包括北洋造币厂、大清银币、站人,均与国币同一通行。江南、广东、鹰洋等皆名杂洋,市面概不通行。华商银行钞票(除中、交两行之外,另有中国实业、中华汇业、劝业、农商、边业、中南等共16家),其中以中交两行的钞票流通额最广。此外,天津各银行发行之钞票,北京亦照常使用。角洋,如昔日东三省等处之小洋,今均绝迹。铜元,通称铜子,市面极多,惟仅用当十铜元一种。新华储蓄银行发行的流通券,与钞票同样行使。外国银行钞票,有花旗、正金、汇丰、华比、友华、道胜6家。[①]

(二)通用平砝

清代北京所用平砝有库平、京公砝平、市平、京平之分。库平比京公砝平,每百两大3两6钱;京公砝平比市平每百两大7钱;市平比京平,每百两大2两。部库以库平为主;金融界以京公砝平为主;钱市以市平为主;社会上以京平为最通用。[②]

1915年,北京通行平砝主要有京公砝平、二七京平、三六库平、二六京平4种;此外还有三四库平、六厘京市平和七厘京市平3种不甚通行的平砝,三四库平和京市平自鼎革以来,虽间有用之,但已经很少使用,势将渐渐趋于消减。[③] 到1925年左右,北平本地平砝只剩下京公砝平,其余6种已经完全不用。而公砝平也已经无现货,仅用于调拨银款及汇兑时作为计算之虚本位。[④]

对比分析以上三个史料,再结合表3.3,可知早在清代,北京所用平砝中,库平应该是三六库平;市平,即京市平,二者称谓不同而已。而"库平比京公砝平,每百两大三两六钱",对应表3.3,即京公砝平1 036两等于三六库平1 000两。"京公砝平比市平每百两大7钱;市平比京平,每

---

① 上海商业储蓄银行国内汇兑处编:《国内商业汇兑要览》,上海商业储蓄银行国内汇兑处1925年版,第226页。
② 王铨:《北京钱盘沿革情形》,《银行月刊》,1925年第6卷第8期。
③ 《调查类(金融):内国汇兑计算法》,《大陆银行月刊》,1924年第2卷第5期;中国银行总管理处编:《内国汇兑计算法》,中国银行总管理处1915年版,第2页。
④ 上海商业储蓄银行国内汇兑处编:《国内商业汇兑要览》,上海商业储蓄银行国内汇兑处1925年版,第226—227页。

百两大 2 两",对应表 3.3,即京公砝平 993 两等于七厘京市平 1 000 两；六厘京市平和二六京平全部兑换为京公砝平,分别为 994 两和 974 两；七厘京市平和二七京平兑换京公砝平,分别为 993 两和 973 两。

表 3.3　　　　　　　　　北京本地各种平砝比较表　　　　　　　　单位:两.钱分

平砝名称	比较数目	等于	平砝名称	比较数目
京公砝平	1 036.00	等于	三六库平	1 000.00
京公砝平	974.00	等于	二六京平	1 000.00
京公砝平	973.00	等于	二七京平	1 000.00
京公砝平	994.00	等于	六厘京市平	1 000.00
京公砝平	993.00	等于	七厘京市平	1 000.00
二七京平	980.00	等于	京平松江	1 000.00

资料来源:中国银行总管理处编:《内国汇兑计算法》,中国银行总管理处 1915 年版,第 2—3 页。

表 3.4　　　　　　　　北京本地平砝与他处平砝比较表　　　　　　　单位:两.钱分

本地平砝名称	比较数目	等于	他处平砝名称	比较数目
京公砝平	1 015.00	等于	申公砝平(上海)	1 000.00
京公砝平	1 011.00	等于	二六汴平(开封)	1 000.00
京公砝平	1 000.00	等于	行平(天津)	998.00
京公砝平	1 000.00	等于	济平(济南)	980.00
京公砝平	1 000.00	等于	宽平(长春)	1 006.40
京公砝平	1 000.00	等于	津公砝平(天津)	1 003.00
京公砝平	1 000.00	等于	沈平(奉天)	1 001.50
京公砝平	1 000.00	等于	吉市平(吉林)	1 004.40
京公砝平	1 000.00	等于	洋例(汉口)	1 022.40
京公砝平	1 000.00	等于	估平(汉口)	1 002.00
京公砝平	1 000.00	等于	渝平(重庆)	1 006.00
京公砝平	1 036.00	等于	司库平(杭州)	1 000.00
京公砝平	1 046.47	等于	市库平(杭州)	1 000.00

第三章 各地通用货币、通用平砝及货币行市

续表

本地平砝名称	比较数目	等于	他处平砝名称	比较数目
京公砝平	1 000.00	等于	九七川平(成都)	1 004.00
京公砝平	1 012.60	等于	扬曹平(扬州)	1 000.00
京公砝平	1 000.00	等于	营平(营口)	999.50
京公砝平	1 004.85	等于	台新议平(福州)	1 000.00
京公砝平	1 001.85	等于	城新议平(福州)	1 000.00
京公砝平	1 000.00	等于	九八规元(上海)	1 057.63
京公砝平	1 000.00	等于	九九七司马平(广州)	965.50
京公砝平	1 000.00	等于	陵曹平(南京)	989.66
京公砝平	1 000.00	等于	苏曹平(苏州)	987.55
京公砝平	1 000.00	等于	镇二七平(镇江)	985.21
京公砝平	1 023.00	等于	保市平(保定)	1 000.00
京公砝平	1 000.00	等于	曹估(烟台)	1 010.00
京公砝平	972.00	等于	宜平(宜昌)	1 000.00
京公砝平	1 015.00	等于	芜曹平(芜湖)	1 000.00
京公砝平	1 000.00	等于	长沙钱平(长沙)	1 002.00
京公砝平	1 000.00	等于	锦平(锦县)	979.71
京公砝平	1 036.00	等于	红封平(太原)	1 000.00
京公砝平	1 000.00	等于	胶平(青岛)	995.94
京公砝平	1 000.00	等于	迪化平(新疆)	1 002.50
京公砝平	1 019.09	等于	口南平(周口)	1 000.00
京公砝平	1 020.80	等于	口北平(周口)	1 000.00
京公砝平	1 000.00	等于	申平(信阳)	965.00
京公砝平	1 000.00	等于	洛平(洛阳)	962.00
京公砝平	1 025.00	等于	府平(南阳)	1 000.00
京公砝平	1 029.00	等于	禹市平(禹县)	1 000.00
京公砝平	1 027.00	等于	许平(许县)	1 000.00
京公砝平	1 025.00	等于	漯河平(漯河)	1 000.00

续表

本地平砝名称	比较数目	等于	他处平砝名称	比较数目
京公砝平	1 000.00	等于	村钱平(周村)	959.00
京公砝平	958.00	等于	黄平(龙口)	1 000.00
京公砝平	1 000.00	等于	宁平(济宁)	972.00
京公砝平	1 020.40	等于	潍市平(潍县)	1 000.00
京公砝平	1 041.60	等于	惠市平(惠民)	1 000.00
京公砝平	1 040.00	等于	滕库平(滕县)	1 000.00
京公砝平	1 000.00	等于	掖平(掖县)	958.44
京公砝平	1 033.00	等于	沂平(临沂)	1 000.00
京公砝平	1 011.50	等于	镇平(安东)	1 000.00
京公砝平	1 004.00	等于	江市平(龙江)	1 000.00
京公砝平	1 000.00	等于	运市平(运城)	974.90
京公砝平	1 032.60	等于	城钱平(归绥)	1 000.00
京公砝平	1 000.00	等于	口钱平(张家口)	960.00
京公砝平	1 015.00	等于	茶平(库伦)	1 000.00
京公砝平	1 000.00	等于	泾布平(三原)	979.00
京公砝平	1 000.00	等于	陕议平(西安)	1 005.00
京公砝平	1 006.00	等于	九三八平(南昌)	1 000.00
京公砝平	1 000.00	等于	二五浦平(清江浦)	996.05
京公砝平	1 008.00	等于	公估平(贵阳)	1 000.00
京公砝平	1 000.00	等于	滇平(云南)	1 002.00
京公砝平	1 000.00	等于	沙平(沙市)	1 000.00
京公砝平	1 000.00	等于	乐市平(祁县)	996.00
京公砝平	1 000.00	等于	同平(大同)	972.00

资料来源:《调查类(金融):内国汇兑计算法》,《大陆银行月刊》,1924 年第 2 卷第 5 期,第 27—32 页;中国银行总管理处编:《内国汇兑计算法》,中国银行总管理处 1915 年版,第 3—10 页。

(三)银色升耗

银两种类成色不一。各省解部大宝,每锭库平50两;京铸十足小宝,每锭库平10两;松江锞,每锭市平5两;松江锞,成色例为九八色(即每百两低色2两),而实际上成色不一,以炉匠手艺愈高,提釉愈多,成分愈低,行使极为不便。①

公议十足银较天津白宝,每千两耗3两;公议十足银较上海二七宝,每千两耗1两。

(四)货币本位及货币兑换行市

1915年,以"京公足"为兑换本位。1925年前后,申汇则以银元为本位,且此时期本地以银元为本位,各种计算标准皆以银元而不以公砝为本位。

北京当地有钱市,银号(即钱公会)开申汇、洋厘行市,兑换所只开钱市。洋厘行市以视天津为转移,当地市价不足为重。

1915年前后的货币行市与1925年前后比,变化主要体现有二:其一,1915年的申票、津票行市以"京公足"为兑换本位,另外北洋、新币等货币行市也以"京公足"为兑换本位;而1925年前后,申汇则以银元为本位,且此时期本地以银元为本位,各种计算标准皆以银元而不以公砝为本位。其二,1915年前后,北京货币行市有羌贴行市;而1925年前后,则没有了羌贴行市。

1915年的货币行市主要包括申票、津票、北洋、新币、小洋、京足钱盘、银元钱盘和羌贴行市。北洋,每北洋一元计京公足若干。新币,每新币1元,计京公足若干。新币,每新币1元,计京公足若干。小洋行市,每大洋一元,可换小洋若干。羌贴行市,每银元若干,得买羌贴100元。另有,京足钱盘和银元钱盘行市。② 1925年的行市中,银元行市即北洋一元合公砝若干;申汇,即北洋一元合上海规元若干;小洋,即北洋一元合小洋若干;铜元,即北洋一元合铜元若干枚。

---

① 王铨:《北京钱盘沿革情形》,《银行月刊》,1925年第6卷第8期。
② 中国银行总管理处编:《内国汇兑计算法》,中国银行总管理处1915年版,第12页;上海商业储蓄银行国内汇兑处编:《国内商业汇兑要览》,上海商业储蓄银行国内汇兑处1925年版,第229页。

(五)商业汇兑习惯

申票,1915年前,每京公足1 000两得汇上海规元若干两。1925年后,申电汇行市,即北洋一元电汇上海合规元若干。[①]

津票行市,需要耗若干两,即每京公足1 000两,加行市若干两,再加短平2两(因为京公砝平1 000两等于天津行化998两),计京公足(1 000+行市的若干两+2),得汇行平化宝1 000两。[②]

(六)汇兑计算原理及公式

1.北京对上海

(1)洋汇

①1915年情形

A.原理

即汇上海银元1 000元,在京应交银元若干元。因1915年左右北京行市以"京公足"为基准,上海以规元为本位,要以上海银元1 000元乘以上海银元行市(洋厘)计为基准。以北京的申票行市除之,得到京公足银若干两;再以北京银元行市除之,计在京应交银元若干。

B.公式

$$在京应交银元数 = \frac{应汇上海银元数 \times 上海银元行市}{北京申票行市 \times 北京银元行市}$$

其中,上海银元行市,即上海洋厘行市;北京银元行市,即北京洋厘行市;北京申票行市,每京公足1 000两得汇上海规元若干两,或者北洋一元电汇上海合规元若干。[③]

本地行市本位与汇兑本位:1915年左右,北京行市以"京公足"为基准。此时的洋汇则要以上海银元1 000元乘以上海银元行市(洋厘)计为基准。

②1925年情形

---

① 中国银行总管理处编:《内国汇兑计算法》,中国银行总管理处1915年版,第12页;上海商业储蓄银行国内汇兑处编:《国内商业汇兑要览》,上海商业储蓄银行国内汇兑处1925年版,第229页。
② 中国银行总管理处编:《内国汇兑计算法》,中国银行总管理处1915年版,第12页;上海商业储蓄银行国内汇兑处编:《国内商业汇兑要览》,上海商业储蓄银行国内汇兑处1925年版,第229页。
③ 中国银行总管理处编:《内国汇兑计算法》,中国银行总管理处1915年版,第12—13页。

第三章　各地通用货币、通用平砝及货币行市

A. 原理

汇上海银元 1 000 元，在京应交银元若干元。洋汇直接以上海 1 000 元为本位，乘以申洋厘行市，再以北京申电汇行市除之，则计在京应交银元若干。

B. 公式

$$在京应交银元数 = \frac{应汇上海银元数 \times 申洋厘行市}{北京的申电汇行市}①$$

本地行市本位与汇兑本位：因 1925 年前后北京本地以银元为本位，各种计算标准皆以银元而不以公砝为本位。而上海依旧以规元为本位。此时京沪洋汇则直接以上海银元 1 000 元为基准，不再乘以上海洋厘行市为基准了。

(2) 银洋互汇

1925 年情形。

A. 原理

即汇上海规元 1 000 两，在北京应交银元若干。以上海规元 1 000 两为汇兑计算基准，以北京申电汇行市除之，计在京应交洋若干。

B. 公式

$$在京应交银元数 = \frac{应汇上海规元两数}{北京申电汇行市}$$

其中，北京申电汇行市，即北洋一元汇上海规元若干。②

货币本位及两地汇兑计算本位：以上海规元 1 000 两为汇兑计算基准。因 1925 年前后北京本地以银元为本位，各种计算之标准皆以银元而不以公砝为本位。故北京对申汇兑，不再考虑北京银元行市。

2. 北京对天津银汇

A. 原理

1915 年北京对天津银汇，即汇天津行平化宝银 1 000 两，在京应交京

---

① 上海商业储蓄银行国内汇兑处编：《国内商业汇兑要览》，上海商业储蓄银行国内汇兑处 1925 年版，第 229—230 页。
② 上海商业储蓄银行国内汇兑处编：《国内商业汇兑要览》，上海商业储蓄银行国内汇兑处 1925 年版，第 229—230 页。

公足若干。首先以京公足 1 000 两为基准,根据京公砝平与天津行化之间的平砝比较来加(或减)两数。据表 3.4 所示,京公砝千两等于行化平 998 两,如行化 1 000 两则等于京公砝 1 002 两,故需要加短平 2 两。又因为北京公议十足宝较天津白宝每千两耗 3 两,故再加 3 两。此 3 两为行市,可以根据市场而变化。

B. 公式

以京公足 1 000 两为基准,加上平 2 两,再加上行市若干两,计京公足两为:1 000+2+行市两。①

3. 北京对济南银汇

A. 原理

汇济南济足千两,在京应交京公足若干两。以济平足银 1 000 两计规元若干两为基准即济申票行市,济平足银 1 000 两等于规元若干两,以京申票行市除之,计得京公足银若干两。②

B. 公式

$$在京应交京公足银两数=\frac{应汇济南足平银\times济申票行市}{京申票行市}③$$

4. 北京对汉口

(1)银洋互汇

A. 原理

汇汉口洋例银 1 000 两,在京应交银元若干。以汉口洋例 1 000 两为基准,以汉申票行市除之,计得申规元若干,再以申电汇行市除之,计在京应交银元若干。

B. 公式

$$在京应交银元数=\frac{应汇汉口洋例两数}{汉申票行市\times申电汇行市}$$

---

① 《调查类(金融):内国汇兑计算法》,《大陆银行月刊》,1924 年第 2 卷第 5 期;中国银行总管理处编:《内国汇兑计算法》,中国银行总管理处 1915 年版,第 4、10—14 页。

② 正文中遵照了原文献的表述,但本书认为应该是以济平足银 1 000 两为基准,以济南申票行市乘之,得规元两数;再以京申票行市除之,得京公足银两数。

③ 《调查类(金融):内国汇兑计算法》,《大陆银行月刊》,1924 年第 2 卷第 5 期;中国银行总管理处编:《内国汇兑计算法》,中国银行总管理处 1915 年版,第 14 页。

或者为：

在京应交银元数＝应汇汉口洋例两数÷汉申票行市÷申电汇行市①

(2) 银汇

A. 原理

汇汉口洋例 1 000 两，在京应交京公足若干两。以汉口洋例 1 000 两为基准，以申汉票行市即规元 1 000 两合洋例若干两除之，得规元若干两，再以京申票行市（每京公足 1 000 两得汇上海规元若干两）除之，计得在京应交京公足若干两。

B. 公式

$$在京应交京公足银两数=\frac{应汇汉口洋例数}{申汉票行市\times 京申票行市}②$$

5. 北京对营口银汇

A. 原理

汇营口营平现宝 1 000 两，在京应交京公足多少两。以营平现宝 1 000 两为基准，以每锭重量 53 两 5 钱除之，合成锭数 18.691 589。以每锭重量 53 两 5 钱加营宝加色行市若干，以后乘之得炉银若干，再以营申票行市除之，得规元若干；以京申票行市除之，得京公足银若干。

B. 公式

在京应交京公足银两数＝应汇营口营平现宝两数÷营平现宝每锭重量
　　　　　　　　　　×（每锭重量＋营宝加色行市）÷营申票行市
　　　　　　　　　　÷京申票行市③

或者为：

$$在京应交京公足银两数=\frac{应汇营口营平现宝两数\times(营平现宝每锭重量+营宝加色行市)}{营平现宝每锭重量\times营申票行市\times京申票行市}$$

6. 北京对重庆银汇

---

① 上海商业储蓄银行国内汇兑处编：《国内商业汇兑要览》，上海商业储蓄银行国内汇兑处 1925 年版，第 230—231 页。

② 《调查类（金融）：内国汇兑计算法》，《大陆银行月刊》，1924 年第 2 卷第 5 期；中国银行总管理处编：《内国汇兑计算法》，中国银行总管理处 1915 年版，第 12 页。

③ 《调查类（金融）：内国汇兑计算法》，《大陆银行月刊》，1924 年第 2 卷第 5 期；中国银行总管理处编：《内国汇兑计算法》，中国银行总管理处 1915 年版，第 15—16 页。

A. 原理

汇重庆九七川平银 1 000 两,在京应交京公足若干。以九七川平银 1 000 两为基准,以渝申票行市除之,得规元数,再以京申票行市除之,计得京公足银若干。

B. 公式

在京应交京公足银两数＝应汇重庆九七川平银两数÷渝申票行市÷京申票行市①

7. 北京对长沙银汇

A. 原理

汇长沙长平票银 1 000 两,应交京公足若干。以长平票银 1 000 两为基准,以长申票行市(每规元 1 000 两合长沙票银两数)除之得规元两数,再以京申票行市(每京公足千两合规元两数)除之,计得京公足银若干。

B. 公式

在京应交京公足银两数＝应汇长沙长平票银两数÷长沙申票行市÷京申票行市②

8. 北京汇福州银汇

A. 原理

汇福州台捧 1 000 两,应交京公足若干。以台捧 1 000 两为基准,以台捧两数除之,又以规元两数乘之,(因闽申票行市为如每台捧 741.6 两合规元 727.5 两),得规元两数,再以京申票行市除之,得京公足两数。

B. 公式

在京应交京公足银两数＝应汇台捧两数÷每台捧两数×台捧合规元数÷京申票行市③

9. 北京对广州银洋互汇

A. 原理

汇广州毫洋 1 000 元,在京应交京公足若干。以毫洋 1 000 元为基准,以港纸换毫洋行市除之,得港纸数。再以港纸申电行市乘之,得规元

---

① 《调查类(金融):内国汇兑计算法》,《大陆银行月刊》,1924 年第 2 卷第 5 期;中国银行总管理处编:《内国汇兑计算法》,中国银行总管理处 1915 年版,第 16 页。

② 《调查类(金融):内国汇兑计算法》,《大陆银行月刊》,1924 年第 2 卷第 5 期;中国银行总管理处编:《内国汇兑计算法》,中国银行总管理处 1915 年版,第 16—17 页。

③ 《调查类(金融):内国汇兑计算法》,《大陆银行月刊》,1924 年第 2 卷第 5 期;中国银行总管理处编:《内国汇兑计算法》,中国银行总管理处 1915 年版,第 17 页。

数。再以京申票行市除之,得京公足银若干。

B. 公式

在京应交京公足银两数＝应汇广州毫洋银元数÷港纸换毫洋行市
×港纸申电行市÷京申票行市①

或者为:

$$在京应交京公足银两数=\frac{应汇广州毫洋数 \times 港纸申电行市}{港纸换毫洋行市 \times 京申电汇行市}②$$

10. 北京对南昌银汇

A. 原理

汇南昌盐封库平银1 000两,在京应交京公足若干。以盐封库平银1 000两计银元若干元(盐封库平银与银元的计算数),以赣申票行市(每规元千两合银元若干)除之得规元两数,再以京申票行市(每京公足千两合规元若干)除之,计在京应交京公足银若干。

B. 公式

$$在京应交京公足银两数=\frac{应汇南昌盐封库平银两数 \times 盐封库平银两数合银元数}{赣申票行市 \times 京申票行市}③$$

11. 北京对杭州洋汇

A. 原理

汇杭州现银元1 000元,在京应交银元若干。以杭州现洋千元加现升每百元一角(因杭洋现升行市为:杭洋一角),计洋一元合计杭洋1 001元。以杭申票行市(规元合杭洋数)除之,得规元两数,以京申票行市(京公足合规元)除之,再以北京银元行市(银元合京公足若干)除之,得北京银元若干元。

B. 公式

---

① 《调查类(金融):内国汇兑计算法》,《大陆银行月刊》,1924年第2卷第5期;中国银行总管理处编:《内国汇兑计算法》,中国银行总管理处1915年版,第17—18页。
② 上海商业储蓄银行国内汇兑处编:《国内商业汇兑要览》,上海商业储蓄银行国内汇兑处1925年版,第231页。
③ 《调查类(金融):内国汇兑计算法》,《大陆银行月刊》,1924年第2卷第5期;中国银行总管理处编:《内国汇兑计算法》,中国银行总管理处1915年版,第18—19页。

$$在京应交银元数=（应汇杭州现银数+杭洋现升行市）\div 杭申票行市$$
$$\div 京申票行市 \div 北京银元行市$$

或者为：

$$在京应交京公足银两数=\frac{应汇杭州现银数+杭洋现升行市折合数}{杭申票行市\times 京申票行市\times 北京银元行市} ①$$

12.北京对长春银汇

A.原理

汇长春宽平大翅宝银1 000两，应交公足银若干。以宽平大翅宝银1 000两为基准，以长春大翅宝银银价行市（小洋若干）乘之，得小洋若干元，再以小洋申规元行市（规元若干）乘之，得规元若干，再以京申票行市（每京公足千两合规元若干两）除之，计得在京应交京公足银若干。

B.公式

$$在京应交京公足银两数=\frac{应汇长春宽平大翅宝银两数\times 长春大翅宝银银价行市\times 小洋申规元行市}{京申票行市} ②$$

13.北京对贵阳银汇

A.原理

汇贵阳公估平银1 000两，在京应交京公足若干。以公估平银千两为基准，以黔洋行市（贵阳银元每元钱价，合公估平银若干）除之，得银元若干元；以汉黔汇加水行市（汉黔汇每千元加水，合银元若干元）乘之，得汉口银元若干元；以汉银元行市（汉口银元每元银价，合洋例若干）乘之，得洋例银若干；再以申汉票行市（申汉票每规元千两，合洋例多干）除之，得规元若干，以京申票行市除之，计得在京应交京公足若干两。

B.公式

$$在京应交京公足银两数=应汇贵阳公估平银两数\div 黔洋行市\times 汉黔汇$$
$$加水行市\times 汉银元行市\div 申汉票行市\div 京申$$
$$票行市$$

---

① 《调查类（金融）：内国汇兑计算法》，《大陆银行月刊》，1924年第2卷第5期；中国银行总管理处编：《内国汇兑计算法》，中国银行总管理处1915年版，第19—20页。

② 《调查类（金融）：内国汇兑计算法》，《大陆银行月刊》，1924年第2卷第5期；中国银行总管理处编：《内国汇兑计算法》，中国银行总管理处1915年版，第20页。

或者为：

$$在京应交京公足银两数=\frac{应汇贵阳公估银两数\times 汉黔汇加水行市\times 汉银元行市}{黔洋行市\times 申汉票行市\times 京申票行市}①$$

14. 北京对烟台银汇

A. 原理

汇烟台曹平估宝 1 000 两，在京应交公足若干。以曹平估宝银 1 000 两为基准，以曹估千两扣去烟台申票票贴行市若干两，计曹估若干两除之；以烟申票例汇规元数 1 045 两乘之得规元若干，再以京申票行市除之，得京公足若干。

B. 公式

$$应交京公足若干=汇烟台曹平估宝两数\div(曹估 1\ 000\ 两-烟台申票$$
$$票贴行市)\times 烟申票例汇规元数\div 京申票行市②$$

15. 北京对开封银汇

A. 原理

汇开封二六汴平足银 1 000 两，在京应交京公足若干。以汴足 1 000 两为基准，以 1 000 两加汴京票行市（汴平若干两），减去 11 两（因为从表 3.4 知，京公砝平 1 011 两例定等于开封二六汴平 1 000 两），计得的两数除之，得京公足若干。

B. 公式

$$京公足若干=汇开封二六汴平足银两数\div(汇二六汴平足银两数$$
$$+汴京票行市-11)③$$

16. 北京对张家口洋汇

A. 原理

汇张家口银元 1 000 元，在京应交银元若干。以张家口银元 1 000 元为基准，以张家口银元行市（口钱平银若干）乘之得口钱平若干两；以京张

---

① 《调查类（金融）：内国汇兑计算法》，《大陆银行月刊》，1924 年第 2 卷第 5 期；中国银行总管理处编：《内国汇兑计算法》，中国银行总管理处 1915 年版，第 20—21 页。

② 《调查类（金融）：内国汇兑计算法》，《大陆银行月刊》，1924 年第 2 卷第 5 期；中国银行总管理处编：《内国汇兑计算法》，中国银行总管理处 1915 年版，第 22 页。

③ 《调查类（金融）：内国汇兑计算法》，《大陆银行月刊》，1924 年第 2 卷第 5 期；中国银行总管理处编：《内国汇兑计算法》，中国银行总管理处 1915 年版，第 4、23 页。

票每口钱平960两(从表3.4知,京公砝平1 000两例定等于张家口口钱平960两)扣去内耗行市若干两,净得口钱平两数,除之,得京公砝足银两数;以北京银元行市(京公足若干)除之,得在京应交银元数。

B.公式

在京应交银元数＝应汇张家口银元数×张家口银元行市

÷(京张票口钱平960－内耗行市两数)

÷北京银元行市①

三、直隶境内

(一)保定

1.通用货币

保定通用银两为公议府漕宝银,又名新化银,是本地各炉局熔化之五十两重锭银。据民国初年(1912年)及1915年、1918年相关资料所载,该银市上最为通用;但1925年之后,则较为少见。②

1915年,通用货币为银元、小洋、铜元及铜元票和中交两行钞票。银元中以北洋和站人两种最为通用,且日有行市。小洋,市上不甚通行。铜元票自发行以来,商民使用便利,但隔区不能兑现,故仅流通于发行区域。中、交两行钞票流行甚广。③

1916年,中国银行保定分号发行的津辖兑换券已达20余万元,嗣因停止兑现,信用破坏,流通数日减,但各商家颇乐于保存以备赴津购货之用。惟以保定驻军甚多,每月饷项来自京行券,在街市流通,故保号代兑京券极多,每月不下十四五之多。④ 故保定流通中国银行京行券和津行券。

1918年,保定自京汉铁路开通以来,市面生意日渐发达,惟光复后元

---

① 《调查类(金融):内国汇兑计算法》,《大陆银行月刊》,1924年第2卷第5期;中国银行总管理处编:《内国汇兑计算法》,中国银行总管理处1915年版,第9、23页。

② 中国银行总管理处编:《内国汇兑计算法》,中国银行总管理处1915年版,第31页;上海商业储蓄银行国内汇兑处编:《国内商业汇兑要览》,上海商业储蓄银行国内汇兑处1925年版,第241页;《保定之通用货币及其汇兑计算法》,《银行周报》,1918年第2卷第34期。

③ 中国银行总管理处编:《内国汇兑计算法》,中国银行总管理处1915年版,第31—32页。

④ 《保定分号民国五年份营业情形报告书》,《中国银行业务会计通信录》,1917年第27期。

气大伤,加以各行政机关陆续移驻天津,市面大为萧条,该地通用银元,大以北洋、站人两种为主,银两则以新化银最为通用。通用货币包括:银元,以北洋站人两种为通用之币,日有行市;小洋,市上不甚通用;铜元及铜元票,均极通用;中行钞票,推行甚广;交通钞票,亦颇流通。[①]

1919 年,保定为省会之区,非通商口岸,所以外国货币无论何种,均不适用。最通行者,为新币、北洋、站人洋三种,其余银铜辅币均可通行,惟不多见。至如大清银币、造币、机器以及外省洋,均不能通行。纸币仅中、交两行津之券、平市官钱局铜元票最为通用。[②]

1925 年,保定本地最为通用的为国币,北洋、站人洋等龙洋与国币通用,而角洋及江南、广东、湖北等处的杂洋甚少通行。铜元,不分省界一律不用。保定当地并无纸币直接发行机关,市面流通的纸币皆以中国、交通、直隶省三家银行之天津地名券为主,其与现洋一样在保定得以通行,并无折扣。此外,尚有直隶省银行、平市官钱局发行的铜元券,市面流通甚广,与铜元一样行使。[③]

1915—1925 年,保定通用货币体现明显的区域性,即保定是以天津为中心。

2.通用平砝

1915—1925 年 10 年间,本地通用平砝主要为保市平和藩库平,没有发生增减变化。这两种平砝自清以来,使用较广,但至民国改用国币为本位后,平砝逐渐削减或用作划账之虚本位而已。

表 3.5　　　　保定本地各种平砝、本地平砝与他处平砝比较表　　　单位:两.钱分

平砝名称	比较数目	等于	他处(包括本地其他)平砝名称	比较数目
保市平	1 012.00	等于	藩库平(本地)	1 000.00
保市平	1 000.00	等于	行化(天津)	1 000.00

---

① 《保定之通用货币及其汇兑计算法》,《银行周报》,1918 年第 2 卷第 34 期。
② 《各地商况:保定(八年上期保支行报告)》,《中国银行通信录》,1919 年第 50 期。
③ 上海商业储蓄银行国内汇兑处编:《国内商业汇兑要览》,上海商业储蓄银行国内汇兑处 1925 年版,第 240—242 页。

续表

平砝名称	比较数目	等于	他处（包括本地其他）平砝名称	比较数目
宝市平	1 000.00	等于	津公砝平（天津）	1 026.00
保市平	1 000.00	等于	京公砝（北京）	1 023.00
保市平	1 000.00	等于	申公砝平（上海）	1 008.00
保市平	1 000.00	等于	九八规元（上海）	1 082.09
保市平	1 000.00	等于	洋例（汉口）	1 025.00
保市平	1 000.00	等于	估平（汉口）	1 025.00
保市平	1 000.00	等于	二六汴平（开封）	1 012.00
保市平	1 000.00	等于	口钱平（张家口）	983.00
保市平	1 017.00	等于	口钱平（张家口）	1 000.00

资料来源：上海商业储蓄银行国内汇兑处编：《国内商业汇兑要览》，上海商业储蓄银行国内汇兑处1925年版，第261—262页；中国银行总管理处编：《内国汇兑计算法》，中国银行总管理处1915年版，第32—33页。

3.银色升耗

公议府漕较天津白宝，每千两耗4两；公议府漕与北京公，十足同。[1]

4.货币本位及货币兑换行市

1915年，北洋、站人等货币行市，是以保市新化银为本位。1925年，津汇则是以银元为本位。

1915年，货币行市有北洋、站人、小洋、银两钱价和北洋钱价。北洋行市即每北洋一元计保市新化银若干。站人行市，每站人一元，计保市新化银若干。小洋行市，即每大洋一元换小洋若干。[2]

1918年11月20日中国银行保号报告，本星期钱市无甚涨落。京中交券76枚，现洋换铜元133枚。[3]

1915—1925年本地设有钱市，只开钱盘行市。钱盘行市有银两钱价

---

[1] 中国银行总管理处编：《内国汇兑计算法》，中国银行总管理处1915年版，第33页。
[2] 中国银行总管理处编：《内国汇兑计算法》，中国银行总管理处1915年版，第34页。
[3] 《各地商况：保定（十一月二十日保号报告）》，《中国银行通信录》，1918年第40期。

和北洋钱价。其余行市,悉听天津。本地洋厘悉以天津为准,划拨款项均是即期。津汇行市,即汇天津银元每千元汇水若干。1915年,银两钱盘,是每保市平新化银一两得兑九六津钱若干吊若干文,折合实际铜元若干枚;北洋钱盘,是每北洋一元得兑九六津钱若干吊若干文,计实际铜元若干枚。1925年的钱盘,即每银元一元合京钱多少,拆合实际铜元若干文。①

5.商业汇兑习惯

本地洋厘悉以天津为准,划拨款项,均是即期。②

6.汇兑原理及公式

保定对上海银洋互汇。

设例一:1925年,汇上海规元1 000两,在保定应交银元若干。

A.原理

以上海规元1 000两为基准,以津申票行市(行化千两合规元若干)除之,合行化银若干;再以津银元行市(行化和银元之间)除之,合天津银元数,再以保定汇天津的汇水(1 000+行市)乘之,计得在保定应交银元数。

B.公式

$$在保定应交银元数 = \frac{上海规元1\ 000两}{津申票行市 \times 津银元行市} \times 由保定汇天津的汇水$$③

C.汇兑计算基准

以上海规元1 000两为汇兑计算基准。

设例二:1915年,在保定交银元1 000元,得汇上海规元若干。

A.原理

以银元1 000元,扣去汇费若干,得若干元为基准。以天津银元行市乘之,再以申票行市乘之,计得汇规元若干。

---

① 上海商业储蓄银行国内汇兑处编:《国内商业汇兑要览》,上海商业储蓄银行国内汇兑处1925年版,第240、244页;中国银行总管理处编:《内国汇兑计算法》,中国银行总管理处1915年版,第34页。

② 上海商业储蓄银行国内汇兑处编:《国内商业汇兑要览》,上海商业储蓄银行国内汇兑处1925年版,第244页。

③ 上海商业储蓄银行国内汇兑处编:《国内商业汇兑要览》,上海商业储蓄银行国内汇兑处1925年版,第244—245页。

B. 公式

得汇上海规元数＝(1 000－汇费)×天津银元行市×申票行市①

C. 汇兑计算基准

以银元 1 000 元,扣去汇费若干,得若干元为汇兑计算基准。

(二)石家庄

1. 通用货币

1915 年前后,当地通用货币主要为北洋、新币等银元,中、交两行钞票。另外,小洋、铜元、制钱都作为辅币使用。1925 年前后,当地通用货币中,国币(新币)流行最广,龙洋中北洋和站人较多,其他杂币概不通行。铜元中当十、当二十者均可通用。本地并无发行钞票之机构,市面流行的纸币皆为中国、交通之天津银元券,与现洋无异,但这些银元券在石家庄不能兑取现洋。②

2. 通用平砝

从前,市上原有山西宝行使,现自银元通行,银两已经绝迹。从前行使之获鹿平平砝已归无用。1915 年前后,石家庄当地已经以银元为本位,无平砝之名称。

3. 货币本位及货币兑换行市

从 1915 年前后开始,当地已以银元为本位。

1915 年前后,对津等地皆无直接汇兑行市。1925 年前后,有了津票行市,1915 年,货币行市包括小洋和银元。到 1925 年,货币行市包括银元、小洋、津汇。其中,银元行市,即每银元一元合铜元若干枚;小洋行市,即每银元一元换小洋若干;津汇行市,即汇天津每千元,汇水若干元。③

4. 汇兑原理及公式

---

① 中国银行总管理处编:《内国汇兑计算法》,中国银行总管理处 1915 年版,第 35 页。
② 中国银行总管理处编:《内国汇兑计算法》,中国银行总管理处 1915 年版,第 50 页;上海商业储蓄银行国内汇兑处编:《国内商业汇兑要览》,上海商业储蓄银行国内汇兑处 1925 年版,第 245—247 页。
③ 中国银行总管理处编:《内国汇兑计算法》,中国银行总管理处 1915 年版,第 51 页;上海商业储蓄银行国内汇兑处编:《国内商业汇兑要览》,上海商业储蓄银行国内汇兑处 1925 年版,第 248 页。

(1)石家庄对上海

①银洋互汇

设例一:汇申规元1 000两,在石家庄应交银元若干。

A.原理

石家庄和上海之间的汇兑需要以天津行市为转移,以规元1 000两为基准,以津申汇行市(行化每千两合规元若干)除之,再以津洋厘行市(银元一元合行化若干)除之,再以石家庄和天津之间的津汇水(1 000＋若干)乘之,得在石家庄应交银元数。

B.公式

$$在石家庄应交银元数 = \frac{规元1\,000\,两}{津申汇行市 \times 津洋厘行市} \times 津汇水①$$

②洋汇

设例:在石家庄交银元1 000元,得汇上海银元若干。

A.原理

因石家庄对上海无直接行市,需借助京或津的行市进行计算。以石家庄交的银元1 000元为基准,以北京洋厘行市乘之,得京公砝银若干两;再以京申票行市乘之,得规元若干两;再以上海洋厘行市除之,计得上海银元若干。

B.公式

得汇上海银元数＝1 000×北京洋厘行市×京申票行市÷上海洋厘行市

(2)石家庄对天津

①银洋互汇

设例:在石家庄交洋千元,应汇津行化若干。

A.原理

以石家庄银元1 000元为基准,以津汇水行市除之,再以津洋厘行市乘之,计得行化银若干。

B.公式

---

① 上海商业储蓄银行国内汇兑处编:《国内商业汇兑要览》,上海商业储蓄银行国内汇兑处1925年版,第248－249页。

$$应汇津行化数 = \frac{石家庄银元1\,000元}{津汇水行市} \times 津洋厘行市^{①}$$

(三)张家口

1.通用货币

张家口向以银两、制钱两种为主要货币。制钱以铜元及钱行发行之钱帖为主。本地通用银两为蔚州宝和滴珠银。蔚州宝,由本地炉房熔铸,每锭50两重,为本地通用之高色银,亦是市面流通的现银。每千两较拨兑银燥色20两左右。滴珠银,成色较蔚州宝为低。1915年间,市上现银日渐稀少,交易以拨兑居多,若需现银,即须贴色。1920年左右,银行发行兑换券、铜元券,且银元逐渐通行,而现银逐日稀少。商家交易均用现洋或铜元券,银两须由钱行拨兑。1925年左右,这两种银两在市上已不多见,市上交易以拨兑银流通为主。②

另外,1915—1925年,通用货币方面延续之处体现如下:北洋、新币(国币)为市面最为通用之货币,且日有行市,但因张家口一地银元并无大宗用途,故北洋行市并无大的变化。银元,是中、交两行由京津两处运来而流通于市面者。③而湖北、广东、英洋等杂洋在张家口概不通行。小洋,概不通行,市面上仅有少数兑换,亦须亏折。中、交两行发行的张家口地名大银元券,在张家口、北京、天津、大同、丰镇、归化、包头等处均同现洋行使,并无折扣。纸币还有察哈尔兴业银行发行的张家口地名大银元券及铜元券两种,其大银元券可在京津张三处通兑银元,一般为随发随兑者居多。而铜元券发行额巨大,最早兑换现铜元的行市为每元兑180~190枚,后因现铜元缺乏,乃改为随市折合银元,价值日渐低落。1920年上半年,各商号兑换铜元券,只按十分之一、二付现,其余则搭付他行钱帖,零星使用。后经银钱各行号会议议决,铜元票按五成兑现,其余五成照市价折付银元。此外,平市官钱局发行的张家口地名铜元券为数巨大,

---

① 上海商业储蓄银行国内汇兑处编:《国内商业汇兑要览》,上海商业储蓄银行国内汇兑处1925年版,第249页。
② 《各地商业金融之张家口金融商业情形》,《银行杂志》,1923年第1卷第1期;《各地商况:张家口(九年上期口行报告)》,《中国银行通信录》,1920年第61期。
③ 《各地商业金融之张家口金融商业情形》,《银行杂志》,1923年第1卷第1期。

本兑给现铜元,后仿效察哈尔兴业银行折兑银元。边业银行也发行张家口地名大银元券,京、津、张三处亦可通兑,但发行数目不多。①

变化明显之处在于,1925年后,龙洋中除北洋外,站人、造币机器均能通用。1915年时,市面上铜元和铜元票亦通行。因市面中下商家均论"钱码"出入,惟旧日制钱已属极少,故铜元通行颇畅。1925年左右,角洋和铜元比较缺乏,铜元券流通更广。1915年市上时有卢布,用于供给库伦商人所需,但1925年后更少了。②

2. 通用平砝

通用平砝为口钱平,口钱平与行化银的比例为962.00∶1 000.00;口钱平与北京库平的比例为1 000.00∶1 004.00;口钱平与北京京公砝平的比例为960.00∶1 000.00;口钱平与上海申公砝平的比例为1 000.00∶1 025.00;口钱平与上海规元的比例为1 000.00∶1 100.34。另外,库伦商人作汇兑时用一种叫库茶平的平砝,在张家口本身不甚通行。口钱平975.00等于库茶平1 000.00。③

3. 银色升耗

蔚州宝较天津白宝,每1 000两耗1两;蔚州宝较滴珠银,每1 000两升6两;蔚州宝较本地拨兑银,每1 000两升10两。

4. 货币本位及货币兑换行市

1915—1925年,张家口的货币本位没有发生变化,口钱平拨兑银依然是本位。

1915年的货币行市有北洋、新币、京票、津票、申票、俄钞和钱盘、北洋钱价等行市。其中,北洋行市,表示每北洋一元合口钱平拨兑银若干。新币行市,即每新币一元合口钱平拨兑银若干。京票行市耗若干两,即口

---

① 上海商业储蓄银行国内汇兑处编:《国内商业汇兑要览》,上海商业储蓄银行国内汇兑处1925年版,第251—255页;《各地商况:张家口(九年上期口行报告)》,《中国银行通信录》,1920年第61期。

② 中国银行总管理处编:《内国汇兑计算法》,中国银行总管理处1915年版,第35—36页;上海商业储蓄银行国内汇兑处编:《国内商业汇兑要览》,上海商业储蓄银行国内汇兑处1925年版,第251—255页。

③ 中国银行总管理处编:《内国汇兑计算法》,中国银行总管理处1915年版,第36—37页;上海商业储蓄银行国内汇兑处编:《国内商业汇兑要览》,上海商业储蓄银行国内汇兑处1925年版,第251—254页。

钱平960两扣去行市若干两,剩下的两数得汇京公足银1 000两(因为口钱平与北京京公砝平的比例为960.00∶1 000.00)。津票行市耗若干两,即口钱平962两扣去行市若干两,净计口钱平拨兑银(962－若干)两,得汇天津行化银1 000两。申票行市,即口钱平拨兑银1 000两得汇规元若干两。俄钞行市,即卢布每元合口钱平若干。钱盘行市,即每口钱平拨兑银1两合铜元若干枚;北洋钱价,即每北洋1元得换铜元若干枚。①

1920年上半年有津票、汉票行市。② 1925年银元行市,即每洋一元合口钱平拨兑银若干;钱盘行市,即每口钱平拨兑银1两合铜元票4 000文;津票行市,即口钱平和行化银之间的比例。③

5.汇兑原理及公式

(1)张家口对上海银汇

设例:在本地交口钱平拨兑银1 000两,得汇上海规元若干两。

A.原理

张家口通用口钱平,每千两合规元平价为1 100.34两。申汇需以津行市为依据,并须用西平以换算行化。故须知:首先西平千两合口钱平若干两;其次西平千两例定合行化994.4两,此数不变;最后津申票行市等行市数目。④

以口钱平拨兑银1 000两为基准,先以津票行市除之,得西化若干(每千两西化例定等于行化银994.4两),再以994.4乘之,得行化若干;再以申津电汇行市乘之,得汇上海规元若干。

B.公式

$$得汇上海规元两数 = \frac{口钱平拨兑银1 000两}{津票行市} \times 994.4 \times 申津电汇行市⑤$$

如果是应汇规元1 000两,在张家口应交口钱拨兑银多少两,则公式

---

① 中国银行总管理处编:《内国汇兑计算法》,中国银行总管理处1915年版,第39—40页。
② 《各地商况:张家口(九年上期口行报告)》,《中国银行通信录》,1920年第61期。
③ 上海商业储蓄银行国内汇兑处编:《国内商业汇兑要览》,上海商业储蓄银行国内汇兑处1925年版,第257页。
④ 《上海之国内汇兑》,《社会月刊》,1930年第2卷第1期。
⑤ 上海商业储蓄银行国内汇兑处编:《国内商业汇兑要览》,上海商业储蓄银行国内汇兑处1925年版,第257—258页。

应为：

$$应交口钱拨兑两 = \frac{应汇规元数 \times 西平千两合口钱平}{津申票行市 \times 西平千两合行化}$$

其中，西平千两合行化为 994.4。[①]

(2) 张家口对天津银汇

设例：以口钱平 1 000 两买天津汇票，照行市每千两耗若干两，得汇行平化宝若干两。

A. 原理

以口钱平 1 000 两为基准，以例平 962 两（本地平砝与他处平砝比较表中，口钱平 962 两等于天津行化银 1 000 两），减去行市若干两，计得之数除之，得汇天津行化银若干。

B. 公式

$$得汇行化银若干两 = 口钱平\ 1\ 000\ 两 \div \frac{例平\ 962\ 两 - 行市若干两}{天津行化银\ 1\ 000\ 两}$$ [②]

(3) 张家口对北京银汇

设例：汇北京京公砝平足银 500 两，应交口钱平若干两。

A. 原理

以京公砝银 500 两为基准，以例平 960 两（两地平砝比较知，口钱平 960 两例定等于京公砝平 1 000 两）扣去行市京票耗若干两，计得之数乘之，得口钱平若干两。

B. 公式

$$应交口钱平若干两 = 京公砝银\ 500\ 两 \times \frac{例平\ 960 - 京票行市}{京公砝平\ 1\ 000\ 两}$$ [③]

(四) 邢台

1. 通用货币

1915 年前后本地通用货币包括银两、银元、铜元、制钱和银行钞票。通用银两为周行银，系本地银炉所化，每锭重 1 两 3 钱有零，通行市面，名

[①]《上海之国内汇兑》，《社会月刊》，1930 年第 2 卷第 1 期。
[②] 中国银行总管理处编：《内国汇兑计算法》，中国银行总管理处 1915 年版，第 37、38 页。
[③] 中国银行总管理处编：《内国汇兑计算法》，中国银行总管理处 1915 年版，第 37、40—41 页。

为九九成色,实际仅九八二。自银元畅行以来,生银在市面逐渐减少,间或有之,不久当可绝迹。银元中,北洋、站人和新币三种均通用,且日有行市。铜元,因其行使比制钱便利,市面流通较广。自铜元流通以来,制钱流通受阻,且市价低于铜元。中、交两行钞票,流通较广。①

2.通用平砝

本地通用平砝有顺平、顺库平两种。商号通常使用顺平;库平仅地方政府各机关使用。顺平1 013两等于顺库平1 000两。

表 3.6　　　　　　　　邢台本地平砝与他处平砝比较表②　　　　单位:两.钱分

本地平砝名称	比较数目	等于	他处平砝名称	比较数目
顺平	1 000.00	等于	京公砝平(北京)	1 016.00
顺平	1 000.00	等于	津公砝平(天津)	1 019.00
顺平	1 007.00	等于	保市平(保定)	1 000.00

3.银色升耗

邢台周行银较北京公十足银,每千两耗五钱。③

4.货币本位及货币行市

1915年,邢台本地的货币本位为顺平周行银。行市开银元行市、顺平银钱盘和银元钱盘行市。银元行市,每银元一元计顺平周行银行市若干。本埠皮毛行公议每元以顺平行市若干定价,因皮毛货皆系银码,即按行市若干,折付银元也。顺平银钱盘行市,每顺平周行银一两,得换铜元若干吊若干枚,如换制钱可多换十余文。银元钱盘行市,每银元一元,得换铜元若干文若干枚,如换制钱,可多换十余文。④

四、山西

(一)太原

1.通用货币

---

① 中国银行总管理处编:《内国汇兑计算法》,中国银行总管理处1915年版,第54—55页。
② 中国银行总管理处编:《内国汇兑计算法》,中国银行总管理处1915年版,第55—56页。
③ 中国银行总管理处编:《内国汇兑计算法》,中国银行总管理处1915年版,第56页。
④ 中国银行总管理处编:《内国汇兑计算法》,中国银行总管理处1915年版,第57页。

1915年前后,本地通用货币包括银两、银元、小洋、制钱和银行钞票。银两主要包括库宝和周行足银。库宝,专门用来兑库款用,是山西最高成色的银两。周行足银,是市面通用之银,原定名曰足宝宝,比库宝每千两低色五两。银元包括北洋、站人、新币三种,其中北洋、站人较为通用,新币市上尚不多见,行市与北洋、站人相等。小洋,市面向来通用,自大洋通行后,小洋日渐稀少。制钱,市面通用,以实数100文顶小洋一角。中国银行钞票除本埠票外,如京津等票亦能通用。[①] 到1925年,本地通用货币中已不包括银两,仅包括银元、小洋、铜元、制钱和纸币。银元包括国币、北洋、站人;其中,国币(新币)市面上极为乐用,小洋流通甚少。铜元,市面流通较多。制钱,原来流通较广,自铜元畅行后,已日渐甚少。纸币中,中国银行发行的山西字样银元券及山西省银行发行的银元券及铜元券,市面一律通用,并可以十足兑现。而中国银行之钞票,除本省者外,如京津等地的钞票,也能在山西省内通行。[②]

2.通用平砝

1915年前后,通用的本地平砝有4种,分别为库平、街市平、红封平、省大平;不甚通行的平砝有3种,分别为司库平、老湘平、新湘平。到1925年前后,通用平砝仅库平和街市平两种,且库平990.00两等于街市平1 000.00两。库平1 000.00两分别等于京公砝平1 036.00两、天津行化1 034.00两、上海规元1 096.00两、汉口洋例1 058.00两。[③]

3.银色升耗

库宝比天津化宝,每1 000两升8两;周行足银,比太谷镜宝每1 000两升8两。周行足银,比祁县镜宝,每1 000两升8两。祁县、太谷镜宝,须视省城银根松紧,随市高低,升色8两,系平稳之数。[④]

4.货币本位及货币兑换行市

[①] 中国银行总管理处编:《内国汇兑计算法》,中国银行总管理处1915年版,第421页。
[②] 上海商业储蓄银行国内汇兑处编:《国内商业汇兑要览》,上海商业储蓄银行国内汇兑处1925年版,第305—307页。
[③] 中国银行总管理处编:《内国汇兑计算法》,中国银行总管理处1915年版,第425—426页;上海商业储蓄银行国内汇兑处编:《国内商业汇兑要览》,上海商业储蓄银行国内汇兑处1925年版,第308页。
[④] 中国银行总管理处编:《内国汇兑计算法》,中国银行总管理处1915年版,第424—425页。

货币行市中的货币本位为库平周行足银。货币行市主要包括银元、小洋和京票、津票、申票、汉票等汇票行市。银元行市,即每银元一元得换库平周行足银若干。小洋行市,即每银元一元得换小洋若干。而汇票行市,皆系汇京(津、申、汉)等地千元,外加汇水若干。另外,1915年前后行市有银换小洋行市,系每库平周行足银一两,得换小洋若干。1925年行市有铜元行市,即每银元一元合铜元若干。①

(二)大同

1.通用货币

1915年左右,大同本地通用货币种类包括银两、银元、制钱、铜元和中交两行钞票。银两,系足色银。足色银,系本埠倾铸而成的大同宝,每锭重50两,名曰足色银,但实际纯银约九九八。银元包括北洋、站人和新币。制钱,市面流行极多,因本埠各项交易多以制钱为本位。铜元,市面行使,每枚只作制钱九文,故市上现底不多。1925年左右,本地通用货币,以国币最为通用。北洋和站人亦通行。铜元,不分省界均可通用。制钱,日渐稀少,惟零星小数,起辅币作用。当地并无纸币发行机关,流通纸币以山西中国银行及山西省银行所发行的银元券为主,与现洋比较无异。②

2.通用平砝

通用平砝为同平。同平1 000两分别等于太原库平992两、申公砝平1 014两。同平972两等于京公砝平1 000两。同平1 010两等于口钱平(张家口)1 000两。③

3.银色升耗

足色银较太原周行银,每1 000两升3两。④

---

① 中国银行总管理处编:《内国汇兑计算法》,中国银行总管理处1915年版,第422—423页;上海商业储蓄银行国内汇兑处编:《国内商业汇兑要览》,上海商业储蓄银行国内汇兑处1925年版,第306页。

② 中国银行总管理处编:《内国汇兑计算法》,中国银行总管理处1915年版,第438页;上海商业储蓄银行国内汇兑处编:《国内商业汇兑要览》,上海商业储蓄银行国内汇兑处1925年版,第310—311页。

③ 中国银行总管理处编:《内国汇兑计算法》,中国银行总管理处1915年版,第439页。

④ 中国银行总管理处编:《内国汇兑计算法》,中国银行总管理处1915年版,第439页。

4.货币本位及货币兑换行市

1915年,制钱在市面流行极多,本埠各项交易多以制钱为本位。1925年前后,制钱在市面减少,但足色银行市、钱数行市仍以制钱为本位。

1915年,货币行市包括银元、小洋、足色银、银元钱价、京票、津票、申票行市。银元行市,即每银元一元,计同平银若干。小洋行市,即每小洋若干,计银元一元。足色银行市,即每同平足银一两,得换制钱若干。银元钱价,即每银元一元得换制钱若干文。汇票行市,即每千元汇水若干。1925年行市包括银元行市、足色银行市、钱数行市(每银元一元合信用钱若干文),和京票、津票行市。①

大同周行平为同市平,较太原库平每1 000两小8两。钱法周行96制钱外,有一种拨兑钱,如易换现钱,每吊相差三四十文。铜元稀少,街面周使只顶现制钱八九文,银色名曰足宝银,商家往来均以拨兑为主,现款收交但视银根活泼时尚可通融办理。银元市面通用站人、北洋两种,小洋缺乏时,每大洋一元易同市平六钱七分五厘左右,逐日由大钱庄四五家共同议定,如买卖行市尚须临时酌定,本所假定本位币定价以库平六钱七分为一元。②

(三)祁县

1.通用货币

1915年前后,本地通用货币有银两、银元、96制钱帖和中交两行钞票。银两包括蔚州白宝和药平松江拨兑银。蔚州白宝,此间炉房只大德元一家药商所来现银,由该炉房倾铸成白宝,然后可行使市面,成色约在九九五。药平松江拨兑银,各商号以此过账,必至五月底或十二月底为下庙时间,方能过现。银元中包括北洋、站人、新币三种,均属通用货币。96制钱帖为各商号所出,即附近各州县亦极信用之。此外,中交两行钞票亦

---

① 中国银行总管理处编:《内国汇兑计算法》,中国银行总管理处1915年版,第440—441页;上海商业储蓄银行国内汇兑处编:《国内商业汇兑要览》,上海商业储蓄银行国内汇兑处1925年版,第312—313页。

② 《大同汇兑所报告同市货币情形及折合本位币定价》,《中国银行业务会计通信录》,1915年第5卷第70期。

流通甚广①

2. 通用平砝

本地通用平砝为药市平，药市平1 000.00两等于天津行平1 002.00两。②

3. 货币本位及货币兑换行市

1915年，祁县的货币本位依然为拨兑银。货币行市包括银元、银元钱价和津票。银元行市，即银元一元，计拨兑银若干。正月、七月间，洋厘在七钱五分。五月及十二月底为下庙期间，洋厘在六钱九分八。此间习惯存放款项，不明计利息，视存放款项时距下庙期间日子远近，以定洋厘之高下。另外的银元钱价行市，即每银元一元换九六钱若干吊若干文，得换实际制钱若干文。津票行市，即汇天津津公砝化宝银1 000元，等于在祁县交银元多少元。③

4. 汇兑原理及公式

祁县对天津银洋互汇。

设例：在祁县交银元1 000元，得汇天津行化银若干。

A. 原理

以祁县银元1 000元为基准，以津票行市（即汇天津津公砝化宝银1 000元，等于祁县交银元多少元）除之，得津公砝化宝银若干两；再以和平砝比例995乘之（由表3.1知，天津的行化银995两等于天津公砝化宝银1 000两），计得行平化宝银之数。④

B. 公式

$$计得行平化宝银之数 = \frac{祁县银元1\,000元 \times 行化银和公砝化宝银的平砝比例}{祁县津票行市}$$

(四) 运城

1. 通用货币

---

① 中国银行总管理处编：《内国汇兑计算法》，中国银行总管理处1915年版，第47页。
② 中国银行总管理处编：《内国汇兑计算法》，中国银行总管理处1915年版，第49页。
③ 中国银行总管理处编：《内国汇兑计算法》，中国银行总管理处1915年版，第48页。
④ 中国银行总管理处编：《内国汇兑计算法》，中国银行总管理处1915年版，第25、49—50页。

1915年,本地通用货币包括银两、银元、铜元和中国银行钞票。银两包括足银和公估银。足银,系十足、五十两重之宝银。公估银,系市上买卖通用银两,成色较足银为低。银元包括北洋和站人两种,均通用。铜元,充当辅币作用。[①]

2. 通用平砝

本地通用平砝有库平、泾布平和运市平。库平 1 000.00 两分别等于泾布平 1 016.20 两和运市平 1 010.00 两。库平 1 000.00 两等于京公砝平 1 036.00 两,九八规元 1 096.00 两。[②]

3. 银色升耗

足银较本地公估银,每 1 000 两升 5 两;足银与天津白宝成色相同。[③]

4. 货币本位及货币兑换行市

货币行市本位为库平银。行市包括银元行市、银两钱盘、银元钱盘和京汇、津汇、申汇、汉汇、汴会、省汇等。汇票行市,系每汇京、津、申、汉、开封、太原等地 1 000 元,外加汇水若干元。银元行市,系每银元一元,计库平银若干。银两钱盘,系每库平银一两得兑铜元若干枚。银元钱盘,系每银元一元得兑铜元若干枚。[④]

(五)山西新绛

1. 通用货币

1915 年通用货币中包括银两、银元、铜元和中国银行钞票。银两包括九九五银和库宝银。九九五银是一种拨兑过账银码,兑换现银时差色很大,每 100 两差至 3~4 两不等,且另有行市。库宝银,无论是哪个省份的库宝银,都能通用。银元主要包括北洋和站人,二者市面皆通用,且日有行市,但他省银元概不通用。自有铜元以来,商民使用方便,日有行市,制钱随之消减。市上交易,以生银为主,当地为生银码头,纸币在当地不甚乐用。

---

① 中国银行总管理处编:《内国汇兑计算法》,中国银行总管理处 1915 年版,第 427—428 页。
② 中国银行总管理处编:《内国汇兑计算法》,中国银行总管理处 1915 年版,第 429 页。
③ 中国银行总管理处编:《内国汇兑计算法》,中国银行总管理处 1915 年版,第 429 页。
④ 中国银行总管理处编:《内国汇兑计算法》,中国银行总管理处 1915 年版,第 430—431 页。

2.通用平砝

平砝主要包括公议平和泾布平,二者是银钱通用之平。另外还有各业自定的平砝,如羊皮平、牛皮平、杂货平、金珠平等。其中,公议平1 000.00两等于泾布平999.00两。公议平1 000.00两分别等于津公砝平1 020.00两、汉口洋例银1 039.78两。公议平1 019.00两等于太原红封平1 000.00两。

3.银色升耗

库宝银与天津白宝银同;库宝银较太谷周行宝,每1 000两升9两。

4.货币行市及商业习惯

1915年行市主要有银元、库宝、银元换铜元、太谷对期和申票、汉票、津票、汴票。银元行市,每洋1元计公议平九九五银若干。库宝行市,每库宝公议平1 000两得兑九九五拨兑银公议平若干两。银元换铜元行市,每银元1元得换铜元若干枚。新绛对于申、津、汉、汴等处汇兑,习惯汇何处银两,收交均用何处平砝,再行折计当地平砝,彼此银色高下即混在汇水行市内,不另计算。新绛对太谷的汇兑,习惯按太谷的春夏秋冬四个标期定,也有对期者(如太谷对期行市,秋标或者其他标期行市对期,新绛交谷平九九五银若干两,谷收谷平周行银1 000两),也有先交款而在标期收款者,或先收款而在标期交款者。①

1920年5月31日中国银行绛支行报告:本星期内汉汇由1 460元逐渐涨至1 480元,津汇也渐涨至1 475元。如此汇价过高,办货商家持观望态度。导致津汉期票贴水已疲软至32元。晋汇则由两平增加到四五元。太谷夏标票寥寥无甚交易,即期约1 419元,对期为1 420余元。②

五、山东

(一)济南

1.通用货币

1915年,本地通用货币包括银两、银元、铜元、小洋和中交两行钞票。

---

① 中国银行总管理处编:《内国汇兑计算法》,中国银行总管理处1915年版,第431－437页。
② 《各地商况:新绛(五月三十一日绛支行报告)》,《中国银行通信录》,1920年第58期。

银两为高白宝,成色九九。银元包括北洋、新币。铜元,市面极为通用。小洋,市上为数寥寥,且不甚通用。1925年,国币在市面极为通用。龙洋中,北洋、站人和机器均可通用。铜元,只当十铜元一种通用。[1] 本地发行钞票有中国银行、交通银行、山东银行、通惠银行、中国实业银行、当业银行、道胜银行、边业银行八家,其中以中国银行发行额最多,交通银行、山东银行各随其后。此外,中南银行钞票由盐业、大陆两家银行代为发行,票面上注有天津、山东通用字样,为数不多。各大钱庄所发行的钱票总额约有1 000余万串,信用好坏全视各家牌号之名誉良否而定,故市价也不固定。[2]

2. 通用平砝

本地通用平砝为库平和济平。库平仅各机关用之,市面商人商业往来均通用济平。其中,济平1 016.00两等于库平1 000.00两。济平980.00两等于京公砝平1 000.00两;济平982.00两等于行平1 000.00两;济平1 000.00两等于申公砝平1 005.00两。[3]

3. 银色升耗

高白宝与天津白宝同。

4. 货币本位与货币兑换行市

1915—1925年,行市皆以济平银为货币本位。1915年,行市另有济足钱价和北洋钱价,分别以济平足银一两、北洋一元得换九八制钱若干。[4]

(二)济宁

1. 通用货币

---

[1] 中国银行总管理处编:《内国汇兑计算法》,中国银行总管理处1915年版,第59页;上海商业储蓄银行国内汇兑处编:《国内商业汇兑要览》,上海商业储蓄银行国内汇兑处1925年版,第261页。
[2] 上海商业储蓄银行国内汇兑处编:《国内商业汇兑要览》,上海商业储蓄银行国内汇兑处1925年版,第261—263页。
[3] 中国银行总管理处编:《内国汇兑计算法》,中国银行总管理处1915年版,第60页;《济宁之通用货币及其汇兑计算法》,《银行周报》,1918年第2卷第6期。
[4] 中国银行总管理处编:《内国汇兑计算法》,中国银行总管理处1915年版,第64页;上海商业储蓄银行国内汇兑处编:《国内商业汇兑要览》,上海商业储蓄银行国内汇兑处1925年版,第266—267页。

1918年,通用货币包括:山东高边二七宝,当地视为足色纹银,市上最为通用;北洋及新币,近年亦颇通用,日有行市;中、交两行钞票,流通甚广;小洋,当地间亦有之,惟不甚通用。另有铜元及铜元票。铜元票向来极为通用,是当地各商号所发,近年山东银行亦发行此种票券,总计流通额有200余万吊京钱之谱,附近二三百里内均极通用。①

1925年,本地通用货币以国币,北洋、站人等龙洋,袁像小银元以及铜元为多,其中铜元为当地主币,流通最多。通用平砝有宁平和一六库平两种。纸币以中国银行发行的济宁字样的一元、五元、十元三种银元券,以及一串、二串、五串三种九八铜元券最为通行。②

2.通用平砝

宁平(一名州钱平),一六库平。③

表3.7　　　　　济宁本地各种平砝、本地平砝与他处平砝比较表　　　　单位:两.钱分

本地砝平名称	比较数目	等于	他处(包括本地其他)平砝名称	比较数目
宁平	1 008.00	等于	一六库平(本地平砝)	1 000.00
宁平	992.00	等于	济平(济南)	1 000.00
宁平	1 008.00	等于	库平(济南)	1 000.00
宁平	972.00	等于	京公砝平(北京)	1 000.00
宁平	974.00	等于	行平(天津)	1 000.00
宁平	987.00	等于	申公砝平(上海)	1 000.00
宁平	983.00	等于	二六汴平(开封)	1 000.00

资料来源:《济宁之通用货币及其汇兑计算法》,《银行周报》,1918年第2卷第6期。

3.银色升耗

山东高边二七宝银较天津白宝,每千两耗一两。

4.货币本位与货币兑换行市

1915—1918年,本地货币行市中以宁平为本位。银元行市,以某银

---

① 《济宁之通用货币及其汇兑计算法》,《银行周报》,1918年第2卷第6期。
② 上海商业储蓄银行国内汇兑处编:《国内商业汇兑要览》,上海商业储蓄银行国内汇兑处1925年版,第280—282页。
③ 《济宁之通用货币及其汇兑计算法》,《银行周报》,1918年第2卷第6期。

元一元合宁平若干钱若干分若干厘。如北洋667,代表每北洋一元,合宁平六钱六分七厘;新币667,代表每新币一元,合宁平六钱六分七厘。申票924,代表每宁平924两,得汇上海规元1 000两。省票992,代表每宁平992两,得汇济南济平1 000两。另外有,宁平钱价、北洋钱价等货币行市。①

又因本地交易均以九八京钱为主,再以固定价四九折合铜元;规元交易迟期五天或七天不定。如1920—1925年,申票买卖如以九八京钱为衡量标准,则行市折合为,每规元一两值九八京钱市价若干文,再以四九折合铜元××文;洋钱(银元)行市,每银元一元值九八京钱若干文,再以四九折合铜元××文;银价行市,每宁平一两值九八京钱若干文,再以四九折合铜元××文。② 如1920年上半年,洋价最大2 720文,最小2 680文;银价最大4 020文,最小3 960文;规元最大3 759文,最小3 647文。③

(三)潍县

1.通用货币

1918年,通用货币为高宝银,系本地通用之一种单戳宝银,成色最称高足。北洋,市上极为通用,惟价格较站人洋有时相同,有时略低不等。站人洋,与北洋同一行使。中行钞票,商民均乐用之,故推行颇广。交通钞票,市上虽亦通用,惟该行尚未设有兑换机关,以致换现洋时,每元须贴水一二分。山东银行钞票,价格较中行钞票略低。羌帖,此间贩卖鲁绸至俄国者甚多,均带回羌帖,市上亦甚流通,且日有行市。制钱,市上以此为主币,无论何种货币价格,均以制钱为核算之标准。④ 此地自胶济铁路归日本以来,市面上又多正金钞票及军用手票两种,然只可作购车票及付运货费之用,至其他交易均不能行使。⑤ 1925年国币流通最广,站人亦通

---

① 《济宁之通用货币及其汇兑计算法》,《银行周报》,1918年第2卷第6期。
② 上海商业储蓄银行国内汇兑处编:《国内商业汇兑要览》,上海商业储蓄银行国内汇兑处1925年版,第283—284页。
③ 《各地商况:济宁(九年上期济支行报告)》,《中国银行通信录》,1920年第61期。
④ 《潍县之通用货币及其汇兑计算法》,《银行周报》,1918年第2卷第12期。
⑤ 中国银行总管理处编:《内国汇兑计算法》,中国银行总管理处1915年版,第82页。

用。但北洋和外省银元,其价格均低于国币。铜元,为本地主币,行使最广。①

2. 通用平砝

本地通用潍市平。

表 3.8　　　　　　　潍县本地平砝与他处平砝比较表　　　　　单位:两,钱分

本地平砝名称	比较数目	等于	他处平砝名称	比较数目
潍市平	1 000.00	等于	济平(济南)	1 000.40
潍市平	1 000.00	等于	京公砝平(北京)	1 020.00
潍市平	1 015.60	等于	库平(济南)	1 000.00

资料来源:《潍县之通用货币及其汇兑计算法》,《银行周报》,1918年第2卷第12期。

3. 银色升耗

高宝银较京公十足,每千两升三两。高宝银较天津化宝,每千两升八两。

4. 货币本位及货币兑换行市说明

1915年、1918年市上以992制钱为主币,无论何种货币价格,均以制钱为核算之标准。但1925年本地以铜元为主币。②

例如,1918年货币行市,银价,三三三,每潍市平银一两,得换九九二津钱三吊三百三十文。北洋,二二四,每北洋一元,得换九九二津钱,二吊二百四十文。站人,二二五,每站人洋一元,得换九九二津钱二吊二百五十文。羌帖,一八,每羌帖一元,得换九九二津钱一吊八百文。申票,票贴银五钱,定例每潍平银千两,合规元一千零八十一两五钱,加票贴银五钱,计得汇规元一千零八十二两。③ 1918年11月12日,中国银行滕号报告,本星期洋价2 630文,较上周短少30文,皆因市面铜元缺乏,兼之土产稍有用项。④ 即以制钱为核算单位。

---

① 上海商业储蓄银行国内汇兑处编:《国内商业汇兑要览》,上海商业储蓄银行国内汇兑处1925年版,第299—300页。
② 《潍县之通用货币及其汇兑计算法》,《银行周报》,1918年第2卷第12期;上海商业储蓄银行国内汇兑处编:《国内商业汇兑要览》,上海商业储蓄银行国内汇兑处1925年版,第300页。
③ 《潍县之通用货币及其汇兑计算法》,《银行周报》,1918年第2卷第12期。
④ 《各地商况:滕县(十一月十二日滕号报告)》,《中国银行通信录》,1918年第40期。

1925年,行市包括洋厘、银元、银价和申票行市等。洋厘行市,即每银元一元值潍平若干。申票行市,即潍平合规元的例定行市,加票帖若干即得。银元行市,每银元一元,换九八京钱若干文,以四九折合宝铜元若干文。银价行市,每潍平一两,换九八京钱若干文,以四九折合宝铜元数若干文。[1] 即银元、银价行市,体现以铜元为主币。

（四）滕县

1.通用货币

1915－1918年,通用货币主要为,公议十足白宝,市上通用,日有钱盘行市。北洋、站人、新币,皆为通用货币,日有行市。铜元,为市面通用主币,商民贸易进出,均以此为本位;中行钞票,推行甚广;交通钞票,因无兑换机关,市上不甚多见。商号铜元票,是本地各商号所发行者,推行颇广,当秋冬间土货登场,客商下乡收货,均携票前往,以期便利。其票价与铜元价无分上下,惟在春夏之交,票价每较现铜元略低,计每元相差一二十文左右。[2]

1925年左右,通用货币中流行最广的为国币,且日有行市。北洋、站人均通用。铜元,当十铜元最为通行主币,市上买卖均以之为本位。纸币方面,当地商家多发行九八京钱票,总额200余万串。每年秋冬之季,土产登场,商人收货多带票前往,以求便利。此外,济南、中国、交通等银行发行的济南钞票亦能与现洋同样行使。[3]

2.通用平砝

1915－1918年,市上交易向以滕库平宝银为主。1925年,滕库平在市面上已经不用,仅有其名而已。滕库平1 000.00两,分别等于京公砝平1 040.00两、津公砝平1 043.00两、上海申公砝平1 025.00两、济平

---

[1] 上海商业储蓄银行国内汇兑处编：《国内商业汇兑要览》,上海商业储蓄银行国内汇兑处1925年版,第302页。
[2] 《滕县之通用货币及其汇兑计算法》,《银行周报》,1918年第2卷第2期;中国银行总管理处编：《内国汇兑计算法》,中国银行总管理处1915年版,第107－108页。
[3] 上海商业储蓄银行国内汇兑处编：《国内商业汇兑要览》,上海商业储蓄银行国内汇兑处1925年版,第285－286页。

(济南)1 020.00 两、规元 1 100.34 两。公议十足宝银与天津白宝成色相同。①

3. 货币本位及货币兑换行市

1915—1925 年,当十铜元是最为通行的主币,市上买卖均以之为本位。1915 年前后,行市有滕平足钱盘和北洋钱盘行市。腾平足钱盘行市,即每滕平足银一两,换九八京钱若干,合实际铜元若干枚。北洋钱盘,每银元一元得换九八京钱若干,合实际铜元若干。1925 年,仅留银元钱盘行市。银元钱盘行市得以每一银元换九八京钱若干,再以四九折合铜元一定数目。1915 年之前,滕县与济南、天津、镇江原均有直接汇兑行市,后因商业不振,仅有上海一处开盘,即仅申票行市。申票行市以每规元一两得换九八京钱若干再以四九折合宝铜元若干。买卖申票向以 5 天为例期,也有即期 3 天、7 天的交易。②

(五)周村

1. 通用货币

1915—1918 年,单戳高边足银,当地最为通用。高边足银,较济南周行银,每 1 000 两升 2 两。北洋及站人洋,均极通用。新币,行市与北洋站人相同,惟推行范围不若北洋及站人广阔。中行钞票,推行甚广。交通钞票,当地无该行兑换机关,故其行使不若中行钞票之多。铜元,日有行市。青银,即系店平,遇有绸丝交易,均适用之,每年在三月至九十月间,日有行市,惟此种银两仅具虚名,犹上海之规元,汉口之洋例等类。正金票及军用票,自日人接管胶济铁路后,此种票券乃流通于市。③

1925 年,本地通用货币中,国币流通最广,北洋、站人等龙洋均通用,铜元最为通用。本地并无发行纸币之银行商号,市面流通的钞票为济南

---

① 中国银行总管理处编:《内国汇兑计算法》,中国银行总管理处 1915 年版,第 108—110 页;《滕县之通用货币及其汇兑计算法》,《银行周报》1918 年第 2 卷第 2 期;上海商业储蓄银行国内汇兑处编:《国内商业汇兑要览》,上海商业储蓄银行国内汇兑处 1925 年版,第 285 页。

② 上海商业储蓄银行国内汇兑处编:《国内商业汇兑要览》,上海商业储蓄银行国内汇兑处 1925 年版,第 288 页;中国银行总管理处编:《内国汇兑计算法》,中国银行总管理处 1915 年版,第 111 页。

③ 《周村之通用货币及其汇兑计算法》,《银行周报》,1918 年第 2 卷第 14 期;中国银行总管理处编:《内国汇兑计算法》,中国银行总管理处 1915 年版,第 79 页。

的中国、交通、山东三银行所发行的济南银元券。但因这三种银元券在周村当地不能兑现,故遇现洋紧缺时,此银元券需每千元贴水 3 元到 6 元不等。①

2. 通用平砝

本地通用平砝主要为村钱平,如收交汇兑均用之。村库平,则最为通用。另外,如市平,仅买卖杂货通用之。毛店平,仅属买卖羊毛适用之。丝店平,仅属买卖丝绸品适用之。这三种平,不常用。② 村库平银 1 002 两等于村钱平 1 000 两。村库平 983.00 两等于村丝店平 1 000 两。村钱平 1 000 两等于申规元 1 102.5 两。③ 当地丝业与绸绫业交易银两,向以村丝店平青银为主,规定一个月期限。每逢月之初二日为规账之期,譬如欠丝店平青银 1 000 两,至期按村库平足银 983 两冲账。如汉口月半、月底之比期然,但只限于丝绸二业,他业则不适用此平。④

3. 货币本位及货币兑换行市

周村交易,每以村库平宝银为主币,汇往他埠则按村钱平计算为多。故,1918 年行市中北洋行市、站人行市,皆以每北洋一元或每站人一元,计村库平若干。而申票行市,以规元和村钱平的例定折合数,扣去行市票帖若干两来计算。⑤ 周村自 1914 年以来,现银来源缺乏,每届四九集中各售丝之户,须携带现银带回。惟各钱庄往来,均系拨账,故至集市一二日,如多银之家,必出兑账供现,坐收其利。凡各处做村交之款,设村埠无拨账存项,以之相抵,即须吃亏。村埠青银各炉房均于旧历每月初三日,按 983 两冲账,俟冲账后行市即逐日渐落。⑥ 1918 年、1925 年,银市、钱价皆须折合为九八京钱,再以四九折合为铜元数。⑦

---

① 上海商业储蓄银行国内汇兑处编:《国内商业汇兑要览》,上海商业储蓄银行国内汇兑处 1925 年版,第 291 页。
② 中国银行总管理处编:《内国汇兑计算法》,中国银行总管理处 1915 年版,第 77—78 页。
③ 上海商业储蓄银行国内汇兑处编:《国内商业汇兑要览》,上海商业储蓄银行国内汇兑处 1925 年版,第 290 页。
④ 上海商业储蓄银行国内汇兑处编:《国内商业汇兑要览》,上海商业储蓄银行国内汇兑处 1925 年版,第 289 页。
⑤ 《周村之通用货币及其汇兑计算法》,《银行周报》,1918 年第 2 卷第 14 期。
⑥ 中国银行总管理处编:《内国汇兑计算法》,中国银行总管理处 1915 年版,第 80—81 页。
⑦ 上海商业储蓄银行国内汇兑处编:《国内商业汇兑要览》,上海商业储蓄银行国内汇兑处 1925 年版,第 292 页。

（六）烟台

1. 通用货币

1915年时，市上交易通用银两为曹估银，系公估局估定宝银即公估曹平银两（如足银曹平50两，估升色1两2钱，即为曹估银51两2钱），市面最通用。然碎银不多，零数以铜元按市相找。银元包括英洋、北洋、新币、立人洋。英洋，即墨西哥银元，系通用货币之一，日有行市。欧战之前，洋商与华商交易频繁，而大多行用英洋，英洋的市面流通额较多；欧战后市上流通之英洋大减，市价跌落。北洋，亦通用货币之一。新币，在1915年前后市面流通不甚多，但价格不减北洋。立人洋，市上也通用，但价格比北洋略低。1918年，奉天银元、日本银元亦流通。纸币包括中交两行烟台分行发行的钞票。交通银行发行者，本位为英洋；中国银行发行者，本位为北洋。另有上海汇丰银行、上海及本埠道胜银行等发行的以英洋为本位的大洋券纸币等。另外辅币还有小洋、铜元票。铜元票，由银行和钱庄发行，自发行以来，商家都乐于用之。小洋（即小银元），该地流通者是奉天铸造，有一角、二角之别，且日有行市，平常作为街面交易的辅币，但在秋冬季节有大宗交易时，小洋不再作为辅币。[①]

1925年，本地通用货币以国币为市面通行之主币，北洋亦通行。鹰洋，之前尚可通行，其价格日常比国币小5厘至1分，但近年则不多见。东三省所铸小洋和当十铜元日有行市。当地通用平砝为曹平估银。当地银行所发行纸币较之现洋，每千元跌二钱五分左右，以中、交两行所发行者最为流通、信用最好。此外，谦盛和钱庄发行票面为一元、五元两种的纸币。万利钱庄则发行票面为一元、五元、十元三种纸币。汇丰银行发行的兑换券只可在当地使用，乡镇间不通行。[②]

2. 通用平砝

当地通用平砝主要为曹平估银。曹估与本地库平足、曹平的例定比

[①] 中国银行总管理处编：《内国汇兑计算法》，中国银行总管理处1915年版，第66—67页；赵乐平：《烟台流通货币之现况》，《银行周报》，1918年第2卷第32期；《烟台流通货币之现况（续）》，《银行周报》，1918年第2卷第35期。

[②] 上海商业储蓄银行国内汇兑处编：《国内商业汇兑要览》，上海商业储蓄银行国内汇兑处1925年版，第270—271页。

例分别为,1 047.60∶1 000.00;1 024.00∶1 000.00。另外,曹估与上海九八规元的例定比例为:1 000∶1 045.00。曹估1 030.40等于济平1 000.00;曹估1 012.00等于行平1 000.00;曹估1 008.00等于汉口估平估宝1 000.00。①

3. 银色升耗

曹估银较天津白宝,每千两耗24两。

4. 货币本位及货币兑换行市

1915—1925年前后,货币本位为曹估银,一切行市皆以曹估银为计算本位。北洋、英洋、立人洋等银元行市,皆系每一银元(北洋、英洋、立人洋)计曹估银若干。小洋行市,系每小洋十角,计曹估银若干。钱价行市,系每曹估银一两计铜元大钱若干文。申票行市,曹估银和规元之间的比例。申票行市的计算,是以例定的曹估银1 000两合规元1 045两为底,再加市价升耗以计算之银元行市,每曹估银1两计换铜元若干文。另外,还有卢布与曹估银之间兑换关系的俄票行市。②

(七)青岛

1. 通用货币

1915年前后,本地通用银两为公估局估定的50两重之银锭,即公估足银。此种银两,市面最为通用。通用银元包括鹰洋、北洋、新币、日洋。鹰洋、北洋新币都为通用货币之一,而新币尤为社会欢迎。日洋是通用货币,但只在本埠流通。纸币包括中、交两行钞票和正金钞票。其中,中行钞票和正金钞票流通甚广,而交通银行钞票因本埠无兑换机关,故不甚流通。此外,还流行一种日本军用票,分十元、五元、一元、五角、二角、一角六种。但这种票不可兑现,只能兑换日本正金钞票,市面已不甚多。③

1925年前后,本地通用货币除国币、北洋、鹰洋、角洋、铜元外,只在本埠行使的分一元、五十钱、二十钱、十钱、五钱五种的日洋依然通行。北

---

① 中国银行总管理处编:《内国汇兑计算法》,中国银行总管理处1915年版,第67—68页。
② 中国银行总管理处编:《内国汇兑计算法》,中国银行总管理处1915年版,第70页;上海商业储蓄银行国内汇兑处编:《国内商业汇兑要览》,上海商业储蓄银行国内汇兑处1925年版,第272—273页。
③ 中国银行总管理处编:《内国汇兑计算法》,中国银行总管理处1915年版,第72—73页。

洋、鹰洋较通用,角洋纯系辅币作用,铜元专属零星用场。纸币方面以中、交两行发行的银元券最受欢迎、流通最广。此外,有日本横滨正金银行发行的纸币亦等于现洋行使,又有朝鲜银行发行的老头票对日本商店买卖也可使用,但老头票每元价值仅值中、交两行纸币的 7~8 角。①

2. 通用平砝

本地通用平砝为胶足平。胶足平 942.00 两例定等于规元 1 000.00 两;胶足平 1 016.00 两例定等于济南济平 1 000.00 两;胶足平 1 000.00 两例定等于天津行化 1 002.00 两;胶足平 1 000.00 两例定等于京公砝 1 004.00 两。②

3. 银色升耗

公估足银与天津白宝同;公估足银较上海二七宝,每 1 000 两升 1 两。③

4. 货币本位及货币兑换行市

货币本位为胶平银,银元行市和申票行市皆以胶足平为计算本位。申票行市,例以胶平 942 两合上海规元 1 000 两,外加行市计。济票例以胶平 1 016 两合济平足银 1 000 两,外加行市计。④

第二节 华中及长江中上游地区

从通用货币、通用平砝及货币本位等角度所体现的历史变化性亦为 20 世纪二三十年代,银两和平砝逐渐退出,银元逐步替代银两。

华中及长江中上游地区的区域性特征主要表现为:因汉口埠是钱码头,至 1931 年尚未脱离用钱习惯,除大宗生意以银两或银元为通用货币

---

① 上海商业储蓄银行国内汇兑处编:《国内商业汇兑要览》,上海商业储蓄银行国内汇兑处 1925 年版,第 276—277 页。
② 上海商业储蓄银行国内汇兑处编:《国内商业汇兑要览》,上海商业储蓄银行国内汇兑处 1925 年版,第 276—277 页。
③ 中国银行总管理处:《内国汇兑计算法》,中国银行总管理处 1915 年版,第 74 页。
④ 中国银行总管理处:《内国汇兑计算法》,中国银行总管理处 1915 年版,第 75 页;上海商业储蓄银行国内汇兑处编:《国内商业汇兑要览》,上海商业储蓄银行国内汇兑处 1925 年版,第 278—279 页。

和货币本位外,其余普通买卖都以钱为主币,仍用"钱码"。

区域内部的交融性主要体现为:沙市当地没有发行银元钞票的机关,市面行使的是中国、交通两家银行汉口分行所发行的汉口银元券。中国、交通两家银行汉口分行所发行的钞票在宜昌亦通用。洋例在宜昌本埠极为通行,1915年前后成为本埠一种通行平砝。1925年前后,长沙本地以光洋为本位,平砝久已不用,如有用银时,则借用汉口估平为准。[①] 整个四川省内市上最为通用的平砝为川九七平,亦为省内通用之货币本位。

从通用货币分析,20世纪20年代之后,河南开封、郑州、洛阳等地通用国币、北洋、站人、龙洋等。纸币中以中国银行发行的五省通用券、汉口中交两行银元券、交通银行的河南钞票以及河南省银行发行的银元券较为通行。即河南省与汉口的紧密程度远超过其与天津、北京、上海等地。

一、汉口

(一)通用货币

1918年之前,通用银两为公估二四宝银,是一种五十两重之大宝,在上海每宝可升水二两八钱。在汉口只升水四钱。因扣去二两四钱计算,故名为公估二四宝银。各省宝银来汉,均须由公估局估定。如果是碎银小锭,均须重化,方可通用。另外,如洋例银,是一种对内对外最通行之虚名银两,并无砝码银色。自汉口开埠以来,外国商人因不甚熟悉内地习惯,要求汉口各商根据上海规元之例,以估平宝银九百八十两升成洋例千两,以为标准。因此,相沿成习,成为一种假定划一银两。至此,从前各种平色,今已逐渐削减,概以洋例为主体。

通用银元为湖北龙洋、新币、大清银币、英洋及北洋、小银元等。湖北龙洋、新币和大清银币等银元,市面颇为通用,行市逐日由钱业公会议定,只是因现货不多,如有大宗买卖,须由上海等处运来。英洋及北洋,市上亦可通用,惟行市略较通用银元为低,存货亦不甚多。遇有大宗需要,其行市有时甚至超过通用银元者。小银元,仅属零星兑换使用。

[①] 上海商业储蓄银行国内汇兑处编:《国内商业汇兑要览》,上海商业储蓄银行国内汇兑处1925年版,第401页。

铜元及台票,台票即铜元票,市上流通甚广。因汉口埠是钱码头,除大宗生意以银两为通用货币外,其余都以钱为主币,故台票流通额颇丰。纸币,有中行钞票,商家因携取便利,乐于行使。交通钞票,市上亦甚通用。外国银行钞票,只道胜、德华两家发行纸币,市上均极通用。①

1925年前后,汉口当地通用货币中以国币最为通用,其行市常比其他银币的行市高。湖北龙洋、大清银币与国币一样通用,其余如江南、广东、北洋、站人、造币虽也通用,但比国币的价格略低一二两。辅币虽市面流通较多,但须贴水使用。此外,还有少数角洋和单双铜元。华商银行中发行钞票的有中国银行、交通银行、中南银行、农商银行、中国实业银行、浙江兴业银行、四明商业储蓄银行、中华懋业银行等。这些银行所发钞票均可随时兑现,且一律通用。而中国银行所发行的湖南、湖北、河南、陕西、四川五省通用全券仅限于汉口一处可兑现。另外还有汇丰、花旗、华比、友华、正金、台湾等外商银行所发行的钞票也可通行,但因正金和台湾两家银行是日商所开,受民众抵制日货影响,其钞票流通性较弱。湖北官钱局发行的铜元票俗称台票,因其在光绪初年发行时信誉良好,深受民众欢迎,也可流通全省,共约8 000万串,但其不兑现。② 1933年,中央、中国、交通银行发行的申钞在市场流通,概不兑现,但汇款方面可免计汇水。另外,中国农工、中国实业、中南、浙江兴业、中国通商5家银行发行的汉钞因可兑换,故市面流通额较多。外商银行发行的汉钞,市面流通已绝迹。③

(二)通用平砝

1918年之前,通用平砝为估平、九八平九八兑、四四库平、盐库平。另外,有一种九八五平它纹,在通商以前钱公所买卖铜元均用此平色,后数经变迁,至1915年各商家均一律改以洋例为主,其他平砝均归削减。④ 估平1 017.00例定等于申公砝平1 000.00;估平1 004.00例定等于天津

---

① 《汉口之通用货币及其汇兑计算法》,《银行周报》,1918年第2卷第15期。
② 上海商业储蓄银行国内汇兑处编:《国内商业汇兑要览》,上海商业储蓄银行国内汇兑处1925年版,第370—377页。
③ 甄润珊:《汉口之银行业》,《中行月刊》,1933年第6卷第3期。
④ 中国银行总管理处编:《内国汇兑计算法》,中国银行总管理处1915年版,第202页。

行平 1 000.00。①

1925年前后,本地通用平砝有估平、库平、关平和洋例,其中,洋例并无真实的砝码银色。②

表 3.9　　　　汉口本地各种平砝、本地平砝与他处平砝比较表　　　　单位:两.钱分

平砝名称	比较数目	等于	他处(包括本地其他)平砝名称	比较数目
估平	980.00	等于	洋例(本地)	1 000.00
估平	1 044.00	等于	库平(本地)	1 000.00
估平	1 050.00	等于	盐库平(本地)	1 000.00
估平	974.00	等于	九八平九八兑(本地)	1 000.00
估平	1 000.00	等于	长平(长沙)	1 000.00
估平	1 002.00	等于	沙平(沙市)	1 000.00
估平	996.00	等于	渝平(重庆)	1 000.00
估平	998.00	等于	九七川平(成都)	1 000.00
估平	1 017.00	等于	申公砝平(上海)	1 000.00
估平	1 004.00	等于	行平(天津)	1 000.00
估平	1 002.00	等于	京公砝平(北京)	1 000.00
洋例	1 000.00	等于	九八规元(上海)	1 034.45
洋例	1 022.45	等于	沙平(沙市)	1 000.00
洋例	1 016.33	等于	渝平(重庆)	1 000.00
洋例	1 018.37	等于	九七川平(成都)	1 000.00
洋例	1 024.50	等于	行平(天津)	1 000.00

资料来源:《汉口之通用货币及其汇兑计算法》,《银行周报》,1918年第2卷第15期;上海商业储蓄银行国内汇兑处编:《国内商业汇兑要览》,上海商业储蓄银行国内汇兑处1925年版,第371—376页;中国银行总管理处编:《内国汇兑计算法》,中国银行总管理处1915年版,第203—210页。

---

① 中国银行总管理处编:《内国汇兑计算法》,中国银行总管理处1915年版,第203—210页。
② 上海商业储蓄银行国内汇兑处编:《国内商业汇兑要览》,上海商业储蓄银行国内汇兑处1925年版,第371—376页。

（三）银色升耗

公估二四宝银，较天津高白宝，每千两耗八两；公估二四宝银，较上海二七宝，每千两耗七两。

（四）货币本位及货币兑换行市

1918—1931年的货币本位为洋例银，行市皆以洋例银为计算本位。1918年的货币行市包括龙洋、英洋、北洋、铜元、台票等。龙洋行市，每湖北龙洋一元计汉口洋例若干；英洋，每英洋一元计汉口洋例若干；北洋，每北洋一元计汉口洋例若干；铜元，每铜元百枚计汉口洋例若干；台票，每串台票合洋例若干。1925—1931年货币行市，主要有银元、台票、铜元（单、双）、规元、拆息等。市面虽有银元数种，但以龙洋行市为标准。纸币中申钞（上海各银行钞票）势力较大。汉口原是用钱码头，直到1931年尚未脱离用钱习惯。除大宗交易以银两或银元为本位外，普通买卖仍用"钱码"。铜元因湖北各县均用钱码，所以在金融市场上占有最大势力，有申钞换铜元、现洋（银元）换铜元、单铜元、双铜元行市。以汉口1931年3月3日货币行市为例："双铜元"行市则以铜元千文（双铜元五十枚）为单位，为铜元千文合洋例银之数，如行市0.139即双铜元五十枚可换洋例一钱三分九厘之意。"现洋换铜元"与"申钞换铜元"均以钱码为单位，所谓五串零八十六文即五千零八十六文之意，一千在汉称为一串，乃双铜元五十枚也。① 银辅币在汉口市场没有行市。所有的货币行市都由当地钱业所主持。②

1918年内汇行市包括申票、渝票、沙票和长沙票，皆以洋例为本位。申票行市，每汇上海规元1 000两，计汉口洋例若干两。渝票、沙票皆为若干扣，每沙平周行1 000两扣若干行市数，再以1 002合估平，再以九八申洋例若干两。（渝票和沙票行市，涉及沙平、估平和洋例的换算，参考表3.9，估平1 002两等于沙平1 000两；估平980两等于洋例1 000两。）长沙票银行市，以每长沙票银1 000两，扣行市若干两，即得汉估平若干，再

---

① 李福星：《中国货币行市诠释（续）》，《大公报天津版》，1931年7月22日，第6版。
② 《汉口之通用货币及其汇兑计算法（续）》，《银行周报》1918年第2卷第16期；李福星：《中国货币行市诠释（续）》，《大公报天津版》，1931年7月22日。

以九八申洋例银。1925—1931年,汇兑行市中主要为申票行市。①

二、湖南湖北其他地域

(一)沙市

1.通用货币

1915年,本地通用货币包括银两、银元、纸币、铜元和台票(铜元票)等。银两为沙平九九银,系一种五两重元锭,名为九九宝,实际化验仅九六成或九七成。现货不多,全市现银不出一万,市上已成为一种有名无实之银两,市上交易以拨兑为主。市上买卖均以钱盘为主,银元向来不流通,尽管每日有银元行市,但市面流行的银元仅湖北洋和新币,不甚畅达。铜元,每日由各钱庄至公所定价,价率之涨落虽视本埠之供求,然仍听汉市价格以为升降。台票是湖北官钱局所发行的钱票,市上流通甚广,其价格与铜元相等。沙票,系沙市公钱铺所发行的钱票,形式如台票。发行并无准备金。② 如果发行过量,会引发一系列风险。政府虽屡申禁令,不准发行,但收效甚微。③

1925年前后,通用货币中,国币最为通用,龙洋在湖北最为通行,江南、广东、四川次之,其余一概不用。铜元中,当二十、当五十最多,当十者不多见。小洋,不能通用。制钱,日渐稀少。纸币方面,流通最广的为湖北官钱局所发行的一串文之钱票,俗称台票,又有当地钱庄典当货店发行的钱票即花票。花票(或称市票),是清末当地花商(棉花商)在乡间采购棉花时,因铜元缺乏而暂时使用的市票,用以暂时周转。民国之后,钱商以乡民和商号乐用,而滥发钱票,至每串钱票值沙平银价值跌落。④ 当地没有发行银元钞票的机关,市面行使的是中国、交通两家银行汉口分行所发行的汉口银元券。此银元券在银根宽裕时,与现洋没有区别,但遇市面

---

① 《汉口之通用货币及其汇兑计算法(续)》,《银行周报》,1918年第2卷第16期;上海商业储蓄银行国内汇兑处编:《国内商业汇兑要览》,上海商业储蓄银行国内汇兑处1925年版,第381—382页。
② 《沙市之通用货币及其汇兑计算法》,《银行周报》,1918年第2卷第4期。
③ 于曙峦:《沙市(地方调查)》,《东方杂志》,1926年第23卷第7号。
④ 谢也青:《沙市金融状况之过去及现在》,《汉口商业月刊》,1934年第1卷第7期。

紧燥,银元券比现洋每元须去水3厘至8厘。① 1934年,沙市流通货币有银元和当二十、当五十的铜元,以及市票(即花票)和申票。②

2.通用平砝

本地通用平砝为沙平。沙平1 000.00两分别例定等于洋例1 022.45两、规元1 053.10两、汉口估1 002.00两、长沙平1 002.00两。③

3.银色升耗

沙平银较汉口估平二四宝,每1 000两耗40两。④

4.货币本位及货币兑换行市

九九沙平银为货币本位。银两以拨兑为主,每月计利息两次,即阴历每月月半、月底两期。

1915年前后,行市有银元、台票、铜元等货币行市和申票、汉票等内汇行市。⑤ 1925年前后,行市有银元、台票、铜元、汉票、渝票等行市。其中,银元行市,表示每银元一元合沙平若干;台票行市,表示每台票一串合沙平若干;铜元行市,表示每大铜元一串合沙平若干。另有渝票和汉票等内汇行市。⑥

(二)宜昌

1.通用货币

1915年左右,市上银两已经极稀少,间以川锭来宜昌行使,川锭每锭重约十两。银元中新币、湖北洋、四川洋、北洋等较为通用,其中尤以湖北洋及新币最为通用,其他各省银元概不流通。钱票中除台票(即官钱局所出之钱票)为市面流通主币,尚有本埠钱庄数家发行钱票,为数不多。中、交两行钞票,等现洋行使。银元票,除中、交两行外,协通钱庄亦分有银元

---

① 上海商业储蓄银行国内汇兑处编:《国内商业汇兑要览》,上海商业储蓄银行国内汇兑处1925年版,第384—386页。
② 谢也青:《沙市金融状况之过去及现在》,《汉口商业月刊》,1934年第1卷第7期。
③ 上海商业储蓄银行国内汇兑处编:《国内商业汇兑要览》,上海商业储蓄银行国内汇兑处1925年版,第3845页;《沙市之通用货币及其汇兑计算法》,《银行周报》,1918年第2卷第4期。
④ 《沙市之通用货币及其汇兑计算法》,《银行周报》,1918年第2卷第4期。
⑤ 中国银行总管理处编:《内国汇兑计算法》,中国银行总管理处1915年版,第225页。
⑥ 上海商业储蓄银行国内汇兑处编:《国内商业汇兑要览》,上海商业储蓄银行国内汇兑处1925年版,387—388页。

兑换券。另有铜元流行。宜昌货币实际推铜元和台票为主。①

1925年前后,本地通用货币中以国币最为通用,其次还有湖北和四川的龙洋也极为通用,铜元分四川所铸的当十、当二十、当五十这三种。纸币以中国、交通两家银行汉口分行发行的钞票,湖北官钱局铜元券以及本地商会发行的公济票(即一种钱票)较为通用。②

2. 通用平砝

本地通用平砝为宜平和洋例,宜平1 000.00两分别例定等于洋例993.88两、京公砝972.00两、天津行化970.06两。③ 同时,洋例在宜昌本埠极为通行,各处收汇宜昌款项,均可照汇,1915年前后已成为本埠一种通行平砝。④

3. 银色升耗

川锭较宜平,每1 000两升15两。

4. 货币本位及货币兑换行市

宜平为货币本位。货币行市包括银元、铜元和钱票行市,皆以宜平为计算本位。银元行市,每银元一元合宜平银若干;铜元行市,每铜元一串合宜平银若干;钱票行市,每钱票一串合宜平银若干。⑤

(三)长沙

1. 通用货币

本地通用货币有银两、银两票、银元票、铜元票、中交两行钞票和光洋、常洋。银两包括公议十足银和公议十足大宝银两种。公议十足银,每锭重量约为十两,实际化验得纯银九九八,现在此项纹银较少。公议十足大宝银,系十足大宝,每锭重量约为五十两,现在此项纹银亦极少。自民

---

① 中国银行总管理处编:《内国汇兑计算法》,中国银行总管理处1915年版,第227—228页;《宜昌之通用货币及其汇兑计算法》,《银行周报》,1918年第2卷第18期。
② 上海商业储蓄银行国内汇兑处编:《国内商业汇兑要览》,上海商业储蓄银行国内汇兑处1925年版,第389—391页。
③ 此处"993.88"是引用了《国内商业汇兑要览》中的数据;《内国汇兑计算法》中此数据是"994"。本书作者根据估平、洋例、宜平之间进行换算,采用了"993.88"这个数字。上海商业储蓄银行国内汇兑处编:《国内商业汇兑要览》,上海商业储蓄银行国内汇兑处1925年版,第390—391页。
④ 中国银行总管理处编:《内国汇兑计算法》,中国银行总管理处1915年版,第286页。
⑤ 上海商业储蓄银行国内汇兑处编:《国内商业汇兑要览》,上海商业储蓄银行国内汇兑处1925年版,第393页;《宜昌之通用货币及其汇兑计算法》,《银行周报》,1918年第2卷第18期。

国 1915 年以来,市面上通行的银两票、银元票和铜元票基本都是湖南银行发行的纸币。因没有准备金,造成纸币滥发、价值低落。1918 年春夏间,纸币几乎一钱不值。此时商人往来账项均变成一种拨数银两,并经钱业公所议决,将拨得最后之数改每千两长沙银为国币四十元。自此以后,市面改以现洋为本位。现洋种类有光洋、常洋两种。如湖北龙洋、大清银币、袁前总统像之新币,这几种称为光洋。其他各省的龙洋、墨西哥鹰洋、日洋以及币面有戳记者,都称为常洋。常洋,每百元比光洋约低一元数角至二元不等。另有中交两行之汉钞,以及中国银行的湘券,流通于市面。而辅币仅当二十铜元一种。①

1925 年前后,本地通用货币为光洋、常洋、铜元和纸币。本地纸币中以中国银行汉口钞票和中国银行五省通用券最多,而中南银行、交通银行等银行的汉口钞票在长沙当地均不可兑现,但日有行市。钞票较之光洋,每千元须贴水数元至数十元不等。②

2. 通用平砝

1915 年前后,本地通行平砝为长沙钱平,不常用的平砝为三九库平、四两库平、四二库平、新湘平、老湘平。本埠在前清时,统用现银。民国以来,现银奇少,交易视长沙票纹为主币,称为长沙票银。1918 年后,本地改以光洋为本位,平砝久已不用,如有用银时,则借用汉口估平为准。③

3. 货币本位及货币兑换行市

1915 年前后的货币本位为长平票银。货币行市中的光洋、常洋、票洋、南台票、北台票、铜元行市,皆以长平票银为计算标准。④ 1918 年后,本地以光洋为本位。1925 年行市,汉票行市,为每光洋若干合汇汉口估平 1 000 两。且汉票交易,均按比期交兑。铜元行市,每光洋一元合铜元

---

① 《各地商况:长沙(八年上期湘行报告)》,《中国银行通信录》,1919 年第 52 期;《长沙钱业调查记》,《钱业月报》,1922 年第 2 卷第 8 期。
② 上海商业储蓄银行国内汇兑处编:《国内商业汇兑要览》,上海商业储蓄银行国内汇兑处 1925 年版,第 400—401 页。
③ 中国银行总管理处编:《内国汇兑计算法》,中国银行总管理处 1915 年版,第 233—236 页;上海商业储蓄银行国内汇兑处编:《国内商业汇兑要览》,上海商业储蓄银行国内汇兑处 1925 年版,第 401 页;《各地商况:长沙(八年上期湘行报告)》,《中国银行通信录》,1919 年第 52 期。
④ 中国银行总管理处编:《内国汇兑计算法》,中国银行总管理处 1915 年版,第 237—238 页。

若干文。北票,每光洋一元换湖北台票若干文。钞票,每光洋一千文换钞票若干文。拆息行市,每千元,半个月利息若干。①

三、四川

(一)重庆

1.通用银色

清初重庆通用杂色银两,称为九八色者,即每杂色银 10 两,得合纹银九两八钱之意。其后,商业发达,汇兑通行,开始有了用以交兑汇票之足色纹银,称为票色之名。自此市面交易均以票银为主。原用九八交兑者,均以票银交兑。但各帮折合不一,有九三、九四、九六、九七、九八等折票之称,所以依据其相关行规,每交银 10 两者,以票银交兑。若系升水一钱,即为九八扣票;升水 7 钱,即为九三扣票。②

清初银色甚杂,钱铺兼营倾销(即银炉)。随着商业发达,倾销之业,亦因此而畅达。至光绪末年,凡汇兑上之交易,概交现银新票,外埠所铸之银,非在渝倾销,不能通用。外埠银两(通称外槽)常有吊铜、吊铁等币,必经钱铺倾销。民国以来,银元通行,生银渐稀,银炉亦渐消失。重庆银炉(亦称倾销),技术日精。所倾销之银,名为九八宝,质不过八九成,且有渗零件银者,三四成不等,又有水丁、闹铜、吊钉、吊铁种种,以蒙骗众人。(水丁者,系以水银合银铸成。闹铜者,系以二三成银,加铜倾成或吹银或镀银。吊银者,以两三钱重之铁钉,倾银时倒入银内,实难查出。吊铁者,系以铁打一圈,轻重不等。有重至四两者,倾银时将铁圈安置于银槽内,再以银倾入槽内铸成。)光绪二十年(1894 年),耿世伟知巴县事,拿获较场倾销低色银两者数家,指为伪银,或罚或办,市面稍清。今日所用银色,纯为票色。③

光绪二十年间,银元开始由湖北输入,但输入者都被熔化。光绪二十

---

① 上海商业储蓄银行国内汇兑处编:《国内商业汇兑要览》,上海商业储蓄银行国内汇兑处 1925 年版,第 401、403 页;《最近汉口及各地之金融状况:长沙》,《银行杂志》,1924 年第 1 卷第 15 期。
② 黎父:《重庆金融市场考略》,《银行周报》,1926 年第 10 卷第 8 期。
③ 黎父:《重庆金融市场考略》,《银行周报》,1926 年第 10 卷第 8 期。

七年(1901年)开始自铸银元。次年,定大洋一元值九七平银七钱一分。1915年渝埠现行货币,内地各省银元一律通用,本省小银元十角作大洋一元,每元作九七市平七钱一分,并无涨落。外国的鹰洋、立人二种,与内地洋一律折合。本省军用票,每元现折宝洋五角六分,时有升降,通行银分二种,一新票银(即足色十两锭银),一周行银(三七周行银,内军用票三成、新票银七成)。各埠与渝埠交易,务须注明新票银字样。另有当五十、当二百铜元通行。①

1925年前后,本地通用货币包括银两和其他货币。银两有新票和老票两种生银。新票成色较低,膺鼎甚少。老票成色虽高,但有所造假,一般难以鉴别。老票换新票,每百两须贴水二钱(指欠水之老票),其成色较低者面议。其他货币中以人头洋国币最为通用,光绪宣统年间,本省所造以及其他如湖北、湖南、云南、广东、北洋及造币总厂所铸的龙洋也较为通用;此外,民国元年军政府所铸的汉版以及其他的杂洋、辅币、铜元、制钱皆有一定的行使。市面上的纸币,自民国五年即1916年中、交两行停兑后,街面上已无所谓钞票。其他银行陆续发行的纸券也因各种原因而搁浅。1925年左右,市面流通的为中国银行发行的五省通用券以及四明银行、聚兴诚银行、富川储蓄银行、美丰银行、中和银行和宏达钱庄等各银行机构发行的钞票和本票。这些钞票在市面虽因便于携带而有一定的适用度,但若以这些钞票办理整数收交,仍属不行。②

2.通用平砝

四川平砝之复杂,就川省境内而论,各城各镇平砝不一,彼场与此场各异。重庆有市平、钱平之分,汇兑通行时,各通商大埠之平砝,几乎应有尽有。票帮十余家,各以其本号之平为根据,钱铺与票号代办收交,每每为较平发生纠葛,不但钱铺本帮如此,外帮字号及过客收银,亦多纠葛。就以票号之号平比较沙平而论,有大六钱二者,有大五钱八者。若沙平与

---

① 《各地市面状况:节渝行致总管理处函(四年一月书字不列号)——为报告开业及渝埠现行货币银市行情状况事》,《中国银行业务会计通信录》,1915年第1期;黎父:《重庆金融市场考略》,《银行周报》,1926年第10卷第8期。
② 上海商业储蓄银行国内汇兑处编:《国内商业汇兑要览》,上海商业储蓄银行国内汇兑处1925年版,第446—449页。

钱平之比较,每百两沙平大渝钱平六钱为准。因此,光绪二十年间,始有十三帮公砝之较准。就各帮字号通用之平,与钱平比较为主,规定某平大渝钱平若干,或小渝钱平若干。自此实行之后,纠纷较前减少。考当时所用之平砝,有成都九七平、渝钱平、荆沙平、湘潭平、长沙平、常德平、滇平、滇市、申公砝平、漕平、花平、广货平、盐平、桂林平、广东司马平、贵平、库平、盐库平等,即十三帮之通用平砝。迄至光绪二十余年,清政府颁布度量衡统一制,四川全省因咸受平砝不一之痛苦甚深,所以全省皆以九七平砝为通用之标准。①

1915年前后,本地通用平砝种类有九七平、钱平、沙平、关平。本地不甚通行平砝种类有盐平、广货平、货平、常平。②查渝埠九七平较库平,每百两小四两七分,兹将沪汉京城及各埠时有交易者,择录于下:沪渝交易用规元,每千两折合九七新票银950两;汉渝交易,用沙平估宝,较渝新票银平色无异,惟沙市每百两大九七平四钱;京公砝平,每百两大九七平四钱六分;新沙市平,每百两大九七平四钱;申公平,每百两大九七平一两九钱;长沙平,每百两大九七平一钱五分;常德平,每百两大九七平二两零一分。③

3. 货币本位及货币兑换行市

1915—1925年,货币本位为九七平净银;1915年,货币兑换行市包括军票和钱价行市。军票行市为每军票一元换川币若干。钱价行市,每九七平净银一两,换钱若干文。1925年,货币兑换行市包括银元和铜元。银元行市,系每银元一元定价九七平若干。铜元行市,系每银元一元合当百铜元若干文。④

(二)万县

1. 通用货币

---

① 黎父:《重庆金融市场考略》,《银行周报》,1926年第10卷第8期。
② 中国银行总管理处编:《内国汇兑计算法》,中国银行总管理处1915年版,第242页。
③ 《各地市面状况:节渝行致总管理处函(四年一月书字不列号):为报告开业及渝埠现行货币银市行情状况事》,《中国银行业务会计通信录》,1915年第1期。
④ 上海商业储蓄银行国内汇兑处编:《国内商业汇兑要览》,上海商业储蓄银行国内汇兑处1925年版,第451页。

1915—1918年通用银两为,十两锭票色银。此银为经公估局估定的足色银,在市面上极为通用。川洋(即本省所铸银元)有龙纹、汉字两种,本省一律通用,每元作川九七平银七钱一份,此系固定价格。新币,与川洋一律行使。各省银元,亦颇通用。中行钞票,此间尚未发行,有持渝汉两行券来兑现者,渝券每元贴水五厘,汉券每元贴水二分。铜元及制钱,专属零星用度,铜元分百文、五十文、二十文、十文四种,日有行市。本省军票,现在市价每元作宝洋四角三分,此间稍有零星买卖,用以完纳税项,余者概不通用。到1925年,制钱日渐减少。铜元为当五十、当百、当二百者,小铜元绝少。① 当地并无发行钞票之金融机关。中交两行重庆、汉口银元券及中国银行五省通行券,市面通行。

2.通用平砝

川九七平,市上最为通用。新沙平,凡汇往汉收之票,多用此平。另有,库平。

表3.10　　　　　　万县本地各种平砝比较表　　　　　单位:两.钱分

平砝名称	比较数目	等于	平砝名称	比较数目
川九七平	1 003	等于	新沙平	1 000.00
川九七平	1 042	等于	库平	1 000.00

表3.11　　　　　　万县本地平砝与他处平砝比较表　　　　单位:两.钱分

本地平砝名称	比较数目	等于	他处平砝名称	比较数目
川九七平	1 000.00	等于	渝钱平(重庆)	1 002.00
川九七平	1 004.00	等于	京公砝平(北京)	1 000.00
川九七平	1 002.00	等于	长沙平(长沙)	1 000.00
川九七平	1 002.00	等于	估平(汉口)	1 000.00
川九七平	1 000.00	等于	申公砝平(上海)	981.00
川九七平	1 000.00	等于	沙市平(沙市)	996.00

资料来源:《万县之通用货币及其汇兑计算法》,《银行周报》,1918年第2卷第22期。

---

① 《万县之通用货币及其汇兑计算法》,《银行周报》,1918年第2卷第22期;上海商业储蓄银行国内汇兑处编:《国内商业汇兑要览》,上海商业储蓄银行国内汇兑处1925年版,第463页。

3. 银色升耗

十两锭票色银较重庆新票银,每千两耗二两。

4. 本位货币及行市说明

本位货币为九七川平银。汉票、渝票、沙票、申票、成票等,习惯扣若干两。①

(三)成都

1. 通用货币

1915年前后,本地通用货币种类包括银两、银元、铜元和纸币兑换券。通行银两,仅十两川锭银一种,名为九七平,每七钱一分折合银元一枚。银元包括川洋、新币和小洋。川洋,系市面通用货币之一,一为前铸之龙洋,一为改革后所铸之汉旗洋,均重川库平七钱二分,定价均按九七平七钱一分通用之。小洋,凡本省所铸者,每十角当大洋一元,外省者按十二角作一元,进出一律行使。新币,社会尤为乐用,并无省界限制。铜元,向以当十、当二十两种为通用,改革后又铸当五十、当二百、当一百三种。银行兑换券包括中国银行钞票、濬川源钞票和军用票三种。中国银行钞票、濬川源钞票流通甚广。军用票自鼎革以后,川政府临时滥发的一种纸币,原限一年兑现,屡次爽约,市面按五折开收。②

1925年,本地通用货币为人头洋、四川洋、角洋、铜元、制钱等。人头洋即袁像银元,最为通行。四川洋为本省所铸。江南、广东英洋等不能通用。角洋,为本省所铸者,他省不用。铜元多为当五十、当一百、当二百者,当十、当二十者几乎绝迹。制钱,因收买者多,已不多见。自中、交两行钞票停止兑现后,至今市上概不通用,当地亦无发行钞票者。③

1935年,当地货币中,人头洋最为通用,本省所铸的四川洋和角洋仅流通省内,铜元以当五十、当一百、当二百为主。纸币主要包括各银行成

---

① 《万县之通用货币及其汇兑计算法》,《银行周报》,1918年第2卷第22期。
② 《各地商况:成都(八年上期成支行报告)》,《中国银行通信录》,1919年第52期;《成都之通用货币及其汇兑计算法》,《银行周报》,1918年第2卷第29期。
③ 上海商业储蓄银行国内汇兑处编:《国内商业汇兑要览》,上海商业储蓄银行国内汇兑处1925年版,第459—460页。

都地名券(省钞)、各银行重庆地名券(渝钞)和中央银行上海地名券(申钞)。渝钞在成都地面行使,其价低于现金及省钞,市价视供求多寡为转移。①

2.通用平砝

1915年,本地通用平砝为九七川平、川库平、盐库平、渝钱平。九七川平为川省通行之平,如库平等平亦流行。② 1925年,当地通用平砝为九七川平。

3.银色升耗

川票色银,较汉口估宝,每1 000两升8两。其较陕西足纹银,每1 000两升6两;较云南牌坊锭银,每1 000两升20两;与贵州票色银相同。③

4.货币本位及货币兑换行市

九七川平银为货币本位。1915年前后,货币行市包括银锭钱价、银元钱价、军用票行市和蓉汇渝的内汇行市。银锭钱价,每九七平银一两得换铜元若干枚;银元钱价,每大洋一元得换铜元若干枚;军用票,每军用票得换川币若干;蓉汇渝,成交九七平银若干两,得买渝票九七平银1 000两,惯例贴银若干两。④ 1925年前后,货币兑换行市有银元、铜元和渝汇。银元行市,每银元一元定价若干。铜元行市,每银元一元合当百铜元若干文。⑤

四、河南币制与汇兑

(一)开封

1.通用货币

1915年前后,通用货币包括银两、银元、铜元及铜元票、制钱、豫泉银

---

① 《成都金融情况调查》,《中央银行月报》,1935年第4卷第7—12期。
② 《成都之通用货币及其汇兑计算法》,《银行周报》,1918年第2卷第29期。
③ 《成都之通用货币及其汇兑计算法》,《银行周报》,1918年第2卷第29期。
④ 中国银行总管理处编:《内国汇兑计算法》,中国银行总管理处1915年版,第267页。
⑤ 上海商业储蓄银行国内汇兑处编:《国内商业汇兑要览》,上海商业储蓄银行国内汇兑处1925年版,第461页。

票、中交两行钞票。银两包括元宝银和净面银。元宝银,每锭重50两左右,市上最为通用,成色与北京公议十足银相同。净面银,即腰锭,每锭重5两左右,在市亦极通用,成色与元宝银同。银元包括北洋、湖北、新币三种,市上均通用,日有行市。铜元票,自发行以来,商民称便乐用,行市较制钱为高。豫泉银两票,在汴省流通极广,因现银来源缺乏,故随市兑付银元。中、交两行钞票,与现洋同等形式,流通亦广。①

1925年,本地通用货币为银元、铜元和纸币。银元通用湖北、立人、北洋、新币等数种。铜元包括当十和当二十两种,其中当二十者日多,当十者已渐稀少。制钱在市面不多。市面上流通的纸币以豫泉官钱局的银元券最多,其次为中国银行的五省通用券以及汉口银元券、交通银行的河南钞票、河南省银行钞票,此外各行发行的铜元票流行甚广。②

2. 通用平砝

1915年前后,通用平砝除汴平(又称二六汴平)外,还有汴行平、二六库平、二二库平。汴平1 026.00两等于汴行平1 000.00两。③

1925年前后,当地通用平砝为二六汴平。汴平1 000.00两分别例定等于天津行化1 009.00两、汉口洋例1 033.60两、上海规元1 073.50两。④

3. 银色升耗

元宝银与北京公十足银成色同;较天津化宝,每1 000两升5两;较上海二七宝,每1 000两耗2两。⑤

4. 货币本位及货币兑换行市

1915年左右,货币本位为汴平宝银。行市包括银元、汴行平铜元价、汴行平制钱价,以及申票、津票、京票、汉票、陕票等内汇行市。银元行市,为每银元一元计汴平宝银若干。汴行平铜元价,每汴行平一两计汴平银

---

① 《开封之通用货币及其汇兑计算法》,《银行周报》,1917年第1卷第23期。
② 上海商业储蓄银行国内汇兑处编:《国内商业汇兑要览》,上海商业储蓄银行国内汇兑处1925年版,第410—411页;双一:《中国各省钱业调查录(续)》,《钱业月报》,1923年第3卷第7期。
③ 《开封之通用货币及其汇兑计算法》,《银行周报》,1917年第1卷第23期。
④ 上海商业储蓄银行国内汇兑处编:《国内商业汇兑要览》,上海商业储蓄银行国内汇兑处1925年版,第410页。
⑤ 《开封之通用货币及其汇兑计算法》,《银行周报》,1917年第1卷第23期。

一两另二分六厘(例定行市),得换铜元若干枚。汴行平制钱价,每汴行平一两计汴平银一两另二分六厘,得换制钱若干枚。内汇行市,亦以汴平宝银为换算标准。① 1925年前后,开封市上只有银元合铜元市价,并无洋厘以及其他以银易洋行市,对外汇兑均以银元为本位。②

(二)郑州

1. 通用货币

1919年通用货币中新币最通用,北洋、站人、造币、湖北等也通用;江南、广东、安徽等须贴水五角、二角、一角;交行汴省、天津、汉口钞票均流通。③ 1925年,本地通用货币中,国币以及北洋、湖北、大清龙洋均通行,铜元中包括当十和当二十两种。当地以银元为本位,昔年通用的二六汴平平砝久已不用。纸币中以河南省银行发行的银元券最多。中国银行五省通用券、汉口钞票以及交行汴省、天津、汉口券也较为通行。此外,市面还充斥着各银行银号所发行的铜元票。④

2. 通用平砝

当地以银元为本位,平砝久已不用。

3. 货币本位及货币兑换行市

本地以银元为本位,各处汇兑均以洋汇汇水增加,并无定例。钱业会馆每日上午开市,但只开铜元兑洋钱一市(即钱盘行市,每银元一元合铜元若干枚),无拆息行市,洋厘例定7钱。汉票、津票、申票等内汇行市,皆以每汇汉、津、申1 000元汇水若干元表示。⑤ 沪汉汇水,各家自做。棉花买客对于售户,以银价为主。而兑票以银元为本位,洋厘行市每元例定七钱。所开沪津汉等处的兑票,常有迟期至一二十日者。售户持兑票到银

---

① 《开封之通用货币及其汇兑计算法》,《银行周报》,1917年第1卷第23期。
② 上海商业储蓄银行国内汇兑处编:《国内商业汇兑要览》,上海商业储蓄银行国内汇兑处1925年版,第412页。
③ 桂绍熙:《最近郑州金融商况调查录》,《银行周报》,1919年第3卷第14期。
④ 上海商业储蓄银行国内汇兑处编:《国内商业汇兑要览》,上海商业储蓄银行国内汇兑处1925年版,第413—414页。
⑤ 上海商业储蓄银行国内汇兑处编:《国内商业汇兑要览》,上海商业储蓄银行国内汇兑处1925年版,第412—415页。

行或钱庄兑现,不算拆息,只在汇水中酌增。①

(三)洛阳

1.通用货币

洛阳当地交易银洋通用。银两以库宝和街市周行银两种为主。库宝,系解库之官宝,有十两、五十两两种,皆作十足银。街市周行银,系本埠商号通用之银,较库宝,每百两差色八钱,此等银只适用于本地商号往来使用。银元,则以北洋、站人为多,其他如大清银币、新币、造币及墨西哥洋等六种,一律通用,余者如湖北洋尚可勉强使用外,其余概不通行。铜元,亦通用。本地通用钞票以河南豫泉官银钱局为最多。河南交通银行以及天津、汉口中国银行和交通银行两行的钞票次之。上海、北京两地的中交银行钞票又次之。②

2.通用平砝

本地通用平砝为洛平。洛平 1 000.00 两分别例定等于天津行平 1 036.00 两、开封汴平 1 028.00 两、西安陕议平 1 044.00 两、北京公砝 1 038.00 两、汉口洋例 1 061.22 两、上海规元 1 098.80 两。③

3.银色升耗

库宝,较天津白宝,每 1 000 两耗 1 两 5 钱。

4.货币本位及货币兑换行市

1915—1925 年,本地买卖各地银两,不论何种平砝,均先合成洛平,然后按价合洋计算。因为当地以银元为本位。1915 年前后行市有银元、宝银钱价等货币行市和津票、汉票、申票、汴票等内汇行市。银元行市,每银元一元,计洛平宝银若干;宝银钱价,每洛平宝银一两,得换铜元若干枚。④

---

① 桂绍熙:《最近郑州金融商况调查录》,《银行周报》,1918 年第 3 卷第 14 期。
② 上海商业储蓄银行国内汇兑处编:《国内商业汇兑要览》,上海商业储蓄银行国内汇兑处 1925 年版,第 416—417 页;《洛阳之通用货币及其汇兑计算法》,《银行周报》,1918 年第 2 卷第 8 期。
③ 上海商业储蓄银行国内汇兑处编:《国内商业汇兑要览》,上海商业储蓄银行国内汇兑处 1925 年版,第 417 页。
④ 《洛阳之通用货币及其汇兑计算法》,《银行周报》,1918 年第 2 卷第 8 期。

五、江西

(一)南昌

1.通用货币

1915年前后,本地通用货币有银两、银元和钞票。银两为盐封库平银,系专门对于西岸榷运局购买食盐之用,如装运上海须照该处公估局批价为准,其余交易均不适用。银元有新币、英洋、湖北、江南等,且均可通用。只是湖北、江南等行市有时较新币等为低。其余如日本龙洋以及各种烂洋亦均可用,惟较新币等洋,每千元须贴水数元至十余元不等。[①] 市面流通的纸币除中国银行江西地名券、交通银行九江地名券外,主要以各银行的上海地名券为多,其中又以中央银行、中国银行和交通银行发行的钞票谓之申钞,流通最广,可达省城及其他各大城市以外的乡村。江西银行及赣省银行的银元兑换券以及铜元券,市面行使度也较广。同时,同益、惠通、振华、振商、华泰五家商业银行均发行铜元券。[②]

到1925年,主要通用货币为银元、铜元和纸币。银元包括国币、鹰洋、杂洋、龙洋。国币,市面流通最多,且十足通用。鹰洋,自国币推行后日渐减少,惟价值与国币相同,并无折扣。杂洋,分日洋、香洋、烂洋三种,价值每千元约比国币低减五六角至十元。日洋,即日本龙洋;香洋,即香港旧行之银元;烂洋,又分为日本烂洋,英光烂洋、龙洋烂洋三种。烂洋虽是杂洋之一种,有时比国币的价格贵,因为内地各县及赣南各地乡民买卖货物均以烂洋为主要货币,且比较受欢迎。龙洋,以江南、湖北两省的为多,价格与日洋、香洋相等,但不甚通行,故等收集成整数即运往汉口。铜元,不分省界一律通用。银两,仅银楼有时收用,市面已不甚欢迎。本地纸币较为复杂,有铜元券(五家商业银行)、银元券(中国银行、江西银行、赣南银行、九江交通银行)、银辅币券数种。而银元券,又有鹰洋券、日洋

---

① 《南昌之通用货币及其汇兑计算法》,《银行周报》,1918年第2卷第20期。
② 杨祖恒:《南昌之金融》,《中央银行月报》,1933年第2卷第2—3期。

券之分。①

2.通用平砝及货币行市

本地通用平砝为库平和九三八平。本埠向来行用九三八平,市银是一种过账抹兑银。旧时当地钱庄买卖上海规元,均以九三八平为计算的标准,用途较广。九三八平比库平每千两小30两,即九三八平1 030两合库平1 000两。后九三八平的价格日渐跌落,买上海规元1 000两,得九三八平1 600～2 000两,逐渐成为一种虚拟本位。1914年,南昌当地已实行改两为元,公会及公所开出的行市及市面零整交易,皆以银元为单位。②九三八平成为一种旧有名称,不复使用。1915年,行市包括申元、汉估、盐封、东宝、官票、铜元、日洋、香洋等,皆以银元为本位。③

(二)九江

1.通用货币

1919年,通用货币包括现宝、英洋、龙洋、新币、铜元、铜元票、小银元、银行钞票等。现宝,每锭重50两左右,经公估局批定,始能通用,名曰二四宝,其成色最高者,每只可批至二两九钱,即升水五钱。最低者每只只批一两八钱,即耗水六钱。因其成色须减去本位二两四钱计算,故以二四名,除上项升水或耗水外,无论成色之高低,每锭再升水一钱,即为大平,各银行均有之。升平一钱二分,即为小平,各庄号均用之。英洋,即以墨洋为主,每日有行市,市上最为通用。龙洋,湖北、江南均能通用,行市较英洋为低,其他如广东、北洋、安徽等省所铸者,贴水较高。新币,行市与龙洋相等,有时可高于英洋。中国银行钞票,即江西券上盖有九江字章者,市上最为乐用。交通银行钞票,即以汉口券上盖有九江通用银元字者,为最通用。铜元,通用甚广,因浔埠中小商业出入钱码居多,故与银元之关系同等。铜元票,旧时中国银行发行之平市官钱局票为最通行,各钱庄亦发行铜元票,因近几年钱业之各行业亦有发行,因之钱庄之票颇受影

---

① 上海商业储蓄银行国内汇兑处编:《国内商业汇兑要览》,上海商业储蓄银行国内汇兑处1925年版,第193—196页。
② 杨祖恒:《南昌之金融》,《中央银行月报》,1933年第2卷第2—3期。
③ 《南昌之通用货币及其汇兑计算法》,《银行周报》,1918年第2卷第20期。

响,时有较铜元行市低半厘一厘之事。① 各庄钱票收回,商会发有临时兑换券,现与江西裕民银行钱票同样使用。②

1925年,本地通用货币中,国币和鹰洋最为通用,江南、湖北、广东造币以及北洋、站人等杂洋均比国币低半厘至三五厘不等,角洋虽通用,但市价仅值八五折,单双铜元均可通用。当地钞票有券洋、省券之别。券洋为当地中国、交通两银行及江西银行所发行的九江银元券。省券为南昌中国银行、江西银行、赣省银行发行的江西银元券。省券市价常比券洋低一二厘或数厘不等。③ 从流通货币知,九江跟南昌、汉口关系较近。

2.通用平砝

之前通行估平、曹平、二四小平银、二四大平银、二五关平、三六库平。到1925年,主要为曹平和大平。

表3.12　　　　　　　　　　九江本地平砝比较表　　　　　　　　单位:两.钱分

平砝名称	比较数目	等于	平砝名称	比较数目
估平	1 000.00	等于	曹平	1 002.00
曹平(假定色二六)	1 000.00	等于	二四大平银	1 004.00
二四大平银	999.66	等于	二四小平银	1 000.00
关平	1 000.00	等于	二四大平银	1 043.00
库平	1 000.00	等于	二四大平银	1 036.00

表3.13　　　　　　　　九江本地平砝与他处平砝比较表　　　　　单位:两.钱分

本地平砝名称	比较数目	等于	他处平砝名称	比较数目
浔曹平	1 000.00	等于	(上海)申公砝平	1 000.00
浔曹平	1 000.00	等于	(北京)京公砝平	1 015.00
浔曹平	1 000.00	等于	(天津)津公砝平	1 018.00
浔曹平	1 005.00	等于	(济南)济平	1 000.00

---

① 《九江之通用货币及其汇兑计算法》,《银行周报》,1919年第3卷第10期。
② 姚肖廉:《九江金融市场之过去与现在》,《钱业月报》,1936年第16卷第2期。
③ 上海商业储蓄银行国内汇兑处编:《国内商业汇兑要览》,上海商业储蓄银行国内汇兑处1925年版,第199—203页。

续表

本地平砝名称	比较数目	等于	他处平砝名称	比较数目
浔曹平	1 000.00	等于	(长春)宽平	1 021.00
浔曹平	1 000.00	等于	(营口)营平	1 014.49
浔曹平	1 000.00	等于	(开封)二六汴平	1 003.96
浔曹平	1 000.00	等于	(汉口)估平	1 017.00
浔曹平	1 000.00	等于	(成都)九七川平	1 019.00
浔曹平	1 000.00	等于	(重庆)渝平	1 021.00
浔曹平	1 000.00	等于	(长沙)长平	1 017.00
浔曹平	1 000.00	等于	(南昌)九三八平	1 009.00
浔曹平	1 000.00	等于	(南京)陵曹平	1 004.00
浔曹平	1 000.00	等于	(镇江)镇二七平	1 000.00
浔曹平	1 000.00	等于	(安庆)漕平	1 002.20
浔曹平	1 000.00	等于	(芜湖)芜漕平	1 000.00
浔曹平	1 021.00	等于	(杭州)司库平	1 000.00
浔曹平	990.00	等于	(福州)台新议平	1 000.00

资料来源:《九江之通用货币及其汇兑计算法》,《银行周报》,1919年第3卷第10期。

3.行市说明

尽管1914年南昌当地已实行改两为元,但1919—1925年货币本位为二四大平银。行市举例如下:申票,九三三,每上海规元一千两(见票迟十天兑),合二四大平银九百三十三两;汉票,九六六,每汉口洋例一千两(即期),合二四大平银九百六十六两;英洋,六七六五,每英洋一元,合二四大平银六钱七分六厘半;龙洋,六七五七五,每龙洋一元,合二四大平银六钱七分五厘七毫半;日洋,六六六五,日本银元或烂洋一元,合二四大平银六钱六分六厘半;铜元,四八五五,每铜元一百枚,合二四大平银四钱八分五厘半;钱票,四八五五,每铜元一千文,合二四大平银四钱八分五厘半。[①]

---

① 《九江之通用货币及其汇兑计算法》,《银行周报》,1919年第3卷第10期。

第三节 华南地区

华南地区的区域性主要体现为与香港的密切联系。广州本地的通用货币之一光英，只可行使于香港、上海之间。对于申汇，听港纸行市；至其他各省，须从上海行市转计之。本埠平砝对于他处平砝不发生汇兑上的关系，也没有平砝比较表。汇丰银行、渣打银行、有利银行三家外商银行发行的港纸，因为作为洋人买卖的本位，所以其在市面流通性较好。洋人买卖以港纸为本位。其他市面之前以毫银为本位，后来以角洋为本位。

历史变迁主要体现为：烂板，从前钱庄汇兑多以此为本位，嗣后因逐渐熔化，到 20 世纪二三十年代市面上已极少，虽有行市，买卖亦稀少。

一、广东省

广东省使用货币较为混乱。广东省使用毫银，最初只有香港单毫，自 1890 年设厂与大洋同时铸造双毫以后，双毫由辅币地位一变而为主币。一切商场支付交收，都以双毫五枚合成一元为单位。从此，广东金融与外省不同而自成体系。在此数十年间，广东通货均以毫银作为主币行使，一切经济生活，无不受其支配，而成为金融之主要内容。本省毫银，自 1890 年开始铸造，1907 年曾因市面毫银充斥而一度停铸，但很快又恢复铸造。1912 年后，收回清铸龙毫销毁，改铸民国新型毫银。毛银成色，在最初铸造时，原规定与香港单毛一样，含银量为 82%，至民国初年，相差尚属无几，其后迭次降低，私铸尤盛。清龙毛及民元至民四年版，成色均在含银量八成左右，民七至民九年所铸成色，则降低至七成至六成半左右；民九新版至民十三各年份所铸成色，则更加降低，除极少数达六成外，其余在四成至五成之间。其他如别版、凸版、黑毛等私铸双毫，仅含量三成半左右。[①] 1920 年，上海总商会以广东省新铸双毫的银色较低，将苏、浙、鄂、皖、闽、粤六省所铸双毫以及粤省民国九、十两年新铸双毫共计 8 种，嘱托

---

① 中国人民银行总行参事室编：《中华民国货币史资料（第 2 辑）》，上海人民出版社 1991 年版，第 7—10 页。

上海沪江大学工业实验室逐一化验,结果表明,粤省新铸两种双毫所含银色为 70％,其它各省双毫银色占比为 80％～82％;广东新铸双毫银色比其它各省比例低 10％～12％。[1] 1928 年秋间,广州市总商会呈请,将当时市面上各式劣银,折价扫数收回,重新改铸,所铸新版双毛,其成色与当时尚流通市面之民七、民八旧版双毛相同,含银量均能达到七成左右。于是数年来极端混乱之金融面貌,得以逐渐改善。[2]

1924 年秋,广州中央银行创立,随后在省内及梧州、香港等处逐渐设立兑换处、分行、经理处等。并在 1924－1926 年发行通行于本省及广西梧、柳、邕一带的省毫券;以及通行于汕头、海口等地的地名大洋券等。初始发行,以毫洋为单位,市面发行不多,商民还乐于使用,后因军需紧急,滥发增多,又不可兑现,商民、银钱业拒用。[3]

(一)广 州

1.通用货币

1915－1918 年前后,本地通用货币种类较复杂,有毫洋、大小洋券、外国银行钞票、新币、烂板、光英等。毫洋分本省所铸双单毫洋、香港双单毫洋。本省所铸双单毫洋,在本省市面为主币,有兑毫、数毫之别。兑毫也称轻毫;数毫也称重毫,每小洋十角例作九九七司马平 7 钱 2 分。香港双单毫洋,市面亦甚通用,因港政府收回,故价格较本埠小洋为高。中国银行小洋券,与小洋同等行使。中国银行大洋券,只用于完纳税饷,日有行市,至于商界交易使用者比较少。各外国银行钞票,流行极广,其发行准备金为烂板大洋。新币,价格不能与大元券相等,每千元低二三元。烂板,从前钱庄汇兑多以此为本位,后来因逐渐熔化,市面上已极少,虽有行市,买卖亦稀少。光英,价格较大洋券每千元低十余元,市面并不通用,只可行使于香港、上海之间。从前原有藩纹、宝纹、关纹等银两,亦只作上兑

---

[1] "上海总商会化验各省新旧角洋成分比较表",《中国银行通信录》,1920 年第 77 期。
[2] 中国人民银行总行参事室编:《中华民国货币史资料(第 2 辑)》,上海人民出版社 1991 年版,第 7－10 页。
[3] 中国人民银行总行参事室编:《中华民国货币史资料(第 2 辑)》,上海人民出版社 1991 年版,第 18－20、21－33 页。

官款之用,近已熔化净尽,现均折计大洋兑解。①

1925年,当地通用货币中,国币和龙洋用途较少,流通较多的有本省所铸的双洋(即角洋中的数毫和兑毫)并以此为主币,此外半毫银币也流通甚广,辅币为十文铜仙。中国银行、广东省立银行的纸币如遇银行停业时则暂不通行,而汇丰银行、渣打银行、有利银行三家外商银行发行的港纸,作为洋人买卖的本位,其在市面流通性较好。洋人买卖以港纸为本位。其他市面前以毫银为本位,后以角洋为本位。角洋在本地又分数毫和兑毫两种,数毫以数计,兑毫则以平权,折合港纸。每日早午两次市价而定。②

2. 通用平砝

1915—1918年前后本地通用平砝为九九七司马平、九九四平和库平。九九七平最为通行,适用于银市。普通买卖俱用九九四平,库平仅属上兑款项用之。本埠实属银元码头,所以市上通行之九九七平,仅属毫洋买卖间计算之用。对于外埠汇兑,毫无关系。对于申汇,听港纸行市。至其他各省,须从上海行市转计之。本埠平砝对于他处平砝既不生汇兑上关系,故亦不为设表比较。九九七司马平,较申公砝平每千两大19两2钱。③

1925年前后,当地通用平砝有司马平、裕平九九七平和番平几种。市面上海帮的交易均以裕平九九七为本位,其他各行平色没有规定。裕平又称裕安堂公码。裕安堂为粤省油菜业的总堂,该业一向以九九七为通用平色。九九七平比司码(马)平(即十足平)每100两少3钱,故名曰九九七平。番平即七一七洋平,在银行业中买卖西纸(港纸)适用。每毫洋一元作番平七钱一分七厘,作九九七裕平七钱二分,此二价均为例定数目,固定不变并以此作为计算的标准。番平1 000两等于裕平1 004.20

---

① 《广州之通用货币及其汇兑计算法》,《银行周报》,1918年第2卷第26期。
② 上海商业储蓄银行国内汇兑处编:《国内商业汇兑要览》,上海商业储蓄银行国内汇兑处1925年版,第472—473页。
③ 《广州之通用货币及其汇兑计算法》,《银行周报》1918年第2卷第26期。

两。①

3.货币本位及货币兑换行市

汇丰银行、渣打银行、有利银行三家外商银行发行的港纸,作为洋人买卖的本位,其在市面流通性较好。洋人买卖以港纸为本位。其他市面前以毫银为本位,后以角洋为本位。1915—1925年前后,行市包括港纸申汇(每港纸1元可汇规元若干)、西纸(香港汇丰银行钞票)换兑毫、西纸换数毫、光英换西纸、烂板换西纸等行市。毫洋轻水行市,即轻毫换重毫例定扣水4钱之内再减去2钱。如重毫99两6钱得换轻毫100两,若行市2钱,则例定4钱内再扣2钱,即重毫99两8钱,换轻毫100两。②

(二)汕头

1.通用货币

汕头货币最大的特色在于直平七兑票的使用。直平七兑票,是由本地钱庄发行的纸币,以每票1元固定等于直平银7钱。1925年6月1日之前,当地市面以此种纸币为本位货币,普通银行的大洋券在当地流通受阻。20世纪30年代后,广东省银行大洋券、毫洋券才流通。

1915年前后,汕头通用货币包括直平七兑票、烂板龙洋、光英洋、毫洋、站人光洋、中国银行钞票等。直平七兑票,是本地钱庄所发行者,汕头视为本位货币,每元作直平七钱。烂板龙洋,并非中国龙洋,系日本银元及花旗等外国杂洋,日有加水行市。光英洋,汕头流通不多,俱由外埠零星输入,且日有加水行市,无大宗交易。毫洋(广东单毫和双毫),亦为市面主币之一,日有行市,涨落甚大。站人光洋,在汕头只有零星少数,系从北省流入,以能装往暹罗,故其加水行市,较光英尤高。另外,因汕头以直平七兑票及毫洋为主体,故中国银行大洋钞票不能推行顺利,仅在官设机构使用。③

1925年,本地通用货币中,以国币最为通用也流通最多,光洋即墨西

---

① 上海商业储蓄银行国内汇兑处编:《国内商业汇兑要览》,上海商业储蓄银行国内汇兑处1925年版,第471—473页。
② 《广州之通用货币及其汇兑计算法》,《银行周报》,1918年第2卷第26期。
③ 《汕头之通用货币及其汇兑计算法》,《银行周报》,1918年第2卷第1期。

哥洋,流通不多,多运行上海,故光洋之价(光洋合规元)随申票之跌落为转移。① 汕头通用货币十年之间的一个主要变化在于,日本银元及花旗等外国杂洋在十年前极为充斥,自国币流行后,其流通较少。因为通行直平七兑票,跟十年之前类似,中国银行、台湾银行发行的大洋券,流通面仅限于供给机关和洋行。② 1925年后,当地改大洋本位制,龙洋、光洋、毫洋流通较广。还有,各钱庄发行的纸币。1933年后,广东省银行发行的地名大洋券、毫洋券等亦流行。③

2. 通用平砝

通用平砝为九九三五直平。九九三五直平 1 003.00 两等于粤库平 1 000.00 两。九九三五直平 984.63 两等于申公砝平 1 000.00 两。④

3. 货币本位及货币兑换行市

1925年6月1日前,市面流通的纸币以本埠各银庄发行的直平七兑票为主。当地行市均以此种纸币为过账本位。但因直平七兑票的发行准备是直平银。所以,1925年之前,当地实际是银两本位制,以直平银银两为计算单位。⑤ 行市包括申票(每直平例定数目 715 两兑上海规元若干)、香票(每直平若干两兑香港汇丰银行所发的钞票即港纸 1 000 元)、中行券(每中行券一元合直平若干)、国币(每国币一元合直平若干)、光洋(每光洋一元合直平若干)、龙洋(每光洋一元合直平若干)、小洋(每小洋一元合直平若干)等。⑥

1925年5月21日,汕头总商会因汕头市各银庄发行的七兑票压抑国币,召集海内外各潮商团体联席会议,决议废止七兑票,采用大洋为本位,并于6月1日实行。到1925年6月1日,行市以袁像国币为标准,彻

---

① 《各埠金融及商况》,《银行周报》,1919年第3卷第3期。
② 上海商业储蓄银行国内汇兑处编:《国内商业汇兑要览》,上海商业储蓄银行国内汇兑处1925年版,第484—486页。
③ 邓邦杰:《汕头金融市场之通货制度(上、下)》,《商业月报》,1935年第15卷第6—7期。
④ 《汕头之通用货币及其汇兑计算法》,《银行周报》,1918年第2卷第1期。
⑤ 上海商业储蓄银行国内汇兑处编:《国内商业汇兑要览》,上海商业储蓄银行国内汇兑处1925年版,第485页;邓邦杰:《汕头金融市场之通货制度(上)》,《商业月报》,1935年第15卷第6期。
⑥ 上海商业储蓄银行国内汇兑处编:《国内商业汇兑要览》,上海商业储蓄银行国内汇兑处1925年版,第487—488页;《汕头之通用货币及其汇兑计算法》,《银行周报》,1918年第2卷第1期。

底废除了七兑票为标准的金融行市。此前的汇兑行市以直平银两数兑换各地银两,改革后的汇兑行市以每大洋千元合汇各地货币数目若干。[①] 银两本位制改为大洋本位制后,各钱庄照大洋本位制发行纸币。到1935年左右,市面现洋不足兑换,交易开始以大洋纸为计算单位。如中山毫,每千元合大洋纸若干等。[②]

二、香港

(一)通用货币

1841年的香港以墨西哥银洋为本位货币。1853年麦加利银行发行钞票。1866年汇丰银行发行钞票。到1890年,外商银行发行的钞票占据主币地位,原作为本位货币的银元,则退居辅币地位。1925年,当地通用货币中,国币最为通用,其次为墨西哥洋(英洋)、杖洋(站人洋)。辅币中有五角、二角、一角、半角之香港毫洋以及一文钱制钱。[③] 本港货币除香港毫银外,悉用汇丰、渣打、有利三家银行发行的钞票,俗称港纸。港纸兑现,即为墨西哥洋、杖洋、香港毫洋三种。时局稳定时期,现洋出口不受限制时期,港纸可以自由兑现。[④]

(二)通用平砝

本地通用平砝为番平九九八平。此项九九八平,若上海有倒汇米票来港兑取票面,则通用洋银1 000两即用七二升洋1 388.89元,每1 000元例须贴水12.5元,即每1 000两应扣水洋17.36元,此项贴水即为经手之客佣已成为定例。其他货价均计元不计两。[⑤]

(三)货币本位及货币兑换行市

1935年之前,香港政府及各界认为其是银本位制。银元与港纸之间

---

① 上海商业储蓄银行国内汇兑处编:《国内商业汇兑要览》,上海商业储蓄银行国内汇兑处1925年版,第483—490页。
② 邓邦杰:《汕头金融市场之通货制度(下)》,《商业月报》,1935年第15卷第7期。
③ The Banker:《香港之货币制度》,《实业杂志》,1949年第2卷第1—2期;上海商业储蓄银行国内汇兑处编:《国内商业汇兑要览》,上海商业储蓄银行国内汇兑处1925年版,第477—479页。
④ 《各埠金融及商况》,《银行周报》,1919年第3卷第14期。
⑤ 上海商业储蓄银行国内汇兑处编:《国内商业汇兑要览》,上海商业储蓄银行国内汇兑处1925年版,第478—479页。

通过兑换率的调整维持银本位制。各银行钞票发行必须以一定数量的银币或白银作为准备金。① 香港对内地汇兑,以内地汇兑地之本位币为基准,结合港纸行市(港纸一元合规元数)结算。

三、福建

(一)福州

1. 通用货币

1915—1925年,本地通用货币种类包括台新议平番银、台伏、各种银元、铜元和中国银行大洋券等。台新议平番银,又名台捧,即打板鉴轻之各种银元,不以元计,而以两计。台伏,为银行钱庄发行之纸币,以代表台捧行用者,每台伏一元固定兑换台捧七钱。直到1927年,市面平常交易,都以台伏计算;在采运外省货物及汇兑等项时,才采用大洋,就地交易使用。大洋仍较少。银元包括英洋、新币、龙洋等。1915年,新币推行尚未普及。1925年前后,国币才最为通行。小洋,通用闽、粤所铸者,其他概不通用。铜元,仅供找零用,无大宗交易。市上流通纸币,以中国银行、台湾银行和美丰银行金融维持会以及各钱庄发行的台伏券为主,每台伏一元例定合台捧七钱,此为固定之价,永不变更,市上一律通行。② 1928年,福建省政府强制废止台伏票。规定台伏一元等于银元九角五分。而钱庄发行大洋券,实际与台伏票差异不大。③

2. 通用平砝

1915年,本地通用平砝有台新议平、七一七洋平、台二四库平、七四一六平、台二二库平。七一七洋平为汇丰、渣打两家外国银行特定之平,以龙(杖)洋每元额重7钱1分7厘,故有七一七洋平之称。此种洋平较台新议平,每千两大33两。每洋平7钱1分7厘合升台捧7钱4分另6毫6。汇丰、渣打于收进付出平,分两种办法,凡彼收进须作七四一六计

---

① The Banker:《香港之货币制度》,《实业杂志》,1949年第2卷第1—2期。
② 中国银行总管理处编:《内国汇兑计算法》,中国银行总管理处1915年版,第413页;《福州金融近况》,《中外经济周刊》,1927年第219期。
③ 王元生:《现阶段的福州金融》,《银行周报》,1936年第20卷第47期。

重,付出则以七四〇六六计重,故福州平砝又有七四一六平之称。1925年,本地通用平砝有台新议平、七一七洋平和七四一六平。台新议平1 033两等于七一七洋平1 000两。台新议平1 034.40两等于七四一六平1 000两。①

3.货币本位及货币兑换行市

1928年前货币本位以台捧为主。新币行市和英洋行市,皆以每元合台伏若干,再以七钱折合台捧数若干来表示。龙洋和杖洋行市,以每元计台捧若干。小洋行市,以每小洋十角合台伏若干,再以七钱折合台捧若干来表示。铜元行市,每台伏一元,计铜元若干枚。内汇行市包括申兑和港兑。1928年后,因台伏票的废止,货币本位改为大洋制。②

(二)厦门

1.通用货币

1909年,厦门通用货币有银元、银票及辅币三种。银元主要有日本龙洋、英洋和墨西哥鹰洋。银票有台湾银行和汇丰银行票。其中,汇丰银行票为上海、香港所发行者。辅助货币有小银元、铜元、铜钱三种。1925年本地通用货币以国币最为通行,其次有日本龙洋、杖洋(站人洋)、鹰洋、西贡洋以及广东福建所铸的角洋、各省所铸的铜元。当地发行钞票的机关有中国银行和中南银行两家,其钞票与现洋通用,此外汇丰银行的钞券即则单,南洋各埠汇厦门的钞券即磅单,都日有市价,均可通行。③

2.通用平砝

本地通用平砝为厦市平,但20世纪20年代后各项交易均以银元为主,厦市平久已不用仅存名称而已。如"厦门为现洋码头,一切交易悉以

---

① 中国银行总管理处编:《内国汇兑计算法》,中国银行总管理处1915年版,第414页;上海商业储蓄银行国内汇兑处编:《国内商业汇兑要览》,上海商业储蓄银行国内汇兑处1925年版,第492—493页。

② 中国银行总管理处编:《内国汇兑计算法》,中国银行总管理处1915年版,第417页;上海商业储蓄银行国内汇兑处编:《国内商业汇兑要览》,上海商业储蓄银行国内汇兑处1925年版,第495页;王元生:《现阶段的福州金融》,《银行周报》,1936年第20卷第47期。

③ 《各埠金融及商况》,《银行周报》,1921年第5卷第8期;《厦门货币及金融情形》,《东方杂志》,1909年第6卷第3期;上海商业储蓄银行国内汇兑处编:《国内商业汇兑要览》,上海商业储蓄银行国内汇兑处1925年版,第497—498页。

现银为本位"①。

3.货币本位及货币兑换行市

1918年左右,汇兑行市以银元计算。如1918年11月9日,申票1 425元,香票902元,金票1 425元,小洋1 114元。厦埠日来各埠票价除香票转见降跌外,如申票、闽票以及日本金票均叠见升涨,每千元至少涨至数十元之谱,原因皆为欧战议和影响所及。②

到1925年前后,货币本位以龙洋为本位。货币行市有国币(每国币一元合厦市平若干)、龙洋(每日龙洋一元合厦市平若干)、杖洋(每杖洋一元合厦市平若干)、小洋(每龙洋一元合小洋若干)、铜元(每龙洋一元合铜元若干枚)以及内汇行市的港票(每龙洋若干得汇港纸1千元)、申票(每龙洋若干得汇申规元1千两)、闽台伏(每龙洋1千元得汇闽台伏若干元)、汕直平(每龙洋1千元得汇汕直平若干两)。③

第四节 东北地区

东北地区的历史变迁主要表现为:首先是银元逐渐代替银两。例如,1915年之前,沈阳银两包括抹兑沈平银和锦宝银。但自民国以来,行政各机关经费以及军饷均改用小洋,因之此银用项甚少,将渐渐趋于消失。其次为货币本位的变化。如沈阳,民国之前,以沈平抹兑银为本位;民国之后,以小洋奉票为本位。1917年以前,哈尔滨当地市场通用货币皆以羌贴为交易本位;1925年前后,当地以大洋为本位。④

内部交融性主要表现为:中国银行沈阳小洋钞票,在东三省境内均通用。

区域与区域之间差异主要表现为:东三省本省币制十分混乱,受到关

---

① 《各地金融市况》,《中央银行月报》,1933年第2卷第1期。
② 《各地商况:厦门(十一月九日厦门报告)》,《中国银行通信录》,1918年第40期,第9页。
③ 上海商业储蓄银行国内汇兑处编:《国内商业汇兑要览》,上海商业储蓄银行国内汇兑处1925年版,第497—502页。
④ 《哈尔滨之金融商况》,《银行周报》,1918年第2卷第2期;上海商业储蓄银行国内汇兑处编:《国内商业汇兑要览》,上海商业储蓄银行国内汇兑处1925年版,第351页。

内和外国各种势力影响较大。如哈尔滨,先后分别在"羌帖""金票""哈大洋"为主要货币流通的条件下,也有如奉票、吉帖、江帖、永大洋、吉平银、宽平银、江平银、现大洋、现小洋、银元券、银两券等各种货币掺杂其中。特别是金票,俗称"老头票",在东三省势力极大。

区域内部差别:东三省商埠与商埠之间没有绝对的中心,每一处商埠都自成体系。如营口的炉银,乃一种过账银码,并无实际银两,遇有货物交易及做汇兑时,均以此为本位。而大连是银元码头,不用银两。1915—1925年,市场买卖均以正金钞票(日本正金银行发行的银元钞票)为货币本位。

一、沈阳(奉天)

(一)通用货币

1915年前后,本地通用货币种类包括银两、银元、钞票等。银两包括抹兑沈平银和锦宝银。抹兑沈平银,系同行过账银,不能取现,如欲兑现,须按市加色。但自民国以来,行政各机关经费以及军饷均改用小洋,因之此银用项甚少,遂渐渐趋于消失。锦宝银,市上现货甚少。大银元中北洋及新币最为通用。小银元系奉天造币厂所铸双角小银元,市上最为通用。钞票有中国银行小洋钞票、奉天官银号等银行行号发行的小洋奉票。还有外国银行钞票,包括金票、羌贴、正金钞票。中国银行小洋钞票,在东三省境内均通用,以购买粮食,携带便利,故有时价格比现洋高。小洋奉票,即奉天公济平市钱号铜元票以及奉天官银号、兴业银行、黑龙江官银号等发行的小洋券。无论何种货币,都须以小洋奉票为标准折合计算。金票,俗称"老头票",日本银行放出款项以及南满路均用此种纸币,在东三省势力极大。羌贴,自欧战发生以后,价格日落,因停战无期,道胜银行不能应付上海规元,故价格很难提高。正金钞票,以之购买粮食用项极大,后渐拟收回,以金票代替。[①]

1924年,当地货币包括本国货币和外国货币。本国货币包括银元、

---

① 《奉天之通用货币及其汇兑计算法》,《银行周报》,1919年第3卷第1期;《最近奉天之货币及汇兑(奉天中国银行报告)》,《银行周报》,1919年第3卷第32期。

银辅币、小洋铜元和纸币(奉票、哈尔滨大洋券、天津中国及交通银行兑换券)。外国货币包括日本银币、香港银元和日本金票等。当地以奉票为本位,各项买卖均以此为主体。国币、北洋、角洋等现大洋市上可流通,且日有行市(现大洋与奉票的兑换数目)。本省所铸铜元每十枚作奉小洋票一角且仅限找零使用,外省流入的铜元须十四枚换奉票一角。其他纸币,如日本正金银行发行的正钞和朝鲜银行发行的金票(即"老头票"),流通额也较多。①

1931年,辽宁奉天通用货币为孙币、袁币,其他杂牌概不多见,纸币系东三省官银号、边业银行及四行号联合发行准备库(该库为中国、交通二银行东三省官银号发行之机关)发行之兑换券,与现洋一律行使。奉票现仍通行市面,用作辅币,其定价每六十元合银元一元。外币则有朝鲜银行之老头票及正金银行之正钞,惟须照市价折合银元,所有货币兑换折合,均以现大洋为本位。② 即此时,奉票已经退出了主币地位。

(二)通用平砝

1915—1919年前后,通用平砝为沈平抹兑银、库平。沈平1 040.00两等于库平1 000.00两。市面既无现宝收交,现行之平值亦无可依据也。③

(三)货币本位及行市说明

奉天旧日同行作汇兑,向例均用沈票银。沈票银,是抹兑入账,不能兑现。如欲兑现银,票须按市加色,每加色一成,约合东钱10文。东钱市价,每吊合制本160文。沈平抹兑银,自民国以来,行政机关经费及军费,均改发大洋汇兑券,而同行及外行汇兑券,亦多以小洋券直接汇做他埠银两银元。沈票银之用途,其势力已将消灭。④

民国之前,以沈平抹兑银为本位;民国之后,以小洋奉票为本位。1925年前,行市包括沈银钱盘(每沈平抹兑银一两换东钱若干文)、小洋

---

① 《奉天金融机关及货币情形》,《中外经济周刊》,1924年第73期。
② 李福星:《中国货币行市诠释》,《大公报天津版》,1931年7月23日。
③ 《最近奉天之货币及汇兑(奉天中国银行报告)》,《银行周报》,1919年第3卷第32期。
④ 《最近奉天之货币及汇兑(奉天中国银行报告)》,《银行周报》,1919年第3卷第32期。

(每小洋十角换东钱若干)、大洋(每大洋百元换小洋奉票若干)、正金钞票(每钞票百元换小洋奉票若干)、日金票(每金票百元换小洋奉票若干)、羌帖、小洋规元价等。① 1931年，所有货币兑换折合，均以现大洋为本位。②

二、哈尔滨

(一)通用货币

1918年，哈尔滨当地币制十分混乱，先后在以"羌帖""金票""哈大洋"为主要货币流通的条件下，也有如奉票、吉帖、江帖、永大洋、古平银、宽平银、江平银、现大洋、现小洋、银元券、银两券等各种货币掺杂其中。加之关内和外国的各种纸币流入市面，使得本地币制纷然杂陈。③ 1917年以前，当地市场通用货币皆以羌帖为交易本位，另有广信公司以及吉林永衡官银号钱帖，因粮食买卖必用此帖，其在市面也颇为流通。此外，中国银行发行的小银元兑换券流通额亦不少。当地金融以春、冬二季最为活跃。冬季，粮商交易皆以吉帖为准则，故吉帖价高。商家汇款及银行收款皆以羌帖作价。羌帖汇上海规元，折价后另加六七厘在作价之内，并不另加汇费。以羌帖汇羌帖出俄境者，每1 000元加汇水2.5元至3元不等，在俄境以内为0.5元至1元不等。1917年，羌帖市价一落千丈，道胜银行拒绝以羌帖作为汇款，故羌帖市价一再跌落。④

1925年前后，通用货币中，国币价格最高，也最受欢迎。北洋、站人亦可通用。本省所铸的小洋通用。铜元，用于找零。日本的银币铜币一律通用。此外，中、交两行发行的哈大洋券通行吉林、黑龙江两省。又有东三省官银号大洋券、广信公司大洋券、永衡官银号大洋券、吉林官帖、黑龙江省官帖、奉小洋券及日本正金银行钞票、朝鲜银行金票均可通行，且

---

① 《奉天之通用货币及其汇兑计算法》，《银行周报》，1919年第3卷第1期；上海商业储蓄银行国内汇兑处编：《国内商业汇兑要览》，上海商业储蓄银行国内汇兑处1925年版，第316页。
② 李福星：《中国货币行市诠释(续)》，《大公报天津版》，1931年7月23日。
③ 中国人民银行总行金融研究所金融历史研究室编：《近代中国的金融市场》，中国金融出版社1989年版，第267页。
④ 《哈尔滨之金融商况》，《银行周报》，1918年第2卷第2期。

日有行市。①

（二）通用平砝

1925年前后，本地以大洋券为本位，平砝向不通用。

（三）货币本位及行市兑换说明

1917年以前，当地市场通用货币皆以羌贴为交易本位。1925年前后，当地以大洋为本位。② 1925年货币兑换行市中的大洋兑奉票、大洋兑日金等以及内汇行市的汇申规元、汇津行化以及汇大连正钞等，皆以大洋为本位。③

三、营口

营口本为北省进出重要口岸，自大连发达以后，所有营口贸易渐见减少，市面顿呈萧条之象。市上交易，大半以炉银为主，其次为羌帖及小洋、洋元及各银行所发钞票。1918年通用货币、通用平砝及行市如下：

（一）通用货币

炉银，乃一种过账银码，并无实际银两，遇有货物交易及做汇兑时，均以此为主体，与小银元相辅而行，颇具势力，日有行市，惟涨落甚大，如欲兑换现宝，另有加色行市。现宝，是本地各银炉所铸之宝，每锭重53两左右，成色约九九以上，市上均通用之。而北洋、新币、站人虽行使，但没有小银元受欢迎。小银元，为东三省通行之主币，日有行市，且以北省所铸者为多。此外，中国银行、交通银行、东三省官银号发行的小银元票，俗称奉票，流通较广。中交两行发行的天津钞票在当地均可通行。正金钞票，发行额甚巨，在南满一带行使最广。④

---

① 上海商业储蓄银行国内汇兑处编：《国内商业汇兑要览》，上海商业储蓄银行国内汇兑处1925年版，第352页。
② 《哈尔滨之金融商况》，《银行周报》，1918年第2卷第2期；上海商业储蓄银行国内汇兑处编：《国内商业汇兑要览》，上海商业储蓄银行国内汇兑处1925年版，第351页。
③ 上海商业储蓄银行国内汇兑处编：《国内商业汇兑要览》，上海商业储蓄银行国内汇兑处1925年版，第353页。
④ 《营口商业金融调查记》，《银行周报》，1918年第2卷第27期；《营口之通用货币及其汇兑计算法》，《银行周报》，1918年第2卷第9期。

(二)通用平砝

通用平砝分为营平、库平。

表 3.14　　营口本地各种平砝、本地平砝与他处平砝比较表　　单位：两.钱分

本地平砝名称	比较数目	等于	他处（包括本地其他）平砝名称	比价数目
营平	1 035.50	等于	库平（本地）	1 000.00
营平	998.00	等于	沈平（沈阳）	1 000.00
营平	999.50	等于	京公砝平（北京）	1 000.00
营平	1 000.00	等于	津公砝平（天津）	1 003.50
营平	1 000.00	等于	申公砝平（上海）	985.72
营平	1 000.00	等于	济平（济南）	980.50
营平	1 000.00	等于	二六汴平（开封）	989.61
营平	1 000.00	等于	估平（汉口）	1 002.50
营平	1 000.00	等于	吉市平（吉林）	1 005.00
营平	1 000.00	等于	宽平（长春）	1 006.50

资料来源：《营口之通用货币及其汇兑计算法》，《银行周报》，1918年第2卷第9期。

(三)银色升耗

营宝较上海二七宝，每千两耗八两。

(四)行市说明

营口当地大宗买卖以炉银为本位，零星买卖以奉票为本位。故每日所开银钱行市中，有金票和钞票分别与炉银和奉票进行兑换的行情，如奉票（每炉银一锭与奉票的兑换比例）、金票（每金票一元得换奉票若干或每金票一元得换炉银若干）和钞票（每钞票一元得换奉票若干或者每钞票一元得换炉银若干）等行市。[1]卯色，二四，每年逢阴历三六九及腊月朔日，为炉银开卯之期，如在卯前所存炉银转至卯后，每炉银五十三两五钱，可得卯色计炉银二两四钱（卯色即利息之谓）。[2]

---

[1]　《营口商业金融调查记》，《银行周报》，1918年第2卷第27期。
[2]　《营口之通用货币及其汇兑计算法》，《银行周报》，1918年第2卷第9期。

四、大连

（一）通用货币

1915年前后，大连本地通用货币有日本金票、正金钞票、小洋、铜元、中国银行小洋钞票、奉票。日本金票，南满铁路运费及与日商交易，均须用此项纸币，故在南满一带，势力最大。正金钞票，现本埠已发行，与牛庄票一律通用。而华商相互交易，多用小洋。铜元，用于找零。奉票，乃交通银行、兴业银行、东省官银号等发行，市上不甚通行。①

1925年前后，日本和朝鲜银行发行的金本位票即老头票，虽不可兑现，但市面流通最多。中国银行发行的小洋钞票以及奉票均可通用。国币和现洋可以流通但使用较少，其平时与正钞市价相差不大。日商买卖均以金票为主，东三省小洋流行亦不在少数，铜元主要用于找零。②

（二）通用平砝

此间系银元码头，不用银两。

（三）货币本位及货币兑换行市说明

1915—1925年，市场买卖均以正金钞票（日本正金银行发行的银元钞票）为本位。行市除老票、小洋、大洋外，即烟汇、申汇和正金东汇行情。③

第五节　长三角地区

长三角的历史变化主要表现为：首先，银两逐渐被银元所取代，市面现宝银逐渐消失，或转为交易用之虚银两，或仅用于银楼铸造银饰所用。扬州市上从前通行由银炉所化之宝银，名叫扬州新。民国以后，此种宝银

---

① 中国银行总管理处编：《内国汇兑计算法》，中国银行总管理处1915年版，第360页。
② 上海商业储蓄银行国内汇兑处编：《国内商业汇兑要览》，上海商业储蓄银行国内汇兑处1925年版，第328—334页。
③ 上海商业储蓄银行国内汇兑处编：《国内商业汇兑要览》，上海商业储蓄银行国内汇兑处1925年版，第328—334页；中国银行总管理处编：《内国汇兑计算法》，中国银行总管理处1915年版，第362页。

已经绝迹,成为一种过账银。其次,货币本位亦随着银两和平砝的消失而转为银元等。如南京1925年前后,货币本位为二七陵平为本位。1931年,南京通用货币以银元为本位。杭州在清代时通用银两以司库平银为标准,自民国后当地改用银元,银两进出渐趋绝迹,钱粮业遂用银元取代司库平纹银,司库平成为虚拟符号。宁波本埠以往通用平砝以江平为主,进入民国后,当地以过账洋为本位,平砝在20世纪20年代已经废除,不复使用。安徽芜湖原通用的芜漕平二七宝银在清代用途极广,但进入民国后现银逐渐减少,原有的平砝也仅成为交易的虚本位而已。

长三角的区域内部交融性主要表现为:无锡该地以银元为主体,行市概凭申市,而以去路之大小决定之,如汇他埠银两银元,悉照申市核计。扬州本地规元出入甚多,计算全凭镇江行市,市上现银既无现货,全以银元为主。另外,中国银行和交通银行发行的江苏省钞票在镇江皆可通用。交通银行以及兴业银行发行的申券在杭州均与现金无异。上海外国银行钞票在宁波亦流通。

长三角的区域与区域之间的差异性主要表现为:长三角地区银元使用的种类远大于华北地区。例如,1925年,南京本地市面,国币最受欢迎,此外江南、湖北、广东的北洋、站人、机器、造币以及大清银币等货币在南京也可通用。广东、江南、湖北三地所铸的角洋较通用,但东三省、福建等地的小洋角均须贴水使用。

一、江苏省

(一)南京

1. 通用货币

1925年,本地市面国币最受欢迎,此外江南、湖北、广东的北洋、站人、机器、造币以及大清银币等货币在南京也可通用。广东、江南、湖北三地所铸的角洋较通用,但东三省、福建等地的小洋角均须贴水使用。铜元以当十铜元为主。当地发行钞票的机关有中国银行、交通银行、劝业银行三家银行,此三种钞票均与现洋无异。但劝业钞票自发生挤兑后,此钞票已不能流通市面。中、交两行钞票凡属江浙二省各地所发行的,在南京因其均可向该两行兑现,故其在南京皆可通行。此外,如上海中外各银行的钞票,虽可以使用,但须贴水半厘或一二厘才能行使。而中国银行、中国实业银行两家银行委托本地钱庄为其代兑机关,故这两家银行的钞票流通市面的亦不少。①

1931年,南京通用货币以银元为主,包括英洋(鹰洋)、龙洋(国币)、本洋(西班牙银元)、小洋(广东毫洋)等。到1933年,英洋和本洋市面流通较少。大洋纸币则以中、交、中央三家银行所发者为数最多,辅币以广东双毫为普通,但民九、民十两年(1920—1921年)所铸者,因含银成色低,则不能用。零星通行之铜元都是当制钱十文,俗称"铜板",无论币面有无字样及图形,铜质是黄是红亦是青,一律使用。银两为陵曹平(即"漕平"的简称),只作银元市价之规定,为用殊小,市面经营兑换业者除钱庄外,尚有所谓米粮钱庄、大街小巷到处皆是,可与上海之烟纸钱庄并称。②

2.通用平砝

本地通用平砝为二七陵平、藩平二四平、道库二六平和关平。其中,二七陵平即五三漕平,又称为二七省平,最为通用,其余三种平砝用时甚少。

3.货币本位及行市兑换说明

1925年前后,货币本位以二七陵平为本位。货币兑换行市的龙洋、铜元、小洋等行市以及规元行市和镇兑行市,皆以二七陵平为标准。③ 1931年、1933年货币行市包括龙洋(国币)、英洋、本洋等,皆以二七陵平曹银为兑换标准;规元市价以每千两规元等于若干两二七宝银。④

(二)无锡

1.通用货币

---

① 上海商业储蓄银行国内汇兑处编:《国内商业汇兑要览》,上海商业储蓄银行国内汇兑处1925年版,第28—31页。
② 李福星:《中国货币行市诠释》,《大公报天津版》,1931年7月23日;李翰钦:《五年来南京金融状况》,《实业统计》,1933年第1卷第1期。
③ 上海商业储蓄银行国内汇兑处编:《国内商业汇兑要览》,上海商业储蓄银行国内汇兑处1925年版,第35页。
④ 李福星:《中国货币行市诠释(续)》,《大公报天津版》,1931年7月23日,第6版;李翰钦:《五年来南京金融状况》,《实业统计》,1933年第1卷第1期。

1918年通用货币包括龙洋,市上以大清银币以及江南、湖北、广东所铸三种为最通行,北洋造币次之。北洋,各庄号进出龙洋百元,搭北洋或造币二成,俗名二八龙洋,近自北洋及新币畅行后,二八之制,亦逐渐消减矣。新币,与龙洋同。小洋,进出甚小,逐日有行市。铜元,进出神效,逐日有行市。中交钞票,流通甚广。外国银行钞票,市面虽能行使,然兑现须贴水。①

2.通用平砝

该地是洋码头,故无平砝名目。

3.行市说明

该地以银元为主体,行市概凭申市,而以去路之大小决定之,如汇他埠银两银元,悉照申市核计。锡地并无现银,惟有补水名目,仅供记账之用,仍按银元核计,若补水欲购他埠银两者,直接无从汇兑,即他埠亦不能汇进银两,以该埠无银两行市故也。②

(三)清江浦

1.通用货币

浦地从前均用钱庄所出钱票,1914—1915年左右已一律收回,无续行者。"而市上仍多以钱盘交易,洋元钞票用数尚不甚多。因社会中惟上流知钞票利便,颇极欢迎。至乡户必易钱而去。北路尚未通用,将来可期逐渐推广。"③洋元,主要指国币、龙洋、英洋、角洋等;钞票,主要是中交两行发行的钞票。铜元在当地交易中很重要,与银元同等地位。这是因为,内地乡村交易皆用铜元计算,且日有行市;同时,平市官钱局发行的铜元票亦等于现钱流通。因市面交易习惯用钱码,故铜元票甚为流畅。④

2.通用平砝

清江浦本地所用平砝本有数种,后因漕运机关取消后,各种平砝亦随

---

① 《无锡之通用货币及其汇兑计算法》,《银行周报》,1918年第2卷第46期。
② 《无锡之通用货币及其汇兑计算法》,《银行周报》,1918年第2卷第46期。
③ 《关于业务杂事:浦号行致总管理处函(四年一月四日账字第不列号)——为报告民国三年下期营业状况及四年进行方针事》,《中国银行业务会计通信录》,1915年第2期。
④ 上海商业储蓄银行国内汇兑处编:《国内商业汇兑要览》,上海商业储蓄银行国内汇兑处1925年版,第91—92页;《清江浦之通用货币及其汇兑计算法》,《银行周报》,1918年第2卷第50期。

之消减,1915—1925年间仅存二五浦平一种平砝。二五浦平 1 011.00 两等于二七镇平 1 000.00 两。①

3.货币本位及货币行市说明

1915—1925 年,货币本位为二五浦平银。货币行市有洋厘(每银元一元合二五浦平银若干)、铜元(每铜元一串合二五浦平银若干)、镇票(浦平与镇平的行市)。②

(四)扬州

1.通用货币

扬州以前使用的银两,叫扬曹平银,是由银炉所化之宝银。民国以后,此种宝银绝迹,成为一种过账银。通用的银元中,主要包括国币、龙洋和鹰洋。行市本无甚高低,故钱行只公开一种行市或受外埠影响致互有高低,大约在三四厘之间。角洋,纯为辅币作用。铜元,因盐商买卖均系钱本位,故交易颇巨,其进出率多用钱庄所出之铜元票。中、交两行钞票流行甚广。③

2.通用平砝

通用平砝为扬曹平和盐库平。扬曹平 1 023.4 两等于盐库平 1 000 两。④

3.货币本位及货币行市说明

货币行市的北洋、龙洋、英洋、新币、角洋、铜元行市皆以扬曹平(即扬平二七宝)为计算标准。另外,扬州本地规元出入甚多,计算全凭镇江行市,市上现银既无现货,全以银元为主。⑤

(五)镇江

1.通用货币

---

① 上海商业储蓄银行国内汇兑处编:《国内商业汇兑要览》,上海商业储蓄银行国内汇兑处1925 年版,第 91 页;《清江浦之通用货币及其汇兑计算法》,《银行周报》,1918 年第 2 卷第 50 期。
② 上海商业储蓄银行国内汇兑处编:《国内商业汇兑要览》,上海商业储蓄银行国内汇兑处1925 年版,第 91 页;《清江浦之通用货币及其汇兑计算法》,《银行周报》,1918 年第 2 卷第 50 期。
③ 《扬州之通用货币及其汇兑计算法》,《银行周报》,1918 年第 2 卷第 38 期。
④ 《扬州之通用货币及其汇兑计算法》,《银行周报》,1918 年第 2 卷第 38 期。
⑤ 《扬州之通用货币及其汇兑计算法》,《银行周报》,1918 年第 2 卷第 38 期。

1915年前后,本地通用货币种类包括公议足纹银、龙洋、英洋、北洋、新币以及中交两行钞票和上海外国银行钞票。公议足纹银,是公估局批定二七宝,市面最为通用。惟至1915年前后现宝较少,如需现宝,必另加燥水,因此寻常进出,均用对账。江南、湖北、大清银币三种龙洋皆通用,且日有行市。英洋在市面通用,惟价格较龙洋常高半厘或一二厘不等。北洋,通常市价较龙洋稍低,或因需用者多,可与龙洋相等。中、交两行钞票流通最广。小洋及铜元均日有行市,小洋系辅币作用,进出数目不如银元。新币,与龙洋等。上海外国银行钞票虽能行使,惟钱庄收兑时稍须扣水。[1]

1925年前后,国币因无省界限制而最为通用。江南、湖北、大清银币等龙洋皆可通用且日有行市。广东、北洋两种龙洋和鹰洋市面亦可通行。江南、湖北、广东等处小洋和铜元均可通行且日有行市。而小洋中的东三省、湖南、福建、浙江均须毛色,不能通用。铜元,除黄铜私铸双板不用外,其余均通用,且日有行市。制钱,仅作找给零钱用。银两为二七宝银。二七宝银是经公估局批定的银两,每锭重二七镇平五十两左右,但遇现底枯燥即规元价贵时,现宝须另加燥水。平日进出均用划账,惟年底规元价低落时则无燥水。另外,中国银行和交通银行发行的江苏省钞票在镇江皆可通用。中国银行发行的钞票托本地钱庄代兑,故其在市面可与现洋同用。外国银行及其他华商银行发行的钞票,因本地无兑现机关,其流通较少。[2]

2.通用平砝

当地通用平砝有报关时用的关平、绸缎业用的二四镇平,但商业往来均以二七镇平为本位。镇二七平 1 000.00 两等于二四镇平 1 006.04 两。[3]

3.货币本位及货币兑换行市说明

---

[1] 中国银行总管理处编:《内国汇兑计算法》,中国银行总管理处1915年版,第146—147页。
[2] 上海商业储蓄银行国内汇兑处编:《国内商业汇兑要览》,上海商业储蓄银行国内汇兑处1925年版,第38、40页。
[3] 上海商业储蓄银行国内汇兑处编:《国内商业汇兑要览》,上海商业储蓄银行国内汇兑处1925年版,第38页;中国银行总管理处编:《内国汇兑计算法》,中国银行总管理处1915年版,第148页。

以镇平二七宝银为本位。1915年前后，当地行市包括龙洋、新币、北洋、小洋、英洋、规元(镇二七银若干得汇上海规元1 000两)、汉估(镇二七银若干得汇汉口估平二四宝1 000两)、铜元、银拆行市。①

1925年前后，当地行市开规元、洋厘、洋例、大宝、铜元、小洋和银拆等行市。规元例期均见票迟7天，第8天在申交付。洋例即汉汇交易的例期为迟10天在汉交付。大宝行市为二七现宝，视规元价为主体，在规元价贵时，可得燥水若干，在年底规元价低落时则无申燥。铜元行市例定按原有行市的九八折来折算铜元与镇二七宝银间的比例，外埠来买仍用九八折，来卖则用九七九折计算。由于镇江与上海之间贸易往来消长具有明显的季节性，镇江规元行市(即每规元1 000两合二七宝若干)来往波动较大，每年春夏为950～960两，年底则在927～928两之间。②

二、浙江省

浙江之杭州、绍兴、宁波为划洋码头，大宗交易多由钱庄过账，即划洋，不能取现。如果有以现洋进出，则按照现水行市，升或去现水若干元。③

(一)杭州

1.通用货币

清代，杭州通用银两向以司库平银为标准，自民国后当地改用银元，银两进出渐趋绝迹，钱粮业遂用银元取代司库平纹银，司库平成为虚拟符号。民国以后，改用银元。银元通用各省龙洋及新币、英洋(即墨西哥银元)有时并用。每年春季丝茶上市之际，英洋升水，价高于其他银元。铜元一律通用，制钱仅供找零。④ 纸币主要有中交两行钞票。交通银行以及兴业银行发行的申券均与现金无异。⑤

---

① 中国银行总管理处编：《内国汇兑计算法》，中国银行总管理处1915年版，第150—151页。
② 上海商业储蓄银行国内汇兑处编：《国内商业汇兑要览》，上海商业储蓄银行国内汇兑处1925年版，第43—44页。
③ 《记杭绍甬之金融及商况》，《银行周报》，1918年第2卷第22期。
④ 《记杭绍甬之金融及商况》，《银行周报》，1918年第2卷第22期。
⑤ 上海商业储蓄银行国内汇兑处编：《国内商业汇兑要览》，上海商业储蓄银行国内汇兑处1925年版，第117—125页；《记杭绍甬之金融及商况》，《银行周报》，1918年第2卷第22期。

2.通用平砝

本地通用平砝有市库平、司库平和杭平。九四杭平为银楼业所用的标准。民国以后,司库平已成虚拟符号。①

3.货币本位及货币行市

民国以后,行市交易皆以杭划洋为本位。内汇行市之规元、甬汇、绍汇、苏汇皆以杭划洋为计算标准。银钱业同行往来收付,统归汇划转账,钱庄进出者即用现洋也需兑换成划洋,则钱庄以划洋为本位,而现金反成辅币。

(二)宁波

1.通用货币

清代,宝银有批宝、摊宝等。批宝,上海来的银两,经公估局批准后,升二七半宝一只,计重江平50.2两;此地照每只去水2钱,净重50两,以944升兑规元,再以规元之价合洋。摊宝,是未经批过的宝银,即将994升规元后,再以99 567扣,其所得之数,较"批宝"为少。批宝、摊宝实际没有现银出入,如规元一样,是市面上通行的虚拟银两。② 进入民国后,通用货币为银元、过账洋、钞票和铜元。银元包括英洋、龙洋及新币。英洋,市上最为通用,每逢丝茶米棉上市,英洋比过账洋,每百元升二三元不等,如不用则去水,日有行市。龙洋及新币,价格比英洋低。另外,小洋作辅币,且日有行市。过账洋,甬地习惯无论何种买卖,均适用之,如存庄放息尤非,过账银不可视为商业主币,实为过账之一种砝码而已,若换现洋,日有升去水行市。铜元,零星使用且日有行市。③ 市面流通的纸币以中、交两行发行的浙江地名券为多,上海地名券也可使用。四明银行和中国通商银行在宁波设立分行后,此二行的钞票也可通用。上海各银行(包括外国银行)的钞票虽可在市面通行,但本地留底较少,集散成整后多运往上海兑换现洋。④

---

① 《记杭绍甬之金融及商况》,《银行周报》,1918年第2卷第22期。
② 《记杭绍甬之金融及商况》,《银行周报》,1918年第2卷第22期。
③ 中国银行总管理处编:《内地汇兑计算法》,中国银行总管理处1915年版,第171-172页。
④ 上海商业储蓄银行国内汇兑处编:《国内商业汇兑要览》,上海商业储蓄银行国内汇兑处1925年版,第126页。

2.通用平砝

本埠以往通用平砝以江平为主,每千两江平比库平小40两,比关平小58.3两。进入民国后,当地以过账洋为本位,平砝在20世纪20年代已经废除,不复使用。同时,以往批宝和摊宝之别的宝银,如规元一样,作为一种虚拟银两,在银元通行后,也渐趋消失。①

3.货币本位及货币行市

进入民国后,当地以过账洋为本位。1915年的行市包括规元、现洋、小洋、铜元、洋拆和银拆(每规元一千两每日拆息若干)行市,以过账洋为计算标准。1925年的行市包括规元、国币、角子、铜元,皆以过账洋为本位。②

(三)绍兴

1.通用货币

清代,当地原有绍宝纹银。进入民国后,虽日有行市,但市价涨落较弱。因宝纹银仅供银楼制造首饰,与市面交易已无关系。市面通用银元、纸币和铜元。银元中包括英洋、龙洋、新币和角洋。1915年前后,英洋最为通用。到1925年前后,国币(新币)流通较广。角洋和铜元,都作辅币使用。本地通用的纸币以中国银行发行的钞票为最多,因该行在绍兴设有分行,其对于钞票的收发处理适当且便于兑现,故与现洋无异。而交通银元券因兑换机关在杭州,钞票流通较弱。上海各银行钞票在本地亦可通行,但因无兑现机关,每元须贴水1分左右。③

2.通用平砝

本地通用平砝为绍宝纹平。每千两比杭库平小6两。④

3.货币本位及货币行市

---

① 《记杭绍甬之金融及商况》,《银行周报》,1918年第2卷第22期。
② 中国银行总管理处编:《内国汇兑计算法》,中国银行总管理处1915年版,第173—174页;上海商业储蓄银行国内汇兑处编:《国内商业汇兑要览》,上海商业储蓄银行国内汇兑处1925年版,第128页。
③ 上海商业储蓄银行国内汇兑处编:《国内商业汇兑要览》,上海商业储蓄银行国内汇兑处1925年版,第145—146页;中国银行总管理处编:《内国汇兑计算法》,中国银行总管理处1915年版,第179—180页;《记杭绍甬之金融及商况》,《银行周报》,1918年第2卷第22期。
④ 《记杭绍甬之金融及商况》,《银行周报》,1918年第2卷第22期。

本地以划洋为本位,如遇支取现洋,另按市价贴水。本地现洋缺时多、聚时少,大宗买卖均由钱庄过账,素为汇划码头。有时现洋缺乏,升水较大,商人赴外办货,均用现洋。每日金融行市由各钱庄集聚汇款议定,1925年,具体行市有日拆、批宝(宝纹银与划洋间的兑换关系)、小板(现洋合划洋之数)、单角、双角、铜元以及杭汇、甬汇等行情。① 但1918年绍兴当地无规元行市,仅开杭汇和甬汇,绍兴沪汇须先进杭洋,由杭庄代收申元,或由宁波代收。②

三、安徽省

(一)芜湖

1. 通用货币

通用银两为二七宝拨账银,从前原用现银,由公估局估批,自现银绝迹,商家买卖一律改用拨账;如需现银,其燥水最大时,每只(二七宝拨账银)至五六两之巨,至小则约四五钱左右,其贴水大小视申票涨落而定。市面往来以汇划为主,税收机关则用现币。银元中有北洋、龙洋、鹰洋、新币、角洋等。当地银元以由各县镇带来购货为大宗。铜元以当十铜元为主,有由各县镇到芜湖办货带来的,也有由汉口、九江、安庆等埠贩来售卖的。纸币1915—1925年以中交两行钞票为主,1934年则除中交两行钞票外,还有中央银行和中国实业银行钞票。除安徽省钞票外,还有上海地名券。③

2. 通用平砝

当地通用平砝为芜二七漕平、关平等。芜漕平二七宝银在清代用途极广,但进入民国后现银逐渐减少,原有的平砝也仅成了交易的虚本位而已。芜漕平1 000.00两分别等于申公砝平1 000.00两,等于汉估平

---

① 上海商业储蓄银行国内汇兑处编:《国内商业汇兑要览》,上海商业储蓄银行国内汇兑处1925年版,第148页。
② 《记杭绍甬之金融及商况》,《银行周报》,1918年第2卷第22期。
③ 燕行:《芜湖金融调查》,《中央银行月报》,1934年第3卷第11期;邵同书:《芜湖九江之金融情况》,《中央银行旬报》,1930年第2卷第33期。

1 018.00 两。①

3. 货币本位货币行市

货币本位为漕平,当地行市除开龙洋(每一元龙洋合漕平若干)、鹰洋(每鹰洋一元合漕平若干)、角洋(每角洋十角合漕平若干)、铜元(每铜元一串合漕平若干)行市外,还开镇票(每镇二七银千两合漕平银若干两)和申票(每规元千两合漕平银若干两)行市。②

(二)蚌埠

1. 通用货币

本地以湖北、江南所铸银元最为通用,站人洋和北洋间亦能用。民国初,中国银行钞票仅限于本埠以皖北一带,兑换机关较少。到1925年左右,本地通用中国、交通两银行发行的印有安徽字样的钞票。"商界往返(邻近各县)办货,恒携钞券居多,既省汇费,又免危险。"③江苏各地的钞票也可通用,但仅限于零散数目,数多则不可用。如遇现洋紧缺,江苏各地的钞票因为转运便利,也极受欢迎。

2. 通用平砝

因本地向无银两,故无平砝可言。

3. 货币本位及货币行市

本地向无行市交易,进出均以银元为主。如遇京沪汇兑,仍视各地银元多缺酌定汇水及贴现率,以资交易。银行团体设有贴现公所,每日均议有行市。此间对于他处行市,皆以南京为标准。④

---

① 中国银行总管理处编:《内国汇兑计算法》,中国银行总管理处1915年版,第196页。
② 上海商业储蓄银行国内汇兑处编:《国内商业汇兑要览》,上海商业储蓄银行国内汇兑处1925年版,第163—168页。
③ 《各地金融市况(九月份)》,《中央银行月报》,1932年第1卷第1—5期。
④ 中国银行总管理处编:《内国汇兑计算法》,中国银行总管理处1915年版,第199页;上海商业储蓄银行国内汇兑处编:《国内商业汇兑要览》,上海商业储蓄银行国内汇兑处1925年版,第182页。

第六节　其他地区

一、西安

(一)通用货币

通用货币包括银元、银两、铜元和纸币。银两为十足银,系公估局估定十足,每锭重五两左右,成色不一,惟永兴庆倾化者成色稍高,市面最为通用。但现银至1915年前后市面甚缺。现银之外,还有拨兑银,有名无实。北洋站人和新币等银元,市面甚为通用。铜元,以十文、二十文居多。制钱在民初还通用,到1933年左右则不多见。20世纪30年代,因省令禁止现金出省境,故中国、交通、中央、中南四大银行发行的上海地名钞票可代替现金流出,且有汇水,颇受欢迎。另外,秦丰银行银票,因该行准备不足,票面较低。富秦钱局钱票,市面通用最广,陕西省各县均通用。中国银行五省通用券为最为通行的纸币。此外,有陕西省银行发行的省钞。[①]

(二)通用平砝

1915年,通用平砝为陕议平、泾布平、四两库平和汉中平。1925年,本地通用平砝为陕议平和泾布平。陕议平1 025两等于泾布平1 000两。陕议平1 040两等于库平1 000两。

(三)货币行市

1915—1925年,货币行市本位为陕议平。行市包括银元、铜元、银票(每秦丰银行票银一两得兑制钱若干文)、钱票(每陕议平足银一两得兑钱票钱若干文)和京汇、申汇、汉汇等内汇行市,皆以陕议平为兑换标准。[②]

[①] 中国银行总管理处编:《内国汇兑计算法》,中国银行总管理处1915年版,第449页;《西安最近金融概括》,《中行月刊》,1933年第6卷第1—2期。

[②] 中国银行总管理处编:《内国汇兑计算法》,中国银行总管理处1915年版,第452页;上海商业储蓄银行国内汇兑处编:《国内商业汇兑要览》,上海商业储蓄银行国内汇兑处1925年版,第438—439页。

但 1933 年当地市面交易,多用洋码,只有批发交易及申、津等地汇兑,则多用银码。①

二、三原

(一)通用货币

通用货币为银两、银元、铜元、制钱和钞票。银两包括足色银和街市周行银。足色银,是能完纳地丁钱粮者,每锭约重五两左右,有"西安省永兴记"六字戳记,及"三原王成"四字者为最足色。街市周行银,此种银两较足色只有九五六成色,且有九二三者,市上买卖均用此银。民国以后炉房所化银色,稍次者均须贴色。辅币概以铜元为主,每日均有市面。兑换银两大概银一两换钱一吊八百文上下。北洋银元进入民国后亦可通用,然尚不能直接兑换银两,只可将银换铜元后再行转换银两。制钱,外县来买卖者甚多,一般小钱铺以此为主要贸易。② 至 1915 年 3 月,本地通用银元不足一年,物价仍以银两计算。到 1925 年后,银元通用较广。中国银行陕议平合本位币,统以七一换算记账。③ 市面上通行的纸币皆为中国银行发行的湖北、湖南、四川、河南、陕西五省通用券,其他纸币流通不多。④

(二)通用平砝

通用平砝为泾布平和省议平。泾布平为商业各界通用之平。省议平,衙署局所进出,均用此平。泾布平比省议平,每百两大 2.6 两。⑤ 秦中银两统以陕议平为交换之媒介,该平 104 两合库平 100 两。陕议平较京公足,每陕议平 100.5 两合京公足 100 两。⑥

---

① 《西安最近金融概括》,《中行月刊》,1933 年第 6 期第 1—2 期。
② 中国银行总管理处编:《内国汇兑计算法》,中国银行总管理处 1915 年版,第 454 页。
③ 《各地市面状况:节秦行致总管理处函(四年一月二十五日账字第不列号)——为报告秦省现行货币银市行情状况事》,《中国银行业务会计通信录》,1915 年第 2 期。
④ 上海商业储蓄银行国内汇兑处编:《国内商业汇兑要览》,上海商业储蓄银行国内汇兑处 1925 年版,第 440—444 页。
⑤ 《秦行调查三原商业报告书(民国四年三月)》,《中国银行业务会计通信录》,1915 年第 5 期。
⑥ 《各地市面状况:节秦行致总管理处函(四年一月二十五日账字第不列号)——为报告秦省现行货币银市行情状况事》,《中国银行业务会计通信录》,1915 年第 2 期,第 2—3 页。

(三) 货币行市

1915年前后,以泾布平为本位。行市包括银元(不论省份,每元计泾布平足色银若干)、铜元(每街市周行布平银换九八铜元若干枚)制钱(每街市周行布平银一两换制钱若干文)等货币行市和汉票、京票、津票、申票、西安票等内汇行市。内汇行市皆以泾布平为计算本位。①

1925年前后,以银元为本位。1925年前后,行市包括银元(每银元一元合泾布平若干)、铜元(每银元一元换铜元若干枚)货币行市和汉票、申票和西安票。②

三、昆明

(一)通用货币

在银元未使用之前,昆明使用川锭元宝。银元使用后,元宝绝迹。1925年前后,通用货币包括银元、铜元和纸币。国币中以无省界限制者最为通用,且这种国币比本省自铸之币每百元可升水十元左右。此外,还有江南、广东的龙洋以及英洋。省洋,亦名滇币,为本省自铸之洋,即云南银元,分一元、半元、二毫、一毫四种。③ 市面流通纸币有富滇银行发行的八种(票面额分别为百元、五十元、十元、五元、一元、五角、二角、一角)银元票。此票可无限制兑换,在1912—1923年的12年间一直信用良好,可远行使至沪、港。殖边银行钞票仅盖有云南发行章者,可与硬币同等使用。铜元中有当十、当二十、当五十三种。每银元一元可兑铜元120枚左右。另有安南钞票、香港钞票、上海钞票以及国内各大埠钞票等外来钞票均可通行,但以输出便利起见,有升水。④

---

① 中国银行总管理处编:《内国汇兑计算法》,中国银行总管理处1915年版,第457—458页。
② 上海商业储蓄银行国内汇兑处编:《国内商业汇兑要览》,上海商业储蓄银行国内汇兑处1925年版,第443页。
③ 上海商业储蓄银行国内汇兑处编:《国内商业汇兑要览》,上海商业储蓄银行国内汇兑处1925年版,第504页。
④ 上海商业储蓄银行国内汇兑处编:《国内商业汇兑要览》,上海商业储蓄银行国内汇兑处1925年版,第504页;《云南货币现状之调查》,《大陆银行月刊》,1923年第1卷第4期。

(二) 通用平砝

本地通用平砝为滇平，但因当地买卖以银元为主，对外贸易以香港、上海为主，平砝名称形同虚设。①

(三) 货币本位及货币行市说明

1925年，行市包括申汇（每滇平若干汇申规元一千两）、洋厘（每银元一元例定滇平若干）和新币（每新币百元较省洋升水若干）。② 行市货币本位为滇平。

四、贵阳

(一) 通用货币

本地通用货币中包括银两、银元、钞票、制钱及铜元等。银两包括公估平票银、巧水银、罗罗银。公估平票银，每锭重十两，为黔省市上最通行的银两，其成色与北京公砝十足成色相等。巧水银，又名贵平银，市上交易适用之，其色高下不一，从九五六至九四五为止。罗罗银，银色自九八至九九五，银两交易作为辅助之用。银元，本国各省银元除吉林银元、四川汉字银元外，余省一律通用。民国初年，新币在市面不多见。1925年后，袁像国币最为通用，江南、广东、湖北、四川银币及四川的汉字洋和法国银币皆可通行，其次四川半元、吉林半元、日本飞鹰等杂洋，价九八折后可通行，此外还有一定的角洋、当十铜元和制钱。纸币包括中行钞票和贵州银行纸币。中行钞票须贴水使用，贵州银行纸币因非经该行抽签不能兑现，所以价格比现洋，每元低一角左右。小洋在市面行使者比较少，且分两种：广东、香港为杂毫，湖北、云南为正毫。公家出入均以十二毫合一元，行市则正毫较高。净杂制钱及铜元，净（杂）制钱与铜元同一行市，惟杂制钱较净制钱价格为低。③

---

① 上海商业储蓄银行国内汇兑处编：《国内商业汇兑要览》，上海商业储蓄银行国内汇兑处1925年版，第504页。
② 上海商业储蓄银行国内汇兑处编：《国内商业汇兑要览》，上海商业储蓄银行国内汇兑处1925年版，第505—506页。
③ 《贵阳之通用货币及其汇兑计算法》，《银行周报》，1918年第2卷第40期；上海商业储蓄银行国内汇兑处编：《国内商业汇兑要览》，上海商业储蓄银行国内汇兑处1925年版，第509—513页。

（二）通用平砝

本地通用平砝有公估平和贵平两种。公估平为公估局于1894—1895年所定，到1924—1925年已30年之久，但贵州银行、中国银行、官钱局仍以此平为标准。惟市面交易均用贵平。公估平993两等于贵平1 000两。[①]

（三）货币行市

货币本位为公估平。1915年前后，货币行市包括银元、小洋、制钱、银元钱价、黔纸币。银元行市，每元计公估平银若干。小洋行市，每大银元一元得换杂毫若干。制钱，每制钱一千文计公估平银若干。银元钱价，每银元一元得换制钱若干。重汇、汉汇，皆以每百元加水若干表示。黔纸币（贵州银行纸币）行市，每元计贵平若干，九九三扣得公估平若干。

1918年11月30日，中国银行黔行报告，此半星期各种货币市价仍无大升降，分别如下：洋元公估平票银7钱6分，黔币公估平票银6钱3分，钱盘公估平票银4钱4分，铜元公估平票银4钱8分5厘，正毫公估平票银7钱6厘，广毫公估平票银6钱，坐人洋公估平票银7钱2分5厘。[②]

1925年前后，货币行市包括银元（袁像坐人每元合公估平若干）、角洋（每银元一元得换杂洋若干）、制钱（每银元一元得换制钱若干）、黔纸币和内汇行市的渝汇、汉汇。[③]

[①] 上海商业储蓄银行国内汇兑处编：《国内商业汇兑要览》，上海商业储蓄银行国内汇兑处1925年版，第509-513页；《贵阳之通用货币及其汇兑计算法》，《银行周报》，1918年第2卷第40期。

[②] 《各地商况：贵阳（十一月三十日黔行报告）》，《中国银行通信录》，1918年第40期。

[③] 中国银行总管理处编：《内国汇兑计算法》，中国银行总管理处1915年版，第463-464页；上海商业储蓄银行国内汇兑处编：《国内商业汇兑要览》，上海商业储蓄银行国内汇兑处1925年版，第512页。

第七节　本章小结

总之,近代中国各地通用货币使用呈现明显的地域化特征,体现了显著的市场分割性。但这种分割性更多地体现于区域和区域之间的差异性;在区域内部,货币流通又具有一定的融合性,且随着银元逐渐替代银两成为主要通用货币之一,以及平砝的逐渐消失,区域内部的货币融合程度进一步加强。

第四章

内汇基本要素阐释

第一节　内汇的产生

　　晚清与民国时期国内各大口岸相继开埠后,洋货、土货往来流转于各大码头,国内外贸易获得极大发展。埠际贸易的发展,带来了异地间债权债务结算和金融机构平衡头寸的需要。国际贸易结算中,因货币本位和货币单位不同而发生种种换算汇兑。而传统中国因币制不统一、平砝相异及各地商情复杂,使得货币在各地的流通交换和换算成为重要的问题,并如国际汇兑一样产生了埠际间的汇兑。以货币兑换行市为基础,伴随埠际贸易结算兴起的内汇,作为代替现银运送而代理结算埠际债权债务关系的一种集汇兑、结算、信贷三者为一体的埠际资金调拨方式,直接与埠际商品流通贸易相关。内汇的变动如外汇一样,不仅是埠际贸易的"晴雨表",也是两地贸易繁盛、利率高低、其他商业货币情形的重要表现形式。国内汇兑在原理和意义上,完全相似于国际汇兑。但是,内汇因各地使用的平(秤)、成色标准、商业惯例的不同,其复杂程度比金本位国家之间国际汇兑的复杂程度有过之而无不及。

　　1933年废两改元之前,中国各地通用货币复杂烦琐,银平色差各不划一。各地银两名称、形状各有不同,成色也是因地而异。由于政府只对国库收支所用的银锭重量、成色进行规定，民间银锭铸造是自由的。银号、钱庄、钱铺及行业公会可自由铸造银锭，并各自制定银锭的成色、重量。银锭的自由铸造，导致各地、各炉房之间在名称、重量和成色上的不同。各地成色有纯银、足银、纹银和标准银等一百种以上。① 同成色一样，清代衡量银两重量的标准，即"平"，也参差不齐，因各种秤的标准不一样，即使同属一两的重量，其间也会发生微小差异，复杂程度不亚于银两成色。根据民国初年中国银行的调查，近代中国有 170 多种衡量标准，其中最为常见的为库平、漕平、公砝平、钱平。② 各地平、砝不同，换算也随之复杂。各地均设有官、私银炉和公估局，专门负责银两的铸造与鉴定。公估局对银两进行成色和重量鉴定，只有在表明成色和重量后，银两方可流通。而银平标准重量又各地而异，即使同一地方，其秤量也不一定相同。故形成各地各样、名目繁多的银平色差。各地银两间汇兑，其市价涨落，首先要根据两埠银两互换之平价。进入 19 世纪，流通的货币种类除了制钱、银锭、银元、铜元等政府规定的法定货币外，民间流通的还有由外国输入的银币，由钱铺、钱庄及商店发行的钱票、银票等，杂然并陈，纷乱繁复。各地因当地惯例及区域内商会、商帮对货币单位和币制的不同制定，导致货币流通具有很大的区域性。名目繁多的通用货币充斥着货币流通领域，引起复杂多变的货币兑换行市。

此外，因银两重量成色没有全国统一的规定，银两铸造机关众多，区域内各色各样的银两皆可流通。故代表一定标准的虚银两得以产生。实银两和虚银两的存在又为账务处理带来不可避免的换算问题。清初政府虽以纹银为标准，规定民间流通的白银随时折合纹银计算。但纹银也不是十足的纯银，只是一种成色为 935.374‰ 的虚银两。虚银两并无实物存在，仅作为宝银的价值符号和折算标准而存在，代表白银发挥货币职能，用于记账单位和清算标准。流通于市面的各色宝银，需以纹银为依据进行比较计算流通价值。而各地又根据不同的商业习惯产生互有差异的

---

① 纯银成色为 1 000‰，足银成色在 990‰ 以上，纹银成色为 930‰ 以上，标准银成色为 900‰。
② 库平是中央和地方财政税收核算单位，漕平为征收漕粮改征银两折色所用的计算单位，公砝平为调拨银款和汇兑的计算单位，钱平为钱业通用的重量单位。这些都为政府法定的平砝。其他各地平砝各异，计算方法更加复杂。

虚拟银两,作为商贸活动的银两标准。虚银两只规定名称、重量及成色,并按照当时当地的习惯规定使用,是实银的价值符号,并可以随时兑取实银两。但虚银两只是计算单位、记账单位,而实银两是称量单位,一般以其成色命名。"商品标价、国家财政收支、民间债权债务契约上的银两数字均是虚银两,而实际发挥货币流通手段和支付手段职能的是实银两。由于受交易习俗和历史传统的制约,全国各地均有自己的虚银两,而且各有不同。除近代官方使用的纹银以外,比较有影响的虚银两有上海的九八规元,这是近代上海唯一通行的记账虚银两,无论中国人和外国人的交易及其汇兑行市,均用九八规元为标准。"[1]近代中国虚银两名目繁多,具有代表性的主要有纹银、海关银、九八规元、行化银和洋例银。

上海通用货币主要是上海本埠银炉所熔铸的二七宝银,但无论华洋交易,上海皆以标准银除以 0.98 而成的九八规元作为虚拟记账单位。[2]商业流通中,宝银按固有重量,加公估局所批之升水(高者每双批升水 2.75 两,低者每双批升水 2.65 两),折成标准银之两数,再以 0.98 除之,得规元之两数。[3]汉口通用货币主要是公估二四宝银,其次还有大清银币、新币、英洋及北洋、铜元及台票、小银元、中行钞票、交通钞票、外国银行钞票等流通于市面。汉口的通用平砝为估平、九八平九八兑、四四库平、盐库平四种。洋例银是对内外贸易最通行的虚拟银两,并无砝码银色。从汉口开埠以来,外国商人因为不熟悉内地各色银两,要求汉口商人参照上海规元,以估平宝银 980 两升成洋例 1 000 两,以为标准,并相沿成习,成为一种虚拟的划一银两,得以通用。天津通用行平化宝银,即行化银。行化银如上海规元、汉口洋例银一样,只是一种转账核算的虚拟银两。营口过账炉银又名过账银,为营口银炉所发行的一种记名支票。炉

---

[1] 戴建兵:《中国近代银两史》,中国社会科学出版社 2007 年版,第 50 页。
[2] 关于九八规元的来历,《辞源》《日用百科全书》以及马寅初等都有过详细的解释。按照《日用百科全书》的解释,上海开埠前,商业多集中于南市,且以豆为大宗。牛庄与上海豆行交易甚繁,现银缺乏。故凡收现银者,须九八折扣。从买豆者方面,凡欲买豆时,手中如有现银,即用九八除之,折成可实用之数,记账时也按折成之数记录。这一方法得到普及后,成为一种虚银两制度,故有九八规元,又为豆规元之说。与外通商后,外国人因中国银两换算复杂,采用豆规元为记账单位,并得以推广。
[3] 马寅初:《何谓九八规元》,《银行月刊》,1921 年第 3 卷第 11 期。

银凭银炉之信用,作为交易媒介,功能与通货同。过炉银实际是一种过账银,平日存放于银炉,只在三月、六月、九月和腊月的初一才能提现,其他时间只可转账,故过炉银是一种商业往来的清算工具。

20世纪二三十年代,上海逐步成为全国经济和金融中心,各地同上海每日都要产生大量的款项收解,资金划拨随之十分频繁。伴随着埠际贸易的发展繁盛,各种通用货币在使用和流通过程中,需要经过货币兑换,即换算成通用平砝所表示的银两,才能参与国内各埠的直接和间接汇兑,实现商品和资金的流通。各埠通用货币千姿百态、通用平砝各有差异,货币兑换行市以及商业习惯的不同,决定了国内汇兑也如国际汇兑一样,有了行市之说。国内汇兑市场随之产生。同时,各重要商埠通用货币、平砝及汇兑换算行市,成为国内汇兑中一项重要的程序。我国国内汇兑的复杂性不亚于国际汇兑。甲地有洋厘,乙地有钱价,甲地用银元,乙地用银两;有用银币本位者,有用铜币本位者,有用纸币本位者。中国虽为银本位国家,但实际情况尤为复杂。用银之地银两各不相同,因洋厘涨落汇价又常受影响,外币流入并成为内汇的一种媒介物,导致纷繁复杂的内汇计算。

第二节 内汇产生的意义

凡有债权债务之关系,全不输送现金而以一方之债权可供偿还他方之债务者,乃始得谓之为汇兑也。[①] 汇兑者,隔地者间并不输送现金,仅利用汇票以了结其债权债务之方法也。汇兑,英文名称为 exchange,即交换债权,使递相易转,而收懋迁通用之效,或以一人之债权交换他人之债权,如以支票交换汇票;或以一地之债权交换他地之债权,如国内汇兑;或以本国之债权交换外国之债权,如国际汇兑;或以现金交换债权,如购买汇票;或以债权交换现金,如售卖汇票。一转移间,各得其所。无输送之劳、搬运之费、盗劫之虞,故路途愈远、钱币愈多,则汇兑之需要愈大。[②]

---

① 陈家瓒:《银行原论》,群益书社1925年版,第570页。
② 俞希稷编:《新学制高级商业学校教科书:汇兑论》,商务印书馆1923年版,第1页。

汇兑之功效,在于免除种种之费用,如运力、保险、佣金、装卸、利息等,若汇价涨落过剧,致一方之亏损超出节省之费。凡向外埠收款者,与在本埠付款者,则将贩运生金银或外币入境出售,兑换本埠钱币,以济其穷。故汇价之涨落,当以金银起运点为限。如果两地间汇价超出平价加上耗费,则两地间开始选择运送现银较为便宜。① 但有时银根奇紧之际,银行急需现款,以极其低廉的价格出售汇票,汇价超出生金银起运点,但银行仍急需出售汇票,力求吸收现款。

新式银行汇兑业务,除设立分支机构外,还通过与他行或代理机构签订汇兑协议,以便调剂异地金融。银行之汇兑事务,以买卖票据之方法行之,故汇兑事务,亦为买卖票据事务。如对于本地人之寄款于外埠者,卖给汇票或支票,令其寄往外埠取款。此卖票据之行为,对于本地债权者发行外埠债务者付款之票据,以及押汇之票据,用此贴现方法买入,此为买票据之行为。以上为汇兑事务之本体。②

银行汇兑,是银行预先与其外埠总分行或同业各行约定互相存放款项,然后为两埠间之债权人与债务人清理其债权债务之一种交易。例如,上海某甲欠天津某乙款项时,某甲即付款于上海丙银行,该行与天津丁银行有往来,请其开出嘱天津丁银行付款之汇票,寄交天津某乙,嘱其向天津丁银行收款。又如,上海某甲应向天津某乙收款3 000元,则某甲亦可作成由天津某乙付款之汇票,卖与上海丙银行,寄交天津丁银行,向天津某乙收款。此等交易由上海丙银行及天津丁银行视之,均为委托或代理总分行或同业收付款项,而其款项之收付进出,均在二行互相往来之存款账内划拨之。③

第三节 汇兑种类及汇兑机关

内汇种类,按不同分法有几种不同形式。

---

① 俞希稷编:《新学制高级商业学校教科书:汇兑论》,商务印书馆1923年版,第32—33页。
② 杨汝梅编:《新式银行簿记及实务》,中华书局1939年版,第152—153页。
③ 顾准:《银行会计》,商务印书馆1938年版,第193页。

其一,依汇款收交地点之不同,分为顺汇和逆汇。顺汇是银行或钱庄在本埠先收汇款人之款项,后在他埠将款项通过分支机构或代兑机构交于收款人。顺汇在银行资产负债表上,指"汇出汇款""应解汇款"等,其产生汇水等收益。顺汇中又分电汇、信汇、票汇、条汇和国内旅行汇票等。电汇是最迅速、敏捷的办法,汇价也最贵,因为除了汇水外,还须收取电报费用。距离较远而又急需款项时,宜用电汇。收款人有固定住址,宜用信汇,收款人无固定住地或住所离付款地太远时,宜用票汇。如恐票汇有危险,则宜用迟期汇票。①

电汇,是汇款人付款于银行(汇兑机构),请求银行(汇兑机构)致电外埠代理银行(汇兑机构),通知收款人收款。票汇,是汇款人向银行(汇兑机构)买入外埠代理银行(汇兑机构)付款之汇票,寄交收款人,向代理银行(汇兑机构)收款。信汇,与票汇相同,区别在于,并不由银行(汇兑机构)给出汇票,仅由汇款人填具申请书,并付款给银行(汇兑机构),由银行(汇兑机构)代理行照付。条汇,类似于信汇,只是手续更为简便,即由汇款人填具解条,以代汇信,其验付手续与信汇同。以上各种汇,以电汇最为迅速,以票汇最为普通,而以信汇最为简单便捷。惟信汇须发给通知书等手续,往往较票汇稍缓。凡有大批款项出汇者,为利息损益计,则不用信汇而用票汇。此票汇之所以较为普遍也。②汇兑方式随着社会商品经济的发展而不断发展和完善,也随着交通、通信的发展而不断演进和变化。信汇,是以书信方式进行汇款。信汇一般适用于与票号交往较多、汇兑款项比较大的工商业和个人。信汇的具体程序为:汇款人交款给票号之后,写信给收款人,票号也写信通告汇款地的分号或联号;收款人接到汇款人的信后,持信到当地票号中提取款项,票号接到交款的通知,即行付款。信汇多在熟人与有信誉的大商号之间使用。随着电信事业的发展,票号还开展了电汇业务,但电汇的范围要小于普通汇兑。票号汇兑业务中,往往是信汇和票汇相结合使用,没有明显的区分。如 1844 年 3 月至 1845 年 12 月蔚泰厚票号苏州分号寄往北京分号的信稿,75 项业务

---

① 沈时霖:《国内汇兑之手续问题》,《银行周报》,1923 年第 7 卷第 46 期。
② 《上海之国内汇兑》,《社会月刊》,1930 年第 2 卷第 1 期。

(共78项业务,其中3项业务未标明是信汇还是票汇)中,44项为信汇,其余31项为票汇。而同一时间段,蔚泰厚票号京师分号致苏州分号信稿,15项业务(共18项业务,其中3项业务未标明)中,信汇占3项,12项为票汇。1851年8月至1852年4月蔚泰厚票号苏州分号致京师分号信稿,65项业务(共66项业务,其中1项业务未明确)中,37项业务为票汇。①

国内旅行汇信,亦称为活支汇款,是为了便利旅行者而设立的汇款。旅客欲旅行各埠时,为避免携带现款之危险,可预交若干款项于银行,制定付款地点,并限定时期,请求银行出给汇信。旅行者达到各埠时,即凭预存印鉴,到各埠制定之同业或总分行取款。②

逆汇是银行或钱庄在本埠先付款于请求人,再于请求人指定之他埠银行或钱庄取回其款项,先付后收。逆汇方式有三种:押汇、购买外埠期票和代收款项。押汇为售货商将货物运售于外埠进货商时,进货商须在货到后方付款,售货商则在货物运出时,出具押汇汇票连同运输中货物的提单、发票和保险单等票据一并交于银行等金融机关,押取现金。银行取得上述各种票据后,即寄交进货商所在地之联行或代理行,嘱其通知进货商备款取货。押汇类似于国际汇兑的"购买委托书",买卖双方不必互相认识、互相信任,仅凭国内押汇业务,贸易即成,是银行为商品交易提供的一种融资方式,有利于国内贸易的发展。购买外埠期票的作用与押汇相仿。代收款项,简言之,是汇款人将外埠应收票据委托本埠银行或钱庄,嘱其外埠之联行或代理行代收款项。

其二,依汇款收付时期之不同,分为对交、现交、迟交。对交,即金融机构与顾客约定在两地同日交款。现交,即金融机构先在甲地收取现款,约定数日后在乙地交款。迟交,即金融机构与顾客约定托甲地分行或代理机构于某一日交款,而在乙地则须再迟几日,金融机构方可在乙地收款。③

---

① 中国人民银行山西省分行、山西财经学院《山西票号史料》编写组:《山西票号史料》(增订本),山西经济出版社2002年版,第1109—1158页。
② 顾准:《银行会计》,商务印书馆1938年版,第194页。
③ 李炳堂:《汉沪汇兑述要》,《银行杂志》,1923年第1卷第2期。

其三，依汇款货币单位之不同，分为银两汇兑、银元汇兑、银两和银元互汇。银汇（银两汇兑）指汇出地和汇入地，都以通用银两核算的汇兑方式。洋汇（银元汇兑）指汇出地和汇入地，都以银元结算。银洋互汇则指汇出地和汇入地分别以银两、银元结算。

其四，依汇款地域的双方或多方关系，分为直接汇兑与间接汇兑。直接汇兑指两地之间有直接汇兑行市，可直接依行市清算债务。如果两地之间没有直接通汇业务，则必须借助于两地之间的公共通汇地行市，间接计算两地行市，进行汇兑结算。间接汇兑，有时涉及多个商埠的债权债务结算，形成一种三角或者多角汇兑关系。

例如，石家庄为山西和天津之枢纽，此间银行之业务概以代收货款及汇兑为主，其汇兑以对天津者居多，目下汇往天津，每千元约需汇费五元，货车运现费，由天津至石家庄，每千元约需三元七八角，北京至石家庄需二元。此间进出口货付价办法，均适用五日或七日期之期票，俗名五七期票，通常于七日后付款。商人多以此期票售与银行，拆取现款，此间银行全恃购买此类期票以博利，其数实较汇兑为多。目下期票行市，每千元约在十四元之谱。①

中国国内汇兑专营此项业务的金融机关，晚清时多为票号，辅以宁波商人创设的民信局。进入民国，票号相继倒闭，民信局被官办邮局挤兑而消失殆尽，钱庄和新式银行成为国内汇兑的主要机构。票号衰落后，钱庄以上海为中心，以各地钱业的申汇市场为依托，通过各地钱庄经办全国重要商埠间的资金划拨与调度，使埠际款项划拨畅通无阻。中资银行成立后，汇兑成为与存款、放款并列的三大业务之一。各大银行通过遍布全国的分支机构，广泛开展国内汇兑业务。除此之外，还有外国银行、邮政局等机构亦经营汇兑。新式银行汇兑业务，除设立分支机构外，还通过与他行或代理机构签订汇兑协议，以便调剂异地金融。银行汇兑，乃银行预先与其外埠总分行或同业各行约定互相存放款项，然后为两埠间之债权人

---

① 《石家庄之经济状况》，《中外经济周刊》，1926年第181期。

与债务人清理其债权债务之一种交易。①

异地间发生债权债务关系清算,需要买卖汇票进行结算。卖汇者和买汇者均以汇兑机关为中心。如欲发出汇票以收取其债权者,可将汇票卖于汇兑机关;欲寄送汇票以了结其债务者,亦可向汇兑机关购买汇票,因汇兑机关各地有分支机构或者代理行号。

---

① 杨汝梅编:《新式银行簿记及实务》,中华书局1939年版,第152—153页;顾准:《银行会计》,商务印书馆1938年版,第193页。

第五章

山西票号汇兑

第一节　山西票号的金融创新：专营汇兑

唐代的飞钱到宋代的交子，虽已初具汇兑功能，但其主要限于官府经营。从明代开始，随着商业活动的日益频繁和贸易规模的逐步扩大，加之金属货币运输的不便，汇票逐渐突破官府汇兑的范围，在地方和乡里之间的圈子里流行起来，而民间也出现了使用汇票的零星记载。这一时期，汇票多由商人兼营，但它已经成为商旅进行异地拨兑、转移货币的重要手段。这一现象不仅反映了异地汇兑社会需求的日益增长，也预示着专营汇兑机构诞生的可能性。山西票号作为专营汇兑业务的机构出现后，汇票作为异地汇兑业务的专门票据，在民间得到广泛的应用。它作为一种创新的信贷工具，解决了不同地区间由于长途贩运而形成的债务清算、资金平衡等一系列复杂问题而产生的信贷工具，是票号的一大金融创新。

票据是现代交易的媒介和经济社会的信用工具，是代表现金流通的有价证券。金融是商业的血液，票据是金融的脉络，而票据的重点在于流通。故伴随商品货物交易过程中的票据，与其说是纸币化的支付工具，不如说是市场中的信用筹码。

汇票是13世纪佛罗伦萨银行家为了使商业活动更安全、防止钱财被盗而创建的一种影响很大的信用创新。① 它在产生之初，是私人通过银行办理国际信用转让的主要形式。即它答应在不久的将来某一天，向另一个城市中的某一个具体的人支付一笔款项。16世纪中叶前，汇票这种信贷手段很快就发展为债券证书，成为货币的一种更复杂的形式。② 此时，开具汇票的机构不仅仅限于银行，商人之间也可以通过开据汇票，用一个方向所欠的债务冲销另一个方向所欠的债务；或者更精确地说，冲销任何另一个方向所欠的债务，以减少以货易货、当面清账，或用大量硬币、金银器皿、金银块支付的必要。1600年以后，随着商业活动的扩大，汇票从可转让向可流通发展，以弥补日益增加的不熟悉和不确定性。至此，可以转让和采用"贴现"的汇票像货币一样在人们中间流通。有良好信用的票据，可作为金银块储量的替代品流通于市面，其优势不仅在于避免了铸币因频繁使用而产生的磨损，更在于极大地便利了大额支付交易。同时，信用票据的发行与流通，使得交易者在进行价值交换时，能够如同使用等额的硬币一样高效地完成其核心功能，而无须携带或储备大量实体货币，从而减轻了资金流转的负担。正如马克思所言："就这种票据由于债权和债务的平衡而最后互相抵消来说，它们是绝对地作为货币来执行职能的，因为在这种情况下，它们已无须最后转化为货币了。就像生产者和商人的这种互相预付形成信用的真正基础一样，这种预付所用的流通工具，票据，也形成真正的信用货币如银行券等的基础。真正的信用货币不是以货币流通（不论是金属货币还是国家货币）为基础，而是以票据流通为基础。"③信用货币被创造后，增加了社会的货币流通量。新增加的货币流通量，除一部分弥补原来的货币供应短缺外，还可通过商品贸易活动和资金市场实现货币的转移。若想获得更大范围的信贷扩张，以及信贷期限的延长，必须进一步强化利用商业和信贷工具来加速货币流通的需要。为了达到这样的目的，信贷工具就必须是可以汇兑的。

---

① 学者们对汇票起源的说法莫衷一是。有些人声称，各国国王曾给他们的财务官员开据付款证书，此举成为惯例后就创造出了汇兑票据。佛里斯在1902年10月的《美国史学评论》上发表文章，指明圣殿骑士团用汇票在各个辖区内调拨钱财。
② （英）约翰·希克斯：《经济史理论》，商务印书馆2002年版，第61页。
③ 马克思：《资本论（第3卷）》，人民出版社2004年版，第450—451页。

中国传统的金融票据主要有钱票、银票、庄票、汇票、支票等形式。钱票、银票和庄票虽可代替货币流通,但只是一种纯粹的信用工具,功能与范围只局限于票据。"尽管这种票据还只是在当时的货币制度所允许的条件下,配合制钱(或银两)发挥流通手段和支付手段的作用"[①],但这些商业票据并未能通过背书、贴现、转让等途径得以流通。而汇票的特点在于流通,而汇票流通的基础在于汇票的转让,即票据权利的让与。背书作为持票人以转让票据权利于他人为目的,在票据正面、反面或空白处所作的一种票据行为,是汇票的最基本特征之一。汇票以背书转让或者以背书将一定的汇票权利授予他人行使。背书人以背书形式转让汇票后,保证对后手所持汇票的承兑和付款之责,背书人在汇票得不到承兑或付款时,应当向持票人清偿相关金额和费用。汇票则为异地汇兑业务的专门票据,作用在于调度不同地区间的资金流动。在信用货币产生以前,全社会的货币供应量仅局限于手持现金,即 M0 或手持货币。信用货币产生后,全社会的货币供应量大大拓展,从狭义货币供应量 M0 扩大到广义货币供应量 M2;再按照现代金融理论中的乘数原理,基础货币经过流转得以不断膨胀。汇票以一种商业信用票据化的形式加快了资金流通,节省了金属货币。它的广泛使用,不仅行使了货币功能,还实现了信用的创造与扩展。

票号的汇兑业务原是为了满足埠际贸易的要求而兴起的,它有效解决了不同地区间由于长途贩运而形成的债权债务清算和资金平衡等等复杂问题。这一信贷服务的出现加速了口岸和内地城镇商品流转的速度,起到了扩大国内市场的作用。

第二节　山西票号的汇兑业务

一、票号本平、余平

1933 年废两改元之前,中国各地通用货币复杂烦琐,银平色差各不

[①] 张国辉:《中国金融通史(第 2 卷)》,中国金融出版社 2003 年版,第 21 页。

第五章　山西票号汇兑

划一,为异地货币兑换和商贸往来结算带来一定的烦琐。票号通过自设平砝,用本号的砝码同当地平砝校对,得出较本号平砝每百两是大若干还是小若干,据此收交各地银两,开展"汇通天下"的汇兑业务。在纷繁复杂的货币制度下,票号平砝的运用,起到了至关重要的角色。它实际发挥了"标准货币"的职能,为不同经济主体之间的贸易结算提供了统一、便捷的衡量标准,并促进了贸易活动的顺畅进行。

中国缺乏统一的货币制度,各地所用平砝千差万别,纹银成色高低不平。"故欲由甲地送银于乙地,不可不先考两地间通行之平与通用之银质,此为汇兑市面起之原因。"[①]票号在各地周行银两、平砝参差不齐的情况下自设平砝,通过异地折合,起着统一平砝的作用。本平把各种平砝收交的银两权衡统一起来,实现汇兑的同时,也使票号债权与债务在账簿中有了统一的单位,成为票号记账中不可缺少的元素。但票号的本平,各家互不参用,极不一致。本平不仅在三帮和不同的联号中不统一,就是在同一联号中也是各自为政。同属山西祁县乔家的大德通和大德恒虽是一个联号,但二者本平与各路平砝折算标准不一,总有大小之差数。如北京京公砝每百两比大德恒本平小2.7两,比大德通本平则小2.71两。上海申公砝每百两比大德恒本平小1.22两,比大德通本平小1.28两。[②] 本平不仅是汇兑的必要,而且也是票号记账中必不缺少的元素。只有本平才能把用各种平砝收交的银两权衡统一起来,使得票号债权债务在账簿上有一个统一的单位。否则度量衡单位不统一,就不能正确地反映出票号的资产负债情况。[③]

票号的本平,各家均有差异,极不一致。因为各家票号初设时,所设的本平并不是相互参用的,各自为政。本平不仅在三帮和不同的联号中不统一,就是在统一联号中也是各自为政。如蔚泰厚票号道光二十四年(1844年)3月至道光二十五年(1845年)12月间,苏州分号致京师分号信

[①] 君实:《记山西票号》,《东方杂志》,1917年第14卷第6期。
[②] 中国人民银行山西省分行、山西财经学院《山西票号史料》编写组:《山西票号史料》(增订本),山西经济出版社2002年版,第694—695页。
[③] 中国人民银行山西省分行、山西财经学院《山西票号史料》编写组:《山西票号史料》(增订本),山西经济出版社2002年版,第694页。

中,汇兑业务中即使是同一家客户,不同时期的平砝比较都不一样。如通元美足纹银,1844年6月2日,每百两比咱平大三钱六分;6月12日和6月16日,则每百两比咱平大三钱八分。同样是京平足纹银,在平砝比兑时,每百两,有的比咱平大三钱二分,有的小二两二钱二分。[①]

废两改元之前,中国各地货币纷繁复杂,银平色差参差不齐。欲汇款至某处,应先知其地所用何种银色的银两,并比较其平比此地大或小若干。掌握票号在各地平砝周行银色以及平砝大小,是票号从业人员必备的技能。

如《周行银色歌》[②]所述:

天津"化宝"松江京,"番银"出在广朝城,
上洋"豆规"诚别致,"公估纹银"西安行,
票色重贵"足纹"原,云南"票锭"莫忘情,
"川白锭"出成都省,"荆沙老银"沙市倾,
"二四估宝"属汉武,桂梧"化银"计分明,
"常纹"周在湘潭县,长沙"用项银"出名,
常德"市纹银"为主,金陵"项化"是足色,
粗俗不堪入目视,诚恐难计随后诵。

这首《周行银色歌》,表达了天津用化宝银;京师用松江银;广州城用番银;上海用豆规银;西安用公估纹银;陕西三原用足纹银;云南用票锭;成都用川白锭,也就是川白银,即票色银;沙市是荆沙老银;汉口用二四估宝银;广西、桂林、梧州等地用化银;湘潭用常纹银;长沙用"用项银",即用项银锭,也叫公议十足银,重量约十两左右,实际化验仅得存银九九八,到1915年左右,此项纹银市面极少[③];常德用市纹银,金陵即南京采用足色银项化。

---

① 中国人民银行山西省分行、山西财经学院《山西票号史料》编写组:《山西票号史料》(增订本),山西经济出版社2002年版,第1109—1130页。
② 卫聚贤:《著述:山西票号之最近调查(续)》,《中央银行月报》,1937年第6卷第12期。
③ 中国银行总管理处编:《内国汇兑计算法》,中国银行总管理处1915年版,第233页。

表 5.1　　　　　　　　　大德恒本平和各地平砝的比较表

地名	周行银色及各色银两之成色	使用的砝平比大德恒砝每百两大小若干两 砝平名		各地平砝比祁县公平大小若干两① 每百两比恒砝大小若干两
京师	①"足纹银",足色 ②"松江银",98色 ③"马店儿松江银",97色	京公砝	小 2.7 两	小 2.2 两
		京公平	小 3.3 两	小 2.8 两
		京二两平	小 5.3 两	小 4.8 两
		京二七平	小 5.4 两	小 4.9 两
天津	①"化宝银"为主,991色 ②"白宝",足色	津公砝	小 2.98 两	小 2.48 两
		西公砝	小 3.04 两	小 2.46 两
		议公砝	小 3.3 两	小 2.58 两
		老钱平	小 2.54 两	小 1.96 两
		老行平	小 2.48 两	小 1.95 两
		新行平	小 2.42 两	小 1.84 两
		津粮平	小 1.6 两	小 0.98 两
上海	①"豆规银"为主,有名无银;同帮以申公砝规银1 000两,顶申公砝足银931.5两 ②"公估二七五宝",每锭升色②2.75两,其20锭是1 055两;其1 000两以九八升规银1 076.55两③ ③"漕平宝银",其1 000两合漕平银928.9两	申公砝	小 1.22 两	小 0.61 两
		豆规平	小 0.96 两	小 0.34 两
汉口	①"估宝银"为主,992色 ②"二八估宝银",992色 ③"洋例银",98色 ④"它纹银",987色	汉估平	小 3.8 两	—
		汉钱平	小 2.9 两	小 2.25 两
		汉漕平	小 1.54 两	小 2.25 两
		汉参平	小 1.64 两	小 0.92 两
		汉九八平	小 3.4 两	小 1.64 两

---

① 原文为"祁结"。
② 原文为"伸色",按照意境改为"升色"。
③ 《山西票号史料》中写的是"公估二七宝",但原文[出自卫聚贤:《著述:山西票号之最近调查(续)》,《中央银行月报》,1937年第6卷第12期]中为"公估二七五宝"。《山西票号史料中》写的"其1 000两以九八伸规银1 077.55",原文应该是"1 076.55"。

续表

地名	周行银色及各色银两之成色	使用的砝平比大德恒砝每百两大小若干两 砝平名		各地平砝比祁县公平大小若干两 每百两比恒砝大小若干两
安东	"镇漕宝银"为主,名为992色,实则不过856之谱	镇平	小1.54两	小0.92两
太谷	"镜宝银"为主,98色	谷公平	小1.86两	小1.25两
祁县	"镜宝银"为主	祁公平	大0.62两①	—
		祁库平	大0.98两	—
平遥	"无色宝银"为主	平市平	小2.4两	
太原	"足宝银"为主	省市平	大0.9两	
		藩库平	大0.1两	
		红封平	大0.88两	
		大宝平	大0.168两	
		街市平	小0.1两	
广东	①周行以錾碎洋钱,名曰"番银"为主 ②三库(即藩、运、海关)以纹银为主,藩库纹银换"番银",每千两升水98.9两;运库纹银升92.3两,海关库纹银升110余两,其升水随时涨落 ③又有宗"光洋",换番银,每千元可得水20元上下	九九七司马平	大1.02两	大1.7两
		九九八司马平	大1.11两	大1.8两
		九九五司马平	大1.5两	
		老司马平	大2两	
		番平	大2.1两	
		藩库平	大1.6两	
		运库平	大1.74两	
济南	"足宝银"为主	济市平	小0.74两	
营口	①周行银色与沈阳一样 ②"现抗银"② ③"过炉银",平素过炉换现银加色10~20两不等	营平	小2.6两	小2.1两

① 按照山西票号史料脚注,此处应为"小0.62两"。
② 《山西票号史料》中写的是"现抗银",原文为"现抗银"。

续表

地名	周行银色及各色银两之成色	使用的砝平比大德恒砝每百两大小若干两 砝平名		各地平砝比祁县公平大小若干两 每百两比恒砝大小若干两
沈阳	"锦宝银"为主,惟现银缺乏,以拨兑为是	沈厂平	小 3.42 两	小 2.3 两①
		沈平	小 2.8 两	—
		孤山平	小 1.73 两	—
苏州	①"关批票纹银"为主 ②"西批票纹银"比关批票,每千次色 2 两 ③"三封银",其 1 000 两顶关批票纹银 903 两	苏漕平	小 0.86 两	—
		苏参平	小 1.7 两②	—
		新漕平	小 0.62 两	—
沙市	①"荆沙银"为主,98 色 ②"荆沙现银",比荆沙银每千两高色 20 两	荆沙平	小 2.64 两	小 2.04 两
重庆	"票色银"(即川白银)为主,足色	渝钱平	小 3.3 两	小 2.7 两
汴梁(开封)	①周行"足宝银"为主,本地会兑亦然 ②外县有"二八足宝银""二七足宝银"不等	汴平	小 1.4 两	—
		汴天平	小 1.1 两	—
		二六汴平	小 1.6 两	—
		周行平	小 1.7 两	—
		汴行平	大 1.33 两	—
清化	"足宝银"为主	清平	小 2.08 两	小 1.34 两
怀庆	"足宝银"为主	怀市平	小 2.08 两	—
孟县	"足宝银"为主	孟粮平	小 0.98 两	—
禹山	"足宝银"为主	禹会平	大 0.35 两	—
鲁山	"足宝银"为主	鲁公砝	小 0.12 两	—
周口	"足宝银"为主	口南平	小 0.76 两	小 0.14 两
		口北平	大 0.58 两	大 0.02 两

① 原文为"祁结 2.3 两"。
② 《山西票号史料》中为"小 0.17 两",是错误的。因为原文为"小一两七钱",即应为"小 1.7 两"。

续表

地名	周行银色及各色银两之成色	使用的砝平比大德恒砝每百两大小若干两 砝平名		各地平砝比祁县公平大小若干两 每百两比恒砝大小若干两
周村	"宝银"为主,收交皆归钱铺拨兑	村钱平	大 1.4 两	—
		周会砝	小 1.74 两	—
烟台	①"公估白银"为主,原烟地银色合公估白银 98 之谱;外地运人之银,均得到"公估局"估好,始能通行 ②"白宝银",有名无实;周行收交,皆以估银加减,抵付各庄	烟漕平	小 1.34 两	—
西安	"足纹银"为主。	陕议平	小 3.3 两	
		陕库平	大 0.65 两	
兰州	"足纹银"为主	兰布平	小 1.68 两	—
		兰钱平	小 3.68 两	—
		川九七平	小 3.18 两	—
		新湘平	小 3.48 两	—
		兰库平	大 0.72 两①	—
三原	"足纹银"为主	泾布平	小 0.72 两	
张家口	"足纹银"为主	口钱平	大 1.2 两	大 1.82 两
归绥	"足宝银"为主	城钱平	大 0.54 两	大 1.16 两
包头	周行"杂宝银",有点银、现银、拨兑银之分别,点银、现银掉拨兑银,每百两差钱二千上下	包平	大 0.2 两	
清江	①周行"二六宝银"为主 ②钱庄以"二五宝"为主 ③老银二七五宝,即是库宝	七点平	小 1.4 两	
		浦平	小 2.1 两	
		镇江平	小 1 两	
杭州	"杭锭银"为主	街市平	大 1.85 两	
凤凰	周行银色,与沙河一样	凤市平	小 1.54 两	—

① 《山西票号史料》中写的是"小 0.72 两",但原文是"大 0.72 两"。需要考证哪种是正确的。

续表

地名	周行银色及各色银两之成色	使用的砝平比大德恒砝每百两大小若干两 砝平名	各地平砝比祁县公平大小若干两 每百两比恒砝大小若干两
黑龙江	"大翅宝"为主名,名为992色,实则967色	江市平 / 小2.7两	—
锦州	"锦宝"银为主	锦平 / 小1.74两	—
吉林	"大翅宝"为主,53.5两为一锭,992色,实则99之谱	厂平 / 小3.1两	—
宽城	"大翅宝银"为主,99色	宽市平 / 小3.34两	—
凉州	"纹银"为主	凉文平 / 小3.1两	—
凉州	"纹银"为主	凉行平 / 小3.7两	—
保定	"足宝银"为主	保平 / 小0.64两	—
保定	"足宝银"为主	保市平 / 小0.24两	—
忻州	"足宝银"为主	忻市平 / 小0.78两	小0.16两
宗艾	"足宝银"为主	艾会平 / 大0.78两	大1.4两
交城	"镜宝银"为主	交市平 / 小1.02两	—
文水	"足宝银"为主	文市平 / 小1.2两	—
长沙	①"用项银"为主 ②"解项银"比"用项银"高色二三两	长沙平 / 小2.8两	—
赊镇	"足宝银"为主	赊市平 / 小0.58两	—
赊镇	"足宝银"为主	赊钱平 / —	—
赊镇	"足宝银"为主	老湘平 / 小5.3两①	小1.84两②
赊镇	"足宝银"为主	比议平 / 小2两③	—
徐沟	"足宝银"为主	徐市平 / 小0.58两	—
榆次	"足宝银"为主	榆市平 / 小1.12两	—

---

① 《山西票号史料》中"小5.3两"对应的是"赊钱平",但原文是指"老湘平"。
② 原文为"祁结1.84两"。
③ 《山西票号史料》中写的是"小2.3两"。

续表

地名	周行银色及各色银两之成色	使用的砝平比大德恒砝每百两大小若干两		各地平砝比祁县公平大小若干两
		砝平名		每百两比恒砝大小若干两
扬州	本地及镇江周行"二七宝",足色	扬漕平	小1.2两	—
		镇江平	小0.96两	—
黑龙江	大翅宝银为主,原名992色,实则不过967色	江市平	小2.7两	—
彰德	"足宝银"为主,因足银缺乏,另有"九九银"比足银次色10两,各为99,实则不足99	彰平	小0.4两	—

资料来源:《山西票号史料》,第697—701页;卫聚贤:《著述:山西票号之最近调查(续)》,《中央银行月报》,1937年第6卷第12期。

票号的汇兑业务原是为适应埠际贸易的要求、解决不同地区间由于长途贩运而形成的债务清算和资金平衡等一系列问题而产生的。票号的立业之本和利润源泉即余平。余平是指票号在收交银两中,由于各路平砝折合关系而余出来的银两。它是票号借助其本平和各地平砝的折算而产生的营业外收入。票号伙友通过熟记平砝和银色歌,选择有利的平砝从事收交活动。如按照平砝折合的惯例,北京"京公砝"比祁县"祁公砝"每百两小2两2钱,按照二者的比例,某商号从北京汇往祁县京公砝1 000两,在祁县交祁公平978两。但大德恒票号有其自己的本平,且京公码每百两比大德通本平小2.7两,祁公平每百两比大德恒本平小0.62两。以大德恒本平为准,京公砝每百两比祁公平小2.08两。如此,按照惯例的每百两2.2两差额和按大德恒票号本平折算的2.08两之间即有了0.12两的余平。[①] 票号利用本平和余平制度,获利颇大。随着水陆交通、信息传递的现代化和商业发展的变化,特别是外国银行的入驻和金融理念、行业标准的渗透,钱庄和新式银行开始经营汇兑。在外国银行实现对中国金融市场的控制后,票号传统的汇兑业务自然走向衰落。

---

① 中国人民银行山西省分行、山西财经学院《山西票号史料》编写组:《山西票号史料》(增订本),山西经济出版社2002年版,第695页。

二、汇兑区域

山西票号经历了发展、繁盛、极盛到衰落四个时期,前后发展百年之久。第一个时期是 1823 年前后到 1861 年,是山西票号的产生与发展阶段。到 19 世纪 60 年代,三帮共有票号 14 家,分号 27 家,其分号遍布北平、张家口、天津等地,但其分号以京师为中心,以内陆商埠为重心,业务重心集中于北方。第二个时期,即票号发展的繁盛期,是 1862 年到 1893 年。第二次鸦片战争之后,中国对外通商口岸由第一次鸦片战争前仅广州一处增加到 18 处,并形成了洋货进口和土货出口的几个主要港口,中国的经济重心也在慢慢南移。在业务不断增加的情况下,其票号总数也由原来的 14 家增加到 28 家,其伸展趋向,除迅速向上海、杭州、厦门等东南沿海辐射外,还向营口、南昌、梧州、贵阳、昆明、兰州等东北、西南、西北边远地区发展,以顺应东西南北货物流通的需求。其设分号的城镇由 19 世纪 60 年代的 27 个增加到六七十个。其中,上海作为中国各港口中最大的也是唯一的直接输出港的港口,在光绪三年(公元 1875 年)有蔚丰厚、百川通、日升昌、协同庆等 24 家票号,此后又陆续增加了 15 家,以适应百货出入浩大频繁、金银和通货集散亦极繁盛的金融需求。可以说,此时的山西票号足迹遍布全国货物集散的各个港口重地,形成了一个联系密切的全国汇兑网。山西票号发展的第三个时期即它的极盛期。从 1894 年到 1911 年,这个时期的山西票号开始了在国外设庄的历程:1901 年成立的永泰裕票号,看出中印贸易即将大发展的趋势,率先在印度的加尔各答设庄;1906 年成立的平遥宝丰隆,也在加尔各答和拉萨等地设了庄。此阶段的山西票号在国内设立的总号和分号基本定型,只是随局势变化,票号的发展一度受到打击。第四个时期为 1911 年 10 月到 1921 年,是山西票号的衰败期。辛亥革命后,各地票号纷纷宣告倒闭破产。1916—1919 年间,山西票号 20 余家相继倒闭,仅剩大德通、大德恒、三晋源 3 家。

三、收交业务

票号汇兑业务收交平衡原则为:有收必有交,收交必相等;有来必有去,来去必相等。本书以《山西票号史料》和《晋商史料集成》中刊载的书信和账簿为基础,分析其汇兑的收交业务。

日升昌票号张家口分号致京师、汉口分号的信稿中,使用了"收会去""定会过""会来""会去""收会过""交会去""交会过"等词语,这些专业术语中,哪些代表收项?哪些代表交项?蔚泰厚票号苏州分号致京师分号信稿中,使用"会借过"等词语。本节根据信稿的上下文释义,依据票号在一地开出汇票,要求另一地分号进行付款,对于开出汇票的当地为收项,对于交付款项的当地为交项,进行区别和判断,得出以下结论:

交项:收会来、会来、交会去(过)、会用过。

收项:收会去(过),交会来。

但是"定会过"有时代表的是先收后交,有时代表的是先交后收。如蔚泰厚票号苏州分号致京师分号,咸丰二年正月二十七日托天成局捎去第 72 次信中提及,"今与聚锦良定会过苏交京收伊银二万两,我号在苏本月二十六日至二月初十日交伊关批足纹银,伊在京三月十五、二十日,四月初十、十五日无利各还咱足纹银五千两,如在京迟交一二天,按京时利扣加,其平照前比我号合砝每百大三钱二分,所有早交日期按月四厘与我行息在苏结楚外,每千两贴我号会银八两五钱,与我号立来五千两会票四张,至〔于〕会票随后托妥捎去"①。此例中的"定会过"就是先交后收。

[例1]"收会去谷交温淋兄镜宝银四百零五两,与伊立去会票一张,注在谷正月底日升世内见票无利交结。"即日升昌票号张家口分号在张家口开出会(汇)票一张,注明在太谷正月底,由太谷的日升昌票号见票无利交付镜宝银 405 两。所以,"收会去"业务属于对于张家口分号是收项;对于太谷则是交项。

[例2]"又现收会过河口交合盛永合〔河〕宝足银二千两,与伊立去会票一张,注定在河口四月初十至十五日见票无利交伊。"此例中,日升昌张家口分号在张家口开出会票一张,注明在河口四月初十至十五日见票无利交宝足银 2 000 两。所以,"收会过"业务对于张家口分号,也属于收

---

① 中国人民银行山西省分行、山西财经学院《山西票号史料》编写组:《山西票号史料》(增订本),山西经济出版社 2002 年版,第 1173 页。

项。

［例3］"苏会来口交乾泰永足宝银二千两,俟期照信注账交结。又统来万盛成二千两会票一张。"此例中,日升昌票号张家口分号收到苏州分号会来会信或者会票,要求在张家口交银。所以,"会来"业务属于交项业务。

［例4］"再者前会去汉口交兴盛成足宝银一千两,今与伊立去会票一张,注定在汉七八月随伊便用,未较会砝,其平比咱本合砝每五十两大一钱五兑。再报前会去苏三月二十至二十五日交兴盛玉西批足银二千两,以〔已〕定不立票砝,各依信为凭。"此例中,日升昌张家口分号在张家口开具会票一张,以信为凭据,要求汉口分号和苏州分号在未来某一天交对应的银两。所以,"会去"业务对于张家口分号属于收项。

［例5］"又依汉信交会去汉收甫升旭下炉足纹银五千两,言定在汉十、冬月二十日无利各收伊,下炉足银二千五百两,照期与咱立有二千五百两会票二张,无砝,其平即照原会来之砝,每百两比本合砝大二钱二兑,咱在口四月二十日交过伊足宝银,早交之日按月四厘〔与咱行息〕,连闰月现扣过伊纹利银外,每千两贴咱费银一十二两,今将伊会票二张随信统去,至祈查收注账。"此例中,汉口收下炉足纹银5 000两,张家口交银,故对于张家口分号属于交项。

［例6］"又遵泾信交会过泾收世丰珍、新盛魁足纹银二千五百两,二字号与咱立来会票一张,咱在泾七月底收伊陕足银,在口四月十九日交过足宝银,外加伊空期七十天,俱按月六厘现扣过伊元利〔银〕。"此例中,"交会过"类似于"交会去"业务,属于交项业务。

［例7］"又收会过苏二月交□□□批银一千四,得期四十五天外,得贴资足纹银一十四两。"此处的"收会过"应该指的是票号先收银,未来某一天在某地交银,故认为它类似于"收会去"业务,属于收项。

［例8］"今于二十六日胡廷瑞老爷会用过九七五平九九苏它纹银五百两,立来会票一张,注以月一分二跟息,在汉、德、成、湘号见票本利归还,未较会砝,比咱合砝每五十两小一两二钱五□,至祈照票收给是妥,此项在京帖〔贴〕过咱现色银五两。"此书信中提到的"会用过"应该指的是票

号先交银给顾客,顾客约定在未来某一天还银,类似于"交会去"。故将此类业务归于"交项"业务。

[例9]"定会过九月初一日汉交下庐足银三千两,咱在口年四两标分收,自收银之日,各依各标口规与伊行息外,每千贴伊银六两。"此例中,日升昌票号汉口分号1849年9月1日在汉口交给某位顾客下庐足银3 000两,约定在张家口按照标期规定分次收银。故,"定会过"业务属于先付款,后收款的逆汇业务;对于张家口分号来讲属于收项业务。

[例10]而蔚泰厚票号的信稿中还有"会借过"一项业务,如咸丰二年正月二十七日苏州分号致京师分号信中提及,"又天祥号会借过咱足纹银一千两,未立票砝,与咱立来未封口信一封,言明在京二月二十七日无利还咱,其平照旧比我号合砝每百大三 钱,共扣过伊利费银一十四两,至期均照信票收交为妥"。根据上下文分析,此项业务应该是先交后收,属于收项业务。

对于"会去"和"会来"业务,需要根据上下文判断是收项还是交项业务。票号信稿中的交项包括:收会来、会来、交会去、交会过、会用过。收项包括:收会去、收会过、交会来。而定会过,有时候指的是先收后交,有时候指的是先交后收。票号的账簿中,具体如何运用收交业务,且看具体账簿分析。

[例11]咸丰九年十月成记票号湘潭、长沙总结中,收泾号、京号、济号、重号、沙号、苏号、汉号会票都属于"收会去"业务;而交苏号、沙号、汉号会票都属于"交会去"业务。

[例12]同治六年(1867年)11月蔚长厚票号上海通年总结账中,有"收平会来票项合砝平足纹银三两四钱、收京津会来票项合砝平足纹银三万七千九百九十七两三钱九分、收江河会来票项合砝平足纹银八万零六百七十六两七钱三分、收闽会来票项合砝平足纹银四万五千六百七十两零六钱七分、收汉会来票项合砝平足纹银三万七千六百三十二两二钱三分、收城会来票项合砝平足纹银一万零三百三十七两二钱三分"等内容,说明有"收会来"此项业务;同时还有"交平会来票项合砝平足纹银四百九十五两二钱八分、交京津会来票项合砝平足纹银七万零六百九十四两四

钱七分、交江河会来票项合砝平足纹银六万八千零九十六两八钱四分、交汉会来票项合砝平足纹银二万八千一百八十六两三钱六分"等内容,代表有"交会来"此项业务。

四、寄送机构和频次

在 1897 年中国官营邮政制度开始之前,票号汇兑业务的书信和汇票寄送机构一般是民信局,或熟人捎寄,或公脚寄送。寄送人对信的送达负有一切责任,如途中有遗失等情形,则由信局挂失,停止付款。倘因此延误时日,导致汇款人受汇兑市面上之损失,须由信局赔偿。[①] 本节以《山西票号史料》和《晋商史料集成》中刊载的蔚泰厚、日升昌、中兴和、百川通、锦生润等几家票号的信稿为基础,分析票号书信以及汇票的寄送机构和寄送频率的变化。

1844 年,蔚泰厚票号苏州分号致京师分号信,寄送机关为天成局,寄送频率为,2~6 天寄送一封信;而京师分号致苏州分号信,寄送时长最短为 13 天,最长为 22 天,平均为 17.5 天。1851-1852 年,蔚泰厚票号苏州分号寄往北京分号的书信,主要由天成局和正大局两家机构寄送;寄信的频次为 3~4 天;而从北京分号寄往苏州分号的信稿,时长短则 13 天,长则 29 天,以 15~20 天为主。

日升昌票号从 1870 年,一直到 1900 年,平遥分号致成都、京师等地分号的信件,采用公脚寄送方式,且是各大票号互相寄送。日升昌曾采用蔚丰厚、百川通、天成亨、新泰厚、日升昌经理等的公脚寄送。

百川通票号北京和福建分号的通信主要由天津、上海两地转递,北京寄往福建的时间间隔没有固定的时间,短则 1、2 天,长则 10 天以上。在统计的 33 封信中,10 天以内的仅占 6 次,其他大部分时长在 10~14 天之间。而由福建寄往北京的信,1867 年的几个统计时段,因为是年关结账期,时长以 4、5 天为主。1868 年的几次收信时段也不太固定,短则 3 天或 5 天,长则 24 天,大部分时长以 8~14 天为主。

[①] 君实:《记山西票号》,《东方杂志》,1917 年第 14 卷第 6 期,72-82 页。

1905年中兴和票号天津分号到祁县总号共寄出62封信,收到106封信;寄信时长平均为4~6天,收信时长平均为3~6天;两地之间的书信主要由北京转寄。1906年第一季度,天津和祁县之间的往来信稿:寄23封,收30封;天津寄往祁县的时长平均为4~6天;天津收到祁县寄来的信件时长平均为1~4天,以4天居多,少部分为6天。寄送渠道依然为由京转去。1907年,中兴和票号营口分号寄往平遥分号的信件为58封,而营口分号收到平遥分号的信件为40封。从寄件频率看,营口分号寄往平遥分号的信件频率高于平遥分号寄往营口分号;从寄信和收信的时长看,从营口分号寄往平遥分号的时长以5~6天居多,而平遥分号寄往营口分号的时长以10天为主。寄送机关为邮局。汉口寄往祁县的信稿中,1909年寄送的46封信,如果由邮政局寄送,时效为5天左右,如果由京转寄,则为8~12天;1910年的17封信中,汉口到祁县的信稿时效为5~7天,其中以5天居多,尽管原信稿中未提及具体的寄送机关,但应该是以邮政局寄送为主;1911年上半年的时效为10天左右,寄送机关为邮政局。

1904年,锦生润票号由太谷寄往天津的信件,邮递时间为4~5天,寄送机关为德胜信局。1911年,锦生润票号太谷总号到沈阳分号的寄信频次为4~7天,个别时候达10天之久。寄送机关大部分为邮政局,极个别信件由元成标局寄送。太谷总号收到沈阳分号的信函频次则较为不固定,短则1天,长则11天,甚至长达20天之久,大部分时段为2~7天。1912年,锦生润票号太谷总号到沈阳分号的寄信频次短则5天,长则10天;太谷总号收到沈阳分号的信函频次则较为不固定,短则1天,长则12天。寄送机关大部分为邮政局。1914—1915年,太谷总号致天津分号信件频次以2~7天为主,其中又以2天和5天居多;天津分号致太谷总号的信件频次为1~4天,其中又以3天和4天为主。寄送机关为邮局。锦生润票号太谷总号到天津分号的书信寄送,从1904年到1915年10年间的变化来看,首先寄送机关由德胜信局转变为邮政局。

第六章

钱庄埠际汇兑

19世纪末,钱庄开始经办埠际资金划拨和调度。到光绪末年,钱庄利用其信用工具即汇票,在埠际商业活动中充当支付手段,灵活办理货款汇拨、结算,并形成以上海为枢纽的全国的内汇市场网络。

第一节 钱庄汇兑业务

19世纪70年代后,上海成为全国贸易重心和最大的转口码头,每日发生大量款项收解。钱庄以其灵活的埠际款项调拨方式,大量参与埠际间贸易货款的收解。钱庄没有分支机构,但因为对当地经济金融贸易情况以及商人信用程度的熟悉而具有灵活的运作,其适应性、广度和深度远远超过银行。从70年代开始,上海与镇江、汉口、重庆等地的商人进行货物往来,往往开始借助于钱庄承兑汇票对资金周转的调拨。钱庄也经常根据各地汇兑行市的起落差异,进行买进卖出,从事地区间的资金调拨。钱庄对埠际间资金的汇划和结算,使洋货得以顺利流入内陆基层市场,而土产货物集中于通商口岸。

上海钱庄业务上半年为丝茶,下半年为花粮。棉花、桐油、烟业等主要商品运销,皆借助于钱庄汇票、庄号汇票和庄客汇票等统称为申票的汇票进行资金的流转。申汇又称申票,种类繁多,主要有三种,即钱庄汇票、庄号汇票和庄客汇(客)票。① 上海商人赴外地办货,可持素有往来的上海钱庄开具的汇票,即钱庄汇票,到外埠后将该项汇票卖给当地钱庄,取得现款后进行买卖交易。而外埠钱庄则可以将该项汇票加价卖给赴沪办货的庄号,以供他们到上海进货,或邮寄抵欠。如果上海庄号到外埠办货,不向上海钱庄开具相应的汇票,也可由庄号到外埠后,开出令上海本庄号兑付的相应汇票,卖与汉口钱庄,即庄号汇票。但庄号汇票须有人担保,且行使多靠庄号信用。另外,如果内地商号或钱庄在上海单独或者合设坐庄,派庄客常驻,专为代理款项出入,内地商号向驻沪庄客开出的汇票,即称为庄客客票。如汉口花号在沪设有坐庄,如欲至沪办花,可向庄客开出汇票,卖与汉口钱庄,得款以之购花。汉口花号到其他地方去办花,亦多向上海庄客开具汇票。此种庄客客票在各行各业使用相当普遍,各地皆有。②

上海钱庄利用其对规元兑换的优势地位,代理同业各地汇兑。苏州、湖州、硖石、绍兴、杭州、南浔等地的钱庄,经常委托上海福康钱庄代为办理汇兑收解业务。③ 长江下游的镇江,是一个重要的货物集散码头。19世纪60年代的镇江,周转洋货内销已经是钱庄的一项重要业务。它们支付进出口洋货货款的主要方法是,开出由上海钱庄承兑的汇票,而又以在苏州收购的土产(主要是生丝)运到上海变价付款。④ 20世纪初,各地钱庄派驻上海驻栈。镇江钱庄派驻上海庄客的集中处所为上海润昌栈,润昌栈所有申庄庄客业务是办理汇兑,收解款项,不直接经营,多接受上海的银行钱庄放款,供本庄使用。每年茧市及小麦登场和秋收之际,陆续运现到各埠,以应季节性需要。⑤ 随后,南京、芜湖、汉口、扬州等地的钱庄也先后设庄于申。各庄负责兑付各自钱庄的汇兑票及收解款项。润昌栈申庄业务盛衰,是长江各埠钱庄业务兴替的标志。宁波与上海经济往来特别密切,规元买卖之数额因而也十分庞大。宁波钱庄多在上海争设申

---

① 中国人民银行上海市分行编:《上海钱庄史料》,上海人民出版社1960年版,第182页。
② 中国人民银行总行金融研究所金融历史研究室编:《近代中国的金融市场》,中国金融出版社1989年版,第32—33页。
③ 中国人民银行上海市分行编:《上海钱庄史料》,上海人民出版社1960年版,第793页。
④ 洪葭管、张继凤:《近代上海金融市场》,上海人民出版社1989年版,第114页。
⑤ 中国人民银行上海市分行编:《上海钱庄史料》,上海人民出版社1960年版,第183页。

庄,并派员驻绍兴套取绍酒、锡箔等出口汇款,投放上海。同时,汉口、重庆等地的商人如果要在上海采办洋货,其可以在当地一家钱庄说明来意,并在该钱庄押借一笔款项,而后,该商人将订货单寄给他在上海的代理人,钱庄经理也通知与该钱庄有关系的上海钱庄,并由上海的钱庄向洋行或中国的代理人来支付有关款项。① 如此,各地钱庄通过上海钱庄开出的汇票,灵活办理土货和洋货的货款汇拨与结算,不但使自身业务不断推广,也促进了商品的流通。

上海钱庄依托各地的钱业市场,将全国重要商埠连成一片。钱庄在外埠一般不设分支机构,但借助于各地钱业市场的业务联系,就能十分灵活地担当起异地之间资金和现洋划拨、运送等繁重任务。外地钱庄在资金多余时,即在当地申汇市场购入申汇;在资金紧缺时,售出申汇以回笼资金。钱庄将申汇作为调剂资金余缺的重要手段。上海内汇市场与全国各地的申汇市场因贸易转运和资金调拨频繁而紧密联系。② 外地金融业只要掌握申汇,亦就等于掌握现金。因为在申汇市场上随时可以售出变现,有了申汇,也就有了现金准备。

第二节 钱庄申汇网络

19世纪末,钱庄因其对当地经济金融贸易情况以及商人信用程度的熟悉而以灵活的方式进行埠际款项调拨,大量参与埠际间贸易货款的收解。钱庄利用其信用工具即汇票,在埠际商业活动中充当支付手段,各地钱庄灵活办理货款汇拨、结算。上海钱庄开出的汇票即申汇;流通甚广,各地钱庄都把申汇视为现金筹码。外地钱庄在资金多余时,即在当地申汇市场购入申汇;在资金紧缺时,售出申汇以回笼资金。各地金融机构、商号只要握有申汇,即等于掌握了现金。各地钱庄将申汇视为现金筹码进行买卖,申汇成为连接各地的媒介纽带,各埠间的款项结算、抵付都围绕着申汇进行。钱庄将申汇作为调剂资金余缺的重要手段,各地银根松

---

① 洪葭管、张继凤:《近代上海金融市场》,上海人民出版社1989年版,第114—115页。
② 洪葭管主编:《中国金融史》,西南财经大学出版社1993年版,第237—239页。

紧开始通过申汇得以紧密连接和相互影响。

汇兑是异地商贸活动不可或缺的重要组成部分。上海凭借其独特的自然地理位置,成为近代中国进出口贸易和国内各埠转口贸易的转运枢纽。申汇市场利用申汇进行埠际间的资金调拨和贸易款项交割,使上海成为埠际间贸易清算中心。20世纪初,各地钱庄派驻上海驻栈。申汇流通汉口、天津、青岛、重庆、南昌、宁波、杭州等地重要城市,形成申汇买卖进出的市场交易,即申汇市场。各地申汇买卖,多在钱庄所掌握的钱业市场中进行,各地钱业市场成为地区资金的调拨者和金融行市的掌控者,通过行市的上下波动对资金市场形成调节,使汇票的买卖大体得以均衡,有效促进商品和贸易顺利流通。全国重要的经济金融中心,如天津、汉口,自然成为仅次于上海的金融汇兑中心。另外,重庆、苏州、镇江等通商口岸因为土货的出口和洋货的进口,与上海的经济联系加强,也成为重要的汇兑中心。每个汇兑中心作为汇兑域中的焦点,再与其经济和金融的辐射与影响区域相连,形成了一个多层次、立体型的资金结算、调拨和周转网络。上海作为全国资金调拨的中心,以天津、汉口、重庆、镇江为支点,通过申汇的买卖和行市变化,将全国重要商埠连成一片,形成覆盖全国的放射性市场网络和汇兑体系,便利了埠际和地区间的资金周转流通。

天津作为华北重镇,伴随着货物流通和贸易昌盛,自然成为北方地区重要的债权债务结算中心。保定、大同、张家口、漯河等埠申汇皆以天津为转划。同时,北平、滕县、周口、安东、洛阳、营口等埠特多与天津发生汇兑关系。另外,运城等山西境内商埠也以天津行市为转移标准。归绥、包头多汇兑京津票。[①] 与天津毗邻的北京,在北洋政府时期前十年因政治和财政的影响,曾与上海共列南、北金融中心。但1927年以后,由于政府对经济中心的失控和金融中心的离向,北京的经济和金融中心转往上海和天津。

作为九省通衢的汉口,一方面受到上海金融市场的影响和制约,另一方面又凭借其较强的吸引力和辐射力,成为商品、物资和资金的集散地,影响着周边地区并成为内地的一大金融中心。汉口金融中心根据银根松

---

① 《各埠金融及商况》,《银行周报》,1918年第2卷第1期。

紧、洋厘大小和商贸繁盛情况,向所辐射和影响区域,调剂余缺或运送现银,以资接济,加速汉口和经济腹地的资金调剂及周转。各地客商前往以汉口为中心的经济辐射区收购或贩卖商品,所需款项由汉口调往周边各区域,或者所辐射和影响区域的资金集中到汉口,再由汉口在上海、天津等大金融中心调度。与之相关的汇兑区域主要包括沙市、宜昌、南昌、贵阳、万县、九江、重庆、长沙等。

晚清时期,重庆的汇兑业务主要集中在票号。宣统年间,随着川江轮运的开通,贸易扩大,汇划往来增多,与省外口岸汇兑业务增多,钱庄、新式银行逐步掌握汇兑市场。成都以重庆为转划,即成都交易之盛衰,向视渝埠为转移,而陕西潼川汇兑为潼交渝收。[①] 重庆的汇兑区域包括成都、潼川、万县、贵阳、宜昌等。

浙江地理位置紧邻上海,经济金融联系也相对活跃。早在鸦片战争以前,浙江宁波、绍兴、杭州等城市就有了钱业公所和钱业市场的存在。清中叶前后,浙江和苏南各地钱业市场相互联系,形成一定的金融市场圈。其中,上海、宁波、绍兴、杭州和苏州5个城市逐步发展成为中心市场,附近城镇的钱业市场行市都以这五个城市为准。[②] 苏州、杭州、宁波、镇江为主要的汇兑中心。其中,宜兴和常州以苏州汇兑行市为标准。1918年绍兴没有规元行市,进出上海须进杭洋由杭庄代收申元或由宁波代收,即以杭州和宁波转划。[③] 1930年,绍兴与上海汇兑有了直接行市。[④] 温州除向上海汇兑外,还向宁波汇兑,即"钱业概向申甬等处纷纷装现"[⑤]。衢州申汇以杭州为转移。扬州、清江浦、淮安以镇江汇兑行市为标准,滕县也与镇江发生汇兑往来。

厦门所处的地理位置与经济地位,决定了它是一个巨大的汇兑中心。厦门的汇兑网包括以下三个网络:以厦门为中心的东南亚地区的华侨汇款汇兑网;与国内各大商埠之间的埠际汇兑网;与港澳地区和上海之间的

[①] 《各埠金融及商况》,《银行周报》,1918年第2卷第1期。
[②] 中国人民银行总行金融研究所金融历史研究室编:《近代中国的金融市场》,中国金融出版社1989年版,第206—207页。
[③] 《记杭绍甬之金融及商况》,《银行周报》,1918年第2卷第22期。
[④] 《上海之国内汇兑》,《社会月刊》,1930年第2卷第1期。
[⑤] 《各埠金融及商况》,《银行周报》,1918年第2卷第16期。

申、港汇兑网。① 厦门与上海、香港之间频繁往来的申汇、港汇,其出入的数量甚为惊人。与上海、天津、汉口等地金融市场不同,广州金融业务受香港的控制和影响较为明显,港、穗之间的金融行市息息相关。广州、汕头、琼州等华南金融市场都受到香港的支配。此外,进入民国后,昆明省级汇兑以川、黔、汉、申等地较多。② 西安、三原、济南、青岛、烟台、周村、吉林、长春、奉天、安东等地都以上海为中心,并与周边区域发生债权债务结算关系,形成错综复杂的汇兑层级体系。

此外,福州、周村、昆明、西安、三原、吉林、长春、奉天、安东、厦门、汕头又各自作为一个中心点,与上海有着直接的汇兑行市。至此,以上海为终极汇兑中心,以天津、汉口、镇江、重庆等地为一级汇兑中心,并以各个汇兑中心为焦点放射和回归,形成椭圆形的汇兑体系,如图6.1所示。

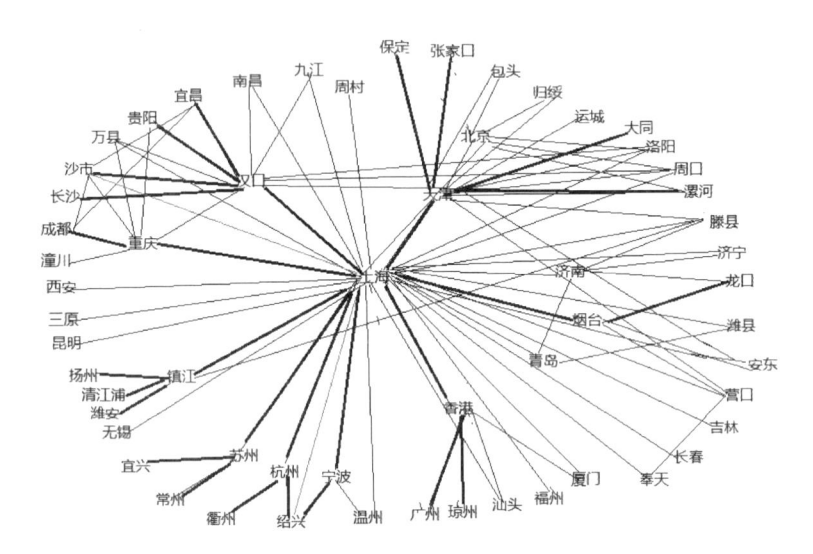

注:图中加粗的线条代表间接汇兑路径。绍兴对上海、沙市对上海体现了由1918年到1930年的直接、间接汇兑路径的变化。绍兴由经宁波和杭州的间接转划,转变为与上海之间有了直接行市。沙市从1918年的直接行市到1930年须经汉口转划。

图6.1 各埠直接与间接汇兑网络

---

① 中国人民银行总行金融研究所金融历史研究室编:《近代中国的金融市场》,中国金融出版社1989年版,第329页。
② 中国人民银行总行金融研究所金融历史研究室编:《近代中国的金融市场》,中国金融出版社1989年版,第254—255页。

20世纪二三十年代中国国内通过各地钱业市场的连接,形成了以上海为终点,以天津、汉口、重庆等中心城市为节点,连接次级商埠和市镇,几乎覆盖全国的汇兑网络。

第七章

中资银行国内汇兑

与钱庄相比,银行一般资力雄厚,且具有广泛的分支机构,便于通汇和款项收解。各银行的分支机构、办事处和国内通汇处各成系统,并形成错综复杂的网络。全国以上海为中心,对国内各大小商埠,均可直接或间接汇兑。中资银行因其面广点多,在通汇区域上远远超过票号和钱庄。以中、交两行为主的各大银行广设分支机构,并与其他金融机构和商家建立广泛的代理收解和通汇合同,且设法在内地小农工市镇设法通汇,以期流通资金,实现全国大范围区域通汇。

第一节 分支机构及国内通汇处

汇兑无论内外,要以银行之代理店和分支行多者为最发达。内汇的畅通,主要依靠银行、钱庄等广泛的汇兑网。各大银行从20世纪初设立到20世纪二三十年代,在全国中心城市广设机构,逐步形成广泛的分支机构网络。

一、户部银行—大清银行—中国银行

近代中国各种钞票、庄票、钱票混合流通且地域受限严重,导致混乱的金融秩序。清廷有识之士为整顿金融币制,1905年在北京创设了第一

家国家银行——户部银行,并在天津、上海、汉口、济南、张家口、奉天、营口、库伦、重庆九处设立分行,办理存放款、汇兑划拨公私款项等一般银行业务。1908年,户部银行改为大清银行,行使中央银行职能,并在南昌、杭州、开封、太原、长春、福州、广州、芜湖、长沙、西安、云南(昆明)、江宁等地陆续增设了20家分行。到1911年,大清银行在全国各省省会和通商口岸设立分支机构35处,成为清末规模最大的银行。大清银行分行成立日期、所在地以及大清银行分号成立日期、所在地详见附表A1、附表A2。大清银行的汇兑业务规定具体为:"贸易章程第七条云:'各处承汇款项,无论公私巨细,须由承汇之行自行筹划妥当。当由交款之行代为交出,其责任由承汇之行担代。'此明示汇兑之责任也。凡汇款至指定之行者由承汇之行付与汇票,而汇款者即可持此汇票至指定之行兑现。此其责故由承汇之行任之。光绪三十三年(1907年)春,济南分行汇款至京津两处,京津两行索取汇费竟驾票庄银号之上,济南分行遂托庄号汇解。济南分行遂有拟定汇价划一之事,未果行也。其兑款之种类有三:一曰电汇,二曰解信,三曰汇票。而汇票又有定期即期之别。"[①]

1912年后,大清银行改为中国银行,在全国各地广设分支机构,开展相关银行业务。1917年11月修正的《中国银行则例》第4条规定:"中国银行设总行于中央政府所在地、各省会及商业繁盛地方,得斟酌情形。设分行或分号或与他行订立代理合同,或汇兑契约,但须经财政总长核准。"[②]总管理处下设分行,分行下设分号和汇兑所。分行营业范围包括国库券、商业期票的贴现或买入,汇票的贴现或买入,办理汇兑,发行期票,买卖生金银,买卖各国货币,经收各种存款,抵押放款等。凡分行附近交通便利、贸易繁盛而营业收入又不足设立分行的地方,设立分号,以隶属于分行。汇兑所由总管理处拟设或者由分行呈请总管理处设。汇兑所业务主要包括三项:汇兑业务,生金银大洋小洋及铜元制钱之买卖,兑换券之发兑。汇兑所经营汇兑,应按总管理处规定之报单规则办理。其对于各行号所之汇兑,应由管辖行预定限度,遇有特别情形,须逾限度者,应

---

① 周葆銮:《中华银行史》第1篇"中央银行",中国台北文海出版社1984年版,第33—34页。
② 周葆銮:《中华银行史》第1篇"中央银行",中国台北文海出版社1984年版,第57页。

报由管辖行核办。汇兑所经费由管辖行预算列表颁发。每月终由该所制造决算。随同支付收条，于次月五日前寄送管辖行查核。① 中国银行分行章程第 10 条规定："分行与分行由汇兑上所生之借贷关系均应转入总行账，并随时报告总管理处。分行与分号由汇兑上所生之借贷关系均须转入管辖行账，并报告该管辖行。由该管辖行转总行，并随时报告总管理处。"第 11 条则规定："分行与总分行号、汇兑所往来电报，均用本行编定密码，其关于汇兑及调用资金者，另用密码押脚。"②

表 7.1　　　　　中国银行分行号、汇兑所所在地（1913—1916 年）

省　别	地　别
江苏省	苏州、镇江、扬州、清江浦、无锡、徐州、南通、上海、南京
浙江省	杭州、宁波、绍兴、嘉兴、温州、湖州、兰溪、鳌江、南浔镇、余姚、海门
安徽省	安庆、芜湖、大通、蚌埠、庐州、宣城、枞阳、乌衣、屯溪、三河、六安、亳州
江西省	南昌、九江、赣州、吉安、袁州、景德镇
湖北省	汉口、宜昌、沙市
湖南省	长沙
四川省	重庆、成都、万县、自流井、潼川、五通桥、泸州
河北省	张家口、保定、胜芳、霸县、芦台、涿县、密云、静海、通县、顺德、滦县、唐山、沧县、泊头、石家庄、大名、北京、天津、邢台、榆关
河南省	信阳、彰德、漯河、周口、禹县、许县、南阳、归德、道口、洛阳、开封
陕西省	西安、三原、潼关、汉中
山东省	济南、青岛、烟台、滕县、济宁、周村、惠民、临沂、潍县、临清泰安、桑园、龙口、掖县、胶县
山西省	太原、运城、新绛、大同、祁县
福建省	福州、厦门、三都、涵江、泉州、建瓯、延平、浦城、彰州
广东省	广州、江门、汕头、琼州、韶州、南雄、北海
广西省	—
贵州省	贵阳
云南省	—
察哈尔省	丰镇

---

① 周葆銮:《中华银行史》第 1 篇"中央银行"，中国台北文海出版社 1984 年版，第 99—100 页。
② 周葆銮:《中华银行史》第 1 篇"中央银行"，中国台北文海出版社 1984 年版，第 87 页。

续表

省　别	地　别
绥远省	包头、归化
甘肃省	—
宁夏省	—
东三省	长春、营口、奉天、锦县、辽源、新民、洮南、黑河、吉林、黑龙江、哈尔滨、大连、安东、铁岭、直隶临榆、奉天公主岭、西丰、黑龙江呼兰、奉天留守营、黑龙江绥化、黑龙江巴彦、吉林宁古塔、黑龙江海伦、奉天兴城、庄河、大孤山、沟帮子、辽阳、奉天法库、吉林扶余、奉天盖平

资料来源：周葆銮：《中华银行史》第1篇"中央银行"，中国台北文海出版社1984年版，第90—92、93—99、100—106页。

中国银行总分行号所，自民国元年（1912年）以来，到1919年已增至150余处。营业范围除甘肃、广西、新疆外，其他各处都已遍布。20世纪20年代以前中国银行分行、分号、汇兑所一览表详见附表A3、附表A4、附表A5。到1935年，中国银行已在全国21个省市实现通汇，极大地便利了商贸活动。

表7.2　　　　　　　　　1935年中国银行国内通汇处

省　别	地　别
江苏省	南京、上新河、浦镇、六合、上海、嘉定、浦东、朱家角、张堰、松江、太仓、苏州、木渎、洞庭东山、同里、吴江、昆山、黎里、浒墅关、望亭、唯亭、荡口、芦墟、盛泽、平望、震泽、无锡、宜兴、洛社、溧阳、江阴、常州、奔牛、焦店、卜弋桥、夏溪、南夏墅、戚墅堰、金坛、常熟、梅李、浒浦、福山、支塘、冀城、白茆市、东塘市、东张市、大义桥、老徐市、古里村、王庄、董滨、镇江、十二圩、泰兴、口岸、仪征、阜宁、仙女庙、大桥、丹阳、扬州、宝应、兴化、邵伯、高邮、姜堰、东台、盐城、泰县、南通、如皋、海安、启东、海门、徐州、砀山、宿迁、清江浦、淮安、西坝、新浦镇、老窑、沭阳、板浦、响水口、东坎镇、窑湾、青口
浙江省	杭州、塘楼、余杭、诸暨、枫桥、萧山、义桥、富阳、淳安、临浦、桐庐、莫干山、宁波、慈溪、镇海、奉化、海门、黄岩、路桥镇、临海、温岭、天台、仙居、余姚、百官、定海、象山、岱山、沈家门、普陀山、石浦、绍兴、嵊县、新昌、柯桥、菘厦、上虞、东关、华舍、安昌、嘉兴、平湖、枫泾、乍浦、西塘、长安、海宁、王店、新藤、海盐、乌镇、桐乡、濮院、崇德、硖石、湖州、长兴、德清、安吉、武康、孝丰、南浔、菱湖镇、双林镇、泗安镇、梅溪镇、新安镇、温州、鳌江、平阳、仪山、钱库、金乡、灵溪、藻溪、水头街、腾藻堡、蒲门、镇下关、赤溪、萧家渡、桥墩门、兰溪、龙游、江山、常山、寿昌、汤溪、浦江、游埠镇、诸葛镇、永昌镇、女埠镇、万坛镇、金华、孝顺、义乌、佛堂镇、东阳、武义、永康、衢州、严州

续表

省　别	地　别
安徽省	芜湖、拓皋、南陵、襄安、三河、合肥、宣城、运漕、枞阳、舒城、屯溪、广德、安庆、六安、桐城、望江、太湖、东流、秋浦、孔阳、石牌、大通、蚌埠、正阳关、临淮关、洛阳镇、亳县、怀远、明光、宿县、乌衣、全椒、赤镇、滁县
江西省	九江、吴城、彭泽、湖口、德安、涂家埠、南昌、高安、南城、玉山、清江县、靖安、河口、鄱阳、樟树镇、余江、乐平、赣县、安义、进贤、丰城、吉安、景德镇、牯岭、抚州、上饶
湖北省	汉口、汉阳、武昌、老河口、武穴、广济、龙坪市、黄梅、孔垅市、沙市、荆州、宜昌
湖南省	长沙、津市、湘潭、常德、洪江、祁阳、宝庆、衢州
四川省	重庆、壁山、铜梁、大足、永川、荣昌、合江、江津、綦江、长寿、五角桥、隣水、丰都、合川、内江、富顺、资中、隆昌、自流井、叙府、南溪、江安、筠连、高县、万县、云阳、开县、梁山、奉节、绥定、忠州、涪陵、泸县、成都、嘉定、峨眉
河北省	天津、易县、青县、兴济、沧县、泊头镇、冀县、深县、南宫、北平、通县、海甸、保定、邢台、高阳、大名、南乐、清丰、濮阳、成安、邯郸、磁县、临洛关、南和、任县、沙河、内邱、高邑、宁晋、唐山、玉田、遵化、丰润、晋各庄、宣庄、稻地镇、开平、古冶、秦皇岛、北戴河、赵县、辛集、正定、定县、获鹿、唐行
河南省	郑州、洛阳、新乡、许昌、开封、道口、汲县、武安、博爱、焦作、封邱、归德、辉县、周家口、信阳、漯河、驻马店、彰德、陕州、灵宝
陕西省	西安、渭南、咸阳
山东省	青岛、即墨、金口镇、高密、胶县、石臼所、诸城、莒县、海阳、冠县、馆陶、潍县、博山、青州、周村、济南、平原、禹城、泰安、大汶口、滕县、邹县、枣庄、济宁、临清、德州、张店、烟台、昌邑、平里店、黄县、招远、潮水集、海阳、石岛、牟平、楼霞、沙河、平度、龙口、蓬莱、夏村集、文登、福山、威海卫
山西省	太原、运城、介休、平遥、祁县、新绛、榆次、阳泉
福建省	厦门、鼓浪屿、禾山、三都澳、石码、金门、同安、集美、漳州、长泰、东山、海澄、樟浦、诏安、灌口、南安、惠安、安溪、安海、石狮、兴化、永春、德化、大田、仙游、福州、泉州、晋江、适中
广东省	香港、澳门、中山、石岐、江门、台山、广州、韶关、梅口、公益、黄埔、佛山、陈村、顺德、大良、容奇、新会、东莞、石龙、前山、惠州、汕头、潮安、潮阳、澄海、揭阳、梅县、兴宁、琼州、北海、嘉积、清澜、铺前
广西省	梧州、南宁、柳州、桂林、欎林、龙州、贵县、百色、大乌、容县、浔州、宝阳、都安、全县、八步、荔浦、长安、庆远、鹿寨、靖西、驼芦
云南省	临津、恩安
察哈尔省	张家口

续表

省　别	地　别
绥远省	归绥、包头、五原、临河、陕坝、萨县
甘肃省	兰州
宁夏省	宁夏
东三省	沈阳、辽阳、铁岭、本溪、海城、海龙、西丰、东丰、八面城、锦县、洮南、通辽、新立屯、营口、复县、盖平、大连、旅顺、安东、凤城、大东沟、宽甸、长旬河口、小蒲石河、桓仁、沙尖子、辑安、外岔沟、临江、开原、公主岭、四平街、山城镇、哈尔滨、绥化、泰安、瑷珲、奇克、逊河、黑龙江北、长春、吉林、九台、磐石、烟筒山、朝阳镇、敦化、蛟河镇、桦甸、乌拉街、义路河、黑龙江

资料来源:中国银行总管理处经济研究主编:《全国银行年鉴(1936年)》,中国银行总管理处经济研究室1936年版。

二、交通银行

创建于1908年的交通银行,是中国早期重要的四大银行之一。成立之初总行设在北京,与中国银行共同承担国库收支与发行兑换业务。交通银行在20世纪初只有北京分行、天津分行、济南分行、上海分行、汉口分行、重庆分行、芜湖分行、广州分行、香港分行、奉天分行等25家国内分行、57家汇兑所。[①]

表7.3　　　　　　　　　20世纪20年代前交通银行分行

名称	所在地	名称	所在地
北京分行	京兆区域	宜昌分行	湖北省
天津分行	直隶省	长沙分行	湖南省
济南分行	山东省	重庆分行	四川省
开封分行	河南省	芜湖分行	安徽省
洛阳分行	河南省	广州分行	广东省
烟台分行	山东省	香港分行	广东省
上海分行	江苏省	营口分行	东三省

---

① 周葆銮:《中华银行史》第2篇"特种银行",中国台北文海出版社1984年版,第16—18、19—23页。

续表

名称	所在地	名称	所在地
浦口分行	江苏省	奉天分行	东三省
扬州分行	江苏省	长春分行	东三省
徐州分行	江苏省	热河分行	特别区域
无锡分行	江苏省	张家口分行	特别区域
九江分行	江西省	新加坡分行	海外
汉口分行	湖北省	—	—

资料来源:周葆銮:《中华银行史》第2篇"特种银行",中国台北文海出版社1984年版,第16—18页。

表7.4　　　　　　　20世纪20年代前交通银行汇兑所

名称	管辖行	名称	管辖行
通县汇兑所	北京分行	蚌埠汇兑所	江苏分行
新集汇兑所	北京分行	清江浦汇兑所	江苏分行
保定汇兑所	天津分行	镇江汇兑所	江苏分行
海甸汇兑所	天津分行	苏州汇兑所	江苏分行
唐山汇兑所	天津分行	板浦汇兑所	江苏分行
顺德汇兑所	天津分行	杭州汇兑所	浙江分行
胜芳汇兑所	天津分行	宁波汇兑所	浙江分行
海县汇兑所	天津分行	沙市汇兑所	湖北分行
上滦汇兑所	天津分行	湘潭汇兑所	长沙分行
德州汇兑所	济南分行	宝庆汇兑所	长沙分行
济宁汇兑所	济南分行	益阳汇兑所	长沙分行
枣庄汇兑所	济南分行	衡州汇兑所	长沙分行
龙口汇兑所	济南分行	常德汇兑所	长沙分行
滕县汇兑所	济南分行	吉林汇兑所	东三省
周家口汇兑所	开封分行	孙家台汇兑所	东三省
漯河汇兑所	开封分行	辽源汇兑所	东三省

续表

名称	管辖行	名称	管辖行
信阳汇兑所	开封分行	掏鹿汇兑所	东三省
郑县汇兑所	开封分行	哈尔滨汇兑所	东三省
焦作汇兑所	开封分行	锦县汇兑所	东三省
道口汇兑所	开封分行	辽阳汇兑所	东三省
彰德汇兑所	开封分行	安庆汇兑所	芜湖分行
新乡汇兑所	开封分行	宣城汇兑所	芜湖分行
归德汇兑所	开封分行	合肥汇兑所	芜湖分行
南阳汇兑所	开封分行	运漕汇兑所	芜湖分行
禹州汇兑所	开封分行	亳州汇兑所	芜湖分行
石家庄汇兑所	山西分行	赤峰汇兑所	热河分行
丰镇汇兑所	山西分行	归化汇兑所	热河分行
大同汇兑所	山西分行	铁岭汇兑所	热河分行
阳高汇兑所	山西分行	—	—

资料来源：周葆銮：《中华银行史》第2篇"特种银行"，中国台北文海出版社1984年版，第19—23页。

表7.5　　　　　　　　　　1937年交通银行通汇处

省　别	通汇区域
江苏省	南京、下关、镇江、青浦、六合、大桥、十二圩、口岸、沙沟、刁家铺、大泗镇、仙女庙、樊川、天平庄、沭阳、浦头、阜宁、高淳、泰兴、岛石桥、张家桥、新镇市、昆卢市、蒋华桥、七圩港、天星桥、霞蟆圩、广陵镇、季家市、宜家堡、黄桥、泰县、兴化、曲塘、溱潼、姜堰、盐城、东坎、上冈、伍祐、南洋岸、北洋岸、东台、南安丰、梁垛、富安、西团、刘庄、白驹、时垱、小海、沈灶、大中集、扬州、邵伯、高邮、清江浦、涟水、众兴、西坝、王营镇、杨庄镇、码头镇、渔沟镇、淮安、板闸镇、河下镇、下关镇、泾河镇、车桥镇、宝应、氾水、曹甸、仁和集、岔河镇、平桥、宿迁、大李集、磴湾、洋河、丹阳、金坛、武进、无锡、宜兴、江阴、靖江、溧阳、和桥、南渡、戴埠、甓社、张渚、苏州、盛泽、震泽、木渎、昆山、吴江、浒墅关、常熟、太仓、沙溪、浏河、浮桥、双凤、璜泾、直塘、上海、松江、嘉定、徐州、砀山、萧县、丰县、睢宁县、邳县、新浦、连云港、兴庄、海州、板浦、陈家港、芦尾港、堆沟港、响水口、南通、海门、掘港、唐家闸、如皋、海安、栟茶、角斜

续表

省　别	通汇区域
浙江省	杭州、富阳、余杭、海宁、平湖、桐乡、湖州、长兴、泗长、南浔、双林、新市、萧山、临浦、硖石、嘉善、绍兴、嵊县、新昌、诸暨、上虞、百官、柯桥、安昌、皋埠、华舍、下方桥、斗门、东浦、东关、宁波、奉化、慈溪、象山、镇海、定海、岱山、沈家门、余姚、天元市、浒山、第四门、马渚、五夫、五车堰、小越、梁衖、周巷、庵东、金华、丽水、衢州、龙游、佛堂、永康、江山、兰溪、严州、东阳、义乌、温州、鳌江、瑞安、乐清
安徽省	芜湖、安庆、大通、巢县、南陵、无为、拓皋、运漕、襄安、和县、湾沚、桐城、合肥、六安、三河、庐江、舒城、歙县、泾县、广德县、当涂、宣城、双桥、水阳、庙埠、水东、宁国县、孙家埠、港口、河沥溪、蚌埠、临淮关、正阳关、亳州、怀远、南宿州、明光
江西省	南昌、抚州、南城、黎川、南丰、广昌、河口、玉山、吴城、樟树、吉安、永丰、萍乡、宜春、武宁、修水、景德镇、瑞昌、赣州、九江、牯岭、涂家埠、湖口、星子县、海会寺
湖北省	汉口、汉阳、老河口、襄阳、樊城、武穴、宜都、巴东、恩施、隋县、岳口、沙洋、武昌、沙市、荆州、藕池口、公安、河溶、郝穴、岑河口、弥陀寺、刴湖堤、沙道观、章市、拾迴桥、黄石港、靳州、石灰窑、黄梅、孔垅、小池口、硖石、宜昌
湖南省	长沙、衡阳、常德、津市、邵阳、益阳、保靖、湘潭、郴州、零陵、洪江、源陵
河北省	天津、北平、通县、唐山、昌黎、保定、石家庄、正定、顺德、祁州
山东省	济南、济宁、周村、博山、桑园、德州、临清、泰安、滕县、兖州、临邑、沙河、涛雒、枣庄、青岛、曲阜、东昌、金乡、楼霞、柳疃、徐家店、发城、东村、水沟头、大汶口、沂水、沂州、莒县、诸城、高密、胶县、安邱、广饶、门村、潍县、威海卫、龙口、烟台、昌邑、招远、潮水、夏村、金家口、平度、莱阳、石岛、平里店、荣成、海阳、朱桥、黄县、楼邑、掖县、蓬莱、文登、牟平、福山、即墨、张店、桓台
河南省	郑州、开封、洛阳、陕州、彰德、归德、灵宝
山西省	大同、太原、阳泉、榆次
陕西省	西安、咸阳、渭南、潼关、朝邑、泾阳
甘肃省	兰州
福建省	福州、涵江、厦门、石码、集美、龙岩、古田、惠安、永春、南安、南靖、长泰、平和、漳平、永定、上杭、德化、漳浦、云霄、东山、诏安、金门、同安、安溪、海澄、长汀、鼓浪屿、漳州、泉州、石狮、安海、官桥、赖厝、东石、南安县、洪濑、罗溪、马头、溪尾、建瓯
广东省	广州、佛山、中山、新会、陈村、大良、石岐、江门属地、江门内地、开平属地、台山属地、台山城、琼州、汕头

续表

省　别	通汇区域
广西省	南宁、梧州、柳州、玉林、龙州、桂林、八步、贵县、百色、平乐、长安、大乌、全县、靖西、广远、宝阳、鹿寨、容县、驮卢、都安、浔州、荔浦、怀集、平马
贵州省	贵州
四川省	重庆
云南省	昆明
察哈尔省	张家口、宣化
绥远省	归绥、丰镇、托县、察素齐、兴和、隆盛庄、包头、五原、临河、平地泉等
辽宁省	沈阳、海城、盖平、法库、新民、兴京、北镇、通化、临江、抚顺、铁岭、辽源、西丰、通辽、锦县、锦西、绥中、山城镇、海龙、凤城、南满站、孙家台、开原县、昌图、四平街、营口、大连
吉林省	长春、哈尔滨、吉林
黑龙江省	黑龙江(齐齐哈尔)
香港	香港

资料来源：交通银行：《交通银行成立三十年纪念册》，载张研、孙燕京主编：《民国史料丛刊》，大象出版社2009年版，第39—45页。

1937年，交通银行通汇地点中包括：江苏省134处，浙江省65处，安徽省37处，江西省25处，湖北省33处，湖南省12处，河北省10处，山东省60处，河南省7处，山西省4处，陕西省6处，甘肃省1处，福建省40处，广东省14处，广西省24处，贵州省1处、四川省1处，云南省1处，察哈尔省2处，绥远省11处，辽宁省27处，吉林省2处，黑龙江省1处，香港1处。[1]

将表7.1"中国银行汇兑分行号、汇兑所所在地(1913—1916)年"以及表7.3和表7.4所罗列的20世纪20年代以前交通银行分行、汇兑所信息进行综合分析，可知20世纪20年代以前中、交两行的汇兑区域。同时，将表7.2"1935年中国银行国内通汇处"和表7.5"1937年交通银行通汇处"可知20世纪30年代中期中国银行和交通银行国内通汇区域。20

---

[1] 交通银行：《交通银行成立三十年纪念册》，载张研、孙燕京主编：《民国史料丛刊》，大象出版社2009年版，第39—45页。

世纪 20 年代以前到 20 世纪 30 年代中期,中、交两行汇兑区域得到了拓展。

20 世纪 20 年代以前,交通银行分行及汇兑区域主要分布于北京、天津、山东济南、河南开封、安徽芜湖、湖南长沙以及江苏、浙江、四川、东三省等沿海沿江地区。中国银行分行及汇兑所(1913—1916 年)相较于交通银行,其汇兑区域除上述沿海沿江发达商埠外,还延伸到贵州、海南、福建、江西、陕西等地区。在此时期,中、交两行的分支行和汇兑所的分布结构基本处于初步布局阶段,密度集中度不明显。

从 20 世纪 20 年代以前到 30 年代中期,中、交两行汇兑区域在范围和密度分布上都有较为明显的拓展。两行汇兑区域逐步向山西、陕西等内陆地域延伸,中、交两行通汇处密度最为集中的地域为上海、江苏、浙江等省市。此外,中国银行汇兑业务在以重庆为主的四川经济区以及京、津、冀地区也较为集中。中国银行通汇处在山东半岛、福建沿海地区、湖北汉口、广东沿海地区亦较为集中。

三、南三行

上海商业储蓄银行 1915—1926 年分支机构分布为:13 家分行,4 家分理处,7 家办事处,1 家储蓄处;无锡分行,常州分行,南通分行,南京下关分行,苏州分行,上海界路分行,蚌埠分理处,圣约翰大学储蓄处,宜兴分理处,临淮关分理处,汉口分行,济南分理处,苏州观前办事处,南京鼓楼办事处,虹口分行,天津分行,烟台分行,戚墅堰办事处,南京城内办事处,杭州分行,镇江分行,许昌办事处,长沙办事处,北平分行,莫干山夏令办事处。[①] 此外,上海商业储蓄银行利用中国银行等银行的分支机构,开通往来账户,扩充通汇地点,推广国内汇兑。例如,"上行(上海商业储蓄银行)所设分行虽不多(到 1924 年,上海商业储蓄银行的分支已有 25 处),而可与全国通行汇兑。为了避免与上海中行分行发生业务上抵触,如托甲地中行分行与乙地分行(例如苏州与云南联系),代理汇兑,账上只

---

① 中国人民银行上海市分行金融研究所编:《上海商业储蓄银行史料》,上海人民出版社 1990 年版,第 65—66 页。

第七章　中资银行国内汇兑

存不欠,而由甲地中行分行代上行划款抵直,用这样迂回曲折的办法打通全国汇兑,上行国内汇兑也就逐步开展起来"[1]。1922年,上海商业储蓄银行委托上海商务印书馆在西安、太原、云南、贵阳代理收款,为便利调拨起见,不取利息及手续费、余水等。[2] 1925年,上海商业储蓄银行国内通汇地共17省130处,代理收解关系具体如下:江苏省有交通银行、中国银行、太仓银行、松江银行、淮海银行5家10处,19家(处)钱庄有代理关系,本行仅7处;浙江省有中国银行、浙江地方银行2家7处,2家3处钱庄,本行仅1处;安徽省有中国银行、农工银行2家6处,16家钱庄、银号,本行仅2处;湖北省则是中国银行、宏裕银行和本行各1处;湖南省为本行;直隶省有本行2处,中国银行3处,中华懋业银行1处;山东省有中、交两行各1处,本行2处;河南省有中国银行2处,金城银行1处,银号2家,其他公司类3家;山西省有中国银行4处;陕西省有1家银行、1家钱庄;四川省主要有中国银行1处,聚兴诚银行2处,宏裕银号1处。福建省有中国银行、厦门商业银行各1出;广东省有中国银行和东亚银行各处;东三省有交通银行5处,中国银行1处;云南省有富滇银行2处;贵州省则有商务印书馆1处。1925年上海商业储蓄银行国内通汇一览表详见附表A6。

浙江兴业银行,创设于光绪三十四年(1908年),原设总行于杭州,设分行于上海、汉口等处。民国初,在北京添设汇兑处,1914年后移总行于上海。1912—1926年间,浙江兴业银行设杭州总行为支行,并于北京、天津等处添设分行,在奉天(沈阳)、哈尔滨设立分庄,并一度在大连、郑州、石家庄设立分理处,在上海、哈尔滨、杭州、汉口、天津等地设立仓库,以便押汇等业务的开展。1927—1935年间,又在江苏无锡、常州、苏州、新浦,浙江湖州,河南陕州、驻马店,安徽蚌埠等地设立了分支机构和办事处,扩大了金融网。

浙江实业银行由浙江地方实业银行于1915年筹备改组而成,总行设

---

[1] 中国人民银行上海市分行金融研究所编:《上海商业储蓄银行史料》,上海人民出版社1990年版,第74页。

[2] 中国人民银行上海市分行金融研究所编:《上海商业储蓄银行史料》,上海人民出版社1990年版,第122页。

在杭州,设上海分行。1916年,海门分行恢复营业,1919年开设兰溪分行,1921年设立汉口分行。1923年3月,浙江地方实业银行一拆为二,原来的上海、汉口两家分行归商股营业,并在同年4月新设立杭州分行,1925年设立虹口分行。此后,浙江实业银行主要包括申行、汉行、杭行和虹行四处。

四、北四行

盐业银行设总行于北京,并在国内外贸易上重要之处设立分行或分号,或与他银行订立代理或汇兑契约。但分行分号之或设或撤,及他银行代理或汇兑契约之或订或废,均由该行职员会核定,报明财政部立案。[①]盐业银行于1915年3月26日创设,设总行于北京,同年5月、6月分别设立天津、上海两家分行,1916年8月设立扬州分所,10月设立汉口分行,1917年5月开设南京支行、信阳分所,1919年设立香港支行、杭州支行、石家庄分所等。盐业银行在从1915年到1919年的短短5年时间里,就设立分支机构10余处,基本上奠定了盐业银行以后的发展格局。

大陆银行于1919年4月1日开始营业,总行设于天津,同年设北京分行。1920年在北京设立大陆银行总管理处,而将天津改为分行。随后至1937年,大陆银行以京、津、沪、汉四大分行为主干,视地区之便利,定管辖之范围,进一步遍设分支机构于各地。其中,津行下设济南支行、青岛支行、石家庄办事处、太原代办处、蚌埠支行以及市内多处办事处;京行下辖郑州分支行。1920年沪行成立后,以上海为基地,渐次向长江下游三角洲挺进,成立南京、苏州、杭州、无锡、绍兴5大支行和南浔办事处。1923年汉行成立后,长沙、武昌、南昌支行归汉行管辖。[②]

1921年,中南银行成立,总行设于上海,为迅速开展本行在各地的业务,先后在各地设立分支机构及办事处。1922年在天津设立分行,下设北京办事处。同年,为便利华侨汇兑业务而在厦门设立分行。1923年汉

[①] 周葆銮:《中华银行史》第2篇"特种银行",中国台北文海出版社1984年版,第38页。
[②] 王贺雨:《大陆银行概况论述:1919—1937年》,河北师范大学2006年硕士学位论文,第38—40页。

口分行成立,至此形成京、津、厦、汉相呼应,连接华北、华南、华中三地的金融业务网。20世纪30年代后,随着全国政治经济中心的南移,中南银行业务重点亦偏向江、浙、沪一带,先后设立杭州支行、香港分行、无锡办事处、泉州办事处、广州办事处等多个分支机构。①

1917年,金城银行成立,总行初设于天津,随后,相继在北京、上海、汉口、大连、广州等地开设分行,在蚌埠、南京下关、哈尔滨、郑州、苏州、长沙等地设立办事处。1936年1月,总行改设于上海。

此外,还有聚兴诚等其他商业银行的分支机构在全国各地广泛分布。如聚兴诚银行总行设于四川重庆,添设分行于上海、天津、汉口、北京、成都、万县、沙市、宜昌、潼川、绵阳、自流井、哈尔滨、长春等处。各大银行分支机构和通汇处的设立,大大增加了资金市场的宽度和广度,扩大了资金的横纵向联系,使银行的内部联系和资金市场的交易供求活动相互交织,形成纵横交错的资金融通网络。随着大银行分支机构的广泛设立,一个多层次、立体型的资金调拨系统逐渐形成,促进了各地资金市场尤其是内汇市场的拓展。② 到20世纪30年代,中、交两行,南三行、北四行等9家银行在全国各地建立的分支机构和通汇处达1 112个,详见表7.6。

表7.6　　　　20世纪30年代初期大银行的分支机构和国内通汇处

行名	分行	支行	办事处	国内通汇处	合计
中国银行	11	35	94	236	376
交通银行	4	23	32	187	246
上海商业储蓄银行	23	12	7	150	192
浙江兴业银行	5	6	4	46	61
浙江实业银行	4	—	—	49	53
金城银行	6		11	66	83
盐业银行	4	3	2	—	9

---

① 毛海滨:《侨商中南银行发展概述:1921—1937》,河北师范大学2008年硕士学位论文,第30—32页。
② 中国人民银行总行金融研究所金融历史研究室编:《近代中国的金融市场》,中国金融出版社1989年版,第38—40页。

续表

行名	分行	支行	办事处	国内通汇处	合计
中南银行	4	1	3	12	20
大陆银行	3	4	14	51	72
合计	64	84	167	797	1 112

资料来源：洪葭管、张继凤：《近代上海金融市场》，上海人民出版社1989年版，第122—123页。

新式银行之间为谋便利，经常互相建立代理收解关系。银行间代解款项，属于买卖进出，除按各地惯例收取票贴费外，其他手续费征收较少。金城银行初期分行很少，而交通银行则在许多地方设有机构，金城所做的汇款，在没有设立分支行的地方，多由交通银行代为收解。[1] 1921年，天津金城银行与哈尔滨交通银行订立代理收解合同，约定金城银行托交通银行在哈埠代理收解款项及买卖货币等事项，交行在津有收解款项及买卖货币等事项托金行代理。[2] 1933年，交通银行与金城、中南、盐业、大陆等银行订立通汇合约。1935—1936年，又与汕头国达银庄、昆明永丰银业公司、宝应晋康庄、昆山新裕庄、浙江兴业银行（托甬行收解）、兴化康成分庄、广东省银行、浙江兴业银行（托兴桥两处收解）、金城银行（托鲁行收解）、上海银行（托通行收解）订立收解合同。1935—1936年，与国信、浙兴（与该行吴兴分理处通汇）、国华、江苏银行（托烟岛等行汇款）、四行储蓄会等银行订立通汇合约。1935—1936年，已通汇转期者，为中南、盐业、农商、劝工、大陆、金城、国华等银行。[3] 各大银行除了在全国中心城市和铁路沿线等交通要道广设分支机构及其汇兑所外，还与外埠同行或商家建立代理收解和通汇合同，扩大通货区域。中资银行经营规模扩大后，开始与钱庄合作办理委托代理业务。各大银行鉴于银号手续简便，费用较低，经营范围遍布广大的农村市场和偏远城镇，常委托银号代办汇兑

---

[1] 中国人民银行上海市分行金融研究室编：《金城银行史料》，上海人民出版社1983年版，第121页。

[2] 中国人民银行上海市分行金融研究室编：《金城银行史料》，上海人民出版社1983年版，第146页。

[3] 交通银行总行、中国第二历史档案馆编：《交通银行史料（第1卷）》，中国金融出版社1995年版，第569页。

业务。中资银行代理钱庄在沪汇兑业务,以免钱庄专派庄客。新式银行结成一个以上海为依托、覆盖全国的横纵向交叉的资金融通网络,从而有利于多层次、立体型的资金调拨系统的形成。内汇业务的发达,对全国资金调拨和清算起到了非常重要的作用。[①]

第二节　汇兑业务

　　汇兑与存贷款业务是银行的主要业务。20世纪二三十年代,各大银行主动联系大商家、大银行,为其进行款项收付,并在技术方面力求"汇兑手续便利,汇费之减轻",以增加资金的流动,扶助商业发展。[②] 新式银行汇兑业务随之增加。本书主要以中央银行、中国银行、交通银行、中国通商银行、浙江兴业银行、四明商业储蓄、浙江实业银行、广东银行、江苏银行、中华商业储蓄银行、聚兴诚银行、新华信托储蓄银行、上海商业储蓄银行、盐业银行、中孚银行、金城银行、华侨银行、中国农工银行、大陆银行、东莱银行、永亨银行、中国实业银行、东亚银行、中兴银行、中南银行、国华银行、中国垦业银行、四行储蓄会等28家银行的汇兑业务来分析20世纪二三十年代中国重要中资银行的国内汇兑业务。其中,中国银行、交通银行、上海商业储蓄银行、金城银行、浙江兴业银行等银行办理国内外汇兑及押汇业务。江苏银行、新华信托储蓄银行、东莱银行、永亨银行、国华银行等其他银行都办理国内外汇兑及押汇业务,但没有海外分支机构。中兴银行、中孚银行、东亚银行等总行在境外的银行,在国内外设立分支机构办理国内外汇兑。因各大银行年度损益表中所统计的汇款业务,并未具体区分内汇和外汇业务,为中资银行内汇业务的分析带来一定的不便。但与国内分支机构和通汇处相比,各大中资银行海外分支机构相对较少,汇款多以国内汇兑业务为主。以上海商业储蓄银行为例,1934年为其历

[①] 洪葭管:《中国金融史》,西南财经大学出版社1993年版,第288页。
[②] 董昕:《中国银行上海分行研究(1912年至1937年)》,复旦大学历史系2005年博士学位论文,第120页。

史分支机构最多的一年,全年国内汇兑汇出汇款总额累计达到 4 亿元。[①] 同年,其外汇汇出汇款合国币 2 059 万元。[②] 单就汇款额而言,外汇数额远小于内汇数。本书即采用未加区分的汇款额进行内汇业务总体趋势的分析。近代中国经济运行过程中,外国商品深入中国内地,与商埠的资金结算必须经过上海与内地各埠的汇兑网络得以调拨和周转,形成一个资金流通渠道和转化路径。如英美烟草公司、美孚石油等在华洋商赴内地采购,其汇款多化为规元,再经中国银行、上海商业储蓄银行以及钱庄承汇经解后得以运转。[③] 一定意义上,内汇与外汇相连,构成了近代中国资金流转的国内外走势。关于内汇与外汇业务的具体衔接情况,将在后续研究中深入探讨。

表 7.7　　　　　　　　中国重要银行汇款额(1921—1934 年)

年度	汇款(国币元)
民国十年(1921 年)	16 461 237
民国十一年(1922 年)	11 006 086
民国十二年(1923 年)	10 525 464
民国十三年(1924 年)	11 084 011
民国十四年(1925 年)	18 695 621
民国十五年(1926 年)	25 680 062
民国十六年(1927 年)	22 761 777
民国十七年(1928 年)	20 108 860
民国十八年(1929 年)	19 508 701
民国十九年(1930 年)	22 399 289
民国二十年(1931 年)	26 217 792

---

① 中国人民银行上海市分行金融研究所编:《上海商业储蓄银行史料》,上海人民出版社 1990 年版,第 463 页。
② 中国人民银行上海市分行金融研究所编:《上海商业储蓄银行史料》,上海人民出版社 1990 年版,第 660 页。
③ 中国人民银行上海市分行金融研究所编:《上海商业储蓄银行史料》,上海人民出版社 1990 年版,第 113—134 页。

续表

年度	汇款(国币元)
民国二十一年(1932年)	21 290 781
民国二十二年(1933年)	14 340 731
民国二十三年(1934年)	31 502 499

注：表中所包括的银行除了以上28家银行外，还有四行储备库。

资料来源：相关数据来自"各行历年负债总表(1921—1934年)"，见中国银行总管理处经济研究室编：《中国重要银行营业概况研究》，载沈云龙主编：《近代中国史料丛刊》，中国台北文海出版社1969年版，第2页。

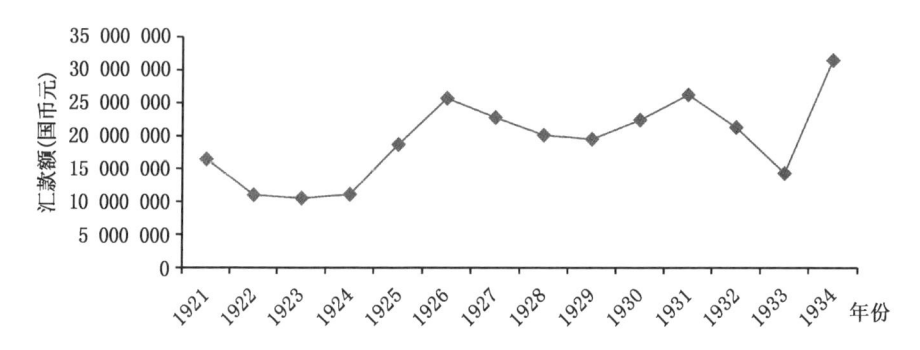

图7.1 中国重要银行历年汇款额(1921—1934年)

从图7.1可知，1921—1934年连续14年汇款额的变化趋势不断呈现"凹凸"变化，但总体水平呈增长趋势。其中，1922—1924年在1 000万元左右相对平稳地发展，1925—1926年持续上升到2 500万元，1927—1929年呈下降趋势，落到2 000万元左右，1930—1931年开始回升并超过2 600万元，但1932—1933年汇款突然下降，1934年才开始有大的上升，达到3 100万元的最高点。汇款虽基于贸易和货物的运转，但政治、战争等突发性事件都可能成为国内汇兑业务起落的重要因素。例如，1927年因第二次北伐战争以及武汉国民政府集中现金事件的影响，国内汇兑市场出现滑落。1929年，世界性经济危机的波动，各国商品涌向中国国内，资金向上海等口岸集中，也侧面带动了1930—1931年国内汇兑业务的回升。1931年"九一八"事变后，因东北关税邮政封锁，东北汇款不能顺利流通,加之国内商业萧条,资金运转缓滞,故1932年汇款陡然下降。1934年,美国《白银收购法案》颁布后,国内白银大量外流,汇款额随之上升。

表7.8　　　　　1921—1931年全国重要银行汇款百分数比较表　　　　单位:%

年份	1921	1922	1923	1924	1925	1926	1927	1928	1929	1930	1931	1932	1933	1934
中央银行	—	—	—	—	—	—	—	—	—	—	—	—	—	—
中国银行	18.61	31.59	30.98	33.91	45.80	44.17	47.33	24.11	26.36	20.14	33.10	36.38	55.71	30.55
交通银行	—	—	—	—	4.12	11.19	5.40	7.43	9.20	8.89	5.11	6.97	12.75	6.79
中国通商银行	—	—	—	—	—	—	—	—	—	—	—	0.07	0.24	0.43
浙江兴业银行	0.33	26.52	21.58	0.70	0.34	2.13	2.21	2.91	3.25	3.15	1.08	1.45	1.58	4.82
四明商业储蓄银行	—	—	—	—	—	—	—	—	—	—	—	0.63	1.37	0.92
浙江实业银行	0.07	0.73	1.28	0.54	0.25	0.29	0.86	0.34	0.80	0.87	0.35	0.41	0.78	0.29
广东银行	15.06	13.69	10.26	20.22	12.78	16.13	12.82	20.82	19.21	21.48	18.44	17.08	8.13	4.52
江苏银行	0.09	0.03	0.10	0.03	0.06	0.22	0.03	0.23	0.07	0.24	0.07	0.14	0.39	0.29
中华商业储蓄银行	—	—	—	—	—	—	—	—	—	—	—	—	—	—
聚兴诚银行	1.60	2.40	2.30	2.18	4.91	3.57	11.79	13.35	6.08	5.29	5.83	3.76	8.02	3.39
新华信托储蓄银行	0.04	0.01	0.03	—	—	—	—	—	—	—	0.43	0.05	0.15	0.24
上海商业储蓄银行	53.11	9.77	13.33	18.44	17.49	9.51	8.54	18.76	22.16	29.05	21.45	27.1	—	42.4
盐业银行	—	—	—	—	—	—	—	—	—	—	—	—	—	—
中孚银行	0.01	0.07	0.11	0.13	0.02	0.09	0.04	0.03	0.02	0.02	0.03	0	0.08	0.01
金城银行	1.52	3.12	3.60	2.01	1.67	0.85	—	—	—	—	—	—	—	—
和丰银行	1.95	2.52	6.82	5.30	9.00	9.70	7.97	9.13	10.37	8.02	11.41	—	—	—
中国农工银行	—	0.00	0.00	0.00	0.01	0.00	0.01	0.00	0.05	0.47	0.17	2.1	1	0.83
大陆银行	0.85	0.79	3.13	2.63	0.49	0.72	0.66	—	—	—	—	—	—	—
东莱银行	2.97	7.19	3.42	5.52	1.29	0.72	2.13	1.65	1.08	0.37	0.06	1.03	1.42	0.01
永亨银行	0.04	0.01	0.02	0.03	0.02	0.00	0.00	—	—	—	—	—	—	—
中国实业银行	0.23	1.09	0.97	0.62	0.06	0.33	0.06	0.09	0.56	0.43	1.09	0.86	3.25	1.05
东亚银行	3.39	0.38	0.15	7.31	1.09	0.38	0.15	0.43	0.48	0.65	0.89	0.67	0.81	
中兴银行	—	—	—	—	—	—	—	—	—	—	—	—	—	—
中南银行	0.13	0.09	1.97	0.43	0.60	—	—	—	—	—	—	—	—	—
国华银行	—	—	—	—	—	—	0.72	0.32	1.03	0.56	0.99	4.28	2.65	
中国垦业银行	—	—	—	—	—	—	—	0.04	0.07	0.17	0.09	0.18		
四行储蓄会	—	—	—	—	—	—	—	—	—	—	—	—	—	—
总计	100	100	100	100	100	100	100	100	100	100	100	100	100	100

资料来源:1921—1931年的比例数字来自"各行汇款指数及百分数比较表",见中国银行总管理处经济研究室:《中国重要银行最近十年营业概况研究》,中国银行1933年版,第20页。1932—1934年的比例数字来自《民国二十二年度中国重要银行营业概况

研究》第 21 页之"最近三年各行汇款比较表"以及《民国二十三年度中国重要银行营业概况研究》第 21 页之"最近三年各行汇款比较表 1932—1934",见中国银行总管理处编:《中国重要银行营业概况研究》,载沈云龙主编:《近代中国史料丛刊》,中国台北文海出版社 1969 年版。

表 7.8 表明,中央银行、中国通商银行、中华商业储蓄银行、盐业银行、中兴银行、四行储蓄会等银行没有汇兑业务统计,汇款主要集中在中国银行、上海商业储蓄银行、交通银行、广东银行、和丰银行、聚兴诚银行和浙江兴业银行这 7 家银行。10 年间,广东银行在 10%～20% 的范围内常态起伏,和丰银行在 10 个点以下逐渐呈现缓慢增长趋势。这两家银行业务量所占比例随远远大于一定时期的浙江兴业、聚兴诚等银行,但这两家银行在机构设置和业务范围上,多偏重国际汇兑。因此,下面仅以中、交两行,以及浙江兴业、聚兴诚和上海商业储蓄银行共 5 家银行的汇款比率来分析其比重变化趋势。

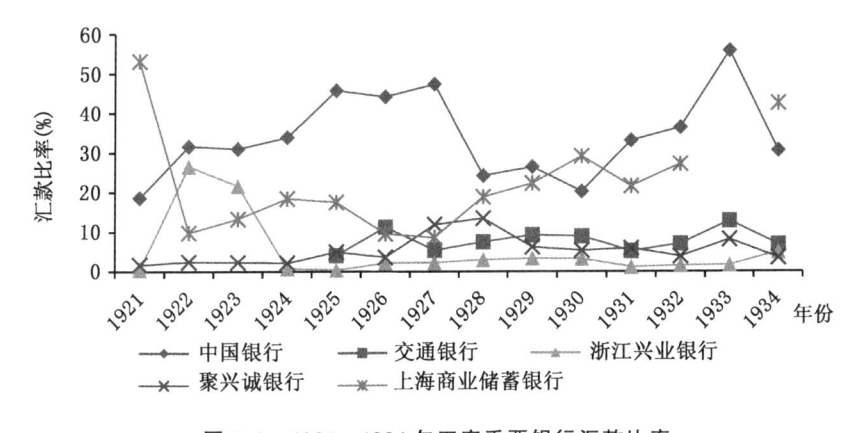

图 7.2　1921—1934 年五家重要银行汇款比率

从图 7.2 可知,中国银行和上海商业储蓄银行汇款最为活跃,比率波动较大,两家银行汇款比例基本呈现此消彼长的态势。中国银行的汇款比例从 1922 年的 31.59% 每年持续上升,到 1927 年已达到 47.33%,成为 1922—1927 年间汇款比例最高的银行,1928—1930 年回落到 30 个点以下,1931 年又上升到 30 个点以上,并在 1933 年占到 55.77%。上海商业储蓄银行在 1921 年和 1930 年的汇款比例超过了中国银行。浙江兴业银行的汇款比例在 1921 年不到 1 个点,1922—1923 年其汇款比率猛增到 20％以上,随后 1924—1925 年又回落到 1 个点以下,往后多保留在 2 个点左右,1934 年略有偏高到 4 个点。交通银行的汇款比例从 1925 年开始,在 10％左右缓慢波动起伏,1926 年和 1933 年两个年份涨到 10 个点以上。聚兴诚银行的汇款比例从 1921 年经过几年缓慢前行,1924 年起开始攀升,1927 年和 1928 年两年超过 10 个点,随后几年又回落到 10 个点以下,并呈现下降趋势。

综上所述,1921—1934 年全国银行汇款主要集中在中国银行、上海商业储蓄银行两大银行中,并呈现此消彼长态势。交通银行、聚兴诚银行、浙江兴业银行位居次位。而北四行在汇款业务中所占比例甚小,最高年份也不过 10 个点,且 1928 年后,其汇款在全国各银行中所占比率开始消失。

第三节　汇款地域分布

20 世纪 30 年代初,内地金融枯竭,全国汇款开始趋向口岸城市。"查各地汇款状况,通商大埠之分行汇入之款多于汇出之款,内地各分支行则反是。"[①]例如,1932—1934 年,全国口岸和内地经由中国银行汇款比率依次为:口岸汇出 36.1％、28.4％、32.91％,内地汇出 63.9％、71.6％、67.09％;口岸汇入 63.4％、74.0％、72.91％,内地汇入 36.6％、26.0％、27.09％。1932 年口岸汇入超过汇出 27.3％,1933 年口岸汇入超过汇出 45.6％,1934 年口岸汇入超过汇出 40％。[②] 三年间,内地汇出比率为 60％～80％,内地汇入比率仅为 20％～40％,国内汇款开始大量流向口岸。而口岸汇兑又趋向上海,以上海为主的口岸金融出现畸形繁荣。1932—1936 年,中国银行对长江流域的内汇额占 50％～60％。而在长江流域,1932—1933 年,汇入地为上海的汇兑额又分别为 35 554.6 万元和

---

①　交通银行总行、中国第二历史档案馆编:《交通银行史料(第 1 卷)》,中国金融出版社 1995 年版,第 559 页。

②　中国银行总行、中国第二历史档案馆合编:《中国银行行史资料汇编(上编)》,档案出版社 1991 年版,第 2101 页。

43 773万元①,分别占长江流域汇款额的95.6%和97.8%。上海成为内地资金的集中地。

表7.9　　　　1932—1936年中国银行各地收汇额及所占比例　　　单位:万元

区域	1932年 金额	%	1933年 金额	%	1934年 金额	%	1935年 金额	%	1936年 金额	%
长江流域	37 186	49.5	44 755	59.3	52 640	63.1	62 607	61.37	83 733	57.84
华北	16 569	22.1	13 358	17.7	13 014	15.6	20 148	19.75	38 174	26.37
东三省	12 390	16.5	7 548	10.0	7 258	8.7	7 447	11.58	6 775	4.68
华南	8 930	11.9	9 811	13.0	10 511	12.6	11 813	7.3	16 084	11.11
合计	75 076	100	75 472	100	83 423	100	102 015	100	144 766	100

资料来源:中国银行行史编辑委员会编:《中国银行行史(1912—1949)》,中国金融出版社1995年版,第242页。

第四节　汇水收益

各银行汇兑营业之利益,在汇水。法币改革之前,政府对金融市场的控制力较弱,国内钱庄和银行业与各大公司、洋庄、外商之间订立收购款项等汇款合同,以便利的汇兑手续承揽商业汇兑,增加资金流动,扶助商业发展,赚取汇水等收益。聚兴诚银行的汇兑业务居于存、贷之首。1916—1937年,聚兴诚银行汇费收益占所有收益的比例平均为40.20%。② 1927—1936年,上海商业储蓄银行汇兑收益占全行收益比率平均值为36.67%。③ 1918年,中国银行年末结账期汇水收益占全部收益的54.79%,而从1921年开始,中国银行汇水收入逐渐减少,1921年和1935年,比例不到10%。④ 同时,上海商业储蓄银行,1932—1934年汇出

---

① 中国银行总管理处经济研究室编印:《民国二十一年度中国重要银行营业概况研究》,中国银行总管理处经济研究室1933年版,第2页。
② 重庆金融编写组编:《重庆金融》,重庆出版社1991年版,第213页。
③ 中国人民银行上海市分行金融研究所编:《上海商业储蓄银行史料》,上海人民出版社1990年版,第467、715页。
④ "各年中国银行损益表",详见中国银行总行、中国第二历史档案馆合编:《中国银行行史资料汇编(上编)》,档案出版社1991年版。

汇款逐渐增加，而汇水逐年减少。1932 年汇出汇款 27 000 万元，1933 年汇出汇款 36 000 万元，1934 年汇出汇款 40 500 万元。1932—1934 年的汇水收入分别为 71 万元、52 万元、49 万元。[1] 表 7.10 表明，1921 年九江各银行历年盈利中汇兑收益占比较多。因 20 世纪二三十年代后，各大银行纷纷降低汇水以承揽商业汇兑，导致汇款增加，而汇水却增长不明显，加之法币改革后，政府实行平抑汇价政策，金融机构在汇水上的收益逐渐消失。

表 7.10　　　　　　　1921 年九江各银行历年盈利来源表

行名	最多	次多	又次多	再次多	最少
中央银行	手续费	汇兑	放款	—	—
中国银行	放款	手续费	汇兑	有价证券	兑换
交通银行	放款	汇兑	手续费	有价证券	其他
上海银行	放款	汇兑	兑换	手续费	杂项
农民银行	未详	—	—	—	—
裕民银行	有价证券	放款	汇兑	兑换	其他

资料来源：《九江金融市场之过去与现在》，《钱业月报》，1921 年第 16 卷第 2 期，第 25 页。

　　钱庄和新式银行在内汇市场中既有竞争，也有合作。中资银行经营规模扩大后，开始与钱庄合作办理委托代理业务。各大银行鉴于银号手续简便，费用较低且经营范围遍布广大的农村市场和偏远城镇，常委托银号代办汇兑业务。如到 1925 年，上海商业储蓄银行国内通汇处已达 17 省 130 余处，其中钱庄银号的代理收解机构即高达 40 多家。[2] 同时，中资银行代理钱庄在沪汇兑业务，以免钱庄专派庄客驻沪。银行和钱庄银号的代理汇兑，以迂回曲折的办法打通全国汇兑，使国内汇兑广泛开展起来。同时，银行通过与钱庄建立代理收解关系，将各大行所发钞票逐渐深

---

[1] 中国人民银行上海市分行金融研究所编：《上海商业储蓄银行史料》，上海人民出版社 1990 年版，第 468 页。

[2] 中国人民银行上海市分行金融研究所编：《上海商业储蓄银行史料》，上海人民出版社 1990 年版，第 123—127 页。

第七章 中资银行国内汇兑 239

入市场流通,银行汇兑业务也迅速发展。

以往观点认为,到 20 世纪 30 年代中期,随着中资银行分支机构的广泛设立和对内汇业务的大量招揽,钱庄已经丧失了大部分的内汇市场。例如,中国银行 1932 年办理内汇业务额为 75 220 万元,到 1936 年达到 144 766 万元,增长 93%。交通银行 1935 年办理内汇额比 1934 年翻了一番。① 实际上,票号、钱庄、中资银行在国内汇兑市场是一个逐渐替代和相互补充发展的过程。清末民初,票号渐形衰落,但直至 30 年代,钱庄银号的国内汇兑业务依然占据一定的领域。如表 7.11 所示,1934 年,太原金融机关经营汇兑的银行有中国银行和山西省银行 2 家银行,以及 33 家钱庄银号。其中,钱庄银号全年汇兑总额为 53 643 950 元,占所有汇款额的 57.24%,超过银行汇款额近 15 个百分点。② 另外,1933 年,山东境内各银行汇款额为 163 275 000 元,境内各钱庄银号汇款额为 193 388 760 元,钱庄银号汇款额为银行汇款额的 1.18 倍,远大于银行汇兑额。其中,仅济南各银号钱庄汇款额为 132 000 000 元,数额已接近山东省境内各银行汇款总额。③ 即 20 世纪 30 年代,钱庄银号等传统金融机构在华北内陆山西、山东等地区的内汇业务中仍然占据主要地位。

表 7.11　　　　　　　　1934 年太原金融机关汇兑情况表

金融机构	家数	全年汇出(元)	%	全年汇入(元)	%	汇兑总额(元)	%
银行	2	22 258 956	45.17	17 815 895	40.08	40 074 851	42.76
钱庄银号	33	27 014 599	54.83	26 633 391	59.92	53 643 950	57.24
统计	54	49 172 555	100.00	44 449 249	100.00	93 718 801	100.00

注:原统计表中的钱庄、银号共 36 家,但因 3 家不经营汇兑,故不在本书统计范围内。

资料来源:实业部国际贸易局编:《中国实业志:山西省》第三篇"商埠及重要市镇"第一章"太原(阳曲)",实业部国际贸易局 1933 年版,第 1—49 页。

---

① 李一翔:《传统与现代的柔性博弈——中国经济转型过程中的银行与钱庄》,《上海经济研究》,2003 年第 1 期。
② 实业部国际贸易局编:《中国实业志:山西省》第三篇"商埠及重要市镇"第一章"太原(阳曲)",实业部国际贸易局 1933 年版,第 1—49 页。
③ 实业部国际贸易局编:《中国实业志:山东省》第四篇"都会商埠及重要城镇"第一章"济南",实业部国际贸易局 1934 年版,第 1—57 页。

第五节　汇兑功效

国内汇兑因名目繁多的通货和种类众多的银平色差,以及过账洋、划洋等虚拟记账币制的存在和因各地商业习惯不同而复杂各异的汇兑计算方法,使国内汇兑缺乏整齐划一的方法。各地汇兑行市又因各种经济因素和非经济因素影响处于不断变化之中,更增加了内汇的复杂性。汇兑的功效在于,代替现金运送而使各地债权债务得以结算,从而避免了现金输送的不便及危险。同时,促进资金周转,便利商品流通和货物交易。

其一,抵消国内各地债权债务结算,便利两地款项收付的功能。国内汇兑主要是代替现金输送,由银行或钱庄等金融机关抵消异地间债权债务关系,便利两地款项收付功能。钱庄、银行等汇兑机关所开发的汇票,在汇兑市场的自由买卖便利了债权债务双方的款项收付,减少了以货易货、当面清账或用大量硬币、金银器皿或金银块支付的必要。汇票作为埠际贸易结算中代替金属货币流通且具有良好信用的票据交易工具,不仅便利了大宗商品的远距离贸易,也在一定程度上增加了货币的支付手段。[1] 上海钱庄或商号开具的申票,在市场上可以随时出现变现,作为调剂资金余缺的一种重要手段,故一定意义上申汇成了国内各大商埠之间经济交往的通用货币。商人利用汇票周转埠际贸易,已成为商业上通行的习惯。[2]

其二,促进资金周转,融通资金的功能。汇兑凭一纸汇票了结埠际间的债权债务,节约现金使用,促进资金周转。基于货物流通及贸易量增长而兴起的内汇业务,款项调拨为其主要功能之一。汇兑发达程度,与调拨款项灵敏程度成正比。汇兑对资金的融通功能主要表现在押汇业务方面。供货商在发出货物后,可先向金融机关抵押货物提单、发票、保险单等票据,以求现金周转。押汇类似于国际汇兑的"购买委托书",买卖双方

---

[1] （美）约瑟夫·熊彼特:《经济分析史(第3卷)》,商务印书馆1996年版,第523—524页。
[2] 中国人民银行总行金融研究所金融历史研究室编:《近代中国的金融市场》,中国金融出版社1989年版,第32页。

不必互相认识、互相信任,仅凭国内押汇业务,贸易即成,是银行为商品交易提供的一种融资方式,有利于国内贸易的发展。上海作为全国金融中心,内地各埠都是其支流。资金伴随全国金融季节的流通,每年4—6月丝、茶、小麦上市,8—10月秋收上市,金钱照例从上海流出,流入各基层市场。农闲年关时节,日用品等货物由通商口岸经商帮转运到基层市场,资金再次回流。上海对各地的汇兑行市变化,主要反映的是埠际之间的资金调拨。汇兑之供过于求时,则汇率低;求过于供时,则汇率高。各帮买卖申汇调动汇款,重庆帮计算贩运盈亏,都要把申汇的涨落估计在内。逾期买卖申汇以满足业务经营需要,便成为一种经常的资金融通活动。①

其三,调剂余缺的功能。国内各地金融供求不均衡。若甲地资金过多,则筹码充斥而供过于求;乙地资金过少,则筹码枯竭,出现求过于供。若欲调剂甲、乙两地之资金供需情况,使其平衡,则国内汇兑是其重要的工具和渠道。两地资金余缺,主要表现为银根松紧和洋厘升降变化。银根松紧,可于银拆大小观察之。因为银拆反映的是市场的银款供需状况。如果天津的银根紧(即天津银拆市价小于上海),会由上海调款。相反,上海银根紧(上海银拆市价小于天津),则由天津调款至上海。如果两地银根同时紧急,则由上海调款者比较多。即本埠银拆涨,则汇兑趋于顺汇;本地银拆跌,则汇兑趋于逆汇。故两地银根松紧,亦可发生汇兑之需给。银两与银元之间的比价,即为洋厘。洋厘升降对埠际间的汇价有着间接的影响。上海与天津等各埠间因洋厘的高低升降而时常发生运现。若天津洋厘高于上海,则上海的钱庄、银行等运现至天津,以洋易银;若上海的洋厘高于天津,则由津运现到沪。如果外埠运洋至沪增多,则在沪出售易银。

其四,伴随埠际贸易而产生的大量汇兑业务为商品的流通交易提供了便利。金融机构对埠际间资金的汇划和结算,使洋货得以顺利流入内陆基层市场,而土产货物也可以集中于通商口岸。江浙丝茶棉花、汉口杂粮、东北大豆收获期,由上海移动大量现银到各地进行采购。而至年底,

---

① 中国人民银行总行金融研究所金融历史研究室编:《近代中国的金融市场》,中国金融出版社1989年版,第185—186页。

农事修闭,各地纷纷采购年货,资金又从内陆基层市场流回上海。棉花、桐油、烟业等主要商品运销,皆借助于钱庄汇票、庄号汇票和庄客汇票对资金的流转。如邢台皮毛店商人到甘肃办货,无须携带现款,可通过兰州、西安、天津等地的金融机构进行多角汇兑。[①]

最后,内汇的发展推动和促进国内市场的统一。商品的流通和交易常伴随并依赖于资金的融通。金融是市场经济发展、商品货物流通网络中最敏感的感知体。资金市场作为商品经济运行的血液,与商品贸易流通有着息息相关的联系。只要有货物运输、商贸往来的商埠,即有债权债务关系的结算,就需要有内汇网络的支持。钱庄的申汇网络和新式银行遍布全国的分支机构,结成一个以上海为依托,以天津、汉口、重庆等中心城市为焦点,连接各自腹地和经济区域,覆盖全国的纵横交错的资金融通网络。这个多层次、立体型的资金调拨网络,在一定程度上体现了地域间的经济联系和金融市场的相互关系,是近代金融市场圈形成的一个重要标志。

[①] 曲殿元:《中国之金融与汇兑》,上海大东书局1930年版,第132—134页。

第八章

近代新式银行押汇业务

本书首先在厘清什么是押汇业务、押汇业务的手续和过程等基础上，对上海商业储蓄银行、交通银行等近代主要新式银行所承办的押汇业务进行分析。其次，对堆栈、转运公司、铁路、保险公司等押汇业务的重要辅助机构进行探讨。最后，总结押汇业务在融通资金、便利生产、促进商业贸易融资等方面的作用。本书将为金融机构中推广贸易融资业务的拓展与推广，以及实体经济运行中"产、运、销"相关环节的打通提供历史借鉴意义和现实指导价值。

第一节　押汇业务

一、什么是押汇

依据汇款收交地点之不同，国内汇兑主要分为顺汇和逆汇。其中，顺汇是指银行或钱庄在本埠先收汇款人之款项，后在他埠将款项通过分支机构或代兑机构交于收款人。逆汇是指银行或钱庄在本埠先付款于请求人，再于请求人指定之他埠银行或钱庄取回其款项，先付后收。在逆汇方式中，押汇是一种最重要的形式。押汇为隔地间商人互为交易时，售货商以其所开具之汇票，连同运货之提单、保险单、发票等全部关系单据为担保,向银行押借款项,而银行则凭全部运货单据,转向购货商收回其押款之本息的业务。[①] 此种业务,实际是以运输中的货物做抵押,所进行的贴现、放款和汇款的合体业务。银行以运输中的货物提单、汇票、保险单、栈单等为抵押进行票据贴现放款,亦为异地商人贸易买卖进行了融通资金的汇款业务。具体而言,当两地间商人买卖货物时,因卖货商急需现款周转或对双方信用未知情形下,出口商将货物装车起运时,即将所装运货物的提货单、发票、保险单等交当地银行先押取部分款项,然后银行凭卖货者所押的单据向买货者收回押款,即为押汇。于银行而言,押汇是以运输的货物为担保进行票据贴现放款。于商人而言,押汇是对于运输中的货物先收其价银,为异地间商人交货付款发生汇款关系。押汇为商品交易提供了一种融资方式,解决了商品流通过程中资金不足的问题,亦是以运输中的货物为抵押品的一种结算性质的贷款。该业务因银行掌握着交易标的物,实际对埠际贸易间的买卖双方起到了中间的信托作用,有效解决了商品贸易中的资金周转问题。

举例如下:上海商人甲售货于内地商人乙,照例甲商须先发货,乙商于收到货后再将款项全数汇于甲商;或者乙商先付款,甲商再发货,以此完成债权债务关系。但如果甲、乙两商互不信任,或甲商收到款后不发货,或乙商收货后不付款,则债权债务关系无法完成;或者甲商在货物起运后,急需现款周转,而乙商须收货后才付款,以此造成了资金周转之不便,遇此情形,银行可通过押汇业务予以解决。押汇业务如图8.1所示。即甲商在将货物打包装箱交给运输公司后,将货物提单、保险单、货物清单等货运相关单据如数交与上海甲银行,以运输中的货物做抵押,请求甲银行押借货物价值的一部分以提取现金。甲银行承做此项押汇后,将甲商填写的汇票及货运单据全数寄交乙商所在地的分行或代理行即乙银行,委托乙银行向乙商人收回款项。乙银行收到上述文件后,通知乙商支付货款。乙商在汇票期满日,按照票面之金额付款于乙银行,并取得各种提货凭证,随后到运输公司完成收货。乙银行将收到之款汇于甲银行,甲

[①] 邹君斐:《中国现代银行实务与顾客》,女子书店1934年版,第167页。

银行将剩余之款还给甲商。①

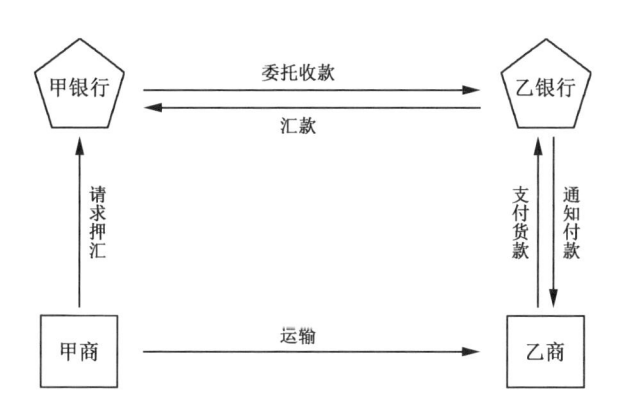

图 8.1 押汇业务示意图

二、押汇业务种类

按照贸易范围的不同,押汇分为国内押汇和国外押汇。国内押汇是本国国内商人买卖货物时,甲埠的商人将货物向银行押取现款,而银行则向乙埠商人取回货款。国外押汇为国际商人互为贸易时,甲国商人将货物向银行贴现,而银行则取偿于乙国商人。两者性质相同,手续也类似。② 按照押汇请求人的不同,又分为出口押汇与进口押汇两种。出口押汇以该地的出口货物为抵押品,其押汇请求人为卖货商。进口押汇则以在外埠运送中的进口货物为抵押品,其押汇请求人为买货商。进口押汇是银行受本埠购货商之请求,签发汇信(商业信用证等),委托其外埠联行或代理行代为收理其当地售货商所出具的货款汇票,连同提单、保险单等全部运货单据,并在负责代付票款之后将票据寄回本行,银行再向购货商收回款项。③ 这种业务以国际汇兑经营为多,民国时期我国埠际之间进口押汇尚不发达。进口押汇业务多系代收进口押汇。代收进口押汇,

---

① 《经济新辞典:押汇》,《工商经济月刊》,1947 年第 1 卷第 4 期;衡南:《银行押汇与铁路押汇之研究》,《钱业月报》,1931 年第 11 卷第 5 期;邹君斐:《中国现代银行实务与顾客》,女子书店 1934 年版,第 167—168 页。
② 杨德惠:《谈"押汇"》,《商业实务半月刊》,1940 年第 1 卷第 4 期。
③ 王潜如:《银行实务概要》,会计图书用品社 1943 年版,第 233 页。

仅为受委托行的委托，代为收归款项，原非银行的主要业务，当银行接到外埠联行或者是往来同业所发的押汇抵押品收条存根及汇信、提货单、保险单等单据时，代理向购货商收款，并且按照一定条件，交付运货物的凭证。①

押汇之交易约分三种：(甲)受他埠本店或他埠商人委托，在本埠购买货物而货价未由前途(提前)汇到或未汇足者；(乙)已将货物卖与外埠商人，而货价未收或未全收者；(丙)托人在外埠购买货物而货价未曾汇去或未汇足者。甲、乙两项之售货商在本市称为汇出押汇，丙项之售货商在外埠称为汇入押汇。汇入押汇亦由本市购货商请求而归外埠售货商应用，故与国际汇兑中之购买委托书性质相同。②

汇出押汇。先由押汇人出具押汇证书，将提货单、保险单等抵押品单据，连同押汇汇票一并交付银行，方得用款。用款数额通常约为货款的七到八成，并视押汇人信用商品种类及票据而定。银行将汇票提货单、保险单及押汇抵押品收条对根等寄交付款人所在地之分行或代理处。银行将押汇抵押品收条寄交收货人(通常即付款人)，并将押汇报告寄还押汇人，以示手续办妥之意，此就押汇银行方面而言。至于收款银行方面，则于收到上项单据后，即将押汇汇票持向取货人收款，取货人应将汇票票款如数付讫，并将押汇抵押品收条交还，如所交收条与收条对根相符，即可取得提单及保险单，从事提货，此即所谓交现(D/P)办法。但也有只需将汇票承受，不必立时付现，即可取得抵押品者，是即所谓允受(D/A)办法。③

汇入押汇。汇入押汇者，申请人即为付款人，而用款人则是外埠使用者。申请人请求押汇时，须先填具外埠押汇申请书，继由银行出具外埠押汇付款委托书，寄交用款人所在地之分行或代理处。等用款人将货运出，并制成汇票，连同提货单及保险单请求垫款时，付款银行即照押汇办法办理。付款银行垫款后取得票据寄回押汇银行，以凭结算是也。故汇入押汇者，乙地乙商之押汇，而由甲地甲商之申请者也。④

---

① 杨德惠：《谈"押汇"》，《商业实务半月刊》，1940年第1卷第4期。
② 《上海之国内汇兑》，《社会月刊》，1930年第2卷第1期。
③ 《上海之国内汇兑》，《社会月刊》，1930年第2卷第1期。
④ 《上海之国内汇兑》，《社会月刊》，1930年第2卷第1期。

出口押汇。具体而言,指银行因本埠售货商之请求,或外埠其他银行之保证,准其于货物运出后,以提单、保险单及其他关系单据,连同所开支货款汇票,作为担保,来行押借款项,一方以售货商交入之各项单据寄交其外埠之代理行,或外埠其他银行,凭向购货商收回款项。① 出口押汇又分为凭信与不凭信两种。凭汇信者,银行与售货商承做押汇时,除提货单、保险单、发票等票据外,还需要其他银行对购货商所开具的具有担保性质的商业汇信为依据。将来汇票到期时,承做押汇的银行只需向开具商业汇信的银行兑收票款即可。至于该购货商能否照付票款,则由开具商业汇信之银行自负责任,与承做押汇银行无关。不凭汇信承做的押汇,即买货商并未办理此项凭证,由银行与卖货商承做押款时,除直接与该商订立汇票,收取提货单、保险单、发票等外,并不须具备其他凭证,将来汇票到期,由银行直接向买货商收回票款。② 依据购货商信用之不同,押汇交货方式分为押汇承兑汇票与押汇付款汇票。凭信和不凭信分别与押汇交货方式的押汇承兑汇票与押汇付款汇票相对应。

三、押汇之手续

国内出口押汇之进行手续,先由押汇人即出口商向银行请求,经银行调查押汇人的信用及审查货物之种类与价值,如认为适当,即令押汇人签订押汇单据或押汇契约,交入由买主承兑之汇票及附属之货物提单、保险公司之水险兵险保单、押汇人售货之发票及其他各项必要单据。其中,提单及保险单,应注明以银行为收货人或赔款之收益人,银行于收受以上各项单据后,即发出抵押品收据。此项抵押品收据,当由押汇人即出口商直接寄交外埠之进口商人,以便向他埠银行领取提单等项物品。同时,并按照汇票之金额,扣除至到期日止之贴现息及相当之汇水与手续费,然后付款予押汇人或转账。至于押汇之金额,若系凭信用证者,则因由银行负责付款之故,可按照汇票之金额十足贴现。押汇人及进口商人之信用佳者亦如此。但若押汇人及进口商人之信用不佳,则应令其另交相当之担保

---

① 王澹如:《银行实务概要》,会计图书用品社 1943 年版,第 233 页。
② 杨德惠:《谈"押汇"》,《商业实务半月刊》,1940 年第 1 卷第 4 期。

品,始能照额贴现;否则押汇金额,当按照汇票所载金额之七折或八折为限,其余一部分由银行代收后,再行付给之。例如,宁波甲商售货给上海乙商,甲商将货物装船以后,即在宁波中国银行立据押汇票,兑取货款,同时把提货单、发票、保险单等主要票据交给宁波中国银行,而中国银行允许照货物价格八折承做贴现,一面随即把甲商交给的单据及押汇汇票寄至上海中国银行,托其代向上海乙商收回货款。于是押汇的手续就算完备,用这种办法可以便利商业贸易资金的周转。①

押汇汇票之付款地点,当在外埠。故买入出口押汇汇票之银行,必须将票据、提单、保险单等全部单据寄交外埠本行之分支行或押汇之代理银行,委托代向进口商办理承兑收款等手续。② 故代理行代收押汇款项之程序如下:①接到委托银行寄来之押汇票据及附属书类时,登记于代收货物押汇账。②送押汇通知书于收货人,请其允付;但亦有不用通知书,经将票据送请收货人允付等。③票据到期收款,则做收入传票,连同汇票,送经理盖章,并裹注后,将货物提单交收货人而收入票面之款。④记入代收货价押汇账后,并记入他分行往来分户账来账之货方,如用票据期日账亦宜记入。⑤以上办理竣事,乃作代收押汇金额报单,寄送于委托银行。③

四、押汇之票据

押汇票据主要包括以下几种:

(一)押汇汇票

为售货商向购货商开出的一种支付命令,要求购货商付款于第三者(押汇银行)一定之金额。出票人为售货商,收款人为押汇银行,付款人为购货商。押汇汇票有"押汇承兑汇票"与"押汇付款汇票"两种,前者是先交货后付款,后者是先付款后交货。上述两种方法,因收款交货之先后不同,与银行放出资金之安危有关。银行承做押汇时,视买卖双方之信用而

---

① 杨德惠:《谈"押汇"》,《商业实务半月刊》,1940 年第 1 卷第 4 期。
② 顾准:《银行会计》,商务印书馆 1938 年版,第 152—153 页。
③ 杨汝梅编:《新式银行簿记及实务》,中华书局 1939 年版,第 120—121 页。

决定。① "押汇承兑汇票"适用于和银行有相当交往而信誉昭著者。普通则采用押汇付款汇票的方式,即先付款后交货。②

(二)发票

即货物之清单,是售货商所出具的有关货物数量及价值的单据。载明所运货物之名称、价格、数量、唛头等项,凡核对提单及向购货商收款,均须以此为根据。③

(三)正副提货单

为路局、轮船或转运公司所出具的提货凭单,为提取货物之凭证,有蓝色与红色之分,蓝色为单纯的货物提单,红色包括保险在列。

(四)保险单

为保险公司发给投保货物之证书,有水险和火险保单两种。保险单时效,以货物到埠三天为效,也有展至七天至十天者,最多展至一个月。④

(五)押汇借据

即商人与银行做押汇时所出的借款凭证。押汇借据,即商人与银行做押汇时所出的借款凭证。押汇借据为押汇人向银行承借之凭证,除将货物借款银数、付款人及其地点等证明外,对于货物更须由押汇人负完全责任,以免银行受亏。押汇人还须觅得妥实保证人,在押汇借据上签名盖章,或另具签章证函交入押汇银行,倘若付款人到期不能付款,或不能如数照付,或押汇物品变卖后不能抵偿押款,应由保证人责任至赎清为止。⑤

此外,还有报关单、押汇凭信等单据。押汇凭信是银行为商人所发的信用担保书,是一种商业汇信。银行担保商人若干金额内的信用,异地商人可在信用额度内向其开具汇票,银行愿为其担保。此项凭信又分为商

---

① 王澹如:《银行实务概要》,会计图书用品社 1943 年版,第 237 页。
② 杨德惠:《谈"押汇"》,《商业实务半月刊》,1940 年第 1 卷第 4 期。
③ 王澹如:《银行实务概要》,会计图书用品社 1943 年版,第 242 页。
④ 《上海商业储蓄银行关于"国内汇兑与收解"——毛志祥编、训练班用》,上海档案馆藏资料(档号:Q275-1-1647)。
⑤ 《押汇》,《经济常识》,1936 年第 4 期。

业信用证和商业购买证两类,且多在办理国外押汇时使用。①

第二节 押汇运行环节

一、押汇手续

出口押汇交易,是由发货地之发货人,在发货地请求发货地之银行做押汇。国内出口押汇之手续如图8.2所示,具体表述如下:

售货商发货以后,以货物提单、保险单、物清单等货运单据向银行申请押汇,押汇人须先填写押汇申请书,经银行调查押汇人的信用及审查货物之种类与价值,如认为适当,则与押汇人商定押汇之数目(一般为押汇金额的七折或八折)及预扣利息、手续费等。押汇人即按照押汇核准数目填写汇票(汇票上收款人为押汇银行,付款人为他埠之收货人,出票人为申请押汇之押汇人),并与银行签订押汇单据或押汇契约。

银行收受汇票及附属之货物提单、保险公司之水(火)险保单、押汇人售货之发票及其他各项必要单据。其中,提单及保险单应注明以银行为收货人或赔款之收益人。银行收受以上各项单据后,即发给押汇人押汇抵押品收据。同时,按照汇票所载金额之七折或八折为限作为押汇金额,并扣除至到期日止之贴现息及相当之汇水与手续费,然后付款予押汇人。

押汇银行将押汇抵押品通知书连同押汇人提交的相关单据寄送至外埠分支机构或者代理行,委托其按照汇票上之到期日代向购货商收款。同时,押汇人将押汇银行开具的押汇抵押品收据寄交外埠购货商(付款人)。外埠受委托行在收到押汇通知书后,在汇票到期日前几天通知付款人付款,付款人持押汇抵押品收据至受委托行,核对无误后,将押汇抵押品收据交入受委托行,并付款换取货物提单等货运单据。收货人持货物提单提货,并将货物转存入可靠堆栈,开始进入销售环节。受委托行将押汇抵押品收据寄还押汇银行,并还款给押汇银行,押汇银行将押汇抵押品

---

① 王澹如:《银行实务概要》,会计图书用品社1943年版,第249页。

第八章　近代新式银行押汇业务

收据和存根核对,无误后注销。押汇银行将尾款结清给押汇人。全部交易流程完毕。①

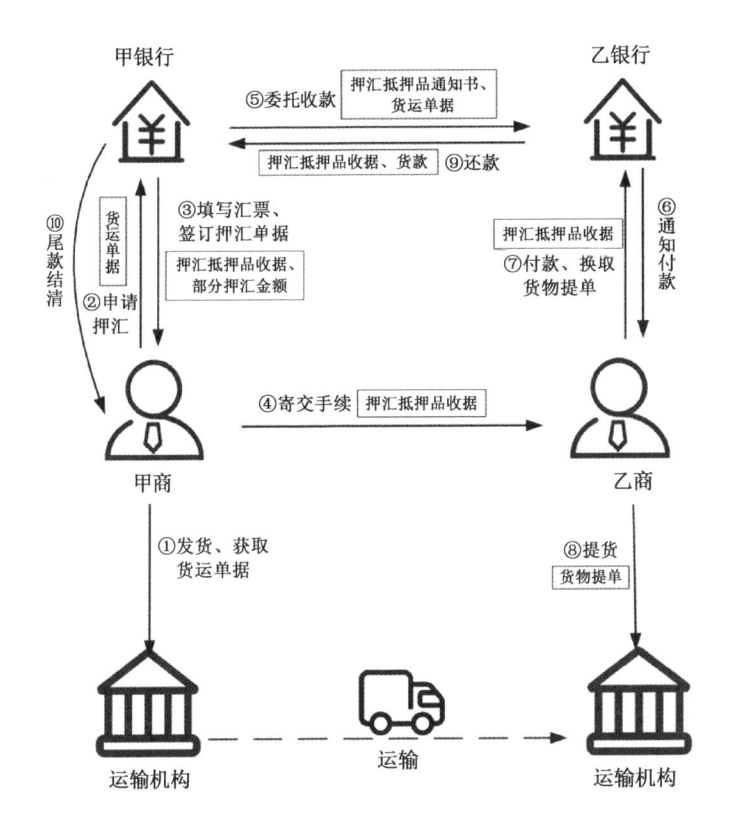

图 8.2　出口押汇之手续

以上是出口押汇手续,进口押汇手续略有不同。购货商来银行商做进口押汇,请求代开押汇凭信(介绍购货商于隔地之银行,保证其信用,并准予售货商在一定之期限内,发出汇票,以发信银行为付款人),银行请其填写申请书并觅具相当之保证人签立合约,一并交入。银行若允做,遂与购货商签订押汇合同,洽定押汇之利率及手续费,并填制押汇凭信。押汇银行将此凭信寄交发货商,或由其代理机构转交。乙地银行接函后,通知

---

① 杨德惠:《谈"押汇"》,《商业实务半月刊》,1940年第1卷第4期;厉鼎模:《银行实务详解汇编》第4集第8篇,厉鼎模发行,1933年版,第36—37页。

卖货商。发货商凭此押汇凭信发货,并持发货提单、保险单等货运单据至押汇银行的异地代理行,填具汇票。卖货人将货装船后,即将提单、保险单、发票及所出汇票等手续持向银行取款,银行核对与委托银行所示各节相符,即照付给,乃收单据等寄交委托银行,向买货人收款,另加利息及手续费等。进口货物押汇到埠时,由购货商办妥报关存栈及保险等手续以后,银行等汇票到期前若干日,通知购货商如期备款来行赎取货物单据。卖货人付讫后乃可取提单等出货手续,即为终了。[①]

二、运行环节相关机构

本书以埠际出口押汇为例分析押汇业务运行环节,进口押汇可类推。商品从生产地进行打包包装,运输至码头或车站,暂存于堆栈内。待货物装入轮船或火车后,卖货商亦联络保险公司对押汇物品进行投保。如需进行报关,则联系报关行进行统税报关。随后,卖货商即可持转运公司、轮船公司或铁路局所发的货物提单、保险公司保单、报关单和货物清单等货运单据至银行申请承做押汇业务。押汇业务在审核押汇人信用和商品品质数量等基础上,与押汇人签订押汇合同,并垫付部分货款。押汇银行将相关货运单据寄交外埠委托行,代其向购货商收款。货物到达码头后,购货人付款给受委托银行,并换取提单等单据至轮船公司提货。或者轮船公司将货物存放可靠之堆栈存放,堆栈开具所有权归银行的栈单,作为相关提货凭证。货物自上轮至运达地点之栈房应保足水火两险,抵栈后亦须另保火险。整个运行环节中,押汇汇票、提货单、保险单、报关单、押汇借据、货物清单等押汇业务的重要票据是押汇业务流程的重要业务要素。故堆栈、转运公司、轮船公司和路局以及保险公司等都是银行办理押汇业务的重要辅助机构,亦是押汇运行环节的相关机构。

(一)堆栈业

堆栈业是押汇业务发展的重要业务要素和辅助机构之一,为抵押货物起运之前和到埠后提供便利堆放场所。货物堆存于堆栈或仓库以后,

[①] 《上海商业储蓄银行关于"国内汇兑与收解"——毛志祥编、训练班用》,上海档案馆馆藏资料(档号:Q275-1-1647)。

堆栈或仓库所发之栈单可先由银行承做押款,待货物起运后再转为押汇,货物到埠存栈后如过期不赎,亦可再转为押款。堆栈业因发行栈单供货物买卖之用,并得自由抵押以融通资金。银行按栈单为流通证券,货主可以栈单向银行押款,银行可以此栈单在必要时向同业转押,故栈单实为重要证券。① 栈单为堆栈业者保管货物之证据。栈单记载必要之事项如下:存货之标记货品件数及重量、存货者之姓名或商号、堆存之地方及栈租、栈单作成之年月日、栈单之号数等。② 堆栈收到堆存货物后,应即填发栈单,由堆栈主任签章,交予存货人。又堆存货物须经货主自保火险保险后,应补记其保险金额,保险时间及保险行名等于栈单上。栈单背面,应印明堆栈规则。货主凭单出货,并签字或盖章于栈单背面。货主如将栈单向银行抵押借款,须在栈单背面签字并盖章,过户给受抵押银行。

银行押汇业务初设时一般选择信用良好的堆栈进行合作。为追求设备完善、抵押品安全等因素,上海商业储蓄银行、交通银行、大陆银行、浙江兴业银行等银行业纷纷在交通便利的车站附近自设堆栈或组织公栈,以便利货物装载和运输。1915 年,因鉴于上海无适宜之堆栈,商贾寄存货物,诸多不便,为推广货物押款起见,上海中国银行与交通银行、上海商业储蓄银行、浙江地方实业银行、浙江兴业银行、盐业银行、中孚银行七家银行,共同组织银行公栈。随后,上行对于湖丝、干茧、棉花、棉纱、匹头、杂粮等货,常做栈单押款。盖栈单多由公栈或洋栈发出,当然确实可靠,且既利货物之流通,又助商家之周转,而银行亦可得稳实放款之效益也。③ 受抵之货品,其栈单及保险单须由本行认可之堆栈及保险行出立,并须过入本行户名。④ 各银行的寄庄、仓库等分支机构逐步分布在津浦、陇海、平汉、粤汉等铁路干线各站点以及长江沿岸和南北沿海各港口。"运销业务,所以谋内地生产之流通,银行所可尽力协助者,如运输之代为联络、买卖之代为接洽、贷款之代为收付、保险之代办、押款押汇之代为承

---

① 沧水:《银行与堆栈之关系》,《银行周报》,1920 年第 4 卷第 11 期。
② 郑维均编:《实用银行堆栈簿记》,银行周报社 1925 年版,第 29 页。
③ 《民国六年中国银行营业纪略》,《银行周报》,1918 年第 2 卷第 38 期。
④ 中国人民银行上海市分行金融研究所编:《上海商业储蓄银行史料》,上海人民出版社 1990 年版,第 148 页。

办,如能一一彻底办成,打开局面,不独工商业深资利赖,而本行押款押汇推广发行之业务,亦随之大为进展,其余与此有关联者,如各分支行处之增设,或与他行联络合设公栈,以裕货物之吐纳,与各水路运输机关商订特种押款押汇手续,以利货物之运销,是皆宜互相策应,积极进行之务也。"①

(二)转运公司

提单,为表示货物之物权的证券。此项提单为一种权利证券,因为货物之提取,纯以此提单为凭,否则不能擅取,银行在做押汇以后,即握有此项提单,事实上有提取货物之权。若收货人不能如期还款,发货人也不能赔偿,则银行惟有凭提单提取货物自行处理,以归本息,而运输机关只认提单为提取货物之凭证。其目的在于,便商且以巩固押汇之业务也。

押汇是对运输中的货物做押,故货运之畅达非常重要。押汇业务主要联络长江一带之轮船公司、一般转运公司和沪杭甬路等路局。故各地交通便利、货物周转频繁之所,多设立了专为货物办理运输事务的转运公司。交通银行沪行所属之苏州,运输机关有大通、汇通、悦来等转运公司十余家,营业均尚发达。② 1932年9月有铁路负责货运押汇之前,沪杭甬路、津浦等铁路沿线货物押汇主要由转运公司负责,为客商办理路局运送手续和货物堆存之所。

此种转运公司,在各地车站大多设有货栈或自填岔道,可以容纳货物之寄存与装卸,并有各种技术人员,办理要车、装车、卸货等事务,使货主不至于茫然失措。凡火车站所停之站口,皆有转运公司,每一货物由转运公司负责后,一切手续,货客均可不问。货车之支配及货款之是否适合整车,非经转运公司之布置,则难恰合其数。而装卸照料之手续亦颇麻烦,直接装车实不若经过转运公司之便利。因此,转运营业在每一商埠中,皆占有重要位置。转运公司置有高大堆栈于车站附近,货客运来之货,置于堆栈,将数量交齐,说明运往何处,由堆栈出立收条,堆栈收齐各货,分

---

① 交通银行总行、中国第二历史档案馆编:《交通银行史料(第1卷)》,中国金融出版社1995年版,第294页。
② 《各地商业情形》,《交通银行月刊》,1924年第2卷第1期。

别装车,运费、起力、下力等皆由公司代垫。货物装车既竣,车站外贴以某某转运公司之封条,并书某地公司查收字样,又派押货专员沿途照料。①

银行认为,办理铁路押汇,应与转运公司中之具有权威者密切接触。上海商业储蓄银行最早于1917年在南京下关沪宁车站利兴运输公司内设置南京下关办事处,承做沪宁路货运押汇。各转运公司办妥装车手续后,将车号与货物数量,连同铁路货物收条,依照各货意旨,向该行做押汇,日数十笔,均在晚间7时至10时办理,虽逢星期及休假日亦复如是。交通银行南京分行因保管货物缺乏堆栈,且运商习惯亦不接近,与稳实转运公司订立特约。如南京利兴转运公司与南京交通银行订做押汇借款,开列合同包括十七条,其中对押汇手续、用款金额限度、用款期间、过期不赎如何处置等条款进行了规定。公司以代货主在津浦、沪宁两路经运货件出立提单,向银行押汇作为抵押品,用款以五万元为限,不得超过此数。并指定地点为天津、济南、济宁、上海、无锡、常州、徐州七处。用款时应照银行规则,先将公司所出货物提单送交银行,银行核明货物时价,按照七折押运款项,由公司书立押汇据,注明金额、地点、时间,银行方始交款。押汇汇水应于用款时在宁地先行交付。银行收到公司货物提单后,应给收单交由公司收执,一面由银行将提单寄交货物运往指定地点之分银行收存以备各该分公司按期取赎,公司应将货物运送方法(如车运或船运)及存放地点(未运时存放何处、运到之后存放何处)在车上批明,如已保险货物,公司应将保险单一并附交银行,银行得有随时派人检查货物之权。取赎货物提单时,应由各该分公司将押汇款项及逾期利息如数备足,并将银行所给收单一并送交分银行,分银行按照收单核对交还货物提单。押汇取赎期限自用款之日起、还款之日止,规定天津14天期,济南、济宁12天期,上海7天期,常州、无锡6天期,徐州10天期。照规定,取赎期间如过期不赎,每千元按照日息四角计算。②

各转运公司为客运货之代理人,在押汇过程中起着重要作用。上海

---

① 既明:《汉口之转运公司与堆栈》,《银行杂志》,1925年第2卷第16期。
② 《各地金融状况(宁行所属):南京——银行、钱业及商号、押汇办法》,《交通银行月刊》,1924年第2卷第11期。

商业储蓄银行创办铁路货运押汇,与各运输公司长期保持交往关系,使内地资金能迅速灵活运用,带动内地商业的繁盛。[1] 陕省产棉,歉年收获无定额,旺年全省产棉达八千万斤以上。由陕境运赴汉口,均由转运公司承揽包运。总计每年运至汉口内地各纱厂约十之四五。[2] 蚌埠一地,为皖北诸县及河南近皖各县输出货物之总道,凡欲由铁路转运上海、南京、汉口及各大埠者,皆须先用民船载至蚌埠,由各转运公司代运,每月输出之货甚多。[3] 20世纪30年代以后,随着铁路自行负责运输和水运事业的发展,一般转运公司相继倒闭,铁路押汇和轮船公司成为银行押汇业务的主要运输路线。

(三)轮船公司和铁路

凡售货商将货物交由轮船公司或铁路局装运时,轮船公司或路局凭其装运之货物发给提单,承认收到货物,代为装运至指定地点,依照售货商之约定办法,将货物交付与指定人或购货商。[4] 我国银行承做押汇业务之提单,多为长江一带之轮船公司所出。提单为船公司承装货物之凭证,载明所装货物之名称、唛头、号码、件数、量数、装货人、收货人、船名、目的地等。银行承做押汇,提单之抬头人须改用银行名义。普通为便利,往往以装货人名义而在反面签字让给银行者,惟提单万不可以买货人抬头,否则银行虽有提单等,于无用不能出货也。[5]

铁路运输独与此异,并不承认提单为一种权利证券,享有唯一提货之权利。中国铁路运货以铁路所发之货物收据为承运之凭证,以及收货商在到达站领取货物之证据。此种收据在法律上不可转让,且遗失后冒领容易,银行用铁路货运收据办理押汇,不无货款未清,货已被提之危险。而提单可以转让从事押款押汇,设有遗失,除须申请挂失外,货物即不能轻易提出,因恐已有转押情事也。若申请人必须提货时,则必提供押款或

---

[1] 何品、宣刚编注:《上海市档案馆藏近代中国金融变迁档案史料汇编(机构卷):上海商业储蓄银行》,上海远东出版社2016年版,第2页。
[2] 《来件:记陕省棉业》,《银行周报》,1918年第2卷第6期。
[3] 《安徽蚌埠运输公司之近况》,《中外经济周刊》,1926年第189期。
[4] 王澹如:《银行实务概要》,会计图书用品社1943年版,第240—241页。
[5] 《上海商业储蓄银行关于"国内汇兑与收解"——毛志祥编、训练班用》,上海档案馆藏资料(档号:Q275-1-1647)。

银行保证状而后可。① 为推动铁路押汇业务的发展，沪杭甬路呈准交通部自1925年6月1日起，凡在上南、日晖港、松江、嘉兴、硖石、拱宸桥、杭州、南星桥及闸口各站间装运货物，其货物收据认为有抵押价值之证券，惟须遵照其规定之手续办理。② 1928年，我国沪杭甬及四洮两路为流通金融，奖励货物起见，先后规定货物收据抵押借款办法11条，银行商人如能照下列规条办理，铁路即认该货收据为有抵押价值之证券，与提单有同等效用。以上办法经沪杭甬、四洮二路严格遵照办理以后，货商银行交受其惠，而铁路货物亦为之增加非少。③ 自1932年9月国有各铁路开始办理负责运货以来，铁路提单始有相当之保障，金融界亦有渐加信任之趋势。铁路提单押汇事业，才开始得到一定发展。④

（四）保险公司

押汇之货物，在运输途中，或因车辆轮船遭遇不测之危险而发生损害，银行为求其垫付之资金安全起见，要求押汇人将押汇货物向保险公司投保，且保险受益人为押汇银行，以资保障。通常货物由铁路装运时，须保火险；由轮船转运者，须投保水险。银行承做押汇时，应视其货物种类及时势环境，要求押汇人投保各种必要之保险，并将保险单连同相同单据一并提交至押汇银行。⑤ 凡以铁路局及轮船公司之正式提单，承做押汇。属于押汇的物品，无论是陆运还是水运，均须投保足额平安险。押汇不得过一个月。⑥

保险单有正式保险单、分保险单及保险证明书单三种，银行承做押汇除提单外，均须交有保险单，其保险银数并须大于其货价银数，以防意外损失。保险单上所载货物之名称、唛头、件数及船名等均须与提单相符，否则保险公司即不认赔偿。保险单上之条件极严，并须细为察阅。普通保水险，分平安险、兵险两种。平安险须因船只相撞搁浅、火灾沉没或因

---

① 沈奏廷：《铁路提单押汇问题之商榷》，《银行周报》，1934年第18卷第45期。
② 铭礼：《沪杭甬路提单押汇之新猷》，《银行杂志》，1925年第2卷第20期。
③ 李福星：《我国银行押汇业》，《银行月刊》，1928年第8卷第6期。
④ 沈奏廷：《铁路提单押汇问题之商榷》，《银行周报》，1934年第18卷第45期。
⑤ 王澹如：《银行实务概要》，会计图书用品社1943年版，第237—239页。
⑥ 《中国农民银行承做押款押汇须知》，《中国农民银行月刊》，1936年第1卷第12期。

欲救济上述各险而受之损失。兵险则兼保军事行动所受之损。此外有驳船险，乃保装运时所受之损失，其他如偷漏盗及水渍受湿等则须于承做押汇时，视货物之性质而定；如糖、麦粉等不能经水者，则须加保水渍及受湿等险。以上各项保险更有统共保险与分件保险之区别。分件保险为货物受损至几成以上即可向保险公司理赔。统共保险则须受全部损失或救济全船货物而致一部分货物受损，船公司宣告公摊损失时，则该所保货物应摊之银数可归公司赔偿也。再押汇货物到岸，水险单期满如尚未取赎，即须加保栈房火险。①

1932年成立于上海浙江兴业银行楼内的泰山产物保险股份有限公司，曾承保泰山纺织公司运输险、水险等多项保险。以表8.1为例，1948年，该保险公司的一份运输险保单，被保险人为泰山纺织公司，保险项目为85件廿支鸿福棉纱，由常熟运往上海，承保平安险兼到埠七天火险。

表8.1　　　　泰山产物保险股份有限公司运输险保险单

被保险人		泰山纺织公司
产物项目		廿支鸿福棉纱
保险单号		第49014号
件数		85件
吨头		—
运输工具名称		河裕轮拖、朱振华木船
船车号次		—
行程	起运地	常熟
	转运地	—
	目的地	上海
开行日期		民国三十七年四月四日（1948年4月4日）
保险金额		85亿元正（整）

① 《上海商业储蓄银行关于"国内汇兑与收解"——毛志祥编、训练班用》，上海档案馆馆藏资料（档号：Q275-1-1647）。

续表

总保险金额国币	85亿元正（整）
承保条件	平安险兼到埠火险,七天依本保险单基本条款第七项办理,赔款给付地点:上海
时间	民国三十七年四月三日(1948年4月3日)立于上海
地址	上海浙江兴业银行大楼内

资料来源:"泰山纱厂棉花、纱运输保险等单据"(1947—1949年),上海档案馆馆藏资料(档号:Q199-3-200)。

（五）报关行

货物进出口埠际之间,须报关纳税。报关行常招揽此业务,代替客商填写进出口报关单及下货单,交海关审查,并缴纳相关统税。海关查验无讹,则将下货单盖印返回,此货物始可下舱,报关之手续终了。[①] 按照普通惯例,货到埠后,大致即转存轮船公司所办之码头堆栈。轮船公司于购货商办妥报关手续之后,凭海关已盖章之提单,换发堆栈栈单。此项栈单之开始,则是根据提单背面加盖之图章,而以银行为抬头人。[②] 报关行之任务不仅代客报关纳税,并代客商装卸货物及介绍船只,故与海关查验员及轮船公司均有联络。客商为手续便利,多委托办理。上海报关行华商即有二三百家,分为长江、北洋、南洋、通天(即各路均办)等。当客商办理棉纱即通知其素有往来之报关行,由报关行用驳船或货车将棉纱搬运至报关行码头,然后报关装船,所有运费等视路之远近各异,上海棉纱水运至各商埠运费不论水脚之规定几价,轮船公司均给予报关行依3个九五扣计算,此报关行之利益也。[③]

（六）银行

押汇人将押汇货物之提单、保险单及发票等件交与押汇银行,向银行申请押汇。押汇人先填写押汇申请书,申请银行审查。银行审查押汇人

[①] 《纱之运输》,上海档案馆馆藏资料(档号:Q264-1-796)。
[②] 王澹如:《银行实务概要》,会计图书用品社1943年版,第263—264页。
[③] 《纱之运输》,上海档案馆馆藏资料(档号:Q264-1-796)。

信用、押汇票据等以后,请押汇人开具汇票并填写押汇借据。押汇汇票上注明押汇行、押汇地、押汇金额、押汇期限、利息、押汇人以及订立日期。押汇利息虽市面金融情形由银行酌定,完全预扣,押汇汇票上有时会详细注明规定押品到达赎货地,得依押汇行之便,代为转栈或保险报关等,所需费用,均向押汇人照计。如此项费用,须向付款人收费者,亦可照办。又押汇须分批取赎者,应预洽明,并将赎取方法详告代理行。以上均须事前洽明,并于押汇汇票中详细注明,以免发生错误。① 汇票之付款期限,虽系由买卖双方约定,但银行承做押汇时,亦须加以抉择,总以愈短者为宜。汇票期限过长,如遇押汇期限内物价跌落或押汇人信用崩溃,将致银行因押汇而垫付之资金发生纠葛而不能收回。② 汇票有即期与迟期(即见票迟若干天)之分。凡迟期汇票,受委托银行在接到之后,应先向付款人"承兑",自承兑日起至票面规定的迟期日数止,即为满期日,方可向其收取货款。收款方式又分为先交款后提货和先提货后交款之别。

随后,银行出给押汇抵押品收条交与押汇人,押汇人将押汇抵押品收条寄与付款人收执,使其持此收执连同应付之押汇款项,交与押汇银行委托代理收款之银行,赎回提单等件。押汇银行将押汇抵押品通知书连同货运单据一并寄与代理行。委托代理行收到押汇抵押品通知书后,通知付款人来行付款换取货运提单等单据,押汇人与押汇银行之间的押汇业务完备。

第三节 银行承办的押汇业务

一、押汇业务

押汇业务以国内埠际间的票据作押汇,属于内汇范畴。以国内外间的票据尤其是外币票据作押汇,则属于外汇范畴。外汇业务中的押汇业务,本国新式银行因受到在华外商银行的竞争,进口押汇业务承做有限。

---

① 潘恒勤:《银行实务》,商务印书馆1939年版,第99—100页。
② 王澹如:《银行实务概要》,会计图书用品社1943年版,第237页。

第八章　近代新式银行押汇业务

本书仅分析新式银行内汇业务中的押汇。埠际进出口押汇业务,既有利息、手续费且期间亦短,深受厂商欢迎。交通银行、上海商业储蓄银行、浙江兴业银行、浙江实业银行、大陆银行、金城银行、中孚银行、棉业银行等近代重要的新式银行都推广和承办了相应押汇业务。

棉业银行为唯一一家专营押款押汇及汇兑事业的银行。因 20 世纪初国内纱厂成立较多,棉业作为原料之大宗,在产、运、销等环节都离不开金融机关的周转。鉴于此,1921 年棉业银行在沪成立,专营纱花押汇押款及汇兑事业。1922 年秋天设汇兑处于汉口,专营长江流域棉花押汇,业务颇为发达。① "上海与汉口通州等产棉之处,轮运便捷,棉业发达,年盛一年。由此银行机关往来汇兑,更形便利。"棉业银行押汇业务也颇为丰盛,1925 年达 103.5 万元,高于同年浙江兴业银行、金城银行和大陆银行等同行。1927 年,上海中国棉业银行因股东不愿继续营业,故宣告解散。② 交通银行民国元年(1912 年)即承做押汇业务。浙江兴业银行 1917 年汉行试行押汇,极为顺利,随后全行推广。金城银行上海分行于 1922 年增设办事处,开展储蓄和押汇业务。

由表 8.2 可知,交通银行、上海商业储蓄银行、浙江兴业银行、浙江实业银行为押汇业务的主要承做银行,大陆银行、金城银行、中孚银行次之,棉业银行在 1922—1925 年间营业颇丰。另外,如中国银行历年借贷对照表中虽无押汇项记载,但其和上海商业储蓄银行并为近代中国国内汇兑最为活跃的两家银行,1933 年汇款比例占到所有银行的 55.77%。③ 其押汇业务较早被列入银行主要经营种类。1913 年 4 月 10 日,参议院议决中国银行则例,大总统依约法公布中国银行则例三十条中有关中国银行营业事项,提及货物押汇一项。随后 1928 年、1935 年、1944 年的中国银行条例中亦将货物押汇列入中国银行营业种类。1915 年所公布的中国银行六条押汇规则中规定,各埠商人因买卖货物便于周转起见,向中国银行商办押汇。凡商人遇有下列情形之一者,均得向银行商办押汇:①受他

---

① 静如:《中国棉业银行解散记(上)》,《银行周报》,1927 年第 11 卷第 10 期。
② 《上海最近开幕之三银行》,《银行月刊》,1921 年第 1 卷第 10 期。
③ 马建华、王玉茹:《近代中国国内汇兑市场初探》,《近代史研究》,2013 年第 6 期。

埠本店或他埠商人委托在本埠购买货物而货价未由前途汇到或未汇足者;②托人在他埠购买货物而货价未曾汇去或未汇足者;③已将货物批卖与他埠客商而货价未收货未全收者。①

表 8.2　　　　　　　　各银行押汇业务　　　　　　　单位:千元

银行\年份	交通银行	上海商业储蓄银行	浙江兴业银行	浙江实业银行	大陆银行	金城银行	中孚银行	棉业银行
1912	123	—	—	—	—	—	—	—
1913	1 213	—	—	—	—	—	—	—
1914	1 150	—	—	—	—	—	—	—
1915	1 406	—	—	—	—	—	—	—
1916	1 129	4	—	—	—	—	—	—
1917	1 235	14	—	—	—	—	—	—
1918	805	73	61	—	—	—	—	—
1919	2 083	341	74	—	—	74	28	—
1920	2 588	—	155	—	—	22	—	—
1921	37	—	135	—	—	19	15	—
1922	93	—	537	—	1.3	15	58	106
1923	89	—	342	1 086	28	—	140	—
1924	154	—	253	1 019	49	—	—	989
1925	—	—	376	2 216	114	115	—	1 035
1926	—	—	2 116	2 309	788	21	—	—
1927	—	—	611	764	10	—	—	—
1928	—	—	512	1 654	—	—	465	—
1929	—	—	224	1 332	—	—	126	—
1930	—	—	361	1 163	—	—	—	—
1931	—	—	106	1 153	—	—	—	—

---

① 中国银行总管理处编印:《中国银行押汇规则》(民国四年十月订),《中国银行业务会计通信录》,1915 年第 10 期。

第八章 近代新式银行押汇业务　　263

续表

银行 年份	交通银行	上海商业 储蓄银行	浙江兴业 银行	浙江实业 银行	大陆银行	金城银行	中孚银行	棉业银行
1932	—	27 000	46	850	—	—	—	—
1933		33 000	1 686	603				
1934	较上年增加 4 497	16 627	2 267	472				
1935	较 1936 年减少 1 半	14 863	1 895	595				
1936	73 000	17 500	—	1 636				

注：表中数字取千元为单位，原始数据进行了四舍五入处理。交通银行自1925年之后的资产负债表中无押汇一项记载，而增加了购入汇票一项。押汇指对运输中的货物做票据贴现，区别于一般的购入汇票，故不统计在内。交通银行1935年、1936年的数据指的是货物押款押汇额。上海商业储蓄银行借贷对照表中也未单独列押汇一项，1932—1936年的数据来自上海市档案馆藏档案。中孚银行1928年、1929年数据指的是期收款项及押汇额。

资料来源："交通银行历年营业成绩一览：历年资产负债重要科目统计表"，《银行周报》，1924年第8卷第21期，第21页；《民国六年交通银行营业纪略》，《银行周报》，1918年第2卷第40期，第8—10页；《民国八年交通银行营业纪略》，《银行周报》，1920年第4卷第27期，第42—44页；《交通银行民国十三年营业报告》，《银行杂志》，1925年第2卷第16期，第45页；《交通银行民国二十一年营业报告》，《银行周报》，1933年第17卷第13期，第2页；《交通银行民国二十二年营业报告》，《银行周报》，1934年第18卷第18期，第1页；《交通银行二十三年度营业报告书》，《银行周报》，1935年第19卷第15期，第22页；《交通银行民国二十五年营业报告书》，《银行周报》，1937年第21卷第13期；《上海商业储蓄银行××年营业纪略》，《银行周报》，1919年第3卷第11期、1918年第2卷第47期、1919年第3卷第40期、1920年第4卷第12期、1920年第4卷第40期；李国胜：《浙江兴业银行研究》，上海财经大学出版社2009年版，第171页；何品：《从官办、官商合办到商办：浙江实业银行及其前身的制度变迁(1908—1937)》，复旦大学2006年博士学位论文，第177页。"中孚银行民国十七年营业报告之贷借对照表(十七年十二月三十一日止)"，见《增改最近上海金融史》第一章"上海金融机关之组织"，第131—132页；"中国棉业银行近四年资产负债比较表"，见静如：《中国棉业银行解散记(上)》，《银行周报》，1927年第11卷第10期，第6—7页。

1912—1917年间，交通银行押汇业务颇具优势，除1912年外其余年份押汇额达100多万元。1918年交行押汇业务陡跌至80万元，较上年减少1/3之多。究其原因，为1917年秋天因白银价高后我国银货纷纷流出，至1918年全国银洋之存底逐年减少，内地银洋存底枯竭。虽1918年花米及杂粮等收成均丰，进出各货极为发达，买卖转运需款告紧，银根极为紧张，市面金融紧迫，各项商业均已失其活动之货而呈恐慌之象。① 1919年开始，除交通银行外，上海商业储蓄银行、浙江兴业、中孚银行、金城银行等其他商业银行承做押汇金额亦逐渐增加。1921年，国内商业金融受政治动荡等影响而陷入萧条，交行营业以稳健为原则，押汇业务随之减少。1925年，受到"五卅运动"的影响，外商银行发展受挫，华资银行业务和实力都大为增加。1926年，浙江兴业银行、浙江实业银行和大陆银行押汇业务大为增加。1927年，受到北伐战争的影响，上述三家银行押汇业务也跌落不少。1931年，受"九一八"事变影响，浙江兴业和浙江实业银行押汇业务受到影响而跌落。1923—1935年间，浙江兴业银行和浙江实业银行承做押汇业务最为频繁，多则200多万元，少则几十万元。1934年，交通银行对于工商业投资迅速，其中尤其注意者为货物押款及押汇两项之发达。货物押汇较上年增加4 497千元。盖以前内地商民向重信用，对于押汇认为手续繁重，而银行亦未准备周全，遂多任其放弃或竟不惜转相迁就。1934年交行在内地增设多数机关，并力求仓库设备之完备。而各铁路复办理负责联运，资为联络，开通风气。故商民对于银行做法，渐具认识，遂得由此成绩。嗣后自当仍本斯旨，广续提倡。② 银行押汇业务除受国内外政治经济形势影响外，银行头寸多寡、埠际贸易繁盛与否皆是其影响因素。

此外，新华信托储蓄银行、中国实业银行、国华银行等亦在埠际贸易中承做押汇业务。北四行中的中南银行和盐业银行在国内汇兑业务中占比极小，押汇业务亦无甚统计。

各行承做押汇业务，除获取手续费、贴现费用（一般按押汇金额的7～8折贴现）外，另有利息可收，收益可观。1919年，上海商业储蓄银行在津浦路线办理押汇各业务，由宁至沪用款日期系以七天为限，每千元汇水连息三元，过期一日即按每千元加息4角计算。蚌至宁或镇或锡用款

---

① 《民国七年之上海金融》，《银行周报》，1919年第3卷第2期。
② 《交通银行二十三年度营业报告书》，《银行周报》，1935年第19卷第15期。

日期亦以七天为度,每千元汇水连息六元,过期一日亦按每千元加息五角计;由蚌至津用款日期系以十天为限,每千元汇水连息12元,过期一日亦按每千元加息五角计;余场类推,似此业务,我行亦可营办。① 交通银行郑、陕两行,自1934年1月起,至1935年底止,承做棉花押款押汇以及棉商透支等项业务,共计总额在4 000万元以上,所收利息汇水及手续费等项利益,共达65万余元。②

二、押汇占放款总额的比例

放款为银行贷出款项之总称,通常称为票据放款、抵押放款和信用放款等数种。票据放款细分为贴现、出口押汇、进口押汇。抵押放款细分为定期抵押放款、活期抵押放款、往来抵押透支。信用放款细分为定期放款、活期放款和往来透支。③ 票据放款为银行以贴现方法,买入未到期之票据,以资金供给工商业之一种放款方式,更因票据种类有普通票据与跟单票据之分,故又可分为贴现及押汇两种,凡银行贴现买入普通票据者,称为贴现;买入跟单票据者,则称为押汇。④ 分析押汇业务占放款总额比例的变化,可从另一个角度分析各银行放款业务的方针布局和押汇业务的发展变化情况。

交通银行押汇占放款总额之比最高为1912年的11.62%,1913—1915年以及1920年达4%以上,1922—1923年逐渐下跌到0.1%,1921年更低为0.04%。交通银行是较早承做押汇业务的金融机构,故1912年占比较高。1921年,国内商业金融受政治动荡等影响而陷入萧条,交行营业以稳健为原则,押汇业务随之减少。

---

① 上海档案馆馆藏资料(档号:Q264-1-226)。
② 交通银行总行、中国第二历史档案馆编:《交通银行史料(第1卷)》,中国金融出版社1995年版,第465页。
③ 顾准:《银行会计》,商务印书馆1938年版,第4页。
④ 顾准:《银行会计》,商务印书馆1938年版,第4页。

表8.3　　　　　1912—1923年交通银行押汇及放款总数比较表

年份	各项放款总数(元)	押汇(元)	押汇/各项放款总数(%)
1912	1 057 611	122 897	11.62
1913	26 912 534	1 212 773	4.51
1914	27 376 544	1 150 455	4.20
1915	33 589 045	1 406 273	4.19
1916	31 758 786	1 128 634	3.55
1917	65 925 647	1 235 050	1.87
1918	77 279 074	805 215	1.04
1919	76 925 799	2 083 295	2.71
1920	59 349 695	2 588 477	4.36
1921	90 354 479	37 430	0.04
1922	80 889 651	93 039	0.12
1923	86 509 076	88 730	0.10

注：放款总额包括定期放款、活期放款、贴现、押汇等。

资料来源："交通银行历年营业成绩一览：历年资产负债重要科目统计表"，《银行周报》，1924年第8卷第21期，第21页。

由表8.4知，1924—1934年11年间，浙江兴业银行信用放款占比呈走低趋势，仅1924年占比达30.34%，1925年、1926两年占比分别为17.19%和13.17%，其他年份均在10%以下。反之，抵押放款占比呈逐渐走高趋势，1924年占比最低亦高达65.52%，1928—1932年的5年间，比例都超过90%。除信用放款和抵押放款之外的另一种放款形式为票据放款，包括贴现和押汇。票据放款占总放款比重，1926年可以达到11.84%，其中押汇占总放款比重为10.23%。从1927年之后，浙江兴业银行以抵押放款为主，信用放款和票据放款走低。1931年，因受时局影响，商贸低迷，押汇业务占比最多，仅为0.28%。

表 8.4　　　　　　浙江兴业银行放款情况表（1934—1934 年）　　　　　单位：元，%

年份 \ 名称	信用放款/放款总额 比例	抵押放款/放款总额 比例	票据放款 贴现额	票据放款 押汇额	票据放款 合计	放款总额 总额	押汇占放款总额之比 比例	票据放款/放款总额 比例
1924	30.34	65.52	9 919.15	554 088.04	564 007.19	13 602 157.15	4.07	4.15
1925	17.19	77.73	11 233.72	1 030 890.51	1 042 124.23	20 537 069.97	5.02	5.07
1926	13.17	74.99	332 682.08	2 115 918.36	2 448 600.44	20 683 417.98	10.23	11.84
1927	7.67	89.98	17 772.64	610 630.52	628 403.16	26 693 355.17	2.29	2.35
1928	7.14	90.87	54 828.58	511 577.26	566 405.84	28 577 461.38	1.79	1.98
1929	4.16	94.93	78 502.40	223 669.41	302 171.81	33 264 621.75	0.67	0.01
1930	6.80	90.97	303 289.00	360 845.22	664 134.22	29 826 407.72	1.21	2.23
1931	7.05	92.62	20 573.79	105 906.09	126 479.88	37 667 092.38	0.28	0.34
1932	5.88	92.57	115 212.26	461 239.90	576 452.16	37 127 734.03	1.24	1.55
1933	7.09	89.24	148 098.93	1 685 849.88	1 833 948.81	49 963 345.48	3.37	3.67
1934	6.82	88.92	127 469.01	2 266 602.85	2 394 071.86	56 179 834.22	4.03	4.26

注：信用放款还包括活期放款，抵押放款还包括活期抵押放款，因浙江兴业银行各年度资产负债表中无此项，故未统计。

资料来源："各年营业报告之资产负债表"，《兴业邮乘》，1933 年第 16 期；1934 年第 17—23、24—28 期；1935 年第 29 期。

三、埠际进出口贸易

埠际进出口贸易为银行押汇业务的基础。出上海运往口岸的货物可办理出口押汇，而内地产品运进上海则可办理代收进口押汇。兹就 1933 年上海、苏州、常州、无锡、镇江、南京、芜湖、九江、汉口、长沙、宜昌、沙市、青岛、天津、广州 15 埠的埠际出口统计和上海商业储蓄银行在上述商埠过去一年所做出口押汇进行比较分析。[①] 可以发现，各埠埠际出口值和上行出口押汇值均以上海为首；但出口值与出口押汇百分比，沙市第一（19.83%），青岛第二（8.28%），上海居第三（5.24%）。沙市占比居首位，因沙市埠际出口商品以棉花棉纱为大宗，而棉纱出口押汇值占其埠际出

[①] 埠际出口贸易相关数据来源于《海关报告》，1933 年国内转口土货类编册的出口数据，以及京沪铁路局所记载的货物之量数。上海商业银行出口押汇数据根据各行出口押汇日报及出口押汇期报告。总行方面，上述数据将代收外埠票据也计入了押汇类。

口贸易值 48.75%，即近半数之棉纱出口皆采用押汇形式。青岛埠际出口商品有花生仁、花生油、煤炭、棉花、黄豆、糖等多项商品，大多采用押汇业务。其中，糖出口押汇值占其埠际出口贸易值比例为 75.32%，黄豆占比 31.88%。花生仁占比 28.54%。[①] 以上仅是上海商业储蓄银行一行所承做的部分押汇业务，若包括其他新式银行所做业务，则各埠商品出口押汇值占埠际出口值百分比更高。

表 8.5　上海商业储蓄银行 1932 年、1933 年、1935 年和 1936 年各地出口押汇比较表

单位：元，%

年份 地点	1932 年		1933 年		1935 年		1936 年	
	金额	比例	金额	比例	金额	比例	金额	比例
香港	1 680 322	6.28	211 600	0.78	—	—	—	—
广州	12 436 345	46.49	10 513 619	38.92	6 130 000	41.24	10 000 000	68
汉口	1 660 959	6.21	3 319 803	12.29	600 000	4	—	—
九江	4 319 444	16.15	2 869 822	10.62				
天津	1 250 483	4.67	3 293 715	12.19	3 240 000	21.8	1 400 000	
重庆	788 796	2.95	1 789 220	6.62	1 000 000	6.73	400 000	
济南	264 403	0.99	100 400	0.37	—	—	—	—
长沙	1 411 328	5.28	1 125 665	4.17	1 000 000	6.73	800 000	
其他	2 941 118	10.99	3 788 556	14.03				
合计	26 753 198	—	27 012 400					

注：档案中记载民国廿五年其他地方包括无锡、清江浦、临淮、蚌埠、扬州、徐州、宿迁、南昌、镇江、南京、芜湖、新浦、郑州、烟台、青岛、开封、安庆、泰州、福州、沙市、常州、合肥等地。

资料来源："上海商业储蓄银行 1933 年、1935 年、1936 年、1946 年四年份国内汇兑营业报告"，上海市档案馆馆藏资料（档号：Q275－1－895）。

综合 1932 年、1933 年、1935 年、1936 年 4 年数据可知，广州是上海商业储蓄银行出口押汇最多的地方，其次为汉口、九江、天津等地。香港占比由 1932 年的 6.28% 降低到 1933 年的 0.78%，因华南市面金融不稳，

---

① 中国人民银行上海市分行金融研究所编：《上海商业储蓄银行史料》，上海人民出版社 1990 年版，第 473、488－491 页。

第八章　近代新式银行押汇业务　　269

商业疲敝而受影响。天津自1932年之后因麦粉北销畅旺，占比上升。金融市场稳定和埠际贸易繁盛，依然是押汇业务发达的重要因素。

四、押汇商品

如表8.6所示，由上海商业储蓄银行1933年、1935年及1936年各种商品出口押汇分析可知，对出口商品而言，纱布为大宗，纱布一项中向以棉纱占大多数。麦粉次之，其次为火油、香烟、棉花。糖、盐、米等项较弱。再者，交通银行1935年各项货物押款押汇中，棉花占比25.04%，纱布、盐、杂粮、米占比10%左右，其次为麦、丝茧、面粉、豆、花生、煤和煤油、皮毛、茶等。[①] 故，棉纱、棉花是最主要的押汇商品。

表8.6　上海商业储蓄银行1933年、1935年及1936年各种商品出口押汇比较表

单位：万元,%

年份 品名	1933年		1935年		1936年	
	总价	比例	总价	比例	总价	比例
纱布	3 000	68.83	772.5	51.97	1 220.48	69.66
麦粉	822.09	18.86	396	26.68	171.483 0	9.79
香烟	216.70	4.97	171	11.5	78.191 7	4.46
糖	64.50	1.48	56	3.77	18.67	1.07
棉花	—	—	40	2.7	127.45	7.27
火油	237.80	5.46	—	—	—	—
盐	—	—	—	—	48.343 7	2.76
米	—	—	—	—	28.366 9	1.62
杂货	17.735	0.41	50	3.36	59.046 8	3.37
总计	4 358.825	—	—	—	1 753.0321	—

注：1933年纱布的3 000余万元数值来自民国廿二年国内汇兑营业报告，其他项目数值来自档案中"民国廿二年出口押汇各地货物一览表"。

资料来源："上海商业储蓄银行1933年、1935年、1936年、1946年四年份国内汇兑营业报告"，上海市档案馆馆藏资料（档号：Q275-1-895）。

[①] 《交通银行民国二十四年度营业报告书》，《银行周报》，1936年第20卷第16期。

棉纱之押汇手续较其他货更为简单,因其价格、牌号、包装均有一定标准,无再调查之必要。押汇必要之件为,提单、保险单、汇票。各件交封后,并由押汇人填具借据,交存银行,由银行开具押汇收条,等货达目的地后,(收货人)将押汇款项偿还,并凭此收条赎取押汇各件。而提单户名应以银行抬头,提取或转户均归银行签字,并附有派司。同时,货物从上轮船至运达地点之栈房都应保足水火两险,抵栈后亦须另保火险。①

上海的棉纱客帮常年驻沪,以其丰厚的资本为委托之客家代垫款项。而其收回垫款本息,则须等纱运到后方可收回。故此等客帮多恃行庄之透支往来或依在沪卖出土产之所得,以资周转。如委托者之信用不为客帮所信任,又或应委托者之要求,亦多有采用押汇方法。其中,长沙帮因长沙贷款利息恒在二分以上,较押汇利息为高,故该帮客商均采用押汇办法。芜湖帮和河南帮亦多采用押汇办法。其次为广东帮、四川帮、汉口帮亦间有利用押汇办法。而潮汕帮不做押汇,其多利用售出汕头土产之款购棉纱。天津帮因思想较旧,押汇为缺乏资金之表示,有失体面,押汇鲜有利用。

纱厂需要很大的资本,而流动资金尤为重要,纱厂流动资金短缺时,不得不依赖信用上之种种方法,如厂基押款、棉纱或棉花押款、信用透支或吸收职员之储金,以资周转。其余外埠设有分业行厂者,亦多采用押汇办法。据各厂做押汇者,多由中国、交通、上海、国华等行承做,大率做至八折,期限随路之远近而异,利息则中国及上海两行均月息七厘半,交通、国华两行均月息八厘,但仍视市面情形随时变之。②

除棉纱外,棉花亦为各银行争相承做押汇之商品。长江上游各地,为棉花产区,汉、沙两地并为集中码头,交通银行在各该地设行较早,汉行放款,既以棉押投资之重要部分,沙行且以棉粮两项为其基本业务。1934—1936 年 3 年内,交通银行汉沙两行承做棉花押款、押汇及透支业务共10 787 千元。③ 西北也为产花之地,各银行西北各行,惟有棉花业务,别

---

① 上海档案馆藏资料(档号:Q264—1—796)。
② 上海档案馆藏资料(档号:Q264—1—796)。
③ 交通银行总行、中国第二历史档案馆编:《交通银行史料(第 1 卷)》,中国金融出版社 1995 年版,第 467 页。

第八章 近代新式银行押汇业务

无交易可做,一年开支都依赖棉季承做出口押汇所保之利益,以为辅助。申新九厂、永安纺织公司、上海东棉洋行等行号以各处收花,向当地银行商做押汇便利起见。① 仅1936年1—3月交通银行郑行为申新九厂在郑办花承做的押汇业务即有9笔,总金额50万元。

表8.7　1936年交通银行郑行承做申新九厂在郑办花押汇情况

时间	押汇情况
1月7日	承做十足押汇10万元,垫款由郑行负责
2月7日	申新九厂在郑办花拟向郑行续做十足押汇5万元,郑行已办
2月19日	续十足押汇5万元
3月3日	加做十足押汇5万元
3月7日	加做十足押汇5万元,所有二成垫头仍归郑行负责
3月10日	加做十足押汇5万元
3月20日	加做十足押汇5万元,所有垫头二成仍归郑行负责
3月24日	续做十足押汇5万元,所有垫头二成仍归郑行负责
3月31日	拟向郑行加做十足押汇5万元

资料来源:上海档案馆馆藏资料(档号:Q55-2-589)。

购花押汇之金额,普通相当于担保物品价值17%~18%。其与原价相差之数,名谓垫款,垫款之大小,随棉花市价变动之缓急而定。押汇期限为半月或一月,须视请求押汇人之需要为断。若请求押汇人已抛出期货而待运到后即行交货者,其期限当短。譬如上海花号自汉口购花,在购办期间或期前已与买主约定,货到即交,处此情形下,花到后可立即销脱,立即得款,故押汇期限大抵在半月之内。若花号运花待沽,尚无买主者,押汇期限即长。照例货即到沪,花号即应备款取赎,然亦有通融之处,如花号缺乏相当现款,可提供相当担保品,先行提取花货。最后为透支押汇兼押汇,此为变相之押汇方法,上海号商赴汉办花,收买棉花时,即需现款,每先与熟悉之银行,开立往来户头,透支款项,收进一部分花后又改做

---

① 交通银行总行、中国第二历史档案管馆编:《交通银行史料(第1卷)》,中国金融出版社1995年版,第457、467、469页。

押款,随收随押,收买既足,乃该做押汇,转运至沪。①押汇押款亦可相互续作,以利金融周转。上海东棉洋行,1936年在西北各地收买棉花,系与济南协记棉栈订约托代购办,所有协记购花用款,由交通银行郑行向治订立押款合同。规定按照货价之七折,承做上海或青岛押汇,其余三成,得由协记于货物装出时,出具上海东棉照付五天期期票,由郑行承购,并经东棉来函证明负责,至该项合同用款地点,原限定郑州、彰德、渭南三处,后增加陕州一地,办花及改汇票期限为七天期。②

五、影响银行押汇业务的因素

埠际贸易繁盛和金融市场稳定,是押汇业务发展的重要因素。押汇业务之多寡依赖埠际贸易之繁盛,两地之间贸易商品和贸易金额居多,银行揽做此项业务。上海商业储蓄银行1933年在上海等十五埠承做押汇业务,以埠际出口商品在50万元以上者居多,有的达到百万元以上。贸易进展,尤以货运之畅达为要基。沿海沿江运输畅通,银行汇兑业务亦随以逐趋繁荣,汇入汇出数字莫不剧增,进出口押汇等项亦颇形热闹。③

银根松紧等金融市场稳定亦影响较大。银根松,押汇业务多;银根紧,押汇业务少。银根松紧与金融季节有很大关系。上海商业储蓄银行1933—1936年各月份出口押汇数额基本吻合金融季节的变动趋势如图8.3所示。2月份为阴历正月,市面冷清,进出口货物清淡,押汇业务在2月份会有一个比较明显的下跌。4月份丝茶上市,7月份棉纱甚多,8月份内地花麦等杂粮登场,9、10月份各种商品贸易繁盛,押汇业务较为突出。12月份又会进入一个跌落期。特殊时期,如1933年9月只有150元左右,远低于同年其他月份。1935年11月份较低,仅50余万元。因当时法币实行之初,物价骤高,客帮停手,致押汇减少。1936年上半年因银根紧缩政策,整体押汇业务做出不多,自8月份起随着政治经济形势好

---

① 方显廷:《中国之棉纺织业》,国立编译馆1934年版,第80—81页。
② 交通银行总行、中国第二历史档案馆编:《交通银行史料(第1卷)》,中国金融出版社1995年版,第469页。
③ "上海商业储蓄银行1933年、1935年、1936年、1946年四年份国内汇兑营业报告",上海档案馆馆藏资料(档号:Q275-1-895)。

转,纱销奇畅,10月份达360万元之高,11月份后因各纱厂存货供不应求,外埠无现货可装,出口押汇终止。①

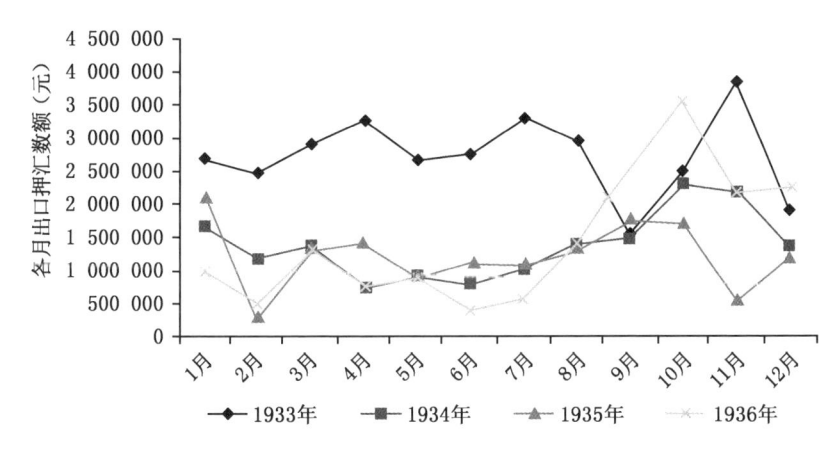

图8.3 1933—1936年上海商业储蓄银行各月出口押汇数额

六、银行之间的代理收解

银行承办押汇业务,需要寄送押汇委托书给外埠行庄或分支机构进行款项代收。1936年,上海商业储蓄银行与各省省银行开户往来者计有广东、广西、福建、湖南、湖北等省银行以及其他地方银行等,对于收介之办理确多便利。其中,委托本行介款者以广西银行及富滇银行最为浩繁,湖北省银行托收款项特多,而尤以沙市之棉花及杂粮押汇为数较多。因之该行当年存款平均恒在10万元以上。此外,广东省银行亦属常存,有时竟达数10万元之巨。其次,香港、广西银行多时亦达10万元。各行存款总额平均在八九十万元之间,透支额平均在150万元左右,以徐州国民银行及其所属为大多数。往来行计151户,较往年增1户,内钱庄76户,银行75户。以厦门占最多数,计12户;南昌次之,计8户;长沙6户,湖州5户;重庆、杭州、香港、绍兴各4户。按省比较,则推浙江省居首,计30

---

① "上海商业储蓄银行1933年、1935年、1936年、1946年四年份国内汇兑营业报告",上海档案馆藏资料(档号:Q275—1—895)。

户。该省收介极繁而本行尚无分行,一切有恃外埠行庄为之代理。①

1933年7月22日至12月22日,上海交通银行南京路支行致函汉行65件,为长沙棉纱押汇提单等要件,请汉行查收照办或转湘行照办。②1934年,上海交通银行民国路支行致函总行,祈由总行转函汉行、湘行、岛行等分支行代为办理押汇业务。押汇人为绛通纱厂,押汇银行为上海交通银行民国路支行。依据押汇地点的不同,指定了不同的委托行,例如,押汇地为长沙,指定委托行为汉行或湘行;押汇地点为青岛,指定委托行为岛行。③

表8.8　　　　　1934年上海交通银行民国路支行为押汇致函总行信

时间	祈由总行转函行	押汇人及押汇物品	押汇地	押汇金额	期限和利息	附件	备注
2月9日	汉行	绛通纱厂以32支纱100包押汇	长沙	该货依市值为洋24 000余元,88折作抵洋20 000元	期约1月,月息7.75元	民字1号押汇通知书1纸,三北公司30号提单1纸,美安公司50393号保险单1纸,棉纱统税完税单10纸	轮到时改装武长车运往长沙。所有本息乞由长沙永安分销处照收,车运费用如由汉行代付时,则乞函知湘行赎货时一并收取
2月13日	汉行	绛通公司押汇32支孔雀纱100包,20支双鹿纱100包,共200包	长沙	本洋36 000元	自2月13日起运,按月息7厘7毫半计息	民字2号押汇通知书1纸,美安保险单1纸,招商局38号、39号提单2纸,完税照51纸	轮到时改装武长车转运长沙。所有押汇本利乞由汉行向长沙永安分销处照收,车运费用如由汉行代付时,则乞函知湘行赎货时一并收取
3月17日	湘行	绛通纱厂押汇20支金鹿牌棉纱300件	长沙	申洋3万元	自3月17日起运,按月息7厘7毫半计息	民字3号押汇通知书1纸,美安保险单1纸,招商局提单2纸,统税完税照56纸	所有本息向长沙永安分销处照收
6月26日	岛行	永记福花号押汇棉花90件	青岛	本洋14 000元	自本日起,依月息8厘计算,汇水每千元5交	民字4号押汇通知书1纸,招商局普安轮船76号正副提单1纸,江海关收据1纸,友邦保险单及运销证书各1纸	所有本利及汇水向青岛吴淞路3号复成信花行照收

资料来源:上海档案馆藏资料(档号:Q55-2-1831)。

---

① "上海商业储蓄银行1933年、1935年、1936年、1946年四年份国内汇兑营业报告",上海档案馆藏资料(档号:Q275-1-895)。
② 上海档案馆藏资料(档号:Q55-2-1830)。
③ 上海档案馆藏资料(档号:Q55-2-1831)。

第四节　押汇实例

一、棉花押汇

1934年陕西省各合作社棉花要通过押汇运往上海,委托上海运输总办事处代销,具体规定办法如下:

(1)棉花经包装、整理、印刷编号、登记填写码单等手续后,由生产地运至火车站。棉包运至渭南后,交堆栈或转运公司。

(2)具体押汇手续详见:

各社棉包在运输期中,得以铁路提单给银行做押汇,借此可以在棉包出售之先,得运用一部分现金,为偿还银行之流动资金,或运用其现金为收花时之用,当酌量情形处理之。其必要之手续,计有下列数项。

①定押汇金额。押汇金额以棉花价值之八折为限,价格以本地市价加运费为根据,或以上海市价为根据,当与银行方面商定之。

②保险。保险金额以货物价值为根据,每千元收费二元四角(打六折实收),押汇时保险单交银行收存。

③铁路提单待货物装车后,路局出有提货单凭单,向上海码头提货押汇时,即以提单交银行为抵押品。

④押汇利率及汇水。押汇利率按月息九厘算,汇水按上海至西安当日行市计算(12月12日为每千元贴水12元)。

⑤押汇汇票。押汇之票乃各社在当地用款于货物运往地点兑款之凭证。填法如下,汇票二字下第号间依出票项数填写号码,今装下填"陇海路联运",轮船二字圈去□字前填各社棉包唛头人,下写棉包件数,第二行押汇现款下写大数×××元(押汇金额)。第三行在票下填"活期"二字,第五行台照上填"上海棉花产销合作社运销总办事处",第六行填×年×月×日(指借款日期),下填社名盖社章。

⑥押汇借据。押汇借据为以货物行市时向银行做抵押借款之契据,其格式收条款由银行定之。填写办法如下:第一行立押汇借据人写姓名。

第二行承还保证人下暂可不填。第四行押汇借到下写大洋×××元,押汇担保照栏空白方写棉包唛头件数,重量货物原值项下填棉花总计价值,共字下填棉花总件数,均交由三字下填上海总办事处,渭南运输专员或××转运公司装陇海铁路联运至上海或郑州,计提单正副共几纸。

⑦附录栏。第一行保险金额照单保单同。第二行汇票金额照填。第三行付款人填上海棉业产销合作运销总办事处。付款地点填上海九江路大陆大楼。第四行付款日期填活期。应守条款应详细阅读,押汇人下填社名并盖社章,社址照写。保证人暂可不填,见证人由联合办事处推栈股及总办事处运输专员签名盖章。

凡上述押汇名票及信票内在各项及各社无法填写者,可先将空白押汇借据押汇人下填社名盖社章后,请寄渭南堆栈股请托代办。①

二、香烟押汇

1934年12月6日,厦门全闽烟公司向上海和兴烟公司订购红妹牌香烟30箱,总价6 960元。全闽烟公司先向国华银行厦门办事处交现金保证2 100元,并拟定保证人为厦门新丰源号。和兴烟公司将押汇香烟之牌名、数量、原价、发票及存放地点等票据交银行,并把该提单之物权转让给贵行一并作为担保品。总行于收到和兴烟公司所交之提单后即由总行给予10天期本票1纸,洋6 960元,交和兴烟公司,收执至货到厦后,当由全闽烟公司于5天期内不计利息备款向银行出清,所需各费应由上海和兴烟公司交还。该次货价是由全闽烟公司备款,续货时应以即日行市计算,外加交押汇费计每千元2.5元,另电报费1.5元。该项货物全闽烟公司倘不能货到5天期内出清者,全闽烟公司得请求贵行展期5天将货出清,但此项迟期5天,贵行得按月息1分计算利息,该利息由全闽烟公司出货时一并偿还。倘于展期5天期间后,全闽烟公司尚不能将货出清时,贵行得自由将该货物变价抵偿借款,倘数有不足,仍须向全闽烟公司追索清偿。

---

① 《合作社棉包:交运押汇手续——改进所规定办法》,《西北文化日报》,1934年12月17日。

押汇品包括：①申请书。全闽烟公司商同和兴烟公司，每次押汇借款应填具押汇借款申请书，加盖签章连同该提单、汇票、保险单及附件等一并交入贵总行核办之。②提单上记载之文字应由押汇人及保证人连带担负完全责任。③押汇品所有权及证明。和兴烟公司所交之押汇货物均应保证完全为押汇人所有，他人并无任何权利，其品质数量押汇人亦担保完全准确以后，如发生纠葛或品质不符、数量短少或内容虚伪等情况，无论该货尚在途中或已寄存任何仓库，贵行受损害时，一切均由全闽烟公司及保证人连带担负全责料理之。④保险及报关。运厦香烟之保险公司及报关行均应由贵行同意之家承办，保水火险时，贵行为优先受益人，必要时贵行得通知和兴烟公司加保兵险或其他险或经由贵行代为加保，其费用由押汇人负担。但贵行并无必代加保之义务，再入保险赔偿不足甚至不得赔偿时，押汇人及保证人仍须依照约定履行清还借款本息之责，决不借口意外损失主张卸责。⑤押汇货物毁损或跌价。押汇货物如因漏税或违章致有罚款或扣留等情况或在赎取前遇有天灾人祸及其他一切意外不测情况以致毁损一部分或全部或价格低落时，全闽烟公司均应自行负责处理并应依照贵行之指示或偿还损害部分之借款或将押汇货物回复原状或更换或增加，一经通知即当照办，对本借款之本息，押汇人及保证人连带负责清偿。①

第五节　押汇的作用及特点

押汇作为运输中之金融，有利埠际贸易融资，活跃商业周转，调剂金融。同时，亦起到辅助内地金融、流通经济之功效。

一、银行放款优选

押汇是银行除贴现之外最稳妥最有利之放款。② 银行放款业务以抵押确实、回款迅速、利息预收为佳。银行往来放款、抵押放款、贴现放款优

---

① 上海档案馆馆藏资料（档号：Q278-1-143-194）。
② 李福星：《我国银行押汇业》，《银行月刊》，1928年第8卷第6期。

于定期放款、信用放款与普通放款。押汇业务,是以运输中的货物做抵押,所进行的贴现、放款和汇款的合体业务。故押汇放款兼具前三者(往来放款、抵押放款、贴现放款)之长处。押汇放款所需期间大概为货物运输所需期间,预先约定货到目的地后,迟若干日付款者,相对较少,故押汇款项回款迅速。押汇放款利息在贴现放款时已预收全部利息,且以运输中实际存在的货物为抵押品,放款风险性较小。银行将未到期的汇票进行贴现后,可以获得汇票期满到期日之前的利息,并获得一定的贴现率。另外,银行有货物提单等票据在手,也减少了贴现放款的危险性。即使收货人拒不付款,银行还可将收货提单、保险单等货物凭证进行处置。[①] 银行可拍卖其货物,以补偿其损失。是以押汇放款于银行,则抵押品之价值稳固、债权之保障周备、便利金融之流通、推广交易之范围,可称为最稳妥且有利之放款也。[②] 因此,押汇为银行运用资金的一大良法。[③]

押汇业务,实际是以运输中的货物做抵押,所进行的汇款、贴现和放款的合体业务。故各行承做押汇业务,收益主要包括手续费、汇水、贴现费用(一般按押汇金额的7~8折贴现)和利息等,收益可观。利息是银行为补偿其垫付货款所生之损失而收取者,按垫付款项所经过期限之长短计算。期限愈长,收取利息愈多。其利率则视市面银根之松紧及商家之信用而有高低,银根紧则利率高,银根松则利率低;而商家信用可靠者,其利率优待,商家信用平平,利率较高。手续费之高低,亦无标准,完全根据两地情形而异。[④] 1919年,上海商业储蓄银行在津浦路线办理押汇各业务,由宁至沪用款日期以7天为限,每千元汇水连息3元,迟期一日即按每千元加息4角计算。蚌至宁或镇或锡用款日期亦以7天为度,每千元汇水连息6元,过期每1日亦按每千元加息5角计;由蚌至津用款日期系以10天为限,每千元汇水连息12元,过期每1日亦按每千元加息5角计;余场类推,似此业务该行亦可营办。[⑤] 交通银行郑、陕两行,自1934

---

① 裕孙:《说押汇之意义及其效用》,《银行周报》,1921年第5卷第13期。
② 李福星:《我国银行押汇业》,《银行月刊》,1928年第8卷第6期。
③ 裕孙:《说押汇之意义及其效用》,《银行周报》,1921年第5卷第13期。
④ 王澹如:《银行实务概要》,会计图书用品社1943年版。
⑤ 上海档案馆馆藏资料(档号:Q264-1-226)。

年 1 月起,至 1935 年年底止,承做棉花押款押汇以及棉商透支等项业务,共计总额在 4 000 万元以上,所收利息汇水及手续费等项利益,共达 65 万余元。①

总之,银行承做押汇可以预扣利息,又有货物为担保,及提货单保险单等附属单据在握,这样信用确实可靠,危险性极小而稳可获利。所以,银钱业所营押汇业务可以说是一举两得、利人利己。②

二、活跃商业周转,运输之金融

押汇为便利工商业资金的周转,裨益工商业贸易的发展。在押汇兴起之前,甲、乙两地商人进行货物的买卖,付款方式如下:其一为卖主发出汇票,其二为买主发出期票,其三为买主运现给卖主。然而,买主有时拒绝汇票之承受,或急于运现,或将期票的支付期限延长,皆不利于卖主回收资金,进行商业经营的进一步流转。如果在运输货物之际,卖主即请求银行进行押汇手续,买主在收取货物前,需将汇票上的金额交付外埠银行代为收取,若买主拒绝或延期时,其信用受损,且货物提单等手续尚在银行手中,若买主拒绝付款,银行可拍卖变现。③ 押汇兴起后,买卖双方可互不认识,亦可安全有效地进行交易,远方贸易日渐发达。于发货商人而言,商人发货后即可凭货物提单和收货商人的汇票在银行通过贴现取得部分货款,一方面有利于回笼资金进行资金周转,另一方面也减少了收货人收货后拒不付款的风险。因为收货人只有付清款项,才能取得收货提单等凭证进行货物的收取。于收货商人而言,商人付款即可收货,免去了打款后无法收货的各种风险。如果在汇票未到期之前,收货人可先付一部分款项给银行来收取一部分货物,如果收货人和银行素有信用担保,亦可先售货再付汇票等灵活方式。④ 押汇过程中,通过发放押汇贷款和承兑交单,兼有汇兑和贷款的双重功能,不仅满足了销货企业在商品运输中

---

① 交通银行总行、中国第二历史档案馆编:《交通银行史料(第 1 卷)》,中国金融出版社 1995 年版,第 465 页。
② 杨德惠:《谈"押汇"》,《商业实务半月刊》,1940 年第 1 卷第 4 期。
③ 裕孙:《说押汇之意义及其效用》,《银行周报》,1921 年第 5 卷第 13 期。
④ 衡南:《银行押汇与铁路押汇之研究》,《钱业月报》,1931 年第 11 卷第 5 期。

的资金需求,也给购货方融通资金提供了极大的便利,调剂金融,活跃商业周转。如20世纪30年代中期,安阳棉花贩运至天津、上海、济南等地,其资金活动全赖银行押汇。① 交通银行于各项实业如面粉、纺织等业需用款项,或押汇等业务,均尽力协助,以期振兴,力求调剂扶植之意。

押汇过程中,商人甲将货物打包,交由转运公司进行运输。转运公司开具货物提单给商人甲。商人甲可将货物提单向银行请求押借款项。客商货物不因其在运输中而失其周转之效能,大大便利客商。通过发放押汇贷款和承兑交单,不仅满足了销货企业在商品运输中的资金需求,也给购货方融通资金提供了极大的便利。近代新式银行与堆栈、转运公司、铁路以及保险机构等合作,以国内埠际贸易货物运输过程中的货物提单、栈单、保险单、汇票等相关票据为抵押进行放款,为埠际间贸易买卖双方起中间信托作用,有效解决了埠际贸易融资,活跃了商业周转,为商品"产"和"销"之间"运输"环节提供了金融周转之便,称之为运输之金融。

三、辅助内地经济,活动农村金融

埠际间押汇在中国开始实行时,主要活跃在长江流域主要航线和沪杭甬路等经济较为发达的通商大埠,内地因经济发展较为落后、思想保守,注重人情往来的信用放款,押汇业务开展较缓。20世纪20年代末30年代初,农村资金向城镇汇集、内地城镇向沿海沿江等通商大埠流通后,内地和农村资金枯竭、经济发展受阻,加之银行、政府等机构对押汇业务的推广,押汇开始渗透到农产品产运销过程中,有利地活动农村金融,辅助内地经济发展,即"将上海所收之存款运用于内地,使内地金融得以活泼,货物流通渐臻畅达"②。

上海商业储蓄银行创办铁路货运押汇,与各运输公司长期保持交往关系,使内地资金能迅速灵活运用,带动内地商业的繁盛。③ 西北为产花

---

① 顾裕昌:《安阳县棉业调查》,《国际贸易导报》,1935年第7卷第10期。
② 何品、宣刚编注:《上海市档案馆藏近代中国金融变迁档案史料汇编(机构卷):上海商业储蓄银行》,上海远东出版社2016年版,第138页。
③ 何品、宣刚编注:《上海市档案馆藏近代中国金融变迁档案史料汇编(机构卷):上海商业储蓄银行》,上海远东出版社2016年版,第2页。

之地，各银行西北各行，惟有棉花业务，别无交易可做，一年开支都依赖棉季承做出口押汇所保之利益，以为辅助。申新九厂、永安纺织公司、上海东棉洋行等行号以各处收花，向当地银行商做押汇便利起见。① 仅1936年1—3月交通银行郑行为申新九厂在郑（郑州）办花承做的押汇业务即有9笔，总金额达50万元。② 1931年"九一八"事变之后到1933年，各项大宗商品价格跌幅较大，农村经济破产，工商行家亏损严重。两年之间粮食、纺织品及原料、金属等商品跌价最大，则经营该项商品之工商业所感受打击亦最重，杂粮业倒闭累累，纱布业周转困难。在物价下跌过程中，上海商业储蓄银行出台积极承做货物押款、押汇业务等对策。③ 上海商业储蓄银行1935年通函，承做短期稻、米、麦、粉、杂粮、棉花、纱布、糖、盐（以与各行合作者为限）等易销商品押款押汇业务④，以辅助内地经济金融周转。

1934年，金城银行与南开大学及平民教育促进会在定县实验区设立华北农产研究改进社，拟为改良农产品、发展华北农村经济，进行放款，押汇、运送等一切手续由社方负责处理，如经火车运送时，其提单应交金城银行转寄联行托收。⑤ 同年，交通部邮政汇业储金局为救济农村经济，特于储金项下拨款150万元，先就苏、浙两省各地邮局，附设试办农民贷款押汇机关，分农民贷款部和农业押汇转运部，以低利贷款农民，及使各地农产物流通，以活动金融。⑥ 当年，湖北本地水旱两灾异常严重，农村经济残败不堪，湖北省邮区管理局为辅助政府共谋救济事宜，拟在交通便利县份，举办农产押汇，以活动农村之金融。如"农产之棉花豆麦杂粮等类，欲运往通商口岸行销者，可以运单径向出产地之邮汇局接洽，抵押贷款，

---

① 交通银行总行、中国第二历史档案馆编：《交通银行史料（第1卷）》，中国金融出版社1995年版，第457、465、467、469页。
② 上海档案馆馆藏资料（档号：Q55-2-589）。
③ 中国人民银行上海市分行金融研究所编：《上海商业储蓄银行史料》，上海人民出版社1990年版，第355页。
④ 中国人民银行上海市分行金融研究所编：《上海商业储蓄银行史料》，上海人民出版社1990年版，第362页。
⑤ 中国人民银行上海市分行金融研究室编：《金城银行史料》，上海人民出版社1983年版，第463—464页。
⑥ 《粮运局将设沪：邮储局拨款一百五十万元：办理苏浙农民贷款押汇》，《西北文化日报》，1934年7月28日。

俟货运到目的地销售后,再行偿还"①。

押汇业务虽益处多多,但近代中国因时局动荡、铁路货运不发达、人情往来注重信用等原因,新式银行承办的国内押汇业务较不发达。到20世纪二三十年代之后,伴随着银行信用放款向抵押放款的发展,以及银行和铁路部门合作等举措,国内押汇业务逐步受到重视。但国内押汇业务对近代中国经济发展特别是埠际贸易中的资金周转起到了不可忽视的作用。

第六节　本章小结

综上所述,押汇是货物运输过程中的放款业务,兼具汇兑、放款、贴现等多重功能。押汇过程中,银行通过发放押汇贷款和承兑交单,不仅满足了销货商在商品运输中的资金需求,也给购货方融通资金提供了极大的便利。20世纪二三十年代,以上海商业储蓄银行为代表的一批近代新式银行与堆栈、转运公司、铁路以及保险机构等合作,以国内埠际贸易货物运输过程中的货物提单、栈单、保险单、汇票等相关票据为抵押进行放款,为埠际间贸易买卖双方起到中间信托作用,有效解决了埠际贸易融资问题,活跃了商业周转,为商品"产"和"销"之间的"运输"环节提供了金融周转之便。押汇业务关联货物买卖双方、银行、铁路或轮船公司、保险公司、报关行、堆栈或仓库等环节,涉及货物的产、运、销各个环节,实为金融机构服务实体经济的良好办法。在目前中小微企业发展受限、实体经济发展低迷的形势下,鼓励商贸企业以押汇方式向金融机构进行资金周转,具有很强的现实意义。另外,国家倡导建立健全现代物流业,促进物流与生产、仓储、运输、交易、融资等上下游产业协调和联动发展机制,拉长物流供应链服务。近代新式银行国内埠际间押汇业务,不但为买卖双方提供了资金便利,也带动了相关转运公司、堆栈、报关行、保险和铁路等运输行业的发展,是物流、资金流和商业运输流的系统联动。

---

① 《邮局将办农产押汇》,《湖北农村合作》(第3号),1934年10月15日,第83页。

第九章

申汇计算方法、公式及意义

各埠通用货币千姿百态、通用平砝各有差异，货币兑换行市以及商业习惯的不同，决定了汇算公式少有整齐划一的方法。难以划一的汇算方法在一定程度上钳制着国内大宗贸易的往来汇算和商业流通，对国内大一统的金融市场体系流通性的构建形成一定障碍。各埠间的通商汇算涉及通货、银平色差、平砝的换算及各地的商业习惯用法，决定了各地汇兑计算公式具有通货圈的地域特征。

从汇兑计算公式中可知，上海作为国内汇兑的中心点，全国大部分城镇对上海有直接的汇兑行市，而部分城镇以几个重要的城镇为转划中心。上海对全国金融市场具有强烈的辐射和回归能力，它既是全国资金活动的出发点，也是回归点，引导着全国的资金流向。此外，天津、济南、青岛、烟台、镇江、汉口、重庆、宁波、苏州等内地各埠是这一支流上的各个支点，连接各自转汇区域，形成全国金融网络的层级性和立体型。汇兑公式从侧面代表了资金流动的金融网络，最直观地描述了近代中国金融市场圈形成中的空间集聚程度，并体现了这种形态的形成与变化过程。汇兑体系所体现的金融流通关系，常伴随着各埠商品货物的流转。故资金流动关系与商号间直接的现银流动，共同形成了一地乃至全国的金融流通网络，并与国内贸易网络形成一定的对照和耦合关系。

第一节　申汇汇兑平价

清代后期,除了银两、制钱以外,外国银元、铜元以及名目繁多的纸币进一步充斥着货币流通领域。伴随着埠际贸易结算而产生的国内汇兑,绕不开货币的换算。各种通用货币在使用和流通过程中,需要经过货币兑换,即换算成通用平砝所表示的银两,才能参与国内各埠的直接和间接汇兑,实现商品和资金的流通。各重要商埠通用的货币、平砝及汇兑换算行市,成为国内汇兑中一项重要的程序。内汇业务的基础即为货币兑换业务,货币兑换体系使各种通用货币的流通能自然调节,适应各层次实体经济的需要。

币制紊乱,银两名目繁多、成色不一,使国内汇兑也如国际汇兑一样,有了汇兑之说。汇兑平价,原指各国采用金本位的时代,一国本位货币第一单位所含的纯金量与他国本位货币第一单位所含纯金量的比例。银两时代,各地银两运送到外地,须由当地公估局对运来的银两成色、重量进行重新评定。本地公估局对一单位的银两成色、重量的估算与外运地公估局对同一银两成色、重量估算的比值,即为两地的汇兑平价。银元的汇兑平价则须视两地洋厘是否平价,即按银汇平价计算的两地洋厘的等值比例,如果两地洋厘等值,则有银元汇兑平价。但洋厘一般因银元供给而变动,洋汇难有汇兑平价。汇兑平价会随着银根松紧及汇票供求关系的变化而上下波动,形成汇兑行市。上海作为全国金融中心,与各地形成直接或间接汇兑网络。各地对上海的直接或间接汇兑,通称为申汇。全国汇兑市场皆以申汇作为国内汇兑的标准。

表9.1　　　　全国主要城镇通用货币、平砝及申汇汇兑平价

地名	通用货币	通用平砝	申汇汇兑平价
北京	公足银、站人龙洋、袁头币、当十铜元、各银行钞票	公砝平	1 000∶1 057.63
张家口	蔚州宝、袁头币、北洋、站人、中交银行券	口钱平	1 000∶1 100.34

续表

地名	通用货币	通用平砝	申汇汇兑平价
洛阳	库宝、街市周行银、银元、铜元、中交钞票、	洛平	—
周口	二八宝足银、北洋、站人洋、铜元、制钱、中交钞票	口南平	—
滕县	北洋、站人、新币、中行钞票、铜元票等	滕库平足银	—
漯河	足色银、北洋及站人、中交钞票	漯河平	—
营口	炉银、现宝、北洋、新币及站人、小银元、中行小银元券、中交钞票等	营平、库平	—
济南	高白宝银、袁头币、北洋、站人、龙洋、当十铜元、各银行钞票	济平	1 000∶1 078.50
青岛	公估足银	胶足平	—
龙口	高宝银、北洋及站人洋、新币、小洋、中行钞票、铜元、羌帖	海关平、库平、常关平	—
济宁	山东高边二七宝、北洋及新币、中交钞票、小洋、铜元及铜元票	宁平、一六库平	—
周村	高边足银、北洋及站人洋、新币、中交钞票、铜元、青银等	村库平、村钱平	平价村库平 1 000∶规元 1 100.3 两
烟台	马蹄银、银券、银元、大洋券、铜货、铜货纸币、小洋券等	曹估、烟估平	1 000∶1 045（票贴法）
潍县	高宝银、北洋、站人洋、中交钞票、羌帖、制钱等	潍市平	潍平 925∶规元 1 000
南京	龙洋、站人、英洋、中交钞票	陵平二七银	1 000∶1 068.7
镇江	镇二七宝银、袁头币、龙洋、墨洋、毫洋、铜元、制钱、中交钞票	二七镇平等	1 000∶1 073.5
扬州	扬曹平银、银元、角洋、铜元、中交钞票	扬曹平、盐库平、扬二七平	凭镇江行市计算，扬二七平 1 000∶规元 1 071.1
清江浦	龙洋、新币、英洋、小洋、铜元、中交两行钞票	二五浦平	1 000∶1 059①

---

① 因清江浦到上海没有直接行市，故只能借助于镇江得以转移。例定行市是间接汇兑的行市。

续表

地名	通用货币	通用平砝	申汇汇兑平价
淮安	—	二六宝平	1 000∶1 062.77
苏州	—	补水	1 000∶1 075.5
宁波	过账洋、现洋	过账洋	—
杭州	袁头币、龙洋、墨洋、毫洋、当十铜元、中交钞票	市库平、杭平	—
无锡	龙洋、北洋、新币、小洋、铜元、中交钞票、外国银行钞票、	—	—
宜昌	银两、银元、银元票、银票、铜元	宜平、洋例	宜平 1 000∶规元 1 037[①]
沙市	沙平九九银、龙洋及新币、中行钞票、铜元、台票、沙票	沙平银	1 000∶1 053.1
长沙	光洋、常洋、双铜元、中国银行五省通用券	估平、光洋	—
贵阳	票银、巧水银、银元、新币、中行钞票、小洋	公估平、贵平	1 000∶1 066
九江	现宝、英洋、龙洋、新币、中交钞票、铜元、铜元票等	估平、曹平等	—
南昌	盐封库平银、银元、中行钞票、民国银行钞票、民国银行官票	库平、九三八平	—
芜湖	袁头币、龙洋、北洋、墨洋、毫洋、铜元、中交钞票	二七漕平	1 000∶1 073.5
重庆	足色票银、三七周行银、川币、新币、小洋、铜元、制钱、军票、中行钞票等	九七平、钱平、沙平等	—
成都	川票色银、川洋、小洋、新币、军用票、中行钞票、铜元等	九七川平、川库平、盐库平、渝钱平	—
西安	—	陕议平	—
三原	袁头币、站人、北洋、铜元、五省通用券	泾布平	1 000∶1 078.97
昆明	袁头币、滇币、当十铜元、当二十铜元、各式钞票	滇平	1 000∶1 055.55

---

① 宜昌对上海的汇兑需借助汉口行市转移,会对评价为间接汇兑数。

续表

地名	通用货币	通用平砝	申汇汇兑平价
广州	本省铸双单毫洋、香港双单毫洋、中行大小洋券、各外国银行钞票、新币、光英等	九九七司马平、九九四平、库平	—
福州	台伏、英洋、龙洋、仗洋、小洋等	台捧（虚拟银两）	741.6∶1 000
汕头	直平七兑票、光英洋、毫洋、站人光洋、中行钞	九九三五直平银	—
厦门	龙洋、新币、杖洋、英洋、小洋、大平银	厦市平	—
长春	大翅宝银、中行大小洋券、交通大小洋券、小洋、大洋、吉黑两省官帖、铜元、外国货币	宽平	—

资料来源：《银行周报》，1918年第2卷第1—6、8—16、18、20、22—24、26、29、32—35、38、40、46—47、50期，1919年第3卷第1、10期中的"××通用货币及汇兑计算法"相关文章；双一：《调查：中国各省钱业调查录》，《钱业月报》，1921年第1卷第3、4期；《上海之国内汇兑》，《社会月刊》，1930年第2卷第1期；赵应坡、刘啸仟：《汇兑须知（二）》，《商业杂志》，1927年第2卷第10期；中国人民银行总行参事室编：《中华民国货币史资料（第一辑）》，上海人民出版社1986年版，第692—700页。

第二节　主要城镇申汇计算方法

国内各地因银平色差之不同和通用货币的繁杂，内汇如外汇一样，有了行市且形式复杂。汇兑途径有用银两、银元、钱码等；计算方法有称燥者，有称耗者，有称票贴者，有称扣水者，有不以千百为单位者；论洋厘则有变动者，有固定者；汇兑行市有以本地银两为表示者，有以他处银两为表示者。国内汇兑计算方法缺乏整齐划一的方法，大体归类如下：

一、银汇（银两和银两之间的汇兑）

银汇是指汇出地和汇入地，都以通用银两核算的汇兑方式。如洋例对规元、北京公砝对规元、行化对规元。国内各埠大宗贸易仍以银汇为主。银汇行市多由各地银行公会（所）根据各地银钱行市和申票行市计算公布。例如张家口申汇公式为：

$$在口应交口钱平两数 = \frac{应汇规元数 \times 西平千两合口钱平}{津申票行市 \times 西平千两合行化}$$

扬州申汇公式则为：

$$应交扬二平两数 = 应汇规元数 \times 镇申票行市 \times 扬平合镇平数$$

二、银元和银元之间的汇兑（洋汇）

洋汇是指汇出地和汇入地，都以银元结算。洋汇行市则由各地银行总分行根据银汇行市和各地洋厘行市决定。洋汇大体程序为：以拟汇入地的汇兑银元数为基准，按照汇入地的银元行市（洋厘）折算成当地的银两数，再按照当地的银汇行市（如申票行市、津票行市、汉票行市），将汇入地的拟汇银两数换算成汇出地的银两数，最后按照汇出地银元行市（一般指洋厘），折算为汇出地需交的银元数。以天津、汉口与上海为例。

例一：在上海欲汇天津银元 1 000 元，则在沪应交银元多少？已知：上海津汇：每行化千两汇规元 1 060 两，天津洋厘行化 0.675 两，上海洋厘规元 0.72 两。换算过程如下：

$$在沪应交规元数 = 应汇津洋数 \times 津洋厘 \times 津申银汇行市$$
$$在沪应交银元数 = 在沪应交规元数 \div 上海洋厘$$

即为：

$$应交申洋数 = \frac{应汇津洋数 \times 津洋厘 \times 津申银汇行市}{申洋厘}$$

具体为：$1\,000 \times 0.675 \times \frac{1\,060}{1\,000} \div 0.720 = 993.75$。[①]

反之，若从天津汇上海一定量的银元，则在天津应交银元多少？即天津申洋汇，须先将拟汇上海的银元数乘上海银元行市，换算成应汇规元数，再按照津申票银汇行市换算成在津应交的行化两数，最后按照津洋厘行市，换算成在津应交的银元数。天津申洋汇公式则为：

---

① 《上海之国内汇兑》，《社会月刊》，1930 年第 2 卷第 1 期；赵应坡、刘啸仟：《汇兑须知（二）》，《商业杂志》，1927 年第 2 卷第 10 期。

$$在津应交银元数 = \frac{应汇沪银元数 \times 上海银元行市}{津申票行市 \times 津洋厘}$$

例二：汉口银元汇往上海银元，须知汉口银元与洋例银之间的市价即汉口洋厘，上海银元与规元之间的市价即上海洋厘，以及汉口申票的市价。换算过程为：以拟汇上海银元数为基准，参照上海洋厘行市将拟汇上海银元数换算成规元数，以汉口申票行市乘之，得相应的洋例银两数。再以汉口银元行市除之，得到需交的汉口银元数。汉口申洋汇公式为：

$$在汉应交银元数 = \frac{应汇沪银元数 \times 上海银元行市 \times 汉申票行市}{汉口银元行市}$$

三、银两和银元之间的汇兑（银洋互汇）

与洋汇相比，银洋互汇直接以拟汇入地的银两数为基准，按照银汇行市（如申票行市、津票行市、汉票行市），将汇入地的拟汇银两数换算成汇出地的银两数，最后按照汇出地银元行市（一般指洋厘），折算为汇出地需交的银元数。有人欲汇上海规元千两，在洛阳应收银元多少？[①] 前提条件：申票 1 020 元，即欲汇上海银元 1 000 两，在洛阳需收银元 1 020 元。上海洋厘 7 钱 3 分。换算过程为：以规元 1 000 两为基准，以上海洋厘行市 7 钱 3 分除之，得上海银元 1 369.86 元，再以申票行市 1 020 乘之，则得在洛阳应收银元 1 397.26 元。洛阳申汇公式为：

$$在洛阳应交银元数 = \frac{应汇上海两数 \times 申票行市}{上海洋厘行市}$$

带入数字为：$\frac{1\,000 \times 1\,020}{0.73} = 1\,397.26$。

天津申汇公式为：

$$在津应交银元数 = 应汇规元两数 \div (津申票行市 \times 津洋厘)$$

汉口申汇公式为：

$$在汉应交银元数 = 应汇规元两数 \times 汉申票行市 \div 汉洋厘 [②]$$

[①] 《洛阳之通用货币及其汇兑计算法》，《银行周报》，1918 年第 2 卷第 8 期。
[②] 《上海之国内汇兑》，《社会月刊》，1930 年第 2 卷第 1 期。

四、称燥与称耗

由银两成色引起的差异,采用升耗法,或者称燥与称耗法。如果银两成色较高,则在兑换过程中需升水(称燥),成色低者则耗(称耗)。如南京钱庄实用银为曹平二七银为标准,每百两足兑无升耗。银色稍高者,如二七五钱每百两升1钱,二八银每百两升2钱;稍低者,如二六五银,每百两耗1钱,二六银耗2钱,二五五耗3钱,二五耗4钱。[①]

青江浦通用二五浦平[②],浦平与规元之间没有直接行市,需按照镇平得以转移。每镇平千两合浦平1 015两。其行市往往称燥若干两。如称燥十两,则浦平1 025两(加10两),才合镇平1 000两。则浦平银洋互汇申汇公式为:

$$在浦应交银元数 = \frac{应汇规元两数 \times 镇申票行市 \times (1\,015 + 称燥两数)}{浦洋厘}$$

而淮安申汇,则习惯称耗法。淮安通用二六宝平,二六宝平与规元没有直接行市,需以镇江为转划。二六宝平1 000两合镇平平价990两,其申银汇公式为:

$$在淮应交二六宝平两 = \frac{应汇规元数 \times 镇申票行市}{990 - 耗若干两}$$

五、扣水法与票贴法

由银两重量引起的差异,常用扣水或者票贴法。沙市沙平对汉口的洋例平价为:沙平1 000,洋例1 022.45,如果升水2两,即沙平千两仅值洋例1 020.45。[③] 西安通用陕议平,规元每千两合陕议平952两,陕议平贵,汇兑趋顺,需去扣水几十两。则西安申汇公式为:

$$在西安应交银元数 = \frac{应汇规元两数 \times (952 - 汇水)}{西安洋厘}$$ [④]

---

① 《南京钱业之概状》,《钱业月报》,1922年第1卷第2期。
② 《上海之国内汇兑》,《社会月刊》,1930年第2卷第1期。
③ 《上海之国内汇兑》,《社会月刊》,1930年第2卷第1期。
④ 《上海之国内汇兑》,《社会月刊》,1930年第2卷第1期。

票贴法的原理同扣水方法相似,只是各地使用习惯不同而已。潍县通用银两为潍平,潍平925两合规元1 000两。汇兑时,用票贴法。若加票贴2两,则潍平925两合规元1 002两。潍平之价常年比规元高,所以加票贴时,以潍平较贵表示。申汇公式为:

$$在潍应交银元数 = \frac{应汇规元两数 \times 925}{(1\,000 \pm 票贴) \times 潍洋厘}$$①

烟台票贴则是烟估较规元贵贱表示法。烟台通用平砝为曹估或烟估平。烟估平每千两合规元平价1045两。其申汇计算要采用票贴法。申汇公式为:

$$在烟应交银元数 = \frac{应汇规元两数 \times (1\,000 \pm 票贴)}{1\,045 \times 烟洋厘}$$②

六、汇水

两地间的汇水往往引起汇价的上下波动。汇水多由两地平色高低、期口淡旺、月息大小、路途远近等因素影响决定。国内银行汇兑,汇水的计算除去特殊情况的酌量增减外,主要有两种衡量标准:一种是以两地运送现金费用所需费用核算;另一种是以两地洋厘之差价和汇兑市价计算。③

以两地路途远近、运送方式及各项费用决定。如上海运银两到天津,每千两所需费用如下:轮船水脚2.5两,码头捐0.3两,保险费0.7两,津贴下车脚0.140两,公估费0.350两,木箱0.175两,车力0.050两,利息0.570两,合计4.795④两;即由上海运银到天津,每千两汇水约5两。上海运现洋到天津,每千元所需费用如下:运费4.35元,车力及木箱0.30元,保险费0.37元,利息0.57元,合计5.59元;即由上海运现洋到天津,每千两汇水约6元。⑤ 其他各地的运输机关及运费如下所示。无锡运输

---

① 《上海之国内汇兑》,《社会月刊》,1930年第2卷第1期。
② 《上海之国内汇兑》,《社会月刊》,1930年第2卷第1期。
③ 还有一种较为普遍的衡量标准为以汇款收解日期相差之利息为计算指标。现交汇率低于对交,迟交汇率高于对交。
④ 原文献为4.795,实际为4.785。
⑤ 杨荫溥:《杨著中国金融论》,黎明书局1936年版,第440—442页。

金银到沪、宁、常、镇、苏等地,如由沪宁铁路承运,运至上海,运费为每千元 1.4 元;到南京,运费每千元 1.1 元。凡钱庄运现,照章折纳半价,中、交两银行则缴纳四分之一。① 龙口到天津,运费为每千元 3.5 元。龙口到烟台,运费为每千元 2 元。② 琼州系一岛屿,故运输皆由轮船,运费如下:广州,银元每千元运费 5 元。香港,银元每千元运费 4 元。③ 奉天运往锦州榆关、天津、北京等处,由京奉路。如长春、大连、营口、安东等地,则由南满铁路。运费如下:北京,银元每千元运费 3 元。营口,小银元每千元运费 2.7 元。长春,小银元每千元运费 2.7 元。④ 清江浦运往镇江、扬州,由内河招商局戴生昌小输。到南京、上海,则须由镇江转装沪宁铁路。运费如下:上海,银元每千元运费 1.26 元。南京,银元每千元运费 0.9 元。镇江每千元运费 0.6 元。扬州每千元运费 0.5 元。以上均指运费,小费等都没有计入。⑤ 以两地洋厘和汇兑行市为标准,所得的汇水计算过程如下。

例如,由周口汇天津 1 000 元,应加汇水多少?已知条件:周口的银元行市(周口洋厘)为六八三,即每银元一元合口南平银六钱八分三厘,即 0.683 两。津票行市为八两,即每口南平银 1 008 两,合天津行化银 1 017.07 两。天津银元(天津洋厘)为 0.693 两,即六钱九分三,即银两换算银元的行市。换算过程:以周口银元 1 000 元合口南平银 683 两为本位,以津票行市 1 008 除之。再以津汇例平数目 1 017.07 乘之,即得天津行平化银 689.14 两。再以天津银元行市 0.693 两除之,得银元 994.43 元。再以周口银元 1 000 元数相减,则得周口汇津,每一千元应加汇水五元五角七分。算式如下:

$$1\,000 - \left(1\,000 \times \frac{683}{1\,000} \div \frac{1\,008}{1\,000} \times \frac{1\,017.07}{1\,000} \div \frac{693}{1\,000}\right) = 5.57\,⑥$$

保定对上海没有直接汇兑,须由天津转划。申汇公式为:

---

① 《无锡之通用货币及其汇兑计算法》,《银行周报》,1918 年第 2 卷第 46 期。
② 《龙口之通用货币及其汇兑计算法》,《银行周报》,1918 年第 2 卷第 47 期。
③ 《琼州之通用货币及其汇兑计算法》,《银行周报》,1918 年第 2 卷第 51 期。
④ 《奉天之通用货币及其汇兑计算法》,《银行周报》,1919 年第 3 卷第 1 期。
⑤ 《清江浦之通用货币及其汇兑计算法》,《银行周报》,1918 年第 2 卷第 50 期。
⑥ 《周口之通用货币及其汇兑计算法》,《银行周报》,1918 年第 2 卷第 3 期。

$$在保应交银元数 = \frac{应汇规元数 \times (1\,000 + 由保定到天津的汇水)}{津申票行市 \times 津洋厘}①$$

七、例定行市与固定洋厘

汇兑平价会随着银根松紧及汇票供求关系的变化而上下波动,形成汇兑行市。各地汇兑换算有着自己独特的习惯用法。但有些地方如福州、周村等地,习惯采用例定汇兑行市及汇兑平价的固定数目,作为汇兑换算的标准进行计算。汇兑换算中多采用货币兑换的固定数目,或以汇兑平价为标准,或以固定洋厘参与汇兑换算。如福州通用钞票台伏与通用平台捧之间的换算固定为台伏每元银 7 钱,台捧与规元间的例定算法为七四一六,即每规元 1 两合福州台捧 0.741 6,台捧银 741.6 两为计算申汇公式之基础。此价永久不变。申票行市如为七二七五,即台捧 741.6 两汇规元 727.5 两。台捧汇上海规元的公式如下:

$$应交台捧数 = \frac{应汇规元数 \times 例定数目\,741.6}{申汇行市}$$

同时,台伏汇上海的公式为:

$$应交台伏元数 = \frac{应汇规元数 \times 741.6}{台捧\,741.6\,两合规元数 \times 0.7}②$$

周村直接以汇兑平价作为标准,参与国内汇兑计算。周村的汇兑平价为村库平 1 000 : 规元 1 100.3。周村的申汇直接以此平价为标准。公式为:

$$在村应交银元数 = \frac{应汇规元数 \times 村申汇行市(规元\,1\,100.3\,两合村库平银若干两)}{1100.3 \times 村洋厘}③$$

洋厘行市有涨有落,带来汇价变化。洋厘涨,表示银元对银两比价上升;洋厘跌,表示银元对银两的比价下降。银元与银两之间的比价固定,即洋厘价固定。如重庆洋厘固定为七钱一分,成都洋厘参照重庆,也固定为七钱一分。济南洋厘固定为七钱。江西抚州洋厘外行固定为 0.736 抚

---

① 《上海之国内汇兑》,《社会月刊》,1930 年第 2 卷第 1 期。
② 赵应坡、刘啸仟:《汇兑须知(二)》,《商业杂志》,1927 年第 2 卷第 10 期。
③ 《上海之国内汇兑》,《社会月刊》,1930 年第 2 卷第 1 期。

纹银,同行固定为0.735 5抚纹银。如济南的洋厘固定为7钱,其申汇公式为:

$$在济应交银元数 = \frac{应汇规元数 \times 济申汇行市(规元千两合济平若干两)}{0.7}①$$

此外,抚州、济南、成都的洋厘也固定。

八、间接汇兑

间接汇兑,以几个重要的城镇为转移。例如,常州、无锡、宜兴、溧阳皆以苏州为转移。扬州、盐城、东台、泰县、清江浦、淮安则以镇江为划汇之地。保定、张家口、大同等地则以天津为转划。宜昌、沙市、长沙、贵阳则以汉口为间接转划地。成都以重庆申汇市场为标准。有的间接汇兑以转移地的洋厘和申汇市场为标准,有的以当地洋厘为标准,有的以第三方洋厘行市为标准。常州以苏州为转划,常州洋厘以苏州补水纹表示,表示每元合补水纹若干。常州申汇以苏申汇市场为标准,采用常州洋厘。而宜兴则以苏申汇市场为准,洋厘则以常州洋厘代之。宜兴申票行市以苏州申汇为标准,而洋厘则以常州洋厘为标准,其申汇公式为:

$$在宜应交银元数 = \frac{应汇规元两数 \times 苏规元行市}{常州洋厘}②$$

贵阳对上海的汇兑,须以汉口为转移,以公估平为标准的银元洋厘汇兑行市公式为:

$$在贵应交银元数 = \frac{应汇规元两数 \times 汉申票行市}{汉洋厘 \times 汉洋汇行市(由贵汇汉)}③$$

大同对上海的申汇须经天津转划。前提须知:津洋千元合同洋若干,津申票行市,津洋厘行市。公式为:

$$在同应交银元数 = \frac{应汇规元数 \times 津同洋汇行市}{津申票行市 \times 津洋厘}④$$

成都对上海的汇兑,须以重庆申汇市价作标准,洋厘固定为七钱一

---

① 《上海之国内汇兑》,《社会月刊》,1930年第2卷第1期。
② 《上海之国内汇兑》,《社会月刊》,1930年第2卷第1期。
③ 《上海之国内汇兑》,《社会月刊》,1930年第2卷第1期。
④ 《上海之国内汇兑》,《社会月刊》,1930年第2卷第1期。

分。申汇公式如下：

$$在成都应汇银元数 = \frac{应汇规元两数 \times 渝申票行市 \times 渝蓉汇率(重庆九七平千两合成都九七平千两)}{固定的洋厘(即0.71)}①$$

扬州对上海并无直接汇兑，以镇江为转移。扬州申银汇公式为：

$$应交扬二七平两数 = 应汇规元数 \times 镇申票行市 \times 扬平合镇平数(扬平1\,002.4：镇平1\,000两)②$$

上述举例都以申汇为代表。各大商埠汇兑行市都以申汇行市为转移，与上海进行着直接或间接汇兑。如果是上海汇往外埠，汇兑换算的基本原理不变，只是计算方式在乘、除法方面倒过来即可。如济南申汇公式为：

$$在济南应交银元数 = \frac{应汇规元数 \times 济申票行市}{固定洋厘即0.7}③$$

上海汇济南公式为：

$$在上海应交银元数 = 应汇济南银元数 \times 济银元行市 \times 济申银汇行市④$$

其他可以类似推算。

第三节 主要城镇申汇计算公式

近代以来，上海作为全国最大的商货集散地，与内地各埠随之产生的国内汇兑也非常活跃。各大城市对上海都有直接汇兑行市。全国汇兑市场皆以申汇作为国内汇兑的标准。汇兑是除现银运送外，资金流动的另一种主要方式，代表资金在异地间的流动途径。各埠间的通商汇算涉及通货、银平色差、平砝的换算及各地的商业习惯用法，具有通货圈的地域特征。因为各埠通用货币千姿百态、通用平砝各有差异，货币兑换行市以及商业习惯的不同，决定了汇算公式少有整齐划一的方法。汇兑换算包含两地银元与银两行市、两地汇票行市、本地其他通货与通用平砝的换算

---

① 《上海之国内汇兑》，《社会月刊》，1930年第2卷第1期。
② 《上海之国内汇兑》，《社会月刊》，1930年第2卷第1期。
③ 《上海之国内汇兑》，《社会月刊》，1930年第2卷第1期。
④ 赵应坡、刘啸仟：《汇兑须知（二）》，《商业杂志》，1927年第2卷第10期。

行市等银根松紧习惯及资金流通状况等信息。汇兑换算构成要素中的洋厘、汇票行市的选择，都是当地或者区域商业习惯和金融联系的反映，是各地直接或间接汇兑的直观表现形式。申票，是上海钱庄或商号以上海规元为计算单位，向收款人开具的汇票。申汇价格的涨落对本地及其他城市的金融市场有着很大的影响。由于申汇在市场上可以随时出售变现，外地行庄在资金盈余时，可在当地购入申汇，在资金紧缺时售出申汇以吸收现金，作为调剂资金余缺的一种重要手段。故从某种意义上讲，当时的申汇成为国内各大商埠之间经济交往的通用货币。

表 9.2　　　　　　　　全国主要城镇申汇换算公式

地名	洋汇(在本埠应交银元数)	银洋互汇(在本埠应交银元数)	银汇(在本埠应交银两数)
北京	$\dfrac{\text{应汇上海银元数}\times\text{上海银元行市}}{\text{北平申票行市}\times\text{北京银元行市}}$	—	—
天津	$\dfrac{\text{应汇沪银元数}\times\text{上海银元行市}}{\text{津申票行市}\times\text{津洋厘}}$	$\dfrac{\text{应汇规元数}}{\text{津申票行市}\times\text{津洋厘}}$	—
保定	—	$\dfrac{\text{应汇规元两数}\times(1\,000+\text{汇水})}{\text{津申票行市}\times\text{津洋厘}}$	—
张家口	—	—	$\dfrac{\text{应汇规元数}\times\text{西平千两合口钱平}}{\text{津申票行市}\times\text{西平千两合行化}}$
大同	—	$\dfrac{\text{应汇规元数}\times\text{津同洋汇行市}}{\text{津申票行市}\times\text{津洋厘}}$	—
漯河	$\dfrac{\text{应汇规元数}}{\text{津申票行市}}\div(\text{漯平与行化银比价}-\text{津票汇水})$	—	—
洛阳	—	$\dfrac{\text{应汇规元数}\times\text{申票行市}}{\text{上海洋厘行市}}$	—
周口	应汇规元数×周申票行市	—	—
滕县	—	$\dfrac{\text{应汇规元数}\times\text{申票行市}\times\text{滕平足钱盘}}{\text{北洋钱盘}}$	—
营口	—	$\dfrac{\text{应汇规元数}\times\text{营申票行市}}{\text{炉银重量}\times\text{营口小洋价}}$	—
济南	—	$\dfrac{\text{应汇规元数}\times\text{济申票行市}}{\text{固定洋厘即}0.7}$	—
青岛	—	$\dfrac{\text{应汇规元数}\times\text{青申票行市}}{\text{青洋厘}}$	—
济宁	—	$\dfrac{\text{应汇规元数}\times\text{济宁申票行市}}{\text{济宁洋厘}}$	—
周村	—	$\dfrac{\text{应汇规元数}\times\text{村申票行市}}{1\,100.3\times\text{村洋厘}}$	—

第九章　申汇计算方法、公式及意义　　297

续表

地名	洋汇（在本埠应交银元数）	银洋互汇（在本埠应交银元数）	银汇（在本埠应交银两数）
烟台	—	$\dfrac{应汇规元数 \times (1\,000 \pm 票贴)}{1\,045 \times 烟洋厘}$	—
潍县	—	$\dfrac{应汇规元 \times 925}{(1\,000 \pm 票贴) \times 潍洋厘}$	—
镇江	—	$\dfrac{应汇规元数 \times 镇申票行市}{镇洋厘}$	—
扬州	—	—	$\dfrac{应汇规元数 \times 镇申票行市 \times 扬平合镇平数}{}$
清江浦	—	$\dfrac{应汇规元数 \times 镇申票行市 \times (1\,015 + 镰两)}{浦洋厘}$	—
淮安	—	—	$\dfrac{应汇规元数 \times 镇申票行市}{990 - 耗若干两}$
无锡	—	$\dfrac{应汇规元数}{规元行市}$	—
苏州	—	$\dfrac{应汇规元数 \times 苏规元行市}{苏洋厘}$	—
常州	—	$\dfrac{应汇规元数 \times 苏规元行市}{常洋厘}$	—
宜兴	—	$\dfrac{应汇规元数 \times 苏申汇}{常洋厘}$	—
宁波	—	$\dfrac{应汇规元数 \times 甬申票行市}{现洋合过账洋数}$	—
杭州	—	应汇规元数 × 杭申票行市	—
衢州	—	应汇规元数 × 杭申票行市 ×(1 000＋汇水)	—
汉口	—	$\dfrac{应汇规元数 \times 汉申票行市}{汉洋厘}$	—
宜昌	—	$\dfrac{应汇规元数 \times 汉申票行市}{台票千文合洋例} \times \dfrac{台票千文合宜平}{宜洋厘}$	—
沙市	—	$\dfrac{应汇规元数 \times 汉申票行市}{沙平千两合洋例 \times 沙洋厘}$①	—

---

① 1918 年第 2 卷第 4 期的《银行周报》记载，沙市与上海有直接行市，其申洋汇公式为： $\dfrac{应汇银元数 \times 沙市银元行市}{沙申票行市} \div 上海洋厘$。1930 年的《社会月刊》记载了沙市和上海没有直接行市，需要通过汉口得以转汇。本书采用了 1930 年没有直接行市的记载，体现汇兑路径的变化和汇兑体系的形成过程。

续表

地名	洋汇(在本埠应交银元数)	银洋互汇(在本埠应交银元数)	银汇(在本埠应交银两数)
长沙	—	$\dfrac{\text{应汇规元数} \times \text{汉申票行市} \times \text{洋例千两合估平}}{\text{估平千两合光洋}}$	—
贵阳	—	$\dfrac{\text{应汇规元数} \times \text{汉申票行市}}{\text{汉洋厘} \times \text{汉洋汇市}}$	—
九江	—	$\dfrac{\text{应汇规元两数} \times \text{浔申票行市}}{\text{浔洋厘}}$	—
南昌	—	应汇规元数×南昌申票行市	—
万县	—	$\dfrac{\text{应汇规元数} \times \text{万申票行市}}{\text{银元例价}}$	—
重庆	—	$\dfrac{\text{应汇规元数} \times \text{渝申票行市}}{\text{固定洋厘即 0.71}}$	—
成都	—	$\dfrac{\text{应汇规元数} \times \text{渝申票行市} \times \text{渝蓉汇率}}{\text{固定洋厘 0.71}}$	—
西安	—	$\dfrac{\text{应汇规元数} \times (952-\text{汇水})}{\text{西安洋厘}}$	—
三原	—	$\dfrac{\text{应汇规元数}}{1\,078.97 \times (1\,000-\text{汇水}) \times \text{原洋厘}}$	—
昆明	—	$\dfrac{\text{应汇规元数} \times \text{规元千两合滇平}}{\text{昆明洋厘}}$	—
福州	$\dfrac{\text{应汇规元数} \times \text{例定数目 741.6}}{\text{申汇行市}}$	$\dfrac{\text{应汇规元数} \times 741.60}{\text{台捧 741.6 两合规元数} \times 0.7}$	—
汕头	—	$\dfrac{\text{应汇规元数} \times \text{例定直平银数}}{\text{申票行市} \times \text{光英与直平银数目}}$	—
广州	—	$\dfrac{\text{应汇规元数}}{\text{港申票行市}} \times \text{港纸每元合兑毫}$	—
琼州	—	$\dfrac{\text{应汇规元数}}{\text{港纸申汇}} \times \text{港票行市}$	—
厦门	—	通用银元，申汇以规元千两合银元若干计	—
吉林	—	$\dfrac{\text{应汇规元数}}{\text{小洋规元行市}} \times \text{小洋价}$	—
长春	—	$\dfrac{\text{应汇规元数}}{\text{小洋规元行市} \times \text{小洋价}}$	—
奉天	—	应汇规元数×小洋申票行市×小洋钱盘价	—

资料来源：《上海之国内汇兑》，《社会月刊》，1930年第2卷第1期；赵应坡、刘啸仟：《汇兑须知（二）》，《商业杂志》，1927年第2卷第10期；《银行周报》，1918年第2卷第1—4期、第2卷第8—11期、第2卷第13期、第2卷第22期、第2卷第46期，以及1919年第3卷第1期中的"××通用货币及汇兑计算法"相关文章。

从申汇公式中看出,各地申汇市场是上海内汇市场的重要组成部分,上海对全国金融市场具有强烈的辐射和回归能力,它既是全国资金活动的出发点,也是回归点,引导着全国的资金流向。内地各埠是这一支流上的各个支点,形成全国层级性和立体型的金融网络。汇兑公式从侧面代表了资金流动的金融网络,最直观地描述了近代中国金融市场圈的空间集聚程度以及形态的形成与变化过程。但是,币制紊乱加之各地不同的商业习俗带来国内汇兑计算方法的复杂性。难以划一的汇算方法一定程度上钳制着国内大宗贸易的往来汇算和商业流通,对国内大一统的金融市场体系流通性的构建形成一定障碍。各地通行的各种制钱、铜元、兑换券以及发行的各种通用货币与银元之间的行市涨落不停,影响内汇之变动,使内汇难以稳定。同时,埠际间的汇兑换算须视两地间不断变动的洋厘涨落而定,以及以洋易钱或者以钱易洋的货币汇兑,又为国内大宗贸易的往来带来了烦琐性。

由表 9.2 全国主要城镇申汇换算公式知,大部分城市对上海有直接的汇兑行市,而部分城镇以几个重要的城镇为转移。例如,保定、张家口、大同、漯河等地以天津为转划;宜昌、沙市,长沙、贵阳以汉口为间接转划地;常州、宜兴皆以苏州为转移;扬州、清江浦、淮安以镇江为划汇之地;成都以重庆申汇市场为标准。有的间接汇兑以转移地的洋厘和申汇市场为标准,有的以当地洋厘为标准,有的以第三方洋厘行市为标准。常州以苏州为转划,常州洋厘以苏州补水纹表示,每元合补水纹若干。常州申汇以苏申汇市场为标准,采用常州洋厘。而宜兴则以苏申汇市场为准,洋厘则以常州洋厘代之。宜兴申票行市以苏州申汇为标准,而洋厘则以常州洋厘为标准。

第四节 申汇计算公式所体现的汇兑层次

中国国内汇兑依汇款地域的双方或多方关系,分为直接汇兑与间接汇兑。直接汇兑是指两地之间有直接汇兑行市,可直接依行市清算债务。如果两地之间没有直接通汇业务,必须借助于两地之间的公共通汇地行市,间接计算两地行市,如天津和汉口之间必须借助上海来进行汇兑结算。间接汇兑,有时涉及多个商埠的债权债务结算,形成一种三角或者多角汇兑关系。例如,直隶南部邢台县为皮毛集散地。皮毛地常派人到甘肃收买皮毛而产生货币结算关系。但是,邢台和甘肃之间距离较远,运现成本和风险都比较高。两地间的借贷关系又不平衡,即邢台有欠甘肃之款,而甘肃无欠邢台之款,没有直接汇兑行市。两地之间的资金结算只能借助天津作为转划地。而天津与甘肃亦没有直接行市,只能借助于西安。天津与西安有行市往来,西安与甘肃兰州有着汇兑往来关系。所以,邢台皮毛商须派人到西安办理兑款业务。邢台皮毛店商人到甘肃办货,并未携带现款,可与在西安用款的兰州钱庄商议,通过兰州的钱庄先付款给皮毛商,皮毛商即写信给在西安的兑款人,付给兰州钱庄西安分行若干银两。此时,兑款人手内实际并无现款,又有西安钱庄在天津用款,此时双方商定,西安钱庄交款给兑款人。兑款人即写信给天津有关系之钱庄,付款给西安钱庄天津分行。只是,西安与天津之汇兑,西安常处于逆汇,故在此交易中,西安钱庄须贴水给兑款人若干。如果邢台皮毛商在天津没有存款,则天津到邢台采购皮毛之商人的汇票,邢台皮毛商收到汇票,寄给与天津有关系之钱庄代收,所得之款,补齐钱庄所垫付之款。这种间接汇兑的多角结构如图9.1所示。

从表9.3可知,天津、济南、青岛、镇江、北京、烟台、汉口和重庆是几个重要的间接转划地。依托天津为转划的区域包括北京、滕县、周口、安东、洛阳、营口和漯河。济南的转划区域为青岛、滕县、济宁和龙口。青岛则包括济南和潍县。镇江的转汇区域,包括滕县、清江浦、扬州。北京包括周口、洛阳和漯河。烟台包括安东、营口、龙口。汉口包括周口、沙市、洛阳、漯河、宜昌、南昌、贵阳、万县、重庆、九江。重庆包括沙市、贵阳、成都和万县。

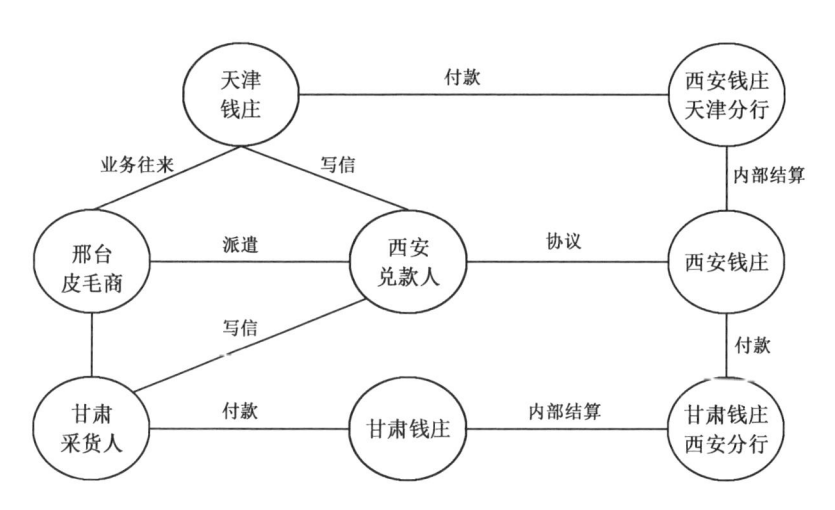

图 9.1　多角间接汇兑结构图例

表 9.3　　　　　　　　　　　全国重要商埠直接汇兑表

商埠	直接汇兑区域
北京	上海、天津
保定	天津
洛阳	上海、北京、天津、汉口
周口	上海、北京、天津、汉口
滕县	上海、济南、天津、镇江
漯河（河南省重要商埠之一）	北京、天津、汉口等
营口	上海、天津、烟台、奉天等
济南	上海、青岛
青岛	上海、济南
龙口（山东省商埠）	济南、烟台
济宁	上海、济南
周村（山东省）	上海
潍县（青岛、烟台、济南商务之枢纽）	上海、青岛
清江浦	镇江

续表

商埠	直接汇兑区域
扬州	镇江
无锡	上海
汉口	上海、重庆、沙市
宜昌	汉口、沙市
沙市	上海、汉口、重庆[①]
贵阳	汉口、重庆
九江	上海、汉口
南昌	上海、汉口
成都	重庆、沙市、宜昌等
万县（四川省重要商埠）	上海、汉口、重庆、宜昌、成都、沙市
重庆	上海、汉口、沙市、成都、万县等
福州	上海
汕头	上海、香港
广州	上海、香港
琼州	香港
安东	上海、天津、烟台
吉林	上海
长春	上海
奉天	上海

资料来源：《银行周报》，1918年第2卷第1—6、8—16、18、20、22—24、26、29、32、34—35、38、40、46—47、50—51期，以及1919年第3卷第1、10期中的"××通用货币及汇兑计算法"相关文章；《上海之国内汇兑》，《社会月刊》，1930年第2卷第1期。

比照表9.2中直接汇兑区域，从申汇公式中可知，天津的转划区域又增加了大同、张家口、保定，其他转划区域中的北平、滕县、周口、安东、洛阳、营口都有对上海的直接汇兑。漯河的汇兑公式以天津为转移。

[①] 沙市和广州的直接汇兑区域，在下文中有所修正。

济南：转划区域中的青岛、滕县、济宁都直接向上海汇兑。

青岛：济南和潍县都有直接上海汇市。

镇江：汇兑区域包括扬州、清江浦外，新增淮安。而原来的滕县有自己的上海汇市。

烟台：自己有对上海的直接汇市。营口有自己的行市。安东对上海有直接行市。龙口虽对济南、烟台有直接行市，而上海汇款，此间商家习惯在龙口卖出烟台汇票，再在烟台收上海汇票，即龙口对上海的汇兑，习惯以烟台为转移。

汉口：沙市、宜昌、贵阳、新增长沙都以汉口为转移。其他，周口、洛阳、南昌、万县、九江、重庆都有自己的直接行市。在表9.2中，1918年沙市对上海有直接汇兑行市；而表9.3中，1930年沙市对上海的汇兑却须以汉口为转划。本书采用1930年没有直接行市的用法，以体现国内各埠汇兑体系的变化和形成过程。

重庆：成都须以其为转移。其他的沙市、贵阳以汉口为转移。万县、周口有自己的直接行市。另外，常州、宜兴以苏州为中心；衢州、绍兴以杭州为中心；绍兴又以宁波为另一个转汇中心。其他，西安、三原、昆明、福州、汕头、厦门等直接面向上海。广州虽对上海和香港都有直接行市，但申汇公式以香港为转移，申汇须以香港申票行市做准，先将兑毫易为港纸（即香港汇丰银行所发行钞票），然后再与规元计算行市。故上海和广州之间的直接汇兑是一种间接汇兑，本书不作直接汇兑考虑。广州、琼州需要经过香港转汇。以上分析中的全国各埠申汇路径表现如图9.2所示。

从重要城镇直接汇兑区域和申汇公式看，苏州、杭州、宁波、镇江为主要的汇兑中心。其中，宜兴和常州以苏州汇兑行市为标准。1918年，绍兴与规元没有行市，进出上海须进杭洋由杭庄代收申元或由宁波代收，即以杭州和宁波转划。1930年，绍兴与上海汇兑有了直接行市。温州除向上海汇兑外，还向宁波汇兑，即"钱业概向申甬等处纷纷装现"。衢州申汇以杭州为转移。扬州、清江浦、淮安以镇江汇兑行市为标准，滕县也与镇江发生汇兑往来。

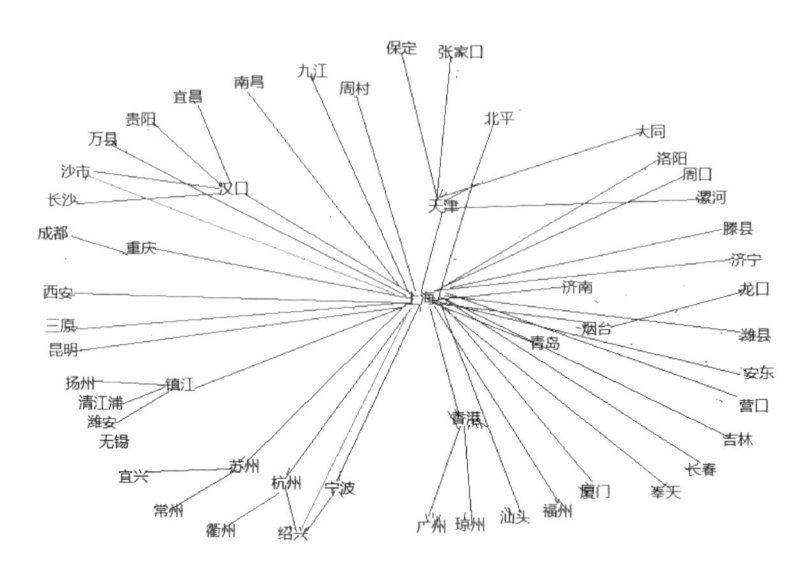

注：图中，1918年绍兴由经宁波和杭州的间接转划，1930年转变为与上海之间有了直接行市。沙市从1918年对上海的直接行市转变为1930年须经汉口转划。

图 9.2　各埠申汇路径

表 9.4　　　　　　　　　　申汇汇兑层级体系

国内汇兑中心	其他汇兑中心	区域
上海	天津	北京、周口、洛阳、漯河、保定、包头、归绥、运城、大同、张家口、滕县
	北平	周口、洛阳、漯河、归绥、包头
	济南	滕县、济宁、龙口、青岛
	青岛	潍县、济南
	烟台	龙口 安东 营口
	镇江	扬州、清江浦、潍安、滕县
	汉口	沙市、宜昌、南昌、贵阳、万县、九江、重庆、长沙
	重庆	成都、潼川
	杭州	衢州、绍兴
	宁波	绍兴、温州
	苏州	常州、宜兴、
	香港	广州、琼州、汕头、厦门

此外,福州、周村、昆明、西安、三原、吉林、长春、奉天、安东、厦门、汕头又各自作为一个中心点,与上海有着直接的汇兑行市。至此,以上海为国内汇兑中心,以天津、汉口、镇江、重庆等地为地区汇兑中心,并以各个汇兑中心为节点进行放射和回归,形成复杂的汇兑体系。

国内汇兑网络错综复杂,只要有货物运输、商贸往来的商埠,即有债权债务关系的结算。本章仅将重要商埠主要申汇关系进行梳理总结,大体描绘了汇兑层级体系。20世纪二三十年代,中国国内形成了以上海为终点,以天津、汉口、重庆等中心城市为焦点,连接次级商埠和市镇,几乎覆盖全国的汇兑网络。国内汇兑层级体系的构建,在一定程度上体现地域间的经济联系和金融市场的相互依赖关系,是研究近代金融市场圈形成和构造的一个视角。汇兑网络只是金融市场圈的一个子集,是近代金融市场圈构建中的一种表现手法。而汇兑机构的分布范围、类型构成及业务数量,都是这个复杂网络的构成要素,它们是分析这个汇兑网络层次是否均衡和密度分布的有力论证,也是汇兑网络需要继续填充和完善的细化研究内容。同时,金融市场网络与商品流通网络契合度的比照分析,是研究近代埠际贸易经济金融联系和近代化经济一体化趋势的一个研究视角。随着埠际间贸易的加深,国内汇兑网络更加复杂化。

第十章

申汇市场：以上海为中心的汇兑

各埠通用货币千姿百态、通用平砝各有差异，货币兑换行市以及商业习惯的不同，决定了汇算公式少有整齐划一的方法。难以划一的汇算方法在一定程度上钳制着国内大宗贸易的往来汇算和商业流通，对国内大一统的金融市场体系流通性的构建形成一定障碍。因汇兑换算公式中包含两地银元与银两行市、两地汇票行市、本地其他通货与通用平砝的换算行市等银根松紧、钱市行情及各种用银习惯，其体现各埠传统的货币兑换习惯及货币资金集中、调拨和换算、运转流通状况等金融信息。各埠间的通商汇算涉及通货、银平色差、平砝的换算及各地的商业习惯用法，决定了各地汇兑计算公式具有通货圈的地域特征。

从汇兑计算公式中可知，上海作为国内汇兑的中心点，全国大部分城镇对上海有直接的汇兑行市，而部分城镇以几个重要的城镇为转划中心。各地申汇的直接与间接汇兑公式体现了汇兑路径变化和汇兑体系形成过程。上海对全国金融市场具有强烈的辐射和回归能力，它既是全国资金活动的出发点，也是回归点，引导着全国的资金流向。此外，天津、济南、青岛、烟台、镇江、汉口、重庆、宁波、苏州等内地各埠是这一支流上的各个支点，连接各自转汇区域，形成全国层级性和立体型的金融网络。汇兑公式侧面代表了资金流动的金融网络，最直观地描述了近代中国金融市场圈的空间集聚程度和形态的形成与变化过程。汇兑体系所体现的金融流通关系,常伴随着各埠货物与商品的转动关系。这种资金转动关系与商号间直接的现银流动,共同形成了一地乃至全国的金融流通方式,并与国内贸易网络形成一定的对照和耦合关系。

20世纪二三十年代,上海逐步成为全国的金融中心。全国重要商埠都直接或间接与上海发生联系。汇兑是除现银运送外,资金流动的另一种主要方式,代表资金在异地间的流动路径,体现地域间经济联系和金融市场的相互依赖关系。各埠间通商汇算涉及通货、银平色差、平砝的换算及各地商业习惯用法,代表汇兑制度和技术构建。因为通用货币、通用平砝的不同,直接影响不同埠际间的银两、银元、纸币、制钱等货币的汇兑额。各地又因商业和用银习惯的不同,汇算计算公式各有不同。汇兑换算涉及两地洋厘、汇票行市、本地其他通货与通用平砝的换算行市等。故地域间汇兑结算具有通货圈的地域性特征。汇兑公式体现货币资金流的相关信息,代表区域内的金融市场体系构建,体现金融网络的层级性、立体型,是近代埠际金融网络构建的一个视角。城市间货币流通路径及金融联系,是金融网络的放射与回归的一个子集。这些直接、间接的汇兑网使通货圈之间连环相扣,形成一个层级型的金融市场圈。20世纪二三十年代是上海金融中心的形成过程,这一时期全国申汇公式反映金融区域网络的形成,具有代表性。国内汇兑以上海为终极汇兑中心,以天津、汉口、镇江等区域为一级汇兑中心,连接其各自的汇兑区域,形成汇兑网络。

第一节　申汇及上海内汇市场

申汇是国内各地同上海之间汇兑的简称。申汇又称申票,主要包括钱庄庄票、庄号汇票和庄客客票。申汇在各地金融市场可以随时出售变现,各地金融机关和商号只要掌握了申汇,即等于拥有了现金。上海钱业市场一般在前一天行市基础上,观察斟酌当天申汇供求情况,议定行市上下波动情况。如果前一天买汇者少,钱业公会(所)就要考虑所订行市对买汇者有利,以刺激买汇人数的增加。上海与北京、天津、济南、青岛、南京、清江、苏州、无锡、烟台、杭州、宁波、福州、厦门、汕头、广州、香港、太原、开封、汉口、芜湖、安庆、蚌埠、宜昌、长沙、重庆、成都、万县、九江、南昌、赣州、西安、云南、贵阳、奉天、长春、大连、哈尔滨、营口、镇江等国内商埠、省会皆有直接行市。据1925年调查，当地汇兑机关有上海银行公会的23家会员银行、35家未入公会的银行、19家外商银行、7家中外合办银行以及北市汇划庄的71家钱庄和南市汇划庄的11家钱庄。①

上海内汇市场，每日挂牌北平（京）、天津、汉口等地的洋汇和银汇内汇市价，以及广州毫洋、辽宁银元、哈尔滨哈洋、青岛银元等地内汇市价。② 国内重要各埠，如重庆、成都、宜昌、汉口、九江、南京、镇江、苏州、徐州、杭州、宁波、绍兴、嘉兴、湖州、温州、屯溪、安庆、邢台、唐山、天津、郑州、北平、烟台、青岛、济南、潍县、济宁、福州、泉州、厦门、汕头、沈阳、大连、营口、安东、开原、哈尔滨、吉林、黑龙江等地，亦根据各地商业和钱业习惯对上海有着不同的申汇行市。③

由于上海是当时全国的资金划拨中心，各地之间的汇兑行市皆以申汇为基础，并以上海为中心进行直接和间接汇兑。各商埠与上海不仅有频繁的汇兑款项往来，且各商埠间的间接行市亦多以上海汇兑行市为转移。各地申汇市场是上海内汇市场的重要组成部分。

第二节　各地商埠申汇市场

上海作为全国的经济和金融中心，每日与全国各地有着十分频繁的资金划拨。因此，天津、汉口、重庆、西安、南昌、宁波、杭州等地都形成了申汇市场，用于申汇买卖。

一、汉口

19世纪中叶，汉口票号掌握着金融实权，办理汇兑业务，并在瞿家巷

---

① 上海商业储蓄银行国内汇兑处编：《国内商业汇兑要览》，上海商业储蓄银行国内汇兑处1925年版，第11—16页。
② 《上海内汇平均市价》，《经济统计季刊》，1932年第1卷第3期、1933年第2卷第2期、1933年第2卷第4期。
③ "重要各埠对上海汇兑市价表"，《中外商业金融汇报》，1934年第1卷第1~2期。

票帮公所设立汇兑交易市场。光绪年间,凡大钱庄、官银号、外国银行的买办和票号同业,每天都到票帮公所参加交易。清王朝覆灭后,票号纷纷倒闭,由光绪初年的30多家到仅剩下四五家。而光绪年间中期后,钱业开始在麦子街老公所组建汇兑交易市场,后改在凤麟街钱业公所新厦内进行汇兑交易。1921年以前,汉口汇兑市场由钱业操控。1921年初,汉口银行业开始在汇通路银行公会新厦内设立交易处,每天与钱业分别开盘交易。在银钱两业各自设立交易市场的情况下,钱业仍有一定势力,操纵金融行市。1938年10月武汉沦陷后,汉口汇兑市场陷入瘫痪。汉口的申汇市场由当地钱业公会主持,钱庄受各业商号委托进行申汇买卖交易。当地交易方式为"现交""对交"和"到盘"三种。现交即买方在汉口先交付一定的洋例银给卖方,卖方在最近期内在上海向买方指定的收款人支付一定的规元。对交即由买卖双方约定逢五或逢十的某日,在上海和汉口两地同时对交一定数额的当地货币,即在同一天,买方给卖方的代表机构在汉口交付一定数额的洋例银,卖方在上海给买方的收款人交付相应数额的规元。"到盘"是按照双方的约定,卖方先于某月15日在上海交付若干规元,买方于月底在汉口交付洋例银。到盘交易,除按15日的申汇牌价进行结算外,买方还要另外支付卖方半个月的拆息。申汇市价,以上海的资金(初为规元,废两改元后为申钞,后又为法币)为准。即汉口申汇市场挂牌的依据,在民国初年以汉口洋例银与上海规元的兑换比率为准;废两改元后,以汉钞与申钞换算为比率;法币改革后,则以两地银行松紧和申汇供求畅滞为准。汉收申交,武汉的习惯叫做"收上海",银钱业收进现金,汇到上海交付,为顺汇。逆汇,即汉交申收,也叫做"交上海",银钱业在汉交付现金,委托上海的银钱业收进现金。据汉口银行公会交易所统计,1934年同业相互收交沪汉,每日平均50万~60万元,最少也有10万~20万元。由于汇兑市场的汇价有升水和贴水之别,且时有涨落,故汉口的银钱业就通过联行或委托异地同业机构,以买入汇款或售出汇款的方法,利用汇水差价,获取利润。由于汉口有银行和钱业两个汇兑交易行市,故有人利用钱业和银行业两个汇兑交易所交易时间的先后,在同一天申汇行市有涨落时,先收申汇,然后再交。有的利用迟期交款,先卖后补,套用头寸,以赚取汇水差额。有的钱庄在上海既无联行、分庄,完全是代理顾客名义,空卖空买,套取汇水。这种不是基于埠际间商品流通所产生,而是利用物价不稳、各地银根松紧及利率差别等因素进行汇兑投机的行为,在汉口也较多。①

二、天津

天津对外贸易仍须依赖上海转运结汇,两地资金调拨十分频繁。天津经营申汇的机构主要包括银号、汇兑庄、票号等,而银行鉴于银号对商家信用状况的了解以及经营范围深入、手续简便、收费低廉等特点,故多委托银号代办申汇等汇兑业务。银号每天将工商铺户和银行委托代办的汇兑业务算出收支差额,再委托经纪人寻找头寸。天津专门从事申汇买卖的市场为"公记跑合处"。"跑合"即捐客,"处"即固定的交易场所。每日下午2点以后,各跑合分别向各银行、银号、洋布庄、棉纱庄等大货商兜揽内汇买卖,至下午4点左右,齐集跑合处,商定本日申汇行市。所谓商定申汇行市,即在前一天行市基础上,根据当天申汇供求的变化,使行化和规元的比价上下调整,用以调剂供求,即买汇和卖汇。如果当天以申汇为主的内汇供需相等,即各方买卖大致按照前一日行市进行,由跑合作介绍,互相抵冲。若当日申汇供过于求,即须斟酌提高行市;反之,则压低行市(即上海规元价涨),以资调剂。②

三、厦门

厦门的汇兑关系主要包括与国内各大商埠之间的埠际汇兑,与港澳地区、上海之间的申、港汇兑,以及以厦门为中心的东南亚地区的华侨汇款汇兑这三种汇兑关系。随着国内外贸易活动的增多,商家、华侨、金融同业以及个人之间的汇兑业务往来频繁,汇兑市场竞争亦十分激烈。首先,中国银行、中南银行、华侨银行等外汇专业银行或外汇代理行,以及专

---

① 中国人民银行总行金融研究所金融历史研究室编:《近代中国的金融市场》,中国金融出版社1989年版,第9—10、105、108—110页。
② 中国人民银行总行金融研究所金融历史研究室编:《近代中国的金融市场》,中国金融出版社1989年版,第33、34页。

营侨汇的专业机构即民信局等机构,各自利用自身经营优势经营的华侨汇款,是这一时期厦门汇兑交易的主要组成部分。但侨汇的输入和华侨的出入,带动了厦门繁复的外汇交易。而厦门作为重要的通商口岸,其与上海、香港之间的申汇、港汇汇兑频繁,数量巨大。[①]

四、宁波

宁波鉴于其地理交通条件,早期为南北货的吞吐输送枢纽,其与上海之间的资金汇解等金融联系较为密切。一方面,宁波进出口贸易中进口远大于出口,引起大量现银外流;另一方面,众多宁波商人赴上海经商后,其收入按时汇入宁波赡养家属,即数量不菲的"烟囱钱"成为银行、钱庄竞相兜揽的买卖。各金融机构可送款上门或委托乡镇商号凭票代解。宁波的汇兑市场,主要在于对规元的买卖。规元交易为宁波钱业市场的主要交易内容。每日上午7时,各行庄集结公所评盘买卖。各钱庄先提出所需数额和限定价格,进行场内交易;场内交易不敷之数,再向场外伸手买卖。议定手掌向外表示卖出,手掌向内表示买进,从开盘到收盘,一经成交,彼此恪守信用。宁波的沪汇行情买空卖空现象久已成弊,元价时见上升。上海的货币本位为规元,而宁波的货币本位为银洋。上海的银洋行情称为洋厘,而宁波的规元行情称为"元价"。二者都是看彼此银洋供需情况来定兑换价格,进行以洋易银或以银易洋的货币兑换,本质并无区别。银洋通常重量为7钱2分,两者兑换以此计价折算,则兑换平价为每100两规元合银洋138.12元。宁波沪汇价格本只凭上海洋厘核算,偶尔凭银洋供需情况上落二三色(宁波钱市习惯称一元为一色,二三色即每千元为2~3元)。但沪、甬两地商品交易、资金汇划时有变动,且两地兑换价格又各自规定,导致买空卖空现象多有发生,日久生弊。多银缺洋的空家以抬高元价为例,多洋缺银的多家以抑低元价受益,更因宁波钱庄在上海有大量放款,使沪汇趋于紧张,元价时见上升。1906年,宁波规元行情升到160余元,按平价138.12元计算,每百元汇水高达16元,远远超过

---

① 中国人民银行总行金融研究所金融历史研究室编:《近代中国的金融市场》,中国金融出版社1989年版,第329—330页。

了两地的现金输送点。为此,宁波各地纷纷向上海运送现金,当地流通中的银洋更加匮乏,元价不跌反升。后中国银行连同上海同益银公司在当地开办汇兑所,当地对沪汇兑均按上海洋厘核算,每规元千两加汇费2元左右,远远低于当时160余元的规元行情。一时间元价下跌,现水亦渐趋平静。这一现象,直至1935年法币改革后,各地货币本位制度得以统一,才使宁波沪汇行情趋向正常。[1]

五、青岛

由于当时全国币制的不统一和交通运输条件的限制,青岛的进出口贸易,绝大部分还须经由上海转口结算,同时由沪赴青岛采买土产的贸易也渐增,青岛买卖申汇的交易日渐活跃,形成一定的申汇市场。青岛早期的申汇市场设在齐燕会馆,人人可以入场交易。每日上午7时,为第一次开盘时间,主要根据银根松紧及上海拆息大小,确定见票五天付款的申票行市,当场交易。上午9时,第二次开盘,确定即期申票及申电汇行市。申票交易除当场交易外,还有在开盘之外,按拟定市价交易者。青岛申汇市场,除了见票5天付款的申汇买卖外,还有见票7天付款的申票和电汇交易。但其行市均须以5天期申票为折算基准,然后再根据当日银根松紧进行浮动。由于申汇可以随时买入或卖出,各地银钱业便把它当作临时融资的一个手段。在头寸紧张、拆解无门时,先卖出5天或7天期申汇,至期再买进电汇抵补。20世纪二三十年代,青岛银钱业为收、解申汇而派驻上海的常驻庄客就有38家之多。

青岛申汇行情的计算方法,最初以青岛的胶平银与上海规元换算,5天期申票的标准行市是青岛收胶平银942两,在上海付规元1 000两。1929年7月26日,青岛废除了胶平银,申汇的计算方法改为青岛银元与上海规元的折合价。青岛的申汇行市随市场供需情况而进行加减,故每日行市又有"票贴银"和"银贴票"两种。如果当日行市为票贴银一两,即"下一两",则计算方法为(1 000-1)两乘以0.942,为941.058两,即青岛

---

[1] 中国人民银行总行金融研究所金融历史研究室编:《近代中国的金融市场》,中国金融出版社1989年版,第317—320页。

收胶平银941.058两,上海交规元1 000两。反之,"银贴票"一两,即"上一两"。通常情况下,青岛卖出申汇大于买进申汇,申汇供大于求,故青岛申汇市场上银元折合规元的行情往往比上海的行市高。故,银钱业也往往利用两地间买卖申汇的时间差(5～7天)和地区差(价格高低),进行埠际间的横向融资和运现套利活动。如在青岛银根松弛、放款利率降低时,银钱业即购买申汇,将本地资金调往上海,委托其在上海的联行代为运用牟利;而在青岛银根紧缩时,再卖出申汇将资金从上海调回。在申汇的一买一卖之间,银钱业可获取较大利润。

青岛对全国各地的汇兑行市,均以各地申汇行情和青岛申汇行情进行核算。青岛各银行与各地银行间的头寸调拨,亦以上海为枢纽,有时还利用地区间的申汇行情差额进行套汇买卖,委托各联行机构进行申汇的买卖。[1]

六、昆明

昆明省内山区等地因交通不便、通信落后,邮局汇兑又受数额限制,小工业以及商业资金周转大部分仍需现款运解。1912年成立的富滇银行,1932年改组为富滇新银行,其先后在省内外主要商埠和省内铁路交通沿线设立分支机构,并以降低汇率、设置电台(改善通信条件)以及不限额度的汇款促进了昆明汇兑的发展。昆明内汇以申、渝、穗三地为主要调剂地,其次汇往汉、蓉、平津、西北等地。申、渝、穗三地除工商业交易货款外,有相当一部分是同业的汇兑经营资金。昆明作为西南货物出口和国外货物进口的集散地,其买卖汇兑数额巨大,汇兑市场交易频繁,但云南的汇兑交易一直以上门洽谈为主。直到1945年,川帮银行才在其护国路川康银行内组成汇兑小组聚会交易,抗战胜利后移至南屏街川盐银行内,并形成省内外银行都参加的汇兑交易市场。昆明因其独特的地理条件,进出口贸易繁盛加之东南亚华工侨汇业务发达,其国际汇兑业务较之国

---

[1] 中国人民银行总行金融研究所金融历史研究室编:《近代中国的金融市场》,中国金融出版社1989年版,第300—303页。

内汇兑业务更为繁盛。[1]

七、贵州

贵州开展汇兑结算业务,大体可分为三个阶段:第一个阶段为清代票号、钱庄出现之前,基本上是由麻乡约民信局和进出口商相互间划拨调剂,差额部分运送现金抵偿。光绪二十年(1894年)左右,票号、钱庄和民信局共同经营申汇、汉汇和渝汇。商业信用的结算,一般采取期限为3～6个月的挂账、赊欠等方式。第二个阶段为民国初年,以贵州中国银行为主体,钱庄、商号等为辅助的时期。1915年,贵州中国银行在贵阳成立后,先后在安顺、三江(今锦屏县境内)及湖南洪江等地设置机构,并与省外联行建立信息往来关系,经营省内外汇兑。汇兑形式多采取"比期"结算方式,一般在每月月底、月中交割。第三个阶段为民国晚年,四行居于垄断地位时期。1935年中央银行、中国农民银行相继设分支机构于贵阳、遵义、安顺等地,随后形成了国家银行对贵州汇兑市场的垄断。贵州的汇兑业务在抗战前通汇地点不多,商业汇款比重较大。1935年前后,军政机关汇款比重增加,国家银行对汇兑市场垄断后,对汇率等予以管制,往往造成所订汇率与市场汇率脱节,脱离了传统的商品交易需求。[2]

八、浙江

埠际汇划是钱庄同业在异地埠际之间进行资金调拨和款项划解的业务,具体做法是买卖逆汇。如果宁波钱庄头寸不足而上海头寸有余,则可在宁波的钱业市场中用宁波的过账洋买进上海的规元。汇划行市的高低升降,可刺激钱业资金在异地间的流动。江浙地区的钱业市场,早在鸦片战争之前,宁波、绍兴、杭州、湖州、温州、兰溪这六个城市就有了钱业公所和钱业市场。到同治年间,宁波的钱业市场每日交易已有数百万元之巨。

---

[1] 中国人民银行总行金融研究所金融历史研究室编:《近代中国的金融市场》,中国金融出版社1989年版,第254—258页。
[2] 中国人民银行总行金融研究所金融历史研究室编:《近代中国的金融市场》,中国金融出版社1989年版,第234—236页。

清朝中期,浙江和苏南各地钱业市场相互之间连成一片,形成以上海钱业市场为中心的放射性市场网络。其中,除上海外,宁波、绍兴、杭州、苏州这四个城市又为其他的中心市场,附近城镇钱业市场行市皆以这五个市场为准。江浙地区统一的钱业市场的形成和发展,对钱业本身和整个经济金融起着十分重要的作用,其不但使钱庄业的资金周转更加灵活,也促进了各地工商业资金的流动。[1] 清末,浙江银行业逐渐兴起,发展很快,同时钱庄业也相伴随继续发展。一方面,各大银行鉴于钱庄与一般工商业的紧密联系,往往通过拆借等方式将多余资金通过钱庄转化,增加了钱庄业的资金来源。另一方面,也造成了钱业在资金来源上对银行的依赖性,虽利率等金融行市表面上仍以钱业市场核定标准,但实际上,钱业市场的银根松紧、行市高低取决于银行资金的收放。同时,各大银行所发行的钞票逐渐深入市场流通,银行汇兑业务也迅速发展。但四行二局等国家垄断金融机构建立后,浙江钱业市场受到原各大银行资金的拆借,使全省钱庄业银根骤减,加上其他主客观因素,在1935年诱发全省钱业大风潮,钱业市场走向衰落。[2]

九、重庆

重庆历来为商品物资的集散地,故经营汇兑的金融业一向发达。清朝时期以日升昌、百川汇、三晋源等山西票号为主要汇兑机构。清宣统年间后,随着川江轮运的开通,贸易往来增多,汇划业务扩大,钱庄业开始逐步取代票号成为调节市场的主要金融机构。1899年中国通商银行在重庆设立分行,1905年第一家官办银行四川浚川源银行开业,1907年大清银行在重庆设立分行,开启了现代银行在重庆的设立。自清末山西票号专营汇兑业务以来,重庆的上下货帮(出口为下货、进口为上货)调动货款,都是通过买卖申汇进行。而申渝间货物进出口贸易的不平衡,加之流通铸币的优劣、上下货物的季节变化等因素,都影响着申渝银根的松紧和

---

[1] 中国人民银行总行金融研究所金融历史研究室编:《近代中国的金融市场》,中国金融出版社1989年版,第206—210页。
[2] 中国人民银行总行金融研究所金融历史研究室编:《近代中国的金融市场》,中国金融出版社1989年版,第218—220、224—226页。

申汇价格的涨落。故当时货帮计算盈亏,都要把申汇的涨跌估算在内。但这也带来了预期买卖申汇以满足业务需要的申汇投机行为。重庆最初的申汇买卖在钱业公会进行,并没有限制,但后因申汇投机买卖的盛行,银钱业为保障汇兑业务的安全,建议将申汇买卖纳入证券交易所进行,而证券交易所开拍申汇也成为一大创举。但申汇投机仍难制止,申汇价格扶摇直上,市场震动,商界恐慌。抗战爆发后,重庆成为战时金融中心。[①]

十、广东

清宣统元年(1909年)四月,广东官办银号开始办理汇兑。广东银号因其业务广阔、信用昭著,尤其汇兑一项经营最多,成为一省汇兑中坚。银号初期,仅经营省内江门、佛山、陈村、西南、清远、韶关以及广西梧州的通汇。与省外汇兑,多由银行经营,银号较少插足。随后,因对外贸易的扩大,银号逐渐包揽省内外及国内外唯一汇兑联系机关,而银行通过拆借及代理业务与之联系。广州的国内汇兑,先以港纸为根据,然后再进行核算。因广州进出口贸易和货款的支付都在香港办理,而港纸作为支付工具,使广州金融行情如黄金、白银、各国货币和汇票等都是根据香港金融行市进行折算,港穗金融行市息息相关。由于南洋、北洋等地汇款须经过香港转汇和拨兑国内,国内流到香港的黄金、白银交换港币后再流回来,以及国内物资流入香港换回港币这三个因素,使港币在华南成为流通工具、交易媒介和保值手段。广州、香港、上海间埠际贸易的发展带来结算的需求以及汇兑业务平衡头寸的需要,故广州申汇市场颇为旺盛。广州经营申汇数量最大的银号有玉成、其昌(港方联号为永隆银号)、民信、道亨(总号在香港,广州附设有福记花纱行)、汇隆(香港、澳门、美国都有联号,广州附设有大昌贸易行,所做申电更为可观)。[②]

[①] 中国人民银行总行金融研究所金融历史研究室编:《近代中国的金融市场》,中国金融出版社1989年版,第176、185—186页。
[②] 中国人民银行总行金融研究所金融历史研究室编:《近代中国的金融市场》,中国金融出版社1989年版,第146—150、153—154页。

第十章　申汇市场：以上海为中心的汇兑　　317

第三节　申汇买卖

　　同一个地方，同一天，有人要售出申汇，有人要买进申汇，申汇的买进卖出，即形成了市场交易。埠际贸易多寡和年关结账期等因素，可以直接影响各埠申汇买卖的交易情况。一地出口货多，则收少交多。1918年5月11日通信，河南开封"日来进口货少，出口货多，因之汇款一项，亦交多收少，现款极紧"[①]。1925年2月底3月初，汉口当地进口生意尚未发动，棉花出口不旺，申汇收少交多。每年阴历年关结账期，汉口卖出申汇者居多，汉口申汇行市随之看涨。且阴历年关，汉口申汇市场收交均属清淡。[②] 保定1918年1月31日通信，旧历年关在即，各行收账之期，以致汇津款项较前加多二分之二，共汇有二十五六万之谱。[③] 1935年12月，兰州年关迫近，津申各地收汇者大为增加。[④]

　　各地钱庄和银行等金融机构进入银钱交易市场（钱业公会和银行交易处），按照一定的申汇行市进行申票等汇票的收交买卖。由于1921年后汉口内汇市场银钱两业同时议定不同行市。钱庄买卖依据钱业公会议定行市，各大银行进行汇票买卖，其成交价多根据银行业行市价进行上下波动。

　　表10.1所列24个银行交易所交易日中，各大银行共收申汇43笔，金额为153.7971万两；共交申汇35笔，金额为133.69425万两，收交总额即总的申票交易额为287.49135万两。1925年2月7日至3月5日近一个月有所统计的24个银行交易日内，汉口申汇市场收汇次数和金额都大于交汇。因每年阳历2月至3月，汉口进口贸易较为清淡，出口贸易以棉花出口为主，故申汇市场收多交少。

[①]《各埠金融及商况》，《银行周报》，1918年第2卷第20期。
[②]《金融市场》，《银行杂志》，1925年第2卷第9期。
[③]《各埠金融及商况》，《银行周报》，1918年第2卷第7期。
[④]《各地金融市况》，《中央银行月报》，1935年第4卷第1～6期。

表 10.1　　　　　　　　1925 年汉口申汇市场交易情况统计表

买卖日	机构	汇兑形式	汇兑数量（万两）	收/交	行市价（两）	成交价（两）
2月7日	钱庄进交易处	二十 月底对期	暂无统计	—	969.50	—
	广东银行	二十 对期	3	交	—	969.25
	中孚银行	二十 对期	2	收	—	969.25
	国民银行	二十 对期	1	收	—	969.25
	四明	月底对期	6	收	—	969.00
2月8日	钱庄	二十 对期	暂无统计	—	969.25	—
	钱庄	月底对期	暂无统计	—	969.375	—
	银行无收交					
2月9日	钱业	二十五	—	—	969.625	—
	钱业	月底			969	
	上行	二十五	10	交	—	969.62
	交通银行	同期	3	交		969.75
	棉业	月底	2	收		
	浙江兴业	—	3	收		969.25
2月10日	棉业	电汇	1.5	收		969.50
2月11日	钱业公会	—	—	—	970.75	—
	中国兴业		3	交	—	971
	农商银行	电汇	3	交	—	971.25
	棉业	—	4	收	—	970.5
	中国银行		25	交		
	聚兴诚	月底	10	交		971
2月12日	钱业公会	—	—	—	971.5	
	中国银行	电汇	4	交		
	棉业银行	月底	4	收	—	971.50
	华丰	月底	2	收		
	中孚	—	3.5	收		971.375
2月13日	钱业公所	—	—	—	价不变	—
	中孚	月底	4	收		971.375

续表

买卖日	机构	汇兑形式	汇兑数量（万两）	收/交	行市价（两）	成交价（两）
2月13日	懋丰	—	3	收	—	971.375
	棉业	电汇	3	收	—	—
	上行	电汇	3	交	—	971.75
	棉业	月底	3	收	—	971.50
2月14日	钱业	—	—	—	价仍坚	—
	棉业	现交月底	5	收	—	—
2月15日	工商	月底	4	收	—	971.25
	中国兴业	月底	4.5	收	—	971.375
	钱业公会	—	—	—	970.75	—
	钱业公会	初五期	—	—	971	—
	棉业	现交月底对期	4	收	—	970.25
	棉业	电汇	6	收	—	970.75
	中国银行	电汇	5	交	—	970.75
	上行	—	3	交	—	970.75
	中国兴业	—	1	交	—	970.75
	交通	—	3	交	—	970.75
2月16日	钱业公会	—	—	—	970.625①	—
	银行交易无市	—	—	—	—	—
2月17日	钱业公会	—	—	—	970.375	—
	上行	月底	3.5	交	—	970.50
	国民	—	2	交	—	970.725
	棉业	月底	5	收	—	970.375
	棉业	电汇	1.5	交	—	970.50
	交通	月底	5	交	—	970.375
2月18日	钱业公会	—	—	—	970.875	—
	上行	电汇	2	收	—	971

① 代表当日收盘价。

续表

买卖日	机构	汇兑形式	汇兑数量（万两）	收/交	行市价（两）	成交价（两）
2月18日	棉业	初五	5	收	—	970.75
	中国实业	电汇	2	收		971
2月19日	钱业公会	—	—	—	970.90	—
	钱业公会	十五			971.25	
	上行	初二	3	交	—	970.875
2月20日	钱业公会	—	—	—	970.875	
	钱业工会	半对	—		971.00	
	中国银行	电汇	1.5	交	—	970.50
	上行	初五	3	交	—	970.75
	农商	初五	2	交	—	969.875
	工商	半对	3	交	—	968
2月22日	中国银行	初一 电汇	4.5	交		970.25
	华丰	初五	1.5	交		970.625
	上海	初五	1.5	交		970.625
2月23日	钱业公会	初五 对交	—	—	970.75	—
	钱业公会	初十、月半	—	—	970.875	
	中孚	初五	0.5971	交		
	中国兴业	初五	7	交		
2月24日	钱业公会	—	—	—	972.25①	—
	棉业	现交半对	3.5	收	—	970.5
	四明	—	1	收		
	民国	月半	0.7971	收		
	浙江兴业	电汇	3	收	—	971.375
2月25日	钱业公会	—	—	—	971.5	
	交通	现交半对	1	交	—	—
	交通	小半对	0.59715	交	—	—
	棉业	现交半对	1	收	—	971

① 出无价，指当日收盘价。

续表

买卖日	机构	汇兑形式	汇兑数量（万两）	收/交	行市价（两）	成交价（两）
2月26日	钱业公会	—	—	—	971.875	—
	上行	电汇	6	收	—	971
	大陆	半对	3	交	—	972
	懋业	电汇	3	收	—	971.75
2月27日	钱业公会	—	—	—	972.125	—
	聚兴诚	半对	4	收	—	972
	盐业	电汇	4	交	—	972.125
	中孚	半对	3	收	—	972
	金城	初五	5	交	—	972.125
2月28日	钱业公会	—	—	—	971.625	—
	农商	电汇	1	交	—	971.625
3月1日	钱业公会	—	—	—	971.375	—
	棉业	现交半对	6	收	—	971
	浙江兴业	半对	8	收	—	971.25
3月2日	钱业公会	—	—	—	971.125	—
	懋业	半对	6	收	—	970.75
	棉业	现交半对	7	收	—	970.75
	棉业	半对	6	收	—	971.125
	中孚	—	1	收	—	—
	华兴银号	—	1	收	—	—
3月3日	钱业公会	—	—	—	971.50	—
	棉业	现交半对	3	收	—	971.125
	中国	电汇	2.5	交	—	971.75
3月4日	钱业公会	—	—	—	971.75	—
	中孚	半交底对	2	收	—	974.5
3月5日	钱业公会	半对	—	—	971.375	—
	钱业公会	20日对	—	—	971.5	—
	钱业公会	现交	—	—	970.75	—

续表

买卖日	机构	汇兑形式	汇兑数量（万两）	收/交	行市价（两）	成交价（两）
3月5日	浙江兴业	现交半对	8	收	—	971.125
	中孚	—	1	收	—	
	黄陂	对期	1	交	—	971.375

注：3月2日华兴银号的交易额实际为银行交易处的交易，而非钱庄在钱业交易所的交易额。上行指上海商业储蓄银行。

资料来源：《最近汉口及各地之金融状况》，《银行杂志》，1925年第2卷第9期，第1—2页；1925年第2卷第10期，第4—6页。

表10.2　　　　烟台申票交易统计表（1918年6月—1919年5月）

日　期	统计周数（周）	申票成交额（万两）
1918年6月7日	2	23～24
1918年10月7日	2	28
1918年10月31日	2	30
1918年11月17日	2	30余
1918年12月2日	2	32～33
1918年12月14日	2	21～22
1919年1月13日	2	30余
1919年2月17日	2	2.3
1919年3月3日	2	25
1919年3月23日	2	20
1919年4月26日	2	60
1919年5月11日	2	60
合计	24	361.3～364.3

资料来源：《银行周报》，1918年第2卷第31、41、43、47、49、51期，以及1919年第3卷第4、7、8、10、15、18期中的"各埠金融及商况"相关文章。

第十章　申汇市场:以上海为中心的汇兑

烟台等地申汇市场亦有一定数量的申汇成交业务。烟台1918年6月7日通信,"近两星期市面交易计申票交易23万～24万元"①。10月7日通信,"本两星期内申票交易28万两"②。10月31日通信,近两星期申票交易30万两。③ 11月17日通信,本两星期内计成交申票30余万两。④ 12月2日通信,本两星期内申票交易约32万～33万两。⑤ 12月14日通信,"两星期内申票交易21万～22万两"⑥。1919年1月13日通信,两星期内申票交易30余万两。⑦ 2月17日通信,本两星期申票成交2.3万两。⑧ 3月3日通信,近两星期申票成交25万两。⑨ 3月23日通信,两星期申票成交20万两左右。⑩ 4月26日通信,近两星期申票成交60万两。⑪ 5月11日通信,本两星期申票成交60余万两。⑫

由表10.2可知,1918年6月到1919年5月有所统计的24周中,烟台本埠的申票成交总值达361.3万～363.3万两,平均每周的成交量为15.04万～15.13万两。

申汇交易在各地银洋交易市场进行的申汇、银元、铜元等交易中所占份额和比重非同小可。济南1918—1919年的银钱交易情况即可佐证。1918年1月13日通信,本星期申票交易共20余万两,银元交易26万余元,铜元交易10万余两。⑬ 2月24日通信,本星期申票交易10.8万两,银元交易15.68万元,铜元交易2.98万两。⑭ 1918年3月10日通信,"本星期市面交易及金融行情计,申票交易14.8万两,银元交易19.3万

---

① 《各埠金融及商况》,《银行周报》,1918年第2卷第31期。
② 《各埠金融及商况》,《银行周报》,1918年第2卷第41期。
③ 《各埠金融及商况》,《银行周报》,1918年第2卷第43期。
④ 《各埠金融及商况》,《银行周报》,1918年第2卷第47期。
⑤ 《各埠金融及商况》,《银行周报》,1918年第2卷第49期。
⑥ 《各埠金融及商况》,《银行周报》,1918年第2卷第51期。
⑦ 《各埠金融及商况》,《银行周报》,1919年第3卷第4期。
⑧ 《各埠金融及商况》,《银行周报》,1919年第3卷第7期。
⑨ 《各埠金融及商况》,《银行周报》,1919年第3卷第8期。
⑩ 《各埠金融及商况》,《银行周报》,1919年第3卷第10期。
⑪ 《各埠金融及商况》,《银行周报》,1919年第3卷第15期。
⑫ 《各埠金融及商况》,《银行周报》,1919年第3卷第18期。
⑬ 《各埠金融及商况》,《银行周报》,1918年第2卷第5期。
⑭ 《各埠金融及商况》,《银行周报》,1918年第2卷第8期。

元,铜元交易 4.4 万两"①。1918 年 3 月 17 日通信,"本星期市面交易计申票交易 17.9 万元,银元交易 24.3 万元,铜元交易 5.5 万两"②。1918 年 3 月 24 日通信,"本星期交易计银元交易 20.5 万元,铜元交易 4.5 万两,申票交易 8.8 万两"③。1918 年 4 月 21 日通信,"最近三星期内交易计,银元交易 70.36 万元,铜元交易 15.2 万两,申票交易 30.15 万两"④。1918 年 5 月 5 日通信,"本星期内本埠银元交易计 49.1 万元,铜元交易 11.2 万两,申票交易 22.3 万两"⑤。1918 年 5 月 19 日通信,"两星期内,银元交易 48.9 万元,铜元交易 5.58 万元(两),申票交易 26.6 万两"⑥。6 月 2 日通信,"近两星期市面交易计银元交易 34.3 万元,铜元交易 4.88 万两,申票交易 18.1 万两"⑦。12 月 11 日通信,"本两星期申票交易 40.04 万两,银元交易 100.4 万元,银两交易 8.43 万两"⑧。济南 1919 年 1 月 10 日通信,两星期市面情形申票交易 47.9 万元,银元交易 99.8 万两,银两交易 74 万两。⑨ 1 月 24 日通信,本星期申票交易 29 万元,银元交易 71 万元,银两交易 9.55 万元。⑩ 2 月 9 日通信,本星期申票交易 6.3 万两,银元交易 35.9 万两,银两交易 4.45 万两。⑪ 3 月 15 日通信,近四星期申票交易 64.2 万两,银元交易 149.3 万元,银两交易 11.1 万两。⑫ 4 月 24 日通信,前数星期申票交易 113 万两,银元交易 258 万元,银两交易 20.8 万两。⑬ 6 月 25 日通信,近四星期申票交易 979 万两,银元交易 181.6 万元,银两交易 13.32 万两。⑭

---

① 《各埠金融及商况》,《银行周报》,1918 年第 2 卷第 10 期。
② 《各埠金融及商况》,《银行周报》,1818 年第 2 卷第 11 期。
③ 《各埠金融及商况》,《银行周报》,1918 年第 2 卷第 12 期。
④ 《各埠金融及商况》,《银行周报》,1918 年第 2 卷第 16 期。
⑤ 《各埠金融及商况》,《银行周报》,1918 年第 2 卷第 19 期。
⑥ 《各埠金融及商况》,《银行周报》,1918 年第 2 卷第 21 期。
⑦ 《各埠金融及商况》,《银行周报》,1918 年第 2 卷第 24 期。
⑧ 《各埠金融及商况》,《银行周报》,1918 年第 2 卷第 49 期。
⑨ 《各埠金融及商况》,《银行周报》,1919 年第 3 卷第 3 期。
⑩ 《各埠金融及商况》,《银行周报》,1919 年第 3 卷第 4 期。
⑪ 《各埠金融及商况》,《银行周报》,1919 年第 3 卷第 5 期。
⑫ 《各埠金融及商况》,《银行周报》,1919 年第 3 卷第 9 期。
⑬ 《各埠金融及商况》,《银行周报》,1919 年第 3 卷第 14 期。
⑭ 《各埠金融及商况》,《银行周报》,1919 年第 3 卷第 24 期。

第十章　申汇市场:以上海为中心的汇兑　　325

表 10.3　　　　　济南银钱交易情况:1918 年 1 月—1919 年 6 月

通信日期	周数	申票交易(万两)	银元交易(万元)	铜元交易(万两)①
1918 年 1 月 31 日	1	20	16	10
1918 年 2 月 24 日	1	10.8	15.68	2.98
1918 年 3 月 10 日	1	14.8	19.3	4.4
1918 年 3 月 17 日	1	17.9	24.3	5.5
1918 年 3 月 24 日	1	8.8	20.5	4.5
1918 年 4 月 21 日	3	30.15	70.36	15.20
1918 年 5 月 5 日	1	22.3	49.1	11.2
1918 年 5 月 19 日	2	26.6	48.9	5.58
1918 年 6 月 2 日	2	18.1	34.3	4.88
1918 年 12 月 11 日	2	40.04	100.4	8.43
1919 年 1 月 10 日	2	47.9	99.8	74
1919 年 1 月 24 日	1	29	71	9.55
1919 年 2 月 9 日	1	6.3	35.9	4.45
1919 年 3 月 15 日	4	62.2	149.3	11.1
1919 年 4 月 24 日	6	113	258	25.8
1919 年 6 月 25 日	4	979	181.6	13.32
合计	33	1 446.98	1 194.44	210.89

资料来源:《银行周报》,1918 年第 2 卷第 5、8、10、11、12、16、19、21、24、47 期,以及 1919 年第 3 卷第 3、5、9、14、24 期中的"各埠金融及商况"相关文章。

表 10.3 所示,1918 年 1 月到 1919 年 6 月有所统计的 33 周中,济南银钱交易市场申票买卖总值达 1 446.98 万两,平均每周为 43.848 万两的交易量。申票交易总值远远高于铜元(银两)交易额。单就数值而言,亦高于 1 194.44 万元的银元交易总数。但上述统计数表中的 33 周中,只有 1918 年 1 月 31 日(1 周,旧历年关结账期)和 1916 年 6 月 25 日(4 周,因出口交易旺盛)两个通信日期 5 周所记载的申票交易值高于银元交

---

①　原文献中,1918 年 1 月 31 日至 1918 年 6 月 2 日数据,代表铜元交易;1918 年 12 月 11 日至 1919 年 6 月 25 日数据,代表银两交易。

易值；其他 28 周，济南银钱交易市场中申汇交易数值虽小于银元交易绝对数值，但其申汇交易额依旧非同小觑。

第四节　江苏各地对上海的直接汇兑

上海自 1843 年对外开放、1845 年开辟租界以后，很快成长为全国的经济贸易和金融中心。到 20 世纪二三十年代，上海已成为全国资金的划拨中心和汇兑中心。各埠之间的汇兑皆以上海为中心，与上海进行着直接与间接汇兑。其中，江苏各地与上海的直接汇兑关系更为密切。

南京与上海、镇江、汉口、南昌、天津、芜湖、蚌埠、徐州、临淮等地有着直接汇兑关系，其与上海、镇江均有直接汇兑行市，但款项的出入均以上海为巨。无锡直接汇兑地点有上海、苏州、镇江、南京、常州、江阴、宜兴和溧阳，汇汉口等地须以上海为转移。松江与上海、杭州、嘉兴、湖州、苏州等地皆有直接汇兑关系，其与天津、汉口等地的汇兑关系皆转托由上海转汇。太仓与上海、苏州、常熟皆有直接汇兑关系。南通与上海、镇江、海门、扬州、芜湖、苏州、无锡等地皆有直接汇兑关系，但汇兑关系中，以上海洋汇为主。此外，安徽大通与上海有着直接汇兑行市。

一、南京

南京为北部各省货物经津浦路南下各地的转输地。客商货物经此转运，即在此地发生货物款项的调拨和金融汇兑关系。此外，1930 年还有军需汇款，以徐州、蚌埠、汉口三处最多。[①] 1925 年前后，当地汇兑机关包括设立于下关和城内的 8 家 13 处银行，具体有中国银行、交通银行、江苏银行、盐业银行、大陆银行、劝业银行、上海商业储蓄银行、东南殖业银行等。另有 12 家钱庄。直接汇兑地点包括上海、镇江、汉口、天津、芜湖、蚌埠、徐州、临淮等地，但只开规元行市和镇兑行市。[②] 南京汇出款以上海

---

① 《南京：金融大势》，《中央银行旬报》，1930 年第 2 卷第 21 期。
② 上海商业储蓄银行国内汇兑处编：《国内商业汇兑要览》，上海商业储蓄银行国内汇兑处 1925 年版，第 32 页。

最多,汉口、南昌次之,汇入款亦以上海为数独巨,约占十分之九,其他各处数均有限。① 南京汇上海九八规元,例须迟九天在上海交兑。汇镇江二七宝,例须迟两天在镇江交兑。"旧历新年以来,汇兑情形惟镇兑日有行市,规元市价并无涨落。银行收进汇款以沪苏镇三处最多,缘此间钱庄商号平时与该三处有往来者,此时例须有款汇去,此后即可照常往来。"② 1933年,银行逐步设立,已达18家,汇兑便利,通汇地点几乎遍布全国,而原有钱庄汇兑被银行汇兑取代。本市钱庄通汇地点以上海为最活跃,其他如镇江、苏州、杭州、汉口、天津、蚌埠等地,在汇划庄,仍可汇兑,稍次的地方已不可汇兑。③

二、无锡

无锡居沪宁铁路中心,且运河横贯东西,交通便利。当地商业繁盛,用银颇多。每年四五月茧丝上市之时,各地商人均由上海装现来无锡采购,蚕茧交易为一千多万元。1918年6月5日通信,无锡"本星期为茧市登场,各埠运锡现洋有五六百万元,均供收茧之用,以为有余,不期各茧行放盘争收,至第三日来货大涌,各茧行纷纷添洋,以致街底耗枯,洋厘较申市提高二三厘,幸交通便捷,装运尚速,不然竟难应手矣。刻茧市已过,现洋日有出数,洋底已渐宽和之象"④。茧市后小麦、米稻渐次登场,市面用银来回周转,金融繁盛。

1918年行市概凭申市,以去路之大小决定。如汇他埠银两银元,悉听申市核计。汇款,仅上海可直接汇兑,其他以上海行市转移。⑤ 1925年,当地汇兑机关有中国银行、交通银行、江苏银行、中南银行、上海商业储蓄银行这5家银行和20家银号、钱庄。直接汇兑地点有上海、苏州、镇江、南京、常州、江阴、宜兴和溧阳。无锡至江阴、宜兴的汇款期限迟二天,至溧阳迟三天。在春季蚕茧上市之期,此三地因有茧期关系,则须运现到

---

① 《各地金融市况》,《中央银行月报》,1932年第1卷第1~5期。
② 《各埠金融及商况》,《银行周报》,1921年第5卷第8期。
③ 李翰钦:《南京五年来之金融状况》,《实业统计》,1933年第1卷第1期。
④ 《各埠金融及商况》,《银行周报》,1918年第2卷第22期。
⑤ 《无锡之通用货币及其汇兑计算法》,《银行周报》,1918年第2卷第46期。

三地以抵货款。当地以银元为本位,如有规元补水等往来,一概按照申、苏行市折合银元计算。规元行市以每元合申规元若干。另有,街拆即同行日拆和按月市拆两种拆息行市。无锡汇汉口等地,以上海为转移地。[①]

三、松江

松江濒临上海,其出产以米、棉花、杂粮、土布以及线袜等为大宗。货物经本帮兜揽或客商承办,集中于上海后再销往江、浙两省及长江一带。松江本地没有通用平砝,如果用银时,则以上海九八规元为本位。其他银两流通较少,且多以申市为转移。

1925年前后当地汇兑机关有松江银行、典业银行2家银行和2家钱庄。松江与上海、杭州、嘉兴、湖州、苏州等地皆有直接汇兑关系,天津、汉口等地的汇兑关系皆转托由上海转汇。当地行市仅开银元与九八规元之间的洋厘行市。其他行市皆等同于上海行市。如在松江交规元一千两,汇上海规元也写为一千两。仅在商业习惯上以二日为期,即在松收进两日后,方可在申解出。[②]

四、太仓

太仓当地出产以棉为大宗。每年阴历八九月间,乡民售卖棉花于花行或者上海、无锡等地纱厂设在太仓产棉区的采办处予以转售。上海的中国银行、交通银行、通商银行、广东银行、四明商业储蓄银行、浙江兴业银行、中南银行等各华商银行以及汇丰银行、麦加利银行、道胜银行、华比银行、花旗银行、友华银行等外国银行所发行的钞票均可在本地行使。即上海地名券钞票在本地通行。当地汇兑机关有太仓银行、复大钱庄、协裕钱庄。太仓与上海、苏州、常熟皆有直接汇兑关系。本地行市有申汇行市和洋厘行市。申汇,汇申规元每千两加汇水若干两。洋厘行市,每银元一

---

① 上海商业储蓄银行国内汇兑处编:《国内商业汇兑要览》,上海商业储蓄银行国内汇兑处1925年版,第51—58页;《无锡之通用货币及其汇兑计算法》,《银行周报》,1918年第2卷第46期。
② 上海商业储蓄银行国内汇兑处编:《国内商业汇兑要览》,上海商业储蓄银行国内汇兑处1925年版,第63—66页。

元合申规元若干两,以前一日申洋厘行市的晚盘为标准,进出最大增减一厘。①

五、南通

南通以棉为大宗,每年清明前后播种,七月半后采集,八月间则全部登场,采办者以上海为多,镇江次之。其次,还有销往东三省、营口各地的布,通年产值也在六百万两以上。"南通产花及土布,岁达数千万元,当地金融恒视花布交易发达与否为转移。"②1918年3月19日通信,南通旧历年关各庄运往营口等处的布,销路畅旺。③ 本地并无平砝,用银时均借用上海九八规元为标准。当地纸币的发行机关仅江苏银行一家金融机构,但其钞票流通度不广。中、交两行虽在当地有分支机构,但并不发行当地钞票,仅代为推广两行的江苏、浙江钞票。因贸易往来流入南通的上海各银行所发行的钞票,因其无发行机构,也不受市民欢迎。当地汇兑机关有中国银行、交通银行、江苏银行、淮海银行和上海商业储蓄银行5家银行以及8家钱庄。南通与上海、镇江、海门、扬州、芜湖、苏州、无锡等地皆有直接汇兑关系。本地汇兑关系中,以上海洋汇为主。1919年3月19日通信,"通埠近日仍以洋汇为多,汇出者以芜湖为最多,苏州、无锡次之"④。如果汇银时,则按照洋厘减二毫五或者半厘化为银元,在南通收现,在上海解即期规元。公所交易分即期与例期两种。即期为两天,例期为半个月。当地洋厘行市为每银元一元合上海规元七钱二分五厘,如按当日价在甲店卖即期洋一万元给乙号,则乙号在到期日交规元七千两百五十两给甲店所指明的上海往来行庄,或者当时由乙号以规元期票交由甲店自行向收。⑤

---

① 《内国汇兑计算法:太仓汇兑计算法》,《大陆银行月刊》,1926年第4卷第5期。
② 《各埠金融及商况》,《银行周报》,1921年第5卷第12期。
③ 《各埠金融及商况》,《银行周报》,1918年第2卷第11期。
④ 《各埠金融及商况》,《银行周报》,1921年第5卷第12期。
⑤ 上海商业储蓄银行国内汇兑处编:《国内商业汇兑要览》,上海商业储蓄银行国内汇兑处1925年版,第76—80页。

六、安徽大通

大通为长江汽航停输之港。当地大宗交易以茧、茶、烟叶为主,其中宁国府所属太平县,向产茶叶,每年额数颇巨,均装至通埠转运分销各地①。当地通用平砝为和二七平,此和二七平与镇江的镇二七平相同。当地纸币以安徽省中国银行和交通银行两银行所发行的钞票为主,且一律通用,与现洋无异。当地汇兑机关除中国银行 1 家银行外,另有 6 家钱庄。大通与上海、镇江、南京、芜湖以及安徽其他沿江之地皆有直接汇兑关系。1917 年洋厘行市随沪、镇(镇江)两地变化而涨落。1919 年,当地钱庄(汇兑)以申、镇为转移。但本地早、午两市汇兑仅开规元行市。规元行市例期 12 天。②

---

① 《各埠金融及商况》,《银行周报》,1918 年第 2 卷第 20 期。
② 《各地商况:大通》,《中国银行通信录》,1917 年第 34 期;《各地商况:大通》,《中国银行通信录》,1919 年第 50 期;上海商业储蓄银行国内汇兑处编:《国内商业汇兑要览》,上海商业储蓄银行国内汇兑处 1925 年版,第 171—174 页。

第十一章

一级汇兑中心与区域市场

上海是近代中国埠际贸易土货出口和洋货商品进口的转运枢纽,亦为国内汇兑的最大中心点。而天津、汉口、重庆等通商口岸,一方面,作为国内土货集中和洋货扩散的市场,与上海有着直接的经济联系,成为仅次于上海的金融汇兑中心;另一方面,这些重要商埠又是其区域市场的经济中心点,其辐射和影响着相关区域经济体内的商品和资金周转,是全国多层次、立体型资金结算、调拨、汇兑网络的重要支撑点。

第一节 以天津为中心的华北汇兑市场

一、天津

天津为北方地区重要的债权债务结算中心。津埠对汉口等地汇兑,系以上海为枢纽。北京直接汇兑地包括天津、上海、哈尔滨、奉天。保定直接汇兑地点主要是北京和天津,其他地方皆以天津为转汇地。石家庄直接汇兑地有天津、北京、太原、太谷和榆次,其他商埠以天津为转划。太原与北京、天津、归绥、包头、丰镇、张家口、大同均能直接通汇,与汉口和上海亦有汇兑关系。运城直接汇兑地点包括北京、天津、保定、石家庄、归绥、张家口和包头,天津亦为其转划中心。运城亦以天津为汇兑中心。张家口与天津、北京、归绥、包头均有直接行市,其对沪汇兑须以天津为转移。归绥当地汇兑关系主要有京津及太原、包头、张家口等地。包头汇兑主要包括京津、张家口、归化等地。兰州与上海、天津、西安等地皆有汇兑关系。

1925 年前后,当地汇兑机关包括 31 家中外银行、21 家银号以及 3 家钱庄。天津的直接汇兑地点主要有上海、北京、济南、奉天、营口、吉林,以上各处逐日均有直接电汇行市。津埠对外汇兑,以上海为枢纽,当土货壅滞,洋货纷来,津埠对沪自必解款多于收款,欲将其差额抵平,亦须以现洋换成拨兑洋,方能购买申汇,否则无法调抵。① 1921 年旧历新年以来,汇兑情形惟上海日有行市,自开行市之后,每日收交在十万元左右。② 1932 年 9 月,电汇规元互有买卖,交易甚旺。③

二、北京对津汇兑

本地通用平砝主要是京公砝平,但 1925 年京公砝平已无现货,仅在调拨银款及汇兑时作为计算之虚本位而已,其他汇算多以银元为本位。

北京当地汇兑机关主要有中交两行、金城银行、聚兴诚银行、盐业银行、上海商业储蓄银行等 20 多家银行、多家银号和钱庄。北京的汇兑行市多视天津为转移,以沪汇和对热河、察哈尔、绥远、库伦为主,长江流域的汇兑较少。同时,江南、广东鹰洋等杂洋在北京市面概不通行④,也说明了北京与江南、广东等地之间的金融流通关系稀少。天津各银行发行的钞票在北京可以通行使用,间接说明两地金融流通性较高。

北京直接汇兑地包括天津、上海、哈尔滨、奉天等地。上述各地每日均有直接汇兑行市,而其他地汇兑则须转汇。如宜昌、沙市等地须由汉口转汇,而东三省各地由奉天、哈尔滨等地转化。

---

① 《天津银钱业合组公库》,《中央银行月报》,1932 年第 1 卷第 3 期。
② 《各埠金融及商况》,《银行周报》,1921 年第 5 卷第 7 期。
③ 《各地金融市况(九月份)》,《中央银行月报》,1932 年第 1 卷第 1~5 期。
④ 上海商业储蓄银行国内汇兑处编:《国内商业汇兑要览》,上海商业储蓄银行国内汇兑处 1925 年版,第 226 页。

三、石家庄、太原等地对津汇兑

（一）保定

保定进出口货物多经京津等地出入。当地完县、满城、蠡县等处出产的大宗棉花以及高阳出口的土布皆经保定运至京津转口再运往口外。而杂粮、棉纱、煤斤等货物则每年须由津、汴转运入口，"每年春节照例向京津各处置办各货"①，汇津之款也随之增多。天津等出口货行皆来保定邻近各处收买猪毛等土货，因款甚巨，皆由天津汇至保定，再由此处使用现款。同时，如遇灾年，清苑县等地向宣化等处采买粮石，也经保定装现运往目的地。②

每年棉花登场之际，各地客帮来此收货。各银号须由京、津携带三行钞票（中国银行、交通银行、直隶省银行）来保定，以应花客需求。"本星期内市面各行各业仍是冷淡，银根甚紧，汇出款项，寥寥无几，汇入款项，由天津汇来者甚多，近四五日间，约有七八万元，多系来保定一带采办棉花之款，北京中交钞票逐步见涨。"③阴历年终，银号须交还京津款项者，为省运费起见，又收罗钞票，稍加升水带往京津。

保定当地的汇兑机关包括中国银行、交通银行、直隶省银行3家银行和以下8家银号：元吉银号、聚泰祥银号、本生源银号、鸿记银号、万源银号、万义银号、万福源银号、本立源银号。银号分山西帮和保定本地帮。1915年，京沪等处汇款，均以天津行市为主。1925年前后，保定汇兑除北京、天津两地可以直接汇兑外，其余如上海、汉口等地则均以天津为转汇地。④ 汇兑以津汉为大宗，济南、张家口次之。⑤ 平时金融之宽急，多视京津为转移。每年八月至冬月棉花上市，现款用繁，其余季节市面较宽。阴

---

① 《各埠金融及商况》，《银行周报》，1918年第2卷第10期。
② 《各埠金融及商况》，《银行周报》，1918年第2卷第13期。
③ 《各埠金融及商况》，《银行周报》，1918年第2卷第14期。
④ 上海商业储蓄银行国内汇兑处编：《国内商业汇兑要览》，上海商业储蓄银行国内汇兑处1925年版，第243页；中国银行总管理处编：《内国汇兑计算法》，中国银行总管理处1915年版，第34页。
⑤ 上海商业储蓄银行国内汇兑处编：《国内商业汇兑要览》，上海商业储蓄银行国内汇兑处1925年版，第260页。

历年底为外行各业归账之际,汇京津款项较前增加。但此种汇款多由钱铺彼此拨账,并非全系现货。①

(二)石家庄

石家庄为京汉铁路与正太铁路相交之处,为山西一省之门户。河北乐城、赵县、元氏、正定等地出产棉花多经此地进行商品和金融调拨。另外,山西曲沃、解州、荣河等县棉花也聚集于此。井陉(石家庄下辖县)之煤、山西大同之煤以及生熟牛羊皮、山货等都经此地。石家庄当地银行有中国、交通、懋业、山西省、直隶省、晋胜、裕华等银行和钱庄30余家,无钱业公会,无行情,以大洋为本位。1915年前后,石家庄市面狭小,汇兑业务较少,对于各处汇款均无行市。如有款项汇往京、津等处者,视路之远近,需要的费用多寡来确定汇水大小。故,对津等地皆无直接汇兑行市。② 1925年前后,有了津票行市,直接汇兑地有天津、北京、太原、太谷和榆次。汇兑以津晋为多,京、保、沪、汉、济南次之。每年春夏之际,市面需银平坦。中秋过后,花棉登场及天气渐寒,煤销亦旺,此时现洋需求最为紧俏。津汇每千元有倒贴至十余元者。③

(三)太原

太原有正太县与京汉铁路相连,境内煤矿资源蕴藏丰富。另有棉花、皮毛等货出口。太原也是省内的中心。每年阴历十一二月间,因河东一带棉花出产畅旺,所需款项三分之二须由太原等处输运结算。④ 清末太原只有大清银行1家银行。1913年大清银行改为中国银行后,太原设分行,后因营业清淡,1923年改为支行,1930年又改为办事处。太原中国银行的资本由天津分行随时划拨增减。⑤ 即太原当地中国银行"运用资金,大多以接济联行,及运银赴津,运洋回省,借以殖利"⑥。

---

① 《各埠金融及商况》,《银行周报》,1918年第2卷第36期。
② 中国银行总管理处编:《内国汇兑计算法》,中国银行总管理处1915年版,第51页。
③ 上海商业储蓄银行国内汇兑处编:《国内商业汇兑要览》,上海商业储蓄银行国内汇兑处1925年版,第248页。
④ 《各埠金融及商况》,《银行周报》,1918年第2卷第51期。
⑤ 实业部国际贸易局编:《中国实业志:山西省》第3篇"商埠及重要市镇"第1章"太原",实业部国际贸易局1937年版,第39—45(丙)页。
⑥ 《太原之金融机关及通货》,《银行周报》,1919年第3卷第12期。

第十一章　一级汇兑中心与区域市场　　335

　　1918年由原官钱局改组而成的山西省银行,由最初的官督商办到1930年收归官办。到1934年,其有分行9处、办事处9处、寄庄9处、代理店29处、除归绥省1处,其余多在山西省境内。20世纪30年代,中国银行和山西省银行为主要汇兑机关。此外,晋胜银行和裕丰银行等银行以及兴业钱局、大德通钱局等钱庄亦经营汇兑业务。[①] 1934年,太原有钱庄19家、银号17家,银号钱庄营业无多大差异,惟在组织上略有不同,银号多为股份公司,且有官办及多在他处设有分号,而钱庄多为独资或合资,无官办且多在他处设代庄。太原银号钱庄的汇兑,以外省为主,占95.42%,其中天津占到85.61%,其次为绥远的5.57%,再次为北平、包头。[②]

表11.1　　　　　　　　　1934年太原金融机关汇兑情况表

金融机构	家数	全年汇出(元)	占比(%)	全年汇入(元)	占比(%)
银行	2	22 258 956	45.17	17 815 895	40.08
银号	17	14 627 747	29.69	14 460 892	32.53
钱庄	19	12 386 852	25.14	12 172 459	27.39
统计	54	49 273 555	100.00	44 449 246	100.00

资料来源:实业部国际贸易局编:《中国实业志:山西省》第3篇"商埠及重要市镇"第1章"太原",实业部国际贸易局1937年版,第39(丙)页。

　　山西省银行在本省发行钞票,并在北京、天津、汉口、上海的支行及代理处只做汇兑一项,不做其他事务。[③] 山西省银行汇兑如北京、天津、张家口、大同、太谷、忻县均能直接通汇。晋胜银行汇兑如北京、天津、归绥、包头、丰镇、张家口、大同均能直接通汇。[④] 1934年中国银行和山西省银行两家银行全年汇兑汇出款项22 258 956元,汇入款项17 815 895元,出超4 443 061元。因天津为北方进出口门户,太原商贸往来多出入天津,故太原以天津为主要通汇地点。太原对天津的银行汇出款占总额的34.7%,汇

[①] 上海商业储蓄银行国内汇兑处编:《国内商业汇兑要览》,上海商业储蓄银行国内汇兑处1925年版,第306—308页。
[②] 实业部国际贸易局编:《中国实业志:山西省》第3篇"商埠及重要市镇"第1章"太原",实业部国际贸易局1937年版,第39—45(丙)页。
[③] 《各埠金融及商况》,《银行周报》,1919年第3卷第3期。
[④] 《太原之金融机关及通货》,《银行周报》,1919年第3卷第12期。

入占 30.7％。其余汇款为省内榆次、太谷及绥远等地。另外,太原对汉口和上海也可直接汇兑。沪票和汉票则为每汇 1 000 元外加汇水 5 元。①

(四)大同

京绥铁路经由大同通往包头。出口货以皮毛、胡麻、粮米、煤炭为多,进口货以洋货、布匹为主。皮货主要销往苏沪等地。② 大同申汇交易比较有限,无直接行市。各商偶有交易,多以天津的申票行市为准。京津汇兑,则恒视银元涨落而酌价,并无定例。直接汇兑地点包括北京、天津、保定、石家庄、归绥、张家口和包头。京票的汇兑惯例为同收京交,每千元收主得汇水三元。津票为同收津交,每千元收主得汇水三元。③

大同的银行业始于 1916 年中国银行大同办事处。1918 年交通银行大同办事处成立,1920 年山西省银行分行成立。山西省银行大同分行营业除代理省金库外,兼营放款汇兑等业务。1932—1934 年营业总额为 1 699 000 元,其中汇出数比例为 61.25％,汇入额占总额比例为 32.39％。汇出汇入地点以天津为最多,其次为北平、包头、太原。中国银行大同寄庄 1933—1934 年一年间营业总额为 730 000 元,其中以汇兑数为最大,汇出数占总额的 27.40％,汇入款占总额的 41.10％。交通银行大同办事处营业中亦以汇兑为大宗,汇兑地点为上海、天津、北平、张家口、青岛、包头、太原等地。大同的钱业机构主要经营商业汇兑,其通汇地点数额最多的为天津、北京两地,其次有上海、张家口、丰镇、集宁、绥远各处。④

(五)运城

运城为河东盐场及一切盐务机关所在地。当地因潞盐而兴盛,中国银行设有分行,营业以汇兑为主,棉花为大宗生产,银元、铜元为通用货币。年产棉花二百余万元,每年外商纷集采购棉花,银行和钱庄借此办理

---

① 上海商业储蓄银行国内汇兑处编:《国内商业汇兑要览》,上海商业储蓄银行国内汇兑处 1925 年版,第 306—308 页。
② 《山西省之金融及商业》,《银行周报》,1919 年第 3 卷第 40 期。
③ 上海商业储蓄银行国内汇兑处编:《国内商业汇兑要览》,上海商业储蓄银行国内汇兑处 1925 年版,第 312 页。
④ 实业部国际贸易局编:《中国实业志:山西省》第 3 篇"商埠及重要市镇"第 2 章"大同",实业部国际贸易局 1937 年版,第 80—83(丙)页。

期票或汇兑业务。[①] 1917年12月上旬,中行不时解现赴津市面,银洋大半为之吸收,加之秦省运现禁令未解,以致本地市面银根奇紧。[②] 中行汇兑以天津为中心。20世纪30年代后,山西省银行占据了当地省内汇兑业务。山西省银行汇出数常多于汇入数,1934年汇出2 540 751元,汇入仅3 000元,主要通汇地点包括太原及其他省内商埠等地。1935年总行在天津的裕华银行设支行于运城,当年汇出款约60万元,汇入为4万元,都以上海、天津为主。钱业中经营汇兑的有兴业钱局和宏益钱庄2家钱庄,主要通汇地点为太原和天津。1934年两家钱庄汇出汇款1 381 000元,汇入1 270 000元,其中太原一地的汇兑占96%。[③]

(六)山西新绛

新绛为山西省南部一个大的商业重镇,是河东各地土货集中和外货输入的枢纽。输入以棉花为大宗,其次为纸烟、煤油、小麦、煤等。运出货物以棉纱、布匹为最多。运入货物的来源为天津、上海、陕西及本省各地。运出货物的销路为陕西、甘肃、河南及本省各县。1915年,除申、津、汉、汴等处有直接行市外,其余均为间接行市。[④] 1920年,内汇行市主要有汉汇、津汇和省汇。[⑤] 山西省银行发行的新绛纸币较为流通。1919年,新绛有山西省银行和中国银行两家银行,到1924年仅存山西省银行新绛分行一家银行。该行主要通汇地点为天津及太原,1934年的汇兑额达680 000元。其中,对天津汇出为280 000元,汇入为150 000元;对太原汇出为150 000元,汇入为100 000元。20世纪30年代,因灾害频繁、各业凋敝、农村破产,经营商业汇兑为主的钱庄业务也受到了一定影响。1931—1934年,当地的同济成等4家钱庄,其汇兑营业额分别为2 720 000元、2 400 000元、1 900 000元、160 000元、呈逐年下降趋势。4家钱庄的主要通汇地点各有不同,但总体为天津、太原、运城、上海、郑州、

---

① 《山西省之金融及商业》,《银行周报》,1919年第3卷第40期。
② 《各埠金融及商况》,《银行周报》,1918年第2卷第1期。
③ 实业部国际贸易局编:《中国实业志·山西省》第3篇"商埠及重要市镇"第5章"运城",实业部国际贸易局1937年版,第154—156(丙)页。
④ 中国银行总管理处编:《内国汇兑计算法》,中国银行总管理处1915年版,第435页。
⑤ 《各地商况:新绛(五月三十一日绛支行报告)》,《中国银行通信录》,1920年第58期。

北平、洛阳、西安、甘肃等地。①

(七)山西太谷

太谷为山西省金融重镇,是票号全盛时代的主要代表之一。正太铁路和同浦铁路通太谷后,当地成为晋南粮食市场出娘子关入河北境内达天津的中心。民国年间,当地汇兑机关主要为银行、钱庄、银号等。20世纪30年代太谷金融机构全年汇出4 109 635元,汇入4 272 515元,入超162 880元。因太谷以粮食外销为主,其出口总值远超各货进口值,故金融汇兑出现16万多元的入超额。其中,2家银行全年汇出214 000元,汇入211 000元;8家银号汇出2 011 375元,汇入2 196 785元;10家钱庄汇出1 884 260元,汇入1 864 730元。无论汇出汇入,均以银号经汇者最多,汇出占48.9%,汇入占51.4%。钱庄次之,汇出占45.8%,汇入占43.6%。银行最少,汇出占5.2%,汇入占4.9%。20世纪30年代,钱庄、银号依旧掌握着太谷的汇兑业务。太谷的通汇地点以天津为主,占绝大多数,次为北平,其他如张家口、绥远、上海及本省之太原的汇兑较少。②

表11.2　　　　　20世纪30年代太谷银钱业全年汇兑分析

通汇地点	全年汇出(元)	占比(%)	全年汇入(元)	占比(%)	出入超(元)
天津	3 794 004	92.3	3 923 984	91.8	入129 980
北平	177 461	4.3	175 461	4.1	出2 000
张家口	68 935	1.7	67 835	1.6	出1 100
绥远	23 235	0.6	22 235	0.6	出1 000
上海	16 000	0.4	40 000	0.9	入24 000
太原	30 000	0.7	43 000	1.0	入13 000
总计	4 109 635	100.00	4 272 515	100.00	入62 880

资料来源:实业部国际贸易局编:《中国实业志:山西省》第3篇"商埠及重要市镇"第7章"太谷",实业部国际贸易局1937年版,第195(丙)页。

---

① 实业部国际贸易局编:《中国实业志:山西省》第3篇"商埠及重要市镇"第4章"新绛",实业部国际贸易局1937年版,第106—134(丙)页。

② 实业部国际贸易局编:《中国实业志:山西省》第3篇"商埠及重要市镇"第7章"太谷",实业部国际贸易局1937年版,第180—197(丙)页;《山西省太谷县经济调查》,《工商半月刊》,1935年纪念号。

四、西北皮毛运输对津汇兑

天津为我国北部最繁荣之通商口岸。各省土货汇集于此,如绥远、包头、库伦、甘肃等地的皮毛,直豫之棉,陕西滦州之煤,东三省之杂粮,高阳之土布,以及地毯、猪鬃、稻禾等品难以一一叙述。其中,驼绒、毛革、地毯、猪鬃销往外埠者居多。

(一)张家口

张家口居京绥铁路之中,北接库伦,西连归绥,是北部一大关键市集。杂粮、小麦、春麦、高粱等在春秋上市之际,外地客商来往购运京津一带。北察哈尔所产胡麻、菜籽等,每年8月间集于此,由洋行收买转售外国,而金融调拨则由天津调汇来张家口支付。① 另外,皮毛、牲畜、砖茶、红茶等西北进出口产品也多先集中于此,后转销口内外。如山西曲沃的生烟,每年8月装运来口,经由口地分庄,运销往内外蒙古及多伦一带。砖茶、红茶每年2月间由山西帮赴湘鄂各产地采办,运至汉口装箱转运到张家口,再销往库伦、俄国等地。"本地茶叶向年于春季汇汉口收款,不下百十余万两,均系采办红茶运销俄国。1918年因俄乱未定及南省军队影响,大多停止办货,此项巨款,在口无处调动,故银势异常之疲。砖茶在阴历五月节前后采办,此项汇款最多数约在棉后。"② 也有洋行驻张家口收买驼羊毛及各种皮张运至天津,转销各国。③ 1917年12月下旬,张家口大德元毛庄在天津做津交,包括交通银行1万两,兴业银行1万两,宝生祥0.7万两,福咸德0.3万两,义生厚0.2万两,义聚隆0.2两,又欠上堡皮坊货银1.9万余两,共亏银5.4万余两。而本号查存货估价只值3万余两,故该号信用颇为不佳。本星期内共做津票9万余两,汇水涨至每千两24两。④

1925年左右,张家口当地汇兑机关有中国银行、交通银行、山西省银

---

① 《各地商业金融之张家口金融商业情形》,《银行杂志》,1923年第1卷第1期。
② 《各埠金融及商况》,《银行周报》,1918年第2卷第17期。
③ 《各地商业金融之张家口金融商业情形》,《银行杂志》,1923年第1卷第1期。
④ 《各埠金融及商况》,《银行周报》,1918年第2卷第2期。

行等 7 家银行以及银钱号和汇票庄大小多家。7 家银行分别为中交两行、察哈尔兴业银行、边业银行、山西省银行、晋胜银行、裕华商业储蓄银行。4 家官钱局及汇票庄分别为平市官钱局、大德通汇票庄、大盛川汇票庄、大德恒汇票庄。① 各银行号均以汇兑银两及兑换银钱为主要业务。银行汇兑款项,均委托其分支行或代理店代理。②

1915 年左右,张家口与京、津、申均有直接行市,归化汇款不多,行市随时定之,恰克图须听库伦行市转合。申票行市,以口钱平拨兑银 1 000 两得汇规元若干两。③ 但 1925 年左右,张家口与天津、北京、归绥、包头均有直接行市。而张家口规元交易均无直接行市,须以津市申电汇行市及本口津汇行市共同计算,即张家口对沪汇兑须以天津为转移。张家口规元交易均无直接行市,故须以津市申电汇行市以及张家口津汇行市参合计算。张家口本地做外埠汇兑生意,向来都是"见票即兑",并无例期,如有外埠迟期收交生息,须于行市内酌情加减,利息临时酌定。④ 本地商业习惯为,张家口本地做外埠汇兑生意,向来都是见票即兑,并无例期。如有外埠迟期收交生意,须于行市内酌量加减利息,临时酌定。⑤

(二) 归绥

归绥当地商业均在春、冬两季,买卖以皮毛为大宗。当地汇兑关系主要有京津及太原、包头、张家口等地。1917 年末 1918 年初,归绥当地现银缺乏,商界交易皆用拨兑银两,现因成色低落,故汇水已涨至 2 百两。汇兑计京津票每千得水 200 两,包头每千贴水 10 两。⑥ 1918 年 3 月 3 日银行通信,"汇兑计京津票每千得水 180 两,太原每千得水 160 两"⑦。

---

① 上海商业储蓄银行国内汇兑处编:《国内商业汇兑要览》,上海商业储蓄银行国内汇兑处 1925 年版,第 255 页。
② 《各地商业金融之张家口金融商业情形》,《银行杂志》,1923 年第 1 卷第 1 期。
③ 中国银行总管理处编:《内国汇兑计算法》,中国银行总管理处 1915 年版,第 39 页。
④ 上海商业储蓄银行国内汇兑处编:《国内商业汇兑要览》,上海商业储蓄银行国内汇兑处 1925 年版,第 258 页。
⑤ 上海商业储蓄银行国内汇兑处编:《国内商业汇兑要览》,上海商业储蓄银行国内汇兑处 1925 年版,第 255—257 页。
⑥ 《各埠金融及商况》,《银行周报》,1918 年第 2 卷第 3 期。
⑦ 《各埠金融及商况》,《银行周报》,1918 年第 2 卷第 11 期。

（三）包头

包头为我国西北贸易的中心和货物集散之地。我国西北所产之皮毛均汇集于此转销天津出口，而洋货、杂货也运销至此后分销西北各地。[①]当地流通的货币包括中交两行钞票等，汇兑主要包括京津、张家口、归化等地。1918年4月15日银行通信，包头"汇京津口票每千两170两左右，汇归化票每千两10两"[②]。

（四）兰州

1935年12月末，因土产价格在西安略有起色，"潼关、西安等处商人来兰（兰州）采购者甚多"[③]。年关迫近，津申各地收汇者大为增加，汇水一度趋涨。1935年12月，全月汇额有百余万元。兰州与上海、天津、西安等地皆有汇兑关系。[④]

（五）邢台

1915年前后，市面银元兑换甚少，行市须现议，其皮毛行公议定价，不能适用。本埠对他埠汇款，无汇兑行市。[⑤] 1926年，邢台仅有中国银行一家，交通银行已经在1925年撤离。旧式银号仅4家，都是以经营杂货业为主，兼营银号业务。邢台进出口货币价虽每年在一千万元以上，而金融业却不太发达，与各种出口货都是使用期票有关。例如，洋行在邢台购置皮毛，即是使用迟期，在天津付款之期票，皮毛店持此期票，并不直接往天津取款，只需与本地营进口业者，如煤油、纸烟及其他杂货业，互相拨兑，彼此就账上化抵，找清差额，即可了事。故银钱业活动之机会，遂致减少。[⑥]

1915年，邢台对他埠无直接汇兑行市。[⑦] 1934年，邢台对汉口、福州、广东、天津、北平、郑州、太原和济南等地都有直接的洋汇市价（汇往地

[①] 《各埠金融及商况》，《银行周报》，1920年第4卷第31期。
[②] 《各埠金融及商况》，《银行周报》，1918年第2卷第16期。
[③] 《各地金融市况》，《中央银行月报》，1935年第4卷第1～6期。
[④] 《各地金融市况》，《中央银行月报》，1935年第4卷第1～6期。
[⑤] 中国银行总管理处编：《内国汇兑计算法》，中国银行总管理处1915年版，第57页。
[⑥] 《邢台县之经济状况》，《中外经济周刊》，1926年第191期。
[⑦] 中国银行总管理处编：《内国汇兑计算法》，中国银行总管理处1915年版，第57页。

点银元千元合邢台当地银元数）。①

第二节　以汉口为中心的华中汇兑市场

一、汉口

"汉口居长江中流，为南北通衢，商业繁盛，百货荟萃，但贸易金融全恃上海为调拨，故汇兑市价与沪市最为密切。"②汉口金融市场一方面受到上海金融市场的制约和影响，另一方面又有着较强的吸引力和辐射力，影响着湖北全省和邻近各省，成为内地的一个重要金融中心。

汉口与北京、天津等地汇兑须由上海转汇。沙市原以汉口为对外转汇区域，1927年后可与上海直接收解。宜昌对沪汇兑均以汉口为转汇。老河口当地以汉口市价为准。长沙与上海间的汇兑经汉口转汇。常德以汉口为转移，对汉口和长沙均有直接行市。九江、吴城、南昌与上海、汉口均有直接行市，汉市和沪市皆可转汇。抚州与上海、汉口、南昌有着直接行市。樟树镇、吉安又以南昌行市为转移。赣州则与上海、汉口、吴城皆有直接行市。许县（州）以汉口为汇兑和资金运转中心，其汇兑买卖以汉票为加减。漯河、周家口、信阳、驻马店、光州等河南商埠也皆以汉市为转移。陕西西安、三原除与上海有直接汇兑关系外，亦与汉口有着密切的汇兑往来。

当地银钱业有银行三十余家外，另有浙帮、本帮、江西帮、安徽帮、陕西帮等百余家钱庄银号。有钱业公会，每日一市交易。银行公会每日于钱业公会散市后，各银行以及各大钱庄亦聚而买卖规元、银元。银行公会的行市根据钱业公会的行市略有伸缩。每月十三日和二十七日开比期拆息行市，市面习惯分月半、月终为两比期。每至比期，划账动辄上千万元。银拆是按上下两个比期核计，如初十开拆息二两，到月半止。拆价每天四钱，过十五一比，即开至月底。汉口的拆息行市，不同于上海的按日计拆。

---

① "邢台内汇市价表"，《中外商业金融汇报》，1934年第1卷第7期。
② 李炳堂：《汉沪汇兑述要》，《银行杂志》，1923年第1卷第2期。

第十一章　一级汇兑中心与区域市场

申票行市有电汇,例期月半、月底之分。例期即至上海见票迟十天。其行情均按日期拆息而定。

汉口对于上海之汇兑款项,分银元、银两二种,银元汇兑之计算法,又以银两为标准。汉市对于沪市之汇兑市价为支付计算法,即以沪市之银两为主,而借汉市之银两表示其时价也。如今天申汇行市为972两,即上海九八规元1 000两,合上海洋厘纹银972两是也。[①] 1925年,当地汇兑机关有17家银行公会会员银行(中国银行、交通银行、浙江兴业银行、中南银行、盐业银行、金城银行、大陆银行、浙江实业银行、聚兴诚银行、中孚银行、四明银行、华丰银行、中国实业银行、广东银行、工商银行、中华懋业银行和上海商业储蓄银行)、8家外商银行(汇丰银行、麦加利银行、花旗银行、德华银行、道胜银行、华比银行、正金银行和台湾银行)、4家银号和9家钱庄。[②]

汉口的通汇地包括上海、镇江、南京、芜湖、安庆、九江、武昌、汉阳、武穴、宜昌、沙市、黄陂、孝感、重庆、成都、万县、长沙、常德、湘潭、开封、鄂州、洛阳、信阳、许州以及其他商埠省会。但其与北京、天津的汇兑须由上海转汇。本地行市交易每月分作两比,阴历十五为一比,月底为一比,各行庄拆放款项,均须在比期过脚("过脚"即清除之意,为当地习惯用语)。

二、沙市、宜昌、长沙等商埠以汉口为转汇区域

(一)沙市

沙市居长江上游,为宜昌汉口航线的中心点,水陆交通极为便利。四方土产,以沙市为集散地。出口货物以棉花为大宗,均运至汉口销售。其次为行销四川、粤东等地的土布及黄丝、杂粮、牛羊皮、桐油、皮油等品。进口以棉纱、布匹、糖、靛等为主,且进口额远超出口额。货品交易繁盛,债务结算亦随之兴起。当地春季交易惨淡,钱商习惯正月二十八日始正

[①] 李炳堂:《汉沪汇兑述要》,《银行杂志》,1923年第1卷第2期。
[②] 上海商业储蓄银行国内汇兑处编:《国内商业汇兑要览》,上海商业储蓄银行国内汇兑处1925年版,第377—378页。

式营业。四、五月间为黄丝、苎麻出产时期,交易开始发动,至八月棉花登场,生意兴起客商携带花票及铜元,入乡购买或者预先向乡镇殷实店铺付款订货,限期交货。九、十月间出货最旺,冬月底桐油、皮油、牛羊皮等相继上市。"盖棉花为沙市出口货物之大宗,亦沙市民生之基业也。凡经营疋头洋货商号往申办货,多以棉花作押汇。"① 汉口的行家均在沙市设分庄收货。市面上的买卖,习惯以沙平银为准,每逢月半、月终比期交付。当地向无现银进出,对外往来除上游的宜昌、万县、重庆直接往来外,下游各埠均由汉口出入。故沙市当地汇兑以汉口最多,且1927年前申票交易以汉口为对外转汇区域,即申汇均由汉口转汇。但1927年后,因汉口现金封锁,沙市申汇遂由上海直接收解。②

1915年前后,内汇行市有申票和汉票。因沙市仅有拨兑银,实际无现银交付。按拨兑银两仅能拨交钱铺存账,每届旧历月半、月底为计利息之期,过期不用,照计半月利息。息价约在一分以外。存银之户如欲提用,只可赎买钱票或汉、渝、申等票,然汇票期限至早亦在半月。每逢特别事故或市面恐慌,汇水势必奇涨(汇水高时至70余两,低时约20两),是拨兑银之流弊。申票行市,即每上海规元1 000两计九九沙平银,即拨兑银若干。汉票,每汉口沙平估宝1 000两,计九九沙平银即拨兑银若干。③ 1917年,沙市申票980两,汉票28两,渝票31两。④

1925年前后,当地汇兑机关有中国银行、交通银行、盐业银行和湖北官钱局4家银行机构以及其他7家银号钱庄。直接汇兑地包括汉口、重庆、宜昌和万县。1925年前后,内汇行市有汉票和渝票。汉票是按照沙平与洋例银的例定数目外(沙平银1 000两等于洋例银1 022.45两),再升水若干两。渝票行市,每渝平1 000两合沙平若干两。⑤ 综上,沙市汇兑有以汇水多少表示,有以银两比兑若干数表示者。

---

① 谢也青:《沙市金融状况之过去及现在》,《汉口商业月刊》,1934年第1卷第7期。于曙峦:《沙市(地方调查)》,《东方杂志》,1926年第23卷第7号。
② 谢也青:《沙市金融状况之过去及现在》,《汉口商业月刊》,1934年第1卷第7期。
③ 中国银行总管理处编:《内国汇兑计算法》,中国银行总管理处1915年版,第225—226页。
④ 《各地商况:沙市(十一月十七日沙号报告)》,《中国银行通信录》,1917年第34期。
⑤ 上海商业储蓄银行国内汇兑处编:《国内商业汇兑要览》,上海商业储蓄银行国内汇兑处1925年版,第383—389页。

（二）宜昌

宜昌当地出口货物以邻近县来的棉花为大宗，牛皮、桐油、烟叶、杂粮次之，都转运汉口。进口货物以棉纱、食盐、匹头、海味、杂货等品为多。每年进出口货大多转运汉口，本地销售有限。1915 年前后，有汉票、沙票、渝票等内汇行市。汉口、沙市可直接汇兑；重庆须由沙市转汇；上海则由汉口转汇。故，渝票行市习惯表示为，沙交沙平银若干两，渝收沙平周行银 1 000 两。①

1925 年前后，当地的汇兑机关有中国银行、交通银行和聚兴诚银行 3 家银行，以及另外大小钱庄数家。宜昌对汉口、沙市、重庆、万县以及长江下游各埠均有直接汇兑关系。宜昌对沪汇兑，多经汉口转汇。宜埠内汇行市有汉票、沙票行市。因宜埠是以钱码为主，商人办货多持月半、月底期的汉票向银行或钱庄贴现购买钱票。如汇申款项，多以月半、月底在申汉对交。汇渝，多以月半、月底在渝沙对交。若购汉票、沙票，则多以钱票交汇，即在宜现交铜元票，迟一月或半月在汉、沙收银。故沙（汉）票，宜交钱一串，沙（汉）收沙平银（洋例银）若干。②

（三）老河口

老河口为湖北光化县治所所在地，顺汉水东下经襄阳、樊城、钟祥、仙桃镇可达汉口。③ 陆路交通可达沙市等地。当地产物以棉花、麻油、桐油、木耳、烟叶、油漆等为主。当地钱庄鼎盛期有 60 余家，且多做棉花、杂粮、山货等生意，汇兑机关有鼎盛信钱庄、怡隆永钱庄、永成庆钱庄、恒升明钱庄和樊城官钱局。直接汇兑地有汉口、沙市和樊城。当地无行市，银元每元定价值九八平足纹七钱二分，官票、铜元、银元市价以汉口市价为准。本地与汉口汇兑行市，向以市面经济及贸易状况为转移。凭有信用字号出立一个月期汇票，在汉口兑洋例银一千两整。该字号将取得现款，在老河口办货，装运到汉口变价兑票。如果货物抵汉，或为行市关系，未

---

① 《宜昌之通用货币及其汇兑计算法》，《银行周报》，1918 年第 2 卷第 18 期。
② 上海商业储蓄银行国内汇兑处编：《国内商业汇兑要览》，上海商业储蓄银行国内汇兑处 1925 年版，第 393 页；《宜昌之通用货币及其汇兑计算法》，《银行周报》，1918 年第 2 卷第 18 期。
③ 陈祖煌调查、张文伯编：《湖北老河口之经济状况》，《中央银行月报》，1933 年第 2 卷第 1 期。

能售脱,而汇票仍当照兑,以保信誉。①

(四)长沙

长沙虽为湖南的省会,但因交通不便,附近地区的大半货物皆汇集汉口以期转运,在长沙市面交易较少。本地一年中以正二月为闭月,三、四月为茶市,四、五月交易杂粮,六月以后谷米上场且全年交易不断,九、十月棉花、菜油等相继上市。当地大小钱业百余家,但有实力的钱庄不多。

1915年前后,有汉票对期和申票对期行市。申票虽有行市,但都听汉口行市划合,并非纯粹直接也。申票行市折合法,乃以汉口规元行市若干两,照例折合估宝,再以湘汉行市若干两乘之,即为湘沪行市。② 1925年前后,当地汇兑机关有中国银行、交通银行、盐业银行和上海商业储蓄银行以及7家较有实力的钱庄。直接汇兑地点包括汉口、湘潭、益阳、常德、衢州。长沙与上海之间的汇兑,须以汉口为转汇。③

(五)常德

常德为湘西重要商埠,居沅江下游。木材、桐油为常德出口货中最重要的两种产品;虽非产于当地,但两种物产均产自沅江上游,经沅江至常德,为常德商业之命脉。常德进口货以煤油、毛织品为大宗,次为红糖、棉织品等。本地通用平砝为常平。1925年前后市面上流行的纸币以中国银行五省通用券为最多。中国银行、交通银行的汉口银元券虽通用,但当地不可兑现,只可免费汇至汉口。银元券不可兑现的原因为当地交通不便,运现较难。1934年,当地流通货币包括银元、纸币及铜元。当地的汇兑机关有中国银行和上海商业储蓄银行以及其他4家钱庄。常德与汉口、长沙、辰州、益阳等地有直接汇兑关系。当地行市有汉票、长洋汇、中钞、铜元和比息(每千元一月的拆息数目)行市。汉汇按常平估宝合算,均为比期对交,如汉口月半或月底解出,常德须初一或十六收回。当地金融

---

① 陈祖煌调查、张文伯编:《湖北老河口之经济状况》,《中央银行月报》,1933年第2卷第1期。
② 中国银行总管理处编:《内国汇兑计算法》,中国银行总管理处1915年版,第238页。
③ 上海商业储蓄银行国内汇兑处编:《国内商业汇兑要览》,上海商业储蓄银行国内汇兑处1925年版,第399—404页。

机关均在汉口、长沙二处进行调拨,运送现银的情况较少。[1]

三、九江、吴城、南昌等地对汉汇兑

(一)九江

九江为江西全省的门户,上连湖北、下达皖南。本地大宗出产上半年为食米、杂粮,下半年为花衣、梭布。九江作为江西省省内进出口货物来往转运要道,市面交易仅茶市较盛,与汉口、福州并称三大茶市。1925年前后,当地汇兑机关有中国银行、交通银行、江西银行等6家银行和6家专做银钱业的钱庄。当地钱庄大小虽有40余家,但各庄兼做杂粮以及其他外业各货生意居多,专做银钱业的钱庄仅友成钱庄、恒源永钱庄、吴三泰钱庄、钧裕钱庄、长和钱庄和怡成钱庄6家。九江汇上海款项例期连头尾共13天,如初一在浔收款项,阴历十三日申交出若干款项,如果要即期收款,则须照申地拆息计收息金。同时,外行用规元每千两照市价加一两之谱,另加三钱七分码头费,迟一天付账。外行来规元照市下一两迟一天收账。而同行用规元只需三钱七分码头费无加下,银元进出约加下1厘。[2] 此间钱庄与申庄往来向有限度。[3] 1919年,浔埠汇兑只沪、汉二处有直接行市,余均间接。汇南昌、北京、天津等处皆由上海转汇。[4] 但到1925年,当地直接汇兑关系有汉口、上海、南京、镇江、南昌、芜湖等地。

(二)吴城

吴城居赣江入湖口,为江西省全省货品出江的枢纽。各县所产纸木、茶叶,赣江出口木材,以及进口的匹头、杂货都由此转口外销或批发到附近各县。纸张经此地中间商转手,木材在此地卸运改装,百业繁盛,盛极一时。银行钱庄经常垫放纸、木两商用款。货物交付外地时,外商有时携

---

[1] 上海商业储蓄银行国内汇兑处编:《国内商业汇兑要览》,上海商业储蓄银行国内汇兑处1925年版,第404—408页;《常德县之工商业现况(廿三年四月调查)》,《工商半月刊》,1934年第6卷第18期。

[2] 上海商业储蓄银行国内汇兑处编:《国内商业汇兑要览》,上海商业储蓄银行国内汇兑处1925年版,第199—203页。

[3] 《各地金融市况(九月份)》,《中央银行月报》,1932年第1卷第1~5期。

[4] 《九江之通用货币及其汇兑计算法》,《银行周报》,1919年第3卷第10期。

款采购,有时缺款请垫,有的货到清款,也有的陆续汇款。① 本镇银钱业交易向以一月划为两比。钱庄在比期,代替各行庄划账后,再汇集公所内结算。需要付款的行店须在规定的比日送银,名曰过端。端色每百两定以十两照升。如上海漕、山东漕、安徽漕则每百两低四钱,作九两六钱升计。毛色仍须再扣。同行盈绌双方愿在比期内折进折出的亦有之。当地汇兑机关多为七八家钱庄,银行没有。吴城直接汇兑地点有南昌、九江、上海、汉口、大通和安庆。1925年前后,吴城对汉口和上海皆有直接汇兑行市,申票例期每月十四日及月终为期。汉票例期每月十五日及月底为期。②

(三)南昌

南昌为江西省省会,每年进口货物计值银1 300万～1 400万两;其中尤以棉纱、洋油、洋布为大宗。出口土货,年约1 800万两,其中以茶为大宗,棉花、粮食等次之。当地大小钱庄有八九十家,全为江西本地帮,其中规模较大的有三四十家。1914年,南昌当地已实行改两为元,公会及公所开出的行市及市面零整交易皆以银元为单位。③ 1925年前后,当地汇兑机关有中国银行、江西银行、赣省银行、同益银行、惠通银行、振华银行、振商银行、泰华银行等银行,以及14家本、外帮钱庄银号。南昌虽与上海、汉口、九江及本省各埠有直接汇兑关系,但上海的规元、汉口的估平皆逐日有直接行市,其他各埠均以申、汉行市为换算标准。行市有日洋、香洋、足宝、铜元和申汇、汉汇。南昌汇款到上海和汉口,按例以十五天为期,即期汇款加收利息,通常按十天计算。南昌汇款到汉口洋例,即以汉估平行市九八折合计算。④ 1924年后,当地规元行市等行情皆由附设于钱业公会下的汇划公所挂牌,以为全市交易之标准,并议定申汉汇票以15天例期等汇票买卖的标准。即汇划公所开具的规元价为半个月期的

---

① 郭先志:《吴城经济概括与本行业务之推动》,《经建季刊》,1947年第2期。
② 上海商业储蓄银行国内汇兑处编:《国内商业汇兑要览》,上海商业储蓄银行国内汇兑处1925年版,第203—207页。
③ 杨祖恒:《调查:南昌之金融》,《中央银行月报》,1933年第2卷第2～3期。
④ 上海商业储蓄银行国内汇兑处编:《国内商业汇兑要览》,上海商业储蓄银行国内汇兑处1925年版,第193—199页。

规元汇票,若买主急需规元,则可用做五日期汇票,但须照例期行市加上十日拆息。①

(四)河口

河口居饶水上游,为赣省产纸名区。纸张运销上海、汉口、浙江以及本省各地。其次,茶叶产值也颇丰。当地汇兑机关没有银行,仅有福利庄、信成庄、福康庄和厚大庄等钱庄。河口与上海、汉口、杭州、宁波、绍兴、南昌和九江都有直接汇兑关系。当地有规元行市、杭汇以及南昌通用洋行市,即河口与上海、杭州、南昌皆有直接行市。②

(五)抚州

抚州为赣东各县出产荟萃之地,出口货物主要有米粮、木竹、夏布、纸张等;进口货物有食盐、绸布百货、棉纱、麦粉、煤油等。当地通用平砝为抚平,20世纪20年代后抚平现银已成为一种虚本位,市面皆以现洋为本位。其中,尤以人洋为主,其他杂洋也流通。1925年前后,江西省的中国银行、江西银行、赣省银行、赣省公共银行以及九江的交通银行、中国银行两分行的钞票皆可通行,但因本地习惯用现洋,钞票的市面流通额不大,其价比现洋低水一二分。到1935年,中央、中国银行申钞,颇占优势。

1925年前后,本地金融汇兑机关除江西官钱号外,皆以钱庄为主,钱庄家数大小有四十余家。1935年,仅剩9家钱庄,营业亦寡淡。与抚州有直接关系的汇兑地点为福建省内的洋口、建瓯、将乐、邵武以及上海、汉口、南昌。本地交易也按照比期进行,有月底、月半之分。行市有申汉汇票和南昌英洋等。③

(六)樟树镇

樟树镇交通便利,水路可达吉安、赣州、南昌、九江等,公路可至广东。附近各县所产之米、豆、瓜子、橘子、土布等皆以樟树镇为集散地。而樟树

---

① 杨祖恒:《调查:南昌之金融》,《中央银行月报》,1933年第2卷第2~3期。
② 上海商业储蓄银行国内汇兑处编:《国内商业汇兑要览》,上海商业储蓄银行国内汇兑处1925年版,第207-209页。
③ 上海商业储蓄银行国内汇兑处编:《国内商业汇兑要览》,上海商业储蓄银行国内汇兑处1925年版,第210-212页;王其海:《吉安、赣县、抚州、玉山等四县商业金融概括》,《交行通信》,1935年第7卷第5期;《外埠金融:(一)金融概括:抚州》,《金融周报》,1936年第2卷第15期。

镇又为重要的药材市场。本地通用平砝有洋银和吴镜。吴镜为药材帮所使用的平砝。其他市面进出交易皆以洋银为本位。南昌中国银行、江西银行、赣省银行发行的一元、五元、十元银元券均可与国币一样使用。本地钱庄所出的铜元花票亦颇流通市面。当地汇兑机关有保成银行以及德生大钱庄、义茂隆钱庄、永仁钱庄、长安钱庄、义兴昌钱庄、元德钱庄、荫记钱庄等钱庄。樟树镇当地的直接汇兑地点有上海、汉口、九江、吴城、赣州、吉安和南昌。申票、汉票行市皆以南昌行市为标准，规元例期十五天。①

(七) 吉安

吉安，为赣南水陆转运之枢纽。当地农产品如米、谷、豆、茶、油、药、纸张等均有大量输出，故资金多内流，为汇款流入地。本地通用平砝为七三吉平，此平在清时用途极广，使用时论重量，不论银元数目，原定每73两合银元100元，因重量关系，每有合银元一百零几元至一百二十元。到民国九年即1920年，此平已完全取消，市面一律改银元为本位。"吉安市面，向以杂币为本位，中央钞及中国申钞约升水二三元不等。南昌若缺现，本地杂币价格随之提高。"②1924年因战事影响，当地现洋减少，后改以钞票为本位。1925年前后，中国银行、江西银行、赣省银行三银行所发行的江西钞票在本地皆可通用。1927年，中国银行第一次设分支机构。随后，上海商业储蓄银行、裕民银行等先后设立分支机构。"吉安各业往来，向以南昌为总汇，故对南昌汇款较多，每日有2万～3万元，上海、汉口次之。"③当地自1930年以来，所以钱庄均已停业，钱业公所随之解体，每日各银行分往各货铺兜售汇价，高低临时议定，无公定行市。省汇例期八天，申汇十五天，吉收杂币，南昌、汉口、上海各交现币。④ 吉安的申票、汉票行市悉以南昌行市为转移。

---

① 上海商业储蓄银行国内汇兑处编：《国内商业汇兑要览》，上海商业储蓄银行国内汇兑处1925年版，第213—216页；叶伟林：《樟树镇经济调查(卅七年十一月调查)》，《浙赣路讯》，1949年第482、483、485期。
② 《各地金融市况》，《中央银行月报》，1935年第4卷第1～6期。
③ 《各地金融市况》，《中央银行月报》，1935年第4卷第1期；《江西吉安经济概括》，《中国农民银行月刊》，1937年第2卷第1期。
④ 《各地金融市况》，《中央银行月报》，1935年第4卷第1～6期。

(八)赣州

赣州又名赣县,居赣江上游。木业为赣州当地大宗交易,年值三百余万元。其次为产于蓉江的冰花,即白糖,立冬前后上市,销售吉安、南昌、瑞洲、饶州、河口等地。1937年,当地出产最大为钨砂,年产数百万元,其款项汇拨由裕民银行经手。此外,尚有纸、竹、木等运销外埠,为数甚巨。市面通行的货币向以毫洋为大宗。当地汇兑机关主要是十余家钱庄。1937年,金融机构增加了裕民银行、交通银行等。与赣州有直接关系的汇兑地点包括吉安、南昌、吴城、九江、上海、汉口、南雄、韶州和佛山。1925年前后,当地汇兑行市有申票、汉估、吴票、南昌票、吉安票等。赣州当地钱业买卖申汉票以阴历每月初二、初七为交易日期。由赣汇申,例期为25天,如初二在赣出票,阳历二十七再申交兑。由赣汇汉,例期也为25天。由赣汇吴城,例期为13天,如初二在赣出票,阴历十五即吴城所称的中比日在吴交兑。[①]

四、河南、陕西等地对汉汇兑

河南汇兑在前清时,为晋商所经营之汇票庄独占。自邮政局及中交两家银行创办之后,势力骤为转移,近来殷实商号亦多有兼营汇兑者,前清省垣之汇票庄十余家,迄今仅存大德通一家而已。邮局汇兑之款概属小数,省垣之局,汇兑出入之数,每月得七万余元。各县邮局之营汇兑者为70余处,平均每月汇兑之数为三千元至六千元不等,汇费概收二分,颇称便利。中交两行汇兑之款,多系大宗,各行每月平均汇兑价额均20余万元,外县分行数家,每月汇兑数皆不过数万元,其汇费约为一分。至商号操汇业之重心者,省垣为大德通、福利元、万泉、长同、和裕、德泰号、大成号六家,尤以福利元及德泰最有势力,其汇往沪杭苏宁徐津京汉香港各埠者,每家可得70余万元。[②]

[①] 龚绍、汪子箴:《江西赣州经济概括》,《中国农民银行月刊》,1937年第2卷第1期;上海商业储蓄银行国内汇兑处编:《国内商业汇兑要览》,上海商业储蓄银行国内汇兑处1925年版,第219-223页。

[②] 《河南币制与汇兑》,《银行周报》,1919年第3卷第35期。

（一）许州

许州即武汉的许昌，后为河南的重要商埠之一。禹州药材须装车经许州出口，许州转运业因此发展。许州本地市面以烟叶为最盛，英美、南洋以及其他烟草公司均设庄收货，在当地烘干后转运沪汉。此外，山东帮及日商每年在此地购买桐木销往青岛。此外，每年盐款有 100 万～200 万元，均由钱庄调天津。本地为用款码头，但收款不多。1925 年前后，当地汇兑机关包括中国银行、河南豫泉官银钱局两家，以及 10 余家钱庄。当地无行市也无拆息，买卖以汉票为加减。本地通用平砝为许平。

许县以汉口为汇兑和资金运转中心，其对汉汇兑习惯迟期半月交付。1918 年 5 月 5 日通信，"本星期各钱庄由汉口运进现洋 2 万余元之谱，按往常阴历月半或月底，各钱庄皆系交汉口以抵洋纱款，因此月内元丰蛋厂与和记洋行立出汉票甚多，然该票者系洋例银，在汉迟半月期交款，在此地按许平六钱八分五厘买洋，其利较日息尚厚，故各钱庄争先揽做，不徒本月底街市汉款相抵，而汉埠款项尚有余者，故福兴公、福瑞久等号皆在汉以洋例银买洋运现来许"①。当地的直接汇兑地点包括上海、汉口、天津、郑州、开封、洛阳。本地收售各处银两，不论何种平砝，均先合成许平，然后按价合洋计算。如每千两洋例银合许平九百五十两五钱七分，汉口洋厘行市为七钱一厘二毫五丝，以此两数相乘计，每汉洋一元合许平六钱六分六厘五毫八丝七忽。② 棉纱经汉口运往许县，许县现款运往汉口。漯河、益昌银号来许售出津票两万元，福兴公做进周家口收款两万余元。③ 每年六七月间，许州新麦上市，"京津粮客在河北一带采办者甚多，故津款申涌，许县因银紧不足敷用，多有持津票来许兑现者，是以用津款者易于收买也"④。许州市上丝绸大半运往俄国或由上海转销，"其运往俄国货款均系调抵天津，势必支用津申汇票，求售现洋，运赴鲁南镇等处购丝，再以此处钱铺，大多兼营洋纱、棉花等业，花纱均在汉销售，势必支

---

① 《各埠金融及商况》，《银行周报》，1918 年第 2 卷第 20 期。
② 上海商业储蓄银行国内汇兑处编：《国内商业汇兑要览》，上海商业储蓄银行国内汇兑处 1925 年版，第 418—423 页。
③ 《各埠金融及商况》，《银行周报》，1918 年第 2 卷第 3 期。
④ 《各埠金融及商况》，《银行周报》，1918 年第 2 卷第 31 期。

用汉票,以资挹注"①。

(二)漯河

漯河为京汉路郾城县站名,是一乡镇码头,交通便利,商务繁盛。当地出产以杂粮为大宗,每年由火车运出者为七八千车,通年交易不断。本地通用平砝为漯平,但20世纪20年代后改为银元本位,漯平成为名目而已。本地无洋厘行市,进出皆以银元为本位。1925年前后,当地有中国银行、盐业银行、河南省银行,其中盐业银行代收盐款,其他银行作津汉汇票生意。钱庄为十余家,除存放款外还兼营其他业务。漯河当地无钱业公所,也无钱洋行市。每遇交易,均照汉口厘价,看当地现洋之宽紧,加以伸缩。即铺户往来,亦凭买卖汉票,扣其汇水。交易行市没有计拆息者,次之天津、北京、上海略有汇兑,然通盘市面仍操之于汉口。漯河直接通汇地除汉口外,还有周家口、信阳、许州、叶县。② 1937年,因漯河为粮商云集之地,故货款汇兑甚繁,而以郑、汉、平、津、济等处汇款为多。其中,以票汇较为普遍,票汇信汇每千元收手续费1元,电汇除手续费3元外,每千元另收手续费1元。汇兑制度沿袭至今未革除,因各处办货驻庄,临时出给外埠汇票,由当地中国银行、各银号商铺等购入,随金融宽紧,贴给利息③,有利于金融周转。

(三)周家口

周家口,简称周口,为豫东重镇,介于淮阳、西华、商水三县之间,素称水陆交通之地。当地出产以牛羊皮、芝麻、金针菜为最旺,以销往汉口为大宗;小麦、杂粮以销往天津、北京为多。清代汇兑机关主要是9家山西票号,和大清银行、交通银行2家银行。各处汇兑消长、汇票供给,足以调剂金融。因周家口贸易以过境贸易占大半,故本埠与各埠金融汇兑往来密切,以汉口最多,天津、北京次之,上海、六安再次之。进入民国后,金融机关歇业较多,商民汇兑一项,收交互抵,名曰顶汇。收汇者和汇款者,均

---

① 《各埠金融及商况》,《银行周报》,1918年第2卷第39期。
② 上海商业储蓄银行国内汇兑处编:《国内商业汇兑要览》,上海商业储蓄银行国内汇兑处1925年版,第423—425页。
③ 《经济新闻(三):各地金融——漯河》,《中国农民银行月刊》,1937年第2卷第4期。

感不便。来办货的客商,均出期票,由银行购买或寄各该付款地对期收交。① 1922年3月18日通信:"周口近日汇款仍不多,盖以阴雨多日,百货滞销,各商未敢远赴他埠购办新货。是以只有盐款、煤油、纸烟之汇款,未曾间断。此则,购粮及皮张者所出期票亦络绎未绝。"②

清代,通用平砝为口南平,20世纪20年代后银两平砝已废除,市面上概以银元为本位。中、交两行纸钞因受挤兑风潮影响,纸币信用也受影响。1925年前后当地汇兑机关有中国银行、盐业银行和德恒祥银号、聚元昌银号。直接汇兑地点包括汉口、漯河、郑州。当地行市只有银元钱盘一市,其他洋厘等行市久已废除。如遇交易,则以汉口市价作准(汇兑行市,以汉口为准)。③

(四)信阳

信阳为京汉路河南省内最南之站。当地出口交易以米为大宗,黄豆、芝麻、竹叶、牛皮次之。进口交易以煤炭、煤油、食盐为大宗,木料、纸张、砂糖次之。1925年前后,本地通用货币以国币,站人、北洋等龙洋最为通用,江南广东造币厂机器局的杂洋须贴水,双铜元也通用,制钱用以找给尾数。中国、交通两家银行汉口分行的钞票与现洋一律通用,并无折扣或升水等情况。1935年,本地最流行的纸币,为河南农工银行、中央银行、中国银行、交通银行、中南银行、中国农工银行钞票,又以沪、汉两地名者为佳,北平、天津者次之。④ 当地向无钱业公所,钱庄逐日亦无行市,所有各项行情,均以汉口市价涨落为准。⑤ 1925年前后,当地汇兑机关有盐业银行代理处、同盛钱庄、福信钱庄、义生钱庄和谦益钱庄。信阳直接汇兑地点有汉口、郑州、许州。交易概以银元为主,如以洋兑银,则随汉口行市而定。⑥

---

① 《周家口商业金融调查记》,《江苏实业月志》,1922年第41期。
② 《各埠金融及商况》,《银行周报》,1922年第6卷第11期。
③ 上海商业储蓄银行国内汇兑处编:《国内商业汇兑要览》,上海商业储蓄银行国内汇兑处1925年版,第425—427页。
④ 《河南各县社会调查》,《河南统计月报》,1935年第1卷第8期。
⑤ 《各埠金融及商况》,《银行周报》,1917年第1卷第10期。
⑥ 上海商业储蓄银行国内汇兑处编:《国内商业汇兑要览》,上海商业储蓄银行国内汇兑处1925年版,第428—429页。

第十一章　一级汇兑中心与区域市场　　355

（五）驻马店

驻马店因京汉铁路通过后，成为各处杂粮转运之地，有转运公司十余家。钱庄七八家，银行办事处三家（中国、盐业、河南省银行）。[①] 1925年前后，本地通用货币以国币，湖北大清银币站人最为通用，十文、二十文、五十文铜元也较通用。本地无通用平砝，用银时以洋例银为主。汉口中国、交通、中南三银行钞票最多，与现洋一样通用，汉口外国银行钞票少数也可通行。当地汇兑机关有中国银行、盐业银行和其他四家钱庄。驻马店直接汇兑地点有汉口、天津、上海。本地行市均以汉口为标准。[②] "驻地虽然日用二三万元，而银根甚松，月息不过一分。查各号帮出有汉票洋例计四十余万两，八天期票贴现者价七钱另一二厘左右，由汉口运米约计洋二十余万元。近来天成、福和两家，在汉口河南省银行汇兑从阴历三月至四月半，逢五逢十对交银元约在十万元。刻下，汉口洋例日渐起色，驻地票贴现者，亦随汉市增加。"[③]

（六）光州

光州又名潢州，交易以大米为大宗，小麦次之，通年交易二百余万元。本地通用平砝为漕平加二二，但久已废除，市面交易以银元为本位。中国、交通两家银行汉口分行所发行的钞票可与现洋一样通用，其他各省钞票不能通行。当地汇兑机关有益大钱庄和邮务局。光州只与汉口有直接汇兑行市，本地交易概以银元为主，如以洋易银，则以汉口市价为标准。[④]

（七）陕西西安

关中、汉中等处的棉花，每年阴历八月之后沿黄河驳运至郑州销售，每年产值为三千余万元。羊皮、牛皮、羊毛、桐油、药材等土货产值亦在二

[①] 《驻马店商业之调查》，《银行杂志》，1923年第1卷第1期。
[②] 上海商业储蓄银行国内汇兑处编：《国内商业汇兑要览》，上海商业储蓄银行国内汇兑处1925年版，第430—432页。
[③] 《金融市场：最近汉口及各地之金融状况——驻马店（三月三十日）》，《银行杂志》，1924年第1卷第12期。
[④] 上海商业储蓄银行国内汇兑处编：《国内商业汇兑要览》，上海商业储蓄银行国内汇兑处1925年版，第432—433页。

千八百万元左右。进口货物以杂货、匹头、大布等各项舶来品为大宗。当地金融机关有中国银行、交通银行、陕西省银行等七八家银行,以及几十家钱庄。① 西安与上海、汉口、郑州、天津和兰州有直接汇兑关系。省内汇兑包括宝鸡、凤翔、南郑等地。② 汇兑行市有申票、汉银票和汉洋票行市。汇兑行市忙时与闲时相差较大,且偏远地区更难得准备之市面。申票和汉银票皆须内扣一定数目的汇水,汉洋票则加汇水一定数目。例如,每汇申规元1 000两在陕收陕议平952两(规元与陕议平的比例数目),须内扣去汇水90两。汇汉洋例每千两在陕应收陕议平983两,内扣去汇水90两。汉洋票则为汇汉口每千元在陕收1 010元。③

(八)三原

清代,当地的汇兑机关以票号为主,具体为蔚长厚、蔚泰厚、大德通、天成亨、百川通、协同庆、日升昌、大德恒等。钱庄依附票号,为货商和票号介绍汇兑拨款业务。④ 到1925年,当地的汇兑机关仅中国银行一家。直接通汇地有西安、汉口、天津和上海。汇兑行市有汉票、申票和西安票。三原的汇款,汇出以布商为主,每年300万元以上;汇入则药材、棉花、羊皮等,每年平均400万元。三原汇兑,经银行经营后,无论汇出与汇入,皆贴期三个月。票号经营汇兑时,不以汇水计,而以月息计。三原的汇兑,不论汇往何处,一向以两平相抵为惯例。如汇汉口1 000两,在三原交泾布平1 000两,汉口收洋例1 040.35(即泾布平与洋例银的比例定价数),汇水外扣。汉票为,每汇汉口1 000平换平扣汇水85两。申票为,每汇申1 000平换平扣汇水90两。西安票为,每汇西安1 000平换平扣汇水3两。换言之,三原的申票、汉票、西安票等汇兑行市变化的是汇水,两地平与平之间的数目按例定数目计算。三原的汇兑交易均为对期交易。⑤

---

① 《西安市商业暨陕西省金融概况》,《中央银行月报》,1935年第4卷第7~12期。
② 《各埠金融市况》,《中央银行月报》,1935年第4卷第7~12期。
③ 上海商业储蓄银行国内汇兑处编:《国内商业汇兑要览》,上海商业储蓄银行国内汇兑处1925年版,第435—439页。
④ 《秦行调查三原商业报告书(民国四年三月)》,《中国银行业务会计通信录》,1915年第5期。
⑤ 上海商业储蓄银行国内汇兑处编:《国内商业汇兑要览》,上海商业储蓄银行国内汇兑处1925年版,第440—444页;《秦行调查三原商业报告书(民国四年三月)》,《中国银行业务会计通信录》,1915年第5期。

第三节　以香港为中心的华南汇兑市场

一、香港

香港主要的经济活动为货物进口及转口贸易。香港不但是中国内地与世界各地贸易的桥梁，更是远东地区与太平洋区域贸易的桥梁。

香港与上海有着直接行市，上海是内地各埠与香港之间的转汇地。厦门与上海有直接行市，无须经香港转汇，与香港也有直接行市。广州与香港、上海、汕头及国内外均可通汇，汇往天津等各埠均以上海为转移。汕头直接汇兑地点包括上海、香港有汇兑行市，但汕埠香港、上海汇票行情涨落，向以港埠申电行情为标准。福州与上海、香港逐日均有直接行市。昆明因外贸关系，其商业汇兑以香港和上海为中心。

香港与伦敦、纽约、日本、印度、澳大利亚、仰光、新加坡、爪哇、安南、小吕宋等地皆有密切联系。国内如上海、天津、汉口、东三省等处，其中尤以上海为往来最盛。上海与香港间的往来汇兑一项，一年中通常计算总数在 8 000 万元至 1 亿元之间。香港的大宗营业如米粮、油豆、花纱、丝绸、牛皮、铅锡、酒、烟、茶等均由国内各地汇集而来。

1919 年，本地有银铺 100 多家，承做汇款者 20 余家，其余只做存贷款业务。① 1925 年前后，当地汇兑机关有中国银行、东亚银行、广东银行 3 家华商银行，汇丰银行、渣打银行、有利银行、正金银行、台湾银行、运通银行、万国银行、友华银行、荷兰银行、道胜银行、法兰西银行 11 家外商银行，以及瑞吉银铺、大有银铺、永德银铺、锦荣银铺、公昌银铺、鸿德银铺、维德银铺 7 家银铺。直接汇兑地包括上海、广州以及英美日等国。但香港与天津、汉口、镇江、奉天等内地各埠汇兑行市，须以港纸行市（港纸每元与规元间的比价）和各地申票行市为换算转汇，即上海是内地各埠与香

---

① 《各埠金融及商况》，《银行周报》，1919 年第 3 卷第 13 期。

港之间的转汇地。① 南洋汇款也经由港转汇厦门等地。②

香港申汇以汇丰银行等外国银行、各行杂盘和本埠银钱业经营为主。1919年7月20日通信,申电洋汇本星期成盘有70余万两。7月27日通信,申电洋汇本星期各行成盘有90万两。8月3日通信,申电洋汇本星期汇丰先后沽出50余万两,杂市成盘有30余万两,本埠银业家抛空沪款60余万两。8月10日通信,申电洋汇本星期成交不过20余万两。③ 1920年1月11日通信,本星期申电洋汇,查银行卖出计汇丰150余万元,渣打14万元,安达40万元,万国10万元,有利6万元,荷兰15万元,友华30万元,道胜15万元,杂电约50万元,共约330万元。申汇旺盛,银行卖出如此之多,因沪上有大宗银根进出,沪先令忽行活跃,银行乃能大做申汇。而金货来港转输南洋新加坡各埠,或有利用机会,得将现金挹注,故买卖双方供求均能适应。④

二、厦门、广州、汕头等地对港汇兑

(一)厦门

厦埠土产较少,为一运销码头,输出品以福建、泉州等地红茶、纸料、烟丝、蔗糖为大宗。相较出口,南洋等地的洋货进口极为繁盛。早在1918年,本埠汇兑,向以南洋和香港、上海为大宗。1925年前后,当地的汇兑机关有中国银行、中南银行、厦门商业银行、汇丰银行、台湾银行、新高银行以及14家钱庄和4家吕宋(菲律宾)汇兑信局。吕宋汇兑信局主要与南洋各岛有直接汇兑关系,经营侨汇业务。与厦门有直接关系的汇兑地点有上海、香港、汕头、福州、吕宋以及南洋诸大埠。⑤

厦门以南洋侨汇最为繁盛。"厦埠地处海滨,居民以华侨为多,商务

---

① 上海商业储蓄银行国内汇兑处编:《国内商业汇兑要览》,上海商业储蓄银行国内汇兑处1925年版,第477—483页。
② 《各埠金融及商况》,《银行周报》,1922年第6卷第1期。
③ 《各埠金融及商况》,《银行周报》,1919年第3卷第31期。
④ 《各埠金融及商况》,《银行周报》,1920年第4卷第4期。
⑤ 《各地金融市况》,《中央银行月报》1933年第2卷第1期;上海商业储蓄银行国内汇兑处编:《国内商业汇兑要览》,上海商业储蓄银行国内汇兑处1925年版,第499页。

以洋郊为最盛,每届阴历年关,南洋各埠汇款来厦数,达百余万元,六年以来既因汇水关系,洋款汇厦,十无二三。"①即欧战以来,南洋汇水一落千丈,南洋银信局等汇兑机构也因此受损。厦门各钱庄通过香港购买申票。若港埠申兑频频迭涨,本埠钱业争采港汇,往购规元。② 内汇行市主要包括申票、香票(港票)。1918 年 4 月 5 日通信,"厦门本星期申票叠降至1 774 元,香票叠升至 965 元,查其升降原因,缘各钱庄多往香港订购申票,现已届期,须采香票寄香转采申票,故香票市旺而价涨,申票市疲而价跌也"③。厦门钱业争相采买香票寄香,采买小洋。④ 金融机构和商号通过申票买卖,以周转现洋。1919 年 3 月 24 日通信,"厦埠商况冷淡,申票销路既微,票价叠跌,而银根亦日告紧急,各钱业家乃将申票汇申,转采现洋运厦,以资周转"⑤。

(二)广州

广州为我国南部一大商埠,粤汉铁路和广九铁路连接广州与汉口、香港九龙。当地以蚕丝为出产品大宗,交易旺季为每年阴历三月至九月,总价约港纸八千余万元,多运往英、美、法三国销售。

当地汇兑机关有东亚银行、广东银行、远东实业银行、国民银行、广东储蓄银行、嘉华储蓄银行、大中储蓄银行 7 家华商银行,汇丰银行、渣打银行、汇理银行、华南银行、万国银行、友华银行、台湾银行 7 家外商银行,以及本地二百余家在国内各埠有直接汇兑机关的银店。对于申汇,听从港纸行市。其他各省,须听从上海行市转汇。⑥ 省地进口各货,各商店买单汇港,由港转汇各处居多。⑦

(三)汕头

汕头当地交通便利,有潮汕铁路连接潮安与汕头,海道航线连接香

---

① 《各埠金融及商况》,《银行周报》,1918 年第 2 卷第 7 期。
② 《各埠金融及商况》,《银行周报》,1922 年第 6 卷第 1 期。
③ 《各埠金融及商况》,《银行周报》,1918 年第 2 卷第 15 期。
④ 《各埠金融及商况》,《银行周报》,1919 年第 3 卷第 5 期。
⑤ 《各埠金融及商况》,《银行周报》,1919 年第 3 卷第 12 期。
⑥ 《广州之通用货币及其汇兑计算法》,《银行周报》,1918 年第 2 卷第 26 期。
⑦ 《各埠金融及商况》,《银行周报》,1921 年第 5 卷第 14 期。

港、广州、福州、上海等地。当地出产以糖为大宗,多运往上海转销皖省各地,每年经营约值洋四百万余元。揭阳和溯阳的漂白与本色两种夏布每年秋后装运到上海转销高丽等地。产自潮安等地的柑子销往上海、香港、暹罗、新加坡、安南等地,每年产值约值洋 200 余万元。此外,如枫溪、高坡的瓷器以及抽纱、花边等通年营业额也较多。每年农历三四月间,"以米市为大宗"①。

当地金融机关有中国银行、台湾银行和广东官银号及四五十家钱庄。当地的银庄,均发行直平七兑票。直接汇兑地点包括上海、香港、广州、福州和厦门。汇兑行市有申票、香票等。但汕埠香港、上海汇票行情涨落,向以港埠申电行情为标准。申电之起伏,以世界银价贵贱为转移。②汕头、香港、上海间汇兑关系受金银价格变动影响较大,"缘汕埠进出口货物,进口超过出口,偿还进口货之代价,悉赖汇票"③,故汕头金融机关往往根据沪、汕、香三地的利息高低等行市,进行汕收香交再由香转申交的买卖。同时,旧历年关之际,南洋票款少到,洋商须用香票归欠货款,香票用途增多,香票价随之增高。④汕头市面之消长、金融之缓急,全视乎海外华侨事业与否。每年年关将近,南洋各埠寄来香港汇票较往日增多,本地行商结账款亦巨,以致现底看燥,银根看紧。⑤申票例期为见票迟 5 天。

(四)福州

福州居闽江下游,为闽北各县货物的集散地;东临大海,为沪、粤交通的中枢,亦为全省对外贸易的重镇。商业繁盛时,进口数额高达 10 900 余万元,占全省对外贸易 60% 以上。⑥

1925—1927 年,当地汇兑机关有中国银行、华南银行 2 家华商银行和汇丰银行、台湾银行、美丰银行 3 家外商银行以及 20 多家钱庄。⑦福州

---

① 《各埠金融及商况》,《银行周报》,1918 年第 2 卷第 17 期。
② 《民国九年汕头之金融概况》,《银行周报》,1921 年第 5 卷第 6 期。
③ 《各埠金融及商况》,《银行周报》,1920 年第 4 卷第 4 期。
④ 《各埠金融及商况》,《银行周报》,1919 年第 3 卷第 3 期。
⑤ 《各埠金融及商况》,《银行周报》,1920 年第 4 卷第 4 期。
⑥ 《福州金融之剖析》,《银行周报》,1935 年第 19 卷第 41 期。
⑦ 《福州金融近况》,《中外经济周刊》,1927 年第 219 期。

的直接通汇地有上海、香港、厦门、汕头和广州,其中上海、香港逐日均有直接行市。福州汇兑起伏行情全视港埠申兑高低为标准,港埠申兑看涨,则福州港汇随之亦高。1920年,福州各外国银行因洋茶景况萧条,汇兑一途非常寂寞,中法、汇丰两家银行全年售出香港汇票150余万元,买进规元尚不及40万两。[①]

(五)昆明

当地的商业汇兑,因仰光和香港为其商贸往来的出入口而与港汇兑最为繁盛,其次为上海。当地土货均由仰光出口,货款则汇往香港或上海,以做经济调拨之用。此外,昆明内汇还以重庆、汉口等地为主要调剂地。当地汇兑机关有富滇银行、殖边银行、法国汇理银行以及富春恒钱庄。

第四节 以苏浙为中心的长三角汇兑市场

江苏、浙江两地的金融机构分支机构和汇兑所分布最为密集,通汇区域延伸较广,各大小商埠几乎皆可通汇。镇江、杭州、宁波等地亦成为相应的汇兑中心。

一、以镇江为主的汇兑中心

镇江当地汇兑以沪汉为多,其他各埠以上海为转移。盐城、东台、泰县、扬州、六合等地又以镇江为中心。徐州先以镇江为本位,后以上海为本位。淮安汇兑以清江浦、扬州和镇江为主,主要参照镇江行市。安徽寿县、正阳关、清江浦亦以镇江为中心。而新浦、板浦又以清江浦为核心。芜湖、六安亦以镇江为中心汇兑区域。庐州又以芜湖行市为标准。

(一)镇江

镇江处运河和长江交汇之地,为南北货物集中之地。但自沪宁、津浦

---

① 《各埠金融及商况》,《银行周报》,1921年第5卷第8期。

通车后,以往由水道运输的货物,皆由火车运输。① 镇汇每年正月、二月、三月汇出汉口洋例银,于五六月间汇进上海规元,故当地汇兑以沪汉为多。此外,淮河运来的杂粮北货皆在本地转口,与本地无直接的商业往来关系。

当地汇兑机关有中国银行、交通银行、江苏银行、典业银行、上海商业储蓄银行5家银行和28家钱庄。镇江与南通、扬州、泰州、东台、姜堰、溱潼、盐城、兴化、海安、清江、淮城、高邮、十二圩、六合、仙女庙均能直接汇兑。镇江除与上海和汉口有直接汇兑行市外,其他地域皆以上海为转移。镇江汇广东,以镇规元行市和申毫洋行市为转移,即以上海为转移。②

(二)盐城

清光绪年间,本地为杂粮、豆油荟萃之区,一切出入均以关纹为主。邻近高邮、宝应、兴化、东台各县均用扬平二七宝,故盐城除豆油交易仍用关平外,其他交易也逐渐采用扬平二七宝。中交两行所发行的本省钞票皆可与现洋一样通行。当地汇兑机关有交通银行汇兑所以及其他四五家钱庄。盐城与上海、淮城、南京、清江浦、镇江、扬州、通州、宝应以及邻近各县均有直接汇兑关系。盐城与上海间的汇兑,参照镇规元行市进行计算。

(三)东台

当地出产以麦、稻、食盐、棉花为大宗。市面的兴衰全视出产之丰歉为转移。小麦和大麦在芒种前后登场,稻在立秋之后上市。白露前后棉花出产,多销往上海、南通一带。外商货物来往采购居多,且多由行家代理买卖。本地没有平砝,用银时多借用扬州的扬平二七宝为本位。铺户汇款则用镇平二四宝。但镇平二四宝和上海规元等均根据扬平二七宝进行升降。当地行市包括洋厘和申汇行市,但申汇行市是参照镇规元行市进行折算,即先将本地扬二七宝银折合成一定数目的镇二四宝,再按照镇

---

① 《各埠金融及商况》,《银行周报》,1921年第5卷第3期。
② 上海商业储蓄银行国内汇兑处编:《国内商业汇兑要览》,上海商业储蓄银行国内汇兑处1925年版,第36—46页。

规元行市进行汇兑。本地无银行，只有恒生钱庄内附设交通银行的本省钞票兑换处。此外，本地各钱庄所发行的钱条、洋条在本地及其附近产盐区，价同现款，流行已久。当地汇兑机关有十多家钱庄和盐垦汇兑所。直接汇兑地点包括上海、镇江、扬州、樊川、仙女庙、泰县、姜堰、南通、如皋、白蒲、海安、盐城、阜宁、兴化、邵伯、高邮、淮安、清江浦、宝应等处。①

（四）泰县

本地没有银两的通用平砝，用银时均借用扬二七宝平，但市面并无此实银，此平仅为过账之虚拟银而已。中、交两行委托谦益丰等钱庄为钞票的代兑机构，故中、交两行钞票在当地也可使用。当地汇兑机关包括谦益丰钱庄、永丰钱庄、熙记钱庄等金融机构。泰县与镇江、扬州、东台、盐城等地有直接汇兑关系。泰县洋厘进出，皆照扬州行市。而买卖规元则全由镇江进行调拨，故行市高低概以镇元为标准。由泰汇申例期为见票迟13天。

（五）扬州

扬州商务首推盐业，运商、食商、场商三宗，每年盐本及税款共在千万元以上。如盐税有大宗款项入上海，则当地汇出增多。扬州旧式金融机关主要是票号、钱庄，经营盐务存、贷款以及汇划业务。1913年，中、交两行同时在扬州筹设分行。到1925年左右，当地汇兑机关有中国银行、交通银行、盐业银行和中国实业银行4家银行以及20多家钱庄。扬州与上海、苏州、无锡、常州、丹阳、南京、镇江、九江、汉口、芜湖、南通、泰州、东台、姜堰、潼溱、盐城、兴华、海安、清江浦、淮安、高邮、氾水、十二圩、仙女庙等地皆有直接汇兑关系。本地汇兑行市有规元行市。当地买卖上海规元，须以镇江规元行市折合（先以本地银折合镇银之数，再采用镇规元行市）计算，由扬州汇上海例期为迟九天。当地盐商通过买卖申汇，进行款项进出。②

---

① 上海商业储蓄银行国内汇兑处编：《国内商业汇兑要览》，上海商业储蓄银行国内汇兑处1925年版，第106—113页；《大批东台棉运沪》，《纺织染周刊》，1938年第3卷第13期。
② 上海商业储蓄银行国内汇兑处编：《国内商业汇兑要览》，上海商业储蓄银行国内汇兑处1925年版，第80—84页；沈筱秋：《扬州之金融机关》，《银行周报》，1919年第3卷第49期；《扬州：金融大势》，《中央银行旬报》，1931年第3卷第21期。

（六）六合

六合当地出产以粮食为大宗，多运往上海、无锡、浦口以及南京、镇江等地。本地习惯借用镇平二七宝为本位，往来厘价均以镇江行市为主。中、交两行所发行的江苏、上海、南京、浦口等地的钞票在六合市面均可通行，但因为尚无兑现机关，遇洋用畅旺之际，钞票须贴水使用。当地买卖粮食交易中，钞票尚不能通用。当地汇兑机关没有银行，仅包括和记钱庄等6家钱庄。六合与上海、无锡、常州、镇江、南京皆有直接汇兑关系。如汉口、九江、芜湖、苏州等地的汇兑均由南京、镇江转汇。六合市面无行市，其与上海之间的汇兑皆以镇江规元市价和洋厘市价为标准。当地规元例期兑出迟10天，收进迟3天或5天不等。①

（七）徐州

徐州交通便利，铁路运输较盛。当地出产的小麦、花生、瓜子等物可达天津、河南、无锡、常州、上海等地。土产交易旺盛之际，客帮来徐调现络绎不绝，本埠商家需款亦多，金融活跃。旧历新年，各庄号多备现款汇往沪苏镇宁等处，开往来账户。②"此间进口日用各品均运自申镇等埠，需用规元求过于供。"③而当地收进规元，同业调往津青二埠居多，济申次之。④ 汇出汇款以上海、青岛、天津、济南为多。徐州在津浦铁路和沪宁铁路开通之前，当地均以镇江二七宝银为本位，在铁路修通之后则改用上海九八规元为本位。1925年前后，当地汇兑机关有中国银行、交通银行、江苏银行、徐州中华国民银行和平市官钱局。徐州与上海、天津、济南、南京、镇江、无锡以及其他各大商埠均有直接汇兑关系。当地有规元行市和洋厘行市。⑤

---

① 上海商业储蓄银行国内汇兑处编：《国内商业汇兑要览》，上海商业储蓄银行国内汇兑处1925年版，第84—87页。
② 《各埠金融及商况》，《银行周报》，1921年第5卷第8期。
③ 《各埠金融及商况》，《银行周报》，1921年第5卷第6期。
④ 《各地金融市况(11月份)》，《中央银行月报》，1932年第1卷第1～5期。
⑤ 上海商业储蓄银行国内汇兑处编：《国内商业汇兑要览》，上海商业储蓄银行国内汇兑处1925年版，第87—90页。

（八）淮安

本地出产以小麦、豆子为大宗。每年小麦、豆子登场之时，南方各埠均汇款到淮安来采购货品。此时，淮安市面现洋用途大增，洋厘高于扬州和镇江行市。如贴现用款，则贴费每千元自3元到8元不等。江苏省本省中、交两行所发行的钞票可在淮安市面通行，但每遇现洋奇燥，因当地无兑现机关，纸币使用较为不便，故钞票每千元升水1元至7元不等。本地通用平砝为淮平二六平。当地汇兑机关仅鼎泰钱庄、源和钱庄和宝盛钱庄3家钱庄，其中鼎泰钱庄为清江浦交通银行的代理机关，其汇兑较为发达。淮安与清江浦、扬州、镇江有直接汇兑关系，其他各埠均由清、扬、镇三处转汇。当地洋厘向来根据清江浦、镇江等地的行市为转移。淮安当地向申汇兑，先以淮二六宝折合镇二七宝为本位，再减去镇燥两数得镇二七宝若干两，然后以镇规元行市计算所汇规元两数。①

（九）安徽寿县

寿县出产以黄豆为大宗，芝麻、小麦、食米次之。每年5月到9月为交易旺季。本地无平砝，用银时均借镇江二七宝银进出。当地无发行钞票的机关，流通纸币包括少数的中国银行发行的安徽券，其他钞票一概不通行。当地汇兑机关仅森昌钱庄一家金融机关。直接关系汇兑地点有蚌埠、临淮、济南、天津、南京和上海。本地行市全照镇江为标准。②

（十）安徽正阳关

黄豆为正阳关当地的大宗交易。芝麻、米麦次之。豆、豆油及芝麻运销上海、无锡、常州、南宁一带。米麦运销北京、山东等地。本地钱业交易用银时，均借用镇江二七平，本地向无平砝可言。当地没有发行钞票的机关，外地钞票在本地流通也较少。当地汇兑机关包括汇源钱庄和泰生兴钱庄。具有直接关系的汇兑地点有上海、镇江、南京、蚌埠、济南、天津和

---

① 上海商业储蓄银行国内汇兑处编：《国内商业汇兑要览》，上海商业储蓄银行国内汇兑处1925年版，第95－98页。
② 上海商业储蓄银行国内汇兑处编：《国内商业汇兑要览》，上海商业储蓄银行国内汇兑处1925年版，第187－189页。

汉口。本地行市均以镇江为标准。①

（十一）清江浦

贸易以盐务为大宗，往来盐款营运进出每年在300万～400万元；粮食如遇丰年，进出也在数百万元。本地出产的小麦多运销无锡、上海一带。黄豆多半销往常州。此外，还有活猪、鸡蛋等产品每年出口亦达100万元左右。②当地钱业公所每日午时12点开市，下午1～2点下市。银洋行市以镇江行市为标准。银两虽通行浦平二五宝银，但现银稀少，皆由镇江汇划。规元一项，向无市价，如有使用，由镇江钱庄代办，按镇江市价计算。1925年前后，当地汇兑机关有中国银行、交通银行和平市官钱局以及7家钱庄。直接汇兑地点有扬州、镇江和淮安，其他各埠汇兑均由扬州和镇江转汇。汇兑行市仅镇票行市。③

（十二）新浦

新浦以油饼（豆油、豆饼）、粮食为大宗，秋冬之际豆饼畅销，收入有百余万两之巨。客商均带规元票来采办。④中国银行淮北流通券流通较多，交通券次之，其他银行申钞亦有少数流通，平市官钱局发行的钱票流通性较好。此外，本地钱布店及杂货店所开出的钱票也可流通。但"商人赴乡采办，必须携带现币"⑤。1925年前后，本地没有专营汇兑的机关，外帮客商采办豆粮等货物所带来的上海申票，均由当地代客买卖的行庄所收，寄上海归款。本地无钱庄，更没有公所，也无行市。如行家代客买卖上海规元，均须依照清江浦钱业公所的行情为标准，以钱价匡算再由钱价合成银元进行交易。⑥"1933年9月份，申汇即期约在1.5元以下，3天期约0.8元，5天期平。青岛即期为1.5～2元，5天期为0.8～1元。山东

---

① 上海商业储蓄银行国内汇兑处编：《国内商业汇兑要览》，上海商业储蓄银行国内汇兑处1925年版，第189—190页。
② 《各埠金融及商况》，《银行周报》，1918年第2卷第18期。
③ 《清江浦之通用货币及其汇兑计算法》，《银行周报》，1918年第2卷第50期；上海商业储蓄银行国内汇兑处编：《国内商业汇兑要览》，上海商业储蓄银行国内汇兑处1925年版，第91—92页。
④ 《新浦通车后之商况调查》，《钱业月报》，1926年第6卷第2期。
⑤ 《各地金融市况》，《中央银行月报》，1935年第4卷第1～6期。
⑥ 上海商业储蓄银行国内汇兑处编：《国内商业汇兑要览》，上海商业储蓄银行国内汇兑处1925年版，第98—100页。

帮采办不多,故青票市上稀少。① 1935年,汇兑行市间以青汇为多,变化较大。"②

(十三)板浦

本地产盐甚富,多转销皖、豫。1925年前后,当地汇兑机关仅中国银行1家银行以及7家钱庄。中国银行是由清江浦支行代转各钱庄的代兑机构,板浦本地的中国银行除与清江浦同行往来代汇外,还可直接由扬州或镇江的中国银行往来代为汇兑。本地钱业同行没有公所,其洋厘和钱价行市均以每日清江浦发来的公电为标准,本地洋厘每元约照公电行市加3~4厘,钱价每串加4~5厘,汇兑交易均以银元计算。

(十四)芜湖

芜湖为安徽省内一重要港口,为贸易的一大重地。内地河道可达宣城、南陵、合肥,陆路可经庐州达六安,交通便利。当地市面以米谷为大宗,潮帮、宁帮、烟台帮等商帮来当地采办③,运销江、浙两省销售。其次为丝、茶、木、麻、绸缎等品。芜湖的汇兑机关最早为山西的三晋源和日升昌票号。接着,先后成立了30多家钱庄,以及裕宁、裕皖两官钱局和大清银行。从清末民初到1925年前后,当地汇兑机关有中国银行、交通银行2家银行和其他6家钱庄。到1934年,当地有11家钱庄和6家银行。主要代各商号汇往沪、汉等埠进货之款。芜湖可与上海、汉口、南京、镇江等沿江口岸直接汇兑。芜湖以汇往上海为最多,因各业进货以上海为最多;且各银行代收美孚、亚细亚石油款;英美烟公司、南洋烟草公司烟款,太古糖款,以及中央代收税款,也均汇往上海。芜湖申票例期为迟期7天,申交芜收,照市价除二两,则迟期5天。④ 1918年5月25日通信,芜湖"本星期银根仍舒,连日扬镇钱庄放与此间庄家定期款四五万,价8.5两,期订6个月。规元价9.69两,未见变动,龙洋价0.706,因申市洋厘稍松,茧

---

① 《新浦:金融大势》,《中央银行月报》,1933年第2卷第10期。
② 《各地金融市况》,《中央银行月报》,1935年第4卷第1~6期。
③ 《各埠金融及概况》,《银行周报》,1918年第2卷第20期。
④ 上海商业储蓄银行国内汇兑处编:《国内商业汇兑要览》,上海商业储蓄银行国内汇兑处1925年版,第163-168页;燕行:《芜湖金融调查》,《中央银行月报》,1934年第3卷第11期。

商大宗既已用过,故仍随申市洋厘为转移"①。1933年年关,芜湖汇沪、镇(镇江)各处款项较多。②

(十五)庐州(合肥)

庐州即合肥,交易向以米为大宗,棉花次之。当地无平砝,向以芜漕平二七宝银为标准。1922年12月,因皮毛生意活跃,庐州有汇沪、汇北京、汇景德镇等汇兑关系。1925年前后,当地汇兑机关有中国银行和德和钱庄、庆益钱庄、存丰钱庄等钱庄。直接汇兑地点有芜湖、六安以及安徽沿江诸埠。当地没有行市,交易全以芜湖行市为标准,规元行市照芜湖行市交易。③

(十六)六安

六安出产以茶、麻、竹、木、米粮为大宗。麻、米等品上市之际,多有外地客商来购并销往镇江、烟台等地,或在本地常年设庄购运。"蔴庄均须交款订货,所出镇票较多,各庄号争相购买。中行(中国银行)本周收入汇款较丰,为图减免运现,由各钱庄间接购入,数约一万余元。至沪票、鲁票、滕票、蚌票,亦略有购入。汇入款项均属少数,比较以鲁省汇入为多。"④当地以汇出款项为多,汇入较少。1921年7月23日通信,"本星期汇入款项数极寥寥,汇出款项如申、宁、镇、浦等数处,比各埠较多。计申汇每千收(汇)水八元,宁汇八元,镇汇八元,浦汇十元。至沪票、鲁票、镇票、蚌票纸交易,亦不弱于上星期"⑤。1925年前后,当地汇兑机关有中国银行、庆和钱庄和阜丰钱庄3家金融机构。直接汇兑关系包括芜湖、庐州、周口以及其他沿江诸埠。当地自现银废止后,已无洋厘行市。六安对申、汉、鲁等地的汇兑,皆以各地所报行市酌量增减。⑥

---

① 《各埠金融及商况》,《银行周报》,1918年第2卷第21期。
② 《各地金融市况》,《中央银行月报》,1933年第2卷第1期。
③ 上海商业储蓄银行国内汇兑处编:《国内商业汇兑要览》,上海商业储蓄银行国内汇兑处1925年版,第175—177页;《各地金融及商况》,《银行周报》,1922年第6卷第2期。
④ 《各地金融及商况》,《银行周报》,1921年第5卷第29期。
⑤ 《各地金融及商况》,《银行周报》,1921年第5卷第30期。
⑥ 上海商业储蓄银行国内汇兑处编:《国内商业汇兑要览》,上海商业储蓄银行国内汇兑处1925年版,第177—179页。

二、以杭、甬为中心的汇兑

上海为浙省各地土货出口和外货进口的总汇之地,亦为其汇兑枢纽中心。浙省之金融事业,除宁、台、温三处各县,以地域关系自成体系外,其他如杭、嘉、湖、绍、金、衢等处所属各县,其金融之枢纽皆在杭州。且安徽之徽州、江西之上饶各地,亦都以杭州为其金融中心。杭州金融为浙、皖、赣三省金融势力中心。[①] 绍兴、温州、兰溪以申汇、杭汇和甬汇行情为主。海门交易悉以沪、杭、甬三处为标准。衢州开杭、绍、甬行市,对沪汇兑以杭州为转划之地。

杭州与上海、苏州、宁波、绍兴均可直接通汇且均有行市,汇汉口等地须以规元行市为转移,而嘉兴、湖州、兰溪等地汇兑行市又以杭州为中心。宁波与上海、绍兴、温州和杭州有着直接汇兑关系,但甬埠金融向以沪市为转移,而余姚、定海、沈家门、镇海等地款项多汇入宁波。余姚直接汇兑地点包括宁波、杭州和绍兴。嘉兴与上海、杭州有着直接汇兑关系,但其与苏州等其他地方的汇兑须经上海转汇。与硖石具有直接关系的汇兑地点包括上海、杭州、南京、芜湖、苏州、宁波、绍兴、嘉兴和湖州,但与天津等地的汇兑则以上海为转划。湖州与上海、苏州、杭州、宜兴、常州、宁波、绍兴、嘉兴以及湖州所属各乡镇皆可直接通汇,其与苏州等地汇兑须以双方对上海的直接行市为转划。

(一)杭州

杭州是浙江省省会,为全省水陆交通枢纽以及浙省及其邻近省份部分县市货物吐纳之口。杭州进口货物以火油、香烟、人造丝、棉纱以及南北杂货为大宗。出口货以绸缎、茶叶、棉花等土货为大宗。[②] 银钱业同行往来收付,统归汇划转账,钱庄进出者即用现洋也须兑换成划洋,则钱庄以(杭)划洋为本位,而现金反成辅币。钱庄大小同行每逢单日掉期划账,

---

[①] 实业部国际贸易局编:《中国实业志·浙江省》第3篇"商埠及都市"第2章"杭州",实业部国际贸易局1933年版,第25(丙)页。

[②] 实业部国际贸易局编:《中国实业志·浙江省》第3篇"商埠及都市"第2章"杭州",实业部国际贸易局1933年版,第25(丙)页。

按期计息,如遇支取现洋者,照市贴水,谓之现水。现水行市每日由各钱庄评定,以英洋 100 元为标准,银元需要少时无现水(即与现洋同),或反去水,惟不常有需要盛时,每百元升水 2 元左右。①

当地金融机关有中国银行、交通银行、浙江兴业银行、浙江实业银行、盐业银行、国民储蓄银行、浙江地方银行和上海商业储蓄银行等 16 家银行、17 多家大同行钱庄(过账同行)以及 23 家左右的小同行庄(汇划同行)。② 杭州钱庄多与外埠钱庄往来,以通汇兑。"如本省之宁波、绍兴、温州、兰溪、嘉兴、湖州等处及江苏之上海、苏州等处,每年进出款项甚多,其中尤以上海为最巨。盖洋货多由上海购入,而丝茶棉等又均在上海出售,故总计汇出入款项,各在 3 000 万元以上。其他汇京之款亦不少。汇兑习惯如上海、苏州、宁波收款均以 4 天为期,绍兴以 3 天为期,金衢严以六天为期(电汇不在此列)。"③杭州与上海、苏州、宁波、绍兴均可直接通汇。其他如嘉兴、湖州、兰溪等地均有对杭汇兑,但在杭州则无对嘉兴、湖州等地的汇兑。④ 当地买卖申元,均归第四日解付。如初一售出申元,则初四在申兑付。杭洋也于初四划归,即所谓对期也。

杭州金融行市每日由各钱庄齐聚钱业公所,议定其中规元、甬汇、绍汇、苏汇、沪汇、洋厘等行市,杭州汇汉口等地以规元行市为转汇。"规元价长短,须视申市洋厘大小为标准。"⑤甬汇以甬元为根据,本地同行素以甬单及绍单为揖注。⑥ 如 1918 年 6 月 2 日通信,杭州"前月下半月两星期,绍汇因中行陆续运现往绍,日日降跌,自 56 元降至 29 元……甬汇受绍汇之影响,现亦自 33.25 元,降至 17 元"⑦。

---

① 《记杭绍甬之金融及商况》,《银行周报》,1918 年第 2 卷第 22 期。
② 实业部国际贸易局编:《中国实业志:浙江省》第 3 篇"商埠及都市"第 2 章"杭州",实业部国际贸易局 1933 年版,第 25(丙)页。
③ 《记杭绍甬之金融及商况》,《银行周报》,1918 年第 2 卷第 22 期。
④ 实业部国际贸易局编:《中国实业志:浙江省》第 9 篇"金融机关",实业部国际贸易局 1933 年版,第 24—25(壬)页。
⑤ 《各埠金融及商况》,《银行周报》,1919 年第 3 卷第 28 期。
⑥ 《各埠金融及商况》,《银行周报》,1918 年第 2 卷第 20 期。
⑦ 《各埠金融及商况》,《银行周报》,1918 年第 2 卷第 22 期。

（二）宁波

宁波为浙江省重要通商口岸之一。甬埠金融，向以沪市为转移。[①] 当地以渔业和草席为大宗，茶叶、棉花出口亦多，进口货则多为布匹、火油、糖类。当地汇兑机关有中国银行、中国通商银行、四明银行和明华银行4家银行以及大小同行数家钱庄等金融机构。甬市素为划洋码头，现洋缺多聚少，钱庄市面往来纯用汇划过账。甬埠现水行市以上海洋厘涨落为标准，银根松紧也随沪市涨落。[②] 宁波与上海、绍兴、温州和杭州有着直接汇兑关系。[③] 汇兑行市开规元行市。中甬汇兑例期须迟期3天。[④] 1935年12月，"本月汇出汇款仍以上海为最多数，其中大部分系此间银行划还上海往来行收账者，总数约在400万元，汇入汇款由余姚汇入约80余万元，定海、沈家门、镇海等约130余万元"[⑤]。

（三）余姚

余姚水陆交通发达，当地盐业、棉花繁盛。棉花在每年阴历八月登场，经行家收货后转由宁波运销上海销售。每年秋季棉花登场之时，由沪、甬汇入款项，采购棉花。盐每年九月后运销外地。本地没有平砝，习惯以过账洋为汇划的主位。当地汇兑机关除中国银行一家银行外，另有升大庄、全元庄、合元庄、吉元庄等数家钱庄。直接汇兑地点包括宁波、杭州和绍兴。[⑥] 当地以甬洋为本位，现升上落，亦视宁波市面为转移。[⑦]

（四）嘉兴

在沪杭铁路未开通以前，因嘉兴为运河交通运输必经之地，与嘉善、

[①] 《各埠金融及商况》，《银行周报》，1918年第2卷第16期。
[②] 《记杭绍甬之金融及商况》，《银行周报》，1918年第2卷第22期。
[③] 实业部国际贸易局编：《中国实业志·浙江省》第9篇"金融机关"，实业部国际贸易局1933年版，第24—25(壬)页。
[④] 上海商业储蓄银行国内汇兑处编：《国内商业汇兑要览》，上海商业储蓄银行国内汇兑处1925年版，第125—129页。
[⑤] 《各地金融市况》，《中央银行月报》，1935年第4卷第1~6期。
[⑥] 实业部国际贸易局编：《中国实业志·浙江省》第9篇"金融机关"，实业部国际贸易局1933年版，第24—25(壬)页。
[⑦] 实业部国际贸易局编：《中国实业志浙江省》第9篇"金融机关"，实业部国际贸易局1933年版，第24—25(壬)页；郭麒：《金融调查：余姚金融之概况》，《交行通信》，1932年第1卷第8期。

海盐、崇德、平湖、桐乡、海宁各县连成浙江北部一经济区域。自铁路开通以后,商业分散各处,货运往来,过而不留,商业地位虽不如以往,但仍为重要的进出门户。① 嘉兴居沪杭铁路之中,交通便捷。金融调剂较他处为易,故每当现银存底枯竭之际,尚能保持平稳状态。② 当地进口货以洋布、洋纱、药材、苏缎、颜料、南北货、皮货、桐油等为大宗。出口货以丝、茧、米、豆等为大宗。③ 每年夏初丝、茧上市时,茧大多由茧商收买运往上海销售,而丝多销于本埠各丝绸厂。嘉兴为产米之区,故米产之贸易为当地主要商业。秋冬之交,米业上市,其多销往嘉善、松江、上海、杭州等浙东一带。当地以银元为本位,无论何种交易均用银元出入,故向无平砝可言。钱业公所有规元行市,其规元出入统由申庄划解。洋厘行市亦按沪市为标准,仅以当地供求情况酌量增减。嘉兴与上海、杭州有着直接汇兑关系。④ 嘉兴与苏州等其他地方的汇兑,经上海转汇。⑤

(五)硖石

硖石在浙江省海宁县东北位置,自火车通行以后市面繁盛。用款以丝、米、布三业为最繁,丝业以南京账面为最巨。米则在余姚、南沙等处,布则销往金、衢、苏、镇、扬等地。⑥ 清时当地平砝为漕平,20世纪20年代后当地以现洋为本位,漕平已不再使用。上海外商银行和华商银行所发行的钞票在本地也可与现洋一样行使,无折扣或升水。但对于信用欠佳的银行钞票则须贴水使用或者拒绝接受。当地没有银行,只有几家钱庄经营汇兑业务,其中尤以裕通钱庄和立大钱庄创设时间最早,对外埠的往来通汇较多,通汇地点也较广。具有直接关系的汇兑地点包括上海、杭州、南京、芜湖、苏州、宁波、绍兴、嘉兴和湖州。当地有规元行市,其他如

---

① 实业部国际贸易局编:《中国实业志·浙江省》第3篇"商埠及都市"第7章"嘉兴",实业部国际贸易局1933年版,第90(丙)页。
② 《各埠金融及商况》,《银行周报》,1920年第4卷第8期。
③ 实业部国际贸易局编:《中国实业志·浙江省》第3篇"商埠及都市"第7章"嘉兴",实业部国际贸易局1933年版,第95(丙)页。
④ 实业部国际贸易局编:《中国实业志浙江省》第9篇"金融机关",实业部国际贸易局1933年版,第24—25(壬)页。
⑤ 上海商业储蓄银行国内汇兑处编:《国内商业汇兑要览》,上海商业储蓄银行国内汇兑处1925年版,第132—136页。
⑥ 楚声:《调查:硖石金融状况记略》,《钱业月报》,1921年第1卷第1期。

天津等地的汇兑,则以上海为转划。规元价格,视沪上洋厘为升降。①

(六)湖州

湖州居浙江省的西北面,四通八达,交通十分便利。湖州为江浙制丝的中心点,出产以生丝为大宗。市面金融松紧,往往随沪、杭情形为转移,故与外埠惯以沪杭为密切。②20世纪二三十年代,湖州本地以银元为本位,买卖出入一律用洋计算,平砝久已不用。故市面没有洋厘行情,每日仅有根据申市进行酌量增减的规元行市。即湖洋汇申的汇水升减之数,是以当地洋合中厘的价格再与申厘相比,视其大小而定升减之数。当地例期收申汇均以四天为期,解款以六天为期。上海四明银行、中国通商银行以及汇丰银行、花旗银行、麦加利银行等外商银行所发行的上海钞票可通行。但这些银行在当地没有兑现机关,故其钞票每百元须按市去水0.02元至1元不等。当地汇兑机关有中国银行、交通银行等银行以及10余家钱庄。具有直接关系的汇兑地点有上海、杭州、宜兴、常州、宁波、绍兴、嘉兴以及湖州所属各乡镇。③湖州与苏州等地汇兑,须以双方对上海的直接行市为转划。当地日拆最大以1元为限。④湖地利率向视苏、申、杭三埠为标准。⑤

(七)绍兴

绍兴经水陆两道,皆可达杭州、宁波等经济区。当地商业尚以丝、茶为大宗,当地出产以酒、锡箔、纺绸、蚕茧、茶叶等货物为多。进口货以煤油、煤、家禽、米、布、纱、药材、洋货、五金等为主。⑥其汇兑交易以上海为多,杭州、宁波次之。当地汇兑机关有中国银行等银行以及10多家钱庄。

---

① 上海商业储蓄银行国内汇兑处编:《国内商业汇兑要览》,上海商业储蓄银行国内汇兑处1925年版,第136—140页;楚声:《调查:碛石金融状况记略》,《钱业月报》,1921年第1卷第1期。
② 久道:《湖州商业金融调查记》,《新闻报》,1922年4月18日。
③ 实业部国际贸易局编:《中国实业志·浙江省》第9篇"金融机关",实业部国际贸易局1933年版,第24—25(壬)页。
④ 上海商业储蓄银行国内汇兑处编:《国内商业汇兑要览》,上海商业储蓄银行国内汇兑处1925年版,第140—145页。
⑤ 《各埠金融及商况》,《银行周报》,1921年第5卷第8期。
⑥ 实业部国际贸易局编:《中国实业志·浙江省》第3篇"商埠及都市"第5章"绍兴",实业部国际贸易局1933年版,第67—69(丙)页。

1918年绍兴当地无规元行市,仅开杭汇和甬汇,绍兴沪汇须先进杭洋,由杭庄代收申元,或由宁波代收。① 到20世纪30年代,绍兴与上海、宁波、杭州都有直接汇兑关系②,金融行市也包括沪汇行情。③ 1932年12月,年关将至,汇出汇入款均繁盛,杭汇为最多,沪甬次之。④

(八)海门(台州)

海门即台州,当地商业汇兑均以银元为主,平色一项早已废除。当地没有直接行市,交易悉以沪、杭、甬三处为标准,交易例期以即期为多。国币、龙洋、鹰洋、角洋、铜元皆可通用。海门当地仅中国银行一家银行发行钞票,但上海各外国银行和华商银行所发行的钞票在海门当地市面流通,与现洋也无异,无折扣和升水等行情。海门与上海、杭州、宁波、温州等地皆有直接汇兑关系。⑤ 当地汇兑机关包括中国银行和浙江地方银行2家银行。⑥

(九)温州

温州居浙省之南端,交通便利,海道可通上海、宁波、海门、福州等地。出产以木材、茶、烟叶、炭、雨伞、纸、柑等为主,运销宁波、上海、天津、秦皇岛、福建等地。进口货以洋货、南货为大宗,且大多由上海、天津、闽、甬等地运销本地。⑦ 当地流通的纸币以中国银行发行的上海、浙江、江苏券为多,有时这些钞票比现洋每百元升水1~2角。市面以银元为本位,无银两平砝及洋厘行市。故购买上海规元,悉以银元作价。

当地有中国银行、四明银行等银行和30余家钱庄。钱庄由钱业公所组建。每日行情由各入所钱庄派员在钱业会所议定。汇兑行市有申汇、

---

① 《记杭绍甬之金融及商况》,《银行周报》,1918年第2卷第22期。
② 实业部国际贸易局编:《中国实业志:浙江省》第9篇"金融机关",实业部国际贸易局1933年版,第24—25(壬)页。
③ 上海商业储蓄银行国内汇兑处编:《国内商业汇兑要览》,上海商业储蓄银行国内汇兑处1925年版,第145—149页。
④ 《各地金融市况》,《中央银行月报》,1933年第2卷第1期。
⑤ 实业部国际贸易局编:《中国实业志:浙江省》第9篇"金融机关",实业部国际贸易局1933年版,第24—25(壬)页。
⑥ 上海商业储蓄银行国内汇兑处编:《国内商业汇兑要览》,上海商业储蓄银行国内汇兑处1925年版,第149—151页。
⑦ 《温州商业金融调查记》,《银行周报》,1918年第2卷第32期。

杭汇和甬汇行情。申甬温汇兑习惯迟期五天,即期较少。规元甬汇、申汇是根据申洋厘及甬规元以定涨落,铜元、小洋、制钱则视需要与供给之多寡为准。① 温州与上海、宁波、杭州、海门都有直接汇兑关系。② 温州各钱庄多与申、甬各钱庄开立往来(杭庄稀少),彼此约定透支限度、需用款项,则出售汇票,在轮船招商局等轮船开班之日,如所欠申甬某庄过限,则临时设法汇抵或不得已而装现。温州各庄卖出汇票多在招商局轮开之次日,是时为价特廉,距第二次轮开期愈近,则其价愈涨。③ 1918年4月29日通信,温州"本星期内规元市价日趋下风,甬汇亦随波逐流,尤见短绌,申汇之伸缩,本依洋厘俏疲及本地市用缓急为转移"④。

(十)兰溪

兰溪居钱塘江上游,顺江而下可至杭州。自杭江铁路修通之后,以往由水路运输的百货皆转向铁路装载,直输杭州。又兰溪为皖赣闽各省与浙接壤之处,商业运转较多。⑤ 当地出产以米谷、杂粮等为大宗。本地以银元为本位,码头出入一律以银元为主,故无平砝可言。当地汇兑机关包括中国银行、浙江地方银行2家银行,而当地金融向由钱庄操纵。具有直接汇兑关系的地点包括杭州、绍兴、宁波、上海、苏州。⑥ 汇进款项,年700万~800万元,大多为申票及杭票。⑦ 当地汇兑行市有申汇、苏汇、杭汇、绍汇、甬汇行情。"本年因杭绍甬现水渐平,此间汇水亦因此短缩尔。"⑧ 本地钱庄利息,每月底以杭绍等处利息为标准,平日不议拆息或轻或重,全视乎杭绍等处为转移,此系历来习惯,相沿至久。⑨ 每年初春,现洋供

---

① 《温州商业金融调查记》,《银行周报》,1918年第2卷第32期。
② 实业部国际贸易局编:《中国实业志·浙江省》第9篇"金融机关",实业部国际贸易局1933年版,第24—25(壬)页。
③ 《温州商业金融调查记》,《银行周报》,1918年第2卷第32期,第18—21页。
④ 《各埠金融及商况》,《银行周报》,1918年第2卷第17期。
⑤ 实业部国际贸易局编:《中国实业志·浙江省》第3篇"商埠及都市"第8章"兰溪",实业部国际贸易局1933年版,第104—105(丙)页。
⑥ 实业部国际贸易局编:《中国实业志·浙江省》第9篇"金融机关",实业部国际贸易局1933年版,第24—25(壬)页。
⑦ 实业部国际贸易局编:《中国实业志·浙江省》第3篇"商埠及都市"第8章"兰溪",实业部国际贸易局1933年版,第109(丙)页。
⑧ 《各埠金融及商况》,《银行周报》,1918年第2卷第31期。
⑨ 《各埠金融及商况》,《银行周报》,1919年第3卷第29期。

过于求,钱庄除装运杭州外,大多收买杭汇,两地交易颇旺,而甬汇、绍汇交易不多。本地绍汇因杭埠绍汇须去水 8~9 元,此间不能过小,故本埠绍汇去水恒在九元之间。① 而汇兑冷清之际,杭绍甬汇对去水,全视杭埠沪汇水为标准。② 兰溪为上江与大江的金融中心,严、衢、金三府各县大多以兰溪为仰息。③

(十一)衢州

衢县在钱塘江的上游。当地出产以糊板壁用的黄纸为主,当地经销商设庄于杭州,转销北京、苏州等地。此外还有木植、柴炭等物品。当地土产木植大多运销杭州后,再予以转运。本地以现洋为本位,无平砝行使。当地没有发行纸币的机关,市面上流通的是中国银行、交通银行 2 家银行在杭州的机构发行的浙江银元券,其价与现洋同。其他钞票一律不能通行。汇兑机关包括中国银行和农工银行以及聚成庄、中和庄、晋升庄、裕源庄等钱庄。当地与杭州、兰溪两地有直接汇兑关系。④ 衢州与上海之间的汇兑,须以衢州和杭州之间的杭汇行市以及杭州规元行市为转移。⑤

---

① 《各埠金融及商况》,《银行周报》,1921 年第 5 卷第 12 期。
② 《各埠金融及商况》,《银行周报》,1921 年第 5 卷第 15 期。
③ 实业部国际贸易局编:《中国实业志:浙江省》第 3 篇"商埠及都市"第 8 章"兰溪",实业部国际贸易局 1933 年版,第 109(丙)页。
④ 实业部国际贸易局编:《中国实业志:浙江省》第 9 篇"金融机关",实业部国际贸易局 1933 年版,第 24—25(壬)页。
⑤ 上海商业储蓄银行国内汇兑处编:《国内商业汇兑要览》,上海商业储蓄银行国内汇兑处 1925 年版,第 158—161 页。

第十二章

次级汇兑中心与区域市场

以天津、汉口、香港、镇江、杭州和宁波等一级汇兑中心为节点,各个区域市场又连接着次级商埠进行汇兑。这些次级汇兑中心,也有其更基层的汇兑市场。

第一节　以重庆为中心的汇兑

以重庆为次级汇兑中心具体体现在,重庆与不直接通汇的商埠,须以上海申票行市为转划。成都的直接汇兑地点包括重庆和上海,其汇汉口,要经过重庆转汇。自流井、潼川等地亦以重庆为中心。

一、重庆

近代重庆金融市场对西南地区的资金流向具有强烈的辐射和回归能力。重庆地处西陲,为川省货物往来枢纽之地,商贾云集,货物往来贸易,市面现金何啻数千百万,各庄各商彼此苦于往返划拨,故代人专做收交之钱庄等金融机构应运而生。[①]　重庆与外地商业资金的调拨,清代主要依靠山西、浙江、云南所开票号进行埠际贸易汇兑款项。1891—1911年,整

[①]《民国六年重庆金融概况》,《银行周报》,1918年第2卷第12期。

个西帮票号汇兑款即达 1.54 亿两,年平均 700 万两左右。[①] 19 世纪 70 年代以后,洋货大量进入四川和西南地区,重庆商人除通过两地票号进行汇划结算外,还向钱庄进行 3～6 个月的直接信用融资,钱庄在沿海和长江流域地区有了长足的发展。每年春季,重庆商人向通商口岸的钱庄贷款后,深入内地进行土产收购,后运往上海、汉口等口岸出售回收资金后,再归还款项给钱庄。重庆钱庄除在票号经营富商大贾异地汇兑款项外,以经营中小商人之间的货物买卖款项存贷、汇兑为主。1899 年中国通商银行在重庆设立分行以后,1905 年四川濬川源银行等官办银行在重庆开业,1907 年大清银行在重庆设立分行,随后本地各商业银行接连开业。1914 年,货帮中的汇兑业务日渐发达。1915 年,商业银行陆续开幕。[②]

1925 年前后,当地汇兑机关有美丰银行、中和银行、聚兴诚银行和富川储蓄银行 4 家银行,以及宏达钱庄、和济钱庄、协和钱庄和谦敬盛钱庄 4 家钱庄。重庆的直接汇兑地点包括上海、宜昌、汉口、沙市、天津、成都、万县和自流井等地。但重庆对天津、北京、福州、济南、烟台、广州等地皆以上海申票行市为转移。重庆对沪、汉、蓉(成都)、潼(潼川)、万县汇兑一般多为对期交易,此外还有迟期、现交和即期交易三种。内汇行市有申汇、汉汇、蓉汇、潼汇、万汇等。迟期大致以三月为率(即上海先交渝迟三月收),现交则无一定惯例。迟期和现交以对期为标准,斟酌当时利率而定。即期则是当地现收即见信电照办。重庆与天津的汇兑关系,无直接行市,须以上海为转移。[③] 而 1915 年前后,重庆对上海、汉口、沙市、成都、自流井、万县均属直接汇兑关系。另有申汇、汉汇、成汇、井汇(自流井)等内汇行市,且均为对期。渝地汇兑行市无一定标准,每逢阴历朔、望两日骤落骤涨,进出甚巨,汇京行市系由申票行市划合而来。[④] 1915 年 4 月 1 日,查渝埠汇申对期,每千两汇水 250 两,汇汉 240 两,汇沙 210 余两,均

---

① 刘方健:《近代重庆金融市场的特征与作用》,《财经科学》,1995 年第 3 期。
② 《民国六年来之重庆金融市场》,《银行周报》,1918 年第 2 卷第 39 期。
③ 上海商业储蓄银行国内汇兑处编:《国内商业汇兑要览》,上海商业储蓄银行国内汇兑处 1925 年版,第 445—458 页。
④ 中国银行总管理处编:《内国汇兑计算法》,中国银行总管理处 1915 年版,第 251—252 页。

系交周行银,余埠汇水无市临时议定放款利息,现在九厘,市面和平。①

二、成都对渝汇兑

成都为四川省会,居岷沱二江之间,土地肥沃,物产丰富,素有"天府之国"的称号,亦为川西、川北一带货物集散之所。每年进出口数目均在千万元以上,进口货以棉纱、匹头占首位,出口货以烟叶为大宗。② 但因其地势崎岖、交通不便,商业交易大多在交通便利的重庆,成都当地工商业均不甚发达,银行钱庄吸收存款后另觅他埠放款。成都交易之盛衰向视渝埠为转移。1917 年 11 月中旬,因渝成受战争影响,故汇款收交均少,进出口贸易更是寥寥无几。③

当地汇兑机关有中国银行、聚兴诚银行和其他四川地方银号。成都因当地工商业不甚发达,各行庄营业向以汇兑为主要项目。"蓉市汇兑交易,未设正式机关,地方习惯以成都北打金街香泉居茶铺为集市,所做交易大半为,中渝收交。其交易习惯,为暗中估价,并不拍板。每月两期(即月半、月底),每笔可成交渝汇 60 万元,全年可成交渝汇 1 500 万元,成交申汇约 400 万元。"④成都的直接汇兑地点包括重庆和上海。但成都即蓉行市仅开银元、铜元和渝汇行市。在成都汇汉口,要经过重庆转汇。如在成都汇汉口银元 1 000 元,须知渝汉汇、蓉渝汇以及汉口洋厘行市,方知在蓉应交九七川平银的数目。1934 年蓉市汇兑以买卖渝票、申票为主,其汇价之起落,又以每日晨间安乐市申钞、渝钞行市为依据。银钱业集中打金街之香泉居互相议价买卖。其中以渝钞交易最多,其价格以蓉市为主,视市场之供需以为升降。申票交易相对较少,其价格以渝市申票及成渝汇价为换算标准。⑤ 1918 年前后,成都汇兑也是以渝汇为主。1918 年正月初七到十五之间,成都各行生意仍属清淡,仅聚兴诚交汇汉款数千

---

① 《各地市面状况:节渝行致总管理处函(四年一月书字不列号)——为报告开业及渝埠现行货币银市行情状况事》,《中国银行通信录》,1915 年第 1 期。
② 《成都金融情况调查》,《中央银行月报》,1935 年第 4 卷第 7～12 期。
③ 《各埠金融及商况》,《银行周报》,1918 年第 2 卷第 1 期。
④ 《成都金融情况调查》,《中央银行月报》,1935 年第 4 卷第 7～12 期。
⑤ 《成都金融情况调查》,《中央银行月报》,1935 年第 4 卷第 7～12 期。

两,每千两扣费45两,又遂宁帮交汇渝款万余两,每千两扣费40两,此外别无汇兑可言。①

三、自流井等对渝汇兑

（一）自流井

自流井以盛产井盐而出名。井盐外销,每年有数千万元之债权;而日常需用之食粮和生活用品,大多视重庆为重要的调拨地。盐商供给渝票,清给盐价,井商及税捐机关,需要渝票,偿清债务,如此供需相应,一买一卖之间,债权债务了结。汇兑机关主要有中国银行、川盐银行、重庆银行、裕商银行等7家银行和11家资金充裕、专做汇兑的汇兑号。汇兑方式有即期汇兑、短期汇兑等。汇兑地点有重庆、成都以及省内其他商埠,但以重庆为主。②

（二）潼川

1917年12月7日,潼川向重庆汇兑情况:潼交渝收,汇水阴历十月底兑期每千两交主得费十两,上周则为收主得银十余两。此悬殊之大,因本期所有纱款,上期均已汇出,又值花生帮买卖开始,故市面需款增多,引致潼交渝收,交主得费情况可持续到阴历半月底。③ 潼川以对渝汇兑为主。

第二节 以苏州为中心的汇兑

苏州以上海为中心,而宜兴等地又以苏州为中心。

一、苏州

苏州出产以纱缎绸货为主,各地客帮多云集苏州进行采办。苏州在申设庄者颇多。苏州各商号进出大多以补水银为本位,又称茶规银,为十

---

① 《各埠金融及商况》,《银行周报》,1918年第2卷第3期。
② 楷:《自流井之金融与金融业》,《四川经济月刊》,1935年第3卷第6期;《金融:自流井之金融业》,《四川月报》,1935年第7卷第2期。
③ 《各埠金融及商况》,《银行周报》,1918年第2卷第1期。

足纹银,故价格比九八规元高,当地洋厘涨落以申市为依据。① 20 世纪 20 年代已无现银出入,只用于转账功能。上海中外各银行所发行的钞票,在苏州当地商店购物皆可通用。

1925 年前后,当地汇兑机关有中国银行、交通银行、江苏银行、大陆银行、淮海银行、典业银行、苏州储蓄银行、上海商业储蓄银行 8 家银行和 10 多家钱庄。苏州与上海、常熟、无锡、常州、镇江、南京、湖州、南浔等地皆有汇兑关系,但直接汇兑以上海为最多,浙杭一带须由上海转汇。旧历年底,苏州各业归还钱庄之款,均是申元汇苏,故规元之价逐渐增高。②

二、宜兴

宜兴当地向以银元为主,本无平砝可言,但遇申汇规元或者苏汇补水,均须借用苏漕平银即苏州补水纹为本位。当地汇兑机关仅包括裕宜钱庄、鼎康钱庄、恒泰钱庄等几家钱庄。宜兴的直接汇兑地点包括苏州、无锡和常州。其他各埠汇兑均由此三处承转。其中,尤以无锡为最重要的转化之地。因为常州交通多借助水道,遇河身水浅之季,小轮难以抵常州。而苏州的款项也多经无锡进行铁路运输,故苏州、常州的款项也常常由无锡转拨。宜兴当地没有直接行市,其所采用的申规元行市以苏州行市为标准再另加一两。洋厘行市均依常州行市进出五毫。例如,苏州规元行市为 966.5 两,则宜兴规元行市为 967.5 两。常州洋厘行市为七钱,则宜兴洋厘行市卖出价为七钱五毫,买进价则为六钱九分九厘五毫。宜兴汇上海,则要参照苏州的规元行市和常州的洋厘行市。③

三、溧阳

当地以米为大宗,多由杭州、上海、常熟、无锡等地的米客来溧阳采办。其次为蚕茧,多销往上海、无锡各县。土丝供应丹阳、湖州等地的丝织厂。本地无银两所用平砝,若用银时则借用苏州的补水纹为参照,但也

---

① 叶庆瑛:《各地金融情形:苏州金融情形》,《大陆银行月刊》,1923 年第 1 卷第 3 期。
② 《各埠金融及商情》,《钱业月报》,1921 年第 1 卷第 2 期。
③ 《调查类(金融):内国汇兑计算法》,《大陆银行月刊》,1925 年第 3 卷第 12 期。

仅限于划账,并无现银出入。当地汇兑机关有中国银行、宝丰银号、瑞和钱庄、瑞昌钱庄等金融机构。溧阳与上海、苏州、常熟、常州、无锡、江阴、宜兴、硖石、杭州、湖州、南京、丹阳、镇江等地均有直接汇兑关系。但当地并无行市,规元、洋厘等行市均逐日由苏州拍来电报,参照苏州行市。①

四、常州

常州濒临运河,居沪宁线之中。商业以木植、黄豆两项为大宗。来自江西的木植每年春水高涨时陆续运出,到夏秋之际抵达常州,并在此汇集进行买卖,转销苏州、无锡、常熟等地。其中,江西赣州的木植居半数之多,常州钱庄代客汇款。此项汇款,清时多汇江西,以盐库纹上兑。民国以来,则改以规元为换算标准,汇款经上海再交江西派驻上海的钱庄银号予以结算。此外,皖北等地的黄豆输往常州,苏浙各地油厂均来常州采办,彼此间产生的押汇、押款和汇解事项较多。另有专销南京、镇江、盐城及皖省南北各县的各色布交易。附近乡镇茧丝多销往上海、无锡等地,而常州丝绸机坊亦从安徽、大通供给茧丝。故茧丝交易除带来常州与无锡、上海间的汇兑外,也带动了常州与皖、赣间的汇兑关系。②

本地无平砝,用银时借用苏州补水纹为标准。当地汇兑机关有中国银行、常州商业银行、上海商业储蓄银行3家银行和永孚银号、豫通银号、和甚银号3家银号。与常州有直接关系的汇兑地点有镇江、清江浦、南京、徐州、无锡、苏州、上海、北京、天津、芜湖、汉口、南昌。行市有规元和洋厘行市。③ 洋厘之高下,以苏州为依据。逐日托苏庄电传,由公所转送各钱庄,公所中如无银元买卖,则按苏电减半厘收市;如有,则可随市增减。买卖成交,买户即收进现洋,一面核计银两,随时由苏庄推划。常州往来虽均以银两计算,而收进以现洋为多,付出则合成规元,汇往上海,钱庄有收洋付银之习惯。④

---

① 《调查类(金融):内国汇兑计算法》,《大陆银行月刊》,1926 年第 4 卷第 4 期。
② 上海商业储蓄银行国内汇兑处编:《国内商业汇兑要览》,上海商业储蓄银行国内汇兑处1925 年版,第 46—48 页。
③ 上海商业储蓄银行国内汇兑处编:《国内商业汇兑要览》,上海商业储蓄银行国内汇兑处1925 年版,第 46—50 页。
④ 《各埠金融及商况》,《银行周报》,1917 年第 1 卷第 7 期。

第三节　山东及其经济区域的汇兑层次

山东各地的汇兑，以津沪为主。济南、济宁、滕县、周村、益都、烟台、青岛等地均有直接的申票行市。但济宁、滕县、周村、益都等地均与济南有着较多的商贸联系，各地与济南之间的汇兑关系也较为丰富，且中、交两行所发行的钞票均能在上述各地流通，故济宁、滕县、周村、益都虽能与上海直接通汇，但本书中仍将其归入济南的经济和汇兑区域。烟台以天津、上海、济南最盛，汇往汉口须经申票行市转汇，但东三省各地皆与烟台有大量的汇兑往来。青岛与上海、济南、天津有直接汇兑行市，其他间接汇兑多以申票为转移。

一、以济南为主的汇兑区域

（一）济南

济南交通便利，商业繁盛。1925年，当地有华商银行19家、日商银行3家，城内银号钱庄以及商埠银号钱庄百余家。城内银钱业以放款为重，有东、西二关两所钱业公会，均以开折息市价为主。商埠钱市分两所：一为银行钱庄所组织的钱业公会，二为银钱业与各大商号混合而成的商业研究会。城内银钱业、商埠钱业公会、商业研究会都支持津沪汇市，各自制定申汇、津汇汇价以及国币等行市行情。1915年，济南除上海、青岛可直接通汇外，其余均间接汇兑。1925年，济南与天津、北京、上海、青岛、南京、汉口和烟台可直接通汇，其中津、沪均逐日有直接行市。本地钱业习惯规定，买卖申票均为见票迟期五天，即期汇票和电汇不在此列。[①]

（二）济宁

济宁出产以豆麦、高粱、面粉为大宗，每年阴历五月至七月交易最旺盛，多行销河南、济南、京津等地。此外，牛皮、羊毛、骨角等多运销天津，

---

① 上海商业储蓄银行国内汇兑处编：《国内商业汇兑要览》，上海商业储蓄银行国内汇兑处1925年版，第266—267页。中国银行总管理处编：《内国汇兑计算法》，中国银行总管理处1915年版，第64页。

鸡蛋等行销上海。"蛋厂购买鸡蛋用款,均售申票交钱庄易钱。"①此间所入货物以杂货、洋布、洋线为大宗。济宁除上海、济南而外,均无直接行市。

本地交易均以九八京钱为主,再以固定价四九折合规元交易,迟期五天或七天不定。即济宁与各地的汇兑须先将银元、银两折合为九八京钱,再以每银元1元或者每宁平1两,亦每规元1两值九八京钱若干两(即行市数),四九折合宝铜数目,再交易。1925年前后,济宁当地汇兑机关有中国银行、交通银行,以及义亨钱庄、复豫钱庄、萃丰钱庄。直接汇兑地点有济南、上海、天津、南京。② 1933年汇出汇款,计汇往济南40万元,汇往青岛20万元,此60万元以杂货洋布业及各转运公司年终交还货款者占60%,另外40%为洋油、棉纱业所汇。汇申款项在30万元左右,多是香烟、洋油业所汇。汇安徽、浙江约5万元,是茶商及京货庄所汇。汇津5万元,以广货商品为主。购入汇票中,济南汇票7万元,是济南面粉公司及粮栈来采买小麦、元豆两项者;津票15万元,是津皮商购买叉皮、猾子皮之款;申票5万元,是沪商收买山羊皮、牛皮者。③

(三)滕县

滕县市面盛衰受年岁的丰歉影响较大。四五月间,采购洋纱;五六月间,茧、丝上市,小麦收获。秋、冬两季,生意最盛,出口货陆续登场。当地贸易,以钱为主,铜元最为通用。秋季土货上市,钱价步小,规元疲滞。因外客收货,必出申票兑换铜元,此时洋纱值清闲之季,规元用项小,所以申票滞而钱价燥;春、夏之季则相反。④

滕县原无汇兑机关,汇兑交换,都由各商号互做。到1925年前后,当地汇兑机关有大陆银行,以及东德全钱庄、汇川钱庄、善庆公等钱庄。当地钱庄多兼做土产、洋纱、杂货、洋布等买卖。⑤当地出口货少、进口货多,

---

① 《各埠金融及商况》,《银行周报》,1919年第3卷第14期。
② 上海商业储蓄银行国内汇兑处编:《国内商业汇兑要览》,上海商业储蓄银行国内汇兑处1925年版,第280—284页。
③ 《调查(三):各地金融调查(续)——济宁金融近况》,《中行月刊》,1934年第8卷第6期。
④ 《滕县商业金融调查记》,《新闻报》,1922年2月24日。
⑤ 《戊午年各业盈亏调查录(三)》,《银行周报》,1919年第3卷第7期。

第十二章　次级汇兑中心与区域市场

故汇出多于汇入。汇出以上海、镇江两地为多,天津、济南次之。实际汇入款较少,多是客商带来的各埠期票汇票。外埠汇票,除指定付款家之外,也能流通于市面,以申、镇等票居多。对于津、济汇票,见票迟一天解付;申票则见票迟五日,也有见票即付。汇兑与申、镇、津、济等处,均属直接,但汇兑清闲之际,除申埠外,多有不开行市者。各处期票汇票买卖,续另加水,行市亦各不同。①

(四)周村

周村自胶济铁路修筑后,即与济南、潍县并开为商埠。本地出产丝茧为大宗。每年阴历五月至八月,交易最旺。当地丝业和绸绫业交易银两,向以村丝店平青银为主,每月初二为归账期,期限一个月。如若欠丝店平青银1 000两,到期按库平足银983两冲账。因为村库平与村丝店平的比例数目为983.00∶1 000.00。村丝店平青银只适用于丝绸业,其他行市不用此平。

1925年前后,周村当地的汇兑机关有山东银行1家银行和汇吉昌钱庄、广成钱庄、三益钱庄、元兴钱庄、复兴钱庄5家钱庄。直接汇兑地有上海、北京、天津、济南、青岛、烟台。当地申票买卖,均以迟5天为例期。②

(五)益都(青州)

益都本名青州,在历城东面,居胶济铁路中心,向东连接青岛可出海,西至济南可达津浦铁路,交通极为便利。当地出产以蚕丝为大宗,直接销往上海居多。每年阴历六月过后,交易最旺。益都与上海间的丝款往来促成了两地间的直接汇兑关系。其他如羊毛、牛皮、柿饼、胡桃、山楂、花生、豆油等当地出产之物于阴历七月登场,销售之地以及外货来源之地均在青岛、济南。故青岛、济南与益都之间的来往汇兑亦较多。

本地通用平砝为青平,但20世纪20年代以后因现银缺乏,来往银两已改用上海规元为标准,青平仅为虚本位而已。青平1 000两等于规元1 073.80两。1925年前后,当地汇兑机关仅信成银号一家,直接汇兑地

---

① 《滕县商业金融调查记(续)》,《新闻报》,1922年2月25日。
② 上海商业储蓄银行国内汇兑处编:《国内商业汇兑要览》,上海商业储蓄银行国内汇兑处1925年版,第292页。

包括上海、济南、青岛。益都申票交易照例迟期5天,青票交易照例迟期3天。汇济南每千元贴水3元。①

(六) 潍县

潍县为胶东门户,在青岛、济南之间,东至青岛,西达济南,是胶济沿线的重镇,工商业发达。1925年前后,当地汇兑机关为中国银行、交通银行2家银行和裕茂钱庄、吉祥楼钱庄、义昌德钱庄、义德泰钱庄4家钱庄。1934年,有中、交、中国实业、山东省平市官钱局4家银行和25家钱庄。银钱业汇兑交易,完全依集期为转移。每旬之二、七两日为集期,届时各邻县商人都来赶集,买卖汇票。② 1918年,潍县汇兑,惟上海、青岛有直接行市,余均间接。③ 1925年,直接通汇地包括上海、青岛、济南、天津和烟台。潍县申票须加票贴2两,例定每潍平925两合申规元1 000两,加票贴2两,计得汇申规元1 002两。④

二、以烟台为主的汇兑区域

烟台位于渤海之滨,又处津沪航线要道,南北交通,极为便利。⑤ 烟埠汇兑机关有中交两行、济东银行、汇丰银行和上海商业储蓄银行等银行,以及万利钱庄、谦盛和钱庄、协泰银号和成来银号。1915年前后,直接汇兑地点仅为上海,间接汇兑地点包括天津、北京、济南、汉口等处,且这些地方均听上海行市。⑥ 1925年前后,直接汇兑地包括上海、天津、济南、大连和英、美等国,汇往汉口等地多经申票行市转换计算。钱业市场每日上下午两市交易。国际汇兑有英、美、法、日等国,国内汇兑以天津、上海、济南等地最盛。每年随进出口贸易多寡,规元行市随之涨落,银市

---

① 上海商业储蓄银行国内汇兑处编:《国内商业汇兑要览》,上海商业储蓄银行国内汇兑处1925年版,第296—297页。
② 郭发宽:《潍县金融之概况》,《交行通信》,1934年第5卷第3期;公英:《调查:山东潍县之金融业》,《工商半月刊》,1934年第6卷第2期。
③ 《潍县之通用货币及其汇兑计算法》,《银行周报》,1918年第2卷12期。
④ 上海商业储蓄银行国内汇兑处编:《国内商业汇兑要览》,上海商业储蓄银行国内汇兑处1925年版,第301页。
⑤ 袁凤翙:《烟台金融暨工商业之概况》,《交行通信》,1933年第2卷第5期。
⑥ 中国银行总管理处编:《内国汇兑计算法》,中国银行总管理处1915年版,第68页。

也分票贴和贴票两种。阴历十月至来年四月倒贴(票贴)居多,五月至九月则顺贴(贴票)稍强。①

三、以青岛为主的汇兑区域

青岛自德租借以来,兼有军港和商港双重作用,但因山东一省出产多汇于天津一埠,且有大连、烟台、上海等沿海港口对货物的吸收,青岛的商业状况不甚繁盛。"青岛平日输出多向日本、上海"等地。② 当地出产土货以花生为大宗,但日接管青岛后,花生出口因受其商业垄断主义而受阻不济。此外,草帽边生意、纱、杂货等生意都次于天津。

金融方面,华商银行有七八家,日商银行有五六家,还有汇丰银行等。其中,汇兑机关包括华商银行的中国银行、交通银行、东莱银行、山东银行,日商银行的横滨正金银行,朝鲜银行以及英国汇丰银行。各银行商号以及日商店每日上午夏时四点钟、冬时七点钟汇集齐燕会馆开业议定行市。申汇定例以五天为限,亦有电汇对交者。济南、天津等处俱有汇兑交易。青岛洋厘终年(1924年前)高于沪市,惟1924年低于沪市。银行以往来透支为多,拆息例定数目为一分二厘,定期放款利息视沪拆而定。现银紧缺时,均由上海转运而来。济南虽距青岛较近,但禁止现银往来。每年阴历八月至来年三月为土货登场时期,现银较紧,四月至七月为消夏之时,市面宽松。1924年,青岛对上海、济南、天津有直接汇兑行市,其他间接汇兑多以申票为转移。按商业惯例,汇济南每千元须贴水3元。③ 但1915年左右,青岛直接汇兑地点仅上海和济南,间接汇兑地点有广东和日本大阪,其中广东由香港及上海转,日本大阪由上海转。④ 青岛汇兑,向以上海为标准。本埠与其他各埠汇兑行情,均以本埠与各该地申洋行市之比差为标准,由各银行随时自由酌定。⑤

---

① 上海商业储蓄银行国内汇兑处编:《国内商业汇兑要览》,上海商业储蓄银行国内汇兑处1925年版,第272页。
② 《各埠金融及商况》,《银行周报》,1920年第4卷第42期。
③ 上海商业储蓄银行国内汇兑处编:《国内商业汇兑要览》,上海商业储蓄银行国内汇兑处1925年版,第275、278页。
④ 中国银行总管理处编:《内国汇兑计算法》,中国银行总管理处1915年版,第74—75页。
⑤ 《交通银行分支行所在地金融物产调查录:青岛》,《交行通信》,1933年第3卷第4期。

第四节　东三省汇兑情况

东三省的汇兑以上海、天津和山东烟台等地为主。其中,黑龙江、黑河、满洲里以哈尔滨为中心。沈阳与上海和天津间直接汇兑关系。安东与上海、天津、烟台均日有行市,大连与上海、烟台均有直接行市。营口与汉口、镇江等地的行市以上海为转移。长春汇兑以上海、天津、大连、营口居多。

一、以哈尔滨为中心的汇兑区域

（一）哈尔滨

光绪二十四年（1898 年）,清政府与华俄道胜银行签订承造东省铁路合同后,哈尔滨由原来的小村落逐渐开辟为华俄第一通商码头,并因铁路和水运都较为发达,商业繁盛,成为东三省的重要商埠。[①]

当地以铁路为界,分俄租界和华界。金融机关多汇集于华界。当地除专做汇兑、放款及粮担纸币抵押的数十家银行外,还有兼做杂粮生意的数家地方银行。另有不做抵押而专做汇兑及调换货币生意的四五十家钱铺。1917 年之前,哈尔滨当地金融以道胜银行为主,其次有正金银行、汇丰银行等外商银行。我国金融机关有公立储蓄银行、中国银行、江西省广信公司、吉林永衡官银钱号、东三省官银号、交通银行、殖边银行等。1917年左右,浙江兴业银行在滨埠设立分庄,专做汇款,信用极佳。其次为专门进行羌帖、吉帖等兑换买卖的数家钱铺。当地除设有银行公会外,还有货币交易所。

当地汇兑以上海、天津、山东为最多。申汇有银、洋两市。春季汇水最大,每百元最高达十三、十四元。秋季出口货多,汇水转缩,有每百元倒贴二元者。1925 年前后,当地汇兑机关有中国银行、交通银行、浙江兴业银行、金城银行和东三省官银号等金融机构。哈尔滨与上海、天津、长春、

[①]　《哈尔滨之金融商况》,《银行周报》,1918 年第 2 卷第 2 期。

大连、奉天、营口、黑龙江和黑河等皆有直接汇兑关系。其中,哈尔滨与上海、天津、大连均有直接行市。①

(二)黑龙江

黑龙江经嫩江、松花江水道可与哈尔滨相连。当地出产以大豆为大宗,小麦、高粱、小米等次之。清光绪年间由官商合办广信公司,该公司之汇兑手续除汇哈埠及本省各属,尚可以官帖收汇;如汇营、奉两埠之奉票及上海之规元,则须以汇兑券作价收汇。② 1925年前后,当地有中国银行、交通银行、东三省银行等做汇兑放款业务,此外有三家储蓄银行做不动产抵押以及当铺、杂粮等生意。另有数十家钱铺,其中有两三家稍大者做汇兑放款业务。当地设有钱市,分早、午两市交易。

汇兑以哈尔滨、天津两处为多,北京、营口、奉天、上海次之。1920年10月23日通信,本星期内"汇款出入以京奉等地为多,商业上汇款推杂货行居多"③。普通汇兑,每百元收取汇水3元。津汇最高汇水可达数10元。黑龙江市面全视哈尔滨为标准。因当地现洋稀少,通用货币中以哈尔滨中国银行和交通银行两家银行所发行的大洋券为本位。当地仅中国银行和交通银行两家汇兑机关。黑龙江与哈尔滨、天津有直接行市。④ 1933年,汇津、沪,每百元加汇费2.7~2.8元。⑤

(三)黑河

黑河为黑龙江省北边边陲重镇,为对俄贸易的重要商埠。当地金条、药材、皮张、木耳、木料等多销往上海、哈尔滨、营口等地。旧历年末结账期,各业均归外埠货款,缘以滨奉营烟各处,汇款比上星期为多。⑥

1920年以前,当地以卢布为本位,商家买卖货物以羌帖为大宗。

---

① 上海商业储蓄银行国内汇兑处编:《国内商业汇兑要览》,上海商业储蓄银行国内汇兑处1925年版,第349—355页。
② 《各地金融状况(哈行所属):黑龙江——金融机关及其营业、金融机关之团体》,《交通银行月刊》,1923年第1卷第11期。
③ 《各埠金融及商况》,《银行周报》,1920年第4卷第42期。
④ 上海商业储蓄银行国内汇兑处编:《国内商业汇兑要览》,上海商业储蓄银行国内汇兑处1925年版,第357—360页。
⑤ 《交通银行分支行所在地金融物产调查:黑龙江》,《交行通信》,1933年第3卷第4期。
⑥ 《各埠金融及商况》,《银行周报》,1921年第5卷第7期。

1923年,当地改以大洋为本位。当地通用货币自羌帖被革除后,市面除大洋外并无其他货币,自1920年春,才有小洋券流通及江市平流通。①当地汇兑机关有中国银行和交通银行两家银行,以及东三省官银号、广信公司、邮务局、裕增德钱庄等数家钱庄。黑河与哈尔滨、奉天均有直接汇兑关系,其余商埠均为间接汇兑关系。黑河与上海之间的汇兑须经哈尔滨转汇。②

(四)满洲里

满洲里居中俄边界,为中俄交界出入之口。当地以牛马牲畜生产为多,因哈拉尔(即呼伦贝尔)地近蒙古,皮张牲畜汇集于此。当地中国银行、广信公司等三四家银行机构专做汇兑放款业务。三四家钱铺以收买金沙、兑换外币为主业。当地无行市,交易悉以哈尔滨行市为标准。汇兑以哈尔滨、海拉尔(内蒙古呼伦贝尔市辖区内区域)、奉天、大连最多,东三省其他地方及天津、北京次之。其中,以哈尔滨和海拉尔有直接行市。③

二、东三省其余汇兑区域

(一)沈阳(奉天)

奉天进口货以洋货居多,其中又以日本货为大宗;出口货以大豆、豆饼、五谷、蔬菜、土布、皮草等为主。④ 民国以后当地以奉票为本位,各项买卖均以此为主体。"日商常收买大豆运往大连转输欧洲,多以正金票、朝鲜金票换进奉票,为收买大豆之用。"⑤金融机关包括中外银行,如中国银行、交通银行、东三省官银号、浙江兴业银行、公济平市官钱号、正金银行、朝鲜银行等十余家,以及钱铺十余家和钱庄数十家。沈阳与天津、上海、大连、长春、哈尔滨、营口、安东以及省内外各大商埠均有直接汇兑关

---

① 《各埠金融及商况》,《银行周报》,1921年第5卷第7期。
② 上海商业储蓄银行国内汇兑处编:《国内商业汇兑要览》,上海商业储蓄银行国内汇兑处1925年版,第360—365页;《黑河金融经济状况纪略》,《中外经济周刊》1927年第203期。
③ 上海商业储蓄银行国内汇兑处编:《国内商业汇兑要览》,上海商业储蓄银行国内汇兑处1925年版,第365—368页。
④ 《奉天之通用货币及其汇兑计算法》,《银行周报》,1919年第3卷第1期。
⑤ 《各埠金融及商况》,《银行周报》,1920年第4卷第4期。

系。沈阳与上海、天津有直接汇兑行市。每年阴历四月到七月为当地金融淡季,下半年后市面为燥,沪汇每万元有增至四百元者,因为本地为奉票市面,现大洋流通不多。钱庄专做现货汇兑、买卖期票(如奉票、官帖、老头票等)等业务。[1]

（二）安东

安东居鸭绿江下游,为中朝边境孔道。东三省各地所产丝、豆油、杂粮等物经安东运销东西洋及朝鲜各埠。"安埠市面流通货币向以现银为主。"[2]国币在本地虽通行,但流通不多。北洋、站人等现大洋以及现小洋、铜元均可通行。而奉天东三省官银号、中国银行、交通银行三行所发行的名为一二汇兑券(因其每元合奉省得小洋券一元二角)的纸币流通较广且日有行市。日本和朝鲜银行发行的金票(老头票)流通额也较多。当地通用平砝为镇平,每日行市的现大洋、现小洋、金票、申票、津票和烟票均以镇平为换算本位。当地汇兑机关主要为中国银行和东三省官银号。安东与上海、天津、烟台均能直接汇兑,且日有行市。[3] 但当地申津烟汇票奇贵时,商人以利之所在,争相投运现银出境。[4] 1918年8月19日烟台通信,"近以安东在烟购申票20万之余"[5]。

（三）大连

大连为东三省粮食出口买卖的一大集市。其中,世界大豆市场由营口迁入大连,多由日商运往南洋、青岛等地。本地油坊所出油饼、豆油多销往日本、欧美等国。[6] 高粱、苞米、小麦等多销往山东、青岛等埠。当地华商银行仅中国银行和东莱银行两家,日商银行多达七八家,其他外商银行两家。银行多做押汇、放款业务,但银行市场业务、利率高低均受关东厅监察并予以干涉。华商开设的钱庄约五十家、日商十余家。

---

[1] 上海商业储蓄银行国内汇兑处编:《国内商业汇兑要览》,上海商业储蓄银行国内汇兑处1925年版,第315—323页。
[2] 《各埠金融及商况》,《银行周报》,1919年第3卷第7期。
[3] 上海商业储蓄银行国内汇兑处编:《国内商业汇兑要览》,上海商业储蓄银行国内汇兑处1925年版,第323—328页。
[4] 《各埠金融及商况》,《银行周报》,1919年第3卷第7期。
[5] 《各埠金融及商况》,《银行周报》,1918年第2卷第36期。
[6] 《各埠金融及商况》,《银行周报》,1920年第4卷第16期。

大连与上海、天津、营口、烟台、青岛、日本和高丽均有直接汇兑关系。汇兑交易以东汇（与东京的汇兑）和上海银汇为主,烟台、青岛、天津次之。大连为一用款码头,每年由广东、山东等处汇入的款项亦不在少数。1925年前后,当地汇兑机关有中国银行、东莱银行、汇丰银行、正金银行和朝鲜银行。市场买卖均以正金钞票（日本正金银行发行的银元钞票）为本位。[1]

（四）营口

营口处于奉天省内部,为东三省蒙古通商之门户之一,又为京奉铁路与南满铁路支线的交汇处,且临渤海、辽河等水道,使其居南北水陆往来之要道。在南满铁路未开通之前,营口为东三省豆油两业荟萃之区,贸易繁盛。当地有一种过账银即炉银,为汇兑交易计算的主体。"凡大宗买卖以炉银为本位,零星买卖以奉票为本位。"[2]炉银为一种虚拟银两,每一炉银行宝重53.5两。奉票为当地中国银行、交通银行、公济银号所发行的小银元券,也为市面交易的主币。[3]"营埠汇出汇入款项,以奉票正钞为大宗,大洋次之。"[4]

当地金融机关中,中国银行、交通银行、奉天官银分号3家机构经理东三省奉票汇兑（惟不能用炉银）,道胜银行经理羌帖汇兑（可收炉银,惟为数无几）。汇款至各埠,多由各银炉经理,银炉即南方之大钱店。营口银炉中信用较厚的有厚发合、恒义利等11家,所设资本从几万炉银到几十万炉银,大小不等。营口与天津、奉天、大连、长春、安东、烟台和上海均有直接汇兑关系,但每日行市仅开申汇、烟汇和津汇三处汇兑行情。营口与镇江、汉口等地的汇兑,以上海规元行市为转移。[5] 营沪汇水涨落关于每日进出口货物之多寡及中外商业情形,奉吉江三省金融状况皆视营沪

---

[1] 上海商业储蓄银行国内汇兑处编:《国内商业汇兑要览》,上海商业储蓄银行国内汇兑处1925年版,第328—334页。
[2] 《营口商业金融调查记》,《银行周报》,1918年第2卷第27期。
[3] 《营口商业金融调查记》,《银行周报》,1918年第2卷第27期。
[4] 《各埠金融及商况》,《银行周报》,1921年第5卷第12期。
[5] 上海商业储蓄银行国内汇兑处编:《国内商业汇兑要览》,上海商业储蓄银行国内汇兑处1925年版,第334—342页。

汇水为变更。营沪汇水间一日一妥(妥即次数之意)。①

(五)长春

长春当地出产以小麦、大豆、高粱、小米、玉米等为主。大豆运销大连。钱粮市场交易均以正金钞票为本位。当地通用货币以官帖为本位。在永衡官银号最初发帖时,每吊当制钱 1 000 文。随后逐步减少,1924 年左右,每吊只抵铜元一枚,而大洋 1 元可换官帖 170 余吊。故市面交易除小买卖仍用官帖外,其余均改用大洋。但每年秋季,土货登场,官帖用途扩大,其价增高,秋忙过后官帖价格又开始跌落。本地银行有三四家银行和 40 余家银钱号,其中有十余家规模较大的银钱号经营放款和汇兑生意。此外,有 200 多家专做倒把(买卖各种期现货币)的小钱庄。

1925 年前后,当地汇兑机关有中国银行、交通银行、东三省官银号、吉林官银号和永恒官银号,以及天发钱庄、益发钱庄、功成玉庄等钱庄。长春与哈尔滨、奉天、吉林、上海、大连、天津等地均有直接汇兑关系。汇兑以津、沪、大连、营口为多。"汇出款项以天津为多,南省次之,天津之款邮务局所汇居多,南省之款均系各商号及个人零星所汇者居多。"②对沪汇须以本地大洋券合正金钞票作价,通年汇水最高时为每百元达 12～13 元。本地通行的哈大洋券,因有限制兑现,故现洋市价常高于钞洋每百元 3 元到 10 余元不等。此市价比津、沪洋厘行市为小。③

(六)铁岭

铁岭滨辽河、沈阳以北之大市场,交通便利。土产出口,北销俄国,东销朝鲜,南至大连,销日本。之前,市面以羌帖为通行主币。1921 年市面流通之货币,向以中、交行及三省官银号等发行大洋为主体,余则朝鲜银行所发行的金票。金票涨落,悉听大连行市为转移。④ 当地银钱及粮食买卖,期货为多,以三个月为一卯,一年分四卯,即三月、六月、九月、腊月,

---

① 《节营号报告书:民国四年四月为报告营地金融大势并附炉银兑换各种货币计算书事》,《中国银行业务会计通信录》,1915 年第 5 期。
② 《各埠金融及商况》,《银行周报》,1920 年第 4 卷第 42 期。
③ 上海商业储蓄银行国内汇兑处编:《国内商业汇兑要览》,上海商业储蓄银行国内汇兑处 1925 年版,第 343－345 页。
④ 《各埠金融及商况》,《银行周报》,1921 年第 5 卷第 7 期。

按卯期结算定期买卖。当地以汇往营口、大连、上海等处为多。汇入以大连为多,山东、直隶、哈尔滨等处次之。东三省境内汇兑多钱庄揽做;直隶、山东、上海等处,则为中、交两行揽做,如上海,则日商银行亦可揽做。汇兑行市,惟营口为直接,其余均间接计算。①

第五节 其他混合汇兑区域

开封汇兑以津、济、沪、汉为主,仍以上海为重。郑州有汉票、津票、申票行市。洛阳为天津和汉口的交叉汇兑区域。周口汇兑,以申汇、汉汇以及津汇为主。禹县主要与陕西三原、天津、汉口以及山西太谷有汇兑关系。四川万县、贵州贵阳亦以汉口和重庆为主要调拨地点。贵州安顺为重庆、贵阳的调拨地。

一、津、汉汇兑区域

(一)河南开封

开封在陇海铁路中心,水陆连接黄河,陆路通达周围各县。当地出产花生居多,每年八月至来年三月广州帮多汇集此地进行收买交易。而四月到八月花生落市之际,本地银号多赴许州、漯河一带收买丝绸、杂粮运往开封。阴历年末,绸缎、洋布等铺往申办货者甚多,而运申所售花生之款均与在申置办货者互相商办,是以开封经营汇兑之银行和钱庄等无不影响,决定着开封的货币行情,当地货物出入虽较为活跃,但现今来源较少。②京津沪汉客商以汇票易成现金,方能采办,故现款多流入乡间,市银奇紧,在汴现用现金,在京汴现期迟期七天。③ 1918 年 5 月 4 日通信,"查汴市收汇各款,向以盐款为大宗,近因鲁山绸在许州一带出境稍多,将此盐款大半在津议定互相抵拨,以致汴中商号作汇兑者汇调稍难,又兼现

---

① 《铁岭商业金融调查记概论》,《新闻报》,1923 年 3 月 21 日、3 月 23 日。
② 《各埠金融及商况》,《银行周报》,1918 年第 2 卷第 51 期;《各埠金融及商况》,《银行周报》,1919 年第 3 卷第 3 期。
③ 《各埠金融及商况》,《银行周报》,1919 年第 3 卷第 31 期。

款极紧,日来对于汴收兑款,均减免汇水,以济调剂金融之计"①。1925 年前后,当地有中国银行、交通银行和河南省银行 3 家银行,许州、郑州设有分行负责兑换钞票。银号十余家,设有钱业会馆,每日上午开铜元行市。开封的直接汇兑地点包括上海、汉口、济南、天津和郑州。各路调款,仍以上海为主。本地没有拆息行市。② 1932 年 8 月,河南汇款向以运现至平(北平)为多,而汇津之款项颇多,零星汇往各地(上海、南京、郑州、福州、济南、汉口、南昌等地)款项陆续不断。③ 1932 年 9 月份,本月因外县秋收出产销售,由平汇往外县村镇之款,颇为畅涌,河南汇平之款亦甚稀少,汇津之款也不似之前迫切。④

(二) 郑州

郑州为附近各县及秦晋二省土产品聚散之地,其中以棉花为大宗。每年棉花集合郑州 30 万担左右,价值约 2 000 万元。采办者以津、沪、汉期票抵现,每年流出现金为四五百万元,导致郑州银根常处于紧张状态,需要从京津等地运现。当地生意以秋冬为最旺,春夏间仅有羊毛出口,生意平淡。进口货物以日用品为主,不分旺季和淡季。所有商货,汇兑出入,都以银元为本位。⑤

1925 年前后,当地汇兑机关有中国银行、交通银行、金城银行、盐业银行、浙江兴业银行、河南省银行 6 家银行和大德通、大德恒、豫盛乾、恒泰和信昌庄等多家钱庄。郑州直接汇兑地点包括汉口、上海、天津、开封、洛阳。⑥ 棉花买客对于售户,以银价为主。而兑票以银元为本位,洋厘行市每元例定七钱。所开沪津汉等处的兑票,常有迟期至一二十日者。售户持兑票到银行或钱庄兑现,不算拆息,只在汇水中酌增。即本地以银元为本位,各处汇兑均以洋汇汇水增减来定,并无定例。如汉票为每汇汉

---

① 《各埠金融及商况》,《银行周报》,1918 年第 2 卷第 19 期。
② 上海商业储蓄银行国内汇兑处编:《国内商业汇兑要览》,上海商业储蓄银行国内汇兑处 1925 年版,第 210—213 页。
③ 《各地金融市况(八月份)》,《中央银行月报》,1932 年第 1 卷第 1~5 期。
④ 《各地金融市况(九月份)》,《中央银行月报》,1932 年第 1 卷第 1~5 期。
⑤ 久道:《郑州商业金融调查记》,《新闻报》,1924 年 4 月 13 日。
⑥ 上海商业储蓄银行国内汇兑处编:《国内商业汇兑要览》,上海商业储蓄银行国内汇兑处 1925 年版,第 412—415 页。

1 000元汇水4元。津票为每汇津1 000元汇水7元。申票为每汇申1 000元汇水8元。查每年汇出款项以京、津、汉最多,沪、汴次之,约有400万元。汇入款项以津、鲁、沪、汉、彰、归等为最多,每年亦约有300万元。[①]

(三)洛阳

洛阳出口交易以牛羊皮和棉花为大宗。牛羊皮销津汉路各处,棉花销往郑州。进口货以匹头杂件为大宗,多由津沪汉三处运来,转销陕甘等省。本地买卖各地银两,不论何种平砝,均先合成洛平,然后按价合洋计算,因为本地以银元为主。如每千两行化银合洛平964两,天津洋厘行市为六钱七分,以此数目相乘,则每津洋1元合洛平六钱六分五厘一毫六丝。[②]

1925年前后,当地汇兑机关主要包括7家由郑州分设洛阳的银号和7家由本地钱商设立的银号。1932年,洛阳直接汇兑地点有上海、天津、汉口、青岛、郑州等地,汇兑包括申汇、津汇、青岛汇、汉汇等。[③] 1932年12月,本埠银号虽在钱业公会决议对于沪汉津等处汇兑每日公议行市,但各家所做汇款暗中仍不一。[④] 各商汇出款项较多者,均由各大银行兜揽,1935年12月,中央银行门市所收各埠款项以上海为多,津汉汴郑次之。[⑤]

(四)周(家)口

周口出口货以芝麻、小麦、小米、高粱、麻油、牛油、牛羊皮等为巨,其中除芝麻、牛羊皮有运往汉口者外,其余各粮均销往天津、河北南直一带。进口货中包括纸张杂货、煤油、煤炭、大米等。周口汇兑,以申汇、汉汇和津汇为主。清明前后,当地出口芝麻油络绎不绝,京津期票发现较多,至汇申汉之款不如前月之多。[⑥] 亳州钱庄及河北一带客商,前来以申收期

---

① 桂绍熙:《最近郑州金融商况调查录》,《银行周报》,1918年第3卷第14期;上海商业储蓄银行国内汇兑处编:《国内商业汇兑要览》,上海商业储蓄银行国内汇兑处1925年版,第412—415页。
② 上海商业储蓄银行国内汇兑处编:《国内商业汇兑要览》,上海商业储蓄银行国内汇兑处1925年版,第416—418页。
③ 《各地金融市况》,《中央银行月报》,1932年第1卷第1~5期。
④ 《各地金融市况》,《中央银行月报》,1933年第2卷第1期。
⑤ 《各地金融市况》,《中央银行月报》,1935年第4卷第1~6期。
⑥ 《各埠金融及商况》,《银行周报》,1919年第3卷第13期。

票及津收期票购运铜元出口。① 1918年3月23日通信，近两星期内，"汇进款5万余元，汇出款2万余元，周交汉收每千得水8元"②。1918年4月27日通信，本两星期"汇款周收申汉交者颇多，而周交申汉收者为之绝迹，惟津收者尚有零星之数。汇出汇入共不过5万余元，汉口交每千得水18元"③。1919年3月22日，申汉交之汇款申多。④

（五）河南禹县

每年农历十一月二十日为禹县冬会会期，各帮药客陆续来此进行药材买卖，药帮汇兑款项连日亦有数宗。禹县主要与陕西三原、天津、汉口以及山西太谷有着药材汇兑关系。其中，永盛和等做三原银汇，在三原早交半月，每1 000两加费220两；祁州客做天津洋汇，每1 000元加费8元；谦亭永等代药材客做汉口银汇，每1 000两加费10两。太谷银，每1 000两加费6两。⑤

二、四川万县、贵州贵阳对汉、渝汇兑

（一）万县

万县居宜渝航线中间的停泊站，临近江岸。当地货物以牛皮、羊皮、桐油为大宗，多运往汉口转销或者到达江苏镇江等地。进口货物以棉花、棉纱、匹头、杂货、白糖、香烟等为主。该地区汇兑生意，向以渝汉两处为多，沙市次之，成都、自流井、宜昌、上海等处，亦能直接通汇，但对沪埠收交较少。万县当地并无钞票发行机构，中国银行、交通银行的重庆、汉口银元券以及中国银行的五省通用券皆可在市面通行。从流通货币可知，万县当地纸币以重庆、汉口银元券为主。1915年，多数钱庄以买卖渝汉两票为主业。当地汇兑机关有中国银行、聚兴诚银行、中和银行以及宏裕银号。直接汇兑地点包括重庆、汉口、宜昌。万县行市除银元、铜元价外，

---

① 《各埠金融及商况》，《银行周报》，1918年第2卷第37期。
② 《各埠金融及商况》，《银行周报》，1918年第2卷第12期。
③ 《各埠金融及商况》，《银行周报》，1918年第2卷第17期。
④ 《各埠金融及商况》，《银行周报》，1919年第3卷第10期。
⑤ 《各埠金融及商况》，《银行周报》，1918年第2卷第2期。

主要开渝汇和汉汇行市。①

（二）贵阳

贵阳出产以土货为主，每年春、夏两季最为繁盛，商贩收货后多贩往湖南省洪江销售。湖南洪江帮在黔设有汇兑庄，招揽汇款。"因黔省金融常紧，故与各商开做黔收汉交之款，已不下十数万，其行市则黔收布平908两，迟期两月汉交它纹1 000两，对期则黔收940两，汉交它纹1 000两。洪江方面行市则较黔稍高，洪交930两，迟两月汉交它纹1 000两。"②其次为丝、茶、木料、水银、雄黄、牛皮、猪毛等。进口货物多从湖南和广西两省输入。当地汇兑机关有中国银行、贵州银行和邮政管理局。贵阳直接汇兑地点包括重庆、汉口和上海。汇兑行市有渝汇、汉汇。渝汇和汉汇皆以每百元加汇水若干表示。③ 1918年3月2日通信，本星期本埠中行与萃明社做妥申交九八规银一千两，市面各种市价计算包括黔币公估平票银、洋元公估平票银、钱盘公估平票银、铜元公估平票银、正洋公估平票银、座人洋公估平票银等行市。④ 1919年6月14日通信，本星期中行和协兴隆号做妥渝交黔收1万两，又做沪交零星汇款5 000余元。⑤

（三）贵州安顺

本地通用货币中以公估平为交易主币。当地本设有富滇银行汇兑处，但因滇省汇款较少，生意寥寥无几，1920年后有关生意委托殖边银行代理。另有几家票号经营重庆逆汇款，来顺交兑业务，故由云南曲靖方面运现来此交解。闻云南汇申款不易，每千元须250元之汇水，票号等千方百计由滇运现来顺，逆汇至渝，由渝调拨至沪，亦属合算。⑥ 1920年2月14日通信，"本星期为重庆、贵阳等处汇来中行交款共有两万余金，汇出款寥寥无几，驻顺客商多将现金运载而去"⑦。1920年3月6日通信，近

---

① 《万县之通用货币及其汇兑计算法》，《银行周报》，1918年第2卷第22期；《万号调查万县市面金融情形报告书（四年十一月十五日专字第六号）》，《中国银行业务会计通信录》，1915年第12期。
② 《各埠金融及商况》，《银行周报》，1918年第2卷第51期。
③ 《贵阳之通用货币及其汇兑计算法》，《银行周报》，1918年第2卷第40期。
④ 《各埠金融及商况》，《银行周报》，1918年第2卷第13期。
⑤ 《各埠金融及商况》，《银行周报》，1919年第3卷第25期。
⑥ 《各埠金融及商况》，《银行周报》，1920年第4卷第7期。
⑦ 《各埠金融及商况》，《银行周报》，1920年第4卷第10期。

两星期交易寥寥,查中行只汇出贵阳款 2 000 余元,重庆款 1 500 余元,代解三江支行由洪江汇来款 2 000 元。① 1920 年 4 月 24 日通信,本星期汇沪行市在顺收公估 1 010 两,在沪交规元 7 000 两。②

三、安徽其他区域的汇兑

安庆与上海和汉口有直接行市。蚌埠虽与上海、天津等地皆有汇兑关系,但当地无汇兑行市,汇兑视当地银元短缺等议定。临淮汇兑地区包括上海、南京、镇江和蚌埠,但当地无行市交易,以解款地行市为参照。南宿州汇兑区域包括徐州、蚌埠、南京和上海,当地无行市。颍州当地的直接关系汇兑地点包括周家口、蚌埠和上海,且有规元行市。

(一)安庆

安庆土产以棉花为大宗,每年交易约值百万元。米粮次之,多销往芜湖、苏、常一带,通年交易数十万元。1925 年前后,当地汇兑机关有中国银行、交通银行、农工银行 3 家银行和恒大钱庄、恒孚钱庄、大丰钱庄、长裕钱庄、晋泰钱庄 5 家钱庄。安庆的直接通汇地有上海、汉口、镇江、芜湖、九江、大通等沿江之地。当地行市开英洋(每鹰洋一元合二八曹平若干)、龙洋和规元、洋例行市,即安庆与上海和汉口有直接行市。沪、汉例期均为十三天。③ 1929 年,安庆钱庄与申汇兑往来,多托申地庄友代理收解,亦间有直接与上海钱庄银行直接交易。④

(二)蚌埠

蚌埠居津浦路与淮河交会之点,交通便利,为皖北 20 余县出口之农产品及进口之糖纸、洋纱、杂货、火油、木料等品汇集转运之地。当地商业以盐、粮两业为大宗。⑤ 1919 年,本埠中国银行、交通银行、上海银行、益丰银号以及金城银行等银行常因款项交涉设立银行公会,每周六、日聚会

---

① 《各埠金融及商况》,《银行周报》,1920 年第 4 卷第 11 期。
② 《各埠金融及商况》,《银行周报》,1920 年第 4 卷第 19 期。
③ 上海商业储蓄银行国内汇兑处编:《国内商业汇兑要览》,上海商业储蓄银行国内汇兑处 1925 年版,第 168—171 页。
④ 《经济调查:安庆金融商业情形》,《中央银行旬报》,1929 年第 1 卷第 2 期。
⑤ 《经济调查:蚌埠之金融与商业》,《中央银行旬报》,1930 年第 2 卷第 20 期。

一次,研究业务进行方针。① 1925年前后,当地汇兑机关有中国银行、交通银行、江苏银行和上海商业储蓄银行4家银行以及益丰银号、德生隆银号、仁昌银号、汇丰银号等银号。附近如颍州、正阳、蒙城等地汇兑银行逊于钱业,因蚌埠当地的银钱业经营者多系本地土著商人,其熟悉当地商业情形,经营便利,但当地钱庄业多经营杂粮等生意。蚌埠的直接汇兑地包括上海、镇江、南京、临淮、徐州、济南、天津等铁路沿线区域。"蚌埠因无规元用项,故无市价可言,往来铺户均以银元为主,如需办货,设以头寸多,势必购票或汇出不可。"②即遇津沪汇兑,仍视各地银元多缺,酌量议定汇水及贴现率。

(三)临淮

临淮位于津浦路与淮河之间,交通便利。交易以米麦、杂粮为大宗,多运往申、宁、常一带以及津、济等处。1925年前后,当地汇兑机关仅上海商业储蓄银行一家。具有直接关系的汇兑地点包括上海、南京、镇江和蚌埠。本地无行市交易,货物交易均以银元为本位。如汇他埠银两,则以解款地的银市以及本地现款的多寡来定相关汇水及贴现率。③

(四)南宿州

南宿州即宿县,居蚌埠、徐州之间,为津浦路的一大站点。交易以牛羊、鸡蛋、豆麦、芝麻为大宗,全年交易额为500万～600万元。本地向无平砝,用银时借上海规元为标准。当地汇兑机关没有一定固定机关,其汇兑关系皆由收货的客帮办理。直接汇兑关系地点有徐州、蚌埠、南京和上海。当地行市无洋厘行市,只有钱价。钱价根据蚌埠、徐州的洋价,由商会集议公定,故当地买卖均以钱价为主。④

(五)颍州

颍州,又名阜阳县。出产以小麦为大宗,其次为黄豆、芝麻、花生。本

---

① 《各埠金融及商况》,《银行周报》,1920年第4卷第4期。
② 《各地金融市况(九月份)》,《中央银行月报》,1932年第1卷第1～5期。
③ 上海商业储蓄银行国内汇兑处编:《国内商业汇兑要览》,上海商业储蓄银行国内汇兑处1925年版,第182－184页。
④ 上海商业储蓄银行国内汇兑处编:《国内商业汇兑要览》,上海商业储蓄银行国内汇兑处1925年版,第185－187页。

地没有银行,只有数家钱庄可通汇兑。当地的直接关系汇兑地点包括周家口、蚌埠和上海。本地无洋厘行市,只有钱价买卖,上海规元均以双铜元作价计算。[①]

[①] 上海商业储蓄银行国内汇兑处编:《国内商业汇兑要览》,上海商业储蓄银行国内汇兑处1925年版,第190—192页。

第十三章

金融网络的形成:金融市场联动性以区域为中心

经济体间市场网络体系的形成是中国经济发展的一项重要内容,代表着传统经济向市场经济的转变。传统社会经济中,商品市场自然是各地经济体最重要和最直接的体现。目前,学界已从多个视角论证和分析了19世纪末20世纪初国内贸易网络的存在及其内部多等级多类型的层级性。[①] 城乡市场网络体系的形成是中国经济近代化的一个重要方面,而区域经济理论界定经济区域的重要尺度主要包括商品市场、资金市场、资源市场和人才市场所形成的网络。商品的流通和交易常伴随并依赖于资金的融通。资金市场作为商品经济运行的"血液",与商品贸易流通有着息息相关的联系。在市场自身的演进过程中,资金是最易于流动的生产要素。资金流动状况决定着整个社会资源的配置和经济运行的效率。近代中国国内外贸易的繁盛既依赖于货币金融的流通,其本身也促进了货币金融体系的发展完善。而金融市场如何通过其机构的设置和资金的调拨,实现资金的运转和循环,自然应成为经济史的研究议题。相较于近代中国国内商品流通层级性的形成,资金流动下金融网络层级性的研究

---

① (美)施坚雅:《中国历史的结构》,载施坚雅著,王旭等译:《中国封建社会晚期城市研究——施坚雅模式》,吉林教育出版社1993年版,第22页;许檀:《明清时期城乡市场网络体系的形成及意义》,《中国社会科学》,2000年第3期;许檀:《明清时期山东商品经济的发展》,中国社会科学出版社1998年版,第398、405页;庄维民:《近代山东市场经济的变迁》,中华书局2000年版,第8、12、14—15页;戴鞍钢:《近代上海与长江流域市场网络的架构》,《复旦学报(社会科学版)》,1996年第5期。

第十三章 金融网络的形成：金融市场联动性以区域为中心　　403

成果较少。① 近代化的市场作为一个庞大的系统和完整的组织，市场发育不仅是市场交易量、交易范围、交易方式和交易手段的变化，金融等行业的市场也应有相应的发展。② 从金融市场发育和金融结构层级体系的构造角度来考察近代市场的发育，是探讨近代经济结构和实际运行情况的又一视角。

在传统市场向近代市场的迈进过程中，金融在市场发育过程中的作用逐渐扩大。因币制不统一、平砝相异及各地商情复杂，汇兑不通、金融受阻。以货币兑换行市为基础，伴随埠际贸易结算兴起的内汇，作为代替现银运送而代理结算埠际债权债务关系的一种集汇兑、结算、信贷三者于一体的埠际资金调拨方式，直接关联埠际商品的流通贸易。汇兑是除现银运送外，资金流动的另一种主要方式，代表资金在异地间的流动途径，体现不同商埠间金融网络的构建和形成过程。近代中国以上海为中心，通过各地申汇市场将重要商埠连接起来，并逐步形成资金融通的国内汇兑网，使商埠间款项划拨畅通无阻。汇兑层级体系是金融网络放射与回归的一个子集，在一定程度上代表区域内的金融市场体系构建，体现金融网络的层级性、立体型，是近代埠际金融网络构建的一个视角。从某种意义上讲，内汇的发展程度成为衡量一国国内市场发育程度的标志，也是考察金融市场发育程度的重要指标之一。关于近代中国的国内汇兑市场，以往论著虽有涉及，但相关研究在广度和深度上都相对欠缺，且缺乏系统性研究。③ 本书拟以埠际城镇为节点，以近代中国埠际之间的汇兑关系为切入点，描摹层级性金融市场网络的空间格局及其表现，将整个国内金

---

① 马俊亚：《近代国内钱业市场的运营与农副产品贸易》，《近代史研究》，2001年第2期；李一翔：《论长江沿岸城市之间的金融联系》，《中国经济史研究》，2002年第1期；李一翔：《从资金流动看近代中国银行业在城市经济发展中的作用》，《改革》，1997年第3期；徐建国：《近代民信局的寄递网络研究》，《安徽史学》，2009年第3期。
② 张仲礼、沈祖炜：《近代上海市场发育的若干特点》，《上海社会科学院学术季刊》，1994年第2期，第5—15页。
③ 相关文献主要有：洪葭管、张继凤：《近代上海金融市场》，上海人民出版社1989年版；中国人民银行总行参事室编：《中华民国货币史资料（第1辑）》，上海人民出版社1986年版；中国人民银行总行金融研究所金融历史研究室编：《近代中国的金融市场》，中国金融出版社1989年版；李一翔：《论长江沿岸城市之间的金融联系》，《中国经济史研究》，2002年第1期；李一翔：《1922—1931年重庆申汇市场的变动趋势》，载张仲礼等主编：《中国近代城市发展与社会经济》，上海社会科学出版社1999年版；石涛：《汇兑、结算与投机——近代申汇问题探索》，《社会科学辑刊》，2008年第3期。

融作为一个中、宏观的系统网络予以研究，构建和勾勒近代中国金融网络的空间结构关系。

第一节　指标的选取：直接汇兑行市

　　晚清至民国时期，各大商埠开埠以后，国内外贸易获得极大发展，洋货和土货往来流转于各大商埠。近代银两制度的存在，因各地使用的平（秤）、成色标准及商业惯例的不同，以及银两与银元间的兑换问题，使得货币在各地的流通交换和换算成为重要的问题。伴随着埠际贸易的发展繁盛，各地通用货币在流通过程中，需要经过货币兑换，即换算成通用平砝所表示的银两，才能参与国内各埠的直接和间接汇兑，实现商品和资金的流通。由于各埠通用货币千姿百态、通用平砝各有差异，以及货币兑换行市和商业习惯不同，因此国内汇兑市场随之产生。内汇种类按不同分法有几种不同形式。其中，依汇款地域的双方或多方关系，分为直接汇兑与间接汇兑。直接汇兑是指两地之间有直接汇兑行市，可直接依行市清算债务。如果两地之间没有直接通汇业务，则必须借助于两地之间的公共通汇地行市，间接计算两地行市，如天津和汉口之间必须借助上海来进行汇兑结算。间接汇兑有时涉及多个商埠的债权债务结算，形成一种三角或者多角汇兑关系。如直隶南部邢台县为皮毛集散地，皮毛地常派人到甘肃收买皮毛而产生货币结算关系。但是，邢台和甘肃之间距离相距较远，运现成本和风险都比较高；两地间的借贷关系也不平衡，即邢台有欠甘肃之款，而甘肃无欠邢台之款，没有直接汇兑行市，所以两地之间的资金结算只能借助天津作为转划地。而天津与甘肃亦没有直接行市，只能借助于西安。天津与西安有行市往来，西安与甘肃兰州有着汇兑往来关系。所以，邢台皮毛商须派人到西安办理兑款业务。邢台皮毛店商人到甘肃办货，并未携带现款，可与在西安用款的兰州钱庄商议，通过兰州的钱庄先付款给皮毛商，皮毛商即写信给在西安的兑款人，付给兰州钱庄西安分行若干银两。此时，兑款人手内实际并无现款，又有西安钱庄在天津用款，因此双方商定，西安钱庄交款给兑款人。兑款人即写信给天津有关系之钱庄,付款给西安钱庄天津分行。只是,西安与天津之汇兑,西安常处于逆汇,故在此交易中,西安钱庄须贴水给兑款人若干。如果邢台皮毛商在天津没有存款,则天津到邢台采购皮毛商之汇票,邢台皮毛商收到汇票,寄给与天津有关系之钱庄代收,所得之款,补齐钱庄所垫付之款。[①]

汇兑行市最直接地体现了货币资金的流向和流动路径,体现了地域间的经济联系和金融市场的相互依赖关系,是汇兑层级体系最直接的衡量指标。而汇兑层级体系最直观地描述了近代中国金融市场圈形成中的空间集聚程度和形态的形成与变化过程。因汇兑关系中包含两地银元与银两行市、两地汇票行市、本地其他通货与通用平砝的换算行市等银根松紧、钱市行情及各种用银习惯,其体现各埠传统货币兑换习惯及货币资金集中、调拨和换算、运转流通状况等金融信息。各埠间的通商汇算涉及通货、银平色差、平砝的换算及各地的商业习惯用法,决定了各地汇兑关系具有通货圈的地域特征。例如,保定、张家口、大同、漯河等地申汇公式皆以天津为转划;宜昌、沙市、长沙、贵阳则以汉口为间接转划地;常州、宜兴皆以苏州为转移;扬州、清江浦、淮安则以镇江为划汇之地;成都以重庆申汇市场为标准。汇兑换算构成要素中洋厘、汇票行市的选择,都是当地或者区域商业习惯和金融联系的反映,是各地直接或间接汇兑的直观表现形式。通过分析各地申汇的直接与间接汇兑关系的变化和汇兑体系的形成过程,可知上海对全国金融市场具有强烈的辐射和回归能力,它既是全国资金活动的出发点,也是回归点,引导着全国的资金流向。此外,天津、济南、青岛、烟台、镇江、汉口、重庆、宁波、苏州等内地各埠是这一支流上的各个支点,连接各自转汇区域,形成层级性和立体型的全国金融网络。

第二节　汇兑体系的层级性、立体型

前面章节分别详细论述了全国重要商埠的汇兑情况,本节将对上两章汇兑内容进行综合分析,理清国内汇兑的层级体系。

[①] 曲殿元:《中国之国内汇兑》,《中国之金融与汇兑》,上海大东书局1930年版,第132－134页。

一、重要商埠直接汇兑行市及通汇区域

因商品贸易的联系,异地之间建立起相应的汇兑关系。

表 13.1　　　　　　　　　重要商埠直接汇兑关系

地名	直接汇兑行市	直接通汇地点	转汇区域
南京	规元、镇兑	上海、镇江、汉口、南昌、天津、芜湖、蚌埠、徐州、临淮	—
无锡	规元	上海、苏州、镇江、南京、常州、江阴、宜兴、溧阳	汇汉口,须以上海为转移
松江	规元	上海、杭州、嘉兴、湖州、苏州	与天津、汉口等地的汇兑关系皆转托由上海转汇
太仓	规元	上海、苏州、常熟	—
南通	规元	上海、镇江、海门、扬州、芜湖、苏州、无锡	—
大通	规元	上海、镇江、南京、芜湖以及安徽其他沿江之地	—
杭州	规元、甬汇、绍汇、苏汇	上海、苏州、宁波、绍兴	浙杭一带须以规元行市为转移
宁波	规元	上海、绍兴、温州和杭州	甬埠金融,向以沪市为转移
余姚	—	宁波、杭州、绍兴	—
嘉兴	规元	上海、杭州	与苏州等地汇兑,须以上海为转移
硖石	规元	上海、杭州、南京、芜湖、苏州、宁波、绍兴、嘉兴和湖州	与天津等地汇兑,则以上海为转划
湖州	规元	上海、杭州、宜兴、常州、宁波、绍兴、嘉兴以及湖州所属各乡镇	与苏州等地汇兑,须以双方对上海的直接行市为转划
天津	上海、北京、济南、奉天、营口、吉林逐日有行市	上海、北京、济南、奉天、营口、吉林等地	津埠对汉口等地汇兑,系以上海为枢纽
北京	津汇、沪汇、哈尔滨、奉天	天津、上海、哈尔滨、奉天	汇兑行市多视天津为转移
保定	京汇、津汇	北京、天津	其他地方皆以天津为转汇地

第十三章　金融网络的形成:金融市场联动性以区域为中心　　407

续表

地名	直接汇兑行市	直接通汇地点	转汇区域
石家庄	京汇、津汇	天津、北京、太原、太谷和榆次	其他商埠以天津为转划
太原	沪票、京汇、津汇、汉票	北京、天津、归绥、包头、张家口、大同、汉口、上海	—
大同	无直接行市	北京、天津、保定、石家庄、归绥、张家口和包头	多以天津的申票行市为准
运城	—	太原、天津及省内各埠	以天津为汇兑中心
新绛	—	天津、太原、运城等地为主	—
太谷	—	以天津为主,北京次之,张家口、绥远、上海及本省之太原的汇兑较少	—
张家口	津汇、京汇、归绥票、包头票	天津、北京、归绥、包头	对沪汇兑,须以天津为转移
归绥	—	京津及太原、包头、张家口	—
包头	—	京津、张家口、归化	—
兰州	—	上海、天津、西安	—
汉口	沪汇	镇江、南京、芜湖、安庆、九江、宜昌、沙市、重庆、成都、万县、长沙、常德、洛阳等	与北京、天津等地汇兑,须由上海转汇
沙市	汉票、渝票	汉口、重庆、宜昌和万县	1927年前以汉口为中心,1927年后与上海直接通解
宜昌	汉票、沙票	汉口、沙市、重庆、万县以及长江下游各埠	对沪汇兑均以汉口为转汇
老河口	当地无行市	汉口、沙市	行市以汉口市价为准
长沙	汉票	汉口、常德、衢州等地	与上海间的汇兑经汉口转汇
常德	汉票、长洋汇	汉口、长沙等地	对沪汇兑以汉口为转移
九江	申票、汉票	汉口、芜湖、南昌、南京、镇江、上海、吴城、樟树镇等地	—
吴城	申票、汉票	南昌、九江、上海、汉口、大通和安庆	—

续表

地名	直接汇兑行市	直接通汇地点	转汇区域
南昌	规元、汉估平	上海、汉口、九江及本省各埠	其他各埠以申、汉行市为转移
河口	规元、杭汇、南昌通用洋行市	上海、汉口、杭州、宁波、绍兴、南昌和九江	—
抚州	申票、汉票、南昌英洋行市	上海、汉口、南昌及福建省内临近各埠	—
樟树镇	—	上海、汉口、九江、吴城、赣州、吉安和南昌	申票、汉票以南昌行市为准
吉安	—	上海、汉口、南昌	申票、汉票以南昌行市为准
赣州	申票、汉估、吴票、吉安票、南昌票	吉安、南昌、吴城、九江、上海、汉口等地	—
许州（县）	无行市	上海、汉口、天津、郑州、开封、洛阳	汇兑买卖以汉票为加减
漯河	—	汉口、信阳、许州、周家口	买卖以汉市为标准
周家口	—	汉口、漯河、郑州	遇交易皆以汉市为转移
信阳	—	汉口、郑州、许州	如以洋兑银，则随汉口行市而定
驻马店	—	汉口、天津、上海	本地行市以汉市为标准
光州	汉票	汉口	如以洋兑银，则随汉口行市而定
西安	申票、汉银票、汉洋票	上海、汉口、郑州、天津和兰州	—
三原	申票、汉票、西安票	西安、汉口、天津和上海	—
重庆	申票、蓉票、汉票	上海、宜昌、汉口、沙市、天津、成都、万县、自流井等地	与不通汇商埠，须以上海为转移
成都	申票、渝票	重庆、上海	汇汉口，要经过重庆转汇
自流井	—	重庆	以重庆为转移
潼川	—	重庆	以重庆为转移
开封	虽有钱业公所，但逐日亦无申、汉、津票行市	上海、汉口、济南、天津、郑州	—

续表

地名	直接汇兑行市	直接通汇地点	转汇区域
郑州	虽有钱业公所,但逐日亦无申、汉、津票行市	汉口、上海、天津、开封、洛阳	—
洛阳	申汇、津汇、汉汇、青岛汇	上海、天津、汉口、青岛、郑州、郑州	—
周口	申、汉、津	上海、汉口、天津	—
禹县	—	三原、天津、汉口、太谷	—
安庆	上海、汉口	上海、汉口、镇江、芜湖、九江、大通等沿江	—
万县	渝汇、汉汇	汉口、重庆、宜昌	—
贵阳	渝汇、汉汇	汉口、重庆、上海	—
安顺	—	重庆、贵阳	—
香港	申票	上海	—
厦门	申票、港票	上海、香港、汕头、福州	—
广州	港票、申票、汕票	香港、上海、汕头	汇往天津等各埠均以上海为转移
汕头	申票、港票	上海、香港、广州、福州和厦门	—
福州	申票、港票	上海、香港、厦门、汕头和广州	—
昆明	申票、港票	上海、香港、重庆、汉口	—
苏州	规元	上海、常熟、无锡、常州、镇江、南京、湖州等地	—
宜兴	当地无直接行市	苏州、无锡和常州	汇上海,须参照苏州规元行市和常州洋厘行市
溧阳	当地无行市	上海、苏州、常熟、常州、无锡、江阴、宜兴、硖石、杭州、湖州、南京、丹阳、镇江	规元、洋厘行市以苏州行市为准
常州	规元	镇江、清江浦、南京、徐州、无锡、苏州、上海、北京、天津、芜湖、汉口、南昌	当地行市以苏州行市为准

续表

地名	直接汇兑行市	直接通汇地点	转汇区域
镇江	规元、洋例	南通、扬州、泰州、东台、盐城、淮城、六合等地	镇江除与上海、汉口有直接汇兑行市,其他各埠以上海为转移
盐城	—	上海、淮城、南京、清江浦、镇江、扬州等地	盐城与上海间的汇兑,参照镇规元行市进行计算
东台	申汇行市	上海、镇江、扬州、南通、盐城、兴化、淮安、清江浦等地	有申汇行市,但申汇行市依据镇规元行市进行折算
泰县	—	与镇江、扬州、东台、盐城等地	买卖规元由镇江调拨
扬州	申汇	上海、苏州、无锡、常州、南京、镇江、九江、汉口、芜湖、南通、泰州、东台、盐城、清江浦、淮安等地	申汇行市依据镇规元行市进行折算
六合	无行市	上海、无锡、常州、镇江、南京	与沪汇兑,由镇江转汇
徐州	规元	上海、天津、济南、南京、镇江、无锡	银本位先以镇江为中心,后以上海为标准
淮安	—	清江浦、扬州和镇江	对沪汇兑,以镇江行市为转移
寿县	—	蚌埠、临淮、济南、天津、南京和上海	以镇江为中心
正阳关	—	上海、镇江、南京、蚌埠、济南、天津和汉口	以镇江为中心
清江浦	镇票行市	扬州、镇江和淮安	以镇江为中心
新浦	无行市	清江浦	依照清江浦行市
板浦	无行市	清江浦	依照清江浦行市
六安	—	芜湖、庐州、周口以及其他沿江诸埠	—
芜湖	镇票、申票	上海、汉口、南京、镇江	以镇江为中心
绍兴	1918年有杭汇、甬汇,无规元行市;20世纪30年代以后有了沪汇行情	上海、宁波、杭州	—
温州	申、杭、甬	上海、宁波、杭州、海门	—

第十三章　金融网络的形成：金融市场联动性以区域为中心　　411

续表

地名	直接汇兑行市	直接通汇地点	转汇区域
兰溪	申、杭、甬、苏、绍	杭州、绍兴、宁波、上海、苏州	—
海门	无行市	上海、杭州、宁波、温州	交易以沪、杭、甬三处为标准
衢州	杭、甬、绍	杭州、兰溪	对沪汇兑以杭市为转移
蚌埠	无规元行市	上海、镇江、南京、临淮、徐州、济南、天津等	—
临淮	无行市	上海、南京、镇江、蚌埠	—
南宿州	无行市	徐州、蚌埠、南京、上海	—
颖州	无行市	上海、周家口、蚌埠	—
济宁	申汇	济南、上海、天津、南京	—
滕县	申汇	上海、汉口、南京、天津、济南、徐州等地	—
周村	申汇	上海、北京、天津、济南、青岛、烟台	—
益都	申票、济南票、青岛票	上海、济南、青岛	—
潍县	申票	上海、青岛、济南、天津、烟台	—
济南	申票、津票	天津、北京、上海、青岛、南京、汉口和烟台	—
烟台	规元	天津、上海、济南	汇往汉口须经申票行市转汇
青岛	申票、津票、济南票	上海、济南、天津	其他间接汇兑多以申票为转移
哈尔滨	申票、津票、大连票	上海、天津、长春、大连、奉天、营口、黑龙江、黑河	—
黑龙江	哈尔滨票、津票	哈尔滨、天津、北京、营口、奉天、上海	—
黑河	—	哈尔滨、奉天	与上海间汇兑，须经哈尔滨转汇
满洲里	哈尔滨票	哈尔滨、奉天、大连、天津、北京	—
沈阳(奉天)	申、津	天津、上海、大连、长春、哈尔滨、营口、安东等地	—

续表

地名	直接汇兑行市	直接通汇地点	转汇区域
安东	申票、津票、烟台票	上海、天津、烟台	—
大连	申、烟	上海、烟台、青岛、天津	—
营口	申、烟、津	天津、奉天、大连、长春、安东、烟台和上海	与镇江、汉口等地汇兑，须以上海为转划之地
长春	申、津	上海、天津、大连、营口	—

二、枢纽中心及其汇兑层级

上海为国内汇兑的中心点，全国重要商埠几乎都与上海有着直接汇兑关系。从各地所开汇兑直接行市知，镇江、宁波、杭州、天津、汉口、香港等商埠是除上海之外接收各地直接汇兑行市最多的商埠，即津票、汉票、甬票、杭票、港票等汇票是内汇市场上除流通全国的申票外，其他几种具有一定流通范围的汇票。同时，上海、天津、汉口、重庆、镇江亦为几个重要的转汇中心。

表 13.2　　　　　　　　　　汇兑层级体系

中心点	一级汇兑中心	次级汇兑中心	所辖汇兑区域
上海	天津	北京	—
		石家庄	—
		保定	—
		运城	—
		大同	—
		太原	—
		新绛	—
		太谷	—
		张家口	—
		归绥	—
		包头	—

续表

中心点	一级汇兑中心	次级汇兑中心	所辖汇兑区域
上海	汉口	重庆	万县、贵阳、宜昌、沙市、老河口、常德成都、自流井、潼川、万县、贵阳、安顺、宜昌、沙市、老河口
		长沙	常德
		沙市	—
		九江	—
		吴城	赣州（亦连接上海）
		南昌	河口（亦连接上海）、抚州（亦连接上海）、樟树镇、吉安
		许州	—
		漯河	—
		周家口	—
		信阳	—
		驻马店	—
		光州	—
		安庆	—
	津、汉、申交叉汇兑中心	开封	—
		郑州	—
		洛阳	—
		周口	—
		西安	—
	镇江	徐州	盐城、东台、泰县、扬州、六合等
		淮安	—
		安徽寿县	—
		正阳关	—
		清江浦	新浦、板浦
		芜湖	庐州
	宁波	—	余姚、定海、沈家门、镇海、海门、衢州、绍兴、温州
	杭州	—	硖石、嘉兴、湖州、兰溪、海门、衢州、河口、抚州、绍兴、温州
		苏州	宜兴、溧阳、常州又以苏州为中心
	杭、甬、绍、苏、混合汇兑区域		海门、温州、兰溪、衢州、余姚、硖石、湖州
	香港	汕头	—
		广州	—
		厦门	—
		福州	—

续表

中心点	一级汇兑中心	次级汇兑中心	所辖汇兑区域
上海	—	南京	—
		无锡	—
		松江	—
		南通	—
		太仓	—
		大通	—
		蚌埠	—
		临淮	—
		南宿州	—
		颍州	—
		大连	铁岭
		烟台	—
		长春	—
		济南	济宁、滕县、周村、益都、潍县（皆有申票行市）
		青岛	—
		哈尔滨	黑龙江、黑河、满洲里
		沈阳（奉天）	
		安东	—
		营口	
		长春	

　　北京、石家庄、保定、太原、大同、张家口、归绥、包头等埠汇兑以天津为中心。河南许州、漯河、周家口、信阳、驻马店、光州多以汉口行市为汇兑和资金运转中心。长沙、常德（亦有对长沙汇兑）对沪汇兑须经汉口转汇。九江、吴城、安庆、赣州、南昌，开通申、汉汇兑。樟树镇、吉安、抚州（另为申、汉）、河口（另为申、杭）又为南昌的汇兑区域。开封、郑州、洛阳、周口、西安汇兑以申、津、汉三方为主。成都、自流井、潼川以重庆为对外汇兑区域。沙市、宜昌、老河口、万县、贵阳对汉、渝皆有直接行市。厦门、汕头、广州、福州等华南商埠以香港和上海为汇兑中心，且上海为香港与内地各埠汇兑的转汇区域。苏州以上海为中心，而宜兴、溧阳、常州又以苏州为中心。镇江当地汇兑以沪汉为多，其他各埠以上海为转移。盐城、东台、泰县、扬州、六合、徐州、清江浦、寿县、正阳关、清江浦、芜湖、六安等

埠皆以镇江为汇兑中心。新浦、板浦以清江浦为中心。庐州以芜湖行市为标准。绍兴、温州、兰溪、海门以申、杭、甬行情为标准。衢州开杭、绍、甬行市，但对沪汇兑以杭州为转汇之地。南京、无锡、大通、南通、太仓、松江等地直接以行市为转汇中心。山东的济宁、滕县、周村、益都、潍县虽开设票行市，但与济南经济关系密切。烟台、大连、青岛皆有申票行市，且为山东、东北重要的汇兑平台。

三、汇兑网络

由全国重要商埠的直接汇兑行市、直接通汇区域以及转汇中心分析，近代中国国内汇兑存在明显的层级体系。以上海为中心的中心点，通过连接天津、汉口、镇江、杭州、香港等次级汇兑中心，并以这些次级汇兑中心为焦点，扩散和连接更基层的商埠，形成一个树状纵向结构。由于国内汇兑是基于埠际商贸活动流通基础上的资金结算、汇兑形式，各个地方商埠彼此间的商品业务往来亦会带来汇兑关系的横向连接。汇兑体系的横纵向连接，形成了全国复杂的汇兑网络。

图13.1中箭头表示全国重要商埠所开直接汇兑行市及转汇中心，为表示全国各地主要商埠以上海为中心的纵向汇兑层级关系，本书暂时采用一地所开汇兑行市，以单向箭头表示异地间汇兑关系。实际商贸往来汇兑关系中，资金往来结算往往是双向甚至是三角、多角汇算关系。各地对上海有申汇行市，上海内汇市场亦有对天津、汉口、镇江、香港、哈尔滨等全国大小商埠、各个层级体系城镇的汇兑行市。资金结算关系随着金融季节变动，既可以由上海流向天津、汉口、镇江等一级汇兑中心，再流通到次级汇兑中心及其所属基层市场；亦会由初级市场一层层流转结算，最后回到上海。因蚌埠、南宿州、临淮、颍州四地未找到直接行市的有关资料，故未列入图13.1。而新绛、太谷、运城等一些商埠因皆属于天津、太原两地的汇兑区域，囿于图示所限，亦未列入图13.1。

近代国内汇兑层级体系具有明显的层级性，总体呈树状结构，且汇兑关系错综复杂。天津、汉口、镇江、香港等成为连接上海与次级汇兑区域的焦点。国内汇兑分为五个层级体系，上海为中心点，汉口、天津、镇江、

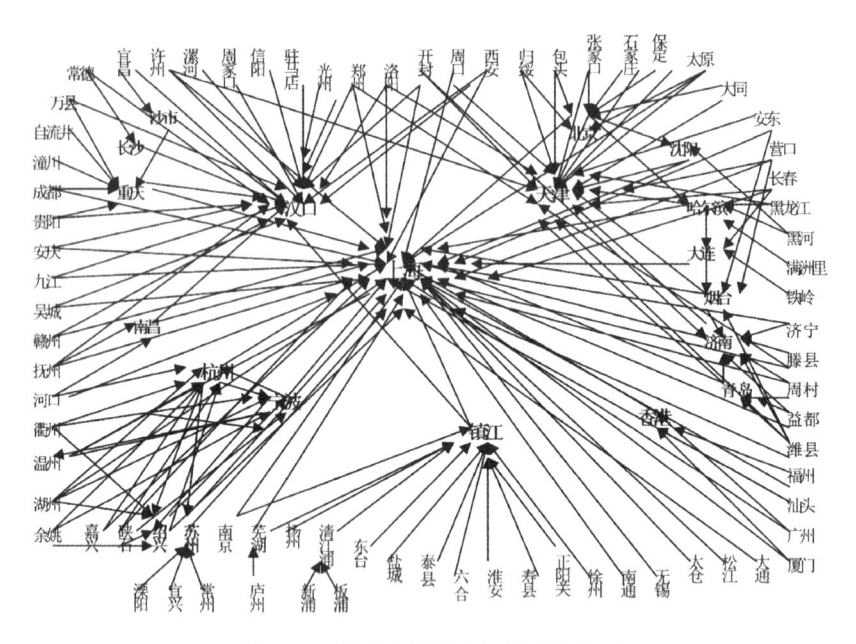

图 13.1　近代中国国内汇兑层级体系

杭州、宁波、香港等商埠为一级汇兑中心，北京、沈阳、哈尔滨、大连、烟台、济南、青岛、苏州、绍兴、南京、重庆、长沙、沙市等地为次级汇兑中心。再外围一圈为基层汇兑市场，再次一层为更低级的汇兑点。相较于目前学界以市镇作为国内贸易的物理节点，或者以某种特殊商品贸易路径、某条固定商路对所经地区经济互动等视角对多层次市场结构体系的定论，五级汇兑层级体系亦是基于埠际间贸易资金流通结算而形成的网络体系。图 13.1 仅直观描绘了国内汇兑层级体系纵向的层级体系，暂时未将各个层级体系中所含商埠之间的横向关系进行连接，若将各地所有直接汇兑区域相连，国内汇兑将形成纵横交错、更为复杂的汇兑网络。本书将每一个发生汇兑关系的通汇商埠进行赋值后，采用 Gephi 软件分析埠际间复杂的汇兑网络，详见图 13.2。

图 13.2 所示汇兑网络图由节点（地名）和边（汇兑关系）组成。其中，边的粗细表示汇兑关系发生的密集程度，与中心城市发生汇兑关系越多，线条越粗。节点以不同图形和大小来表示相应商埠与其他商埠间发生汇

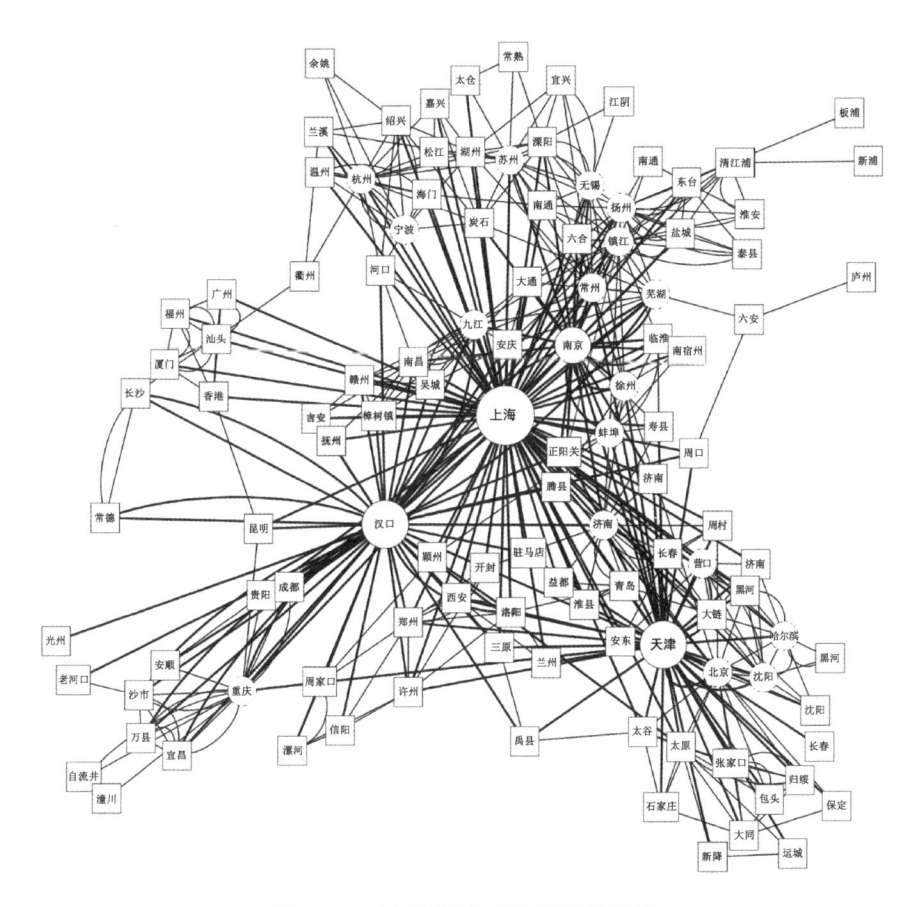

第十三章　金融网络的形成:金融市场联动性以区域为中心　　　　　　　　　　417

图 13.2　全国重要商埠直接汇兑网络

兑关系的多寡。其中,通过实线圆的大小来体现上海、天津、汉口和南京等中心商埠与其他商埠间汇兑关系的多少。例如,上海用最大的实线圆来表示,主要体现了上海与其他商埠之间的汇兑最频繁,是全国汇兑关系的中心点。通过虚线圆来表示次级汇兑中心商埠,主要包括宁波、杭州、苏州、扬州、镇江、常州、济南、北京、重庆、营口、大连、哈尔滨、沈阳、九江等。通过矩形来表示基础汇兑商埠,主要包括次级汇兑中心商埠外围的节点。板浦、新浦、庐州等基层商埠距离全国汇兑关系中心点上海最远,处于基层的金融市场。也就是说,汇兑关系联系越紧密,相应商埠距中心区域越近。从宏观角度看,近代中国的区域金融圈表现明显,华北以天津为中心，长江中上游以汉口为中心，南京[①]为长江下游地区的中心。镇江、扬州为长三角的中心地带。也就是说，这一时期，空间距离极大地影响全国的汇兑关系，长距离汇兑关系还较少。全国金融市场的联动性和传递性还是以区域为中心的。

金融市场发展和商品经济的发展紧密相连、形影不离。商品流通和交易常伴随并依赖于资金的融通。内汇作为集汇兑、结算、信贷于一体的埠际资金调拨方式，是旧中国金融市场的重要组成部分。国内汇兑网络错综复杂，只要有货物运输、商贸往来的商埠，即有债权债务关系的结算。本书通过对全国重要商埠的直接汇兑行市、直接通汇区域以及转汇中心等主要汇兑关系的梳理，大体描述和绘制了国内汇兑层级体系。即到20世纪二三十年代，近代中国形成以上海为中心的中心点，通过连接天津、汉口、镇江、杭州、香港等次级汇兑中心，并以这些次级汇兑中心为焦点，扩散和连接次级汇兑商埠及基层商埠，覆盖全国的层级性、立体型的一个树状纵向结构。同时，国内汇兑是基于埠际商贸活动流通基础上的资金结算、汇兑形式，各个地方商埠彼此间的商品业务往来亦会带来汇兑关系的横向连接。汇兑体系纵横连接，形成了复杂的全国汇兑网络。近代中国的区域金融圈表现明显，空间距离极大地影响全国的汇兑关系，长距离汇兑关系还较少。全国金融市场的联动性和传递性还是以区域为中心。多层次、立体型的资金调拨网络，使国内贸易通货圈之间连环相扣，在一定意义上体现了地域间经济联系和金融流通之间的相互依赖关系，是研究近代金融市场圈形成和构造的一个视角。宏观的汇兑网络只是金融市场圈的一个子集，是近代金融市场圈构建中的一种表现手法。而汇兑机关在全国范围内汇兑区域的深浅广度又是汇兑网络需要细化和完善的内容。汇兑机构的分布范围、类型构成及业务数量，都是这个复杂网络的构

[①] "以直接汇兑行市"为基础形成的汇兑层级体系即图13.1中，南京处于次级汇兑中心，各地对其所开的直接汇兑行市并不多。而"以商埠之间的汇兑关系往来"为基础形成的汇兑网络即图13.2中，南京处于仅次于汉口和天津之外的又一个重要的汇兑中心。原因在于，南京政府时期，南京作为政治中心，各地与南京之间的经济往来关系较为密切。但从金融中心和金融市场发展的角度讲，这一时期的南京并不一定是金融汇兑结算中心。同理可解释图13.1、图13.2中所示汇兑中心有所差异的几个商埠。图13.2中的扬州、沈阳、九江、营口为与周边商埠发生经济往来关系较多的商埠。图13.1中的绍兴、青岛、长沙、沙市是汇兑结算中心。

成要素,汇兑网络可以通过细化各大银行和钱庄在全国各地的通汇处、分行号、代理处分布范围及业务数量来衡量其金融势力的地区分布和密度。它们是分析这个汇兑网络层次是否均衡和密度分布的有力论证,也体现出汇兑网络需要完善和细化。

第三节 重要埠际现金输送体系

汇兑若超过现金输送点,即会产生相应的现金流动。上海不仅是全国资金的汇解中心,亦为现银流动的枢纽区域。本节将对全国现银流动流通路径结构进行分析,补充完善以汇兑为基础的金融网络。以汇兑层级横纵向联系建立的金融网络,是基于各地商业习惯、贸易往来和金融关系而形成的结构。现金流作为汇兑结算之外的结算、运行方式,依旧以各地经济金融联系为基础,但多考虑埠际间的地理联系、航运便利、铁路成本等交通条件的限制。因此,埠际间的现银流通路径与汇兑网络的具体走势虽有所差异,但总体的经济金融中心依旧不变。

异地间的现金流动,有基于经济、政治等方面的需要。现金流动的经济需要主要包括贸易不平等和币值差异等两大因素。首先,国内埠际贸易存在明显的季节性,春秋农产登场之际,上海等通商口岸的现银流入内地,冬历年关或各结账期现银又从内地流向上海等口岸。如此引致埠际贸易中的汇兑结算过高或过低,两地交易反而不如运现较为经济,现金遂发生流动。其次,沪埠洋厘高时,内地银洋常向沪地流动;内地银根紧缺时,沪埠现洋又常向内地输出。凡货币数量过剩之地,其一部分货币必流向货币短缺之地,现金的流入流出,亦调节各地币值的高低。而两地币值差异的主要原因又在于贸易的盛衰。一地贸易繁盛时,所需交易中介增多,当地币值必有抬高之势,引发各地过剩现金输入此地;反之,异地贸易衰退时,当地大量现金过剩,故会流出。此外,战乱、盗匪等政治因素也会引发现金由匪乱之地向安全商埠转移。

一、汇兑平价与现金输送点

因我国币制紊乱,通用货币名目繁多且平色不一,国内汇兑与国际汇兑间有了汇兑平价之说。国内汇兑本无所谓平价,盖其行使区域,限于一国,全视国内通行之货币为标准,不如国际汇兑之各国币制不一,金银比价时有变动,计算方法错综复杂也。但我国币制紊乱,商家习惯仍以银两为计算之单位,而各省银两又名目繁多、平色各异。今欲明汉沪汇兑之关系,不可不先述两地间汇兑之平价。[①] 汇兑平价也有银两间汇兑平价和银元之间的汇兑平价。汇兑平价也有银两间汇兑平价和银元之间的汇兑平价。银两时代,各地银两运送到外地,须由当地公估局对运来的银两成色、重量进行重新评定。本地公估局对一单位的银两成色、重量的估算与外运地公估局对同一银两成色、重量估算的比值,即为两地的汇兑平价。银元的汇兑平价则须视两地洋厘是否平价,即按银汇平价计算的两地洋厘的等值比例,如果两地洋厘等值,则有银元汇兑平价。但洋厘一般因银元供给而变动,洋汇难有汇兑平价。本书主要列举津沪、汉沪间的银两汇兑平价和银元汇兑平价以及各自的现金输送点。

(一)津、沪间的汇兑平价与现金输送点

上海元宝 50 两,加升水 2.75 两(因为上海通用货币主要是上海本埠银炉所熔铸的二七宝银,其成色为 986.819‰,其成色比标准银即纹银 935.374‰ 高 5.5%,即每百两应升水 5.5 两。通行的宝银,普通重漕平 50 两左右,按以上比率,须加升水 2.75 两),按九八合规元 53.826 5 两(因为无论华洋交易,上海皆以标准银除以 0.98 而成的九八规元作为虚拟记账单位)。到津由公估局批见行平 50.79 两(因为按照各地公砝比较表,行平 1 000 两等于九八规元 1 059.70 两,则九八规元 53.826 5 两等于行平 50.79 两)。以上是两地间按照平砝所做的比兑,按照两地之间的银色升耗表,天津的通行化宝比上海二七宝,每千两耗 6 两,则 50 两上海二七宝合天津化宝须升水 0.3 两。则 50.79 两再加 0.3 两,合行化 51.09 两。由此得出结论:规元 53.826 5 两合行平 51.09 两。则行化 1 000 两合规元 1 053.56 两,此即津沪间的银两汇兑平价。但运现到津或沪,尚需车费、保险费、公估费、车力、木箱等费用,这些费用每千两约 6.5 两。

---

① 李炳堂:《汉沪汇兑述要》,《银行杂志》,1923 年第 1 卷第 2 期。

则津沪汇兑行市涨至1 060.06两。① 各埠间汇兑行市涨落如果超过了一定限度,则会选择现金输送以结算债权债务关系。汇价涨落的界限,即现金输送点。如果津沪汇兑行市涨至1 060.06两以上,从上海汇款至天津,不如运现;如果汇兑行市跌至1 047.06两以下,则汇款至上海,多选择运现。这就是津沪间的现金输送点。但运现手续繁杂且具有时滞性,危险系数相对较高,故稍有不利,仍以汇兑为主。而且,由于时间关系,金融状况有时不能运现。所以,汇兑行市往往超出现金输送点这个界限。②

银元汇兑因为一般要根据两地间的洋厘市价折合为银两,故各埠间的银两汇价、洋厘市价变化都会影响到银元汇兑平价的变化。以银元计算的汇兑平价和现金输送点:如天津洋厘0.69两,上海洋厘0.725两,申汇1 060两,则津洋100元,须汇沪洋100.88元,才能称之为平价。但上述平价也只是一种假定基础上的平价,不能谓之平价。平价不能确定,现金输送点也不能确定。如果两地之间的银元差价正好等于运费,则为现金输送点。例如,每千元需运费4.5元,津洋厘0.69两,申汇1 060两,则津洋100元合上海规元73.14两。上海洋价涨至0.735 9两以上,则可运洋到上海;上海洋价跌至0.726 9两以下,则可运现到天津。③ 但此仅以上海洋厘变动为言,津洋厘涨落和申汇行市变动,均有相互关系。

(二)汉、沪间的汇兑平价与现金输送点

汉、沪之间亦有汇兑之平价与现金输送点。譬如有现宝一只,计重公估平50两,在沪由公估局批升2.75两,按九八合规元53.826 5两,到汉后由公估局批见公平50.951 7两(按公估平1 000两合申公砝1 002两,申公砝1 000两合估平1 017,以50两乘1 002,得数再以1 017乘之,即为估平),升水3钱(按升水由公估局批定,自2钱起至6钱止,高低不一,此处所谓3钱,系平均数也),按九八合洋例52.297 6两。由此可见,规元53.826 5两,可合洋例52.297 6两。则规元1 000两可合洋例

---

① 原文献为,李恭楷:《论津沪汇兑》,《银行周报》,1921年第5卷第39期。作者根据原文献中的相关内容,结合津、沪两地间平砝、银色,在原文献论述基础上,对数据进行了改动。
② 原始文献为,李恭楷:《论津沪汇兑》,《银行周报》,1921年第5卷第39期。但数据根据上文结论,有所变动。
③ 李恭楷:《论津沪汇兑》,《银行周报》,1921年第5卷第39期。

971.596两,此即汉沪间银两汇兑之平价也。① 汇兑市价之涨落有一定的限度,无论市价如何涨落,必定不能超过现金输送点。两地汇兑平价加运现时所有的水脚、公估车力、保险、木箱等费,一并计算在内,即现金输送点。平价内减去运费,为输入的现金输送点;反之,平价内加入运费,为输出的现金输送点。若假定汉沪间运送费每千两约需4两,则申汇行市跌至967.596两以下时,已达输入的现金输送点,即可运现至汉。若申汇行市涨至975.596两时,已达输出的现金输送点,即可运现至沪。但因运现至沪,沪公估局对外来宝银评估常较挑剔,运现者常无形受损,故申汇非涨至978两以上,一般不运现。各钱庄行号虽按市价购买汇票所得利,较运现有所损益,但运现手续烦琐且担风险又损失利息,不若汇票来往方便。

至银元汇兑之平价,则以银两汇兑及两地洋厘为标准。譬如汉洋厘为0.704两,沪洋厘0.725 6两,申汇975两,则沪洋1 000元合洋例707.46两,与汉洋相较,每1 000元多洋例2.46两,以汉洋厘0.704两合洋4.91元,则汉洋1 000元须沪洋1 004.91元,方得谓之银元平价。盖两地收交虽同为1 000元,而大宗银元之调拨,仍以银两为主。如汉欠沪洋,必须在汉进洋运现至沪,或托沪按市价代进,故仍须以银两为计算之标准也;反之,沪欠汉洋亦然。但此处所谓平价,并非真正之平价,不过假定之词,因平价有货币条例之规定,不能时时变动也。汉沪间的银元现金输送点,亦以两地间汇价及洋厘为标准。②

二、以上海为中心的现银流动

上海作为全国的贸易中心,亦为金融中心。本埠金融的枯衰表现于洋厘、银拆的涨缩。厘拆之升降,取决于本地现银存底之厚薄,而存底之厚薄实际被现金流动所左右。故本埠现金流动,直接影响本埠的厘拆。现银流动,不但可以表示本埠金融的盈亏,亦可以间接表示埠际金融之状

---

① 李炳堂:《汉沪汇兑述要》,《银行杂志》,1923年第1卷第2期。
② 李炳堂:《汉沪汇兑述要》,《银行杂志》,1923年第1卷第2期。

态,同时也是埠际贸易结算的一种指数。①

本节所统计的上海现金流动,只包括银元和银两,不包括大条。因大条主要来自美国、伦敦等地,其进口与海外银市及国内政局稳定、年岁收成等有关系。而输出国内外埠主要用于熔化铸币。宁杭造币厂,杭州为吸收大条最多的码头,占 1/2～4/5;其次为南京,占 20％～30％。大条输入上海后,多数熔化为银元。因各地所需为银元而非银两。上海为银元转口码头。如果银元之市价高于其所含银之价值,大条以及银两多熔铸为银元。若银元之市价不如其所含生银之价值,则银元必被熔化为银两。

(一)上海银两进出口统计

1922—1931 年的 10 年间,内地各埠输入上海之银两仅 2 100 余万两②,详见表 13.3,远远小于银元的输入量。因内地各埠除天津、汉口、芝罘、安东外,其他各埠现银使用已寥寥无几。据估计,当时全国银两有三分之二集中于上海,市面流通仅余五千两左右散布于各埠,银两在货币流通中的作用早已无足轻重。10 年间,因汉口为用银码头,汉口运往上海的纹银较多。

而银两运出外埠,主要输往杭州、南京等地造币厂,用于熔铸银元。10 年间,与上海有银两往来的商埠为数不满 20 个,且逐渐减少。其中由上海输出之银两以杭、津、宁、汉四埠吸收最多,占 85％以上,详见表 13.4。而杭州因造币厂的需求,其吸收银两尤为明显,占 1/2 以上。南京造币厂营业时,其所吸收生银数量也较巨。而平津、汉口因行化银和洋例银的使用,其生银使用尚多。天津需要现银远甚于汉口,而输沪之现银远不如汉口,结果十年间,汉口与上海间的现银流动出入不大,而天津则入超 4 100 余两。由此可知,天津输往上海的货物总值必大于上海输往天津的货物总值,故需要银两输出以进行贸易结算。

---

① 上海商业储蓄银行调查部:《十年来上海现金流动之观察(一)》,《银行周报》,1932 年第 16 卷第 40 期。
② 广东输入的"小洋"不计在内,因小洋来沪大部分熔化为银两。

表 13.3　　　　　　　　1922—1931 年上海银两进口统计表　　　　　　　单位：千两

年份地名	1922	1923	1924	1925	1926	1927	1928	1929	1930	1931	总计	比例（%）
东三省	100	—	—	400	—	—	—	100	300	—	900	4.214
大连	—	—	50	—	—	—	—	—	—	—	50	0.234
天津	—	—	1 900	—	—	—	—	—	—	—	1 900	8.896
芝罘	—	80	350	—	—	—	—	—	—	—	430	2.013
青岛	500	400	—	—	—	—	—	320	—	—	1 220	5.713
杭州	—	—	—	—	—	—	—	—	—	—	—	—
南京	100	—	—	—	—	—	—	—	—	—	100	0.468
安庆	—	—	—	—	—	—	—	—	—	—	—	—
汉口	1 500	760	1 080	—	100	750	600	300	—	2 240	7 330	34.321
温州	—	—	—	50	100	—	—	—	—	—	150	0.703
福州	—	—	—	—	—	—	—	—	—	—	—	—
香港	620	—	187	100	—	—	—	—	—	—	907	4.246
云南	—	—	—	—	—	—	—	—	—	—	—	—
孟买	—	—	—	—	—	—	3 850	—	—	—	3 850	18.027
日本	—	—	—	—	—	—	—	—	—	—	—	—
其他①	—	—	3 080	1 440	—	—	—	—	—	—	4 520	21.164
总计	2 820	1 240	6 647	550	1 640	750	4 450	720	300	2 240	21 357	100

注：因广州大洋来沪大部分熔化为银两，故不统计广州数据。

资料来源：上海商业储蓄银行调查部：《十年来上海现金流动之观察（二）》，《银行周报》，1932 年第 16 卷第 41 期，第 23—30 页。

表 13.4　　　　　　　　1922—1931 年上海银两出口统计表　　　　　　　单位：千两

年份地名	1922	1923	1924	1925	1926	1927	1928	1929	1930	1931	总计	比例（%）
东三省	190	—	200	350	500	100	—	—	—	—	1 340	0.607
大连	100	80	320	—	—	—	—	—	—	—	500	0.227
天津	1 350	200	8 500	—	6 400	15 250	9 000	2 750	—	—	43 450	19.697
芝罘	—	180	—	—	50	100	—	—	—	—	330	0.150
青岛	—	—	—	—	100	—	—	—	—	—	100	0.045

---

① 此数据系熔化之银元。

续表

年份 地名	1922	1923	1924	1925	1926	1927	1928	1929	1930	1931	总计	比例（%）
杭州	29 370	9 230	400	15 060	—	3 600	4 150	—	15 340	42 170	119 310	54.086
南京		50	12 430	550	860	1 150	8 800	4 450			28 290	12.824
安庆(九江)	—	84	660	250	180	—	—				1 174	0.532
汉口	—	1 600	2 170	2 750	1 600		200		500		8 820	3.998
温州												
福州	300	—	2 160	1 000	100					100	3 660	1.659
广州			3 490								3 490	1.582
香港	100		100			100			600		900	0.408
云南		200									200	0.091
孟买	—	—	1 680	—					350	—	2 030	0.920
日本						1 900			700	360	5 880	2.666
其他	—	—		620	300	200	—				1 120	0.508
总计	31 460	22 994	20 230	20 990	10 280	29 950	17 900	2 750	16 890	46 150	220 594	100

注：本表中(%)一列，是作者按照原表数字进行的更正计算。"日本"一行数据中，总计的"5 880"是准确的，但前几行数据有所缺失。

资料来源：上海商业储蓄银行调查部：《十年来上海现金流动之观察(二)》，《银行周报》，1932年第16卷第41期，第23—30页。

(二)上海银元进出口统计

上海本埠现金流动主要为银元的进出口，往来商埠遍布全国。

上海银元供给最为集中的商埠为杭州和南京，其他商埠虽有输入，但输出值也较大，大多数仅有出超而无入超。上海周边及长江流域一带，因运输往来便利，商业贸易联系较为紧密，故银元流通较密。天津、青岛等华北大埠以及香港等华南商埠，均与上海有着密切的商业往来，沪埠与其现金流通往来亦较频繁。上海为银元的转口码头，故其银元流向全国各埠，各地所吸收的银元大小又视其与上海间的贸易往来多寡而定。汉口、香港、天津、青岛等埠与上海间的埠际贸易数据可与以上各埠与沪埠间的银元输出量进行对应分析，以佐证此结论。

表 13.5 1922—1931 年上海银元输入之主要来源

地区	银元输入量(千元)	比例(%)
杭州	449 500	51.284
南京	136 150	15.534
杭宁(合计者)	55 395	6.32
内河各埠	31 140	3.553
镇江	30 730	3.506
天津	29 924	3.414
汉口	15 557	1.775
苏州	15 040	1.716
芜湖	12 790	1.459
无锡	11 590	1.322
嘉兴	7 920	0.903
宁波	7 560	0.863
青岛	6 800	0.775
香港	6 100	0.700
通州	4 820	0.550
合计	821 016	93.674

资料来源：上海商业储蓄银行调查部：《十年来上海现金流动之观察(二)》，《银行周报》，1932 年第 16 卷第 41 期，第 23—30 页。

10 年间，上海银元输出的几大商埠依次为天津、汉口、香港、青岛、茧区、大连、厦门、通州、汕头等地。其中，天津所占比重最大，达 10.123%，汉口、香港分别占到 9 个百分点。天津、汉口、香港、青岛等是与上海之间有着频繁商贸活动的重要商埠，上海与这些商埠的银元进出口皆占重要比例，银元的进出口数值也较大。银元的一进一出，必引起一地银元的出超或入超状况。

表 13.6　　　　　　　1922—1931 年上海银元输出之主要埠别

地区	银元输出量(千元)	比例(%)
天津	69 390	10.123
汉口	65 760	9.594
香港	62 058	9.055
青岛	52 250	7.623
茧区	42 050	6.134
大连	41 610	6.070
厦门	40 500	5.909
通州	38 140	5.564
汕头	28 557	4.169
无锡	25 680	3.746
芝罘	23 460	3.423
奉天	20 180	2.944
苏州	19 640	2.825
南京	17 920	2.614
镇江	15 150	2.260
合计	562 345	82.053

资料来源：上海商业储蓄银行调查部：《十年来上海现金流动之观察(二)》，《银行周报》，1932 年第 16 卷第 41 期，第 23—30 页。

从东三省、华北、华中、华南以及造币区(杭州、南京、杭宁三地)等几大经济区分析，由表 13.8 可知，10 年间各地区与上海之间的银元流通除造币区因向上海提供熔铸好的银元而使其成为出超区域外，其他各地区均为入超，即其吸收银元之量超过输出之量。

上海银元主要来自宁杭之造币厂，而造币厂银元流入上海多以上海作为转口码头，随后经贸易流通流入内地各埠，故此项银元流动进口多，出口亦多。其次，为其他商埠流入上海的银元，因当地时局不靖或因年岁歉收、贸易寥寥，故现银流入上海以求便利，此项银元进口愈多、出口愈少。①

---

① 上海商业储蓄银行调查部：《十年来上海现金流动之观察(一)》，《银行周报》，1932 年第 16 卷第 40 期。

总之,上海作为进出口贸易转口中心,现银进出频繁。其中,汉口、天津、杭州、南京为银两出入重要商埠。上海周边及长江流域、天津、青岛等华北商埠以及香港、汉口等重要商埠因与上海间频繁的贸易往来关系,引起银元大量进出,促进商品贸易活动的发展。

表 13.7　　　　　　　　1922—1931 年各埠银元入(出)超情况　　　　　　单位:千元

地名	入超值	出超值	地名	入超值	出超值
大连	41 450	—	茧区	39 350	—
厦门	38 680	—	汕头	28 070	—
芝罘	23 110	—	无锡	14 090	—
棉区	13 350	—	福州	9 660	—
重庆	6 150	—	济南	4 890	—
苏州	4 600	—	嘉兴	1 120	—
长沙	1 100	—	郑州	1 150	—
广州	250	—	内河各埠	—	27 390
汉口	50 203	—	温州	—	4 110
天津	39 466	—	清江浦	—	1 100
通州	33 320	—	安庆	—	180
奉天	20 180	—	镇江	—	15 580
九江	10 220	—	威海卫	—	1 748
长春	5 680	—	蚌埠	—	950
牛庄	2 190	—	芜湖	—	6 990
安东	550	—	武进	—	1 580
青岛	50	—	宁波	—	470
徐州	45 450	—			

资料来源:上海商业储蓄银行调查部:《十年来上海现金流动之观察(三)》,《银行周报》,1932 年第 16 卷第 43 期,第 21—26 页。

表 13.8　　　　　1922—1931 年沪埠对各地银元出（入）超情况　　　　单位：千元

区名	由沪输出	由沪输入	出入超
东三省	210	73 110	入超 72 900
华北	41 272	152 710	入超 111 438
华中	151 387	283 630	入超 132 243
华南	13 070	141 578	入超 128 508
造币区	641 045	28 450	出超 612 595

资料来源：上海商业储蓄银行调查部：《十年来上海现金流动之观察（二）》，《银行周报》，1932 年第 16 卷第 43 期，第 21—26 页。

三、现银流动下的全国各埠网络

上海为全国现银的集中地和分配地。各埠商贸活动结余的现银均输往上海。而各地缺乏现银时，亦均向上海调运。故各埠金融缓急，多赖上海为之调剂。上海现银库存的多少不仅反映上海一地的金融缓急，实际上也可以反映全国各地其他各埠的金融缓急。[①]

上海现银运送，运往长江一带（包括镇江、南京、芜湖、大通、安庆、九江、汉口、沙市、宜昌），由江轮装运；运往厦门、汕头、香港、广东、福州、烟台、天津、大连、牛庄、宁波、温州、营口，由海道运输；运往南京、天津、北京，由沪宁路转津浦路运输；运往杭州、宁波，由杭甬铁路运输；运往松江、嘉善、嘉兴、硖石等地，由沪杭路运行。其中，汇通转运公司负责津浦路线，大通转运公司负责沪宁路线，同和转运公司负责沪杭甬路线，轮船招商局、太古公司、怡和公司、日清公司负责长江水线及海道，三北公司和宁绍公司负责长江水线。

南京运现到临淮、蚌埠、徐州、济南、济宁、天津等地，由津浦路运输；运往大通、芜湖、安庆、九江、汉口等处，则由长江转运；运往镇江、常州、无锡、苏州、上海等处，由沪宁路装运。津浦路的运输机关有汇通转运公司，长江水线的运输机关有招商、太古、怡和等轮船局，沪宁路有大通转运公司。

[①] 中国人民银行总行金融研究所金融历史研究室编：《近代中国的金融市场》，中国金融出版社 1989 年版，第 49 页。

无锡本地缺现银时，多从上海、苏州、镇江、南京由沪宁路运来，或从江阴、宜兴、溧阳三处由水道装运。大通转运公司承运沿沪宁路各地现款。轮船局则承运江阴、宜兴、溧阳三处的现款。① 松江本地现金缺少时，多由上海装运而来。亦可由杭州、嘉兴、湖州三地直接运来，但因为路程较远运费不菲而舍弃。② 太仓本地现银缺乏时，均由上海或苏州经火车运往昆山，再经小轮转运太仓。③ 南通本地缺现银时，均从上海或镇江由轮船装运而来。阴历七八月间棉花上市，客帮多从上海携银采办而来。④

浙江各地现银运送网络为：杭州现银运往上海、嘉兴、绍兴、湖州、苏州；宁波现银运往上海、温州、绍兴；余姚现银来往俱经宁波；嘉兴、硖石与上海、杭州有直接现银往来；湖州现银的直接往来地为上海、苏州、杭州。杭州现银运往上海、嘉兴由沪杭铁路输运，运往绍兴、湖州则由轮船装运，运往苏州由铁路和水道皆行，运输机关有慎大转运公司和三联转运公司。自沪杭甬铁路修通后，杭州与苏州之间没有了直接的现银运送，多由上海转输。⑤ 宁波与上海、温州间的现银运输由轮船装运。宁波现银运往绍兴，则由沪杭甬铁路运至百官后，再换民船运往绍兴。⑥ 余姚当地现洋进出，俱经沪杭甬铁路，由转运公司从宁波输运。⑦ 嘉兴当地现洋出入，皆由同和转运公司用火车与沪、杭直接往来。⑧ 硖石若缺现银，则多从上

---

① 上海商业储蓄银行国内汇兑处编：《国内商业汇兑要览》，上海商业储蓄银行国内汇兑处1925年版，第51—58页。
② 上海商业储蓄银行国内汇兑处编：《国内商业汇兑要览》，上海商业储蓄银行国内汇兑处1925年版，第63—66页。
③ 上海商业储蓄银行国内汇兑处编：《国内商业汇兑要览》，上海商业储蓄银行国内汇兑处1925年版，第73—76页。
④ 上海商业储蓄银行国内汇兑处编：《国内商业汇兑要览》，上海商业储蓄银行国内汇兑处1925年版，第76—80页。
⑤ 上海商业储蓄银行国内汇兑处编：《国内商业汇兑要览》，上海商业储蓄银行国内汇兑处1925年版，第117—125页。
⑥ 上海商业储蓄银行国内汇兑处编：《国内商业汇兑要览》，上海商业储蓄银行国内汇兑处1925年版，第125—129页。
⑦ 上海商业储蓄银行国内汇兑处编：《国内商业汇兑要览》，上海商业储蓄银行国内汇兑处1925年版，第129—133页。
⑧ 上海商业储蓄银行国内汇兑处编：《国内商业汇兑要览》，上海商业储蓄银行国内汇兑处1925年版，第132—136页。

海、杭州两处用火车装运而来。① 湖州与上海、苏州、杭州可以进行现银的直接运输。② 如1918年3月9日通信:"由于阴历年关向无现金之需用,所有钱庄存洋,习惯运往申苏杭各埠,即俗称掉龙头交易也。"③

(一)华北各地

北京运输现洋地点可分为三大干线:一由京奉铁路运往天津、锦州、营口、奉天等处,如需再转,则由南满铁路运输,北达长春,南至大连;二由京汉铁路运往石家庄、郑州、汉口等地;三由京浦路运往济南等处,再行可由沪宁、沪杭两路运往南京、苏州、上海、杭州等处。凡扬子江下游沿海诸大埠亦可先行至天津、转由海道运往。④

天津现银的输入地多为香港、上海,输出地以东三省为主。天津至上海、北京、济南、营口等地均可直接运输。天津洋厘有涨无落时,"现闻各外国银行有由香港、上海等埠输运现银及站人洋到津,各银号亦以利之所在,均由上海以规元买成现洋,陆续运津"⑤。天津现银也运输至东三省。⑥ 石家庄现银多通过正太线运往太原,由京汉铁路转京奉路运往北京、天津、保定等地。⑦ 太原现银运送津汉等地由正太路转京汉、津浦两路。⑧ 大同因有京绥铁路承运便利,其运现银出入北京、张家口、归绥三处最多。⑨ 张家口现银运送由京绥路达归化、包头、丰镇、大同等地,由天津来者则由京奉路至丰台换京绥线。⑩ 保定的现银多由京、津两地运来。

---

① 上海商业储蓄银行国内汇兑处编:《国内商业汇兑要览》,上海商业储蓄银行国内汇兑处1925年版,第136—140页。
② 上海商业储蓄银行国内汇兑处编:《国内商业汇兑要览》,上海商业储蓄银行国内汇兑处1925年版,第140—145页。
③ 《各埠金融及商况》,《银行周报》,1918年第2卷第1期。
④ 上海商业储蓄银行国内汇兑处编:《国内商业汇兑要览》,上海商业储蓄银行国内汇兑处1925年版,第229页。
⑤ 《各埠金融及商况》,《银行周报》,1918年第2卷第42期。
⑥ 《各埠金融及商况》,《银行周报》,1920年第4卷第5期。
⑦ 上海商业储蓄银行国内汇兑处编:《国内商业汇兑要览》,上海商业储蓄银行国内汇兑处1925年版,第248页。
⑧ 上海商业储蓄银行国内汇兑处编:《国内商业汇兑要览》,上海商业储蓄银行国内汇兑处1925年版,第306—308页。
⑨ 上海商业储蓄银行国内汇兑处编:《国内商业汇兑要览》,上海商业储蓄银行国内汇兑处1925年版,第312页。
⑩ 上海商业储蓄银行国内汇兑处编:《国内商业汇兑要览》,上海商业储蓄银行国内汇兑处1925年版,第255—257页。

1918年4月15日通信,保定"本星期内市面银根略为宽裕,因钱行本立源、聚泰祥等家由京津运来现款十二三万元,目下汇兑稍见活动,均系零星小宗,大宗汇兑仍未多见"①。

河南许州现银运往开封、郑州、彰德、漯河、信阳、汉口,均由京汉线装运。② 周家口现银至漯河有长途车,至汉口、郑州有漯河转京汉车。③ 驻马店现银运往汉口、北京由京汉车,运往天津则由京汉车转京奉车。④ 开封现银运往汉口,由陇海铁路转京汉路;运往上海,则由陇海铁路转津浦、沪宁路,或者由汉口转长江进行海运。⑤ 郑州现银运往汉口由京汉路,开封、洛阳由陇海路,天津由京汉转京奉路,上海由陇海转津浦转沪宁路。⑥ 西安外埠现银到郑州,冉由陇海线到陕州,再雇骡车运送到陕西各地。

济南现银运往天津、南京由津浦路,运往北京由津浦路转京奉路,运往上海由津浦路转沪宁路。这些运输路线均由转运公司予以承运。⑦ 济宁现银直接运输点包括天津、南京、济南、上海。运往济南、天津由津浦路,运往上海则须由津浦路转沪宁路。⑧ 滕县装运现银到上海、徐州、济南、济宁、天津等地,皆由津浦车托转运公司承运。⑨ 周村现银通过胶济铁路可直接运送到济南、青岛,运到上海每千元的运费为1.50元(不含保费)。⑩ 益都如遇当地现银缺乏时,沿胶济铁路沿线的济南、周村、潍县、

---

① 《各埠金融及商况》,《银行周报》,1918年第2卷第16期。
② 上海商业储蓄银行国内汇兑处编:《国内商业汇兑要览》,上海商业储蓄银行国内汇兑处1925年版,第418—423页。
③ 上海商业储蓄银行国内汇兑处编:《国内商业汇兑要览》,上海商业储蓄银行国内汇兑处1925年版,第425—427页。
④ 上海商业储蓄银行国内汇兑处编:《国内商业汇兑要览》,上海商业储蓄银行国内汇兑处1925年版,第430—432页。
⑤ 上海商业储蓄银行国内汇兑处编:《国内商业汇兑要览》,上海商业储蓄银行国内汇兑处1925年版,第210—213页。
⑥ 上海商业储蓄银行国内汇兑处编:《国内商业汇兑要览》,上海商业储蓄银行国内汇兑处1925年版,第412—415页。
⑦ 上海商业储蓄银行国内汇兑处编:《国内商业汇兑要览》,上海商业储蓄银行国内汇兑处1925年版,第265—266页。
⑧ 上海商业储蓄银行国内汇兑处编:《国内商业汇兑要览》,上海商业储蓄银行国内汇兑处1925年版,第283页。
⑨ 上海商业储蓄银行国内汇兑处编:《国内商业汇兑要览》,上海商业储蓄银行国内汇兑处1925年版,第287页。
⑩ 上海商业储蓄银行国内汇兑处编:《国内商业汇兑要览》,上海商业储蓄银行国内汇兑处1925年版,第292页。

青岛等处均为来源。① 潍县现银运往济南、青岛、周村等地由胶济铁路运送,运往北京、天津则由胶济铁路转津等路。② 烟台现银运送,与上海、天津、青岛等地的现银运送多经海道运输,如运济南则须由津转津浦线转运。③ 青岛与上海、烟台等埠的现银运送由海道运输,济南、潍县则由胶济铁路运输,但济南与青岛之间的现银运输较少。④

(二)长江流域

汉口现银运送长江上下游皆由轮船转运,运送北京由京汉路直达,运送天津由京汉路转京奉路。长江上游包括沙市、宜昌、万县、成都、重庆。长江下游包括九江、安庆、大通、芜湖、南京、镇江、上海。而长沙、常德主要靠湘江水运进行其与汉口间的现银运送。铁路沿线包括信阳、驻马店、漯河、许州、郑州、顺德、彰德、石家庄、保定等地。运输机关包括招商局、怡和公司、负责京汉路线的元顺公司,以及负责长江上下游和襄江的太古公司。

沙市现银与汉口和宜昌之间的运送,皆有轮船直接往来。沙市与汉口之间的来往运费不一。沙市运汉口,每千两运费共计洋例六两四分(其中包括运费四两八钱四分、保险费九钱、报关费三钱)。汉口运沙市,每千两运费共计洋例七两八钱(其中包括运费六两六钱、保险费九钱、报关费三钱)。⑤ 宜昌现银主要运往汉口、沙市、万县、重庆,现银运输机关有招商渝局、川路公司、太古渝局和怡和渝局。⑥ 长沙现银运输商埠主要有汉口、湘潭、常德、衢州。与汉口间的现银由轮船运输,与湘潭、常德间的运

---

① 上海商业储蓄银行国内汇兑处编:《国内商业汇兑要览》,上海商业储蓄银行国内汇兑处1925年版,第296—297页。
② 上海商业储蓄银行国内汇兑处编:《国内商业汇兑要览》,上海商业储蓄银行国内汇兑处1925年版,第301页。
③ 上海商业储蓄银行国内汇兑处编:《国内商业汇兑要览》,上海商业储蓄银行国内汇兑处1925年版,第272页。
④ 上海商业储蓄银行国内汇兑处编:《国内商业汇兑要览》,上海商业储蓄银行国内汇兑处1925年版,第278页。
⑤ 上海商业储蓄银行国内汇兑处编:《国内商业汇兑要览》,上海商业储蓄银行国内汇兑处1925年版,第383—389页。
⑥ 上海商业储蓄银行国内汇兑处编:《国内商业汇兑要览》,上海商业储蓄银行国内汇兑处1925年版,第392页。

输均由小轮装运粤汉铁路。运输机关包括招商局、太古公司和怡和公司。①九江所缺现银多由南昌或汉口运来，南昌则由南浔铁路车装运，汉口则由轮船转运。吴城与南昌、九江两地均可直接运输，南昌由民船或火轮装运，九江则由火车运至涂家埠后转轮船运至吴城。南昌市面与申汉有直接关系，故遇市面现银紧缺时，均由上海或汉口经轮船运送到九江，再经九江转运到南昌。（南昌的现银运送中转点是九江，但汇兑市面的中转是汉口或上海。）河口与南昌之间的现银运送，在南昌起运由信江（即上饶水）运输或经吴城转驳，因滩高水浅，舟行不易得借用民船转运，故运费向无定例。②抚州与南昌、崇仁、宜黄、东乡、建昌等地均可直接运送现银，但崇仁等为抚州现银的输出地，南昌则为抚州现银的流入地。抚州市面冬季收屯货物即需款之时，如遇南昌禁止现银出境，则抚州市面必陷恐慌。运输路线有水陆两路。水道须视河水涨落来定运费的多寡。陆路用人力车运输，运价较高，每千元运费在二三元，非紧急之时，不用陆路运现。③樟树镇缺现银时，以南昌为唯一来源，运送现银或用轮船或用汽船。④吉安可直接运现到赣州。重庆渝埠运现，省内如叙府、泸州、万县等地。省外如汉口、上海，则须由宜昌转运。而重庆和宜昌之间的航线有大汛、小汛之分，运费亦有大小之别。因河道较险、风险较大，故当地现银运送较为少见。当地运输机关有招商渝局、太古渝局、大板渝局和川江公司。⑤四川万县现银运往宜昌、重庆，均由轮船直接装运；至汉口，由宜昌转轮运输。运输机构有招商渝局、怡和渝局、太古渝局、川江公司。贵州贵阳，因贵州较为偏僻、交通不便，路途凶险匪盗猖獗，一般现银运送较少。市面如遇现银紧缺，全靠各商家竭力相助。若有现银往来，多从重

---

① 上海商业储蓄银行国内汇兑处编：《国内商业汇兑要览》，上海商业储蓄银行国内汇兑处1925年版，第399—404页。
② 上海商业储蓄银行国内汇兑处编：《国内商业汇兑要览》，上海商业储蓄银行国内汇兑处1925年版，第207—209页。
③ 上海商业储蓄银行国内汇兑处编：《国内商业汇兑要览》，上海商业储蓄银行国内汇兑处1925年版，第409—412页。
④ 上海商业储蓄银行国内汇兑处编：《国内商业汇兑要览》，上海商业储蓄银行国内汇兑处1925年版，第213—216页。
⑤ 上海商业储蓄银行国内汇兑处编：《国内商业汇兑要览》，上海商业储蓄银行国内汇兑处1925年版，第445—458页。

庆、汉口两处押运。①

（三）华南地区

香港与上海之间的金银运输，皆由轮船运输，无论金银均折合洋数计算。② 厦门与上海、福州、汕头间的现银运送，均由海轮运输。③ 上海、厦门、汕头等地的现银多因洋价高低而彼此流动。1918年3月7日厦门通信，"本星期虽各钱庄由上海陆续运到现洋十余万元，只以汕头洋价报涨，各庄转运现洋往汕者，亦不下十余万元，挹彼注兹，市面金融仍时告紧急"④。1918年5月16日厦门通信，"近因香港小洋缺乏，市价较厦每小洋千元涨价卅元左右，各钱业家趋利，潜运小洋往香，(厦埠)小洋市价因而骤涨"⑤。广州与香港、上海、汕头等地的现银运送均由轮船运输。⑥ 福州与上海、厦门、香港间的现银运送，均由海轮装运。⑦ 各钱庄装现往厦转卖香港。⑧ 1918年3月16日通信，福州"龙杖洋由钱庄装运厦门计一万元，由申运来福州约三万元"⑨。1918年4月13日通信，"福州钱庄运往香港小洋两万余元"⑩。福州"本星期(1918年3月2日通信)运出现洋仅各钱庄及商号装运龙杖洋五万元往厦而已"⑪。1918年5月19日福州通信，"本星期钱庄运往上海(英洋)计一万五千元，小洋运往香港计三万元"⑫。昆明现银与本省的运输多赖马驼载运，对外运输由上海装运的，须经香港、海防等地由火车或轮船运输，但日期不能预定。

---

① 上海商业储蓄银行国内汇兑处编：《国内商业汇兑要览》，上海商业储蓄银行国内汇兑处1925年版，第509—513页。
② 上海商业储蓄银行国内汇兑处编：《国内商业汇兑要览》，上海商业储蓄银行国内汇兑处1925年版，第477—483页。
③ 上海商业储蓄银行国内汇兑处编：《国内商业汇兑要览》，上海商业储蓄银行国内汇兑处1925年版，第497—502页。
④ 《各埠金融及商况》，《银行周报》，1918年第2卷第12期。
⑤ 《各埠金融及商况》，《银行周报》，1918年第2卷第21期。
⑥ 上海商业储蓄银行国内汇兑处编：《国内商业汇兑要览》，上海商业储蓄银行国内汇兑处1925年版，第471—476页。
⑦ 上海商业储蓄银行国内汇兑处编：《国内商业汇兑要览》，上海商业储蓄银行国内汇兑处1925年版，第491—497页。
⑧ 《各埠金融及商况》，《银行周报》，1919年第3卷第28期。
⑨ 《各埠金融及商况》，《银行周报》，1918年第2卷第11期。
⑩ 《各埠金融及商况》，《银行周报》，1918年第2卷第16期。
⑪ 《各埠金融及商况》，《银行周报》，1918年第2卷第10期。
⑫ 《各埠金融及商况》，《银行周报》，1918年第2卷第21期。

(四) 江浙皖地区

苏州本地缺现时,多由沿沪宁路各地如上海、无锡、镇江、南浔、常州等地运来。常熟、湖州、南浔三处亦可由水道直接运输。其中,大通转运公司专运沿沪宁路各地现款;轮船局承运常熟、湖州、南浔水路现款。① 宜兴为现银的输出地,若偶遇当地现洋紧缺,则均向无锡和常州通过水道小轮运输。② 溧阳本地如果现洋紧缺,均由上海或苏州经沪宁路运至无锡,然后再由无锡交小轮运至溧阳。③ 常州当地运现皆由沪宁路交大通转运公司运输。直接运输地有上海、苏州、无锡、镇江和南京。④ 镇江现银运送,镇江可通过沪宁线通上海、苏州、无锡、常州、丹阳、南京等地,通过长江水线达汉口、九江、芜湖、安庆、大通、南通,通过内河水系达扬州、邵伯、高邮、界首、氾水、宝应、淮城、清江、十二圩、六合、仙女庙和泰兴。⑤ 盐城的现银欲运往扬州、镇江等地可由邵伯交清江浦转运,或由泰州转运到通州、扬州等地。东台与镇江、扬州、南通、盐城、泰县、溱潼、姜堰、曲塘、白蒲等地皆可直接运现,承运机关为大连轮船局。⑥ 泰县本地缺现时均由临近如镇江、扬州、仙女庙、东台各地经小轮装运而来,本地现银充足时,则多装运扬州或镇江。⑦ 扬州本地现洋调拨以镇江为主,因扬州和镇江之间有转门经营现银运送的船只,而扬州与上海之间的现银运输须先由沪宁路运到镇江,再由镇江转运扬州。⑧ 六合本地缺现时,均由

---

① 上海商业储蓄银行国内汇兑处编:《国内商业汇兑要览》,上海商业储蓄银行国内汇兑处1925年版,第58—63页。
② 上海商业储蓄银行国内汇兑处编:《国内商业汇兑要览》,上海商业储蓄银行国内汇兑处1925年版,第67—70页。
③ 上海商业储蓄银行国内汇兑处编:《国内商业汇兑要览》,上海商业储蓄银行国内汇兑处1925年版,第70—73页。
④ 上海商业储蓄银行国内汇兑处编:《国内商业汇兑要览》,上海商业储蓄银行国内汇兑处1925年版,第46—50页。
⑤ 上海商业储蓄银行国内汇兑处编:《国内商业汇兑要览》,上海商业储蓄银行国内汇兑处1925年版,第36—46页。
⑥ 上海商业储蓄银行国内汇兑处编:《国内商业汇兑要览》,上海商业储蓄银行国内汇兑处1925年版,第106—113页。
⑦ 上海商业储蓄银行国内汇兑处编:《国内商业汇兑要览》,上海商业储蓄银行国内汇兑处1925年版,第113—115页。
⑧ 上海商业储蓄银行国内汇兑处编:《国内商业汇兑要览》,上海商业储蓄银行国内汇兑处1925年版,第80—84页。

第十三章　金融网络的形成：金融市场联动性以区域为中心　　437

南京、镇江两埠用小轮运输。每年阴历五六月间，六合当地大麦、小麦二麦登场，市面用银频繁，但此时因河水泛涨至水道运输停驶，六合市面现洋紧张，洋价常高于镇江市面。① 徐州现银经津浦路由南京运来徐州，或者经津浦路转沪宁路由上海运来。徐州与南京、上海间的现银运送均由转运公司承办。② 淮安当地现洋紧缺时，多由清江浦和镇江二地转运。③ 安徽寿县当地北至济南、天津，南至南京、上海，均可直接运输现银。但须先由小轮运输到蚌埠，然后再经火车运输。④ 安徽正阳关由正阳关用小轮或民船运送现银到蚌埠，再在蚌埠用火车运往各地，故正阳关与上海、镇江、南京、济南、天津等铁路沿线商埠均能直接运送现银。⑤ 清江浦本地缺现时，均由镇江承运。新浦本地缺现时，均由板浦或清江浦装运。⑥ 板浦本地缺现时，多由清江浦用轮船运来。⑦ 芜湖现银的直接运输地点包括上海、镇江、南京、汉口等地，均由轮船装运。"各钱庄皆由申镇搬运现洋，进口应用。"⑧ 运输机关包括轮船招商局、太古公司和怡和公司。⑨ 庐州本地运现，皆从芜湖装运。芜湖和庐州之间在水季多有小轮运输，途经巢湖。⑩ 六安本地所缺现银均由芜湖运来，先由芜湖用小轮运至庐州，由庐州运来六安须走旱路。⑪

---

① 上海商业储蓄银行国内汇兑处编：《国内商业汇兑要览》，上海商业储蓄银行国内汇兑处1925年版，第84—87页。
② 上海商业储蓄银行国内汇兑处编：《国内商业汇兑要览》，上海商业储蓄银行国内汇兑处1925年版，第87—90页。
③ 上海商业储蓄银行国内汇兑处编：《国内商业汇兑要览》，上海商业储蓄银行国内汇兑处1925年版，第95—98页。
④ 上海商业储蓄银行国内汇兑处编：《国内商业汇兑要览》，上海商业储蓄银行国内汇兑处1925年版，第187—189页。
⑤ 上海商业储蓄银行国内汇兑处编：《国内商业汇兑要览》，上海商业储蓄银行国内汇兑处1925年版，第189—190页。
⑥ 上海商业储蓄银行国内汇兑处编：《国内商业汇兑要览》，上海商业储蓄银行国内汇兑处1925年版，第98—100页。
⑦ 上海商业储蓄银行国内汇兑处编：《国内商业汇兑要览》，上海商业储蓄银行国内汇兑处1925年版，第100—103页。
⑧ 《各埠金融及商况》，《银行周报》，1918年第2卷第28期。
⑨ 上海商业储蓄银行国内汇兑处编：《国内商业汇兑要览》，上海商业储蓄银行国内汇兑处1925年版，第163—168页。
⑩ 上海商业储蓄银行国内汇兑处编：《国内商业汇兑要览》，上海商业储蓄银行国内汇兑处1925年版，第175—177页。
⑪ 上海商业储蓄银行国内汇兑处编：《国内商业汇兑要览》，上海商业储蓄银行国内汇兑处1925年版，第177—179页。

绍兴的现洋装运均由沪杭甬路连接杭州或宁波。在铁路未修通之前,现银须由杭州雇脚夫运送到西兴,再由西兴雇船运输到绍兴。转运机关为同和转运公司。[①] 海门现银往来上海、宁波、温州三处,均有小轮可以直达。[②] 温州现银与上海、宁波、海门也可直接运输往来。[③] 温州、上海、宁波之间有招商局、广济轮等正班,永川局之永川、永宁局之永宁、老公茂局之平阳三轮往来宁、台、温,谓之非正班。[④] 兰溪当地缺现时,均由杭州雇小船运往兰溪。[⑤] 衢州与兰溪间的现银运送,可由民船运转;与杭州间的现银运输,则先从杭州由小火轮运到桐庐后,转用船装运而来。[⑥] 安徽安庆本地现款多运往上海、汉口两地,极少部分现银由大通、芜湖运来。全年计算,现银运出多于运入。现银装运多由招商局轮船装运承办。[⑦] 安徽蚌埠直接运现地点以宁(南京)为主,上海和镇江次之,如遇天津和济南的洋厘合算,则也会由天津、济南运来现银。现银的运输路线均由津浦、沪宁两路线运送,运输机关为汇通转运公司。[⑧] 安徽临淮当地与天津、济南、南京的现银运送由津浦路运输;与上海、镇江的现银运送则由津浦路转沪宁路。运输机关为汇通转运公司。[⑨] 安徽宿州当地运送由上海、徐州两处装运,徐州由津浦路、上海由津浦路转沪宁路。[⑩]

[①] 上海商业储蓄银行国内汇兑处编:《国内商业汇兑要览》,上海商业储蓄银行国内汇兑处1925年版,第145—149页。
[②] 上海商业储蓄银行国内汇兑处编:《国内商业汇兑要览》,上海商业储蓄银行国内汇兑处1925年版,第149—151页。
[③] 上海商业储蓄银行国内汇兑处编:《国内商业汇兑要览》,上海商业储蓄银行国内汇兑处1925年版,第151—155页。
[④] 《温州商业金融调查记》,《银行周报》,1918年第2卷第32期。
[⑤] 上海商业储蓄银行国内汇兑处编:《国内商业汇兑要览》,上海商业储蓄银行国内汇兑处1925年版,第155—158页。
[⑥] 上海商业储蓄银行国内汇兑处编:《国内商业汇兑要览》,上海商业储蓄银行国内汇兑处1925年版,第158—161页。
[⑦] 上海商业储蓄银行国内汇兑处编:《国内商业汇兑要览》,上海商业储蓄银行国内汇兑处1925年版,第168—171页。
[⑧] 上海商业储蓄银行国内汇兑处编:《国内商业汇兑要览》,上海商业储蓄银行国内汇兑处1925年版,第179—182页。
[⑨] 上海商业储蓄银行国内汇兑处编:《国内商业汇兑要览》,上海商业储蓄银行国内汇兑处1925年版,第182—185页。
[⑩] 上海商业储蓄银行国内汇兑处编:《国内商业汇兑要览》,上海商业储蓄银行国内汇兑处1925年版,第185—187页。

（五）东三省

哈尔滨与各地现银运输路线为：长春、黑龙江经中东路运输；天津由中东路转南满、京奉路运输；上海由南满路至大连再转海道运输。[1] 黑龙江现银交易，直接从哈尔滨由中东路至昂昂溪，再换齐昂小货车至省。[2] 黑河现银运输路线为：由哈尔滨运现到黑河，在行船时期由江轮装运而来；封江后则须经中东路、齐昂路绕道黑龙江再经陆路运输至此。[3] 沈阳现银运输路线为：北京、天津由京奉路运输；大连、长春由南满路运输；哈尔滨由南满路转中东路运输；上海由大连转轮船运输。[4] 东北安东现银运送路线为：上海、天津、烟台由海轮运输；奉天由安奉路运输；大连、营口由南满路转安奉路运输。[5] 大连现银运输路线为：奉天、营口、长春由南满路运输；天津转京奉路运输；烟台、青岛、上海则由轮船装运。[6] 营口现银运送路线为：天津由京奉路运输；大连、长春由南满路运输；与上海、烟台之间可在辽河未封冻前经海道运输。营口市面以奉票为本位，无运现的必要。[7] 长春现银运输路线为：天津由南满路转京奉路运输；上海由南满路至大连转海道运输；吉林由吉长路运输。[8]

---

[1] 上海商业储蓄银行国内汇兑处编：《国内商业汇兑要览》，上海商业储蓄银行国内汇兑处1925年版，第349—355页。

[2] 上海商业储蓄银行国内汇兑处编：《国内商业汇兑要览》，上海商业储蓄银行国内汇兑处1925年版，第357—360页。

[3] 上海商业储蓄银行国内汇兑处编：《国内商业汇兑要览》，上海商业储蓄银行国内汇兑处1925年版，第360—365页。

[4] 上海商业储蓄银行国内汇兑处编：《国内商业汇兑要览》，上海商业储蓄银行国内汇兑处1925年版，第315—323页。

[5] 上海商业储蓄银行国内汇兑处编：《国内商业汇兑要览》，上海商业储蓄银行国内汇兑处1925年版，第323—328页。

[6] 上海商业储蓄银行国内汇兑处编：《国内商业汇兑要览》，上海商业储蓄银行国内汇兑处1925年版，第328—334页。

[7] 上海商业储蓄银行国内汇兑处编：《国内商业汇兑要览》，上海商业储蓄银行国内汇兑处1925年版，第334—342页。

[8] 上海商业储蓄银行国内汇兑处编：《国内商业汇兑要览》，上海商业储蓄银行国内汇兑处1925年版，第343—349页。

表 13.9　　　　　　　　　　各埠现银运输路径

埠名	输出地	输入地
南京	临淮、蚌埠、徐州、济南、济宁、天津、大通、芜湖、安庆、九江、汉口、镇江、常州、无锡、苏州、上海等处	—
无锡	—	上海、苏州、镇江、南京、江阴、宜兴、溧阳
松江	—	上海、杭州、嘉兴、湖州
太仓	—	上海、苏州
南通	—	上海、镇江
杭州	上海、嘉兴、绍兴、湖州、苏州	—
宁波	上海、温州、绍兴	—
余姚	宁波	宁波
嘉兴	上海、杭州	上海、杭州
硖石	上海、杭州	上海、杭州
湖州	上海、苏州、杭州	上海、苏州、杭州
北京	天津、锦州、营口、奉天、长春、大连、石家庄、郑州、汉口、济南、南京、苏州、上海、杭州，其中天津为海道转运点	—
天津	东三省、济南	香港、上海、北京
石家庄	太原、北京、天津、保定	—
太原	天津、汉口	—
大同	北京、张家口、归绥	北京、张家口、归绥
张家口	归化、包头、丰镇、大同	天津
保定	—	北京、天津
许州	开封、郑州、彰德、漯河、信阳、汉口	—
周家口	漯河至汉口、郑州由漯河转移	—
驻马店	汉口、北京、天津	—
开封	汉口、上海、	—
郑州	汉口、开封、洛阳、天津、上海	—

续表

埠名	输出地	输入地
西安	—	郑州
济南	天津、南京、北京、上海	—
济宁	济南、天津、上海、南京	—
滕县	上海、徐州、济南、济宁、天津	—
周村	济南、青岛、上海	—
益都	—	济南、周村、潍县、青岛
潍县	济南、青岛、周村、北京、天津	—
烟台	上海、青岛、天津，运济南由津转运	—
青岛	上海、烟台、潍县与济南间现银运送较少	—
汉口	北京、天津、沙市、宜昌、万县、成都、重庆、九江、安庆、大通、芜湖、南京、镇江、上海、长沙、常德、信阳、驻马店、漯河、许州、郑州、顺德、彰德、石家庄、保定	—
沙市	汉口、宜昌	汉口、宜昌
宜昌	汉口、沙市、万县、重庆	—
长沙	汉口、湘潭、常德、衢州	汉口、湘潭、常德、衢州
九江	南昌、汉口	—
吴城	南昌、九江	南昌、九江
南昌	—	上海、汉口运至九江，再转运南昌
河口	在南昌起运经吴城转驳至河口	—
抚州	崇仁、宜黄、东乡、建昌	南昌
樟树镇	—	以南昌为唯一来源
吉安	赣州	—
重庆	叙府、泸州、万县等省内各地，汉口、上海由宜昌转运（当地与外埠现银运送较少）	—
万县	宜昌、重庆、汉口（经宜昌转运）	—
贵州	重庆、汉口	重庆、汉口
香港	上海	上海

续表

埠名	输出地	输入地
厦门	上海、福州、汕头	上海、福州、汕头
广州	香港、上海、汕头	香港、上海、汕头
福州	上海、厦门、香港	上海、厦门、香港
昆明	—	由上海装运须经香港、海防等地
苏州	上海、无锡、镇江、南浔、常州	—
宜兴	宜兴为现银输出地	无锡、常州
溧阳	—	由上海、苏州经无锡转运而来
常州	上海、苏州、无锡、镇江、南京	上海、苏州、无锡、镇江、南京
镇江	上海、苏州、无锡、常州、丹阳、南京、汉口、九江、芜湖、安庆、大通、南通、扬州、邵伯、高邮、六合、泰兴等地	—
盐城	经邵伯交清江浦，或由泰州达扬州、镇江等地	—
东台	镇江、扬州、南通、盐城、泰县、姜堰等地	—
泰县	扬州、镇江	镇江、扬州、仙女庙、东台、盐城
扬州	现银调拨以镇江为转运地	现银调拨以镇江为转运地
六合	—	南京、镇江
徐州	—	南京、上海
淮安	—	清江浦、镇江
寿县	—	济南、天津、南京、上海
正阳关	运现到蚌埠，再经蚌埠转运上海、镇江、南京、济南、天津	—
清江浦	—	镇江
新浦	—	板浦、清江浦
板浦	—	清江浦
芜湖	—	上海、镇江、南京、汉口

续表

埠名	输出地	输入地
庐州	—	芜湖
六安	—	由芜湖到庐州,再到六安
绍兴	杭州、宁波	杭州、宁波
海门	上海、宁波、温州	上海、宁波、温州
温州	上海、宁波、海门	上海、宁波、海门
兰溪	—	杭州
衢州	兰溪	杭州、兰溪
安庆	上海、汉口	极少部分由大通、芜湖运来
蚌埠	—	南京、上海、镇江、天津、济南
临淮	—	天津、济南、南京、上海、镇江
南宿州	—	上海、徐州
哈尔滨	长春、黑龙江(连接黑河)、天津、上海(经大连转运)	长春、黑龙江(连接黑河)、天津、上海(经大连转运)
沈阳	天津、大连、长春、哈尔滨、上海	天津、大连、长春、哈尔滨、上海
安东	上海、天津、烟台、奉天、大连、营口	上海、天津、烟台、奉天、大连、营口
大连	奉天、营口、长春、天津、烟台、青岛、上海	奉天、营口、长春、天津、烟台、青岛、上海
营口	天津、大连、长春、上海、烟台	—
长春	天津、吉林、上海(由天津转运)	—

现银的运送路线与国内汇兑走势虽略有不同,但基本流向与趋势大体相符。上海仍是现银出入的中心,天津、汉口、镇江等地借助于其独特的地理优势和经济中心地位,依旧成为现银运送的必经之地。天津、上海、大连、烟台、青岛等地依旧为东三省现银输送中心,哈尔滨和沈阳两个

原汇兑中心通过大连、天津、上海等地接收、输送现银,再连接长春、黑龙江和黑河等埠。华南地区的上海、福州、汕头、香港为现银输送点。华北地区的天津、北京亦为中心。长江流域及苏、浙、皖地区的现银流动中心为上海、汉口、南京、杭州、宁波、苏州、镇江等地。

第四节　金融机关集聚形态与布局

汇兑网络作为金融市场圈的一个子集,是近代金融市场圈构建中的一种表现手法。而汇兑机构的分布范围、类型构成及业务数量,都是这个复杂网络的构成要素,它们是分析这个汇兑网络层次均衡与否和密度分布的有力论证,也是汇兑网络需要继续填充和完善的细化研究内容。汇兑网络可以通过细化各大银行和钱庄在全国各地的通汇处、分行号、代理处分布范围及业务数量来衡量其金融势力的地区分布和密度。近代中国金融业的发展与金融结构变迁,表现为现代银行体系的形成与完善,以及对票号、钱庄等传统金融机构的替代。近代中国金融资源分布还具有典型的二元分布特征,即银行业主要集中在省市级层面,地县及县级以下金融融通主要依靠钱庄、银号等机构来完成。[①] 近代中国金融资源的这种二元分布特征不仅体现在纵向层级体系上的分级,不同金融机关横向地域布局的二元化也较为明显;即银行等现代金融组织多分布于沿海城市,而西北内陆城市的金融运行依旧以钱庄为主。

近代银行体系逐步产生并得到了初步发展,各式各样金融组织的总分行、办事处以不同程度分布于南北各大城市。其中,沿海城市占据了银行总分行处的80%以上,而西北等内陆地区的金融机构则以钱庄为主。1914年,全国华资银行有59家;其中,上海4家,北京5家,天津2家。1925年,全国华资银行有141家;其中,上海33家,北京23家,天津14家。1932年,全国华资银行有137家;其中,上海有总行59家、分支行

[①] 燕红忠:《试论近代中国金融业的发展:路径与结构》,《山东大学学报(哲学社会科学版)》,2013年第2期。

550家,天津有总行10家、分支行93家。①

由表13.10可知,20世纪二三十年代,全国银行主要集中在都市及沿海各省。在沿海城市中,银行机构尤其密集分布于上海、天津、广州、汉口、青岛、大连、南京、广州9个主要工商业城市和江、浙二省。而上海是全国银行机构总行的集中地,1936年的总行数量近38%。江、浙二省银行机构的总、分行比例皆达23%以上,为银行机构最为密集的区域。银行在西北、华北、东北(包括台湾)的总、分行比例都较为低下。

表13.10　　　　　　　　1936年银行地域分布的变化

地　域	总　行 数量	总　行 占比(%)	分　行 数量	分　行 占比(%)
上海市	58	37.67	124	9.54
重庆市	9	5.84	17	1.30
五大都市	23	14.94	210	16.15
江、浙二省	36	23.38	300	23.09
西南五省	8	5.18	96	7.40
西北五省	4	2.60	65	5.04
华北七省	7	4.53	196	15.08
华中、华南六省	9	5.84	258	19.86
东北及台湾	—	—	33	2.54
总　计	154	100	1 299	100

注:五大都市为南京、北平、天津、广州、汉口;西南五省为四川、云南、贵州、广西、西康;西北五省为陕西、甘肃、宁夏、青海、新疆;华北七省为山东、山西、河南、河北、绥远、热河、察哈尔;华中、华南六省为安徽、江西、湖南、湖北、广东、福建。

资料来源:中国通商银行编:《五十年来之中国经济》,中国台北文海出版社1974年版,第48—49页。

华北、西北等内陆地区金融机构中,主要体现为钱庄、银号等传统金融机构的设置。据1934—1937年《中国通邮地方物产志》中的工商行号

---

① 姚洪卓主编:《近代天津对外贸易1861—1948》,天津社会科学院出版社1993年版,第189页。

记载,河北邮区(包括天津市)的 97 个通邮点中,54 个设有金融机关的县镇中分布 188 家金融机构(包括银行、钱庄、银号、汇兑机构、银钱局、典当、保险、货栈运输等),其中银行(包括银行的分支机构、寄庄、驻庄及办事处)23 家、钱庄银号 73 家。同时期,北平邮区中的 108 个通邮县镇网点中,有 72 个网点分布金融机关 266 家,其中银行机构 49 家、钱庄银号 109 家。通邮区金融机构覆盖率达 66.67%,所设金融机关中银行仅占 18.42%,钱庄银号则高达 40.98%。① 但从钱庄在全国开设的总数来讲,沿海城市的钱庄分布数量依然超过北方内陆城市。据 1934 年统计,全国登记开业的钱庄(包括银号)有 1 276 家;其中,江苏省 112 家,上海 61 家,浙江 261 家,山东 77 家,湖北 85 家,江西 73 家,广东 164 家,河北 99 家,福建 85 家,辽宁 59 家。沿海城市的钱庄占全国钱庄总数的 70%以上,达 900 家之多。②

钱庄和银行在内汇市场具有各自的作用及运作方式,但二者在近代中国经济近代化过程中既有竞争也有合作。中资银行经营规模扩大后,开始与钱庄合作办理委托代理业务。各大银行鉴于银号手续简便、费用较低且经营范围遍布广大的农村市场和偏远城镇,常委托银号代办汇兑业务。如到 1925 年,上海商业储蓄银行国内通汇处已达 17 省 130 余处,其中钱庄银号的代理收解机构即高达 45 家。③ 同时,中资银行代理钱庄在沪汇兑业务,以免钱庄专派庄客驻沪。银行和钱庄银号的代理汇兑,以迂回曲折的办法打通全国汇兑,使国内汇兑广泛开展起来。同时,银行通过与钱庄建立代理收解关系,将各大行所发钞票逐渐深入市场流通,银行汇兑业务也迅速发展。

以往观点认为,到 20 世纪 30 年代中期,随着中资银行分支机构的广泛设立和对内汇业务的大量招揽,钱庄已经丧失了大部分的内汇市场。例如,中国银行于 1932 年办理内汇业务额为 75 220 万元,到 1936 年达到

---

① 商务部邮政总局编:《中国通邮地方物产志》,商务印书馆 1937 年版。
② 马骏:《试析旧中国沿海城市银行形成金融中心的条件与标志》,载中国金融学会金融史研究会编:《沿海城市旧银行史研究——中国沿海城市旧银行史专题研究会文集》,中国金融学会金融史研究会 1985 年版,第 168－169、173－174、177 页。
③ 中国人民银行上海市分行金融研究所编:《上海商业储蓄银行史料》,上海人民出版社 1990 年版,第 123－127 页。

144766万元,增长93%。交通银行于1935年办理内汇额比1934年翻了一番。① 票号、钱庄、中资银行在国内汇兑市场是一个逐渐替代和相互补充发展的过程。清末民初,票号渐形衰落,但直至20世纪30年代,钱庄银号的国内汇兑业务依然占据一定的领域。如1934年太原金融机关经营汇兑的银行有中国银行和山西省银行2家银行,以及33家钱庄银号。其中,钱庄银号全年汇兑总额为53 643 950元,占所有汇款额的57.24%,超过银行汇款额近15个百分点。② 另外,1933年,山东境内各银行汇款额为163 275 000元,境内各钱庄银号汇款额为193 388 760元,钱庄银号汇款额为银行汇款额的1.18倍,远大于银行汇兑额。其中,仅济南各钱庄银号汇款额为132 000 000元,数额已接近山东省境内各银行汇款总额。③ 20世纪30年代,钱庄银号等传统金融机构在华北内陆山西、山东等地区的内汇业务中仍然占据主要地位。

---

① 李一翔:《传统与现代的柔性博弈——中国经济转型过程中的银行与钱庄》,《上海经济研究》,2003年第1期。
② 实业部国际贸易局编:《中国实业志:山西省》第3篇"商埠及重要市镇"第1章"太原(阳曲)",实业部国际贸易局1937年版,第1—49页。
③ 实业部国际贸易局编:《中国实业志:山东省》第4篇"都会商埠及重要城镇"第1章"济南",实业部国际贸易局1934年版,第1—57页。

第十四章

金融市场的融合与联动

市场整合与分割是衡量市场发育水平的重要指标,也是推动经济增长的重要因素。汇兑是替代运现、规避流通成本障碍的重要方式,是金融市场整合的重要方面。市场整合(market integration)又称市场一体化,通常是指在一定范围内,地区间商品或要素流动的通畅程度。

在前现代经济,上海金融中心形成之前,中国的市场分裂比较明显,经济或者金融圈、金融市场局限于区域经济金融。上海成为金融中心之后,区域经济圈内的金融往来较之以前在量上和质上都有所改变与突破。金融信息在异地间的灵敏度大小,可视为两地间金融网络传递是否有效的表现。金融市场之间的关联性和传递性,决定着两个市场受共同信息影响的程度,也决定着各个市场的信息在彼此之间传递时间的长短以及市场反应强度的大小,更决定着各个市场上的信息对其他市场价格变化的预测能力。

第一节 汇 价

基于国内埠际贸易流动和银根松紧基础上的国内汇兑,其价格的变动趋势一定程度上代表了两地间的金融联系。汇价的涨落在很大程度上代表了异地间物资的交流和资金的流向。总体而言,国内汇价绝少意外变动,故长期趋向并不显著。

一、汇兑价格变化因素分析

各地申汇公式计算都以当地申汇行市为参考因素之一,但汇兑行市因各种经济因素和非经济因素的影响而处于不断变化之中。汇兑行市的不断变动,更增加了内汇的复杂性。以上海和天津为例,上海作为全国最大的商品集散地,与商品流相对应的是大量款项收解。上海对各地的汇兑行市变化,主要反映的是埠际之间的资金调拨。如果上海应解天津之款多于天津应解上海之款,则在上海卖出津汇少,买进者多,汇价涨;反之,汇价落。造成应解款项之原因众多,主要的经济因素有贸易关系、两地银根松紧及洋厘大小、埠际放款多寡等。

(一)各埠进出口货物的繁盛

各埠进出口货物的繁盛是津沪汇价变化的主要原因。以天津和上海为例。天津办理进出口货物的机构大多是上海商家的分支办事处或代理机构。如果天津进口货物增多,则进口商得汇款到上海,上海应收之款大于应付之款,从而上海对天津汇兑售出者多,买进者少,供大于求,汇价缩小。如果天津出口货物旺盛,则货款需由上海流入天津,上海应付天津之款必多于应解之款,上海对天津的汇价必涨。汉口之进出物,全以上海为枢纽,而贸易金融亦全恃上海为调拨。汉口进口货旺盛,进口商均须汇款至沪,抵付货价,申汇需要增加,汇价即涨;反之,出口货旺盛,则出口商须向沪调款,申汇供给增加,汇价自跌。1918年4月8日通信,"南昌本星期内申规元价格步跌,因本省出口货日渐畅旺,出售规元者日多"[1]。

以广东省和香港为例,广东内地之出入口货,全以香港为枢纽,而其贸易之金融亦以港币计算,故出入口货之盛衰,亦为港币行市变动之大原因也。广州入口货盛、出口货衰,广州商人均须汇款至香港清偿货款,因此广州应解香港之款多于应收香港之款,则在广州对香港汇兑之售出者,必较多于购入者,供少需多,港币汇率涨。港出口商须在港调款转汇广

---

[1] 《各埠金融及商况》,《银行周报》,1918年第2卷第16期。

州,采办货物,而广州方面应收香港之款较多,供多需少,港币汇水自然收缩。①

(二)各埠银根的松紧

两地银根松紧,亦可发生汇兑之需给。银根松紧,可于银拆大小观察之。因为银拆反映的是市场的银款供需状况。如果天津的银根紧(即天津银拆市价小于上海),会由上海调款,则上海对天津的汇价必涨;相反,上海银根紧(上海银拆市价小于天津),则由天津调款至上海,上海对天津的汇价随之缩小。如果两地银根同时紧急,则由上海调款者比较多,汇价常见缩小也。本埠银拆涨,则汇兑趋于顺汇;本地银拆跌,则汇兑趋于逆汇。两地银根松紧,亦可发生汇兑之需给。银根松紧,可于银拆大小观察之。若天津银拆大于上海,则银行自沪调款到津,津埠卖出申汇者增多,汇票供给增加;反之,上海银拆高,则沪银行卖出津汇者多。

(三)洋厘

银两与银元之间的比价,即为洋厘。洋厘升降对埠际间的汇价有着间接的影响。上海与天津等各埠间因洋厘的高低升降而时常发生运现。若天津洋厘高于上海,则上海的钱庄、银行等运现至天津,以洋易银,上海钱庄、银行在天津的银头寸增加。在上海需卖出津银汇,如此上海的津银汇增加,则上海对天津的内汇价必落。若上海的洋厘高于天津,则由津运现到沪。如果外埠运洋至沪增多,则在沪出售易银,从而须在天津出售申汇,以资回收,如此天津对上海的汇价必落,而上海对天津的汇价必涨。

上海与汉口之间亦有相同情况。1923年10月汉口申汇行情:29日因洋厘骤涨至0.710 75两,查此日上海洋厘为0.722 75两,由汇价折算,再加外费,不过0.707 5两,故金融界纷纷拍电向上海运现,(申汇)电汇价因此稍涨,计974.375两。30日洋厘又涨,电汇因此亦涨至975.125两。31日洋厘涨至0.713 75两,电汇价乃升至975.75两……汇价涨跌

---

① 余炯富:《最近三年来之省港货币兑换行情及其涨落原因》,《南大经济》,1934年第3卷第1期。

与洋厘之关系非常密切。① 若汉洋大于沪洋时,则运洋至汉;反之,沪洋大于汉洋,则运洋至沪。但运至沪者多,在沪售出易银,即须在汉售出申汇,以资收回,则汇价币落。运洋至汉者多,在汉售出易银,即须购入申汇以资抵偿,则汇价必涨。② 南昌"申票本星期(1917年12月9日通信)价每千两仍有四五元之上落,因沪上洋厘起落七八厘,故该地申元亦时有上落"③。

(四)埠际放款多寡

内汇行市之涨落也常受埠际放款多寡之影响。如上海和天津之间的放款,天津洋厘常高于上海,故上海金融界常常放款到天津拆放,上海对天津所汇款项增加,对津之汇价必然上涨。汇款期满,天津须还款给上海,则上海收汇款项增多,上海对天津汇价必跌。④

内汇市场伴随着埠际贸易的往来,进行资金的调剂。但银两制度的存在,各地平砝不一带来换算的复杂,以及洋厘的涨落导致汇价变动,带来了币制紊乱、汇兑繁复。1933年4月5日后,财政部颁布"废两改元"条例,即废止银两,一律通用银元,以规元0.715两合银币1元为标准。从此,各地通用货币皆以银元计,国内汇兑也只剩下银元汇兑。甲地和异地汇兑通用银元都以银本位为基础,没有行市涨落之说。汇兑的影响因素直接为汇兑之供求,以银洋直接计算,大大便利了商业贸易往来结算。

(五)金融季节

以上海对各地内汇行市表得知,每年首尾至6—7月间,汇市大致疲软。每年8月以后,8—10月棉花谷粮上市,上海银两银元流向各地,内汇市场发展较好。货物买卖结账之期,需款增多,金融紧急。1月份一般为阴历年底,也是各地结账期。上海作为金融和贸易中心,各地运来银洋增多,且埠际间放款减少、收款增多。进出口货物清淡。商人方面,需要银洋结账,金融不免紧张。2月份为阴历正月,市面冷清,年底结账之款

---

① 《本期汉口之金融市况》,《银行杂志》,1923年第1卷第2期。
② 李炳堂:《汉沪汇兑述要》,《银行杂志》,1923年第1卷第2期。
③ 《各埠金融及商况》,《银行周报》,1918年第2卷第1期。
④ 王家栋:《中国国内汇兑之演进》,《中央银行月报》,1936年第5卷第1期。

及春节购物质样进入上海,上海银洋存货丰裕。棉纱等货物进口较多。4月份为丝茶上市之期,上海出口居多。5月份出口旺盛。端午结账期6月份茧市已过,惟有回洋到沪。收回茧款之季,丝茶大量出口。7月份丝茶市面将过,各业清淡,洋货帮票款结账之际,用银甚多,捆售棉纱甚多。8月内地花麦等杂粮登场,银元流出。9月上市登场,且中秋用银多,又是中秋结账期。10月上海银大量流出,各种上市。11月回洋来申,出口多。12月阴历年底,加结账期,各处运来银洋增多。

二、主要汇价长期变化趋势

表 14.1　　　　　　　　上海内汇市价:1926—1932

年月	指数	天津 行化(规元两)(SHTJL)	天津 银元(元)(SHTJY)	汉口 洋例(规元两)(SHHKL)	汉口 银元(元)(SHHKY)
1926年	均值	1 057.4	1 004.0	1 033.4	1 004.8
	4月	1 052.3	1 001.5	1 033.7	1 002.7
	5月	1 049.6	1 000.7	1 032.9	1 001.0
	6月	1 048.1	1 000.3	1 030.9	1 000.3
	7月	1 051.3	1 000.1	1 033.5	1 001.4
	8月	1 054.2	1 001.4	1 030.6	1 003.7
	9月	1 061.3	1 005.6	1 033.6	1 022.3
	10月	1 064.3	1 010.4	1 032.8	1 004.4
	11月	1 063.0	1 012.0	1 035.0	1 001.8
	12月	1 072.4	1 003.8	1 038.0	1 005.7
1927年	均值	1 066.4	1 012.1	1 026.5	1 018.9
	1月	1 067.1	1 009.1	1 034.1	1 033.6
	2月	1 067.8	1 013.3	1 033.6	1 042.0
	3月	1 064.0	1 012.6	1 034.4	1 016.0
	4月	1 063.1	1 007.6	1 027.3	1 001.0
	5月	1 062.5	1 004.5	—	—

续表

年月	指数	天津 行化（规元两）(SHTJL)	天津 银元（元）(SHTJY)	汉口 洋例（规元两）(SHHKL)	汉口 银元（元）(SHHKY)
1927年	6月	1 062.5	1 007.4	—	—
	7月	1 077.6	1 013.4	—	—
	8月	1 067.5	1 012.5	1 003.0	1 002.0
	9月	1 057.6	1 008.6	—	—
	10月	1 064.1	1 016.1	—	—
	11月	1 073.4	1 019.1	—	—
	12月	1 070.1	1 020.4	—	—
1928年	均值	1 058.5	1 011.7	1 030.0	1 012.6
	1月	1 068.5	1 022.6	—	—
	2月	1 058.0	1 015.1	—	—
	3月	1 058.3	1 012.8	—	1 012.6
	4月	1 063.1	1 015.8	1 036.2	1 011.9
	5月	1 066.4	1 025.4	1 032.0	1 013.6
	6月	1 054.9	1 014.1	1 027.4	1 009.5
	7月	1 051.0	1 004.0	1 030.2	1 011.2
	8月	1 047.7	1 002.1	1 030.9	1 011.0
	9月	1 047.7	1 000.5	1 029.9	1 013.5
	10月	1 054.6	1 001.6	1 028.9	1 016.9
	11月	1 065.7	1 010.4	1 027.2	1 014.9
	12月	1 066.3	1 016.0	1 027.7	1 011.0
1929年	均值	1 061.0	1 005.3	1 026.4	1 009.5
	1月	1 065.1	1 014.3	1 027.1	1 017.7
	2月	1 051.1	1 010.0	1 026.7	1 006.6
	3月	1 055.5	1 003.1	1 025.4	1 006.2
	4月	1 055.1	1 001.1	1 025.2	1 011.3

续表

年月 \ 指数		天津 行化(规元两)(SHTJL)	天津 银元(元)(SHTJY)	汉口 洋例(规元两)(SHHKL)	汉口 银元(元)(SHHKY)
1929年	5月	1 059.0	1 000.1	1 024.7	1 009.5
	6月	1 063.6	1 000.1	1 023.0	1 010.3
	7月	1 055.7	1 000.0	1 023.5	1 010.4
	8月	1 057.3	1 000.0	1 026.2	1 011.4
	9月	1 066.5	1 000.4	1 026.6	1 011.6
	10月	1 065.1	1 011.6	1 027.1	1 010.8
	11月	1 063.3	1 013.8	1 031.7	1 009.2
	12月	1 064.1	1 009.1	1 029.8	1 004.9
1930年	均值	1 057.3	1 002.4	1 029.7	1 006.0
	1月	1 063.0	1 010.9	1 023.9	1 005.5
	2月	1 062.0	1 005.0	1 025.0	1 004.5
	3月	1 062.0	1 005.5	1 023.5	1 001.4
	4月	1 057.5	1 001.0	1 023.0	1 005.0
	5月	1 053.75	1 000.0	1 027.0	1 006.5
	6月	1 054.3	1 000.0	1 035.7	1 007.4
	7月	1 054.8	1 000.0	1 036.0	1 007.0
	8月	1 055.5	1 000.0	1 036.8	1 005.8
	9月	1 056.6	1 000.0	1 033.9	1 009.5
	10月	1 057.3	1 000.2	1 028.5	1 010.0
	11月	1 055.4	1 001.9	1 031.8	1 006.5
	12月	1 055.6	1 004.6	1 030.6	1 002.3
1931年	均值	1 052.1	1 006.9	1 025.2	1 007.6
	1月	1 056.5	1 005.3	1 029.6	1 006.5
	2月	1 053.6	1 001.8	1 028.0	1 005.8
	3月	1 052.5	1 001.7	1 028.5	1 006.0

续表

指数 年月		天津		汉口	
		行化(规元两) (SHTJL)	银元(元) (SHTJY)	洋例(规元两) (SHHKL)	银元(元) (SHHKY)
1931年	4月	1 053.0	1 001.2	1 027.5	1 004.9
	5月	1 051.8	1 000.0	1 025.6	1 005.4
	6月	1 049.9	1 001.3	1 024.0	1 006.2
	7月	1 047.8	1 002.6	1 028.8	1 009.0
	8月	1 048.0	1 002.9	1 028.4	1 017.0
	9月	1 049.7	1 004.5	1 025.8	1 012.0
	10月	1 052.7	1 014.5	1 021.5	1 006.0
	11月	1 056.0	1 024.0	1 019.0	1 006.0
	12月	1 053.0	1 023.5	1 020.2	1 006.0
1932年	均值	1 055.9	1 004.3	1 025.0	1 000.7
	1月	1 050.9	1 014.4	1 026.3	1 003.2
	2月	1 062.0	1 000.6	—	1 000.6
	3月	1 047.5	1 000.8	—	1 000.2
	4月	1 045.0	1 002.5	1 023.6	1 000.0
	5月	1 043.9	1 000.6	1 027.6	1 000.3
	6月	1 050.5	1 002.5	1 024.5	1 000.0
	7月	1 055.1	1 001.0	—	1 000.0
	8月	1 062.0	1 003.0	1 023.3	1 000.5
	9月	1 066.5	1 005.5	1 022.5	1 000.0
	10月	1 061.5	1 008.5	1 022.8	1 001.0
	11月	1 062.0	1 007.0	1 027.5	1 001.0
	12月	1 063.3	1 006.0	1 027.0	1 001.0

资料来源:《经济统计季刊》,1932年第1卷第3期,第589—600页;1933年第2卷第1期,第279页。

各地申汇市场是上海内汇市场的组成部分,上海内汇市价的长期变动趋势,在一定意义上可以代表内汇市场主要汇价的长期变动趋势。本书在此仅选取上海对天津和汉口两地的银两和银元汇价来说明国内汇兑价格长期变化趋势,以及沪埠对津埠、汉埠汇价之间的相关关系。

(一)长期变动趋势

上海对天津、汉口分别开银两、银元两种汇价。先以上海对天津的银两和银元内汇价为例,分析其长期趋势情况。

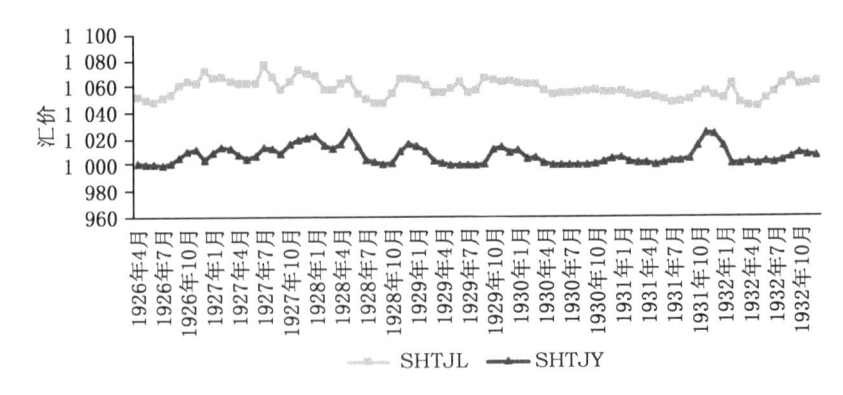

图 14.1　1926—1932 年上海对天津银两、银元内汇月度行市走势图

SHTJL 代表上海对天津的银两内汇走势,SHTJY 代表上海对天津的银元内汇走势。由图 14.1 可知,四年间上海对天津的内汇市价具有明显的季节变化趋势。上海对天津的内汇汇价明显的季节趋势变动如图 14.2 所示。

YLHD 表示银两汇兑走势,YYHD 表示银元汇兑走势。由图 14.2 可以明显看到,7—9 月银两汇价波动最大;11 月至次年 1 月,银两汇价处于比较高的数值。银元汇兑波动幅度最大的月份为 5 月,10 月至次年 1 月则为银元汇价较高点。每年 7—9 月为农产品上市、内地用银之际,上海现银纷纷流入内地,此时上海对内地汇价起伏较大。年终岁首又为各地结账期,内地现银流入上海,上海对内地汇价此时处于较高数值点。金融季节是影响汇价的一个重要因素,汇价的季节趋势不可避免。下文以 1926—1932 年上海对天津、汉口的银两、银元年度内汇平均值,分析 7 年间上海对津、汉两埠内汇价格的总体趋势。

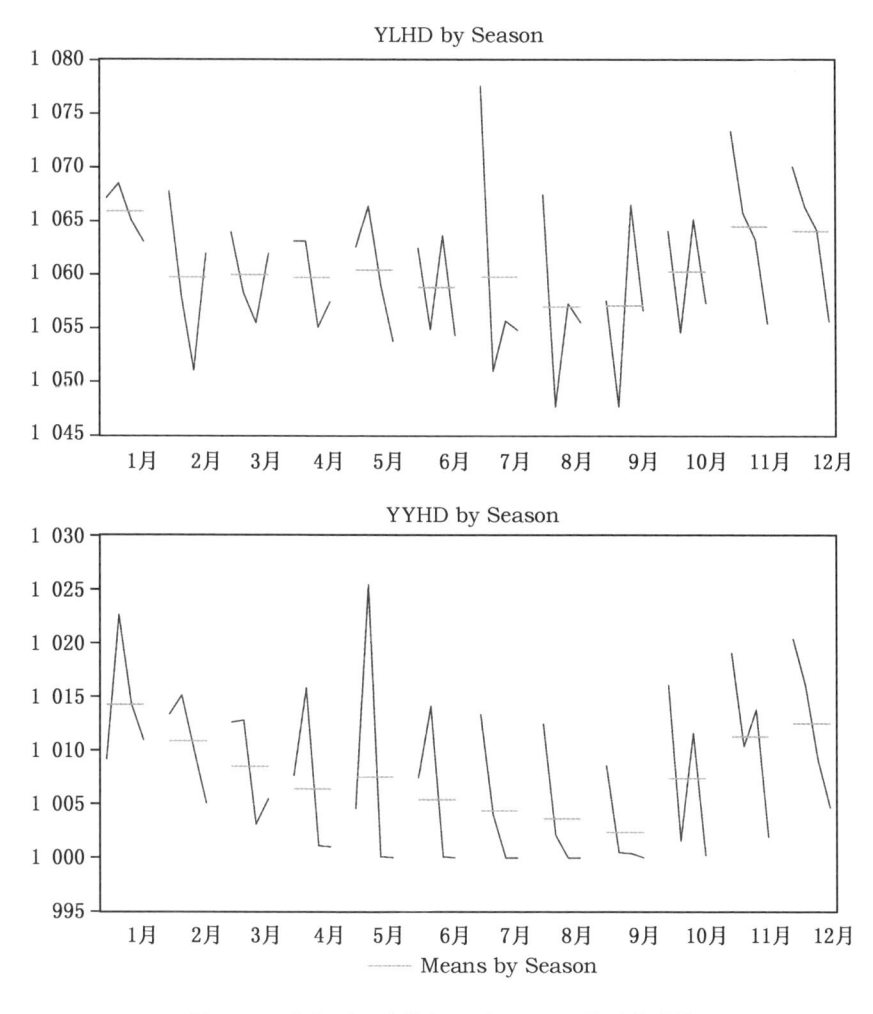

第十四章 金融市场的融合与联动　　457

图 14.2　上海对天津的银两、银元汇兑的季节趋势

　　1926—1932 年 7 年间,上海对天津银两汇兑(规元兑行化)的年度平均市价数值稳定在 1 055～1 060 之间,1927 年飙升到 1 066 左右,1931 年跌落至 1 052。7 年间,上海规元对汉口洋例的汇价基本稳定在 1 025～1 030 之间,仅 1926 年的数值为 1 033。1926—1930 年间,上海对汉埠和津埠的银两汇兑呈现一高一低状态,基本为负相关,但 1931 年两埠汇价同时走低,1932 年行化银汇兑开始升高,而汉埠洋例银汇兑呈平稳状态。

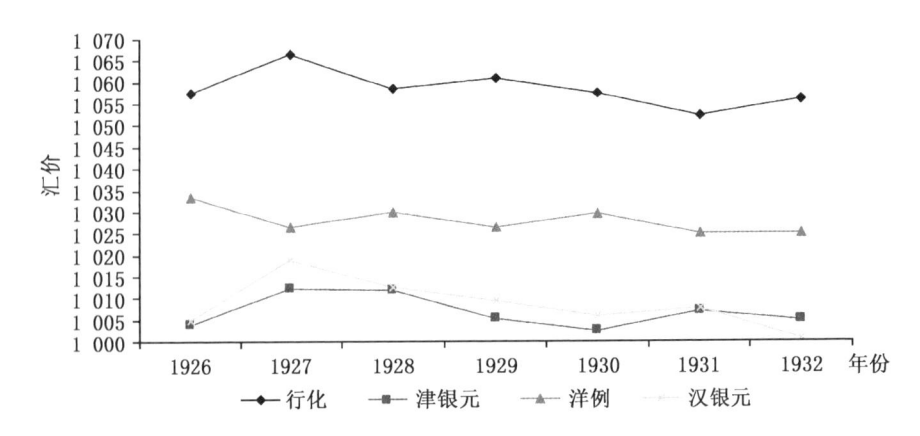

图 14.3　1926—1932 年上海对天津、汉口内汇平均市价走势图

相较于上海对天津、汉口银两汇价的近乎平行运行,上海对两地之间的银元汇价则呈现相交状态,但二者总体走势相同。1928年、1931年两个年份,上海对津、汉两埠银元年度汇兑均值近乎相等,出现相交状态。1931年前,汉埠银元汇价高于津埠,但1932年汉埠银元汇价低于津埠。

由1926—1932年上海对天津、汉口汇兑趋势而言,上海对天津的银两汇兑和银元汇兑走势总体呈稳定状态,没有大的意外波动。因为法币改革之前,特别是废两改元之前,内汇市场虽然有一定的投机行为,但汇价的变动主要基于埠际贸易的繁盛和金融市场银根松紧而定。基于正常商品贸易流通下的金融流动决定了内汇长期趋势的稳定性,而这一特性也是内汇区别于外汇之所在。

沪埠对津、汉两埠的汇价波动,既受津、汉两埠与上海间埠际贸易繁盛程度和津、汉两地洋厘等因素的影响,也受上海金融市场银根松紧和洋厘大小的影响。作为上海内汇市场中汇价的重要组成部分,从长期趋势看,同时期上海对天津的银两汇兑与上海对汉口的银两汇兑,上海对天津的银元汇兑与上海对汉口的银元汇兑之间是否存在着一定的关联度,即上海内汇市场的汉汇价是否影响津汇价的变动?内汇价格作为一地金融市场中重要的金融产品信息,其信息的传递和关联度往往比商品流通更为敏锐。下文将首先对其进行相关性分析,以求证沪埠对津埠、汉埠汇价

第十四章 金融市场的融合与联动

之间的联动关系。

(二)上海对汉口银两汇价与上海对天津银两汇价

由图 14.4 可知,上海对汉口银两和上海对天津银两的月度汇价数据相互之间的距离变化较大。

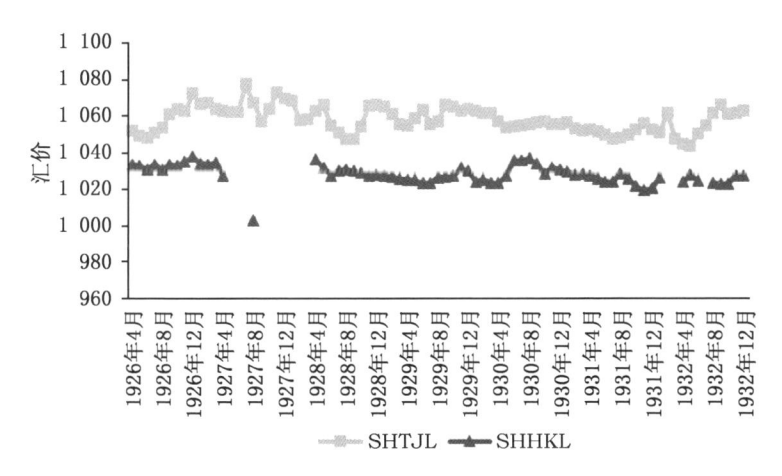

图 14.4 上海对汉口银两和上海对天津银两的月度汇价走势图

进行相关性分析之前,需要对相关数据进行单位根检验。1926—1932 年,上海对汉口的银两内汇月度数据进行单位根检验后,显示这一数据为平稳序列。同时,上海对天津的银两内汇月度数据也为平稳序列。对二者进行格兰杰因果检验,得知滞后 3 阶 SHHKL(上海对汉口银两汇价)是 SHTJL(上海对天津银两汇价)的格兰杰原因,即 3 个月前的上海对汉口银两汇价影响当月上海对天津银两汇价。

表 14.2　　　　　　　　　　滞后 3 阶的格兰杰检验

```
Pairwise Granger Causality Tests
Date: 04/19/13   Time: 18:35
Sample: 1 69
Lags: 3
```

Null Hypothesis:	Obs	F-Statistic	Prob.
SHHKL does not Granger Cause SHTJL	65	2.79064	0.0484
SHTJL does not Granger Cause SHHKL		0.20047	0.8956

由上述分析得知,沪埠对津埠的银两汇价和沪埠对汉埠的银两汇价的长期趋势呈相反状态,津埠银两汇价增高往往意味着汉埠银两汇价走低,3个月前的汉口汇价往往会影响当期天津的汇价。

(三)上海对汉口银元汇价与上海对天津银元汇价

下面再对上海对汉口的银元汇价和上海对天津的银元汇价进行相关性分析。

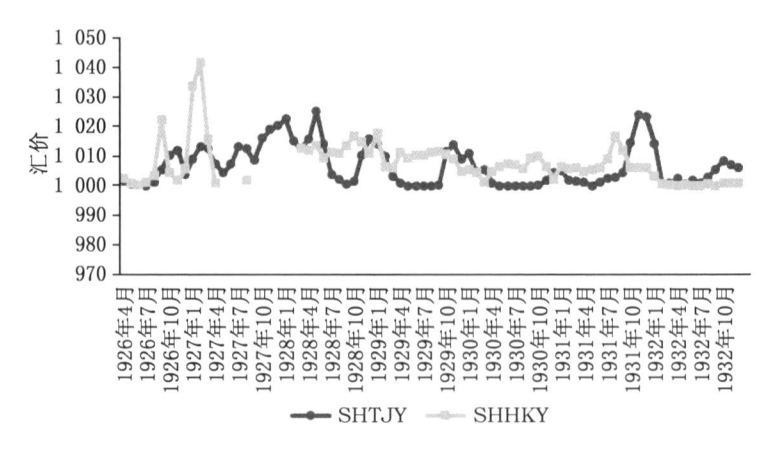

图14.5 上海对汉口银元与上海对天津银元月度走势图

图14.5显示,二者相互之间距离时正时负,二者之间有某种关系,可以看看是否存在协整关系并进行格兰杰因果检验。对两组数据进行单位根检验,得上海对汉口银元和上海对天津银元皆为平稳序列。二者之间的格兰杰分析结果如表14.3所示。

表14.3　　　　　　　　　　HKY 和 TJY 格兰杰分析

原假设	$K=1$	$K=2$	$K=3$	$K=4$	$K=5$	$K=7$	$K=9$	$K=10$
HKY 不是 TJY 的格兰杰原因	0.087 4	0.586 4	0.364 9	0.018 7	0.050 8	0.055 5	0.091 2	0.247 4
TJY 不是 HKY 的格兰杰原因	0.290 0	0.800 0	0.859 6	0.737 6	0.826 4	0.995 0	0.967 7	0.090 2

HKY（上海对汉口的银元汇价）和 TJY（上海对天津的银元汇价）的以上结果中,概率值小于 0.05 时,表明推翻原假设,其余都接受原假设。故 HKY(-4)对于 TJY 回归具有显著性,即滞后四阶;也就是说,4 个月前的上海对汉口银元汇价对于上海对天津银元汇价有影响。

综上所述,上海内汇市场中所公布的对津、汉两地银两和银元汇价之间有着某种相关关系,即 3 个月前的上海对汉口银两汇价影响当月上海对天津银两汇价,4 个月前的上海对汉口银元汇价高低亦可以直接影响当月天津银元的汇价变动。

第二节　口岸之间的金融联系:内汇指数

金融产品信息是直观反映一地金融市场松紧状况以及本埠金融与外埠金融关系的指标。上海的金融统计包括上海外汇指数、标金大条比价、洋厘银拆比价、小洋铜元比价四种。前二者用以观察上海金融对外之关系,后二者用以观察本埠金融局部之变迁。另外的内汇指数作为内汇价格变迁的综合衡量指标,用于观察本埠金融与他埠金融之关系。上海市社会局依据 1923—1928 年上海内汇市场平、津、汉三种主要汇价的每日数据以及每月 6 日、16 日、26 日的平均数,以两地间的银两基价为计算标准,运用简单的算术平均法计算上海内汇指数。

一、未除季节指数之平汇、津汇、汉汇

表 14.4　　　　　上海平汇、津汇、汉汇未除季节指数之比价

指数 年月	平汇(PH) 基价=1 045	津汇(JH) 基价=1 053	汉汇(HH) 基价=1 024.6
1923 年 1 月	100.8	100.8	101.1
1923 年 2 月	100.9	100.9	100.8
1923 年 3 月	101.0	101.0	101.0
1923 年 4 月	101.1	101.0	100.9

续表

指数＼年月	平汇(PH) 基价=1 045	津汇(JH) 基价=1 053	汉汇(HH) 基价=1 024.6
1923年5月	100.9	100.9	100.7
1923年6月	100.5	100.5	100.8
1923年7月	100.2	100.2	100.9
1923年8月	100.3	100.3	100.7
1923年9月	100.6	100.6	100.7
1923年10月	100.7	100.7	100.5
1923年11月	100.3	100.3	100.0
1923年12月	100.3	100.3	100.8
1924年1月	101.2	101.2	101.2
1924年2月	100.6	100.6	100.9
1924年3月	99.8	99.8	100.5
1924年4月	99.9	99.9	100.3
1924年5月	100.0	100.0	100.2
1924年6月	99.5	99.5	99.8
1924年7月	99.5	99.5	100.1
1924年8月	99.9	99.9	99.7
1924年9月	101.3	101.3	101.3
1924年10月	100.6	100.6	100.9
1924年11月	100.9	100.9	101.1
1924年12月	100.9	100.9	101.1
1925年1月	100.8	100.8	100.9
1925年2月	100.7	100.7	100.7
1925年3月	100.8	100.8	100.6
1925年4月	100.7	100.7	100.5
1925年5月	100.9	100.9	100.4
1925年6月	100.8	100.8	100.8

续表

指数\年月	平汇(PH) 基价=1 045	津汇(JH) 基价=1 053	汉汇(HH) 基价=1 024.6
1925 年 7 月	100.1	100.1	100.4
1925 年 8 月	100.2	100.2	101.1
1925 年 9 月	100.3	100.3	101.2
1925 年 10 月	100.5	100.5	101.1
1925 年 11 月	100.5	100.5	101.4
1925 年 12 月	100.6	100.6	100.9
1926 年 1 月	100.2	100.2	100.4
1926 年 2 月	100.3	100.3	100.9
1926 年 3 月	100.1	100.1	101.1
1926 年 4 月	99.9	99.9	100.8
1926 年 5 月	99.7	99.7	100.8
1926 年 6 月	99.6	99.6	100.6
1926 年 7 月	99.8	99.8	100.7
1926 年 8 月	100.1	100.1	100.6
1926 年 9 月	100.8	100.8	100.9
1926 年 10 月	101.0	101.0	100.8
1926 年 11 月	100.9	100.9	101.0
1926 年 12 月	101.7	101.7	101.3
1927 年 1 月	101.3	101.3	100.9
1927 年 2 月	101.1	101.1	100.8
1927 年 3 月	101.0	101.0	100.8
1927 年 4 月	101.0	101.0	99.6
1927 年 5 月	100.8	100.7	—
1927 年 6 月	100.8	100.8	—
1927 年 7 月	102.4*	102.4	—
1927 年 8 月	101.3	101.3	—

续表

指数 年月	平汇(PH) 基价=1 045	津汇(JH) 基价=1 053	汉汇(HH) 基价=1 024.6
1927年9月	100.4	100.4	—
1927年10月	101.0	101.0	—
1927年11月	101.9*	101.9	—
1927年12月	101.6	101.6	—
1928年1月	101.4	101.4	—
1928年2月	100.5	100.5	—
1928年3月	100.5	100.5	—
1928年4月	100.9	100.9	101.1
1928年5月	100.2	101.3	100.7
1928年6月	100.1	100.2	100.3
1928年7月	99.8	99.8	100.5
1928年8月	99.5	99.5	100.6
1928年9月	99.5	99.5	100.1
1928年10月	100.1	100.2	100.4
1928年11月	101.2	101.2	100.3
1928年12月	101.2	101.0	100.5

注：汉汇自1927年5月至1928年3月因武汉集中现金，金融大乱，洋例削减，故无汇价。平汇自1927年7月至11月的汇兑指数较高，因1927年7—11月，国民政府禁止现银出口，故汇价较高。

资料来源：《上海国内汇兑指数》，《社会月刊》，1929年第1卷第3期，第1—10页。

(一)单位根检验

格兰杰因果关系分析首先要求对各个变量进行单位根检验平稳性，以避免因变化趋势而导致的伪回归。故对未剔除季节指数的三个序列进行单位根检验，得知汉汇、津汇、平汇都是平稳序列，三者之间可能存在一定的相关关系。

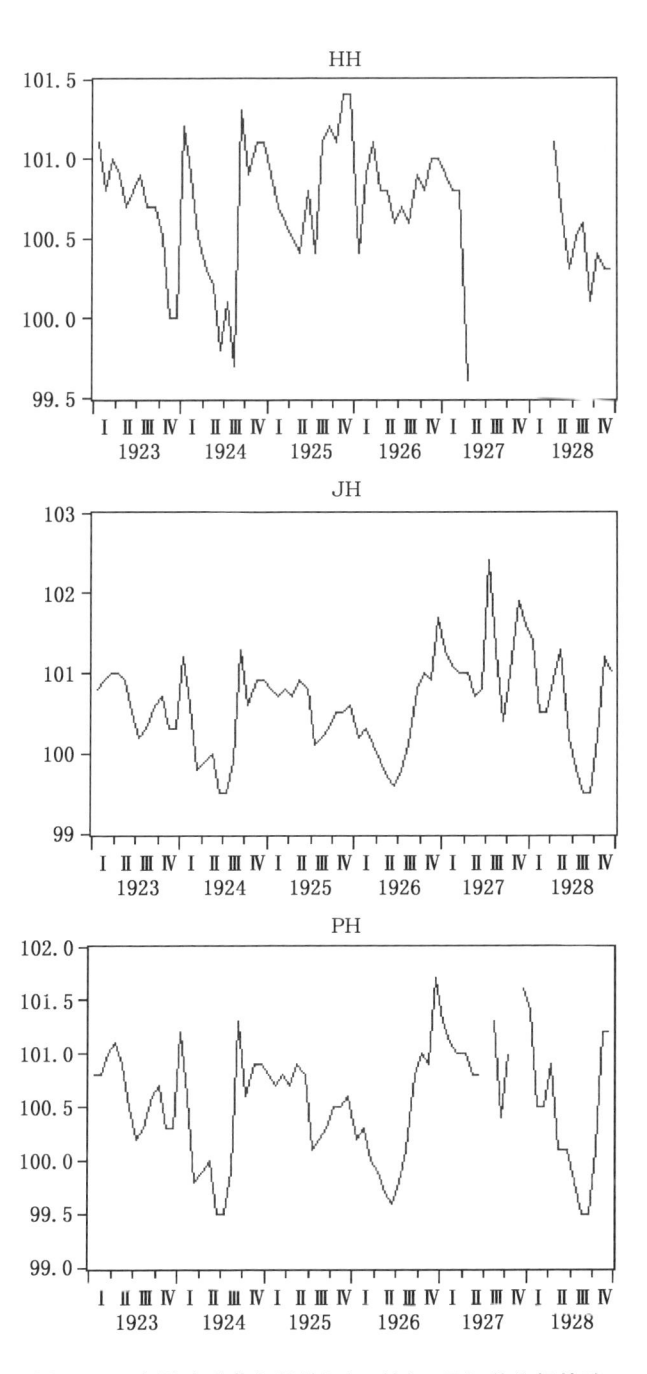

图 14.6　未剔除季节指数的汉汇、津汇、平汇单位根检验

(二)格兰杰因果检验

表 14.5　　　　　　　　滞后一阶的格兰杰因果关系分析

```
Pairwise Granger Causality Tests
Date: 04/13/13   Time: 15:00
Sample: 1923M01 1928M12
Lags: 1

Null Hypothesis:                        Obs    F-Statistic    Prob.

JH does not Granger Cause HH            59     0.00598        0.9387
HH does not Granger Cause JH                   2.38263        0.1283

PH does not Granger Cause HH            59     0.17124        0.6806
HH does not Granger Cause PH                   5.63895        0.0210

PH does not Granger Cause JH            67     4.17679        0.0451
JH does not Granger Cause PH                   0.05832        0.8099
```

由表 14.5 可知，画圈的地方概率值小于 0.05，说明推翻原假设，即滞后 1 期以后，汉汇是平汇的格兰杰原因；平汇是津汇的格兰杰原因。即 1 个月前的汉汇指数影响本月津汇指数，1 个月后的平汇指数影响当月津汇指数。格兰杰检验证明三者之间的一种相关分析，仅仅说明两个变量有联系，具体是什么联系，还需要考察。

(三)回归分析

表 14.6　　　　　　　　JH(津汇)和 PH(平汇)的简单回归

```
Dependent Variable: JH
Method: Least Squares
Date: 04/19/13   Time: 18:16
Sample: 1923M01 1928M12
Included observations: 70

Variable         Coefficient   Std. Error   t-Statistic   Prob.

PH               1.000169      0.000176     5668.891      0.0000

R-squared              0.924594    Mean dependent var    100.5543
Adjusted R-squared     0.924594    S.D. dependent var      0.540447
S.E. of regression     0.148408    Akaike info criterion  -0.963521
Sum squared resid      1.519720    Schwarz criterion      -0.931400
Log likelihood        34.72323     Hannan-Quinn criter.   -0.950762
Durbin-Watson stat     1.896871
```

简单回归后,所得结果为:

$$JH = 1.000 \times PH + u(t)$$
$$(5\,668.891)$$

其中,括号中数字为 t 值,系数值通过 t 检验,即二者之间的回归关系存在。由表 14.5 中格兰杰检验得知,1 个月前的平汇指数影响当月津汇指数。从表 14.6 中的回归结果得,平汇指数对对应的津汇指数的影响近乎 100%,二者密切相关。

表 14.7　　　　　　PH(平汇)和 HH(汉汇)之间的回归分析

```
Dependent Variable: PH
Method: Least Squares
Date: 04/19/13   Time: 18:43
Sample: 1923M01 1928M12
Included observations: 61
```

Variable	Coefficient	Std. Error	t-Statistic	Prob.
C	46.55184	15.96297	2.916239	0.0050
HH	0.535623	0.158545	3.378376	0.0013

R-squared	0.162092	Mean dependent var		100.4803
Adjusted R-squared	0.147890	S.D. dependent var		0.537221
S.E. of regression	0.495908	Akaike info criterion		1.467384
Sum squared resid	14.50955	Schwarz criterion		1.536593
Log likelihood	-42.75522	Hannan-Quinn criter.		1.494508
F-statistic	11.41342	Durbin-Watson stat		0.504160
Prob(F-statistic)	0.001297			

简单回归后,所得结果为:

$$PH = 46.551\,8 + 0.535\,6 \times HH + u(t)$$
$$(2.916\,2)\,(3.378\,4)$$

其中,括号中数字为 t 值,系数值通过 t 检验,回归结果,回归关系成立。

因汉汇是平汇的格兰杰原因,由以上回归分析得知,1 个月前的汉汇指数对当月平汇指数的影响程度较大。

二、已除季节指数之平汇、津汇、汉汇

相较于外汇,国内汇价变动较小,但季节影响较为明显。计算国内汇兑季节指数的方法是将同月汇价罗列在一起,取其中数,就所得中数平均,计算其百分比率,即得季节指数。按此方法计算的津汇和汉汇季节指数如表 14.8 所示。

表 14.8　　　　　　　　　　津汇、汉汇季节指数

月份	津汇	汉汇	总指数
1 月	100.40	100.02	100.44
2 月	100.00	100.02	100.09
3 月	100.00	100.02	100.00
4 月	100.20	100.02	100.00
5 月	100.20	100.00	100.09
6 月	99.70	99.83	99.79
7 月	99.30	99.73	99.55
8 月	99.50	99.83	99.75
9 月	100.10	100.12	100.00
10 月	100.00	100.02	100.09
11 月	100.30	100.22	100.29
12 月	100.40	100.12	100.29
全年平均	100.00	100.00	100.00

资料来源:《上海国内汇兑指数》,《社会月刊》,1929 年第 1 卷第 3 期,第 1~10 页。

上列三种季节指数趋势相同,即 11 月至次年 1 月这 3 个月最高,而 6—8 月这 3 个月最低,前者为接近旧历年关,而后者为长夏清闲时节。

表 14.9　　　　　　上海平汇、津汇、汉汇已除季节指数之比价

指数 年月	平汇(PH) 基价=1 045	津汇(JH) 基价=1 053	汉汇(HH) 基价=1 024.6
1923 年 1 月	100.4	100.4	101.0

续表

指数 年月	平汇(PH) 基价＝1 045	津汇(JH) 基价＝1 053	汉汇(HH) 基价＝1 024.6
1923年2月	100.9	100.9	100.8
1923年3月	101.0	101.0	101.0
1923年4月	100.9	100.9	100.9
1923年5月	100.7	100.7	100.7
1923年6月	100.8	100.8	100.9
1923年7月	100.9	100.9	101.2
1923年8月	100.8	100.8	100.9
1923年9月	100.5	100.5	100.6
1923年10月	100.7	100.5	100.5
1923年11月	100.0	100.0	99.8
1923年12月	99.9	99.9	100.7
1924年1月	100.8	100.8	101.1
1924年2月	100.6	100.6	100.9
1924年3月	99.8	99.8	100.5
1924年4月	99.7	99.7	100.3
1924年5月	99.8	99.8	100.2
1924年6月	99.8	99.8	99.9
1924年7月	100.2	100.2	100.4
1924年8月	100.4	100.4	99.9
1924年9月	101.2	101.2	101.2
1924年10月	100.6	100.6	100.9
1924年11月	100.6	100.0	100.9
1924年12月	100.5	100.5	101.0
1925年1月	100.4	100.4	100.8
1925年2月	100.7	100.7	100.7
1925年3月	100.8	100.8	100.6

续表

指数 年月	平汇(PH) 基价＝1 045	津汇(JH) 基价＝1 053	汉汇(HH) 基价＝1 024.6
1925 年 4 月	100.5	100.5	100.5
1925 年 5 月	100.7	100.7	100.4
1925 年 6 月	101.1	101.1	100.9
1925 年 7 月	100.8	100.8	100.7
1925 年 8 月	100.7	100.7	101.3
1925 年 9 月	100.2	100.2	101.1
1925 年 10 月	100.5	100.5	101.1
1925 年 11 月	100.2	100.2	101.2
1925 年 12 月	100.2	100.2	100.8
1926 年 1 月	99.8	99.8	100.3
1926 年 2 月	100.3	100.3	100.9
1926 年 3 月	100.1	100.1	101.1
1926 年 4 月	99.7	99.7	100.8
1926 年 5 月	99.5	99.5	100.8
1926 年 6 月	99.9	99.9	100.8
1926 年 7 月	100.5	100.5	100.9
1926 年 8 月	100.6	100.6	101.8
1926 年 9 月	100.6	100.6	100.8
1926 年 10 月	101.0	101.0	100.8
1926 年 11 月	100.6	100.6	100.8
1926 年 12 月	101.3	101.3	101.2

资料来源：《上海国内汇兑指数》，《社会月刊》，1929 年第 1 卷第 3 期，第 1～10 页。

经过对剔除季节指数后的汉汇、津汇、平汇进行单位根检验，得知汉汇、津汇是平稳序列，平汇勉强平稳，5％的置信水平下概率为 0.497。一般而言，需要更多数据或者再进行其他分析；10％置信水平下，可以认为平稳了。对这 3 组数据的 6 对关系进行格兰杰分析后，全部接受原假设，即 6 对关系皆不存在因果关系。格兰杰因果检验分析的是滞后期的影响。上海内汇市场的平汇、津汇、汉汇指数在剔除季节指数之后，彼此之间的滞后关系没有影响。但从当期之间的影响看，平汇指数和津汇指数基本一致，故可试做二者之间的当期回归关系。

（一）JH 和 PH

JH 代表津汇指数，PH 代表平汇指数。下文将对二者之间的回归关系进行分析。

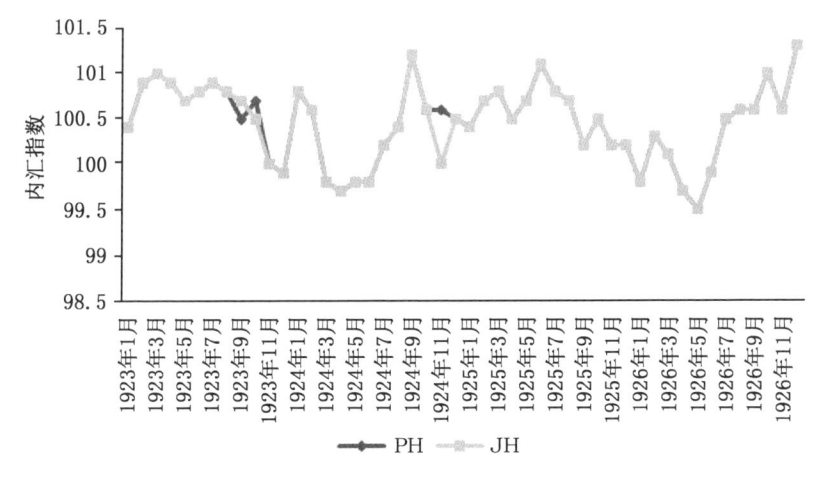

图 14.7　JH 和 PH 走势图

由图 14.7 可知，天津、北平内汇完全同质化，二者之间除几个数据不一样外，常态下都是一样的。它们之间应该存在着平稳的线性关系，故对二者进行简单回归分析以检验其长期均衡关系。

表 14.10　　　　　　　　　JH 和 PH 的回归关系

```
Dependent Variable: JH
Method: Least Squares
Date: 04/19/13   Time: 18:19
Sample: 1923M01 1926M12
Included observations: 48

Variable        Coefficient   Std. Error    t-Statistic   Prob.
PH              0.999834      0.000130      7672.927      0.0000

R-squared            0.957228   Mean dependent var    100.4458
Adjusted R-squared   0.957228   S.D. dependent var    0.438546
S.E. of regression   0.090698   Akaike info criterion -1.941961
Sum squared resid    0.386624   Schwarz criterion     -1.902977
Log likelihood       47.60705   Hannan-Quinn criter.  -1.927229
Durbin-Watson stat   2.068989
```

简单回归分析,可得:

$$JH = 0.9998 \times PH + u(t)$$
$$(7\ 672.927)$$

其中,括号中数字为 t 值,系数值通过 t 检验,即回归显著。为稳妥起见,再做一个稳定性检验。

表 14.11　　　　　　　　JH 和 PH 回归结果的稳健性检验

```
Wald Test:
Equation: EQ01

Test Statistic    Value       df          Probability
t-statistic       7672.927    47          0.0000
F-statistic       58873816    (1, 47)     0.0000
Chi-square        58873816    1           0.0000

Null Hypothesis: C(1)=0
Null Hypothesis Summary:

Normalized Restriction (= 0)      Value       Std. Err.
C(1)                              0.999834    0.000130

Restrictions are linear in coefficients.
```

表 14.11 的检验结果显示,系数通过检验,所有概率小于 0.05,说明回归系数值存在显著性,上述回归结果可信。

故可得出平汇和津汇的长期关系为:PH=0.999JH。这说明平汇受到津汇的影响很大,二者完全同质化,它们属于共同的区域市场。

(二)HH 与 JH,HH 与 PH

再对 HH(汉汇指数)与 JH(津汇指数),以及 HH(汉汇指数)与 PH(平汇指数)之间的关系进行回归,看它们之间的影响关系有多大。

表 14.12　　　　　　　　　HH 和 JH 的回归关系

```
Dependent Variable: HH
Method: Least Squares
Date: 04/19/13   Time: 17:43
Sample: 1923M01 1926M12
Included observations: 48

Variable         Coefficient   Std. Error   t-Statistic   Prob.
C                65.28142      11.77973     5.541845      0.0000
JH               0.353277      0.117273     3.012428      0.0042

R-squared              0.164771    Mean dependent var    100.7667
Adjusted R-squared     0.146614    S.D. dependent var      0.381672
S.E. of regression     0.352585    Akaike info criterion   0.793722
Sum squared resid      5.718534    Schwarz criterion       0.871689
Log likelihood        -17.04933    Hannan-Quinn criter.    0.823186
F-statistic            9.074720    Durbin-Watson stat      1.301469
Prob(F-statistic)      0.004203
```

简单回归后的结果为:
$$HH=65.281\ 4+0.353\ 3\times JH+u(t)$$
$$(5.541\ 8)\quad(3.012\ 4)$$

其中,括号中数字为 t 值,系数值通过 t 检验,回归关系显著。

表 14.13　　　　　　　　　PH 和 HH 之间的回归分析

```
Dependent Variable: PH
Method: Least Squares
Date: 04/19/13   Time: 18:58
Sample: 1923M01 1926M12
Included observations: 48

Variable         Coefficient   Std. Error    t-Statistic   Prob.
C                53.07175      15.44409      3.436379      0.0013
HH               0.470302      0.153265      3.068558      0.0036

R-squared            0.169916   Mean dependent var      100.4625
Adjusted R-squared   0.151870   S.D. dependent var        0.435463
S.E. of regression   0.401035   Akaike info criterion     1.051236
Sum squared resid    7.398128   Schwarz criterion         1.129203
Log likelihood     -23.22967    Hannan-Quinn criter.      1.080700
F-statistic          9.416045   Durbin-Watson stat        0.704013
Prob(F-statistic)    0.003600
```

简单回归后的结果为：

$$PH = 53.0718 + 0.4703 \times HH + u(t)$$
$$(3.4364) \quad (3.0686)$$

其中，括号中数字为 t 值，系数值通过 t 检验。

以上两个方程系数都通过检验，但是方程解释力有限。即汉汇指数对平汇指数、津汇指数对汉汇指数的变化的解释力较弱，因果关系可认为不存在。即剔除季节影响后，从长期来看，津汇与平汇之间同质化。汉汇与津汇、平汇间指数变化的因果解释力较弱。

第三节　本章小结

通过上海内汇市场平汇、津汇、汉汇三个内汇指数之间的格兰杰分析，可知上海对北平、天津、汉口三地的国内汇兑指数有一定的关联度。在剔除季节指数之前，平汇、津汇、汉汇价格之间可以互相影响，它们之间的关系随着金融季节变动而变动；即 1 个月前的汉汇指数影响本月津汇指数,1个月后的平汇指数影响当月津汇指数。剔除季节指数以后的平汇和津汇近乎趋同,平汇、津汇、汉汇之间都没有相关关系。平汇和津汇的长期关系为:PH=0.999JH。这说明了平汇受到津汇影响很大,二者完全同质化,它们属于共同的区域市场。通过内汇指数所关联的华北区域内部北京和天津之间的金融市场具有高度的一致性,或者说,整合程度较高。

同时,上海内汇市场中所公布的对津、汉两地银两和银元汇价之间有着某种相关关系,即3个月前的上海对汉口银两汇价影响当月上海对天津银两汇价,4个月前的上海汉口银元汇价高低亦可以直接影响当月天津银元的汇价变动。

综上所述,到20世纪二三十年代上海成为全国的金融中心,汉口、天津等商埠成为各自的区域金融中心后,它们彼此之间形成一定程度的金融关联。一个区域中心金融信息的变化,往往会带动相关区域中心金融行市的变化。上海、天津、汉口等区域中心通过内汇市场相连接而实现金融信息的传递,很大程度上实现了金融市场的整合。同时,区域内部如京、津二地通过内汇指数所关联的金融市场具有高度的一致性,或者整合程度较高。

但是,近代中国各地之间通用货币的使用呈现明显的地域化特征,又体现了明显的市场分割性。货币市场的分割性和因汇兑而产生的区域中心之间的关联性与融合性并存。但是,这种分割性更多地体现于区域和区域之间的差异性,在区域内部货币流通又具有一定的融合性,且随着银元逐渐替代银两成为主要通用货币之一,以及平砝的逐渐消失,区域内部的货币融合程度进一步加强。

第十五章

结 论

第一,近代我国在币制统一之前,各地币制紊乱,通用货币及通用平砝千奇百怪、参差不齐。各地之间的通用货币既有地域与地域之间的差异性,亦有地域内部的相同性。近代中国货币使用呈现明显的地域化特征。首先,各地虚拟银两大多不同,上海规元、汉口洋例、天津行化、营口过炉银等各不相同。其次,各地通用货币亦有地域差别。如中、交两行所发行的钞票分为不同的区域进行流通。广东、江南等地的鹰洋在北京、石家庄、张家口、保定等地概不通行,但江南、湖北、广东的北洋、站人、机器、造币以及大清银币等货币在南京皆可通用。

同一个地域内部既有差异性也有融合性。差异性体现为,同一区域各个商埠通用货币和通用平砝各不相同,且同一区域内属于通商口岸的商埠还流通外国银行钞票和外省银元,内陆腹地的商埠则较为封闭;融合性体现在,地域中心的部分货币可以在腹地流通,如上海各外省银行钞票可以在宁波等地流通。

从历史发展脉络分析,1915 年前后,各地通用货币中银两占到一定比例,但到 1925 年之后,银两已经逐步被银元所取代,多数成为虚拟存在,而鲜见实体银两。同时,通用平砝亦伴随着银两的消失而消失。随着银两和平砝的逐渐消失,各地货币本位亦由银两、平砝等转为银元或者虚拟银两本位。与之对应的是,国币在 1915 年前后处于逐步推广时期,而进入1925年之后则已经成为大部分地区的主要通行货币之一。另外一个明显变化在于，1915年前后，各地通行钞票以中、交两家银行钞票为主，到1925年前后，除中、交两家银行钞票外，亦有其他银行钞票通行。

近代中国各地之间通用货币的使用呈现明显的地域化特征，又体现了明显的市场分割性。但这种分割性更多地体现在区域和区域之间的差异性，区域内部的货币流通又具有一定的融合性，且随着银元逐渐替代银两成为主要通用货币之一，以及平砝的逐渐消失，区域内部的货币融合程度进一步加强。

第二，各埠通用货币千姿百态、通用平砝各有差异，货币兑换行市以及商业习惯的不同决定了汇算公式少有整齐划一的方法。难以划一的汇算方法在一定程度上钳制着国内大宗贸易的往来汇算和商业流通，对国内大一统的金融市场体系流通性的构建形成一定障碍。因汇兑换算公式中包含两地银元与银两行市、两地汇票行市、本地其他通货与通用平砝的换算行市等银根松紧、钱市行情及各种用银习惯，其体现各埠传统的货币兑换习惯及货币资金集中、调拨和换算、运转流通状况等金融信息。各埠间的通商汇算涉及通货、银平色差、平砝的换算及各地的商业习惯用法，决定了各地汇兑计算公式具有通货圈的地域特征。

异地之间的汇兑关系首先需要熟悉各地的通用货币、通用平砝以及各自的货币本位。两地之间的货币如果需要实现空间转移，须借助于汇兑的计算进行异地间货币的转移核算。各种通用货币在使用和流通过程中，需要经过货币兑换，即换算成通用平砝所表示的银两，才能参与国内各埠的直接和间接汇兑，实现商品和资金的流通。各重要商埠通用的货币、平砝及汇兑换算行市，成为国内汇兑中一项重要的程序。内汇业务的基础即为货币兑换业务，货币兑换体系使各种通用货币的流通能自然调节，以适应各层次实体经济的需要。

第三，汇兑的功效在于代替现金运送而使各地债权债务得以结算，从而避免了现金输送的不便及危险；同时，促进资金周转，便利商品流通和货物交易。汇兑的功效主要体现在：

一是抵消国内各地债权债务结算，便利两地款项收付的功能。国内汇兑主要是代替现金输送,由银行或钱庄等金融机关抵消异地间的债权债务关系,便利两地款项收付功能。钱庄、银行等汇兑机关所开发的汇票,在汇兑市场的自由买卖便利了债权债务双方的款项收付,减少了以货易货、当面清账或者用大量硬币、金银器皿或金银块支付的必要。汇票作为埠际贸易结算中代替金属货币流通且具有良好信用的票据交易工具,不仅便利了大宗商品的远距离贸易,也在一定限度内增加了货币的支付手段。上海钱庄或商号开具的申票,在市场上可以随时变现,作为调剂资金余缺的一种重要手段,故一定意义上申汇成为国内各大商埠之间经济交往的通用货币。商人利用汇票周转埠际贸易,已成为商业上通行的习惯。

二是促进资金周转,融通资金之功能。汇兑凭一纸汇票了结埠际间的债权债务,节约现金使用,促进资金周转。基于货物流通及贸易量增长而兴起的内汇业务,款项调拨为其主要功能之一。汇兑是否发达,与调拨款项是否灵敏成正比。汇兑对资金的融通功能主要表现在押汇业务方面。供货商在发出货物后,可先向金融机关抵押货物提单、发票、保险单等票据,以求现金周转。押汇类似于国际汇兑的"购买委托书",买卖双方不必互相认识、互相信任,仅凭国内押汇业务、贸易即成,是银行为商品交易提供的一种融资方式,有利于国内贸易的发展。

三是调剂余缺之功能。国内各地金融供求不均衡。若甲地资金过多,则筹码充斥而供过于求;若乙地资金过少,则筹码枯竭而求过于供。若欲调剂甲、乙两地之资金供需情况,使其平衡,则国内汇兑是其重要的工具和渠道。

四是伴随埠际贸易而产生的大量汇兑业务为商品的流通交易提供了便利。金融机构对埠际间资金的汇划和结算,使得洋货得以顺利流入内陆基层市场,而土产货物也可以集中于通商口岸。

五是内汇的发展促进国内市场的统一。商品的流通和交易常伴随并依赖于资金的融通。金融是市场经济发展、商品货物流通网络中最敏感的感知体。资金市场作为商品经济运行的"血液",与商品贸易流通有着息息相关的联系。只要有货物运输、商贸往来的商埠,即有债权债务关系

第十五章　结　论

的结算，就需要有内汇网络的支持。

第四，市场发展和商品经济的发展紧密相连、形影不离。商品流通和交易常伴随并依赖于资金的融通。内汇作为集汇兑、结算、信贷为一体的埠际资金调拨方式，是旧中国金融市场的重要组成部分。国内汇兑网络错综复杂，只要有货物运输、商贸往来的商埠，即有债权债务关系的结算。近代中国以上海内汇市场为中心，在天津、汉口、镇江、青岛等全国重要商埠皆有申汇市场。各地申汇市场通过申汇的买卖，将各地重要商埠与上海紧紧相连，彼此形成紧密的金融联系。

第五，本书通过对全国重要商埠的直接汇兑行市、直接通汇区域以及转汇中心等主要汇兑关系的梳理，大体描述和绘制了近代中国国内汇兑层级体系。即到20世纪二三十年代，近代中国形成以上海为中心的中心点，通过连接天津、汉口、镇江、杭州、香港等次级汇兑中心，并以这些次级汇兑中心为焦点，扩散和连接次级汇兑商埠及基层商埠，覆盖全国的层级性、立体型的一个五级的树状纵向结构。同时，国内汇兑是基于埠际商贸活动流通基础上的资金结算、汇兑形式，各个地方商埠彼此间的商品业务往来亦会带来汇兑关系的横向连接。汇兑体系的横纵向连接形成了全国复杂的汇兑网络。从宏观角度看，近代中国的区域金融圈表现明显，华北以天津为中心，长江中上游以汉口为中心，南京为长江下游地区的中心点。镇江、扬州为长三角的中心地带。也就是说，这一时期，空间距离极大地影响了全国的汇兑关系，长距离汇兑关系还较少；全国金融市场的联动性和传递性还是以区域为中心。

第六，到20世纪二三十年代，上海成为全国的金融中心，汉口、天津等商埠成为各自的区域金融中心后，它们彼此之间形成一定程度的金融关联。一个区域中心金融信息的变化，往往会带动相关区域中心金融行市的变化。上海、天津、汉口等区域中心通过内汇市场相连接而实现金融信息的传递，很大程度上实现了金融市场的整合。同时，区域内部，如京、津二地，通过内汇指数所关联的金融市场具有高度的一致性，或者整合程度较高。货币市场的分割性和因汇兑而产生的区域中心之间的关联性与融合性并存。

附 表

附表 A1　　　　　大清银行分行成立日期、所在地

行名	成立年月	所在地	行名	成立年月	所在地
北京总行	1905 年 8 月	北京	杭州分行	1909 年 2 月	杭州
天津分行	1905 年 9 月	天津	开封分行	1909 年 2 月	开封
上海分行	1905 年 10 月	上海	太原分行	1909 年闰 2 月	太原
汉口分行	1906 年 8 月	汉口	福州分行	1909 年 3 月	福州
济南分行	1906 年 12 月	济南	长春分行	1909 年 3 月	长春
张家口分行	1907 年 1 月	张家口	广州分行	1909 年 4 月	广州
奉天分行	1907 年 2 月	省城	芜湖分行	1909 年 9 月	芜湖
营口分行	1907 年 2 月	营口	长沙分行	1909 年 9 月	省城
库伦分行	1907 年 9 月	库伦	西安分行	1909 年 12 月	—
重庆分行	1908 年 3 月	重庆	云南分行	1909 年 12 月	省城
南昌分行	1908 年 11 月	南昌	江宁分行	1909 年 10 月	—

资料来源：周葆銮：《中华银行史》第 1 篇"中央银行"，中国台北文海出版社 1984 年版，第 22—23 页。

附表 A2　　　　　大清银行分号成立日期、所在地

分号	成立年月	隶属行名	分号	成立年月	隶属行名
保定分号	1907 年 4 月	北京总行	归化城分号	1909 年	太原分行
北京阜通南号	1905 年 10 月	北京总行	运城分号	1910 年 11 月	太原分行
北京阜通东号	1906 年 8 月	北京总行	九江分号	1909 年 1 月	南昌分行
张家口分号	1910 年 9 月	北京总行	温州分号	1909 年 4 月	杭州分行

续表

分号	成立年月	隶属行名	分号	成立年月	隶属行名
宜昌分号	1910年2月	汉口分行	宁波分号	1911年1月	杭州分行
沙市分号	—	汉口分行	周家口分号	1909年2月	开封分行
周村分号	—	济南分行	厦门分号	1909年8月	福州分行
烟台分号	1909年4月	济南分行	吉林分号	1909年10月	长春分行
青岛分号	1909年8月	济南分行	哈尔滨分号	1910年7月	长春分行
锦州分号	1907年4月	营口分行	香港分号	1909年6月	广州分行
大连分号		营口分行	安庆分号	1910年	芜湖分行
盖平分号	1909年1月	营口分行	汕头分号	1909年6月	广州分行
铁岭分号	1909年7月	营口分行	富庄分号	—	芜湖分行
安东分号	1907年5月	奉天分行	常德分号	1910年2月	长沙分行
乌里雅苏台分号	1908年5月	库伦分行	湘潭分号	1909年10月	长沙分行
成都分号	1908年7月	重庆分行	镇江分号	1911年4月	江宁分行
自流井分号	1910年2月	重庆分行	扬州分号	1911年6月	江宁分行
五通桥分号	1910年2月	重庆分行	—	—	—

资料来源：周葆銮：《中华银行史》第1篇"中央银行"，中国台北文海出版社1984年版，第24—26页。

附表A3　　　　1912—1917年中国银行分行一览表

名称	略名	所在地	开业日期	备注
北京分行	京行	北京	1914年9月1日	原系总行管理局改组
天津分行	津行	天津	1912年10月2日	—
上海分行	沪行	上海	1912年2月5日	—
汉口分行	汉行	汉口	1913年1月4日	—
南京分行	宁行	南京	1914年1月3日	—
湖南分行	湘行	长沙	1917年3月1日	原系长沙分号
山东分行	鲁行	济南	1913年4月15日	—
河南分行	汴行	开封	1913年4月1日	—

续表

名称	略名	所在地	开业日期	备注
东三省分行	东行	长春	1914年4月10日	原系长春分行
福建分行	闽行	福州南台	1914年1月5日	—
广东分行	粤行	广州	1914年6月1日	—
浙江分行	浙行	杭州	1913年9月15日	—
山西分行	晋行	太原	1913年7年1日	—
重庆分行	渝行	重庆	1915年1月18日	—
贵州分行	黔行	贵阳	1915年1月11日	—
陕西分行	秦行	西安	1915年3月1日	—
江西分行	赣行	南昌	1915年7月1日	原系南昌分号
归绥分行	归行	归化城	1915年7月1日	原系归绥分号
安徽分行	皖行	安庆	1915年9月1日	原系安庆分号
云南分行	滇行	云南	筹备中	—
库伦分行	库行	库伦	1917年7月1日	—

资料来源：周葆銮：《中华银行史》第1篇"中央银行"，中国台北文海出版社1984年版，第91—92页。

附表A4　　　　　　1913—1916年中国银行分号一览表

名称	略名	管辖行	所在地	开业年份	备注
张家口分号	口号	京行	张家口	1915	—
保定分号	保号	津行	保定	1914	—
宜昌分号	宜号	汉行	宜昌	1914	—
沙市分号	沙号	汉行	沙市	1916	—
苏州分号	苏号	宁行	苏州	1914	—
镇江分号	镇号	宁行	镇江	1913	—
扬州分号	扬号	宁行	扬州	1913	—
清江浦分号	浦号	宁行	清江浦	1914	—
无锡分号	锡号	宁行	无锡	1914	—

续表

名称	略名	管辖行	所在地	开业年份	备注
青岛分号	青号	鲁行	青岛	1913	—
烟台分号	烟号	鲁行	烟台	1913	—
滕县分号	滕号	鲁行	滕县	1914	—
济宁分号	济号	鲁行	济宁	1914	1918年前裁撤
周村分号	村号	鲁行	周村	1914	1918年裁撤
惠民分号	惠号	鲁行	惠民	1914	1918年裁撤
临沂分号	沂号	鲁行	临沂	1914	1918年裁撤
潍县分号	潍号	鲁行	潍县	1915	1918年撤销
临清分号	临号	鲁行	临清	1914	—
信阳分号	信号	汴行	信阳	1913	1918年裁撤
彰德分号	彰号	汴行	彰德	1913	1918年裁撤
漯河分号	漯号	汴行	漯河	1913	1918年裁撤
周口分号	周号	汴行	周口	1913	—
禹县分号	禹号	汴行	禹县	1915	1918年裁撤
许县分号	许号	汴行	许县	1915	—
南阳分号	阳号	汴行	南阳	1915	1918年停业
归德分号	德号	汴行	归德	1916	1918年停业
营口分号	营号	东行	营口	1914	—
奉天分号	奉号	东行	奉天	1913	—
吉林分号	吉号	东行	吉林	1913	—
黑龙江分号	江号	东行	黑龙江	1914	—
哈尔滨分号	滨号	东行	哈尔滨	1914	—
大连分号	连号	东行	大连	1913	—
安东分号	安号	东行	安东	1914	—
铁岭分号	岭号	东行	铁岭	1914	—
锦县分号	锦号	东行	锦县	1914	—
辽源分号	源号	东行	辽源	1915	—

续表

名称	略名	管辖行	所在地	开业年份	备注
新民分号	民号	东行	新民	1915	1918年改为汇兑所
洮南分号	洮号	东行	洮南	1916	—
黑河分号	河号	东行	黑河	1915	—
厦门分号	厦号	闽行	厦门	1915	—
江门分号	门号	粤行	江门	1915	1918年改为汇兑所
汕头分号	汕号	粤行	汕头	1914	—
琼州分号	琼号	粤行	琼州	1914	—
宁波分号	甬号	浙行	宁波	1914	—
绍兴分号	绍号	浙行	绍兴	1914	—
嘉兴分号	嘉号	浙行	嘉兴	1914	—
温州分号	温号	浙行	温州	1914	—
湖州分号	湖号	浙行	湖州	1914	—
兰溪分号	兰号	浙行	兰溪	1914	—
运城分号	运号	晋行	运城	1914	—
成都分号	成号	渝行	成都	1915	—
万县分号	万号	渝行	万县	1915	1915年由汇兑所改为分号
自流井分号	井号	渝行	自流井	1915	—
潼川分号	潼号	渝行	潼川	—	1918年停业,1919年归成都分号
三原分号	原号	秦行	三原	1915	1919年因战乱停止
九江分号	浔号	赣行	九江	1916	—
赣州分号	贡号	赣行	赣州	1916	—
包头镇分号	包号	归行	包头镇	1915	—
芜湖分号	芜号	皖行	芜湖	1914	—
大通分号	通号	皖行	大通	1916	1916年由汇兑所改为分号
蚌埠分号	蚌号	皖行	蚌埠	1916	1916年由汇兑所改为分号

资料来源:周葆銮:《中华银行史》第1篇"中央银行",中国台北文海出版社1984年版,第93—99页。

附表 A5　　　　　　　1914—1916 年中国银行汇兑所一览表

名称	略名	管辖行	所在地	开业年份	备 注
胜芳汇兑所	胜所	京行	胜芳	1914	—
霸县汇兑所	霸所	京行	霸县	1914	1919 年前停撤
芦台汇兑所	芦所	京行	芦台	1914	1919 年前停撤
涿县汇兑所	涿所	京行	涿县	1914	1919 年前停撤
密云汇兑所	密所	京行	密云	1914	1919 年前停撤
静海汇兑所	静所	京行	静海	1914	1919 年前停撤
通县汇兑所	通所	京行	通县	1915	—
邢台汇兑所	邢所	津行	顺德	1914	
滦县汇兑所	滦所	津行	滦县	1914	1919 年前停撤
唐山汇兑所	唐所	津行	唐山	1914	
沧县汇兑所	沧所	津行	沧县	1914	1919 年前停撤
祁县汇兑所	祁所	津行	祁县	1914	1919 年前停撤
泊头汇兑所	泊所	津行	泊头	1915	1919 年前停撤
石家庄汇兑所	石所	津行	石家庄	1915	1918 年裁撤
大名汇兑所	名所	津行	大名	1916	—
徐州汇兑所	徐所	宁行	徐州	1915	—
南通汇兑所	南所	宁行	南通县	1915	—
泰安汇兑所	泰所	鲁行	泰安	1915	1919 年前停撤
桑园汇兑所	桑所	鲁行	桑园	1915	1919 年前停撤
龙口汇兑所	龙所	鲁行	龙口	1915	1919 年前停撤
掖县汇兑所	掖所	鲁行	掖县	1915	1919 年前停撤
胶县汇兑所	胶所	鲁行	胶县	1915	1919 年前停撤
道口汇兑所	道所	汴行	道口	1915	1919 年前停撤
洛阳汇兑所	洛所	汴行	洛阳	1915	1919 年前停撤
榆关汇兑所	榆所	东行	直隶临榆	1915	1919 年前停撤
公主岭汇兑所	公所	东行	奉天公主岭	1915	—

续表

名称	略名	管辖行	所在地	开业年份	备注
西丰汇兑所	西所	东行	西丰	1915	—
呼兰汇兑所	呼所	东行	黑龙江呼兰	1915	—
留守营汇兑所	留所	东行	奉天留守营	1915	1919年前停撤
绥化汇兑所	化所	东行	黑龙江绥化	1915	—
巴彦汇兑所	彦所	东行	黑龙江巴彦	1915	1919年前停撤
宁古塔汇兑所	塔所	东行	吉林宁古塔	1915	—
海伦汇兑所	伦所	东行	黑龙江海伦	1916	—
兴城汇兑所	兴所	东行	奉天兴城	1916	1919年前停撤
庄河汇兑所	庄所	东行	庄河	1916	1919年前停撤
大孤山汇兑所	山所	东行	大孤山	1916	1919年前停撤
沟帮子汇兑所	帮所	东行	沟帮子	1916	1919年前停撤
辽阳汇兑所	辽所	东行	辽阳	1916	—
法库汇兑所	法所	东行	奉天法库	1916	1919年前停撤
扶余汇兑所	余所	东行	吉林扶余	1916	—
盖平汇兑所	盖所	东行	奉天盖平	1916	—
三都汇兑所	都所	闽行	福建三都	1915	1918年改为收税处
涵江汇兑所	涵所	闽行	涵江	1915	—
泉州汇兑所	泉所	闽行	泉州	1916	—
建瓯汇兑所	瓯所	闽行	建瓯	1915	1919年前停撤
延平汇兑所	延所	闽行	延平	1915	1919年前停撤
浦城汇兑所	城所	闽行	浦城	1915	1919年前停撤
漳州汇兑所	漳所	闽行	漳州	1916	—
韶州汇兑所	韶所	粤行	广东韶州	1915	—
南雄汇兑所	雄所	粤行	南雄	1915	1919年前停撤
北海汇兑所	北所	粤行	北海	1915	—
海门汇兑所	海所	浙行	浙江海门	1915	—
余姚汇兑所	姚所	浙行	余姚	1916	—

续表

名称	略名	管辖行	所在地	开业年份	备注
南浔镇汇兑所	浔所	浙行	南浔镇	—	—
鼊江汇兑所	鼊所	浙行	鼊江	—	—
新绛汇兑所	绛所	晋行	新绛	1915	—
大同汇兑所	同所	晋行	大同	1915	—
五通桥汇兑所	桥所	渝行	四川五通桥	1915	—
泸州汇兑所	泸所	渝行	泸州	1915	—
潼关汇兑所	关所	秦行	陕西潼关	1916	1919年前停撤
汉中汇兑所	中所	秦行	汉中	—	—
丰镇汇兑所	丰所	归行	察哈尔丰镇	1915	—
吉安汇兑所	陵所	赣行	江西吉安	1917	—
袁州汇兑所	袁所	赣行	袁州	—	—
景德镇汇兑所	浮所	赣行	景德镇	1916	—
庐州汇兑所	庐所	皖行	安徽庐州	1916	—
宣城汇兑所	宣所	皖行	宣城	1915	1919年前停撤
枞阳汇兑所	枞所	皖行	枞阳	1916	—
屯溪汇兑所	屯所	皖行	屯溪	1916	—
三河汇兑所	三所	皖行	三河	1916	1919年前停撤
乌衣汇兑所	衣所	皖行	乌衣	—	—
六安汇兑所	六所	皖行	六安	—	—
亳州汇兑所	亳所	皖行	亳州	1916	1919年前停撤

资料来源:周葆銮:《中华银行史》第1篇"中央银行",中国台北文海出版社1984年版,第100—106页。

附表 A6　　　　　　1925 年上海商业储蓄银行国内通汇一览表

地名		代理行名	解款限度	每千元贴费	转解行	余录
江苏省	苏州	本行	无限	不贴	—	
	常熟	交通银行	二千元	五角	苏行	
	太仓	太仓银行	无限	不贴	总行	
	松江	松江银行	无限	不贴	总行	
	无锡	本行	无限	不贴	—	
	宜兴	裕宜钱庄	无限	不贴	锡行	
	溧阳	瑞昌钱庄	无限	不贴	总行	
	江阴	丰泰源庄	无限	五角	锡行	茧市每千元贴一元
	常州	本行	无限	不贴	—	
	戚墅堰	本行	无限	不贴	常行	
	镇江	本行	无限	不贴	—	
	丹阳	立生钱庄	无限	七角	镇行	
	盐城	吉泰钱庄	无限	三元	镇行	
	兴化	吉泰钱庄	无限	二元五角	镇行	
	宝应	泰元钱庄	无限	三元	镇行	
	东台	裕顺钱庄	无限	三元	镇行	
	金坛	陈义泰庄	五千元	二元	镇行	
	高邮	同兴钱庄	无限	二元五角	镇行	
	淮城	鼎泰钱庄	无限	二元五角	镇行	轮不通时，另议贴费，惟至麦俏时，每千元贴五元
	泰州	熙记钱庄	无限	二元	镇行	
	张渚	信孚钱庄	一千元	五角	锡行	
	奔牛	乾泰丰庄	五千元	一元	常行	
	六合	和记钱庄	无限	一元五角	宁行	
	南京	本行	无限	不贴	—	
	姜堰	元泰钱庄	无限	四元	镇行	
	扬州	中国银行	无限	不贴	总行	照托价行发信日付账
	扬州	交通银行	无限	不贴	总行	
	南通	本行	无限	不贴	—	
	白蒲	福源钱庄	无限	不贴	通行	
	金沙	元成钱庄	无限	不贴	通行	
	如皋	裕和钱庄	无限	二元	通行	
	靖江	中国银行	无限	不贴	总行	
	西坝	—	无限	不贴	清中行	不能开汇票
	板浦	中国银行	五千元	三元	清中行	
	徐州	中国银行	无限	三元	总行	现俏时，贴费另议
	海门	淮海银行	—	—	总行	

续表

	地名	代理行名	解款限度	每千元贴费	转解行	余录
贵州省	贵阳	商务印书馆	一千元	不贴	总行	—
浙江省	杭州	本行	无限	不贴	—	—
	湖州	隆昶钱庄	无限	不贴	总行	—
	宁波	中国银行	无限	不贴	总行	—
	嘉兴	中国银行	无限	千元以内不贴,千元外随市	总行	
	余姚	中国银行	无限	千元以内不贴,千元外随市	总行	—
	绍兴	中国银行	无限	千元以内不贴,千元外随市	总行	—
	温州	中国银行	无限	千元以内不贴,千元外随市	总行	—
	兰溪	浙江地方银行	无限	千元以内不贴,千元外随市	总行	—
	海门	浙江地方银行	无限	千元以内不贴,千元外随市	总行	—
	硖石	裕通钱庄	无限	不贴	总行	—
	嘉善	—	无限	千元以内不贴,千元外随市	总行	不能开汇票
江西省	九江	交通银行	无限	不贴	总行	贴费及限度,临时磋商
	九江	中国银行	无限	三元	总行	贴费及限度,临时磋商
	南昌	义昌厚庄	无限	不贴	总行	贴费及限度,临时磋商
	赣州	—	—	—	南昌义昌厚	贴费及限度,临时磋商
	景德镇	—	—	—	南昌义昌厚	贴费及限度,临时磋商
	吉安	—	—	—	南昌义昌厚	贴费及限度,临时磋商
	饶州	—	—	—	南昌义昌厚	贴费及限度,临时磋商
	抚州	—	—	—	南昌义昌厚	贴费及限度,临时磋商
	河口	厚大庄	—	—	总行	解茧洋贴费及限度,临时磋商
	乐平	—	—	—	南昌义昌厚	—
	樟树镇	德生钱庄	—	—	总行	—

续表

地名		代理行名	解款限度	每千元贴费	转解行	余录
云南省	昆明	富滇银行	无限	随市	总行	—
	蒙自	富滇银行	无限	随市	总行	—
安徽省	芜湖	中国银行	无限	不贴	总行	芜厘超过申厘三厘,每千元贴四元
	芜湖	久余钱庄	无限	不贴	总行	现时,随市计贴费
	安庆	中国银行	无限	二元	芜中行	—
	安庆	农工银行	无限	不贴	总行	—
	安庆	恒大钱庄	无限	二元起码	芜久余庄	
	大通	中国银行	无限	二元	芜中行	
	大通	厚余庄	无限	二元起码	芜久余庄	
	庐州	中国银行	无限	随市	芜中行	按庐州即合肥
	庐州	德和庆庄	无限	每千元二元起码	芜久余庄	
	六安	中国银行	无限	随市	芜中行	
	六安	庆和庄	无限	二元起码	芜久余庄	
	六安	阜丰银号	二千元	十元	蚌处	茶麻上市,贴费增加
	蚌埠	本行	无限	不贴	—	—
	临淮	本行	无限	不贴	—	—
	正阳关	泰生兴钱庄	五千元	二元	蚌处	
	巢县	厚成钱庄	无限	二元起码	芜久余庄	
	运漕	运商收介处	无限	二元起码	芜久余庄	
	三河	孙大生号	无限	二元起码	芜久余庄	
	桃域	汇孚庄	无限	二元起码	芜久余庄	
	无为	和泰庄	无限	二元起码	芜久余庄	
	庐江	永丰庄	无限	二元起码	芜久余庄	
	和州	万生庄	无限	二元起码	芜久余庄	
	南陵	宝丰庄	无限	二元起码	芜久余庄	
	屯溪	福泰庄	无限	二元起码	芜久余庄	
	宣城	慎康庄	无限	二元起码	芜久余庄	
湖北省	汉口	本行	无限	不贴	—	—
	宜昌	中国银行	五千元	现洋贴四元,汉券贴二元	汉行	—
	沙市	宏裕银行	无限	随市	汉行	
湖南省	长沙	本行	无限	不贴	—	—
	常德	—	无限	不贴	湘处	—

续表

地名		代理行名	解款限度	每千元贴费	转解行	余录
山东省	济南	本行	无限	不贴	—	—
	烟台	本行	无限	不贴	—	二万元以上须先电商
	青岛	中国银行	无限	不贴	总行	—
	济宁	交通银行	五千元	随市	济处	
直隶省	北京	本行	无限	不贴	津行	
	天津	本行	无限	不贴	—	
	保定	中国银行	无限	不贴	津行	
	张家口	—	—	随市	京行	
	唐山	中国银行	二千元	随市	津行	不能开汇票
	大名	中国银行	二千元	随市	津行	不能开汇票
	石家庄	中华懋业银行	无限	随市	津行	
河南省	开封	中国银行	五千元	四元	总行	
	郑州	金城银行	一万元	不贴	总行	
	洛阳	豫盛和号	无限	随市	汉行	
	许州	豫盛乾号	无限	随市	汉行	
	周家口	中国银行	无限	随市	汉行	
	信阳州	仁大煤油号	无限	随市	汉行	
	彰德县	同泰源公司	无限	随市	汉行	
	光州	益智书局	无限	随市	汉行	
山西省	太原	中国银行	一万元	五元	总行	
	太谷	中国银行	—	随市	太原中行	
	平遥	中国银行	—	随市	太原中行	
	祁县	中国银行	—	随市	太原中行	
陕西	西安	积厚昌银行	无限	随市	汉行	
	三原	福兴懋银庄	无限	随市	汉行	
四川省	重庆	宏裕银号	无限	随市	汉行	
	成都	中国银行	无限	随市	汉行	
	万县	聚兴诚银行	无限	随市	汉行	
	成都	聚兴诚银行	无限	随市	汉行	
福建省	福州	中国银行	无限	随市	汉行	—
	厦门	厦门商业银行	无限	不贴	汉行	—
广东省	广州	东亚银行	无限	—	总行	只解港币或毫洋
	汕头	中国银行	无限	不贴	总行	—

续表

地名		代理行名	解款限度	每千元贴费	转解行	余录
东三省	奉天	交通银行	二千元	不贴	总行	—
	哈尔滨	中国银行	无限	—	总行	—
	营口	交通银行	无限	随市	奉交行	托哈中行亦可解,贴费随市
	长春	交通银行	无限	随市	奉交行	托哈中行亦可解,贴费随市
	吉林	交通银行	无限	随市	奉交行	托哈中行亦可解,贴费随市
	黑龙江	交通银行	无限	随市	奉交行	托哈中行亦可解,贴费随市

资料来源:中国人民银行上海市分行金融研究所编:《上海商业储蓄银行史料》,上海人民出版社1990年版,第123—127页。

参考文献

民国报刊

《安东公估银与本埠关平及各埠银色比较办法》,《中国银行通信录》,1919年第44期。

《本期汉口之金融市况》,《银行杂志》,1923年第1—2期。

陈祖煌调查、张文伯编:《湖北老河口之经济状况》,《中央银行月报》,1933年第2卷第1期。

沧水:《释平色之意义》,《银行周报》,1921年第5卷第5期。

《成都金融情况调查》,《中央银行月报》,1935年第4卷第10期。

《奉天之通用货币及其汇兑计算法》,《银行周报》,1919年第3卷第1期。

《各埠金融及商况》,《银行周报》,1918年第2卷第1期、2期、3期、5期、7期、8期、10期、11期、12期、13期、15期、16期、17期、18期、19期、20期、21期、22期、24期、25期、28期、31期、36期、37期、39期、41期、42期、43期、47期、49期、51期;1919年第3卷第3期、4期、5期、7期、8期、9期、10期、12期、13期、14期、15期、18期、21期、24期、25期、28期、29期、31期、32期;1920年第4卷第4期、5期、6期、7期、8期、10期、11期、14期、16期、19期、38期、42期;1921年第5卷第3期、6期、7期、8期、12期、14期、15期;1922年第6卷第1期、11期;1933年第2卷第1期。

桂绍熙:《最近郑州金融商况调查录》,《银行周报》,1918年第3卷第14期。

《张家口金融商业情形》,《银行杂志》,1923年第1卷第1期。

《各地金融市况》,《中央银行月报》1932年第1卷第1—5期;1933年第2卷第1期;1935年第4卷第1—12期。

《哈尔滨之金融商况》,《银行周报》,1918年第2卷第2期。

《记杭绍甬之金融及商况》,《银行周报》,1918 年第 2 卷第 22 期。

《交通银行之概况》,《银行周报》,1918 年第 2 卷第 22 期。

《金融市场》,《银行杂志》,1925 年第 2 卷第 9 期。

《洛阳之通用货币及其汇兑计算法》,《银行周报》,1918 年第 2 卷第 8 期。

《龙口之通用货币及其汇兑计算法》,《银行周报》,1918 年第 2 卷第 47 期。

李炳堂:《汉沪汇兑述要》,《银行杂志》,1923 年第 1 卷第 2 期。

李福星:《中国货币行市诠释》,《大公报(天津版)》,1931 年 7 月 21—24 日。

《民国六年重庆金融概况》,《银行周报》,1918 年第 2 卷第 12 期。

《民国六年浙江兴业银行营业纪略》,《银行周报》,1918 年第 2 卷第 14 期。

《民国六年交通银行营业纪略》,《银行周报》,1918 年第 2 卷第 40 期。

《民国八年份交通银行营业纪略》,《银行周报》,1920 年第 4 卷第 27 期。

《民国九年汕头之金融概况》,《银行周报》,1921 年第 5 卷第 6 期。

马寅初:《何谓九八规元》,《银行月刊》,1921 年第 3 卷第 11 期。

《南京钱业之概状》,《钱业月报》,1922 年第 1 卷第 2 期。

《清江浦之通用货币及其汇兑计算法》,《银行周报》,1918 年第 2 卷第 50 期。

《琼州之通用货币及其汇兑计算法》,《银行周报》,1918 年第 2 卷第 51 期。

《山西省之金融及商业》,《银行周报》,1919 年第 3 卷第 40 期。

沈时霖:《国内汇兑之手续问题》,《银行周报》,1923 年第 7 卷第 46 期。

《上海国内汇兑指数》,《社会月刊》,1929 年第 1 卷第 3 期。

《上海之国内汇兑》,《社会月刊》,1930 年第 2 卷第 1 期。

《上海内汇平均市价》,《经济统计季刊》,1932 年第 1 卷第 3 期、1933 年第 2 卷第 2、第 4 期。

"上海国内汇兑市价表",《中外商业金融汇报》,1934 年第 1 卷第 1—2 期。

上海商业储蓄银行调查部:《十年来上海现金流动之观察(一)》,《银行周报》,1932年第16卷第40期。

上海商业储蓄银行调查部:《十年来上海现金流动之观察(二)》,《银行周报》,1932第16卷第41期。

上海商业储蓄银行调查部:《十年来上海现金流动之观察(三)》,《银行周报》,1932年第16卷第43期。

《太原之金融机关及通货》,《银行周报》,1919年第3卷第12期。

《天津银钱业合组公库》,《中央银行月报》,1932年第1卷第3期。

《戊午年各业盈亏调查录(三)》,《银行周报》,1919年第3卷第7期。

《温州商业金融调查记》,《银行周报》,1918年第2卷第32期。

《无锡之通用货币及其汇兑计算法》,《银行周报》,1918年第2卷第46期。

王家栋:《中国国内汇兑之演进》,《中央银行月报》,1936年第5卷第1期。

谢也青:《沙市金融状况之过去及现在》,《汉口商业月刊》,1934年第1卷第7期。

《西安市商业暨陕西省金融概况》,《中央银行月报》,1935年第4卷第7—12期。

《营口商业金融调查记》,《银行周报》,1918年第2卷第27期。

杨祖恒:《南昌之金融》,《中央银行月报》,1933年第2卷第2—3期。

俞祥钟:《上海汇兑行市说略(附表)》,《浙江省立甲种商业学校校友会杂志》,1918年第3期。

《周口之通用货币及其汇兑计算法》,《银行周报》,1918年第2卷第3期。

《浙江兴业银行七年营业纪略》,《银行周报》,1919年第3卷第12期。

《浙江兴业银行己未年营业纪略》,《银行周报》,1920年第4卷第15期。

高明强:《中国通商以来货币本位之沿革》,《商业杂志(上海)》,1927第2卷第9期。

"重要各埠对上海汇兑市价表",《中外商业金融汇报》,1934年第1卷第1—2期。

档案资料汇编、年鉴及调查报告

交通银行总行、中国第二历史档案馆编:《交通银行史料(第1卷)》,中国金融出版社1995年版。

孔敏主编:《南开经济指数资料汇编》,中国社会科学出版社1988年版。

实业部国际贸易局编:《中国实业志:浙江省》,实业部国际贸易局1933年版。

实业部国际贸易局:《中国实业志:山西省》,实业部国际贸易局1937年版。

商务部邮政总局编:《中国通邮地方物产志》,商务印书馆1937年版。

中国银行总管理处编:《中国重要银行营业概况研究》,载沈云龙主编:《近代中国史料丛刊》,中国台北文海出版社1969年版。

唐传泗、黄汉民:《试论1927年以前的中国银行业》,载《中国近代经济史研究资料》,上海社会科学出版社1985年版。

天津市档案馆等编:《天津商会档案汇编》,天津人民出版社1989年版。

天津财经大学、天津档案馆、蒙秀芳、黑广菊主编:《金城银行档案史料选编》,天津人民出版社2010年版。

吴弘明编译:《津海关贸易年报(1865—1946)》,天津社会科学出版社2006年版。

中国银行总管理处经济研究室编印:《民国二十一年度中国重要银行营业概况研究》,中国银行总管理处经济研究室1933年版。

中国银行总管理处经济研究室编:《全国银行年鉴(1934年)》,中国银行总管理处经济研究室1934年版。

中国银行总管理处经济研究室编:《全国银行年鉴(1936年)》,中国银行总管理处经济研究室1936年版。

中国人民银行上海市分行编:《上海钱庄史料》,上海人民出版社1960年版。

中国人民银行上海市分行金融研究室编:《金城银行史料》,上海人民出版社1983年版。

中国人民银行总行参事室编:《中华民国货币史资料(第一辑)》,上海人民出版社1986年版。

中国人民银行总行参事室编:《中华民国货币史资料(第二辑)》,上海人民出版社1991年版。

中国银行总行、中国第二历史档案馆合编:《中国银行行史资料汇编(上编)》,档案出版社1991年版。

中国人民银行上海市分行金融研究所编:《上海商业储蓄银行史料》,上海人民出版社1990年版。

中国人民银行山西省分行、山西财经学院《山西票号史料》编写组:《山西票号史料》(增订本),山西经济出版社2002年版。

专著

贝多广:《中国资金流动分析》,上海三联书店、上海人民出版社1995年版。

中国人民银行行史编辑委员会:《中国银行行史(1912—1949)》,中国金融出版社1995年版。

重庆金融编写组编:《重庆金融》,重庆出版社1991年版。

陈曾年:《近代上海金融中心的形成与发展》,上海社会科学院出版社2006年版。

戴铭礼:《中国货币史》,商务印书馆1934年版。

戴鞍钢:《发展与落差——近代中国东西部经济发展进程比较研究(1840—1949)》,复旦大学出版社2006年版。

戴建兵:《中国近代银两史》,中国社会科学出版社2007年版。

戴建兵:《白银与近代中国经济(1890—1935)》,复旦大学出版社2005年版。

洪葭管主编:《中国金融史》,西南财经大学出版社1993年版。

杜恂诚:《中国金融通史(第3卷)》,中国金融出版社2002年版。

杜恂诚:《金融制度变迁史的中外比较》,上海社会科学院出版社2004年版。

邓亦兵:《清代前期商品流通研究》,天津古籍出版社2009年版。

复旦大学中国金融中心编:《上海金融中心地位的变迁》,复旦大学出版社2005年版。

(美)耿爱德著、蔡受百译:《中国货币论》,商务印书馆1929年版。

龚关:《近代天津金融业研究(1861—1936)》,天津人民出版社2007年版。

韩启桐、郑友揆:《中国埠际贸易统计(1936—1940)》,中国科学院1951年版。

侯厚培:《中国货币沿革史》,世界书局1929年版。

洪葭管、张继凤:《近代上海金融市场》,上海人民出版社1989年版。

黄鉴晖:《山西票号史》,山西经济出版社2002年版。

刘佛丁、王玉茹、于建玮:《近代中国的经济发展》,山东人民出版社1997年版。

刘佛丁、王玉茹:《中国近代的市场发育与经济增长》,高等教育出版社1996年版。

刘巍:《近代中国经济发展中的货币需求》,黑龙江人民出版社2000年版。

李金铮:《借贷关系与乡村变动——民国时期华北乡村借贷研究》,河北大学出版社2000年版。

李金铮:《民国乡村借贷关系研究——以长江中下游地区为中心》,人民出版社2003年版。

李国胜:《浙江兴业银行研究》,上海财经大学出版社2009年版。

潘子豪:《中国钱庄概要》,上海华通书局1931年版。

彭信威:《中国货币史》,上海人民出版社1988年版。

千家驹、郭彦岗:《中国货币史纲要》,上海人民出版社1986年版。

曲殿元:《中国之金融与汇兑》,上海大东书局1930年版。

上海银行周报社:《上海金融市场论》,上海银行周报社1923年版。

上海商业储蓄银行国内汇兑处编:《国内商业汇兑要览》,上海商业储蓄银行国内汇兑处1925年版。

石毓符:《中国货币金融史略》,天津人民出版社1984年版。

吴承禧:《中国的银行》,商务印书馆1934年版。

魏建猷:《中国近代货币史》,黄山书社1986年版。

吴承明:《中国资本主义与国内市场》,中国社会科学出版社1985年版。

吴承明:《中国的现代化:市场与社会》,三联书店 2001 年版。

王玉茹:《近代中国价格结构研究》,陕西人民出版社 1996 年版。

王玉茹、燕红忠:《世界市场价格变动与近代中国产业结构模式研究》,人民出版社 2007 年版。

吴景平主编:《上海金融业与国民政府的关系研究(1927—1937)》,上海财经大学出版社 2002 年版。

吴景平主编:《上海金融的现代化与国际化》,上海古籍出版社 2003 年版。

吴松弟主编:《中国百年经济拼图:港口城市及其腹地与中国现代化》,山东画报出版社 2006 年版。

许檀:《明清时期山东商品经济的发展》,中国社会科学出版社 1998 年版。

杨荫溥:《上海金融组织概要》,商务印书馆 1930 年版。

杨荫溥:《杨著中国金融论》,黎明书局 1931 年版。

杨端六:《清代货币金融史稿》,生活·读书·新知三联书店 1962 年版。

姚洪卓:《近代天津对外贸易(1861—1948)》,天津社会科学院出版社 1993 年版。

袁远福、缪明杨:《中国金融简史》,中国金融出版社 2001 年版。

燕红忠:《货币、信用与贸易——在东北探寻近代金融(1860—1931)》,上海财经大学出版社 2020 年版。

燕红忠:《中国的货币金融体系(1600—1949):基于经济运行与经济近代化的研究》,中国人民大学出版社 2012 年版。

张家骧:《中华币制史》,民国大学出版部 1925 年版。

章乃器:《中国货币问题》,大众文化社 1937 年版。

张辑颜:《中国金融论》,商务印书馆 1930 年版。

张郁兰:《中国银行业发展史》,上海人民出版社 1957 年版。

张国辉:《中国金融通史(第 2 卷)》,中国金融出版社 2003 年版。

张利民等:《近代环渤海地区经济与社会研究》,天津社会科学院出版社 2003 年版。

中国银行总管理处经济研究室编:《中国重要银行最近十年营业概况研

究(1921—1931)》,中国银行总管理处经济研究室1933年版。

中国人民银行总行金融研究所金融历史研究室编:《近代中国的金融市场》,中国金融出版社1989年版。

周葆銮:《中华银行史》,中国台北文海出版社1984年版。

周仰汶:《国内汇兑及押汇业务》,商务印书馆1933年版。

庄维民:《近代山东市场经济的变迁》,中华书局2000年版。

赵晓阳、周东华、刘忠明主编:《中西交汇中的近代中国都市和乡村》,社会科学文献出版社2015年版。

(美)雷蒙德·W.戈德史密斯著,周朔等译,贝多广校:《金融结构与经济发展》,上海三联书店、上海人民出版社1994年版。

(美)莱昂斯著,毛立坤、方书生等译:《中国海关与贸易统计》,浙江大学出版社2009年版。

(美)施坚雅著,史建云等译:《中国农村的市场和社会结构》,中国社会科学出版社1998年版。

(美)彭慕兰著,马俊亚译:《腹地的构建:华北内地的国家、社会和经济(1853—1937)》,社会科学文献出版社2005年版。

(美)施坚雅著,王旭等译:《中国封建社会晚期城市研究——施坚雅模式》,吉林教育出版社1991年版。

(美)施坚雅著,叶光庭等译:《中华帝国晚期的城市》,中华书局2000年版。

(日)滨下武志著,朱荫贵等译:《近代中国的国际契机——朝贡贸易体系与近代亚洲经济圈》,中国社会科学出版社1999年版。

(日)滨下武志著,高淑娟、孙彬译:《中国近代经济史研究——清末海关财政与通商口岸市场圈》,江苏人民出版社2006年版。

(日)滨下武志著,王玉茹、赵劲松、张玮译:《中国、东亚与全球经济》,社会科学文献出版社2009年版。

(日)滨下武志著,王珍珍译:《资本的旅行:华侨、侨汇与中华网》,社会科学文献出版社2021年版。

(日)东亚同文会:《支那省别全志》,东亚同文会1915—1920年版。

(日)黑田明伸著,何平译:《货币制度的世界史》,中国人民大学出版社

2007年版。

(英)约翰·希克斯:《经济史理论》,商务印书馆1987年版。

期刊论文

陈为忠:《近代华北花生的运销体系(1908—1937)》,《中国历史地理论丛》,2003年第1期。

陈晓荣:《论中国近代纸币流通的二维结构——以小区域流通纸币为视角》,《史林》,2009年第4期。

蔡世民等:《基于复杂网络的金融市场网络结构实证研究》,《复杂系统与复杂性科学》,2011年第8卷第3期。

戴鞍钢:《近代上海与长江流域市场网络的构建》,《复旦学报(社会科学版)》,1996年第5期。

戴鞍钢:《大流通与金融中心》,《档案与史学》,2002年第6期。

戴建兵:《中国近代的白银核心型货币体系(1890—1935)》,《中国社会科学》,2012年第9期。

杜恂诚:《抗战前中国金融业市场活力的弱化》,《档案与史学》,2001年第4期。

杜恂诚:《中国近代票据贴现市场的产生》,《中国金融》,2003年第11期。

邓亦兵:《清代前期全国商贸网络形成》,《浙江学刊》,2010年第4期。

樊卫国:《民国上海埠际贸易的变迁(1912—1937)》,《社会科学》,1997年第7期。

樊如森:《天津开埠后的皮毛运销系统》,《中国历史地理论丛》,2001年第1期。

方书生:《近代岭南商埠格局的变迁(1843—1939)》,《中国历史地理论丛》,2004年第2期。

贺水金:《不和谐音:货币紊乱与近代中国经济、社会民生》,《社会科学》,2008年第5期。

贺水金:《论20世纪30年代前中国币制紊乱的特征与弊端》,《史林》,1998年第4期。

韩祥:《铜元何以占领农村:清末民初华北小额通货的流通与更替》,《历史研究》,2020年第4期。

何益忠:《变革社会中的传统与现代:1897—1937年的上海钱庄与华资银行》,《复旦学报(社会科学版)》,1998年第3期。

李一翔:《从资金流动看近代中国银行业在城市经济发展中的作用》,《改革》,1997年第3期。

李一翔:《论长江沿岸城市之间的金融联系》,《中国经济史研究》,2002年第1期。

李一翔:《传统与现代的柔性博弈——中国经济转型过程中的银行与钱庄关系》,《上海经济研究》,2003年第1期。

李玉:《1882年的上海股票市场》,《历史档案》,2000年第2期。

刘方健:《近代重庆金融市场的特征与作用》,《财经科学》,1995年第3期。

刘建生:《山西票号业务总量之估计》,《山西大学学报》,2007年第3期。

马俊亚:《近代国内钱业市场的运营与农副产品贸易》,《近代史研究》,2001年第2期。

马建华:《20世纪二三十年代中国国内金融市场圈的构建——基于汇兑层级体系的分析》,《中国经济史研究》,2016年第5期。

马建华、王玉茹:《近代中国国内汇兑市场初探》,《近代史研究》,2013年第6期。

马建华:《20世纪二三十年代中国国内汇兑层级体系——从申汇计算公式看近代中国国内金融市场圈的构建》,《上海经济研究》,2013年第3期。

马建华:《政府监管、产权界定与路径依赖——以中西方早期金融演进机制为例》,《经济问题探索》,2012年第10期。

马建华:《近代中国内汇市场的发展》,《中国社会科学报(历史学版)》,2015年3月11日。

潘连贵:《试论近代上海黄金市场的国际性》,《上海金融》,1995年第2期。

潘晓霞:《近十年中国近代金融史研究综述》,《江海学刊》,2005年第6期。

邱永志等:《价值基准的深化与离散:再论明清以降的虚银两制度》,《江西师范大学学报(哲学社会科学版)》,2021年第1期。

史融:《近代上海黄金市场的形成与发展》,《上海金融》,1994年第4期。

石方:《哈尔滨一二十年代的金融市场》,《龙江社会科学》,1995年第3期。

宋佩玉:《近代上海外汇市场发展述略(1843—1937)》,《安徽史学》,2005年第3期。

陶建平:《明清时期汉口商业网络的形成及其影响》,《华中师范大学学报(哲学社会科学版)》,1989年第1期。

田永秀:《1862—1883年中国的股票市场》,《中国经济史研究》,1995年第2期。

王水:《中国近代国内贸易统计》,《中国经济史研究》,1987年第1期。

王徽、陈珽:《微观资金流的形成机理》,《经济科学》,1994年第3期。

王玉茹:《中国近代的经济增长和中长周期波动》,《经济学(季刊)》,2005年第1期。

王玉茹、燕红忠、付红:《近代中国新式银行业的发展与实力变化》,《金融研究》,2009年第9期。

王茂军、申玉铭等:《民国时期山东城镇体系的空间组织——基于洋货空间流通的分析》,《地理研究》,2007年第6期。

王哲、吴松弟:《中国近代港口贸易网络的空间结构——基于旧海关对外—埠际贸易数据的分析(1877—1947)》,《地理学报》,2010年第10期。

万立明:《上海银行公会与20世纪二三十年代的票据立法》,《社会科学研究》,2007年第5期。

魏忠:《近代上海标金期货市场的实证分析——基于上海标金期货市场与伦敦白银市场之关系的视角》,《财经研究》,2008年第10期。

吴景平:《上海金融业与太平洋战争爆发前上海的外汇市场》,《史学月刊》,2003年第1期。

吴松弟:《中国近代经济地理格局形成的机制与表现》,《史学月刊》,2009年第8期。

许檀:《明清时期城乡市场网络体系的形成及意义》,《中国社会科学》,

2000 年第 3 期。

肖良武:《近代贵州金融制度变迁与金融市场研究》,《贵阳学院学报(哲学社会科学版)》,2006 年第 3 期。

徐建国:《近代民信局的寄递网络研究》,《安徽史学》,2009 年第 3 期。

熊昌锟:《近代宁波的洋银流入与货币结构》,《中国经济史研究》,2017 年第 6 期。

熊昌锟:《良币胜出:银元在近代中国市场上主币地位的确立》,《中国经济史研究》,2018 年第 6 期。

熊昌锟:《近代中国市场上的外国银元研究》,《中国经济史研究》,2017 年第 1 期。

姚会元:《近代汉口钱庄性质的转变》,《武汉师范学院学报(哲学社会科学版)》,1984 年第 2 期。

姚会元:《近代汉口钱庄研究》,《历史研究》,1990 年第 2 期。

尹振涛:《从历史数据看上海钱业的发展与证券投资行为》,《西北师大学报(社会科学版)》,2009 年第 2 期。

燕红忠:《近代中国金融发展水平研究》,《经济研究》,2009 年第 5 期。

燕红忠:《试论近代中国金融业的发展:路径与结构》,《山东大学学报(哲学社会科学版)》,2013 年第 1 期。

燕红忠:《本位与信用:近代中国白银货币制度及其变革》,《中国经济史研究》,2019 年第 6 期。

张国辉:《二十世纪初期的中国钱庄和票号》,《中国经济史研究》,1986 年第 1 期。

张利民:《论近代华北商品市场的演变与市场体系的形成》,《中国社会经济史研究》,1996 年第 1 期。

张利民:《略论近代环渤海地区港口城市的起步、互动与互补》,《天津社会科学》,1998 年第 6 期。

朱镇华:《近代上海金融市场发展概况》,《金融研究》,1991 年第 9 期。

朱荫贵:《近代上海证券市场上股票买卖的三次高潮》,《中国经济史研究》,1998 年第 3 期。

朱荫贵:《两次世界大战间的中国银行业》,《中国社会科学》,2002 年第 6

期。

朱荫贵:《抗战前天津钱庄业的衰落与南京国民政府》,《中国经济史研究》,2003年第1期。

朱荫贵:《1918—1937年的中国证券市场》,《复旦学报(社会科学版)》,2006年第2期。

朱荫贵:《试论近代中国证券市场的特点》,《经济研究》,2008年第3期。

周立群等:《国内城市金融体系竞争力的比较研究——以天津为例》,《天津社会科学》,2003年第2期。

郑成林:《上海银行公会与近代中国票据市场的发展》,《江西社会科学》,2005年第10期。

林地焕:《论20世纪前期天津钱庄业的繁荣》,《史学月刊》,2000年第1期。

学位论文

陈礼茂:《中国通商银行的创立与早期运作研究(1896—1911)》,复旦大学2004年博士学位论文。

崔春莹:《市场网络结构研究》,华中科技大学2012年博士学位论文。

董昕:《中国银行上海分行研究(1912—1937年)》,复旦大学2005年博士学位论文。

郭锦超:《近代天津和华北地区经济互动的系统研究(1880年代到1930年代)》,南开大学2004年博士学位论文。

毛海滨:《侨商中南银行发展概述(1921—1937)》,河北师范大学2008年硕士学位论文。

宋佩玉:《1840—1911年中国货币制度研究》,新疆大学2001年硕士学位论文。

唐巧天:《上海外贸埠际转运研究(1864—1930年)》,复旦大学2006年博士学位论文。

王贺雨:《大陆银行概况述论(1919—1937年)》,河北师范大学2006年硕士学位论文。

薛念文:《上海商业储蓄银行研究(1915—1937)》,复旦大学2003年博士学位论文。

杨勇:《民国江西地方货币变迁与金融转型(1912—1937)》,江西师范大学 2002 年硕士学位论文。

张启祥:《交通银行研究(1907—1928)》,复旦大学 2006 年博士学位论文。

郑畋:《晚清至民国时期江西银钱业之嬗变》,南昌大学 2007 年硕士学位论文。

英文文献

Bertil Gotthard Ohlin. *Interregional and International Trade*. Harvard University Press, 1933.

M. Boss, H. Elsinger, and M. Summer. The Network Topology of the Interbank Market. *Quantitative Finance*, 2004, 4(6): 677—684.

David S. Jack, Se Yan, and Liuyan Zhao. Silver Points, Silver Flows, and the Measure of Chinese Financial Integration. *Journal of International Economics*, 2017, 108: 377—386.

A. Dean. *China and the End of Global Silver, 1873—1937*. Ithaca, NY: Cornell University Press, 2020.

M. Friedman, Franklin D. Roosevelt. Silver, and China. *Journal of Political Economy*, 1992, 100(1): 62—83.

W. Goetzmann, A. Ukhov, and N. Zhu. China and the World Financial Markets, 1870—1939: Modern Lessons from Historical Globalization. *Economic History Review*, 2007, 60(2): 267—312.

Giulia Iori, Giulia De Masi, Ovidiu Vasile Precup, Giampaolo Gabbi, and Guido Caldarelli. A Network Analysis of the Italian Overnight Money Market. *Journal of Economic Dynamics and Control*, 2008, 32(1): 259—278.

S. L. A. Harrison, M. Tudela. Tiering in UK Payment Systems. *Bank of England Financial Stability Review*, 2005, 62: 63—72.

P. Spilier, O. Wood. Arbitrage during the Dollar-Sterling Gold Standard,1899—1908:An Econometric Approach. *Journal of Political Economy*,1988,96(4):882—892.

C. Upper,A. Worms. Estimating Bilateral Exposures in the German Interbank Market:Is There a Danger of Contagion? *European Economic Review*,2004,48(4):827—849.